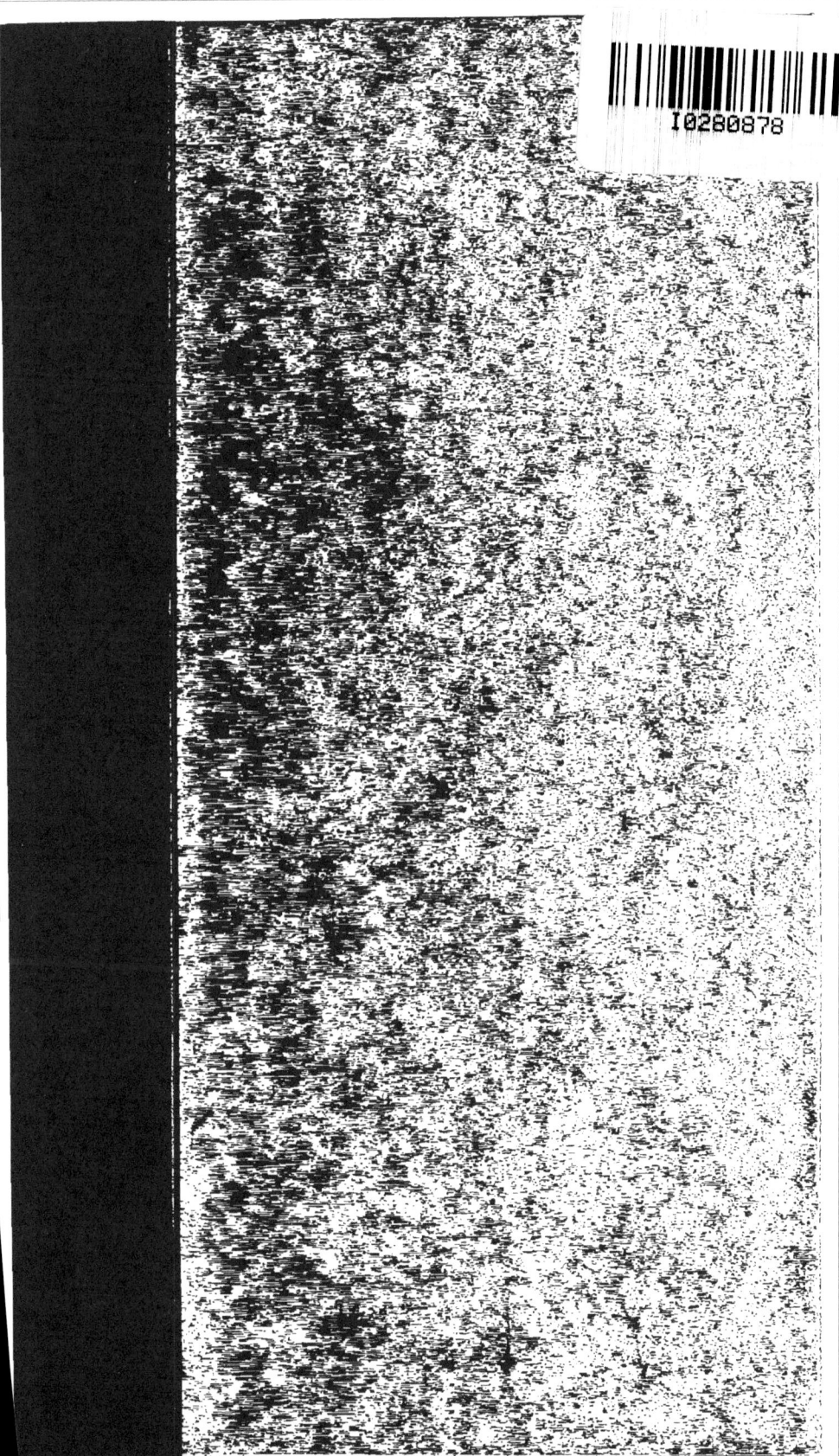

HISTOIRE

DE LA

MARINE FRANÇAISE

PENDANT LA GUERRE

DE L'INDÉPENDANCE AMÉRICAINE

PARIS. — TYPOGRAPHIE LAHURE
Rue de Fleurus, 9

HISTOIRE

DE LA

MARINE FRANÇAISE

PENDANT LA GUERRE

DE L'INDÉPENDANCE AMÉRICAINE

PRÉCÉDÉE

D'UNE ÉTUDE SUR LA MARINE MILITAIRE DE LA FRANCE
ET SUR SES INSTITUTIONS
DEPUIS LE COMMENCEMENT DU XVIIe SIÈCLE
JUSQU'A L'ANNÉE 1877

PAR

E. CHEVALIER

CAPITAINE DE VAISSEAU

PARIS

LIBRAIRIE HACHETTE ET Cie

79, BOULEVARD SAINT-GERMAIN, 79

—

1877

Droits de propriété et de traduction réservés

PRÉFACE

La guerre de l'indépendance américaine est une des époques les plus glorieuses de notre histoire. Ses résultats permirent à la France d'effacer l'humiliant traité que l'Angleterre lui avait imposé en 1763. Nous ne croyons pas que le rôle considérable, joué par notre marine de 1778 à 1783, ait été fidèlement rapporté. Il subsiste encore aujourd'hui, sur les personnes et sur les choses de ce temps, des erreurs qu'il est utile de détruire. On a dit que l'excessive prudence des ministres avait enlevé toute initiative aux amiraux et nui au succès de nos opérations. Au début de la crise qui amena la guerre, le cabinet de Versailles fut beaucoup trop circonspect. Il se trompa sur les intérêts militaires du pays en ne devançant pas l'attaque de nos voisins. Mais, aussitôt que le combat d'Ouessant eut prouvé la solidité de nos escadres, le gouvernement reprit toute confiance et il poussa les amiraux plus qu'il ne les retint. Nous verrons le comte d'Estaing se justifier auprès de M. de Sartines de ne pas avoir été aussi audacieux qu'on l'eût souhaité à Paris. Le maréchal de Castries écrivait, en 1781, au commandant de l'escadre de l'Inde : « Le Roi, en laissant les généraux maîtres de déterminer les opérations qu'ils estimeront les plus utiles et les plus glorieuses à ses armes, leur prescrit d'attaquer les Anglais séparés ou réunis, partout où il sera possible de le faire, sauf l'évidence de la destruction de leurs forces. Elle se borne, en conséquence, à faire connaître au sieur comte d'Orves que l'inactivité de son escadre est ce qu'elle défend principalement, que des événements malheureux ou l'inaction seront également contraires à ses vues.... Sa Majesté daigne en même temps assurer au comte d'Orves qu'elle ne le rendra pas responsable des événements malheureux qui pourraient arriver, mais qu'il le serait, s'il n'employait pas toutes les ressources que son esprit et son courage peuvent lui inspirer pour rendre la campagne également utile et glorieuse à ses armes. » Il est difficile de tenir à des généraux un langage à la fois plus ferme et plus encourageant.

A en croire quelques historiens, l'esprit de désobéissance et d'indiscipline était la marque particulière des officiers de cette époque. Nous ferons ressortir les graves erreurs qui ont été commises sur ce point[1]. Les Français n'admettent pas facilement qu'ils puissent être battus. Lorsque ce malheur leur arrive, ils sont disposés à voir dans ceux qui les commandent des lâches ou des traîtres. Dans le cas, assez rare d'ailleurs, où l'opinion prend parti pour les généraux, c'est dans les rangs inférieurs qu'elle cherche des coupables. S'il est juste de blâmer les Français de cette regrettable tendance, on doit surtout se montrer sévère envers les écrivains qui se font, sans preuves, l'écho de ces bruits. Nous reconnaissons que cette méthode simplifie singulièrement leur tâche. Elle les dispense des recherches, souvent longues et difficiles, qui sont nécessaires pour arriver à la constatation de la vérité. Ces accusations banales n'ont pas seulement le tort d'être injustes, elles ont d'autres conséquences beaucoup plus graves. Quelles leçons tirer des événements, si

---

1. Quand on étudie le combat de la *Dominique* dans les documents originaux, on cherche inutilement sur quoi ont pu s'appuyer les historiens qui ont porté contre les capitaines de l'escadre française des accusations d'indiscipline, de rivalité ou de jalousie. C'est un procédé facile pour expliquer la perte de la bataille, mais c'est absolument inexact. On peut faire des observations analogues à propos du combat d'Ouessant et de la campagne du comte d'Estaing sur les côtes de l'Amérique septentrionale et dans les Antilles.

le manque de courage, l'indiscipline ou l'incapacité sont présentés comme l'unique cause de nos défaites? Quelle importance une nation peut-elle attacher aux institutions militaires, si on l'entretient dans la persuasion que la bravoure suffit à tout? De tels procédés ont pour conséquence de déshabituer les esprits du travail et de la réflexion.

La guerre de l'indépendance américaine a été faite par une marine fortement constituée dans toutes ses parties. Les institutions qui la régissaient dataient de Colbert et de Seignelay. Elles avaient subi, depuis 1689, des modifications qui n'étaient pas à l'épreuve de la critique, mais, dans leur ensemble, elles étaient éminemment propres à donner à la France de bonnes escadres. Néanmoins, soit qu'à Paris on n'eût pas prévu la durée de la guerre, soit que les idées d'économie eussent prévalu, notre organisation maritime n'avait pas été assise sur une base assez large. L'insuffisance des cadres apparut dès le début des hostilités. L'extension que prirent les armements aggrava cette situation. En résistant à cette épreuve, le personnel de la marine montra qu'il possédait une très-grande force, mais cet état de choses amena une diminution sensible dans la valeur de nos flottes. L'élasticité des cadres, et c'est une considération qu'on ne doit pas perdre de vue pendant la paix, a une limite qu'on ne peut pas franchir sans danger.

La personnalité du bailli de Suffren se détache avec une vigueur particulière au milieu des amiraux anglais et français qui commandèrent de 1778 à 1783. Les succès qu'il remporta sur la côte de Coromandel firent oublier l'issue malheureuse du combat de la *Dominique*. Ce qui a été écrit sur la campagne de l'Inde a été emprunté, pour la plus grande partie, si ce n'est en totalité, à une relation faite par M. Trublet de la Villejégu[1]. Ce livre

---

1. M. Trublet de la Villejégu était second du vaisseau de cinquante, le *Flamand*, qui appartenait à l'escadre de l'Inde. Parti de France, comme capitaine de brûlot, il fut fait, à son retour, chevalier de Saint-Louis et

contient des erreurs d'autant plus fâcheuses qu'elles portent principalement sur les personnes. On ne peut connaître la vérité sur cette mémorable campagne, qu'en consultant, non quelques lettres, mais toute la correspondance de Suffren. Le journal tenu par le major de l'escadre de l'Inde fournit aussi de précieux renseignements.

Il existe aux archives de la Marine de nombreux documents concernant la guerre de l'indépendance américaine [1]. J'en ai cité quelques-uns, pris parmi ceux qui m'ont paru avoir une valeur particulière. Les pièces de cette nature, lorsqu'elles sont mises à la fin d'un livre, passent presque toujours inaperçues. Aussi ai-je cru utile de les placer là où elles servent de démonstration. Cette méthode est surtout nécessaire, lorsqu'il s'agit d'événements ayant soulevé de nombreuses discussions, tels que le combat d'Ouessant, l'expédition de l'armée franco-espagnole, en 1779, la campagne du comte de Grasse, celle de l'Inde et l'attaque de Gibraltar par les batteries flottantes du colonel d'Arçon. Il n'y a que les documents originaux qui puissent, dans certains cas, donner une idée très-nette de la pensée des ministres ou des amiraux. Il m'a semblé, en outre, que des lettres d'hommes comme Suffren, d'Orvilliers, de Guichen, Lamotte-Picquet, écrites sur des affaires de guerre ou sur des sujets ayant trait à la marine, seraient lues avec un grand intérêt.

Le récit des événements, auxquels nos escadres ont pris part de 1778 à 1783, est précédé d'une étude sur la marine militaire de la France avant cette époque. J'ai

---

lieutenant de vaisseau. Cette double récompense indique qu'il avait servi très-honorablement. Dans sa relation de la campagne de l'Inde, il rapporte, avec une bonne foi qu'il n'y a pas lieu de suspecter, ce qui se disait autour de lui. Quelques exemples montreront, une fois de plus, combien il est difficile, alors même qu'on est présent dans une armée ou dans une escadre, de savoir ce qui se passe sur le champ de bataille.

1. Ces documents forment un total de cent trente-trois volumes manuscrits, sur lesquels quarante-quatre sont consacrés au combat de la *Dominique*.

rappelé les débuts de cette marine créée par Richelieu, abandonnée sous la régence, relevée et définitivement établie par Louis XIV et Colbert. Quelques-uns des faits maritimes les plus importants ont été rapportés. Je suis entré dans quelques détails sur les batailles navales de l'année 1672, afin de combattre l'opinion généralement accréditée que la France a manqué de loyauté à l'égard de l'Angleterre [1].

On ne peut apprécier les éléments d'une campagne, soit sur terre, soit sur mer, qu'à la condition de bien connaître les éléments avec lesquels elle a été entreprise. C'est pourquoi j'ai voulu indiquer d'une manière précise l'organisation de la marine française au moment où a éclaté la guerre de l'indépendance américaine. Il est difficile de parler des institutions d'une époque sans dire quelques mots de celles qui les ont précédées. Dans cet ordre d'idées les choses s'enchaînent, et le régime d'aujourd'hui est toujours en relation directe avec celui de la veille. Ceci est au moins la règle pour les temps réguliers. J'ai donc été conduit à parler des institutions maritimes se rattachant aux époques antérieures à 1778. J'ai pris pour point de départ le commencement du dix-septième siècle. La marine militaire, telle que nous la comprenons aujourd'hui, n'existait pas avant le ministère du cardinal de Richelieu.

Quelles que soient les transformations que subisse le matériel, les principes sur lesquels repose l'art militaire ne changent pas. L'étude des guerres passées a ce grand avantage qu'elle permet aux hommes placés à la tête des flottes ou des armées d'éviter les fautes commises par leurs devanciers. Elle leur fournit des points de comparaison, toutes les fois qu'ils se trouvent en présence d'événements inattendus. On improvise peu sur les champs de bataille, et, dans la marine comme dans l'armée, il faut arriver devant l'ennemi avec une instruc-

---

[1]. Un roman maritime d'Eugène Sue, intitulé *Histoire de la Marine française*, a beaucoup servi à accréditer cette erreur.

tion acquise à l'avance. La hardiesse dans le conseil, l'énergie et la promptitude des décisions procèdent du savoir beaucoup plus que du tempérament, ce que le public n'est pas toujours disposé à croire. Un officier qui ne se rend pas un compte exact de sa position et de celle de l'ennemi est rarement entreprenant. Quoique le lieutenant général d'Estaing se distinguât par une bravoure personnelle extrêmement brillante, nous le verrons agir, comme chef d'escadre, avec une extrême timidité. Il n'osa pas, ainsi que l'écrivait Suffren, « attaquer avec douze gros vaisseaux sept petits, parce qu'ils étaient défendus par quelques batteries à terre[1]. » Des instructions, enjoignant au commandant de l'escadre de l'Inde de ramener ses vaisseaux à l'île de France, parvinrent à Suffren au milieu de l'année 1782. Convaincu que cet ordre était contraire à nos intérêts, il n'hésita pas à l'enfreindre. En refusant d'aller au-devant des renforts annoncés par le ministre, il assumait la responsabilité des échecs qu'il pourrait essuyer. Il se chargeait, en outre, de faire subsister son escadre sur la côte de Coromandel, où nous n'avions ni ports ni magasins. Suffren étant un homme exceptionnel, sa conduite ne peut servir de règle, mais nous pouvons citer l'exemple du lieutenant général d'Orvilliers. Celui-ci croisait, au mois de juillet 1778, à l'entrée de la Manche, lorsque le gouvernement français fut informé de la sortie de l'amiral Keppel. La flotte anglaise était supérieure à la nôtre par le nombre des canons. M. de Sartines, en portant cette nouvelle à la connaissance du commandant de notre armée, lui donna l'autorisation de revenir à Brest. « J'ai prévenu les capitaines de mon escadre, répondit l'amiral, que je comptais rester un mois à la mer, et, à moins d'un ordre formel,

---

1. Le contre-amiral Barrington, après avoir débarqué des troupes anglaises à Sainte-Lucie, au mois de décembre 1778, avait mouillé avec sept vaisseaux dans une des baies de l'île. D'Estaing vint de la Martinique au secours de Sainte-Lucie avec des troupes de débarquement et une escadre de douze vaisseaux.

je ne rentrerai pas avant le moment que j'ai indiqué. » Le parti que prenait cet officier général n'impliquait, de sa part, aucune intrépidité particulière. Sa réponse était celle d'un chef d'escadre ayant de la fermeté et surtout des lumières [1]. C'est dans des résolutions de cette nature que consiste le courage des généraux.

1. Le comte d'Orvilliers était considéré par toute la marine comme l'officier général le plus capable de commander une grande escadre. Il avait fait les deux guerres de 1741 et de 1756. Il était âgé de soixante-huit ans au commencement de la guerre de l'indépendance américaine.

LIVRE I

La marine militaire, en France, date de Louis XIII. — Suppression de la charge de grand amiral. — Le cardinal de Richelieu est nommé grand maître, chef et surintendant de la navigation et du commerce. — Création des premières troupes affectées au service de la flotte. — Efforts du cardinal pour jeter les bases d'un établissement maritime permanent. — Services rendus par les forces navales sous son ministère. — La marine militaire décroît sous la régence d'Anne d'Autriche. — Règne de Louis XIV. — Colbert, ministre de la marine. — Développement rapide de nos forces navales. — Institutions et ordonnances de Colbert. — Ministère du marquis de Seignelay. — Principaux événements auxquels prend part la marine sous Louis XIV.

I

La marine militaire, telle que nous l'entendons aujourd'hui, c'est-à-dire comprenant un matériel et un personnel entretenus aux frais de l'État et exclusivement consacrés à son service, ne date que de Louis XIII [1]. Henri IV avait eu la pensée de créer une marine militaire, mais les difficultés des temps où il vivait ne lui avaient pas permis d'entreprendre cette tâche patriotique. Douze ans après

1. « On chercherait en vain dans les archives, avant l'année 1660, des correspondances assez suivies pour en former un tableau satisfaisant de notre marine. Je n'y ai trouvé qu'un petit nombre de pièces originales et quelques états antérieurs à cette époque. Cependant, pour ne pas laisser un vide aussi considérable dans cette partie intéressante, j'ai cru devoir remonter plus haut..... Je suis parvenu à commencer le détail de nos différents armements de l'année 1610, lorsque Louis XIII parvint au trône. Je me suis fixé, avec d'autant plus de raison, au règne de ce prince, qu'on peut le regarder comme le restaurateur de notre marine qui était tombée dans un si grand anéantissement depuis Henri II, qu'à peine, sous Henri IV, la France aurait pu mettre quatre vaisseaux en mer. (*Histoire manuscrite de la Marine française de 1610 à 1763.*) » L'auteur, M. Porque d'Amécourt, était garde des archives et premier commis du dépôt des papiers de la marine et des colonies. Il a exercé ces fonctions de 1761 à 1785.

l'avénement au trône de son successeur, notre faiblesse, au point de vue maritime, était telle que le gouvernement ne put mettre en mer une flotte suffisante pour arrêter les déprédations que commettaient quelques navires protestants sur les côtes de la Guyane, du Poitou et de la Bretagne. En 1625, Louis XIII fut obligé de demander l'assistance d'une puissance étrangère pour combattre les Rochellois révoltés. En vertu d'un traité signé à la Haye, par notre ambassadeur, le comte de Lesdiguières, les États-Généraux s'engagèrent à mettre à notre disposition vingt bâtiments de guerre. Il fut convenu que douze de ces bâtiments auraient des capitaines et des équipages français. Nous avions introduit cette clause dans la crainte que les Hollandais ne prissent parti pendant la campagne pour leurs coreligionnaires. Cette situation était aussi humiliante pour l'amour-propre national que dangereuse pour notre sécurité. Le cardinal de Richelieu résolut de donner à la France une flotte de guerre qui lui permît de prendre parmi les nations maritimes le rang que lui assignaient l'étendue de ses côtes et les ressources de son territoire. Les institutions de cette époque présentaient de sérieux obstacles à l'exécution de ses projets. Les affaires maritimes étaient placées sous la direction d'un dignitaire qui portait le titre d'amiral de France. Cet amiral était un prince du sang ou un des hommes les plus considérables de l'État. Il avait de droit le commandement des armées navales et des ports. C'était à lui qu'appartenait la nomination des officiers et des fonctionnaires servant dans la marine. Les opérations, de quelque nature qu'elles fussent, exécutées dans les arsenaux pour le compte du Roi, relevaient de son autorité. Avec cette organisation, l'unité de vues indispensable pour atteindre le but que poursuivait le cardinal ne pouvait exister. Il était en effet difficile de croire que l'amiral consentît à n'être que l'instrument docile des volontés du ministre. D'autre part, le pouvoir, dont disposait ce personnage, était un fait absolument inconciliable avec les idées de Richelieu en matière de gouvernement. L'amiralat, dont le titulaire, Henri de Montmorency, reçut une indemnité de douze cent mille livres, fut supprimé en 1626. La charge qui disparaissait avait constitué, en son temps, un progrès très-réel sur le passé. Elle avait absorbé les amirautés particulières, celles du Levant, de la Guyenne, de la Normandie et de l'Ile de France. Par suite de cette mesure, le gouvernement de notre pays avait fait un pas dans la voie de la centralisation. La réforme pratiquée par Richelieu acheva l'œuvre commencée. Le Roi créa la charge de grand maître chef et surintendant de la navigation et du commerce, et il la confia au Cardinal [1].

Celui qui occupait ce nouveau poste devait jouir, si ce n'est de tous les honneurs, au moins de tous les droits dévolus jusque-là à l'amiral de France. En conséquence, Richelieu se trouva en possession de l'autorité nécessaire à l'exécution de ses desseins. L'assemblée des Notables, réunie à Paris à la fin de l'année 1626, demanda au Roi, sur sa proposition, que l'État entretînt d'une manière permanente quarante-cinq bâtiments de guerre. On devait également avoir dans la mer Méditerranée un certain nombre de galères toujours prêtes pour un service actif. Sans marine, fut-il dit à cette occasion, on ne peut ni profiter de la paix, ni faire la guerre d'une manière avantageuse. Ce serait une erreur de penser que ces maximes aient perdu de leur valeur. La main du Cardinal s'était déjà montrée dans les affaires de la marine. Lorsqu'il s'était trouvé dans l'obligation de recourir aux États-Généraux pour assurer la sécurité de nos côtes, il avait commandé aux constructeurs les plus habiles de la Hollande dix bâtiments de guerre pour le compte du gouvernement français. C'était lui qui avait décidé, en 1622,

---

1. La dignité de vice-amiral, qui existait à cette époque, fut supprimée en même temps que l'amiralat. Un intendant général de la navigation remplaça le vice-amiral, de même que le grand maître chef et surintendant de la navigation et du commerce remplaçait l'amiral.

la création de cent compagnies destinées, sous le titre de compagnies ordinaires de la marine, à faire le service sur les bâtiments de guerre. Jusque-là, les soldats embarqués sur les flottes étaient pris dans les rangs de l'armée de terre. En 1627, les cent compagnies détachées furent supprimées, et les hommes qui en faisaient partie formèrent un régiment qui prit le nom de régiment de la marine. Les compagnies franches de 1622 et le régiment de la marine dans lequel elles vinrent se fondre, cinq ans après, sont les premières troupes de la marine dont l'existence ait été officiellement constatée[1]. On remarquera qu'il ne s'agissait pas de troupes destinées à servir dans les ports ou dans les colonies, mais d'hommes appelés à former une fraction très-importante des équipages de la flotte de guerre. En 1627, le Roi fit marcher une armée contre la ville de la Rochelle, place forte que les protestants possédaient en vertu de l'édit de Nantes. Le gouvernement de la Grande-Bretagne, prétendant être garant des traités conclus avec les réformés, envoya une flotte, sous les ordres de Buckingham, pour les secourir. Les Anglais occupèrent une partie de l'île de Ré. Nos troupes parvinrent à les en chasser, mais l'ennemi, restant maître de la mer, conserva la possibilité de ravitailler la place. Vingt petits bâtiments, réunis par les soins du Cardinal, apportaient un concours utile aux opérations militaires. C'était avec leur aide que nous avions débarqué dans l'île de Ré, mais cette flottille était insuffisante pour couper les communications des assiégés avec le large. Or, les généraux déclaraient que la Rochelle serait imprenable aussi longtemps que cette condition ne serait pas remplie. Ne disposant pas d'une force navale qui lui permît de satisfaire à cette exigence, le Cardinal se décida à fermer le port par une digue. Ce travail, grâce à l'habileté de l'ingénieur Clément Métézau, chargé

---

1. Les archives de la marine ne contiennent aucun document indiquant l'existence des troupes de la marine avant cette date.

de cette importante opération, et au dévouement de nos soldats, fut terminé au milieu de l'année 1628 [1]. Dès lors, toutes les tentatives pour faire pénétrer des secours dans la ville furent inutiles. La Rochelle, vaincue par la famine, ouvrit ses portes, au mois d'octobre. Richelieu avait présidé à toutes les opérations du siége, en qualité de lieutenant du Roi. Il avait été témoin des difficultés que l'armée avait rencontrées. Si le mode employé pour fermer le port constituait un titre d'honneur pour les assiégeants, d'autre part, la construction de la digue avait coûté beaucoup de temps et d'argent qui eussent été épargnés, si une escadre française, croisant devant la Rochelle, en eût interdit l'accès à l'ennemi. Le Cardinal, plus que jamais convaincu de l'infériorité à laquelle la France se trouverait condamnée, si elle n'avait pas de marine militaire, se mit immédiatement à l'œuvre pour jeter les bases d'un grand établissement maritime. Les bâtiments de guerre devinrent la propriété de l'État. Les ports furent améliorés et fortifiés, et, à la tête de chacun d'eux, une ordonnance, portant la date du 29 mars 1631, plaça un commissaire général et un chef d'escadre [2]. Ces deux fonctionnaires, auxquels des officiers furent adjoints, reçurent la mission de réparer et d'entretenir les bâtiments qui se trouvaient dans nos arsenaux, et d'armer ceux que le ministre désignait pour aller à la mer. Les capitaines et les lieutenants, destinés à embarquer sur les bâtiments de guerre, furent maintenus au service d'une manière permanente. Richelieu leur alloua une solde à terre distincte de celle qu'ils re-

---

1. Cette digue était longue de sept cent quarante toises. Elle avait treize pieds de haut et dix-huit pieds de large à sa base. On la construisit en coulant des bâtiments remplis de maçonnerie. Les détails de l'exécution furent confiés à un maître maçon de Paris, du nom de Jean Tircot.

2. Sous Colbert, nous verrons tous les services, dans les ports, aboutir à deux fonctionnaires, l'un militaire et l'autre appartenant à l'ordre civil, savoir : le commandant de la marine et l'intendant. Dans ces deux fonctionnaires, il est facile de reconnaître le commissaire général et le chef d'escadre, placés par l'ordonnance de 1631 à la tête des ports.

PRÉFACE. 13

cevaient à la mer. Il fonda des écoles de canonnage et il nomma, dans chaque port, un officier spécialement chargé du service de l'artillerie[1]. On disposa dans les magasins le matériel nécessaire pour armer les bâtiments à flot. Un deuxième régiment des troupes de la marine, qui prit le nom de régiment royal des vaisseaux, fut créé en 1635. Le service des officiers et des équipages à terre et à la mer fut réglementé. Il n'y avait, à cette époque, aucune législation particulière pour la marine de guerre. Dans les ports militaires, aussi bien que sur les vaisseaux armés provisoirement pour le compte du Roi, on appliquait les lois et les coutumes en usage sur les navires de commerce. Un code pénal, destiné à la marine de l'État, parut en 1634[2].

Quoique rejetées au second plan par l'avènement des vaisseaux ronds, c'est ainsi qu'on appelait les navires à voiles, les galères conservaient une grande importance. Elles étaient dirigées par Pierre de Gondi qui portait le titre de général des galères. Cette qualité lui donnait le commandement des îles d'Hyères et la lieutenance géné-

1. Les quelques lignes suivantes, empruntées à un état de dépenses approuvé par Richelieu, donneront une idée des vues du cardinal et de son esprit d'organisation. « A cent canonniers qui, outre ceux qui sont actuellement stipendiez dans les vaisseaux, seront obligez de servir en toutes occasions où ils seront mandez, chacun cinquante livres, montant en tout cinq mille livres ; à trois maîtres canonniers qui seront aux trois escholles establies en Normandie, Bretaigne et Guyenne, qui seront obligez d'instruire la jeunesse en leur art, chacun deux cents livres, montant six cents livres. A cent cinquante jeunes hommes, depuis l'âge de quinze ans jusqu'à vingt-cinq, de toutes les castes les plus proches des villes où seront établies les escadres pour être instruitz pour être canonniers, chacun dix livres, montantz en tout quinze cents livres. Pour les pouldres qui seront consommées es trois escholles de canonniers establies cy dessus, à raison de quatre milliers par escholle, qui font douze milliers qui, à dix solz la livre de pouldre, reviennent à six mille livres. Pour les prix qui seront donnez douze fois l'année, à chacune des escholles qui, pour les trois, font trente-six, à raison de trente livres et pour prix qui seront emploiez en draps pour habiller ceux qui les gaigneront, montant en tout mil quatre vingts livres. » On voit que le grand ministre comprenait la nécessité d'avoir, non-seulement une réserve, mais une réserve instruite.
2. Ce travail fut fait, par ordre de Richelieu, sous la direction du commandeur de la Porte, intendant général de la navigation.

rale du Roi dans les mers du Levant. Richelieu obtint, moyennant une indemnité de cinq cent soixante mille livres, la cession de cette charge en faveur du fils d'une de ses sœurs, le marquis François de Vignerot du Pont de Courlay. Ce dernier exerça les fonctions de sa charge, en ce qui concernait la partie militaire. Il commanda les galères, lorsqu'elles furent envoyées à la mer, mais le Cardinal garda entre ses mains la direction supérieure de ce service. C'était, d'ailleurs, le but qu'il s'était proposé, en confiant cet emploi à son neveu. En 1635, la guerre éclata entre la France alliée à la Hollande et l'Espagne. Quarante bâtiments de guerre, ayant de huit à cinquante deux canons, six brûlots et quatorze navires de charge furent réunis, au mois de juin 1636, sur la rade de Belle-Ile. Cette flotte, dont l'armement représentait, de la part du Cardinal et de ses agents, un effort considérable, était commandée par Henri de Lorraine, comte d'Harcourt. Ce dernier avait, auprès de lui, comme conseiller, monseigneur d'Escoubleau de Sourdis, archevêque de Bordeaux, qui avait joué un rôle très-brillant au siège de la Rochelle[1]. Le capitaine du navire amiral, le commandeur Des Gouttes, vieil officier, ayant une grande expérience de la mer, était au point de vue purement maritime, le véritable chef de l'armée[2]. Les instructions adressées au comte d'Harcourt lui prescrivaient de se rendre dans la Méditerrannée. Il devait s'entendre avec le maréchal de Vitry, gouverneur de Provence

---

1. Le Roi nommait l'archevêque « chef de ses conseillers près ledit comte d'Harcourt......, pour l'assister dans les conseils qui se tiendront en l'emploi de l'armée et sur toutes les affaires concernant ladite armée, et pour, sous l'autorité de Sa Majesté et celle dudit comte d'Harcourt, avoir la direction de ce qui serait de la subsistance de ladite armée, vivres, munitions et équipages, avec pouvoir de faire prendre, sur tous les vaisseaux qui se rencontreraient en mer, les victuailles, agrès et munitions dont ladite armée navale pourrait avoir besoin, en payant, laissant néanmoins auxdits vaisseaux ce qui leur serait nécessaire pour le reste de leur voyage. »

2. Le cardinal avait, dans les lumières de cet officier et dans sa capacité maritime, la confiance la plus entière.

PRÉFACE. 15

pour reprendre les îles de Lérins que les Espagnols nous avaient enlevées, l'année précédente. Le Roi et son ministre tenaient particulièrement à l'exécution de ce projet. Après avoir embarqué un corps de quatorze mille soldats, la flotte fit route vers le détroit[1]. Dans les premiers

1. On lira avec intérêt la composition de cette flotte. En se reportant à la situation maritime de la France, au moment du siége de la Rochelle, on se rendra compte des résultats obtenus par le cardinal, dix ans après qu'il eût pris possession de sa charge de grand maître, chef et surintendant de la navigation et du commerce. Les navires de guerre n'étaient pas classés, comme ils le furent quelques années après, et leur force se trouvait, à cette époque, indiquée par le tonnage. Le comte d'Harcourt se dirigeait vers la Méditerranée avec les bâtiments désignés ci-après : le *Grand Saint-Louis*, de mille tonneaux, Des Gouttes, capitaine; la *Fortune*, de cinq cents tonneaux, de Poincy, capitaine; la *Licorne*, de cinq cents tonneaux, de Montigny, capitaine; le *Corail*, de cinq cents tonneaux, Rigault, capitaine; la *Ciguë*, de cinq cents tonneaux, de Cangé, capitaine; le *Cocq*, de cinq cents tonneaux, de La Fayette, capitaine; le *Saint-Michel*, de cinq cents tonneaux, de Cou, capitaine; la *Sainte-Genefuieue*, de cinq cents tonneaux, de Beaulieu, capitaine; la *Perle*, de trois cents tonneaux, de Boisjoly, capitaine; la *Magdelaine*, de trois cents tonneaux, de Guitault, capitaine; l'*Eglise*, de trois cents tonneaux, de Miramont, capitaine; l'*Hermine*, de deux cents tonneaux, de Coursac, capitaine; la *Sainte-Marie*, de deux cents tonneaux, de Portenoire, capitaine; la *Royale*, de cent vingt tonneaux, Rozet, capitaine; la *Patache de M. de Cou*, de cinquante tonneaux, Pourpardin, capitaine; l'*Europe*, de cinq cents tonneaux, de Mante, capitaine; le *Saint-Louis*, de cinq cents tonneaux, de Giron, capitaine; le *Lion-d'Or*, de trois cents tonneaux, de Beaulieu-Pressac, capitaine; l'*Intendant*, de trois cents tonneaux, d'Arpantigni, capitaine; le *Saint-Louis de Hollande*, de trois cents tonneaux, de Vaillebois, capitaine; la *Renommée*, de trois cents tonneaux, Charles Duval de Couppeauville, capitaine; le *Saint-Jean*, de trois cents tonneaux, Vaslin, capitaine; la *Marguerite*, de deux cents tonneaux, de La Treille, capitaine; le *Saint-François*, de deux cents tonneaux, Reguier, capitaine; la *Lionne*, de deux cents tonneaux, Beaulieu le jeune, capitaine; la *Palmande*, de deux cents tonneaux, Cazennac, capitaine; l'*Espérance*, de deux cents tonneaux, d'Arrérac, capitaine; l'*Ange*, de deux cents tonneaux, de Petonnier, capitaine; la *Frégate gasconne*, de cent vingt tonneaux, Gabaret, capitaine; le *Saint-Vincent*, de trois cents tonneaux, de La Bouillerie, capitaine; la *Magdelaine*, de trois cents tonneaux, du Mé d'Aplemont, capitaine; la *Marguerite*, de deux cents tonneaux, de Chastellux, capitaine; la *Sainte-Anne*, de deux cents tonneaux, de Pontrincourt, capitaine; l'*Aigle*, de deux cents tonneaux, Louis Havart, capitaine; la *Levrette*, de deux cents tonneaux, Daniel, capitaine; le *Neptune*, de deux cents tonneaux, Du Quesne, capitaine; le *Griffon*, de deux cents tonneaux, de La Chesnaye, capitaine. Le nombre des canons, sur l'ensemble de cette flotte, était de quatre cent deux. Le navire amiral, le *Grand-Saint-Louis*, avait quarante-six pièces

jours d'août, le comte d'Harcourt rallia, aux îles d'Hyères, les galères du marquis du Pont de Courlay et une escadre à voiles commandée par le baron d'Allemagne. Il prit, conformément aux ordres de la cour, le commandement en chef de toutes nos forces navales. Par suite de contestations survenues entre le gouverneur de Provence et le comte d'Harcourt, l'année se passa dans l'inaction. Le maréchal de Vitry avait laissé prendre les îles de Lérins par sa négligence. Le Roi, se souvenant peut-être de la journée du 24 avril 1617, et supposant, d'autre part, que le marquis de Vitry ferait tous ses efforts pour réparer sa faute, s'était montré très-indulgent[1]. Cependant, cédant aux instances du cardinal, il avait placé le maréchal sous la tutelle de monseigneur Gabriel de Beauveau de Rivarenne, évêque de Nantes. Ce prélat était arrivé à son poste au mois de janvier 1636, mais il n'était pas parvenu à adoucir l'humeur violente de celui qu'il devait diriger.

Dans un conseil de guerre, tenu au commencement de 1637, le maréchal, mécontent de trouver monseigneur de Sourdis peu disposé à accepter ses avis, s'emporta au point de le frapper. Lorsque ces faits furent connus, le Roi ajourna encore une fois les mesures de sévérité; mais le maréchal ayant continué, malgré les ordres formels de la cour, à vivre en mauvaise intelligence avec l'archevêque, fut appelé à Paris[2]. Le comte d'Harcourt s'empara des îles de Lérins au mois de mai 1637. Le 1er septembre 1638, une rencontre eut lieu, sur les côtes d'Italie, non loin de Gênes, entre les galères de France et d'Espagne. Le marquis du Pont de Courlay remporta une brillante

---

et deux cent quatre-vingt-quinze hommes d'équipage. Le nombre des canons et celui des hommes d'équipage était proportionnel au tonnage.

1. Le 24 avril 1617, Nicolas de l'Hopital, marquis de Vitry, avait tué d'un coup de pistolet, sur le pont du Louvre, Concini, (le maréchal d'Ancre).

2. Après avoir été sévèrement réprimandé, le maréchal fut renvoyé à son gouvernement. Sa conduite ne s'améliorant pas, sa disgrâce devint définitive. Il fut arrêté, le 27 octobre 1627, au milieu de ses troupes et conduit à Paris. Mis à la Bastille, il n'en sortit qu'après la mort du cardinal.

victoire. Cette même année, monseigneur de Sourdis appuya, avec une flotte comprenant trente-sept bâtiments de guerre et quatre brûlots, les opérations de Condé qui assiégeait Fontarabie. Il infligea des pertes très-sérieuses à une division espagnole mouillée dans le petit port de Guetaria[1]. L'année suivante, au mois de juillet, l'archevêque faisait route vers la Corogne, lorsque son escadre fut dispersée par un coup de vent d'une extrême violence. Quelques-uns de ses bâtiments disparurent dans la tourmente; d'autres firent des avaries considérables. Après être resté quelque temps à Belle-Ile pour se réparer, monseigneur de Sourdis reprit la mer. Il termina sa campagne sans avoir eu la bonne fortune de rencontrer l'ennemi. En 1640, Armand Maillé de Brézé, placé à la tête de l'escadre de l'Océan, défit les Espagnols au large de Cadix. En 1641, monseigneur de Sourdis, appelé au commandement de nos forces navales dans la Méditerranée, fut chargé de bloquer Tarragone qui était assiégée par une armée française. Il eut, le 3 juillet, avec les galères d'Espagne, un premier engagement qui lui fut favorable. Attaqué, le 22, par des forces supérieures, l'archevêque se vit contraint de lever le blocus. Notre retraite permit aux Espagnols de ravitailler Tarragone. Or, cette ville manquait de vivres, et elle était sur le point de capituler. Les assiégeants désappointés adressèrent à Paris des plaintes très-vives contre l'escadre. La conduite de monseigneur de Sourdis, les 3 et 22 juillet, avait été irréprochable. Telle était l'opinion de ses principaux officiers, au nombre desquels figurait Du Quesne. Néanmoins, son échec devant Tarragone amena sa disgrâce. Il perdit son

---

1. Le vaisseau la *Couronne* faisait partie de l'escadre de Mgr de Sourdis. Ce bâtiment, le plus grand que nous eussions à cette époque, avait cent vingt pieds de quille et deux cents pieds de longueur totale, mesuré de l'arrière du château de poupe à l'extrémité de l'éperon. Sa plus grande largeur était de quarante-quatre pieds, et sa hauteur, du haut de la dunette à la quille, de soixante-quinze pieds. Ce vaisseau portait soixante-douze canons en batteries. La *Couronne* avait été construite, à La Roche-Bernard, par un constructeur dieppois, du nom de Morieu.

commandement, et il lui fut fait défense de venir à Paris pour se justifier. Depuis quelque temps déjà, les services de l'archevêque n'étaient pas appréciés favorablement à la cour. Après avoir été l'homme de confiance du cardinal, monseigneur de Sourdis était devenu suspect, et un officier, monsieur de Besançon, avait été placé auprès de lui pour le surveiller. L'archevêque s'était compromis par des paroles imprudentes, et il était entré en relation avec les ennemis du cardinal, ce que ce dernier ne pardonnait pas.

A la mort de Louis XIII, arrivée en mai 1643, quelques mois après celle de son ministre[1], la situation maritime de la France témoignait avec éclat des efforts du cardinal et du succès de son entreprise. Le pavillon français se montrait avec honneur sur toutes les mers. Nous avions des ports, des arsenaux, des fonderies, un personnel spécialement destiné à la marine de guerre et des vaisseaux en état de naviguer et de combattre. La marine du commerce, qui avait été l'objet de l'attention particulière du cardinal, avait pris un rapide essor. La France possédait des établissements aux Antilles, dans les Florides, au Canada, sur les côtes d'Afrique et à Madagascar. La colonisation avait reçu, sur tous ces points, une très-vive impulsion. En se substituant à l'amiral de France, sous le titre de grand maître chef et surintendant de la navigation et du commerce, le cardinal n'avait pas obéi à un sentiment d'ambition vulgaire[2]. L'intérêt de la France, aux destinées de laquelle il présidait, avait été l'unique mobile de sa conduite.

Lorsque ce grand ministre mourut, son œuvre n'était pas achevée, mais, dans l'organisation qu'il laissa derrière lui, il est facile de reconnaître les principes qui, plus tard, servirent de base aux institutions de Colbert.

---

1. Le cardinal était mort le 4 décembre 1642.
2. Conformément à la demande du cardinal, le Roi avait décidé que la nouvelle charge ne comporterait pas d'appointements. D'autre part, Richelieu n'était pas appelé à commander les escadres. Ce qui lui restait, c'était l'autorité nécessaire pour diriger la marine selon ses vues.

II

Pendant les premières années de la régence d'Anne d'Autriche, la marine joua un rôle très-honorable. Le duc de Brézé, à la tête de vingt-deux bâtiments de guerre et de deux brûlots, rencontra les Espagnols, le 9 août 1643, au large de Barcelone. Il les attaqua et il leur prit cinq bâtiments. Dans une seconde rencontre qui eut lieu, le 3 septembre, l'ennemi subit de nouvelles pertes. Les Espagnols, très-affaiblis par ces deux défaites, restèrent quelques années sans rien entreprendre sur mer. Dans le mois de juin 1646, le duc de Brézé croisait devant Orbitello pour couvrir le siége de cette place du côté de la mer avec vingt-cinq bâtiments de guerre, vingt galères et dix brûlots, lorsque l'ennemi fut signalé. L'amiral don Francisco Diaz Pimienta avait sous son commandement vingt-cinq vaisseaux, trente galères et huit brûlots. Après un combat très-vif, l'amiral espagnol, quoiqu'il eût la supériorité du nombre, nous abandonna le champ de bataille. Le duc de Brézé, qui s'était très-vaillamment conduit, ayant été tué, Mazarin lui donna pour successeur celui qui était le véritable chef de l'armée, le commandeur Des Gouttes. En 1647 et en 1653, les escadres françaises, sous le commandement du maréchal de la Meilleraye, du duc de Richelieu et du duc de Vendôme, appuyèrent avec succès les opérations des troupes françaises en Espagne et en Italie. Les troubles de la Fronde ruinèrent cette marine naissante. Les arsenaux furent laissés dans le dénûment, les bâtiments à flot dépérirent, et on n'entreprit aucune construction neuve. Le personnel, aussi négligé que le matériel, disparut ou fut détourné de sa destination. Lorsque l'autorité royale eut été rétablie, Mazarin donna quelque attention à la marine, dont les services lui étaient nécessaires pour combattre les Espagnols. Les tentatives faites, à cette époque, pour réorganiser nos forces navales, ne furent pas poussées avec une vigueur suffisante pour aboutir à un résultat sérieux. Le développement de la marine ne reprit sa marche qu'en 1666. Colbert eut l'honneur d'achever, ou pour parler d'une manière plus conforme à la vérité, de faire sienne l'œuvre commencée par Richelieu. Lorsqu'il arriva aux affaires comme intendant des finances, ayant le département de la marine, il trouva le trésor vide et les revenus de plusieurs années dépensés à l'avance. Dans nos ports, où régnait l'abandon le plus complet, nous avions une trentaine de bâtiments, parmi lesquels on comptait trois vaisseaux de soixante à soixante-dix canons. Une année après, grâce à l'ordre qu'il apporta dans les finances, Louis XIV put donner cinq millions au Roi Charles II d'Angleterre pour racheter Dunkerque. Des travaux furent immédiatement entrepris pour fortifier cette place et creuser un bassin entre la ville et la citadelle. Les ports de Brest et de Toulon reçurent des agrandissements, et celui de Rochefort fut créé. Les hommes vivant du métier de la mer, pêcheurs, caboteurs et marins naviguant au long cours, furent portés sur des listes spéciales. Le ministre eut une base lui permettant de calculer l'étendue qu'il était possible de donner à nos armements. Les marins furent divisés en trois classes devant servir tour à tour sur les bâtiments de l'État. Cette législation remplaça avec avantage les mesures violentes, à l'aide desquelles on recrutait, à cette époque, les équipages de la flotte de guerre. Néanmoins, les nouvelles ordonnances firent peser sur les populations maritimes une lourde charge[1]. Ce fut pour l'atténuer que Colbert institua la caisse

---

1. Lorsque l'État faisait des armements à Brest, à Toulon ou à Rochefort, on formait les équipages en s'emparant par la force des matelots qui se trouvaient dans les ports voisins. Si cette mesure était insuffisante, les ports de commerce étaient fermés sur une certaine étendue du littoral. Il était défendu aux bâtiments marchands de prendre la mer avant que le personnel nécessaire aux besoins du moment eût été réuni. Dans ces conditions, le régime imaginé par Colbert constituait un avantage très-sérieux pour les populations maritimes. Si ce système avait fonctionné régulièrement, il eût

des invalides. Une ordonnance de 1673 décida qu'il serait fait, à l'avenir, une retenue de six deniers par livre sur les appointements des officiers généraux et particuliers de la marine et sur les salaires des équipages « pour la subsistance, l'entretien et la récompense des officiers mariniers et matelots estropiés sur les vaisseaux et pour la fondation d'un hôpital général dans chacun des arsenaux de Rochefort et de Toulon. » Ces deux hôpitaux ne furent pas construits, mais, avec les fonds destinés à cet usage, le département de la marine donna des secours aux hommes qui auraient eu le droit d'entrer dans ces établissements. Telle est l'origine de la caisse des invalides de la marine et des pensions connues sous le nom de demi-soldes. Le système fut complété en 1703. A partir de cette époque, on préleva trois deniers, par livre, sur le produit de toutes les prises. En 1709, la retenue sur la solde, faite au profit des invalides, fut abaissée, mais elle atteignit les traitements du personnel de l'ordre civil, ainsi que les gages payés par les armateurs aux matelots des bâtiments de commerce : « Pour être lesdits deniers employés au paiement des pensions que nous accorderons tant aux officiers invalides de nos vaisseaux et galères qui en seraient jugés dignes, qu'aux intendants et autres officiers de nos ports et arsenaux, comme aussi

---

été considéré par les marins comme un bienfait. Mais ce ne fut pas ainsi que les choses se passèrent. Les guerres qui remplirent le règne de Louis XIV exigèrent de continuels armements. Le département de la marine aurait encouru une grave responsabilité, si le manque d'hommes avait été un obstacle au départ de nos escadres. La formation des équipages fut une des plus pénibles préoccupations de la carrière de Colbert. Cette situation ne lui permit presque jamais d'appliquer la règle qu'il avait faite. Au lieu d'être appelées tour à tour, les classes furent confondues, et, le plus souvent, tous les hommes de l'inscription maritime, présents dans nos ports, furent envoyés sur les bâtiments de guerre. Cette mesure était très-naturelle, puisque tous étaient nécessaires à la défense du pays. Ces idées, qu'on admet très-bien aujourd'hui, n'étaient pas comprises à cette époque. D'autre part, cet appel général, coïncidant avec un règlement qui ne parlait que d'appels particuliers, laissa dans l'esprit des populations une haine profonde contre l'inscription maritime, dont nous retrouverons pendant longtemps la trace.

pour la demi-solde, tant des matelots et soldats que des ouvriers de nos arsenaux et des galères qui auront été estropiés ou qui auront vieilli, auxquelles récompenses seront pareillement admis les officiers, matelots et soldats invalides ou estropiés sur les vaisseaux marchands. »
Colbert organisa avec un soin tout particulier le service de l'artillerie. Des compagnies d'apprentis-canonniers des classes et des compagnies de bombardiers furent attachées d'une manière permanente aux ports de Brest, de Toulon et de Rochefort. Ces compagnies, dont l'effectif s'élevait à cent hommes, pour les premières, et à cinquante, pour les secondes, étaient commandées par un lieutenant et un enseigne de vaisseau. Les apprentis-canonniers passaient huit mois dans les ports. Après ce laps de temps, consacré à leur instruction, ils rentraient dans leurs quartiers, tandis que des marins de nouvelles levées venaient prendre leur place. L'État entretenait d'une manière permanente, dans chacun de nos ports militaires, un certain nombre de maîtres-canonniers[1].

Les troupes de la marine, composées des deux régiments, « la marine et royal des vaisseaux », créés par Richelieu, le premier en 1626, et le second en 1635, furent augmentées en 1669 et en 1670, de deux nouveaux régiments, savoir : « royal marine et amiral. » En 1671, ce personnel s'étant trouvé supérieur aux besoins de la flotte, Louvois obtint du Roi que ces quatre régiments seraient mis à sa disposition. Colbert leva cent compagnies franches pour le service de son département[2]. Les soldats de

---

1. Une ordonnance de 1694 établit deux canonniers amiraux et deux canonniers vice-amiraux à Brest et à Toulon, et deux canonniers vice-amiraux à Rochefort. Les canonniers vice-amiraux étaient pris parmi les canonniers entretenus, et les canonniers amiraux parmi les canonniers vice-amiraux. Les canonniers amiraux et vice-amiraux n'embarquaient que sur les vaisseaux à bord desquels était arborée la marque distinctive d'un officier général.

2. Les compagnies franches disparurent, en 1689, pour faire place aux soldats gardiens. La nouvelle institution ne dura pas. Les compagnies franches furent rétablies en 1694. Leur effectif était de cent hommes; elles étaient

PRÉFACE. 23

ces compagnies montaient la garde dans les arsenaux, lorsqu'ils n'étaient pas embarqués[1]. A bord des bâtiments, outre le service de garde et celui de la police qui leur incombaient, ils prenaient part à tous les travaux. Ceux d'entre eux qui étaient en état de jouer un rôle utile dans la mâture, recevaient un supplément de solde. Les ordonnances et règlements, dont nous venons de donner une rapide analyse, assuraient aux bâtiments de guerre des matelots capables, des canonniers habiles et une bonne mousqueterie. Les cadres des compagnies franches comprenaient le nombre de sous-officiers nécessaires à la bonne direction de ce personnel. Quant aux officiers mariniers proprement dits, en dehors de ceux qui existaient parmi les marins des classes, l'État entretenait des maîtres de toutes professions. Ces maîtres, lorsqu'ils n'étaient pas embarqués, étaient employés à la garde et à l'entretien des bâtiments désarmés.

Colbert avait fondé des arsenaux, créé des flottes et formé des équipages. L'organisation d'un corps d'officiers était le complément indispensable de son œuvre. Conformément aux dispositions d'une ordonnance royale, parue en 1669, les cadres des officiers de la marine comportèrent trois lieutenants généraux, six chefs d'escadre, soixante capitaines, soixante lieutenants, soixante enseignes et vingt capitaines de brûlot.[2] Ce personnel semble peu con-

---

commandées par trois officiers qui embarquaient avec leurs compagnies.

1. Pendant leur séjour à terre, les soldats des compagnies franches étaient envoyés par détachements aux écoles de canonnage. On leur apprenait l'exercice des différentes bouches à feu employées dans la marine. Ils étaient en outre exercés à charger et à jeter des grenades.

2. Colbert eut la pensée de créer, à côté du corps royal de la marine, un autre corps composé d'officiers ayant fait un long apprentissage du métier de la mer dans les rangs inférieurs. Il écrivit, en 1669, à Colbert du Terron : « Je voudrais même mettre toujours ensemble, autant qu'il se pourrait, un bon capitaine gentilhomme, un lieutenant et un enseigne de même, avec trois officiers matelots en second, le tout d'un même pays ou amis, en sorte qu'ils puissent bien s'accommoder ensemble. Bien entendu que toutes les fois que cela serait utile au service du Roi, on mettrait le matelot en premier

sidérable, alors même qu'on se reporte au matériel existant à cette époque. Mais le temps n'était pas éloigné où le capitaine, le lieutenant et quelquefois l'enseigne représentaient ce que nous appelons aujourd'hui l'état-major d'un bâtiment. Une ordonnance de 1676 porta aux chiffres indiqués ci-après le nombre des officiers de la marine, savoir : un amiral de France, deux vice-amiraux, trois lieutenants généraux, six chefs d'escadre, quatre-vingt-six capitaines de vaisseau, quatre majors, vingt capitaines de frégate légère, cent vingt lieutenants de vaisseau, vingt capitaines de brûlot, cent cinquante enseignes, dix lieutenants de frégate et dix capitaines de flûte. Dans les nouveaux cadres, rendus nécessaires par le brusque développement donné à la marine, figuraient des officiers qui n'étaient pas très-propres à remplir leurs fonctions. Les uns avaient peu navigué, les autres n'avaient paru, sur le pont des navires de guerre, que comme officiers des troupes de la marine. Enfin, quelques-uns avaient quitté le service de l'armée de terre pour prendre immédiatement soit le commandement d'une escadre, soit le commandement d'un bâtiment. Il restait aux officiers de cette catégorie la ressource d'apprendre leur nouveau métier, mais, en supposant qu'ils en eussent la volonté, il devait s'écouler un temps assez long avant que ce résultat pût être atteint[1]. En 1680, le maréchal

et le gentilhomme en second, et sa Majesté entretiendrait toujours soixante capitaines, soixante lieutenants et soixante enseignes. » Il ne fut pas donné suite à ce projet.

1. On remarquera les singuliers compromis auxquels Colbert était obligé d'avoir recours, par suite de la composition du personnel. Sa Majesté, était-il dit dans une ordonnance royale, portant la date du 24 mars 1672, ayant accordé des commissions de capitaines en second à plusieurs jeunes officiers pour servir sur ses vaisseaux de guerre, et voulant prévenir les différends qui pourraient arriver au sujet du commandement entre lesdits capitaines en second et les anciens lieutenants, Sa Majesté veut et ordonne qu'en cas d'absence, maladie ou autrement des capitaines en pied commandant les vaisseaux, les dits anciens lieutenants aient le principal commandement du bord, à l'exclusion des dits capitaines en second ; veut et entend sa Majesté que lesdits lieutenants soient chargés du soin de la garniture, agréz et radoub des vaisseaux dans le port, sans pouvoir être interrompus par lesdits

d'Estrées écrivait au marquis de Seignelay : « Trouvez bon que je puisse vous représenter encore ce que je vous ai fait plusieurs fois, que, nonobstant ce grand nombre de gentilshommes qui se jettent dans la marine, elle ne laisse pas d'avoir besoin d'officiers matelots, c'est-à-dire de gens élevés par les dégrés et nourris dans le métier qui aient beaucoup plus d'application que les gentilshommes, de sorte qu'il y aurait à souhaiter qu'il y en eût jusqu'à quarante, tant lieutenants qu'enseignes, pour le moins, dans tout le corps. » Colbert avait abandonné la pensée de créer les « officiers matelots» que réclamait le maréchal, mais il avait laissé subsister dans la pratique quelque chose qui se rapprochait de cette organisation. Le département de la marine employait des officiers pourvus de commissions temporaires. Ces officiers, nommés par le ministre, quelquefois même par les capitaines des bâtiments sur lesquels ils étaient embarqués, étaient en général des officiers-mariniers ou des pilotes qui, par leur habileté professionnelle, étaient parvenus à cette situation [1].

Colbert ne pouvait improviser ce qu'on obtient seulement avec le temps, c'est-à-dire un corps d'officiers capable et homogène. Se trouvant dans la nécessité de former, en quelques années, un nombreux état-major, obli-

---

capitaines, ny qu'ils s'en puissent mesler d'autre manière que pour y assister seulement, et s'acquérir l'expérience nécessaire pour se bien acquitter des commandements quelle leur donnera dans la suite. »

1. Le maréchal d'Estrées écrivait à M. de Seignelay, le 16 août 1680 : « Il y a déjà sept ans que j'ay engagé le capitaine Brice, qui est capitaine d'armes sur l'*Excellent*, dans le service de la marine, et je l'ay empêché depuis de quitter, quoi qu'on luy offrît des compagnies d'infanterie, sur l'espérance que je pourrais luy procurer une petite subsistance. Je l'ay vu, en des occasions fort périlleuses, conserver beaucoup de sangfroid et de courage. Il s'entend fort bien à dresser les soldats ; il a de l'esprit, de la mine et est d'assez bonne famille ; et quoique je n'aie, monsieur, l'honneur de vous en parler que dans la vue du service, je vous serai toutefois infiniment obligé de faire quelque chose pour lui. » On appelait alors capitaine d'armes un officier qui prenait rang, à bord des bâtiments, après l'enseigne. Le capitaine d'armes était chargé des mousquets, pistolets, balles, bandouillères, pertuisaines, spontons, caisses de tambour, piques et haches d'armes.

gé, d'autre part, de le prendre, si ce n'est en totalité, du moins pour la plus grande partie, dans le milieu social auquel appartenaient les officiers de l'armée, il ne put que s'efforcer de concilier ces diverses exigences. Après avoir fait face, ainsi que nous venons de le dire, aux difficultés du présent, il se préoccupa de l'avenir. Bien convaincu que le personnel est le fondement le plus solide de toute organisation militaire, il voulut assurer le recrutement de l'état-major de la flotte dans des conditions meilleures que celles qui avaient présidé à sa formation. Richelieu avait décidé, en 1627, que seize gentilshommes, entretenus aux frais de l'État, seraient instruits de tout ce qui touchait à la marine et à la navigation. C'était, dans l'esprit du cardinal, le point de départ d'une institution destinée à former des officiers pour la marine royale. Ce projet n'eut pas de suite immédiate, et il ne semble pas qu'il ait été repris par ses successeurs[1]. A la mort du duc de Beaufort, tué au siège de Candie, en 1669, la charge de grand-maître, chef et surintendant de la navigation et du commerce, fut supprimée. L'amiralat, rétabli dans des conditions qui ne faisaient plus de cette dignité un obstacle à l'action du ministre, fut donné à Louis de Bourbon, comte de Vermandois[2]. Les grands-maîtres et surintendants de la navigation et du commerce avaient une garde particulière. Celle du duc de Beaufort

---

[1]. Le premier des successeurs de Richelieu fut son neveu, Armand de Maillé duc de Fronsac et de Brézé. A la mort d'Armand de Maillé, tué le 14 juin 1646, dans une rencontre entre les galères de France et celles d'Espagne, Mazarin songea à prendre la direction de la marine. Ne se croyant pas assez fort pour imiter Richelieu, il décida la Reine Anne d'Autriche à s'attribuer la grande maîtrise. En 1650, César de Vendôme fut pourvu de cette charge et, après lui, en 1665, son fils François de Vendôme duc de Beaufort.

[2]. Le comte de Vermandois avait alors deux ans. Il devait s'écouler quelque temps avant qu'il s'occupât des affaires de la marine. La charge d'intendant général de la navigation et du commerce de France disparut en même temps que celle du grand maître, chef et surintendant général de la navigation et du commerce de France. Le rétablissement de l'amiralat fit revivre la charge de vice-amiral.

était, au moment de sa mort, de quarante-neuf gardes, sur lesquels vingt-cinq furent désignés pour être attachés à la personne du grand amiral. Ces vingt-cinq gardes, appartenant tous à la noblesse du royaume, formèrent le premier noyau des gardes de la marine appelés à devenir officiers. Une ordonnance du 22 avril 1670 décida qu'il serait fait deux détachements de la compagnie des gardes, dont l'un servirait dans la Méditerranée et l'autre dans l'Océan. Cette compagnie fut licenciée, en 1671, mais elle reparut en 1672. En 1682, le Roi ordonna la création, dans chacun des ports de Brest, de Rochefort et de Toulon, d'une compagnie de gentilshommes gardes de la marine. En 1676, l'effectif des compagnies comprenait sept cent six gardes ou officiers. Les gardes recevaient une instruction spéciale et devenaient enseignes de vaisseau, après avoir satisfait à certaines conditions d'embarquement. A partir de l'année 1673, on voit des gardes de la marine promus à ce grade.

Colbert porta son attention sur toutes les parties du service. Les devoirs des capitaines et des officiers, la discipline, la solde et la nourriture des équipages, l'armement et l'équipement des navires furent réglementés. L'État disposa de tous les bois utiles à la marine. Un conseil, établi dans chaque port, fut chargé de délibérer sur les constructions neuves et sur les radoubs en cours d'exécution. Ce conseil reçut, en outre, la mission de signaler au ministre les améliorations et les perfectionnements introduits en France et à l'étranger dans l'architecture navale. L'organisation des arsenaux, qui joue, dans l'ensemble du service de la marine, un rôle considérable, fut l'objet de dispositions soigneusement étudiées. L'ordonnance de 1689 parut sous le ministère du marquis de Seignelay, mais elle ne fit que reproduire, avec de très-légères modifications indiquées par l'expérience, les règlements édictés par Colbert[1].

---

1. Quelques chiffres démontreront éloquemment l'extension que prit la

III

Les premiers armements faits par Colbert furent dirigés contre les barbaresques. Dans le courant de l'année 1663, deux escadres reçurent la mission de détruire les corsaires des régences d'Alger, de Tunis et de Tripoli. L'année suivante, le duc de Beaufort appareilla de Toulon, le 2 juillet, et il se rendit à Mahon. Après avoir opéré sa jonction avec deux vaisseaux venus de l'Océan, il se dirigea, le 17 juillet, sur les côtes de l'Algérie. Les forces placées sous son commandement comprenaient seize vaisseaux, huit galères, douze navires de charge et vingt-cinq petits bâtiments portant des vivres et du matériel. Sept galères de Malte s'étaient rangées sous son pavillon. Des troupes expéditionnaires étaient embarquées sur l'escadre. Après avoir touché à Bougie, le 21 juillet, l'armée arriva le 22, devant Djijelly. Le duc de Beaufort avait l'ordre de s'emparer de ce point, que le gouvernement français comptait occuper d'une manière permanente. Les troupes, mises à terre sous la protection des vaisseaux et des galères, entrèrent dans la ville après un combat très-vif. Le duc de Beaufort appareilla, le 27 octobre, avec le gros de l'escadre. L'armée ayant fait, quelques jours après,

marine pendant le passage aux affaires de ce grand ministre. En 1661, la flotte militaire comprenait trois vaisseaux de premier rang, de soixante à soixante-dix canons, huit vaisseaux de deuxième rang, de quarante à cinquante canons, et sept vaisseaux de troisième rang, de trente à quarante canons. En 1683, au moment où Colbert mourut, nous possédions douze vaisseaux de premier rang, de soixante-seize à cent-vingt canons, vingt vaisseaux de deuxième rang, de soixante-quatre à soixante-quatorze canons, trente-neuf vaisseaux de troisième rang, de cinquante à soixante canons, vingt-cinq vaisseaux de quatrième rang, de quarante à cinquante canons, vingt-et-un vaisseaux de cinquième rang, de vingt-quatre à trente canons, et vingt-cinq vaisseaux de sixième rang, de six à vingt-quatre canons. Dans ce nombre ne sont pas compris les galères, les navires portant moins de six canons, les brûlots et les navires de charge. Nous avions, en outre, en 1683, soixante-huit bâtiments en construction. En résumé, nous avions dix-huit bâtiments de guerre en 1661, et cent quarante-deux en 1683.

des pertes assez sérieuses dans une rencontre avec les Arabes, se montra très-découragée. Les généraux, réunis en conseil, furent unanimes pour déclarer que les circonstances exigeaient l'abandon de Djijelly. Le marquis de Martel avait mouillé, le 22 octobre, devant la ville, avec six vaisseaux. Les troupes s'embarquèrent sur son escadre dans la nuit du 31 octobre. Un déplorable événement marqua la fin de cette expédition. Un bâtiment de transport, sur lequel se trouvaient plusieurs centaines de soldats, coula en vue de Marseille. On ne parvint à sauver qu'un très-petit nombre d'hommes. Le duc de Beaufort fit, en 1665, une nouvelle campagne sur la côte septentrionale d'Afrique. A son retour, il reçut l'ordre de tenir son escadre prête à passer dans l'Océan. Louis XIV avait résolu de s'unir à la Hollande qui était alors en guerre avec la Grande-Bretagne. Le duc de Beaufort appareilla de Toulon, à la fin d'avril 1666, avec une escadre forte de trente bâtiments et de dix brûlots. Arrivé dans les derniers jours de mai sur les côtes du Portugal, il s'établit en croisière, conformément aux ordres de la cour, pour protéger la navigation d'une escadre que commandait Du Quesne. Ce dernier était chargé de conduire Mademoiselle d'Aumale à Lisbonne. Le départ de la future Reine de Portugal ayant été retardé, de nouvelles instructions prescrivirent au duc de Beaufort de mouiller à l'entrée du Tage. A la fin du mois de juillet, craignant de manquer de vivres, il fit route pour la Rochelle, où il mouilla le 23 août. Les Hollandais ne nous avaient pas attendus, et leur flotte, commandée par Ruyter, avait livré bataille aux Anglais, les 11 juin et 4 août [1]. Le duc de Beaufort, après avoir été rallié par Du Quesne, [2] prit la mer pour rejoindre nos alliés. Il avait été convenu que

---

1. Dans le premier engagement, les Hollandais avaient remporté sur les Anglais un léger avantage, mais, dans le second, ils avaient été battus.
2. Du Quesne avait accompli très-heureusement sa mission. Il était entré dans le Tage le 1er août, sans avoir fait de fâcheuse rencontre, et il était reparti, le 12 du même mois, pour rejoindre le duc de Beaufort.

la flotte des État se porterait au devant des Français jusqu'à l'entrée de la mer du Nord. Notre escadre arrivait devant Dieppe, lorsque le duc de Beaufort apprit que les Hollandais étaient rentrés dans le Texel. Il traversa de nouveau la Manche, et il réussit à gagner Brest sans avoir été aperçu par les Anglais qui tenaient la mer avec des forces supérieures. Au printemps de l'année 1667, une trêve, bientôt suivie de la paix, fut conclue entre la France et la Grande-Bretagne [1].

Au commencement de l'année 1669, Louis XIV prit la détermination de secourir les Vénitiens assiégés par les Turcs dans Candie. Le 7 juin, le duc de Beaufort appareilla de Toulon avec seize vaisseaux, dix brûlots et une vingtaine de transports. Monsieur de Vivonne était parti quelques jours auparavant avec treize galères. Huit mille hommes, commandés par le général de Navailles, avaient pris passage sur les bâtiments de l'expédition. Le 19, toute les forces placées sous le commandement du duc de Beaufort, à l'exception des galères, mouillèrent devant Candie. Les troupes débarquèrent immédiatement et une sortie générale fut décidée. Le 25, au point du jour, les Français et une partie de la garnison sortirent de la place. Douze cents hommes, pris parmi les équipages et les soldats de marine, furent mis à terre. Le commandant en chef de l'escadre, le duc de Beaufort, n'avait voulu céder à personne l'honneur de les mener au feu. Nos troupes, vigoureusement conduites, culbutèrent tout ce qu'elles trouvèrent devant elles. Après quelques heures de combat, elles avaient enlevé les principales positions de l'ennemi. Les généraux français se considéraient déjà comme certains du succès, lorsqu'un événement inattendu vint changer la face des choses. Une explosion formidable eut lieu dans une bat-

---

1. En juin 1667, avant que la paix fût conclue entre la Hollande et la Grande-Bretagne, Ruyter prit la mer avec soixante-neuf vaisseaux. Après avoir détruit les établissements de Chatham, il remonta la Tamise jusqu'à Gravesend et il fit trembler Londres.

terie turque dont nous nous étions emparés. Le feu avait pris à un dépôt de poudre et de grenades. Les soldats, croyant qu'ils marchaient sur un sol miné, s'enfuirent saisis d'une terreur panique. Les Turcs, qui étaient en pleine retraite, s'apercevant du désordre qui régnait dans nos rangs, revinrent à la charge. Le duc de Beaufort, indigné, se jeta sur l'ennemi avec une poignée d'hommes. Il fut tué ainsi que la plupart de ceux qui l'accompagnaient. Quelques jours après, les vaisseaux de l'escadre, les galères de M. de Vivonne, les galères du Pape, de Malte et de Venise prirent position près de la côte. Tous ces bâtiments ouvrirent sur le camp turc un feu très-vif. Pendant cette canonnade, qui n'eut d'autre résultat que de tuer quelques hommes à l'ennemi, la *Thérèse*, capitaine d'Estoc, sauta. On avait eu l'imprudence de monter un approvisionnement de gargousses dans la batterie. Les embarcations de l'escadre, mises immédiatement à la mer, ne recueillirent que quelques hommes. Monsieur de Navailles, ayant renouvelé, sans succès, la tentative du 25 juin, se décida à se rembarquer. Le général des galères, monsieur de Vivonne, devenu commandant en chef de l'escadre par la mort du duc de Beaufort, ramena les bâtiments et les troupes à Toulon.

Le corps du duc de Beaufort n'avait pas été retrouvé. Pendant quelque temps, le bruit courut, à Paris, que le prince était prisonnier. Cette version ne fut pas accueillie à la cour, et le Roi disposa, le 12 novembre 1669[1], de la charge de grand maître de la navigation et du commerce. Le duc de Beaufort était entré dans la marine en 1665. Il n'était pas devenu, en quelques années, ce qui, d'ailleurs, n'a rien qui puisse surprendre, un véritable chef d'escadre, mais il avait montré le plus grand zèle pour son nouveau métier. Il avait été plus souvent sur le pont des bâtiments qu'à terre et dans les ports qu'à Paris.

[1]. Nous avons déjà dit que le Roi abolit la charge de grand maître à la mort du duc de Beaufort, et qu'il rétablit l'amiralat en faveur du comte de Vermandois.

Enfin, il avait pris part à toutes les opérations maritimes de quelque importance qui avaient eu lieu depuis qu'il était grand maître. Sa bravoure et son esprit d'entreprise étaient connus. On ne pouvait lui reprocher, le 25 juin, d'avoir compromis le salut de l'armée en se battant comme un soldat, puisque le commandement en chef était exercé par monsieur de Navailles. S'il s'était précipité sur les Turcs, à la tête de quelques hommes, c'était avec l'espérance d'arrêter l'ennemi pendant un temps assez long pour permettre à nos soldats de se reformer. Il se dévoua pour donner l'exemple et ramener au feu des troupes ébranlées. Quand un général meurt dans de telles conditions on doit honorer sa mémoire [1].

Depuis que la France avait conclu la paix avec l'Espagne, en 1659, notre marine n'avait combattu que les barbaresques. Une épreuve plus sérieuse attendait les escadres créées par Colbert. Au commencement de l'année 1672, Louis XIV s'unit à l'Angleterre contre la Hollande. Le comte d'Estrées rallia, le 13 mai, sur la rade de sainte Hélène, devant Portsmouth, les forces que commandait le duc d'York. Quelques jours après, quatre-

1. Pendant qu'on terminait à Toulon les préparatifs de cette expédition, on se préoccupait à Paris de régler la situation respective des chefs de la flotte et de l'armée, à leur arrivée à Candie. Le duc de Beaufort apprit qu'il était question de limiter son rôle au débarquement de la petite armée de M. de Navailles. La pensée d'assister de son vaisseau aux opérations des troupes l'indigna. Il écrivit immédiatement à Colbert une lettre contenant le passage suivant : « Pour ce qui est de moi, Monsieur, je n'ai jamais eu la pensée de mettre pied à terre qu'avec les troupes de la marine, laissant les vaisseaux en sûreté. Je le demandai au Roi de bouche, de cette manière, et il me l'avait promis, l'assurant d'une bonne intelligence entre M. de Navailles et moi. Chacun faisant son fait et fort d'accord, les actions en auraient été plus sûres et avec plus d'éclat. Même je me hasardai de dire à Sa Majesté que je croyais n'être pas inutile en telle rencontre où la qualité et la fierté n'étaient pas inutiles, ce qui est fort considéré dans le levant. De plus, j'oserai dire que les troupes de terre ne seraient pas fâchées de me voir à leur côté pour les seconder ou soutenir ; et s'il faut, comme il y a apparence, que toutes les nations qui composent l'armée navale, lesquelles me doivent obéir, mettent des gens (des matelots ou des soldats de marine) à terre, sûrement ils ne reconnaîtraient pas M. de Navailles, ce qui ferait un grand désordre. Et si M. Rospigliosi m'ordonnait de descendre pour commander ce détache-

vingts vaisseaux, sur lesquels trente vaisseaux français, se dirigèrent vers les côtes de Hollande. Le 29 juin, les alliés se trouvèrent en présence de l'ennemi. Le jour touchant à sa fin, le commandant de l'armée combinée crut prudent de remettre l'attaque au lendemain. Une brume très-épaisse enveloppa les deux flottes pendant la nuit. Lorsqu'elle se dissipa, dans la matinée du 30, les Hollandais étaient hors de vue. Le duc d'York ramena ses vaisseaux près de la côte d'Angleterre et il jeta l'ancre à Southwood bay[1]. La direction générale du mouillage était nord et sud. Les trois escadres de l'armée anglo-française étaient rangées dans l'ordre suivant : l'escadre française, formant l'avant-garde, puis, en remontant vers le nord, le corps de bataille et l'arrière-garde. Le 7 juin au point du jour, les frégates signalèrent la flotte des États-Généraux. Les Hollandais gouvernaient sur Southwood bay avec une légère brise de nord-est. Arrivés à petite distance de terre, ils serrèrent le vent, les amures à bâbord, et ils prolongèrent notre ligne du nord au sud en la canonnant. Les alliés surpris se hâtèrent de mettre

---

ment, faudrait-il que je le refusasse, et ne serait-ce pas une honte pour moi, qui d'ailleurs n'ai guéres accoutumé de garder les manteaux..... » Après avoir cité cette lettre, M. Jal, auteur de la vie de Du Quesne, ajoute : M. de Beaufort désirait que le bailli Rospigliosi (ce personnage devait représenter le Pape à Candie pendant toute la durée de l'expédition) lui donnât de l'Altesse, et l'on était en négociation avec Rome sur cette affaire. « Il n'y a misérable à qui on ne donne celui d'excellence, disait le duc de Beaufort dans cette même lettre. Sa Majesté y aura tel égard qu'elle voudra, cette qualité me touchant cent fois moins que l'envie de me signaler. Je mépriseray tout, hors les occasions de m'illustrer. Quoique j'en aie vu quelques-unes, je serais bien marri d'être las d'en voir. » Et plus loin : « Jamais M. de Navailles ne se peut formaliser que je commande des troupes qui sont sous ma charge, lesquelles, moi n'y étant pas, ne lui obéiraient pas volontiers. En ces affaires-ci, encore une fois, il est bon d'intéresser fortement la mer et la terre ensemble..... De l'Altesse et du reste, je m'en moque. » L'amiral, ajoute M. Jal, gagna son procès si chaudement plaidé par lui dans cette lettre d'un bon et franc caractère, et pleine d'ailleurs de raison.

Toute cette correspondance montre le duc de Beaufort sous un jour qui lui est très-favorable.

1. La baie de Southwood bay est à trente lieues dans le nord de l'embouchure de la Tamise.

sous voiles. Quelques bâtiments coupèrent leurs câbles; d'autres laissèrent à terre une partie de leurs embarcations. Le corps de bataille, qui était sous les ordres directs du duc d'York, et l'arrière-garde, commandée par le comte de Sandwich, prirent les amures à tribord. Ruyter, avec la première escadre, et un de ses lieutenants, l'amiral Van Gent, avec la troisième, suivirent le mouvement des Anglais. Le commandant de l'avant-garde hollandaise, l'amiral Bankaert, continua sa route vers le sud. Il se dirigea sur les Français qui avaient pris, en appareillant, les amures à bâbord[1]. Aussitôt qu'il fut à portée, il ouvrit le feu sur nos vaisseaux. Quoiqu'il fût

1. Voici quelle était la composition de l'escadre française : 1re division. — L'*Illustre*, de soixante-quatre canons, capitaine de Grancey; le *Téméraire*, de cinquante-deux canons, capitaine de Larson; l'*Admirable*, de soixante-quatre canons, capitaine de Beaulieu; le *Terrible*, de soixante-dix canons, monté par Du Quesne, capitaine de Rosmadek; le *Conquérant*, de soixante-six canons, capitaine de Thiras; le *Hasardeux*, de trente-quatre canons, capitaine de la Viergerie-Treslebois; le *Bourbon*, de quarante-huit canons, capitaine de Querven; l'*Alcyon*, de trente-six canons, capitaine Bitant de Bléor; le *Prince*, de cinquante canons, capitaine d'Amfreville; le *Vaillant*, de cinquante-deux canons, capitaine le chevalier de Nesmond. — 2e division ou division du centre. — Le *Foudroyant*, de soixante-dix canons, capitaine Jean Gabaret; le *Brave*, de quarante-huit canons, capitaine de Valbelle; l'*Aquilon*, de quarante-huit canons, capitaine d'Hailly; le *Tonnant*, de soixante-quatre canons, capitaine des Ardents; capitaine en second, le chevalier de Béthune; le *Saint-Philippe*, de soixante-seize canons, monté par le comte d'Estrées, et dont de Cou était capitaine; le *Grand*, de soixante-quatre canons, capitaine Gombaud; le *Duc*, de quarante-huit canons, capitaine le chevalier de Sébeville; l'*Éole*, de trente-six canons, capitaine le chevalier Cogolin de Guers; l'*Oriflamme*, de cinquante canons, capitaine de Kerjean-Lesmoüal; l'*Excellent*, de soixante canons, capitaine du Magnou; l'*Arrogant*, de trente-huit canons, capitaine de Villeneuve-Ferrières. — 3e division. — Le *Fort*, de soixante canons, capitaine de Blénac; le *Rubis*, de quarante-huit canons, capitaine Saint-Aubin d'Infreville; le *Galant*, de quarante-quatre canons, capitaine le chevalier de Flacourt; le *Sans-Pareil*, de soixante-quatre canons, capitaine de la Clocheterie; le *Superbe*, de soixante-dix canons, monté par de Rabesnières-Treslebois, chef d'escadre, capitaine de Thémine; le *Sage*, de cinquante canons, capitaine le chevalier de Tourville; le *Hardi*, de trente-deux canons, capitaine de la Roque; l'*Heureux*, de quarante-huit canons, capitaine Pannetier; l'*Invincible*, de soixante-quatre canons, capitaine le chevalier de Verdille. A ces trente vaisseaux il faut ajouter huit brûlots et quatre frégates. Tous ces bâtiments formaient l'avant-garde de l'armée anglo-française.

au vent, et par conséquent libre de choisir la distance à laquelle il voulait combattre, il ne s'approcha pas de notre ligne. L'engagement entre les Hollandais, conduits par les amiraux Ruyter et Gent, et les Anglais, fut autrement vif. Les vaisseaux des deux nations se mêlèrent, et, de part et d'autre, il y eut des navires complètement désemparés. Le duc d'York, obligé d'abandonner son vaisseau, le *Royal Prince*, porta successivement son pavillon sur le *Saint-Michel* et le *London*. Le *Royal Jacques*, de cent canons, que montait le comte de Sandwich, commandant de la troisième escadre, fut incendié par un brûlot. Le vaisseau de Ruyter, les *Provinces-Unies*, fut très-maltraité. Dans la soirée, les Hollandais tinrent le vent et le feu cessa sur toute la ligne. L'amiral Bankaert fit route pour rejoindre le gros de son armée, et le comte d'Estrées manœuvra pour rallier le duc d'York. Un grand nombre de vaisseaux anglais et français, sous-ventés au moment de l'appareillage, n'avaient pris qu'une part insignifiante au combat. Quelques-uns, par suite de leur éloignement, n'avaient pas tiré un coup de canon. Après être restées en présence, dans la journée du 8 juin, les deux armées se séparèrent. Ruyter rentra dans le Texel et le duc d'York ramena ses bâtiments dans les ports d'Angleterre. Avant de tenter les chances d'une nouvelle rencontre, les deux flottes avaient à subir d'importantes réparations.

Quelques écrivains ont prétendu que Louis XIV avait donné au vice-amiral d'Estrées l'ordre de ménager ses vaisseaux. S'il n'existe, à l'appui de cette assertion, d'autre preuve que la conduite de notre escadre, l'histoire doit écarter cette accusation. Avec les vents soufflant du nord-est, l'armée combinée ne pouvait se mettre en ligne, les amures à tribord, aussitôt après avoir appareillé [1].

---

1. La démonstration est facile à faire. Les bâtiments de l'armée se relevaient sur une ligne nord et sud, puisque telle était la direction générale du mouillage. Or, en prenant les amures à tribord, ils gouvernaient au nord-nord-ouest. De plus, ils ne pouvaient courir longtemps à ce cap sans

La troisième escadre et ceux des bâtiments de la première qui précédaient le *Royal Prince* pouvaient, à la condition toutefois que le voisinage de la terre le leur permît, se placer par un mouvement d'arrivée sur l'avant de ce vaisseau. Quant aux navires de la première escadre qui étaient en arrière du *Royal Prince* et tous ceux de la deuxième, ceux-là avaient l'obligation de s'élever au vent pour prendre leurs postes. Enfin, la difficulté de se ranger dans les eaux du commandant en chef était d'autant plus grande que les bâtiments se trouvaient plus éloignés. Ce cas était celui de l'escadre française mouillée dans le sud de l'armée[1]. Le vice-amiral d'Estrées prit les amures à bâbord avec l'intention de courir un bord au large, puis de virer de bord pour rallier le duc d'York. L'ennemi ne lui laissa pas le temps d'exécuter cette manœuvre; il fut attaqué avant d'avoir changé d'amures. Une fois l'affaire engagée, le comte d'Estrées n'eut plus la liberté de ses mouvements. Si les Hollandais ne le pressèrent pas davantage, ce n'est pas à lui qu'il faut en demander compte. Nous ne trouvons jusqu'ici rien qui donne le droit de dire que le commandant de notre escadre ait reçu l'ordre de ménager ses vaisseaux[2]. D'autre part, les

---

rencontrer la terre, dont le gisement, à cet endroit, est à peu près nord et sud. La plupart des vaisseaux anglais, une fois l'affaire engagée, furent obligés de virer de bord. Le *Royal Prince*, de cent dix canons, sur lequel le duc d'York avait son pavillon, fut au nombre des vaisseaux qui, peu après l'appareillage, prirent les amures à bâbord pour ne pas échouer. Ce fut une des causes de la mêlée qui eut lieu entre les Anglais et les Hollandais.

1. Comme conséquence de ce raisonnement, nous dirons que, parmi les bâtiments de l'escadre française, ceux qui devaient rencontrer le plus de difficultés à prendre leurs postes étaient les vaisseaux de la première division, commandée par Du Quesne. En effet, cette division, formant l'avant-garde de notre escadre, était au sud de toute l'armée.

2. Faut-il examiner l'hypothèse d'une entente entre les gouvernements de France et de Hollande, par suite de laquelle l'amiral Bankaert ne nous aurait pas pressés très-vivement? Cela ne semble pas très-sérieux. Il eût fallu mettre dans le secret, outre Louis XIV, le Stathouder et leurs ministres, Ruyter, ses deux chefs d'escadre, voire même des chefs de division, d'Estrées, ses deux lieutenants, Du Quesne et de Rabesnière-Tresle-

Français occupèrent, toute la journée, l'avant-garde hollandaise qui représentait le tiers de la flotte des Etats-Généraux, de même que l'escadre française représentait le tiers des forces placées sous le commandement du duc d'York[1]. En conséquence, chacune des trois escadres de l'armée combinée combattit un nombre d'ennemis proportionné à sa force. Comment, dès lors, peut-on dire que nous ayons laissé écraser nos alliés. Le passage suivant, emprunté aux mémoires du duc d'York, rapporte d'une manière simple et vraie la part prise par les Français au combat du 7 juin : «.... L'escadre de Zélande, commandée par Bankaert, eut affaire à l'escadre française, commandée par le comte d'Estrées. Tous deux gouvernaient vers le sud et étaient amurés à bâbord dès le commencement du combat, tandis que le duc et le comte de Sandwich se tenaient orientés au plus près du vent, les amures à tribord.... Les Français gouvernaient vers le sud, orientés aussi près du vent qu'ils le pouvaient.... Mais Bankaert et l'escadre zélandaise ne les pressèrent pas aussi vivement qu'ils auraient pu le faire, car à peine les approchèrent-ils à plus de demi-portée de canon, ce qui ne diminua pas peu la réputation qu'avaient acquise les Zélandais dans les deux dernières guerres, d'être les plus braves d'entre les marins hollandais : aussi ces deux escadres souffrirent-elles fort peu.... »

Le comte d'Estrées écrivit au ministre que plusieurs capitaines n'avaient pas fait tout ce qui était en leur pouvoir pour s'approcher de l'ennemi. Au nombre des officiers dont il se plaignit, se trouvait le commandant de la première division, le lieutenant général Du Quesne. D'autre part, on apprit, à Paris, que des bruits malveillants pour notre marine circulaient en Angleterre. Des person-

---

bois, etc... Enfin, croit-on que, sous quelque gouvernement que ce soit, on trouve beaucoup de généraux disposés à sacrifier leur honneur aux exigences de la politique ?

1. L'armée combinée était, comme la flotte des États-Généraux, divisée en trois escadres : l'avant-garde, le corps de bataille et l'arrière-garde.

nages politiques, ennemis de l'alliance française, attaquaient avec beaucoup de vivacité le rôle joué par notre escadre. Celle-ci, disait-on, n'avait déployé aucune vigueur dans l'engagement qu'elle avait soutenu contre les Hollandais. Des bâtiments qui la composaient, les uns n'avaient pas tiré un coup de canon et les autres s'étaient battus de très-loin. On s'émut, à Versailles, de ces accusations et des explications furent demandées au comte d'Estrées. Le marquis de Croissy, ambassadeur de France à Londres, reçut l'ordre de prendre toutes les informations de nature à éclairer le Roi sur la conduite des généraux et des capitaines de l'armée. L'ambassadeur s'empressa de se rendre à Chatham où étaient mouillés nos vaisseaux. Il ne tarda pas à s'apercevoir qu'il était chargé d'une mission difficile. Les officiers étaient divisés en deux camps, les uns soutenant d'Estrées et les autres Du Quesne. Les renseignements qu'il obtint furent tellement contradictoires qu'il ne parvint pas à discerner la vérité[1]. Le vice-amiral d'Estrées persista dans ses premières plaintes. Il répéta au ministre que plusieurs vaisseaux « ne s'étaient pas bien tenus dans leurs rangs et n'avaient pas observé exactement sa manœuvre ».

Pour bien comprendre les divers incidents de la journée du 7 juin, en ce qui nous concerne, il faut appliquer à l'escadre française le raisonnement que nous avons fait plus haut pour l'armée combinée. En serrant le vent, bâbord amures, aussitôt après avoir levé l'ancre, les vaisseaux du comte d'Estrées étaient obligés, pour se mettre en ligne, de se former sur le bâtiment le plus sous-venté, c'est-à-dire sur le *Téméraire*, chef de file de la première division[2]. Or, le *Saint-Philippe*, portant le pavillon du commandant en chef, tint le vent. Les bâtiments qui

---

1. On doit reconnaître que, dans ces conditions et pour un homme étranger à la marine, il était difficile de se former une opinion réfléchie sur le rôle que chacun avait joué au combat de Southwood bay.
2. Les vents étant au nord-est, les vaisseaux, prenant le plus près les amures à bâbord, gouvernèrent à l'est-sud-est. On se rappelle que l'es-

PRÉFACE. 59

étaient dans le nord de ce vaisseau, pouvaient se placer dans ses eaux, en laissant porter, mais ceux qui étaient dans le sud étaient condamnés à rester sous le vent de la ligne jusqu'à ce qu'ils eussent assez gagné dans l'est pour prendre leurs postes. C'est ce qui explique que le corps de bataille et surtout l'arrière-garde, cette dernière commandée par le chef d'escadre de Rabesnière-Treslebois, prirent part immédiatement au combat, tandis que l'avant-garde n'arriva que dans l'après-midi sur le champ de bataille. Ce retard était la conséquence de la brusque apparition des Hollandais et de la manœuvre du comte d'Estrées. Ce dernier se battit très-bravement, et il s'approcha de l'ennemi, autant qu'il le pût. Mais sa conduite fut celle d'un capitaine et non d'un amiral. Au lieu de faciliter la formation de son escadre, il ne se préoccupa que de s'élever au vent. Le dissentiment survenu entre Du Quesne et d'Estrées prit de telles proportions, qu'on reconnut, à Paris, l'impossibilité de laisser ces deux officiers généraux en présence l'un de l'autre. Colbert, qui connaissait Du Quesne, ne croyait pas qu'il eût manqué à son devoir. D'autre part, le vice-amiral d'Estrées avait une très-grande situation à la cour; de plus, son vaisseau s'était bien battu, et, lui-même, avait conquis les sympathies des officiers anglais. Le Roi décida que Du Quesne ne serait pas employé pendant la campagne de 1673. Nous nous sommes étendu sur l'affaire de Southwood bay dans le double but de combattre une erreur historique et de montrer la marine française à l'œuvre, la première fois qu'elle parut sur un grand théâtre. Quoique le rôle de notre escadre, le 7 juin 1672, eût été très-effacé, l'esprit reste frappé de l'importance des résultats obtenus par Colbert en quelques années. On se rend compte de la somme considérable d'efforts que l'armement de ces trente vaisseaux et la

cadre était mouillée sur une ligne allant du nord au sud. Nous devons ajouter que la terre n'eût pas gêné la formation immédiate d'une ligne de bataille, les amures à bâbord, puisque la côte d'Angleterre, à la hauteur de Southwood, court nord et sud.

composition de leurs états-majors ont coûté au grand ministre. Si le vice-amiral d'Estrées n'a pas le savoir et l'expérience nécessaires pour exercer ce commandement, il a pour lieutenants Du Quesne et le chef d'escadre de Rabesnière-Treslebois[1]. A côté de quelques officiers, récemment entrés dans la marine et qui ne sont pas encore à la hauteur de leurs fonctions, il y a des capitaines qui se nomment Tourville, des Ardents, Gabaret[2].

En 1673, la mer du Nord fut le théâtre de nouveaux combats entre les alliés et les Hollandais. Les deux flottes ennemies se rencontrèrent, les 7 et 15 juin et le 21 août. L'affaire du 15 juin fut une simple canonnade, mais, le 21 août, on se battit très-sérieusement. De nouvelles et on pourrait dire d'interminables discussions s'élevèrent à la fin de la campagne. Elles rappelaient celles de l'année précédente, et elles n'avaient pas plus de portée. Nous avions montré, le 7 juin, une vigueur à laquelle les Anglais avaient rendu hommage. Le 21 août, les choses ne s'étaient pas aussi bien passées. Ce jour-là, il n'y avait eu aucun ensemble dans la manœuvre de la flotte anglo-française. Le prince Rupert, qui avait remplacé le duc d'York dans le commandement de l'armée, se plaignit de ses deux lieutenants, le contre-amiral Spragge et le comte d'Estrées. Ces deux officiers généraux protestèrent très-vivement contre les reproches qui leur étaient adressés, et ils accusèrent, à leur tour, le prince Rupert d'avoir manœuvré avec sa propre escadre sans se préoccuper des

---

1. Nous ne parlerons pas de Du Quesne, qui se chargea, quelques années après, de montrer tout ce qu'il valait. Nous rappellerons seulement qu'en 1636, ce grand marin figurait déjà dans la marine de l'État. Il commandait un bâtiment de guerre dans la flotte de Mgr de Sourdis, qui l'appréciait d'une manière particulière. Le chef d'escadre de Rabesnière-Treslebois était un vieil officier, ayant une excellente réputation au point de vue de la capacité professionnelle et de la bravoure. Il mourut des suites d'une blessure reçue au combat de Southwood bay.

2. Le capitaine des Ardents fut nommé chef d'escadre à la place de M. de Rabesnière-Treslebois. Tourville, qui était fort jeune, ne pouvait pas encore prétendre à cet avancement. Il débutait comme capitaine de vaisseau.

deux autres. Le comte d'Estrées eut, en outre, des démêlés avec ses propres officiers. Dans le rapport qu'il envoya à Paris, sur le combat du 21 août, il blâma avec une très-grande sévérité la conduite du lieutenant général marquis de Martel. Celui-ci avait remplacé Du Quesne dans le commandement de la première division de l'escadre. Moins heureux que son prédécesseur, le marquis de Martel ne se tira pas d'affaire par la perte de son commandement. Il fut mis à la Bastille, où il resta jusqu'au mois de février de l'année suivante. M. de Seuil, intendant de la marine à Brest, reçut une mission semblable à celle que l'ambassadeur de France à Londres avait eue, l'année précédente. Il fut chargé de faire une enquête sur le combat du 21 août. Le 23 novembre, il écrivit à Colbert « Je ne puis distinguer ici ceux qui m'ont été nommés pour être plus capables de soutenir et d'entreprendre de bonnes actions, parce que j'y ai trouvé assez de contradictions pour me faire craindre que l'on m'en ait parlé avec passion, intérêt ou esprit de cabale, en sorte qu'il ne serait pas sûr d'y ajouter foi. » C'était là l'écueil bien naturel de ces sortes d'informations, n'ayant d'autre base que des conversations particulières ou des interrogatoires officieux.

D'autre part, à quel juge compétent fallait-il soumettre la conduite du commandant en chef et les contestations survenues entre lui et ses lieutenants? Non-seulement le vice-amiral d'Estrées n'avait pas, en dehors du ministre, de supérieur dans la marine, mais il n'avait pas d'égal. Derrière lui, venaient deux lieutenants généraux et trois chefs d'escadre. Le premier de ces lieutenants généraux, Du Quesne, était en disgrâce, et le second, le marquis de Martel, était en prison. Enfin, un des trois chefs d'escadre se trouvait sous les ordres directs du comte d'Estrées. Colbert n'avait pas, à sa disposition, des moyens réguliers d'informations. Il devait, avec le sens supérieur qui le distinguait, tout voir et tout juger[1]. Cet

---

1. Ces considérations montrent la grandeur de la tâche que Colbert s'é-

état de choses, d'ailleurs, touchait à sa fin. Le temps n'était pas éloigné où la marine française compterait dans ses rangs un grand nombre d'officiers généraux capables et de capitaines expérimentés.

Les ennemis de l'alliance française l'ayant emporté dans les conseils du Roi Charles II, l'Angleterre fit la paix avec les Provinces-Unies des Pays-Bas. Notre marine se trouva seule en présence des forces réunies de la Hollande et de l'Espagne [1].

M. de Vivonne, venant de Toulon, arrivait, avec neuf vaisseaux, à l'entrée du détroit de Messine, lorsqu'il fut attaqué, le 10 janvier 1675, par vingt-neuf vaisseaux espagnols. L'escadre française, à laquelle vinrent se joindre six vaisseaux sortis de Messine, obligea l'ennemi à s'éloigner. Un bâtiment, portant quarante-quatre canons, resta entre nos mains [2]. Du Quesne battit Ruyter les 8 janvier et 22 avril 1676. La première de ces rencontres eut lieu dans le voisinage des îles Stromboli et Salini. Les Français avaient vingt-deux vaisseaux, et les Hollandais dix-huit vaisseaux et neuf galères. Ruyter se proposait d'empêcher la jonction de Du Quesne avec les forces françaises mouillées à Messine. Après un engagement très-vif qui dura toute la journée, les Hollandais laissèrent le passage libre à notre escadre [3].

tait imposée, et le mérite qu'il eut à l'accomplir. D'autre part, elles nous permettent de dire que les rapports des intendants, lorsqu'ils ont trait à des sujets purement maritimes, doivent être soumis à un examen très-attentif. Ces pièces conservent une certaine importance, mais il ne faut pas leur accorder une trop grande autorité.

1. Les hostilités sur mer n'avaient pas encore commencé avec l'Espagne, mais, depuis quelque temps déjà, nous étions en guerre avec cette puissance.

2. Le duc de Vivonne fit le plus grand éloge de Du Quesne. Il lui attribua l'honneur de la prise faite par l'escadre française.

3. Quelques jours après le combat du 8 janvier, l'escadre eut à supporter du mauvais temps. Plusieurs bâtiments s'abordèrent, et deux vaisseaux furent obligés, par suite de leurs avaries, de se séparer de l'armée. Du Quesne écrivit, à ce propos, au ministre : « Je vous avouerai, Monseigneur, que les officiers et capitaines, qui n'ont servi qu'ès mers du Levant, ne sont pas intelligents à l'observation des ordres et signaux de marche et de

Le 22 avril, nous avions trente vaisseaux et neuf brûlots. L'escadre ennemie comprenait dix-sept vaisseaux hollandais, douze vaisseaux espagnols, cinq brûlots et neuf galères. Les Hollandais se conduisirent avec leur fermeté habituelle, mais ils ne furent que médiocrement soutenus par les Espagnols. Dans la soirée, l'ennemi nous abandonna le champ de bataille et il fit route pour Syracuse. L'échec que venaient de subir les alliés n'était rien en raison de l'immense perte qui les attendait. Ruyter avait reçu une blessure dont il mourut le 29 avril[1]. Le commandement en chef de la flotte hispano-hollandaise passa entre les mains de l'amiral espagnol don Diego de Ibarra.

Le duc de Vivonne sortit de Messine, le 28 mai, avec vingt-neuf vaisseaux, vingt-cinq galères et neuf brûlots. Le 1er juin, l'armée arriva en vue de la baie de Palerme, dans laquelle les alliés s'étaient retirés. La flotte ennemie, forte de vingt-sept vaisseaux, était mouillée en demi-cercle, à petite distance de terre. Dix-neuf galères étaient placées sur les ailes ou dans les créneaux. La

bataille, comme il se doit, faute de l'avoir exercée, et même, pour n'avoir pas cette expérience, ils ont peine de l'approuver, ce que nous reconnaissons être aux Hollandais l'avantage qu'ils ont sur nous de naviguer presque en tous temps, notamment en présence de leurs ennemis, nuit et jour, en bataille; qu'ainsi, ils évitent les abordages entre eux, à quoi l'on est trop sujet parmi les vaisseaux du Roi. Si Sa Majesté me fait l'honneur de me continuer le commandement dans ses armées, je suis obligé de lui demander une forte protection pour réduire ces officiers et capitaines à l'observation de cet exercice de marine, et même quand il échéra d'être en mer, l'hiver, en présence des ennemis, d'avoir pour agréable que j'indique les vaisseaux et les capitaines propres à tels services; car souvent tel vaisseau, même un seul qui sera méchant de bouline, obligera une armée à perdre l'avantage du vent ou de l'abandonner; et, quoique dans le grand nombre des vaisseaux du Roi, il ne se peut éviter qu'il y en ait de moins bons à la voile que d'autres, ils ne seront pas inutiles si on les emploie à ce quoi ils sont propres. »

1. Ruyter mourut à l'âge de soixante-dix ans. Son corps fut transporté en Hollande et inhumé, en grande pompe, à Rotterdam. Louis XIV avait ordonné que tous les bâtiments de la marine française, en vue desquels passerait le navire portant les dépouilles de ce grand homme, salueraient du canon. Des instructions semblables avaient été adressées aux gouverneurs des places du littoral.

gauche était appuyée au môle, à l'extrémité duquel était placée une batterie de dix pièces de canons ; le centre était protégé par la forteresse de Castellamare, et la droite par les fortifications de la ville. Le 2 juin, dans la matinée, l'escadre française, favorisée par une jolie brise de nord-est, se dirigea sur l'ennemi. Un détachement de neuf vaisseaux, auquel le duc de Vivonne avait adjoint neuf galères, avait l'ordre de faire une attaque à fond sur l'aile droite des alliés [1]. Ce détachement, vigoureusement conduit par le chef d'escadre de Preuilly d'Humières, jeta l'ancre sur les bouées des vaisseaux qu'il devait combattre. L'action débuta, de part et d'autre, avec un véritable acharnement. Aidés par la brise du large, quelques capitaines de brûlot réussirent à accrocher plusieurs vaisseaux hollandais et espagnols. Ces navires coupèrent leurs câbles pour aller à la côte. En dérivant, ils jetèrent le désordre et la confusion dans leur armée. Les résultats de la journée furent désastreux pour nos adversaires. Sept vaisseaux et deux galères devinrent la proie des flammes. Les amiraux espagnols don Diego de Ibarra et don Francisco Freire de la Cerda [2], les contre-amiraux hollandais Jean de Haën et Middellandt perdirent la vie dans cette affaire. Les alliés ne comptèrent pas moins de deux mille hommes, officiers, marins et soldats, tués ou blessés. Le duc de Vivonne ne jugea pas utile de poursuivre ce succès. Quoique son escadre n'eût pas souffert, il retourna à Messine.

Le traité de Nimègue, conclu en 1678, mit fin aux hostilités. En 1688, la paix fut encore une fois rompue avec la Hollande. Au commencement de l'année suivante, l'An-

---

1. Il avait été décidé, dans un conseil de guerre tenu le 1ᵉʳ juin, que nous attaquerions, avec une vigueur particulière, l'aile droite des alliés, afin de rompre leur ligne sur ce point.

2. L'amiral don Francisco Freire de la Cerda, qui commandait l'escadre espagnole au combat du 22 avril, avait été remplacé, sur l'ordre de son Souverain, par don Diego de Ibarra. Au lieu de rentrer en Espagne, il était resté sur le vaisseau amiral pour servir comme volontaire, montrant ainsi que, s'il était un médiocre général, il avait le courage d'un soldat.

gleterre et l'Espagne nous ayant déclaré la guerre, la France se trouva seule en présence des trois grandes puissances maritimes de cette époque. Le 4 juin 1690, soixante-dix vaisseaux, portant de cinquante-deux à cent dix canons, sortirent de Brest. La nation pouvait, à bon droit, être fière de cette flotte. Tourville la commandait. Il avait sous ses ordres le vice-amiral Victor d'Estrées, les lieutenants généraux de Villette-Mursay, de Chateaurenault, d'Amfreville, Gabaret Louis, les chefs d'escadre de Relingue, de Langeron, de Nesmond, de Laporte, de Coëtlogon, de Flacourt et Pannetier. A l'exception du vice-amiral Victor d'Estrées, entré depuis peu dans la marine, tous ces lieutenants généraux ou chefs d'escadre se battaient sur mer depuis vingt-cinq ans. Il en était de même de la plupart des capitaines de vaisseau. Le 10 juin, Tourville battit, non loin du cap Beachy-Head, l'armée anglo-hollandaise, forte de soixante vaisseaux. L'ennemi perdit trois vaisseaux; l'un d'eux se rendit au *Souverain* et les deux autres furent coulés. Le 12 septembre, les alliés, activement poursuivis, sacrifièrent sept vaisseaux qui, par suite de leurs avaries, restaient en arrière. Quelques jours après, six bâtiments démâtés furent aperçus sous la terre. Une division française s'étant dirigée sur ces bâtiments, ceux-ci se jetèrent à la côte. Notre armée, ralliée par une escadre de galères, parut le 1er août devant Torbay. Un détachement de matelots et de soldats, placé sous les ordres du vice-amiral d'Estrées, débarqua à Teignmouth. Une batterie qui défendait la rade fut détruite et douze bâtiments capturés. La flotte française mouilla, le 17 août, sur la rade de Bertheaume.

Le 29 mai 1692, la marine française livra la bataille de la Hogue. Obéissant aux ordres du Roi qui lui prescrivaient de combattre l'ennemi « fort ou faible et en quelque lieu qu'il le rencontrât, » Tourville attaqua quatre-vingt-dix-sept vaisseaux anglo-hollandais avec quarante-cinq vaisseaux. Lorsque le feu cessa, après un combat qui n'avait pas duré moins de dix heures, la flotte française était intacte. L'ennemi avait perdu deux vaisseaux, l'un avait sauté et l'autre était coulé. L'armée se dirigea sur Brest, seul point où elle pût être en sûreté, puisque nous n'avions pas de port dans la Manche. Contrariée par le calme et les courants, elle fit peu de route dans la journée du 30. Le 31, dans la matinée, Tourville s'engagea dans le raz Blanchard, avec l'espoir de devancer l'ennemi qui faisait route vers l'ouest par le nord des Casquets. Vingt vaisseaux avaient déjà franchi ce passage difficile, lorsque, le calme et la fin du jusant survenant, quinze vaisseaux, au nombre desquels était l'*Ambitieux* que montait le commandant en chef, furent obligés de mouiller[1]. Les ancres ayant chassé avec le flot, toute cette partie de l'escadre fut ramenée en arrière. Tourville était séparé de son armée, et entouré par des forces supérieures. Reconnaissant l'impossibilité de sauver ses bâtiments, il se décida à les jeter à la côte. Quinze vaisseaux furent incendiés, soit par nous, soit par les Anglais, à Cherbourg et à la Hogue. Telle fut l'issue de cette funeste journée. Jacques II avait donné à Louis XIV l'assurance qu'une partie de la flotte britannique se rangerait sous le pavillon de Tourville, aussitôt l'affaire engagée. Notre armée était à la mer depuis quelques jours, lorsque le Roi reçut de Londres la nouvelle qu'aucun officier anglais ne ferait défection. Ponchartrain, qui était alors ministre de la marine, se hâta d'expédier, de différents points de la côte, des avisos porteurs de dépêches ordonnant à Tourville de ne pas combattre. Aucun des bâtiments envoyés à sa recherche ne parvint à l'atteindre[2].

---

1. Le vaisseau de Tourville, le *Soleil-Royal*, sur lequel plusieurs vaisseaux ennemis avaient dirigé leurs coups, le 29 mai, était dans l'état de délabrement le plus grand. Tourville avait mis son pavillon sur l'*Ambitieux*.

2. L'affaire de la Hogue était un malheur d'autant plus grand, qu'aucune raison militaire, intéressant notre sûreté, ne nous obligeait à aborder l'ennemi dans les conditions d'infériorité où nous étions le 29 mai. Les vais-

On a dit que la journée de la Hogue avait consommé la ruine de notre marine. Il suffit de rappeler la force des escadres mises en mer, l'année suivante, pour montrer combien peu cette assertion est fondée. En 1693, Tourville était à la tête d'une flotte de soixante et onze vaisseaux, lorsqu'il intercepta, entre Lagos et Cadix, un convoi considérable placé sous l'escorte d'une flotte anglo-hollandaise. Après cette affaire, il vint à Toulon, où se trouvait l'escadre du comte d'Estrées. L'armée réunie sur la rade s'éleva au chiffre de quatre-vingts vaisseaux. Ce qui est vrai, c'est que l'année 1692 marque, sous le règne de Louis XIV, le point culminant de notre fortune maritime. A partir de la journée de la Hogue, la marine française va en décroissant. Cet état de choses n'est pas la conséquence de notre défaite, mais le résultat inévitable de la situation des finances. Le pays, épuisé d'argent, ne peut plus subvenir aux dépenses de la marine. De 1694 à 1697, époque à laquelle la paix fut signée, nous restons sur la défensive. Au début de la guerre de la succession d'Espagne, la France s'impose les plus durs sacrifices pour faire encore une fois de grands armements. Le comte de Toulouse, amiral de France, parait, en 1704, dans la Méditerranée, avec cinquante vaisseaux de ligne. Le 24 août, il attaque, au large de Malaga, l'armée anglo-hollandaise commandée par l'amiral Rook. Dans cette affaire, nous n'infligeons aucune perte sérieuse à l'ennemi, mais nous le forçons à nous abandonner le champ de bataille. Ce retour, vers les temps prospères du règne de Louis XIV, est le dernier. A la guerre d'escadre qui avait fait la gloire des Tourville, des Du Quesne, des Chateaurenault, des

---

seaux qui avaient combattu, ce jour-là, ne représentaient pas la seule force dont la France disposât. Tourville pouvait attendre, avant de prendre la mer, les renforts que lui amenaient le vice-amiral d'Estrées et les lieutenants généraux De Laporte et de Chateaurenault. Dans cette hypothèse, la supériorité numérique de l'ennemi eût été très-faible. Commandée par Tourville et composée d'éléments très-solides, notre armée eût été à l'ennemi avec de grandes chances de succès.

Gabaret, des d'Amfreville, des Valbelle, des Coëtlogon, des Langeron et de tant d'autres officiers distingués, succède la guerre de course illustrée par les exploits des Duguay-Trouin, des Jean-Bart, des Nesmond, des Pointis, des Ducasse et des Cassard.

LIVRE II

Abandon systématique de la marine sous la régence et pendant le ministère du cardinal Fleury. — La guerre éclate entre la France et l'Angleterre. — Traité d'Aix-la-Chapelle, conclu en 1748. — Nouvelle guerre avec l'Angleterre, en 1756. — Traité de Paris, signé le 10 février 1763. — Modifications successives apportées aux institutions maritimes. — — Économie générale des lois qui régissent la marine, au moment où éclate la guerre de l'Indépendance américaine.

L'établissement maritime créé par Louis XIV fut systématiquement livré à l'abandon sous la régence et pendant la durée du ministère du cardinal Fleury. Lorsque survint la guerre de la succession d'Autriche, notre marine fut hors d'état de résister aux forces navales de l'Angleterre. A la paix d'Aix-la-Chapelle, signée en 1748, il ne nous restait que vingt-deux vaisseaux de ligne. Le gouvernement sembla reconnaître la faute qu'il avait commise, en s'écartant des traditions de Richelieu, de Colbert et de Louis XIV. Le ministère donna une plus vive impulsion aux constructions et quelques armements furent ordonnés. Ces mesures n'avaient pas encore porté leurs fruits que la guerre éclatait de nouveau entre la France et l'Angleterre. L'avantage remporté par le marquis de la Galissonnière sur l'amiral Byng jeta quelque éclat sur les débuts de la campagne, mais l'issue définitive de la lutte ne pouvait être douteuse. Notre infériorité nous condamnait fatalement à la défaite. Le traité de 1763 est un des plus malheureux que nos annales aient eu à enregistrer. La France céda à sa rivale le Canada, l'île du cap Breton et toutes les îles et parties de côte qu'elle occupait dans le golfe de Saint-Laurent. Non contente d'assurer le présent, la cour de Londres voulut fixer l'avenir en exigeant que la France renonçât à toute prétention sur l'Acadie et la Nouvelle-Écosse[1]. La rivière du Sénégal, nos établissements sur la côte occidentale d'Afrique, la Grenade, Saint-Vincent, la Dominique et Tabago devinrent la propriété de l'Angleterre. La France rendit toutes les conquêtes qu'elle avait faites dans l'Inde depuis la paix d'Aix-la-Chapelle. Les Anglais reprirent Minorque en échange de Belle-Ile, dont ils s'étaient emparés le 7 juin 1761. En vertu d'une convention particulière, signée le même jour que les préliminaires de paix, la France donna la Louisiane à l'Espagne. Nous voulions dédommager cette puissance des sacrifices auxquels elle avait été obligée de consentir pour amener la fin des hostilités. L'Espagne avait abandonné à l'Angleterre la Floride et Pensacola[2].

Soutenus par une forte tradition, souvenir glorieux du règne de Louis XIV, les officiers de la marine ne désespèrent pas de l'avenir. Au lieu de se laisser aller au découragement, ils s'adonnèrent à l'étude. Ce fut ainsi qu'ils maintinrent la situation de la marine française, sinon au point de vue du nombre, du moins sous le rapport de la qualité, à la hauteur des marines rivales. Il est peu d'époques où les travaux scientifiques, appliqués à la marine, aient été aussi considérables que sous le règne de Louis XV. L'académie de marine, fondée à Brest, en 1752, abandonnée pendant quelques années, et enfin réorganisée, en 1769, eut une très-grande part dans ce résultat.

1. Les limites des possessions françaises et anglaises, sur le continent de l'Amérique septentrionale, furent fixées par une ligne allant de l'embouchure du Mississipi jusqu'à la rivière d'Iberville et, de là, rejoignant la mer, en passant au milieu de cette rivière et des lacs Maurepas et Pontchartrain.
2. Le traité d'alliance offensive et défensive, appelé pacte de famille, avait été signé entre la France et l'Espagne, le 15 août 1761. Le 2 janvier 1762, l'Espagne avait déclaré la guerre à l'Angleterre. Les hostilités entre la France et l'Angleterre avaient commencé en 1756. Nous étions réduits à l'impuissance lorsque l'Espagne s'était décidée à se joindre à nous.

PRÉFACE. 51

Le rôle des officiers de marine s'était successivement modifié depuis le commencement du dix-huitième siècle. Sans cesser d'être militaire, il était devenu plus maritime. Le capitaine et les officiers commençaient à prendre, à bord des bâtiments, la place qu'ils y occupent aujourd'hui. L'art de la navigation avait fait de grands progrès. Le voyage de circumnavigation de Bougainville, les campagnes des Verdun de la Crenne, des Fleurieu et des Borda avaient excité l'émulation des officiers et répandu parmi eux le goût des connaissances nécesaires à la conduite des bâtiments. Les pilotes, considérés comme officiers de route, n'avaient pas encore disparu, mais leur importance avait été en diminuant, tandis que la situation des capitaines et des officiers n'avait cessé de grandir[1].

L'institution des gardes de la marine, créée par Colbert pour assurer le recrutement des états-majors, avait été maintenue. Une nouvelle compagnie, dite des gardes du pavillon, avait été formée en 1716. Cette compagnie, dont le personnel était pris parmi les gardes de la marine, avait pour mission principale de servir près de la personne de l'amiral de France, soit dans les ports, soit à la mer[2]. Bezout avait été nommé, en 1763, examinateur de la marine. A la demande du duc de Choiseul, il composa un cours de mathématiques renfermant l'ensemble des

---

1. On était loin du temps où Colbert attribuait à l'ignorance des pilotes la perte des bâtiments qui s'étaient jetés sur les îles d'Aves. Dans une lettre qu'il adressait, sur cette affaire, à l'intendant de Seuil, le ministre constatait avec regret que les pilotes les plus habiles aimaient mieux commander les navires de commerce que servir sur les bâtiments de l'État. Colbert fit mieux, d'ailleurs, que de se plaindre de la pauvreté des sujets, il reconnut la nécessité d'améliorer la position des pilotes, afin d'attirer les plus capables au service de l'État.

2. Une ordonnance de 1764 fixa à quatre-vingts le nombre des gardes de chacune des trois compagnies des gardes de la marine et de la compagnie des gardes du pavillon amiral. Le chiffre de trois cent vingt, représentant la totalité des gardes des quatre compagnies, était trop élevé, eu égard au petit nombre des vacances qui se produisaient, chaque année, dans le cadre des enseignes. Cet effectif fut réduit, en 1773, à cent soixante gardes répartis ainsi qu'il suit, savoir : quatre-vingts gardes du pavillon amiral et quatre-vingts gardes de la marine.

connaissances que devaient posséder les gardes pour devenir enseignes de vaisseau [1]. Les gardes embarquaient toutes les fois que les besoins du service l'exigeaient, et ils reprenaient leurs études lorsque, par suite du désarmement de leurs navires, ils se trouvaient de nouveau à terre. Cette organisation semblait s'en remettre au hasard du soin de les instruire. Elle ne pouvait convenir à une époque où les progrès des sciences rendaient les études théoriques chaque jour plus nécessaires. M. de Boynes, devenu ministre de la marine, en 1771, supprima les gardes et il fonda au Hâvre une école de la marine royale [2]. Son successeur, M. de Sartines, n'osa pas s'associer à cette réforme. Il rétablit l'institution des gardes à laquelle il apporta d'utiles améliorations [3]. Il eut surtout le mérite de régler mieux que ne l'avaient fait ses prédécesseurs le temps consacré aux études théoriques et pratiques.

1. Ce *Cours de mathématiques* comprenait six volumes, dont un était consacré à l'astronomie et à la navigation.
2. Il sera établi une école royale de marine dans le port du Hâvre, pour y instruire et y exercer, tant dans la théorie que dans la pratique, les jeunes gens qui se destineront au service de la mer, se réservant, Sa Majesté, de faire, dans la suite, un pareil établissement dans un des ports de la Méditerranée. Les admis porteront le titre d'élèves de l'École royale de la marine; leur nombre sera de quatre-vingts appointés, Sa Majesté se réservant d'en recevoir un plus grand nombre non appointé. Aucun aspirant ne pourra être admis s'il n'a quatorze ans, s'il ne sait écrire correctement et s'il ne connaît les premières règles de l'arithmétique. Les élèves n'auront aucun rang entre eux. Chaque école sera commandée par un capitaine de vaisseau; des lieutenants de vaisseau et des maîtres y seront attachés. Les élèves seront exercés, pendant trois ou quatre mois d'été, à la pratique de la mer sur des corvettes armées exprès. Ceux qui auront satisfait aux examens exigés, seront destinés à entrer dans les huit brigades ou régiments du corps royal de la marine
3. Supprime, Sa Majesté, les écoles royales de marine créées par l'ordonnance du 29 août 1773, voulant que les élèves de l'école établie au Hâvre soient admis et reçus en qualité d'aspirants gardes de la marine et, en conséquence, répartis entre les trois ports de Brest, Toulon et Rochefort (ordonnance du 2 mars 1775.). La même ordonnance fixa à cinquante l'effectif des compagnies des gardes de la marine et à quatre-vingts le nombre des gardes du pavillon. Elle créa des aspirants gardes placés à la suite des compagnies. Les jeunes gens ainsi désignés étaient appelés à remplir les vacances qui venaient à se produire. Les élèves de l'école de marine du Hâvre devinrent aspirants gardes.

PRÉFACE.   53

Les ministres qui se succédèrent à la marine, après la guerre de 1756, ne portèrent pas seulement leur attention sur le corps des officiers de vaisseau. Ils réorganisèrent le commissariat de la marine et le service de santé. Une ordonnance du 25 mars 1765 créa le corps des ingénieurs-constructeurs[1]. Le gouvernement établit à Paris, sous la direction de Bezout et de Duhamel du Monceau, une école spéciale destinée à former des élèves ingénieurs.

Le duc de Choiseul dirigeait, en 1761, les deux départements de la guerre et de la marine. Il décida que le service de l'artillerie, à bord des vaisseaux, serait fait par l'artillerie de terre[2]. A la même époque, les régiments de l'armée fournissaient le personnel composant les garnisons des bâtiments de guerre. En 1774, M. de Sartines forma cent compagnies franches partagées en trois divisions, placées, la première à Toulon, la seconde à Rochefort et la troisième à Brest. L'ensemble de ces divisions était désigné sous le titre de corps royal d'infanterie de marine. Les compagnies, fortes de cent dix-huit hommes, avaient

---

1. Sa Majesté s'étant fait représenter les articles de l'ordonnance du 15 avril 1689, qui ont rapport aux constructions et maîtres charpentiers entretenus qui, sous ce titre, étaient alors chargés des fonctions des constructeurs actuels de ses vaisseaux, et ayant considéré que ces derniers, depuis leur établissement dans ses ports, s'étant particulièrement appliqués à réunir toutes les connaissances de théorie et de pratique qu'exige la construction des vaisseaux, y ont fait des progrès considérables; voulant exciter de plus en plus l'étude des sciences qui font la base de cet art, et fixer l'état et les fonctions de ceux qui l'exercent d'une manière qui réponde à l'utilité de leurs services, Elle a ordonné et ordonne ce qui suit : « Les constructeurs de vaisseaux de Sa Majesté seront, à l'avenir, appelés ingénieurs-constructeurs de la marine. Ordonnance du 25 mars 1762.
« Signé : Choiseul. »

2. Le personnel de l'artillerie de terre fut augmenté de trois brigades. Sauf quelques exceptions faites en faveur d'officiers d'artillerie de terre, les officiers de marine furent appelés à composer l'état-major des brigades nouvellement formées. Les officiers d'artillerie de terre, qui furent admis dans les brigades destinées au service de l'artillerie navale, échangèrent les grades dont ils étaient revêtus contre le grade équivalent dans le corps des officiers de marine. Chaque brigade était composée de sept compagnies de canonniers et d'une compagnie de bombardiers. L'effectif des trois brigades était de deux mille huit cent vingt-quatre hommes.

à leur tête trois officiers, un lieutenant de vaisseau et deux enseignes. Le corps royal d'infanterie de marine appartenait au personnel naviguant. Un détachement de cette arme embarquait, dans une proportion déterminée par les règlements, sur chacun de nos navires. Les soldats arrivaient à bord sachant manier le fusil et connaissant l'exercice du canon. Ils faisaient le quart comme les matelots et aidaient à la manœuvre. Ces hommes constituaient un élément très-solide dans la composition des équipages[1].

Une ordonnance royale du 26 décembre 1774 rétablit dans chacun des ports de Brest, Rochefort et Toulon une compagnie de bombardiers. Ces compagnies étaient commandées par quatre officiers de la marine, deux lieutenants de vaisseau et deux enseignes. Elles étaient composées de matelots des classes, âgés de dix-huit à trente ans, ayant fait preuve à la mer de capacité professionnelle. Les bombardiers étaient appelés à servir sur les galiotes à bombes et sur les vaisseaux. Des compagnies d'apprentis-canonniers des classes furent formées dans les ports de Toulon et de Rochefort. La même ordonnance permit au ministre d'en augmenter le nombre toutes les fois que les besoins du service l'exigeraient. Le département de la marine revenait au régime créé par Colbert[2]. Il était glorieux pour la mémoire du grand ministre qu'on crût nécessaire, après tant de tâtonnements et d'hésitations, de

---

[1]. Le corps royal d'infanterie de marine de 1774 n'avait aucun point commun avec l'infanterie de marine, telle qu'elle existe aujourd'hui. Cette dernière a été créée dans le but unique de tenir garnison dans les colonies. Elle a été placée, à cause de cette destination, sous la direction du ministre de la marine. C'est un corps d'infanterie qui a vaillamment combattu dans toutes les parties du monde, et qui s'est acquis par sa conduite, pendant la guerre de 1870, une réputation légitime ; mais cette troupe a toujours été et elle est encore absolument étrangère au service de la flotte.

[2]. M. de Sartines revenait aux dispositions de l'ordonnance de 1766. Celle-ci n'était, en ce qui concernait le service de l'artillerie sur les bâtiments de la flotte, que la reproduction de l'ordonnance de 1689. Cette dernière, ainsi que nous l'avons déjà dit, avait paru sous le marquis de Seignelay, mais, en réalité, elle était l'œuvre de Colbert.

se conformer aux dispositions que lui-même avait adoptées.

Il nous reste à indiquer brièvement les modifications successives apportées dans l'organisation des arsenaux. Lorque Colbert prit en mains les affaires de la marine, il chercha autour de lui des collaborateurs. Après avoir fait choix de quelques hommes d'un mérite reconnu, il donna à chacun d'eux un arsenal à diriger sous sa surveillance immédiate. Il avait le droit de compter sur l'obéissance et sur le dévouement de ces fonctionnaires. Il n'en eût probablement pas été de même, si les sommités de l'armée navale avaient été placées à la tête des arsenaux. Outre que Colbert eût difficilement obtenu que des officiers généraux, appartenant à la plus haute noblesse, consentissent à habiter, pendant un temps assez long, Brest, Toulon ou Rochefort, il craignait de ne pas rencontrer chez eux cette obéissance ponctuelle qui était nécessaire à l'exécution de ses desseins. Enfin, il redoutait l'influence d'hommes qui, par leur situation à la cour, auraient pu traverser ses plans. On doit donc croire qu'il écarta systématiquement les officiers militaires du service des ports. Les années s'écoulèrent, et ces dispositions, qui avaient eu leur raison d'être, ne répondirent plus aux besoins. Tous les officiers de la marine n'habitaient pas Versailles, et un grand nombre d'entre eux demandaient que leur expérience fût mise à profit pour la préparation de nos forces navales. En 1765, le duc de Choiseul donna satisfaction à ce sentiment. Il ne toucha pas à l'économie générale de l'ordonnance de 1689, mais il augmenta les attributions des officiers militaires. Les mouvements du port furent placés sous les ordres du commandant de la marine. Celui-ci eut, en outre, le droit de surveiller les travaux exécutés dans l'arsenal. Nous ne parlerons pas des changements introduits dans le service des ports, en 1772 et en 1773, par M. de Boynes. Ce que fit ce ministre disparut le jour où il cessa ses fonctions. M. de Sartines remit provisoirement en vigueur le régime de 1765. Une ordonnance, portant la date du 23 septembre 1776, étendit considérablement les fonctions des commandants de la marine. Les marchés, les approvisionnements, la distribution des matières, leur conservation dans les magasins, les revues et la solde des officiers, des troupes, des gens de mer, l'inscription maritime, les hôpitaux et les chiourmes restèrent entre les mains de l'intendant. Les attributions du commandant de la marine comprirent, outre la garde des arsenaux et le commandement des troupes, les directions des mouvements du port, des constructions et de l'artillerie, réunies toutes trois sous l'autorité directe et immédiate d'un chef d'escadre, ayant le titre de directeur général[1]. Telle était, au point de vue du personnel, de l'administration et du service des arsenaux, l'économie générale des lois qui régissaient la marine en 1778, c'est-à-dire au moment où éclata la guerre de l'indépendance américaine.

1. Les constructions, les armements, désarmements, réparations, radoubs, les travaux (quelle que fût leur nature), exécutés dans les ateliers de l'arsenal, la garde et la conservation des bâtiments, furent placés sous l'autorité du commandant de la marine. Un directeur général, pris parmi les chefs d'escadre, fut placé à la tête des trois directions de l'arsenal, les mouvements du port, les travaux et l'artillerie. Ce directeur général était lui-même sous les ordres du commandant de la marine. Chacune des directions que nous venons d'indiquer était dirigée par un capitaine de vaisseau, ayant dans son service des lieutenants et des enseignes de vaisseau.

HISTOIRE

DE LA

MARINE FRANÇAISE

LIVRE I

Le traité de Paris établit la suprématie maritime de la Grande-Bretagne. — Contestations entre les colonies de l'Amérique septentrionale et la métropole. — Impôt du timbre. — Taxe sur le thé. — Troubles de Boston. — Mesures de répression prises par le gouvernement britannique. — Des députés nommés par les assemblées provinciales forment un congrès qui se réunit à Philadelphie dans le mois de septembre 1774. — Combat de Lexington, le 19 avril 1775. — Déclaration solennelle de l'indépendance des colonies anglo-américaines, le 4 juillet 1776. — Le gouvernement français suit avec une attention particulière les événements qui s'accomplissent de l'autre côté de l'Atlantique. — Relations du cabinet de Versailles avec les insurgés. — Arrivée à Paris de trois commissaires envoyés par le congrès. — Le 6 février 1778, la France signe avec les États-Unis un traité d'amitié et de commerce et un traité éventuel d'alliance. — La cour de Londres rappelle son ambassadeur. — Préparatifs maritimes faits de chaque côté du détroit. — Départ du comte d'Estaing. — Mission confiée à cet officier général. — Tentative faite auprès de la cour d'Espagne pour l'amener à conclure avec la France un traité d'alliance offensive et défensive. — Relations entre les marines de France et d'Angleterre. — Prise des frégates la *Licorne* et la *Pallas* et du lougre le *Coureur*. — Combat des frégates la *Belle-Poule* et l'*Arethusa*. — Résultats de l'attitude indécise prise par le gouvernement français. — L'escadre de Brest reçoit l'ordre d'appareiller.

I

Le traité de Paris conclu, en 1763, entre la France et la Grande-Bretagne, consacra, aux yeux de l'Europe, la suprématie maritime de notre rivale. Cependant la guerre de l'indépendance américaine, qui nous permit, vingt ans plus tard, de prendre notre revanche, fut la conséquence des succès remportés par nos adversaires pendant la campagne de 1756. Les Anglais, poursuivis depuis longtemps par le désir de rester seuls maîtres de la partie septentrionale du continent américain, avaient saisi le moment où l'état de notre marine nous interdisait toute lutte sérieuse pour nous attaquer. Ils avaient atteint le but qu'ils s'étaient proposé; mais, dès le lendemain de leur victoire, ils rencontrèrent des difficultés qu'ils n'avaient pas prévues, quoiqu'elles fussent inhérentes à leur nouvelle situation. Les colons américains, descendant pour la plupart de familles qui s'étaient expatriées à la suite de persécutions religieuses ou politiques, ne pouvaient avoir pour la couronne d'Angleterre un dévouement très-profond. L'occupation du Canada par les Français et de la Floride par les Espagnols donnait à la souveraineté de la Grande-Bretagne un caractère de nécessité qui s'imposait aux habitants. Ceux-ci reconnaissaient qu'ils étaient redevables à la mère-patrie de la sécurité dont ils jouissaient. Aussi, les contestations qui s'élevaient entre les Anglo-Américains et le gouvernement britannique, et ces contestations étaient fréquentes, se dénouaient-elles facilement. La cession du Canada et de la Floride modifia cet état de choses. L'Angleterre se trouva en présence d'une population nombreuse, énergique, établie sur un sol fécond, et à laquelle son appui n'était plus indispensable. Dans les conditions créées par le traité de 1763, le gouvernement des colonies américaines exigeait une extrême habileté et de grands ménagements.

La législation qui réglait les rapports commerciaux de la Grande-Bretagne avec ses colonies, assurait aux négociants de la métropole des bénéfices excessifs. Les Américains s'inclinaient devant l'omnipotence que s'était arrogée, sur cette matière, le Parlement anglais. Les pertes qu'ils éprouvaient constituaient, à leurs yeux, l'équivalent des impôts payés par les habitants des îles britanniques pour subvenir aux dépenses publiques. S'ils ne réclamaient aucun allégement aux charges qui pesaient sur eux, ils n'étaient pas disposés à en supporter de nouvelles. Pendant la guerre, la Grande-Bretagne avait augmenté sa dette dans une proportion considérable. Lorsque la paix fut conclue, le gouvernement trouva équitable de demander aux colonies de l'Amérique quelques sacrifices, en échange des avantages qu'elles avaient retirés du traité de Paris. En 1763, la Chambre des communes vota, sur la proposition des ministres, l'impôt du timbre. Cette nouvelle souleva, de l'autre côté de l'Atlantique, de nombreuses protestations. Les assemblées provinciales déclarèrent illégal et inconstitutionnel tout impôt ou taxe établi par le Parlement britannique, dans lequel les Américains n'avaient pas de représentants. Ce mouvement d'opposition fut d'autant plus marqué que, depuis une année, les colons, prévenus des projets du ministère, se préparaient à la résistance. L'unanimité avec laquelle le nouvel impôt fut repoussé par toutes les classes de la population, alarma les ministres. Convaincus qu'ils seraient obligés de recourir à la force, s'ils voulaient mettre la loi à exécution, ils en demandèrent, eux-mêmes, l'abrogation. La Chambre des communes y consentit, mais elle affirma très-nettement sa souveraineté en déclarant « que les colonies étaient dans la dépendance absolue de la Couronne et du Parlement de la Grande-Bretagne, lesquels possédaient l'autorité nécessaire pour faire des lois auxquelles les colonies étaient tenues d'obéir dans toutes les circonstances et dans tous les cas possibles. » La lutte se trouvait ajournée à l'époque où l'Angleterre croirait le moment venu de faire l'application de ce principe. Deux années s'écoulèrent, pendant lesquelles aucune cause de dissentiment grave ne surgit entre les colonies et la métropole. Dans le courant de l'année 1767, le gouvernement décida, avec l'autorisation des Chambres, qu'une taxe serait perçue sur certaines marchandises importées d'Angleterre en Amérique, telles que le thé, le verre, le papier, le plomb, le carton et les couleurs. Cette disposition fut très-mal accueillie par les colons qui ne pouvaient voir dans les nouvelles taxes qu'un impôt déguisé. D'un commun accord, ils résolurent de ne plus faire usage des marchandises dont l'entrée était frappée d'un droit. Sur la proposition de lord North, devenu premier ministre en 1770, le Parlement supprima toutes les taxes, sauf celle qui avait été mise sur le thé. C'était une illusion de croire que cette concession ramènerait le calme dans les esprits. En laissant subsister la taxe sur le thé, le ministre maintenait intact le droit, pour la Couronne et le Parlement, d'établir des impôts. Or, c'était contre ce droit que s'élevaient les Américains, quelque nom qu'il prît et sous quelque forme qu'il se présentât.

L'assemblée de Virginie délibérant, en 1765, sur l'impôt du timbre, avait adopté, sur la proposition de Jefferson, qui fut plus tard président de la république, la résolution suivante : « Cette assemblée possède seule l'autorité nécessaire pour établir des impôts dans cette colonie. Une personne ou un corps quelconque, autre que ladite assemblée générale, qui tenterait d'exercer ce pouvoir, violerait à la fois les libertés britanniques et les libertés américaines. » Cette résolution exprimait fidèlement l'opinion de la grande majorité du peuple américain dans la question imprudemment soulevée par l'Angleterre. Soit que les colons eussent fait à l'amour de l'indépendance le sacrifice de leurs habitudes, soit que les contrebandiers eussent introduit le thé nécessaire à la consommation, la nouvelle taxe ne rapporta rien au trésor. Le gouvernement dissimula son mécontentement, et quelques années s'écoulèrent pendant lesquelles la tranquillité ne fut pas troublée. En 1773, l'arrivée à Boston de trois bâtiments chargés de thé fit éclater une émeute dans la ville. La foule se porta à bord de ces trois bâtiments, dont les cargaisons furent jetées à la mer.

Depuis le début de la crise dont nous venons de tracer le rapide tableau, les ministres de la Grande-Bretagne s'étaient montrés inférieurs à leur tâche. Reculant devant l'emploi de la force pour triompher de la résistance des Américains, manquant de sincérité et de franchise lorsqu'ils faisaient des concessions, ils n'avaient su être, à propos, ni énergiques, ni conciliants. Par son peu de clairvoyance, le gouvernement de la Grande-Bretagne avait conduit, lui-même, les choses au point où elles étaient arrivées. En apprenant ce qui s'était passé à Boston, la Couronne et le Parlement encouragés, il faut le dire, par l'opinion générale, se disposèrent à agir avec vigueur. Il fut défendu de charger ou de décharger des marchandises sur les quais de la ville de Boston. Le port fut fermé, et la douane reçut l'ordre de se rendre à Salem. On suspendit la charte de l'État de Massachussetts (Boston est la capitale de cet État), et tous les pouvoirs passèrent entre les mains du représentant de l'autorité royale. Enfin, des troupes, commandées par le général Gage, furent chargées d'assurer l'exécution de ces mesures. L'ensemble de la population américaine n'avait pas encore envisagé, d'une manière sérieuse, la possibilité de rompre le lien qui attachait les colonies à la métropole. Les décisions du Parlement britannique poussèrent les esprits dans cette voie. Il ne restait plus aux Américains que le choix entre deux partis, celui de la résistance armée ou de la soumission la plus entière. Si les ministres pouvaient impunément supprimer la charte de l'État de Massachussetts, ce n'était plus seulement leur argent, mais leur liberté qui était menacée. Un congrès, composé de députés nommés par les différents États, se réunit à Philadelphie dans le mois de septembre 1774. Cette assemblée, après avoir protesté contre l'illégalité du traitement infligé à la ville de Boston et à l'État de Massachussetts, déclara qu'il était du devoir des citoyens américains de repousser la force par la force. Ces conseils furent entendus, et les milices provinciales prirent les armes. La première rencontre des troupes royales avec les insurgés eut lieu le 19 avril 1775. Il existait à Concord, petite ville située à vingt milles de Boston, un dépôt de munitions et d'approvisionnements militaires. Un détachement, expédié par le général Gage pour le détruire, rentrait, après avoir accompli sa mission, lorsqu'il fut attaqué près du bourg de Lexington. Les Anglais, harcelés par leurs adversaires jusque sous les murs de la ville de Boston, firent des pertes très-sérieuses. Le 4 juillet 1776, le congrès déclara solennellement l'indépendance des colonies anglo-américaines. Les treize États dont les noms suivent : New-Hampshire, Massachussetts-bay, Rhode-Island, Connecticut, New-York, New-Jersey, Pensylvanie, Delaware, Maryland, Virginie, la Caroline septentrionale, la Caroline méridionale et la Géorgie formèrent une confédération qui prit le nom d'États-Unis d'Amérique.

II

Le duc de Choiseul, qui avait pris le portefeuille de la marine à la place de Berryer, en 1761, avait, au plus haut degré, le sentiment de l'honneur national. S'il avait négocié, de concert avec son cousin le comte de Choiseul-Praslin, alors ministre des affaires étrangères, le traité de 1763, c'était avec l'espoir que la France, mieux gouvernée, serait, un jour, en mesure de venger l'humiliation qu'elle était contrainte de subir. La paix était à peine conclue, qu'il travaillait avec ardeur à relever la marine de son abaissement. Le moment était favorable pour tenter encore une fois de rétablir notre puissance navale. Le commerce maritime avait pris, depuis le commencement du dix-huitième siècle, un très-grand développement. La perte des colonies cédées à l'Angleterre, en vertu du traité de Paris, avait porté atteinte à de nombreux intérêts. Une réaction très-marquée se produisit en faveur de la marine militaire, dont le pays, éclairé par les événements, comprit mieux la nécessité. Déjà, en 1762, dans un élan de patriotisme, la ville de Paris, les États du Languedoc, de Bourgogne, des Flandres et de l'Artois, le parlement et la ville de Bordeaux, l'armée, l'ordre du Saint-Esprit, la corporation des marchands de Paris, le commerce de Marseille, les receveurs et fermiers généraux avaient fait don à l'État des fonds nécessaires à la construction de quinze vaisseaux de ligne[1]. Le duc de Choiseul, qui était, sinon le premier ministre, du moins le personnage principal du cabinet, fit accorder au département de la marine les crédits nécessaires pour pousser les constructions et remplir nos magasins. En 1766, il échangea, avec son cousin, le duc de Choiseul-Praslin, le département de la marine contre celui des affaires étrangères. Le nouveau ministre apporta, dans la direction des affaires maritimes, le même zèle et la même ardeur que son parent. Lorsqu'à la fin de 1770, une disgrâce imméritée et due à d'indignes motifs les enleva tous deux à l'œuvre patriotique qu'ils poursuivaient, la France possédait soixante-quatre vaisseaux de ligne, cinquante frégates ou grosses corvettes, et cinquante bâtiments d'un rang inférieur. Le port de Lorient et le matériel de la compagnie des Indes étaient devenus la propriété de l'État. Aussi longtemps qu'il garda le pouvoir, le duc de Choiseul suivit avec la plus grande attention ce qui se passait de l'autre côté de l'Atlantique. Il prévoyait l'insurrection des colonies anglaises, et il était convaincu que cet événement fournirait à la France l'occasion de réparer les malheurs de la dernière guerre. M. de Vergennes, devenu, en 1774, ministre des affaires étrangères, envoya en Amérique un agent chargé, quoiqu'il n'eût aucun caractère officiel, d'entrer en relations avec les membres les plus importants du congrès. A la fin de l'année 1775, les colons adressèrent à la France,

---

1. On retrouvera ces vaisseaux dans les escadres de la guerre de l'indépendance américaine.

par l'intermédiaire de cet agent, une demande de secours. Louis XVI était très-indécis relativement à la ligne de conduite que son gouvernement devait adopter. Turgot, qui était alors ministre des finances, insistait, dans le conseil, pour que la France observât la plus stricte neutralité. Il regardait comme utile à nos intérêts que l'Angleterre triomphât de la résistance des insurgés. Si les colonies sortaient épuisées de la lutte, elles ne pourraient, pendant un temps assez long, fournir aucun secours à la métropole. Dans le cas où, après leur soumission, elles conserveraient quelque vigueur, les Anglais, craignant un nouveau soulèvement, maintiendraient en Amérique des forces considérables. Dans l'une et l'autre hypothèse, la puissance britannique serait amoindrie, sans que ce résultat nous eût coûté aucun sacrifice. « En parcourant avec M. le comte de Vergennes, disait Turgot dans un mémoire portant la date du mois d'avril 1776, les différentes manières dont on peut supposer que se terminera la querelle de l'Angleterre avec ses colonies, il m'a paru que l'événement le plus désirable, pour l'intérêt des deux Couronnes, serait que l'Angleterre surmontât la résistance de ses colonies, et les forçât à se soumettre à son joug [1]. Le ministre des affaires étran-

---

1. Ce mémoire est intitulé : *Réflexions rédigées à l'occasion du mémoire remis par M. le comte de Vergennes sur la manière dont la France et l'Espagne doivent envisager les suites de la querelle contre la Grande-Bretagne et ses colonies.* La situation embarrassée de nos finances se trouve clairement indiquée dans un passage du même mémoire. Les renseignements très-précis qu'il contient ont non-seulement pour l'histoire de cette guerre, mais pour les événements subséquents, une importance particulière. C'est pourquoi nous le transcrivons ci-après : « Le Roi, disait Turgot, connaît la situation de ses finances. Il sait que, malgré les économies et les améliorations déjà faites depuis le commencement de son règne, il y a entre la recette et la dépense une différence de 20 millions dont la dépense excède. A la vérité, dans la dépense, sont compris les remboursements assignés, mais auxquels le Roi ne peut manquer sans altérer la foi publique et le crédit. Il n'y a que trois moyens de remplir ce déficit : une augmentation d'impôts, une banqueroute plus ou moins forte, plus ou moins déguisée, et une économie considérable soit dans les dépenses, soit dans les frais de perception. La bonté du Roi, sa justice, le soin de sa gloire lui ont fait, dès

gères était loin de partager l'opinion de Turgot. Il n'admettait pas que la France restât simple spectatrice des troubles qui agitaient les colonies anglaises, et négligeât l'occasion qui se présentait d'affaiblir sa rivale. M. de Vergennes estimait qu'il fallait de grandes illusions pour croire à la possibilité de conserver la paix. Si la guerre était certaine, il était d'une bonne politique de nous assurer, à l'avance, des alliés. Une rupture avec l'Angleterre lui semblant prématurée, il était d'avis que le cabinet de Versailles continuât à vivre en bonne intelligence avec la cour de Londres. D'autre part, il proposait de donner des encouragements aux insurgés et de leur faire passer secrètement des secours. Si la situation venait à se modifier, le gouvernement français conformerait sa conduite aux événements. Les idées de M. de Vergennes prévalurent dans le conseil, et le Roi leur donna son approbation. La franchise et la sincérité sont aussi nécessaires dans les relations internationales que dans les rapports entre les personnes. Aussi doit-on désapprouver les moyens dont M. de Vergennes recommandait l'emploi. Mais il est utile de faire remarquer que les Anglais n'avaient, sur ce

---

le premier moment, rejeter le moyen de la banqueroute en tout temps et celui d'une augmentation d'impôt pendant la paix. La voie de l'économie est possible ; il ne faut pour cela qu'une volonté ferme. La première économie doit être celle des dépenses, parce qu'elle seule peut fonder la confiance du public, et parce que la confiance du public est nécessaire pour trouver à gagner dans la partie des finances en remboursant des engagements trop onéreux, ce qui ne se peut faire qu'en empruntant à des deniers plus avantageux. En même temps que le Roi a trouvé ses finances obérées et en désordre, il a trouvé son militaire et sa marine dans un état de faiblesse qu'on auroit eu peine à imaginer. Pour les rétablir et rendre à la France le degré de force et de considération qu'elle doit avoir, il faut que le Roi dépense, lorsque l'état de ses finances lui prescrit d'épargner. Notre état, néanmoins, n'est pas tellement désespéré que, s'il fallait absolument soutenir une guerre, on ne trouvât des ressources, surtout si c'était avec une probabilité de succès qui pussent en abréger la durée. Mais au moins faut-il avouer qu'on doit l'éviter comme le plus grand des malheurs, puisqu'elle rendrait impossible, pour bien longtemps et peut-être pour toujours, une réforme absolument nécessaire à la prospérité de l'État et au soulagement des peuples. En faisant un usage prématuré de nos forces, nous risquerions d'éterniser notre faiblesse. »

point, aucun reproche à nous adresser. En juin 1755, l'amiral Boscawen attaquait, avec des forces supérieures, l'escadre de l'amiral Dubois de la Motte et lui prenait deux vaisseaux de soixante-quatre, le *Lys* et l'*Alcide*. Au même moment, les croiseurs britanniques et les corsaires enlevaient deux cent cinquante navires marchands. Pendant que ces faits s'accomplissaient, la cour de Londres semblait prendre au sérieux les négociations entamées avec le cabinet de Versailles pour arriver à un arrangement amiable des difficultés survenues entre les gouverneurs des colonies anglaises et françaises dans l'Amérique septentrionale. La république de Gênes avait cédé à la France, en 1768, l'île de Corse dont nous occupions les parties principales depuis 1764. L'Angleterre ne s'était pas opposée à l'exécution de notre traité avec la République, mais elle avait fourni de l'argent et des armes au général Paoli qui refusait de reconnaître notre souveraineté. Enfin, nous savions que des démarches très-actives étaient faites pour amener une entente entre l'Angleterre et l'Amérique. Les deux pays se seraient unis pour nous faire la guerre, et l'indépendance des colonies américaines eût été le prix de cette alliance. Ce projet était soutenu à Londres par des personnages politiques jouissant, de l'un et l'autre côté de l'Atlantique, d'une grande influence.

Après la déclaration solennelle du 4 juillet 1776, le congrès avait décidé l'envoi, dans quelques-unes des cours de l'Europe, de commissaires chargés de plaider la cause des États-Unis. Le célèbre Franklin, messieurs Silas Deane et Lee, désignés pour se rendre en France, trouvèrent, à Paris, un très-bon accueil. M. de Vergennes ne les reçut pas officiellement, mais il entra immédiatement en relation avec eux.

Le cabinet de Versailles ne trouvait pas que le moment fût venu de se départir de la ligne de conduite qu'il avait adoptée. Il faisait parvenir, par la voie du commerce, des armes, des munitions et de l'argent aux insurgés.

Dans nos ports, les fonctionnaires de la douane fermaient les yeux sur les envois d'objets de matériel de guerre faits par nos négociants, pour leur propre compte ou pour celui des insurgés. Nous devons nous empresser d'ajouter que la cour de Londres, malgré les défenses les plus formelles, ne pouvait empêcher les armateurs anglais de faire le même genre d'opérations. La catastrophe du général Burgoyne[1], battu à Saratoga, le 7 octobre 1777, et réduit, quelques jours après, à mettre bas les armes, précipita les événements. Toutes les puissances de l'Europe crurent au triomphe de l'insurrection américaine. Dans le sein du parlement britannique, des voix s'élevèrent pour conjurer le gouvernement de ne pas poursuivre une lutte pleine de périls. Franklin et ses collègues, saisissant avec habileté le moment favorable, insistèrent auprès de M. de Vergennes pour obtenir une réponse catégorique aux demandes de secours qu'ils lui avaient adressées. Le cabinet de Versailles, quel que fût son désir de temporiser, ne pouvait échapper à la nécessité de prendre un parti. La cause des États-Unis avait excité dans tous les rangs de la société française un enthousiasme très-sincère. La nation avait, en outre, le pressentiment que l'insurrection des colonies anglaises lui permettrait de déchirer les traités de 1763 dont elle gardait le plus amer souvenir. Le gouvernement pouvait difficilement résister à ce double courant d'opinion. Le Roi, qui éprouvait une très-grande hésitation à s'engager dans cette guerre, surmonta ses derniers scrupules et il autorisa son ministre des affaires étrangères à entamer des négociations avec les envoyés du congrès. Le 6 février 1778, un traité de commerce et d'amitié fut conclu, à Paris, entre les États-Unis et la France. Cet acte diplomatique constituait, de la part du cabinet de Versailles, la reconnaissance implicite de l'indépendance américaine. Il n'é-

---

1. Le désastre de Burgoyne à Saratoga fut connu, à Paris, dans les premiers jours de décembre.

tait pas douteux que la guerre avec l'Angleterre ne fût la conséquence de notre conduite. En prévision de cet événement, les plénipotentiaires français et américains signèrent un second traité qui fut tenu provisoirement secret. « Sa majesté très-chrétienne et les États-Unis d'Amérique, était-il dit dans le préambule, ayant conclu aujourd'hui un traité d'amitié et de commerce, pour l'avantage réciproque de leurs sujets et citoyens, ont cru nécessaire de prendre en considération les moyens de raffermir ces engagements, et de les rendre utiles à la sûreté et à la tranquillité des deux parties, surtout dans le cas que la Grande-Bretagne, par ressentiment de cette liaison et de bonne correspondance, qui est l'objet du dit traité, rompît la paix avec la France, soit par des hostilités directes, ou en empêchant son commerce et sa navigation, d'une manière contraire au droit des gens ou aux traités qui subsistent entre les deux couronnes : et Sa Majesté et les dits États-Unis ont résolu de joindre dans ce cas leurs projets et leurs efforts contre les entreprises de leur ennemi commun[1]. » Si cette dernière hypothèse venait à se réaliser, nous prenions l'engagement de ne pas poser les armes avant que l'Angleterre eût reconnu l'indépendance de l'Amérique. Après la conclusion de ces deux traités, le Roi reçut Franklin comme le représentant offi-

---

1. Nous donnons ci-après les articles les plus intéressants de ce traité :

Art. 2. Le but essentiel et direct de la présente alliance défensive est de maintenir efficacement la liberté, la souveraineté et l'indépendance absolue et illimitée des dits États-Unis tant en nature de gouvernement que de commerce.

Art. 6. Sa majesté très-chrétienne renonce pour jamais à la possession des îles des Bermudes, ainsi qu'à celle d'aucune partie du continent de l'Amérique septentrionale qui, avant le traité, a été reconnue comme appartenant à la Couronne de la Grande-Bretagne ou aux États-Unis, ci-devant appelés colonies britanniques ou qui est à présent ou a été récemment sous le pouvoir du Roi et de la Couronne de la Grande-Bretagne.

Art. 8. Aucune des deux parties ne conclura ni paix ni trêve avec la Grande-Bretagne sans en avoir obtenu au préalable le consentement formel de l'autre, et elles s'engagent mutuellement à ne pas mettre bas les armes avant que l'indépendance des États-Unis ne soit assurée formellement ou tacitement, par le traité ou les traités qui termineront la guerre.

ciel des États-Unis. Sans attendre les demandes d'explications de l'Angleterre, le gouvernement français ordonna au marquis de Noailles, notre ambassadeur auprès du Roi George, de notifier au cabinet de Saint-James le traité de commerce et d'amitié conclu le 6 février 1778. La cour de Londres, ainsi qu'on devait le supposer, répondit à cette communication par le rappel de son ambassadeur. Quoique décidée, dès ce jour, à nous faire la guerre, l'Angleterre dissimula son ressentiment. Avant de pousser les choses plus loin, elle voulut assurer la rentrée de ses flottes marchandes. Le personnel qui les montait lui était nécessaire pour former les équipages des nombreux bâtiments qu'elle possédait dans ses arsenaux. Deux escadres furent armées, l'une, à Portsmouth, à la tête de laquelle fut placé l'amiral Keppel, et l'autre, à Plymouth, sous le commandement de l'amiral Byron. L'ordre fut envoyé dans l'Inde, par la voie de Suez, de nous attaquer sans délai. Ces dispositions prises, le cabinet de Saint-James résolut d'attendre le moment qui lui semblerait le plus favorable pour commencer les hostilités en Europe.

Depuis le commencement de cette crise, nous n'avions pas augmenté d'une manière sensible les forces que nous entretenions pendant la paix. L'attitude menaçante de l'Angleterre, après le rappel de son ambassadeur, modifia les allures circonspectes de notre gouvernement. Outre les frégates ou autres bâtiments d'un rang inférieur destinés à protéger notre commerce, le ministère fit préparer deux escadres, l'une à Toulon, sous les ordres du lieutenant général d'Estaing, l'autre à Brest, commandée par le lieutenant général d'Orvilliers. Quelques troupes, des vivres et du matériel furent expédiés dans les colonies. Le 13 avril 1778, le comte d'Estaing mit à la voile avec les vaisseaux le *Languedoc* de quatre-vingt-dix, le *Tonnant* de quatre-vingts, le *César*, l'*Hector*, le *Zélé*, le *Guerrier*, le *Marseillais* et le *Protecteur*, de soixante-quatorze, le *Vaillant*, la *Provence* et le *Fantasque*, de soixante-quatre, et le

Sagittaire de cinquante. Ces bâtiments étaient commandés par les capitaines de vaisseau de Boulainvilliers, de Bruyères, de Raymondis, de Barras Saint-Laurent, Moriès-Castellet, de Bougainville, Lapoype-Vertrieux, d'Apchon, de Chabert, de Champorcin, commandeur de Suffren et d'Albert de Rions. Les chefs d'escadre de Broves et de Breugnon avaient leur pavillon sur les vaisseaux le *César* et le *Tonnant*, et le lieutenant général d'Estaing montait le *Languedoc*. Le gouvernement français avait fait répandre, à dessein, le bruit que cette escadre se rendait à Brest. En réalité, elle faisait route vers les côtes de l'Amérique septentrionale. M. Gérard, nommé ministre plénipotentiaire de la cour de France près le congrès des États-Unis, et un des envoyés américains, Silas Deane, avaient pris passage sur le vaisseau amiral. Chacun d'eux avait dissimulé son nom et sa qualité, jusqu'au moment où toute communication avec la terre avait été interrompue. Nous savions que les Anglais avaient, sur les côtes de l'Amérique septentrionale, douze vaisseaux, six de soixante-quatre et six de cinquante. L'amiral Howe était mouillé, avec neuf vaisseaux, à l'embouchure de la Delaware. On espérait, à Paris, que d'Estaing surprendrait cette escadre et la détruirait. Dans cette hypothèse, le général Clinton, qui occupait Philadelphie, pris entre la flotte française et l'armée américaine, eût été forcé de capituler. Si, à notre arrivée sur les côtes d'Amérique, les Anglais n'étaient plus à l'embouchure de la Delaware, il était prescrit au comte d'Estaing de les attaquer partout où il pourrait le faire avec avantage. Le gouvernement laissait à cet officier général une très-grande liberté d'action, mais il entendait qu'il profitât de sa supériorité pour tenter quelque entreprise glorieuse pour nos armes et utile à nos alliés. Dans le cas où l'amiral Howe recevrait des renforts assez considérables pour nous placer dans une position d'infériorité marquée, nous devions nous retirer à Boston, et, de là, faire route pour la mer des Antilles.

Le cabinet de Versailles faisait d'actives démarches

pour amener la cour de Madrid à conclure avec la France un traité d'alliance offensive et défensive. Louis XVI, joignant son action à celle de ses ministres, écrivit plusieurs lettres très-pressantes au Roi Charles III pour le décider à suivre notre politique. Il semblait naturel que l'Espagne profitât du conflit anglo-américain pour réparer les pertes qu'elle avait faites pendant la dernière guerre. Mais cette puissance, maîtresse de vastes territoires situés hors d'Europe, voyait avec plus d'inquiétude que de satisfaction le soulèvement des colonies anglaises. Quoiqu'elle eût à l'affaiblissement de l'empire britannique un intérêt particulier, elle jugeait impolitique de poursuivre ce but en faisant cause commune avec des rebelles. Elle voulut s'interposer entre la France et l'Angleterre, mais le cabinet de Saint-James ayant posé comme condition préalable à toute négociation le retrait de la note du 13 mars[1], la bonne volonté de l'Espagne demeura sans résultat. Pendant que les trois puissances faisaient entre elles un échange inutile de notes diplomatiques, nos relations avec l'Angleterre annonçaient une rupture très-prochaine. De nombreuses plaintes s'élevaient, dans nos ports de commerce, contre les procédés de la marine britannique. Des navires marchands, arrêtés contrairement au droit des gens, avaient été conduits dans les ports anglais, et nous en réclamions en vain la restitution. Nos officiers rencontraient, chaque jour, sur nos côtes ou dans la Manche, des bâtiments de guerre anglais. Lorsque les croiseurs des deux nations passaient à petite distance les uns des autres, les équipages étaient à leurs postes de combat et prêts à commencer le feu[2]. L'Angleterre se chargea de dénouer cette situation.

1. C'était après la remise de cette note par le marquis de Noailles que l'Angleterre avait rappelé son ambassadeur.
2. Ce qui suit donnera une idée exacte des relations des deux marines. La Pérouse, alors lieutenant de vaisseau, étant en croisière dans la Manche avec une corvette qu'il commandait, fut chassé par quatre bâtiments. Il continua sa route, ainsi que le lui prescrivaient ses instructions. Quelques heures après, il fut joint par deux corvettes et deux sloops. Une des cor-

III

Les frégates la *Belle-Poule* et la *Licorne*, la corvette l'*Hirondelle* et le lougre le *Coureur* sortirent de Brest, le 15 juin 1778. Ces bâtiments, placés sous les ordres du capitaine de la *Belle-Poule*, le lieutenant de vaisseau Chadeau de la Clocheterie, étaient envoyés en croisière, à l'entrée de la Manche. Le 17, dans la matinée, cette division courait, les amures à bâbord, avec une brise d'ouest-sud-ouest, lorsqu'elle se trouva en vue d'une escadre anglaise. Quoique la guerre ne fût pas déclarée, M. de la Clocheterie crut prudent de prendre la bordée qui le conduisait sur Ouessant. Les Anglais suivaient la même route, et quelques-uns de leurs bâtiments se rapprochèrent rapidement des nôtres. Le commandant de la division donna liberté de manœuvre à l'*Hirondelle* et à la *Licorne*, afin de permettre à ces deux navires de s'éloigner sous l'allure la plus favorable à leur marche. Ayant remarqué qu'un cotre et une frégate avaient pris la tête des chasseurs, il conserva auprès de lui le lougre le *Coureur*. Dans l'après-midi, la *Licorne*, commandée par M. de Belizal, lieutenant de vaisseau, fut jointe par une frégate que suivait de près un vaisseau à deux ponts. Le capitaine de la *Licorne*, informé par la frégate anglaise que le commandant en chef de l'escadre britannique le priait de passer à poupe de son vaisseau, se di-

---

vettes le héla et lui demanda d'où il venait et où il allait : après avoir dit qu'il venait de Brest et qu'il allait à la mer, il adressa la même question à l'officier qui l'avait interpellé. Celui-ci répondit qu'il venait de Plymouth, puis les bâtiments anglais s'éloignèrent. « Nous avions fait, ajoute La Pérouse dans son rapport, nos dispositions pour le combat, mais nous nous fîmes des politesses en nous quittant. » Lettre de La Pérouse au ministre du 25 mars 1778. Dans la mer des Antilles, les faits avaient plus de gravité. Les croiseurs britanniques poursuivaient les navires américains jusque dans les baies et les criques des îles françaises. Lorsque ces faits se produisaient dans le voisinage d'une batterie de côte, nos canonniers ouvraient immédiatement le feu sur les Anglais.

rigea sur le *Victory*, à bord duquel était arboré le pavillon du vice-amiral Keppel. A six heures et demie du soir, la frégate l'*Arethusa*, capitaine Marshall, était à petite distance par la hanche de sous le vent de la *Belle-Poule*. Parvenu à portée de voix, le capitaine anglais invita, en termes polis, l'officier qui commandait la frégate française à se rendre auprès de l'amiral Keppel. M. de la Clocheterie manœuvra tout d'abord pour enlever à l'*Arethusa* l'avantage de la position qu'elle avait prise. Lorsqu'il se fut placé par son travers, il fit connaître au capitaine Marshall sa détermination bien arrêtée de ne pas s'écarter de sa route. L'*Arethusa* lui ayant envoyé sa bordée, il riposta sur-le-champ, et un combat très-vif s'engagea entre les deux bâtiments, à la vue de l'escadre anglaise qui était encore à quelques lieues en arrière. Les deux frégates couraient grand largue, avec une légère brise d'ouest qui les portait sur la côte de Bretagne. Vers onze heures et demie, la mâture et la voilure de l'*Arethusa* étaient dans le plus grand désordre. Craignant, s'il tardait davantage, d'être hors d'état de se retirer du feu, le capitaine Marshall manœuvra pour rallier son escadre. M. de la Clocheterie ne poursuivit pas l'*Arethusa* qui l'eût conduit sous la volée des vaisseaux anglais[1]. Il continua sa route, et, à minuit, il mouilla dans l'anse de Camplouis, sur la côte de Plouescat. L'*Alert*, c'était le nom du cotre anglais, et le lougre français n'étaient pas restés

1. La frégate l'*Arethusa* devait avoir, neuf mois après, un destin plus fâcheux. Le 10 mars 1779, à la chute du jour et par un temps assez mauvais, M. de la Bretonnière, commandant la frégate l'*Aigrette*, qui se trouvait très-près de l'entrée de Brest, puisqu'il était en dedans des pierres noires, fut très-surpris de reconnaître, dans un bâtiment en vue à petite distance, une frégate ennemie qu'il ne s'attendait certainement pas à rencontrer là. Après un engagement assez court, cette frégate serra le vent; peu après l'*Arethusa*, car c'était elle, toucha sur l'île Molène où elle fut promptement détruite par la mer. L'équipage gagna la terre, à l'exception de quinze hommes qui tentèrent d'atteindre la côte d'Angleterre dans une chaloupe. L'*Arethusa*, sortie peu de jours avant des ports d'Angleterre, se croyait à cinquante lieues au large d'Ouessant. Les Anglais se plurent à reconnaître que l'équipage de l'*Arethusa* avait été traité par les Français avec la plus grande humanité.

simples spectateurs de l'engagement des deux frégates. L'*Alert* avait quatre-vingts hommes d'équipage, douze canons de six livres de balles et douze perriers. Le *Coureur* n'avait que cinquante matelots, huit canons de deux livres de balles, deux de trois et six perriers. Le capitaine du lougre, M. de Rosily, enseigne de vaisseau, n'était pas disposé à tenir compte de la supériorité de son adversaire. Au premier coup de canon tiré par cette frégate, il envoya sa volée à l'*Alert*. Après un engagement très-vif qui dura jusqu'à neuf heures, le lougre amena son pavillon [1].

Le 18 juin, au point du jour, la *Belle-Poule* aperçut deux vaisseaux anglais qui l'observaient. Mais les capitaines de ces bâtiments, reculant devant la difficulté d'arriver jusqu'à la frégate française, rejoignirent leur escadre qui les attendait au large. La *Belle-Poule* entra à

---

1. L'*Arethusa* joignit la *Belle-Poule*, et le cotre se présenta le long de mon bord, sous le vent. Il n'y a pas de vaisseau de soixante-quatorze aussi fortement bastingué. Au moment du combat on ne pouvait voir un seul homme. Dans mon lougre, l'épaisseur du bâtiment n'est pas d'un pouce et demi; je n'avais point de bastingage, nous étions découverts jusqu'à la boucle du soulier. J'avais huit canons de deux livres de balles, deux de trois, six perriers, cinquante hommes tout compris. Le capitaine me dit en anglais d'aller trouver l'amiral. Je fis d'abord semblant de ne pas l'entendre; il me le fit répéter en mauvais français par plusieurs de ses gens. Je lui dis que non, et prenant le porte-voix, je lui dis en anglais qu'il n'eût point à se donner tant de peine, parce que j'étais décidé à ne point y aller et à ne faire que ce que ma frégate ferait. Pendant la conversation, à mesure que l'un des deux bâtiments culait ou allait de l'avant de l'autre nous nous suivions avec les canons. L'*Arethusa* se trouvant très-près en arrière de la *Belle-Poule* par-dessous le vent, je vis notre frégate changer sa route. M. de la Clocheterie voulant apparemment changer la mauvaise position où il se trouvait, je m'adressai au capitaine du cotre et lui dis d'arriver parce que ma frégate le faisait, et que, comme il me gênait, s'il ne se prêtait pas à ma manœuvre, je l'aborderais, mettant en même temps mon gouvernail à faire arriver. Les frégates se tirèrent du canon ; la mitraille même de l'*Arethusa* tomba très-près de nous. Je tirai aussi ma volée sur le cotre, qui me riposta sur-le-champ. Nous continuâmes, pendant quelque temps, le combat à petite portée de pistolet, ayant toujours chacun notre hunier sur le mât. (Je ne voulais pas faire de voile, parce que, étant sûr d'être pris, si j'avais suivi les frégates qui combattaient en faisant route, le cotre se serait encore trouvé à même d'aider l'*Arethusa*, aussitôt qu'il m'aurait en-

Brest au milieu des acclamations enthousiastes de tous les bâtiments mouillés sur la rade.

Le capitaine Bélizal, qui avait consenti à faire route sur le *Victory*, n'avait pu communiquer avec ce vaisseau dans la journée du 17 juin. La matinée du 18 se passa sans amener de changement dans la situation de la frégate française. Le capitaine Bélizal, mécontent de lui-même, péniblement affecté du rôle qu'il jouait, prit la résolution de faire de la toile et de s'éloigner. Avant de mettre ce projet à exécution, il voulut tenter une dernière démarche, et il expédia un canot porteur d'une lettre pour le chef de l'escadre anglaise. Aucun des vaisseaux près desquels il se trouvait, ne permit à l'embarcation française d'accoster le long de son bord. Celle-ci revenait vers son bâtiment, lorsque deux coups à boulet furent tirés sur la *Licorne* par le vaisseau l'*Hector*. Le capitaine Bélizal envoya sa bordée des deux bords aux vaisseaux qui l'entouraient, et il amena son pavillon. La corvette l'*Hi-*

---

levé....) Je combattis une heure et demie bord à bord dans cette position. Le combat avait commencé à sept heures et j'amenai à neuf. Je coupai la vergue de bôme en deux endroits, j'abîmai toutes ses manœuvres et voiles, et lui donnai quelques coups à fleur d'eau, mais jamais je ne pus entamer son bastingage. Les canons étaient chargés d'un boulet de six, d'un paquet de mitraille et d'une boîte de fer-blanc remplie de balles. Ce sont des canons courts, renforcés, qu'ils appellent « double fortified », excellents dans ces petits bâtiments, et qui peuvent se charger jusqu'à la gueule sans risquer de les faire crever. Je n'aurais jamais pu être joint si j'eusse voulu fuir, ayant un avantage considérable sur tous les bâtiments quelconques. J'avais adopté depuis peu un nouveau gréement qui avait été trouvé si avantageux, tant pour la célérité de la manœuvre que pour la marche, dans ma dernière croisière, sous les ordres de la *Danaé*, que M. le comte d'Orvilliers s'était décidé à me prendre pour sa découverte. Elle apercevait des bâtiments de la tête de ses mâts, me faisait signal de chasse, et je les joignais avec une vitesse incroyable. Je me suis vu chasser dix bâtiments qu'elle avait aperçus à midi au vent, ne pouvant les voir de mon bâtiment, les avoir joints à six heures du soir, malgré qu'ils forçassent de voiles au plus près, et laisser la *Danaé* à 4 lieues sous le vent à moi. Je n'ai jamais vu dans cette croisière aucun bâtiment de quelque espèce que ce fût, que je ne l'aie gagné. J'avais encore l'avantage, quand je suis sorti sous les ordres de la *Belle-Poule*, d'être espalmé de frais. Je cite ceci pour faire voir que j'étais le maître de n'être point pris, et que, si je l'ai été, ce n'est que par subordination et dévouement réel au service. Rapport de M. Rosily au ministre.

rondelle, le quatrième bâtiment de la division chassée, le 16 juin, par l'escadre de l'amiral Keppel, avait pu atteindre l'île de Batz. La frégate la *Pallas*, qui était, depuis quelques jours, en croisière dans la Manche, fut jointe, dans la matinée du 16 juin, par un vaisseau et deux frégates. Les capitaines de ces trois bâtiments invitèrent, tour à tour, l'officier qui commandait la frégate française à passer à poupe du *Victory*. Ils affirmèrent que leur amiral était animé, à l'égard de notre marine, des sentiments les plus courtois. Son seul désir était d'avoir la certitude que la frégate portait légitimement les couleurs françaises. Les bâtiments américains, disaient les Anglais, hissent le pavillon blanc lorsqu'ils nous aperçoivent, et, à l'aide de ce subterfuge, ils parviennent à nous échapper. Sommé de se rendre, aussitôt que sa frégate fut au milieu de l'escadre britannique, le capitaine de la *Pallas* amena son pavillon. La conduite déloyale des Anglais ne pouvait excuser la faute que les capitaines de la *Pallas* et de la *Licorne* avaient commise en n'opposant pas, ainsi que l'avait fait le lieutenant de vaisseau de la Clocheterie, un refus net et catégorique aux demandes de l'amiral Keppel.

Dans la lutte que M. de la Clocheterie avait soutenue pour maintenir intact l'honneur de son pavillon, sa frégate avait éprouvé des pertes considérables[1]. Le lieutenant de vaisseau Green de Saint-Marsault, second de la *Belle-Poule*, avait été tué; le capitaine de la Clocheterie, l'enseigne de vaisseau de la Roche Kerandraon et M. Bouvet, officier auxiliaire, étaient au nombre des blessés. En rendant compte au lieutenant général d'Orvilliers de son combat avec l'*Arethusa*, M. de la Clocheterie disait : « Je ne saurais trop louer, mon général, la valeur et le sang-froid de mes officiers. M. le chevalier de Capellis a su inspirer toute

---

1. L'*Arethusa* et la *Belle-Poule*, toutes deux de même force, avaient combattu avec un véritable acharnement. La *Belle-Poule* avait vingt-six canons de douze et quatre de neuf. Le capitaine de la Clocheterie dit dans son rapport que l'*Arethusa* avait vingt-huit canons de douze.

son audace aux équipages de la batterie qu'il commandait. M. de la Roche Kerandraon qui a eu un bras cassé, une heure et demie après le commencement du combat, a été se faire panser, et il est venu reprendre son poste[1]. MM. Damard et Sébire, officiers auxiliaires, se sont comportés avec toute la bravoure et le sang-froid qu'on doit attendre des militaires les plus aguerris. M. Bouvet, officier auxiliaire, blessé grièvement, n'a jamais voulu descendre. Mon équipage est digne de partager la gloire que se sont acquise mes officiers. » Le capitaine de la *Belle-Poule* fut nommé capitaine de vaisseau, et M. Bouvet, lieutenant de frégate. M. de la Roche Kerandraon, enseigne de vaisseau, reçut la croix de Saint-Louis et une pension de quatre cents livres. Une lettre de félicitation fut adressée, par ordre du Roi, aux officiers et aux gardes de la marine. Le gouvernement accorda aux veuves des hommes tués pendant le combat une pension de cent cinquante francs, avec une augmentation de vingt francs pour chaque enfant. Enfin, tous les hommes de l'équipage reçurent une gratification de deux mois de solde. La dépêche du ministre, annonçant les récompenses accordées à la *Belle-Poule*, arriva à Brest, par le retour du courrier qui avait porté à Paris le rapport du capitaine de la Clocheterie.

La cour de Londres avait pris la résolution de nous faire la guerre, le jour où elle avait eu connaissance du traité de commerce que nous avions conclu avec les États-Unis d'Amérique. Depuis le 15 mars, date du rappel de son ambassadeur, elle s'était soigneusement abstenue de toute démarche qui nous eût révélé ses intentions. L'agression violente dont la division de M. de la Clocheterie avait été l'objet, indiquait que le cabinet de Saint-James jugeait le moment venu de commencer les hostilités. Avant de donner à l'amiral Keppel la mission de ramener les bâtiments de guerre qu'il pourrait rencontrer, l'Angleterre avait expédié des renforts dans toutes

---

[1]. M. de la Roche Kerandraon n'était âgé que de dix-sept ans.

ses stations. Treize vaisseaux étaient partis pour l'Amérique septentrionale, où se trouvait déjà l'amiral Howe avec onze vaisseaux. Un vaisseau de cinquante, le *Romney*, et des frégates avaient été envoyés à Terre-Neuve. Deux vaisseaux, sous le commandement de l'amiral Barrington, étaient dans la mer des Antilles où nous n'avions que des frégates. Au milieu du mois de juin 1778, la Grande-Bretagne avait cinquante vaisseaux à la mer et vingt-cinq dans les ports de la Manche prêts à appareiller. En ne prévenant pas l'attaque dont nous étions menacés depuis plusieurs mois, nous avions méconnu les conditions de la puissance navale des deux peuples. Les Anglais possédaient plus de navires que nous ; mais, en raison de leur organisation maritime, ils ne pouvaient les armer promptement. On écrivait de Londres à notre ministre de la marine, que l'amirauté britannique rencontrait de très-grandes difficultés pour se procurer des matelots. Malgré l'offre de primes très-élevées, peu d'hommes se présentaient pour servir sur les bâtiments de guerre. « On n'osait pas, ajoutait la personne qui donnait ces renseignements à M. de Sartines, toucher aux matelots du commerce. » Les autorités locales dans les ports marchands, s'appuyant sur ce que la guerre n'était pas déclarée, faisaient à l'emploi de la « presse » une opposition très-vive. Dans le but de nous prémunir contre le retour des violences qui avaient marqué le début de la guerre de 1756, nous avions mis l'embargo sur les navires anglais qui étaient dans nos ports. Le cabinet de Saint-James, ayant procédé de la même manière à l'égard des bâtiments français qui se trouvaient dans les ports de la Grande-Bretagne, le gage, destiné à indemniser notre marine marchande des pertes illégitimes qu'elle pourrait faire, était de faible importance. En attaquant la *Belle-Poule* et le *Coureur* sans déclaration de guerre, et en s'emparant, par un subterfuge indigne d'une grande nation, de la *Pallas* et de la *Licorne*, le gouvernement britannique avait violé toutes les règles observées par les peuples civilisés. La mission confiée au lieutenant général d'Estaing, nous enlevait le droit de blâmer la conduite de nos adversaires[1]. Après le départ des treize vaisseaux de Byron pour l'Amérique, l'Angleterre n'avait dans la Manche que les vingt et un vaisseaux de Keppel. Or, ainsi qu'on le verra plus loin, nous avions, à la fin du mois de juin, trente-deux vaisseaux sur la rade de Brest. Si nous avions hâté nos armements, et cela était non-seulement possible, mais facile en raison de notre organisation maritime, nous pouvions avoir, dans le mois de mai, des forces égales à celles des amiraux Keppel et Byron réunis. Dans ce cas, le gouvernement britannique aurait retardé le départ de cet amiral pour l'Amérique septentrionale, ce qui eût laissé le champ libre à l'amiral d'Estaing. Si les Anglais s'étaient décidés à envoyer Byron au secours de Howe, nous aurions été, pendant quelque temps, supérieurs à l'ennemi dans la Manche. La rentrée de nos navires marchands eût été assurée et le commerce de l'ennemi aurait probablement subi de grandes pertes. Nous avions donc commis une faute, en ne mettant pas à profit l'avantage que nous donnaient nos institutions. Si nous considérions la guerre comme inévitable, et nous ne pouvions avoir à cet égard aucune illusion, nous ne

---

1. Le caractère de la mission dont était chargé le comte d'Estaing se trouve nettement indiqué dans l'ordre ci-joint donné par cet officier général à la frégate l'*Alcmène*, avant le départ de Toulon : « Il est ordonné à la frégate du Roi l'*Alcmène*, si, malgré toutes les précautions qu'elle aura dû prendre, elle se trouve séparée de l'escadre après avoir dépassé le méridien du cap Saint-Vincent, de se rendre, pour point de rendez-vous, au port de Boston, à la côte de la Nouvelle-Angleterre, où elle recevra de mes nouvelles. Elle évitera en chemin de se faire reconnaître des bâtiments qu'elle pourrait rencontrer. Si cependant une flotte anglaise, allant ou revenant de la Nouvelle-Angleterre, se trouvait dans le cas d'être attaquée avec avantage, elle s'en emparerait. Elle n'amarinerait que ce qui pourrait l'être sans trop s'affaiblir, et elle détruirait le reste. Elle protégerait ouvertement et elle traiterait en amis et en alliés du Roi tous les bâtiments appartenant aux États-Unis d'Amérique. »

D'ESTAING.

Fait à bord du vaisseau le *Languedoc*, en la rade de Toulon, le 12 avril 1778.

devions pas laisser la cour de Londres libre de la commencer lorsqu'elle le jugerait convenable.

Les Anglais avaient appris, à la fin du mois de mai, que l'escadre partie de Toulon, le 13 avril, s'était dirigée vers l'Ouest, après avoir franchi le détroit de Gibraltar. Persuadés que le comte d'Estaing se rendait sur les côtes d'Amérique, ils avaient pressé l'armement des bâtiments destinés à renforcer l'escadre de Howe. L'amiral Keppel avait rallié, le 13 juin, devant Plymouth, les treize vaisseaux de l'amiral Byron, et il les avait accompagnés jusqu'à vingt lieues d'Ouessant. Il rentrait dans la Manche, lorsqu'il avait rencontré les quatre bâtiments placés sous les ordres de M. de la Clocheterie. Le cabinet de Versailles, inexactement renseigné sur les mouvements des Anglais, ignorait que les vaisseaux sortis de Plymouth eussent fait route vers l'Amérique. On croyait, à Paris, que l'amiral Byron, après avoir escorté un convoi au large, devait, à son retour, se réunir à l'escadre de la Manche. Dans cette hypothèse, l'amiral Keppel aurait eu, sous ses ordres, trente-quatre vaisseaux. Or, à ce moment, nous n'avions à Brest que vingt-six vaisseaux complétement armés. Quoique le ministère fût pénétré de la nécessité de faire une démonstration, il hésitait à donner à notre escadre l'ordre d'appareiller. Le gouvernement craignait de compromettre dans une lutte inégale, et dès le début de la guerre, la partie la plus importante de nos forces navales. M. de Kerguelen, qui jouissait, comme officier de marine, d'une certaine notoriété, écrivait à cette époque au ministre : « Je pense que si l'Espagne ne se déclare pas, vous ferez bien de ne pas faire sortir de grosses escadres et de ne pas risquer de batailles décisives. Je pense que quarante vaisseaux en rade de Brest et des troupes sur les côtes feront plus de mal à l'Angleterre que s'ils étaient en mer, parce qu'ils obligeront les ennemis à armer soixante vaisseaux de ligne, mais il faut avoir quelques vaisseaux et beaucoup de frégates en mer pour détruire leur commerce par des croisières soutenues. Si nous avions le dessous dans une première affaire importante, nous serions perdus, c'est l'opinion qui conduit les hommes. » Depuis qu'une rupture avec l'Angleterre était imminente, plusieurs mémoires conçus dans le même sens avaient été adressés à monsieur de Sartines. Il est donc légitime de reconnaître que le gouvernement n'était pas seul à porter la responsabilité de cette opinion. Le commandant en chef de l'armée navale, réunie sur la rade de Brest, jugeait tout autrement la situation. Il écrivait, le 22 juin, c'est-à-dire quatre jours après le retour de la *Belle-Poule* à Brest : « Mon avis ne serait pas de faire entrer l'armée dans la Manche, où nous n'avons aucun port propre à la recevoir, et où elle serait en risque d'être chargée par un vent d'ouest ou de sud-ouest qui l'appellerait nécessairement à la côte d'Angleterre, mais de la faire croiser à une distance convenable du canal pour n'y être pas emportée par les courants. » Il ajoutait un peu plus loin : « Dans la position que j'ai indiquée ci-dessus, elle est à portée d'attaquer l'amiral Byron à son retour et de s'opposer à sa réunion avec l'amiral Keppel. » Le lieutenant général d'Orvilliers prenait envers le ministre l'engagement d'agir avec une extrême circonspection. Néanmoins, il ne pouvait pas lui donner l'assurance qu'il parviendrait à éviter tout engagement avec les Anglais. En admettant qu'il fût obligé de livrer bataille aux forces réunies de Byron et de Keppel, il était convaincu que son escadre se tirerait avec honneur de cette rencontre. Le gouvernement, surmontant ses dernières hésitations, lui envoya l'ordre d'appareiller. Le cabinet de Versailles, continuant à se faire d'étranges illusions sur les projets de la cour de Londres, n'admettait pas que nous fussions en guerre avec la Grande-Bretagne. Dans les instructions adressées au lieutenant général d'Orvilliers, il n'était question que de représailles à exercer contre nos voisins. Cet officier général devait croiser à l'entrée de la Manche et ramener à Brest, en employant la force si cela était nécessaire, les bâtiments de guerre et de commerce qu'il pourrait joindre [1].

Les vents contraires retinrent l'escadre sur la rade pendant quelques jours. Le département de la marine mit ce temps à profit, et six vaisseaux furent ajoutés à l'escadre. Le 8 juillet, trente-deux vaisseaux, onze frégates, corvettes et bricks, soit quarante-trois bâtiments, sortirent de Brest en bon ordre. L'esprit de l'armée était excellent et un seul désir l'animait, celui de venger l'injure faite à notre pavillon par la prise de la *Licorne*, de la *Pallas* et du *Coureur*. Le général d'Orvilliers écrivait, le 9 juillet, à monsieur de Sartines : « Les officiers généraux et les capitaines, réunis à bord de la *Bretagne* pour entendre la lecture des ordres du Roi, m'ont donné de nouvelles assurances de leur zèle et m'ont prié, monseigneur le duc de Chartres à leur tête, de vous supplier d'obtenir du Roi la permission d'entrer dans la Manche, et d'y aller attaquer l'amiral Keppel, même jusque dans ses rades, s'il s'obstinait à ne point sortir. » A l'extrême prudence du ministre et aux hésitations du gouvernement, les généraux et les capitaines répondaient par la demande d'aller à l'ennemi. La corvette le *Lively*, chassée par les frégates de l'escadre dans la journée du 9 juillet, fut jointe par l'*Iphigénie*. L'officier anglais déclina l'invitation qui lui fut faite de passer à poupe de la *Bretagne*. Après avoir reçu la bordée de la frégate française, il amena son pavillon. Quelques jours après la sortie de

---

[1]. J'ai répondu en partie à votre dépêche du 3 que j'ai reçue, hier soir, par le *post-scriptum* de ma lettre du 6. « J'ai l'honneur de vous répéter dans celle-ci que je ferai tous mes efforts et que je serai bien secondé par le zèle de tous les officiers pour satisfaire le désir qu'a Sa Majesté d'user de représailles à l'égard de l'Angleterre, et que, si les circonstances sont pour nous, nous intercepterons au moins quelques-uns des convois qu'elle attend d'Amérique et des bâtiments qu'elle a rappelés » (Lettre de d'Orvilliers au ministre). Dans sa dépêche du 3, le ministre faisait connaître au général d'Orvilliers que le Roi lui faisait la recommandation expresse de bien traiter les capitaines, les officiers et les équipages des bâtiments qu'il arrêterait.

notre escadre, monsieur de Sartines apprit que l'amiral Keppel avait paru de nouveau dans la Manche. Avant de rentrer au port, les Anglais s'étaient emparés de plusieurs bâtiments marchands. Le cabinet de Versailles, ne pouvant plus se méprendre sur les véritables intentions de l'Angleterre, se décida à considérer comme définitive notre rupture avec cette puissance. Une lettre adressée par le Roi au duc de Penthièvre, qui était alors grand amiral, apprit à l'Europe notre nouvelle situation à l'égard de la Grande-Bretagne. Le lieutenant général d'Orvilliers fut immédiatement informé de la résolution prise par le Gouvernement français. Il l'accueillit avec d'autant plus de satisfaction qu'elle faisait cesser toute incertitude sur la conduite qu'il avait à tenir. Son devoir se trouvait nettement tracé ; il devait courir sur tous les bâtiments portant pavillon anglais.

L'amirauté britannique avait déployé la plus grande activité pour renforcer l'escadre de Keppel. Elle était parvenue, dans les premiers jours de juillet, à placer vingt-six vaisseaux sous le commandement de cet amiral. En portant cette nouvelle à la connaissance du commandant de notre flotte, le ministre l'invitait à agir avec une extrême prudence. Quelques jours après, on sut, à Paris, que l'escadre anglaise, augmentée de quatre nouveaux vaisseaux, c'est-à-dire forte de trente vaisseaux de ligne, avait mis à la voile. Un aviso, porteur de dépêches annonçant la sortie de Keppel et la force de son armée, fut immédiatement expédié à la recherche de d'Orvilliers. L'escadre anglaise, quoique comptant deux vaisseaux de moins que la nôtre, lui était supérieure par le nombre des canons. Les ministres, poursuivis par la crainte d'un échec, rassurés, d'autre part, par l'attitude de la flotte et de son chef, étaient fort irrésolus. Dans cette occurrence, ils abandonnèrent au général d'Orvilliers le choix du parti à prendre et la responsabilité des événements qui pourraient en être la conséquence. « Puisque vous me laissez libre, Monseigneur, répondit le général, de continuer ma croisière, je ne ferai point rentrer l'armée à Brest, à moins que des ordres positifs ne m'y obligent, avant que le mois de navigation, expliqué dans mes instructions et connu de tous les capitaines, soit écoulé. Jusque-là, je ne fuirai pas devant l'amiral Keppel, quelques forces qu'il puisse avoir; seulement si je le connais trop supérieur, j'éluderai de mon mieux un combat disproportionné, mais j'avoue que si l'ennemi cherche véritablement à le livrer, il sera très-difficile de l'éviter[1]. »

1. Lettre écrite en mer, en réponse à une dépêche du ministre portant la date du 12 juillet.

LIVRE II

Combat d'Ouessant. — Rentrée des Anglais à Portsmouth et des Français à Brest. — Discussions que soulève la journée du 27 juillet de l'un et l'autre côté du détroit. — Incident relatif au lieutenant général duc de Chartres, commandant de la troisième escadre. — Le vice-amiral Keppel, accusé d'incapacité par un de ses lieutenants, comparaît devant une cour martiale. — Nouvelle sortie des deux escadres. — Elles rentrent au port sans avoir combattu. — Engagement, au large de Pondichéry, des divisions du commodore Vernon et du capitaine de vaisseau de Tronjolly. — Les Anglais s'emparent des établissements français dans l'Inde. — Prise des îles Saint-Pierre et Miquelon.

I

L'armée française croisait à cinquante lieues environ dans l'ouest-nord-ouest d'Ouessant, lorsque, le 23 juillet, nos éclaireurs signalèrent l'ennemi. L'amiral Keppel était sorti de Portsmouth avec trente vaisseaux, vingt-quatre heures après notre départ de Brest. Quatre jours s'écoulèrent pendant lesquels la brise fut très-fraîche de l'ouest et la mer grosse. Les Français manœuvrèrent pour conserver l'avantage du vent que les Anglais voulaient leur enlever. Le 27 au lever du soleil, les deux escadres couraient les amures à bâbord, le cap au nord-ouest, avec des vents d'ouest-sud-ouest. Le *Victory*, que montait l'amiral Keppel, restait à une lieue et demie environ dans l'est-nord-est du vaisseau la *Bretagne*, sur lequel était arboré le pavillon du lieutenant général d'Orvilliers. Le *Duc-de-Bourgogne*, de quatre-vingts canons, et l'*Alexandre*, de soixante-quatorze, s'étant séparés de notre armée, dans la nuit du 23 au 24 juillet, le nombre des vaisseaux était le même de part et d'autre. Toutefois, nous ne comptions, sur notre escadre, que deux mille cent dix-huit bouches à feu, tandis que le total des canons, sur les vaisseaux anglais, s'élevait à deux mille deux cent quatre-vingt-deux. Enfin, trois vaisseaux français, le *Fier*, le *Saint-Michel* et le *Triton*, représentant cent soixante-quatorze canons, étaient d'un trop faible échantillon pour figurer dans une ligne de bataille [1]. Vers neuf heures du matin, le temps étant devenu maniable, le comte d'Orvilliers fit virer ses vaisseaux lof pour lof par la contre-marche pour se rapprocher de l'ennemi. Les Anglais, qui avaient continué à courir les amures à bâbord, favorisés par un changement de brise, se trouvèrent très-promptement dans nos eaux. L'amiral Keppel prit les mêmes amures que nous, et il se couvrit de voiles afin d'atteindre notre arrière-garde. Le lieutenant général d'Orvilliers, jugeant d'un œil très-sûr les dangers auxquels il était exposé, signala à son armée de virer de bord vent de vent, toute à la fois, puis de former la ligne de bataille, les amures à bâbord, en ordre renversé. Cette évolution, exécutée avec une grande promptitude, modifia la situation relative des deux escadres. Les Anglais, qui avaient manœuvré avec une grande précipitation, étaient en désordre. Quelques-uns de leurs vaisseaux étaient tombés sous le vent et couraient le risque d'être coupés par les nôtres. L'amiral Keppel se décida à laisser porter pour les rallier, et il gouverna sous le vent de la ligne française. Les deux escadres étaient placées dans l'ordre suivant :

1. En réalité nous avions 1944 canons contre 2282.

LIVRE II.

ARMÉE FRANÇAISE.

Ligne de bataille. — Ordre renversé.

Noms des vaisseaux.	Nombre de canons.	Noms des capitaines.
Escadre bleue.		
Le Diadème	74	La Cardonnie.
Le Conquérant	74	De Monteil.
Le Solitaire	64	De Briqueville.
L'Intrépide	74	De Beaussier.
Le Saint-Esprit	80	Le duc de Chartres, lieut. général. Lamotte-Picquet, chef d'escadre.
Le Zodiaque	74	De la Porte Vezins.
Le Roland	64	De l'Archantel.
Le Robuste	74	De Grasse.
Le Sphinx	64	De Soulanges.
Escadre blanche.		
L'Artésien	64	Des Touches.
L'Orient	74	Hector.
L'Actionnaire	64	De Croissy.
Le Fendant	74	De Vaudreuil.
La Bretagne	110	D'Orvilliers, lieutenant général. Du Pavillon, major de l'armée. Duplessis Parscau.
Le Magnifique	74	Chevalier de Brach.
L'Actif	74	Thomas d'Orves.
La Ville de Paris	90	De Guichen.
Le Réfléchi	64	De Cillart Surville.
Escadre blanche et bleue.		
Le Vengeur	64	D'Amblimont.
Le Glorieux	74	De Beausset.
L'Indien	64	De la Grandière.
Le Palmier	74	De Réals.
La Couronne	80	Duchaffault, lieutenant général. Huon de Kermadec.
Le Bien-Aimé	74	Daubenton.
L'Eveillé	64	De Botdéru.
L'Amphion	50	De Trobriant.
Le Dauphin Royal	70	De Nicuil.
Vaisseaux hors la ligne.		
Triton	64	De Ligondès.
Saint-Michel	60	Mithon de Genouilly.
Fier	50	Turpin de Breuil.

ARMÉE ANGLAISE.

Ligne de bataille.

Noms des vaisseaux.	Nombre de canons.	Noms des capitaines.
Avant-garde.		
Queen	90	Hartland, vice-amiral.
Sandwich	90	Edwards.
Shrewsbury	74	Ross.
Terrible	74	Bickerton.
Thunderer	74	Valsingham.
Vengeance	74	Clements.
Valiant	74	Gower.
Vigilant	64	Kingsmill.
Vorcester	64	Robinson.
Stirlingcastle	74	Douglas.
Corps de bataille.		
Victory	100	Faulkner. Sir Augustus Keppel, amiral.
Duke	90	Brereton.
Berwick	74	Stewart.
Cumberland	74	Peyton.
Courageux	74	Mulgrave.
Centaur	74	Crosby.
Egmont	74	Allen.
Elizabeth	74	Maitland.
America	64	Longford.
Bienfaisant	64	Bride.
Arrière-garde.		
Defiance	64	Goodall.
Exeter	74	Moore.
Formidable	90	Palliser, vice-amiral.
Océan	90	Laforest.
Prince George	74	Lindsay.
Foudroyant	84	Jervis.
Hector	74	Hamilton.
Monarch	70	Roweley.
Ramillies	74	Digby.
Robust	74	Hood.

Les Anglais passèrent hors de portée des vaisseaux le *Diadème*, le *Conquérant* et le *Solitaire*. Ce fut l'*Intrépide*, le quatrième vaisseau de la ligne française, qui tira les premiers coups de canon. Les deux escadres défilèrent à contre-bord, chaque vaisseau recevant la bordée de l'ennemi et lui envoyant la sienne. Quelques-uns de nos vaisseaux, au nombre desquels étaient l'*Artésien* et la *Ville-de-Paris*, se trouvèrent très-près des Anglais. Le premier avait manqué une fois à virer, et le second tenait très-mal le vent. Le vaisseau à trois ponts, le *Saint-Esprit*, laissa porter pour couvrir l'*Artésien*. Quant à la *Ville-de-Paris*, elle eut, pendant un moment, à combattre, à tribord le *Victory*, et, à bâbord, le *Foudroyant*. Ce dernier vaisseau n'avait pas hésité à passer entre la *Ville-de-Paris* et la ligne française. Le feu, qui avait commencé à onze heures du matin, cessa vers une heure et demie. Le lieutenant général d'Orvilliers, décidé à continuer le combat, donna l'ordre à l'escadre bleue, qui faisait l'avant-garde, de laisser arriver par un mouvement successif, et à l'armée de former la ligne de bataille, les amures à tribord. Les signaux hissés, à bord de la *Bretagne*, pour l'exécution de cette manœuvre, ne furent pas aperçus par les premiers bâtiments de l'escadre bleue. Cet incident était d'autant plus regrettable que les deux escadres, courant à contre-bord, s'éloignaient rapidement. Or, l'évolution prescrite par le général ne pouvait avoir d'efficacité qu'à la condition d'être faite sans délai. Les vaisseaux qui marchaient en tête de l'armée, continuant à courir bâbord amures, le *Saint-Esprit* laissa arriver et commença le mouvement. Dans le but d'être exactement informé des intentions du commandant en chef, le duc de Chartres passa à portée de voix de la *Bretagne*. Le lieutenant général d'Orvilliers lui fit connaître qu'il se proposait de prolonger la ligne anglaise, de la queue à la tête, par-dessous le vent. La force de la brise ayant empêché nos vaisseaux de se servir de leurs batteries basses, il voulait placer les ennemis dans la même position.

Lorsque l'armée française fut formée à l'autre bord, elle se trouva sous le vent et à une distance assez grande en arrière des Anglais. Dans cette situation, l'initiative de l'attaque ne lui appartenait plus.

Après le défilé à contre-bord des deux escadres, les Anglais, qui avaient combattu avant d'être régulièrement formés, étaient dans le plus grand désordre. Plusieurs vaisseaux, ayant éprouvé de graves avaries dans leurs mâtures, étaient tombés sous le vent. Lorsque la fumée se fut dissipée, l'amiral Keppel put se rendre compte de la position des deux armées. Reconnaissant que ceux de ses bâtiments qui étaient dégréés courraient le risque d'être coupés, s'il suivait son avant-garde, il s'empressa de rappeler l'amiral Hartland. Son armée manœuvra pour se reformer, mais, à la chute du jour, la plupart des vaisseaux anglais n'avaient pas repris leurs postes. Les deux escadres continuèrent à courir, les amures à tribord, les Anglais au vent et sur l'avant des Français. Pendant la nuit, l'amiral Keppel fit route pour Portsmouth, où il entra quelques jours après, ne laissant qu'une faible division en croisière dans la Manche. Dans la soirée du 28 juillet, l'escadre française, portée dans l'est par les courants, eut connaissance de l'île d'Ouessant. Le *Duc-de-Bourgogne* et l'*Alexandre*, qui s'étaient séparés de l'armée dans la nuit du 23 au 24, n'avaient pas reparu. Après l'engagement du 27 juillet, dans lequel il avait perdu une partie de sa mâture, l'*Amphion* s'était dirigé sur Brest[1]. Le *Réfléchi*, très-maltraité pendant le combat, et le *Sphinx*, qui avait perdu son beaupré à la suite d'un abordage avec la frégate la *Fortunée*, avaient reçu l'autorisation de relâcher. Quelques vaisseaux, tels que la *Bretagne*, la *Ville-de-Paris*, le *Saint-Esprit*, la *Couronne*, l'*Actif*, avaient besoin de réparations. Enfin, sur les vingt-sept vaisseaux dont se composait, à ce moment, notre

---

1. L'*Amphion* était un vaisseau de cinquante d'un très-fort échantillon. C'est pourquoi il avait été mis dans la ligne.

armée, trois, le *Saint-Michel*, le *Fier* et le *Triton* ne pouvaient pas être mis en ligne. Ces vaisseaux avaient été placés, dans la journée du 27 juillet, sous le vent, avec les frégates. Ces considérations décidèrent le lieutenant général d'Orvilliers à rentrer à Brest. Il comptait reprendre la mer, aussitôt que ses vaisseaux seraient en état de soutenir un nouvel engagement. Le 31 juillet, trois vaisseaux et deux frégates furent envoyés en croisière à l'entrée de la Manche.

La rencontre du 27 juillet fut moins une bataille qu'un engagement extrêmement vif et de peu de durée. Les pertes de la flotte française, forte de trente vaisseaux, ne s'élevèrent qu'à cent soixante et un tués et cinq cent treize blessés[1]. Elles auraient été bien autres, si les deux escadres avaient combattu en courant aux mêmes amures. Dans cette journée, nous avions remporté sur les Anglais, non une grande victoire, mais un avantage indiscutable. L'amiral Keppel, maître de continuer le combat, puisque son armée était au vent de la nôtre, avait profité de sa position pour s'éloigner. Ce succès de notre marine empruntait aux circonstances une importance particulière. Les désastres de la dernière guerre avaient laissé une trace profonde dans les esprits. Il semblait difficile que nos amiraux, nos capitaines et nos officiers eussent, au même degré que leurs adversaires, la connaissance et surtout la pratique des manœuvres d'escadre. Ce n'était donc pas sans une certaine appréhension que le gouvernement et nous devons ajouter la nation tout entière avaient envi-

---

1. MM. Bessey de la Vouste, capitaine de vaisseau, de Vincelles, enseigne, Damart, lieutenant de frégate, de Molore et de Fortmanoir, officiers d'infanterie, furent tués au combat d'Ouessant. Se trouvaient au nombre des blessés, MM. le lieutenant général Duchaffault, les capitaines de vaisseau d'Aymar et de Sillans, les lieutenants de la Croix, de Cœffier de Breuil, le chevalier Duchaffault, de Fayard, de Vigny, de Beaumanoir, les enseignes Desnos de la Hautière, de Melfort, le chevalier du Bouexic, d'Abbadie Saint-Germain, les gardes de la marine de Montuchon, de Boisguehenneuc, les officiers auxiliaires Jambom et Rouillard, les officiers d'infanterie de Château-Giron, de Rivière, de Bucheran.

sagé un nouveau choc avec une puissance dont l'ascendant sur mer était aussi bien établi que celui de l'Angleterre. Aussi la France accueillit-elle avec un véritable enthousiasme les résultats de cette première rencontre entre les deux marines. Louis XVI écrivit au lieutenant général d'Orvilliers pour le complimenter sur sa conduite, et le charger de transmettre aux officiers et aux équipages de l'escadre toute sa satisfaction. Le Roi disait en terminant : « J'ai ordonné qu'on prît le plus grand soin des blessés. Dites aux veuves et parents des morts combien je suis sensible à la perte qu'ils ont faite. M. de Sartines vous fera passer mes ordres ultérieurs et je suis assuré du succès par la manière dont ils seront exécutés. »

II

Quelques jours après la rentrée de l'escadre à Brest, les divers incidents de la journée du 27 juillet furent connus. On sut que l'inexécution des ordres du commandant en chef nous avait empêchés de continuer le combat dans des conditions qui, selon toute probabilité, nous auraient valu un brillant succès [1]. Une réaction très-vive se produisit dans les esprits, et à la joie du premier

---

1. Le lieutenant général d'Orvilliers disait que les vaisseaux de tête de l'escadre bleue avaient vraisemblablement privé la nation d'un brillant succès, et il ajoutait : « Je dis vraisemblablement, car il reste incertain quel parti l'amiral Keppel aurait suivi des deux seuls partis qu'il avait à prendre, celui d'abandonner les vaisseaux de son arrière-garde, qui auraient été infailliblement coupés et battus par les quatre vaisseaux de mon avant-garde qui n'avaient pas combattu, ainsi que par les trois en réserve que j'avais destinés à cet objet, ou de venir au secours des siens et de faire des efforts pour les dégager. » Dans le premier cas, il avouait honteusement sa défaite ; dans le deuxième, la mêlée serait devenue très-chaude. Mais il y a lieu de croire qu'il aurait eu, dans cette seconde rencontre, d'autant plus de désavantage que, pour secourir son arrière-garde, il eût été obligé de combattre de nouveau les escadres blanche et bleue, et que notre attaque ayant lieu par dessous le vent, il perdait la force supérieure de ses vaisseaux à trois ponts dont je rendais inutiles les premières batteries.

moment succéda un très-grand mécontentement. Le commandant de l'escadre bleue fut accusé d'avoir manqué à ses devoirs comme général et même comme soldat. Il eût été facile d'éclairer l'opinion et de la faire revenir à des impressions plus conformes à l'équité. Mais cette affaire, au lieu de rester dans le domaine purement militaire, fut transportée sur le terrain politique, et, dès lors, il ne fut plus possible, pour le public, de connaître la vérité.

Le duc de Chartres ne servait pas depuis un temps assez long dans la marine pour exercer, dans toute sa plénitude, le commandement qui lui avait été confié. Le chef d'escadre de Lamotte-Picquet, un des officiers généraux les plus braves et les plus capables de la marine française, avait été placé auprès de lui pour lui servir de guide. Dans une monarchie, la place des princes étant là où on se bat, le duc de Chartres représentait sur la flotte la famille royale. Depuis le jour de son arrivée à Brest, il avait manifesté hautement le désir de voir notre armée en venir aux mains avec les Anglais. Il avait tenu le même langage, le 9 juillet, lors de la réunion des officiers généraux et des capitaines à bord de la *Bretagne*. Le 26 juillet, c'est-à-dire la veille du jour où avait eu lieu le combat d'Ouessant, le *Saint-Esprit* avait communiqué avec la *Bretagne*. Le duc de Chartres avait profité de cette circonstance pour faire connaître au commandant en chef qu'il était d'avis, ainsi que le chef d'escadre de Lamotte-Picquet, de combattre l'amiral Keppel. Cette démarche indiquait, de la part du prince, l'intention bien arrêtée de soutenir, à Paris, les décisions énergiques vers lesquelles inclinait le commandant en chef. Quant à son attitude, le jour du combat, elle avait été celle d'un homme de son rang et d'un Français. Les témoignages les plus authentiques ne laissent aucun doute à cet égard. Si, le jour du combat, le duc de Chartres avait voulu, pour une cause, d'ailleurs parfaitement inexplicable, se soustraire à l'obligation d'exécuter les ordres du lieutenant général d'Orvilliers, il eût fallu que son conseiller gardât un silence coupable. Il n'est pas permis de soupçonner Lamotte-Picquet d'avoir accepté un pareil rôle. Nous allons maintenant examiner les faits avec la seule préoccupation d'établir la vérité sur cet épisode du combat d'Ouessant. Le signal fait à l'escadre bleue « arriver par un mouvement successif » exprimait un ordre donné directement par le commandant en chef aux bâtiments de l'avant-garde, et auquel tous étaient tenus d'obéir, en se conformant strictement, dans l'exécution, aux règles de la tactique. Or, d'après ces règles, l'évolution devait commencer par le vaisseau qui marchait en tête de notre flotte. Ainsi, le rôle principal n'appartenait pas au commandant de l'avant-garde, mais bien au capitaine du vaisseau le *Diadème*. Quant à l'officier général dont le pavillon était arboré sur le *Saint-Esprit*, que ce fût le duc de Chartres ou tout autre, il avait l'obligation de surveiller et de presser, s'il le jugeait nécessaire, l'exécution des ordres du chef de l'armée. Il pouvait, dans ce but, adresser au *Diadème* ou à tel autre vaisseau de son escadre des signaux particuliers. Enfin, si aucun des vaisseaux placés sur son avant n'obéissait au signal, il lui appartenait de commencer le mouvement [1]. Il résulte de ce qui précède que le reproche d'avoir fait échouer la combinaison du général d'Orvilliers atteignait les vaisseaux qui précédaient le *Saint-Esprit*. Ces bâtiments n'avaient pas aperçu, en temps opportun, les pavillons flottant aux mâts de la *Bretagne*, du *Saint-Esprit* et de plusieurs autres répétiteurs [2]. Était-ce la fumée qui avait em-

---

1. C'est le mouvement du *Saint-Esprit* qui décida l'amiral Keppel à rappeler le vice-amiral Hartland qui avait viré pour poursuivre notre arrière-garde. (Rapport de d'Orvilliers.)

2. « J'ai lieu de croire que si la tête de l'escadre bleue, dans l'ordre renversé où nous avons combattu, avait mieux répondu à mes signaux, la Providence aurait couronné nos travaux d'une journée aussi glorieuse pour votre ministère que pour le pavillon français. Mais si elle n'a pas permis que nos succès aient été complets, au moins a-t-elle accordé une protection visible aux armes du Roi, n'ayant que retardé cette manœuvre et faisant exé-

pêché le *Diadème*, le *Conquérant*, le *Solitaire* et l'*Intrépide* de voir les signaux, ou bien cette partie du service était-elle négligée à bord de ces quatre vaisseaux? Il est difficile de le dire aujourd'hui, mais que ce regrettable résultat fût dû à l'une ou l'autre de ces deux causes, on ne pouvait reprocher aux capitaines de la Cardonnie, de Monteil, de Bricqueville, de Beaussier, d'avoir désobéi à des ordres dont ils n'avaient pas eu connaissance [1]. Dans une lettre du 3 août, le lieutenant général d'Orvilliers appela l'attention du ministre sur quelques capitaines dont il était extrêmement satisfait. « Voici, Monseigneur, lui écrivit-il, les noms des vaisseaux et capitaines qui m'ont paru manœuvrer avec le plus de précision et d'attention. Je ne comprends point les officiers généraux qui ont presque tous mon suffrage, et j'ai cherché à mériter le leur. Ces vaisseaux et capitaines sont : l'*Orient*, Hector ; le *Fendant*, marquis de Vaudreuil, sur tout autre ; le *Magnifique*, de Brach ; ces deux derniers étaient mes matelots dans le combat et jamais on n'en a eu de meilleurs ; le *Dauphin Royal*, marquis de Nieul ; l'*Artésien*, Des Touches [2]. »

cuter avec précision toutes les autres qu'elle m'a inspirées. » (Lettre de d'Orvilliers au ministre.)

1. On m'accuse, écrivit le capitaine la Cardonnie, d'être cause qu'une partie de l'arrière-garde ennemie n'a pas été détruite parce que je n'ai pas arrivé dessus. Le signal en a été fait à bord du *Saint-Esprit*, chef de l'escadre dont je faisais partie. Je réponds que je n'ai pas vu ce signal. Je l'affirme avec tous mes officiers et pilotes. On dit qu'il est très-étonnant que je ne l'aie pas vu, d'autant, ajoute-t-on, que le *Fier* l'a répété. Je réponds qu'il n'y a rien d'étonnant qu'on ne l'ait pas vu, à bord du *Diadème* qui était le quatrième en avant du *Saint-Esprit*, et si le *Fier* l'a répété, il était hors de portée pour distinguer les pavillons d'autant qu'il était vers la queue de l'armée et dans le soleil par rapport à nous. Enfin je ne saurais trouver étonnant qu'on n'ait pas aperçu de mon bord ce signal fait à bord du *Saint-Esprit*, puisque trois vaisseaux, placés par l'ordre de bataille entre le chef et nous, ne l'ont pas aperçu, et je pense qu'ils ne l'ont pas vu, puisqu'il est positif qu'ils ne l'ont pas répété.

2. Revenant sur le même sujet, le comte d'Orvilliers disait dans une lettre du 5 août : « Le *Fendant*, dont le feu a égalé la précision des manœuvres dans toute la campagne, et dont le capitaine, M. le marquis de Vaudreuil, ne saurait recevoir assez d'éloges. Le *Magnifique*, autre matelot de la *Bretagne*, s'est également distingué par son feu et par son attention à serrer

Dans la journée du 27 juillet, l'attitude du commandant de l'avant-garde avait été non-seulement correcte, mais utile au succès de la journée. A l'exception des premiers vaisseaux de l'escadre bleue qui, suivant l'expression du comte d'Orvilliers, avaient manqué d'attention aux signaux, la conduite de l'armée avait été irréprochable. Tous, capitaines, officiers, matelots et soldats s'étaient fait remarquer par leur zèle et leur bonne volonté. Après ce récit, appuyé sur des documents certains, authentiques, on cherche inutilement ce qui a pu servir de base à ces accusations de désobéissance et d'indiscipline, dirigées à cette époque contre d'honorables officiers, et qu'on répète encore volontiers aujourd'hui.

III

Soit que M. de Sartines crût utile, au début de la guerre, d'user de sévérité, soit qu'il voulût donner satisfaction à l'opinion publique, il résolut de traduire devant un conseil de guerre les capitaines des vaisseaux le *Diadème*, le *Conquérant*[1], le *Duc-de-Bourgogne*, l'*Alexandre*[2], le *Sphinx* et le capitaine de la frégate la *Fortunée*[3]. Le lieutenant général d'Orvilliers, certain du zèle et du dévouement de ses officiers, persuadé que les erreurs commises pendant cette courte campagne étaient dues à l'inexpé-

---

de près le *Général*. L'*Actif* a bravement combattu, mais le vaisseau de toute l'armée qui a essuyé le plus de feu, et qui aussi en a le plus rendu, est la *Ville-de-Paris* qui, dérivant plus que les autres, a laissé passage au vent à lui au *Foudroyant* qui le battait à bâbord, lorsque l'amiral Keppel qui avait déjà arrivé sous le feu de la *Bretagne* le tirait à tribord.... Le *Dauphin-Royal* et le *Palmier* se sont distingués par la vivacité de leur feu. «

1 Le *Diadème* et le *Conquérant* étaient les deux premiers vaisseaux de l'armée, le 27 juillet.

2. Le *Duc-de-Bourgogne* et l'*Alexandre* s'étaient séparés de l'armée, dans la nuit du 22 au 24 juillet.

3. Le *Sphinx* et la *Fortunée* s'étaient abordés.

rience de la navigation d'escadre, se montra opposé à toute poursuite. Il expliqua sa pensée au ministre dans des lettres dont nous joignons ici les passages les plus intéressants :

« ..... Le temps, Monseigneur, est trop court pour pouvoir entreprendre l'instruction du procès ou l'examen de la conduite de MM. de Rochechouart et de Trémigon sur leur séparation de l'armée, la nuit du 23 au 24 juillet, puisque, dans six jours, si le temps continue, je mets à la voile. Il en est de même de l'examen des vaisseaux le *Diadème* et le *Conquérant* qui, dans l'ordre renversé, faisaient la tête de l'escadre bleue, et enfin de l'abordage de la frégate la *Fortunée* et du vaisseau le *Sphinx*. Les informations mettraient sous le coup des conseils de guerre et de marine, et nécessairement pour un temps considérable, une quantité d'officiers dont les services dans ce moment nous sont absolument nécessaires. C'est donc une partie forcée de remettre les informations et les jugements au retour de l'armée. Mais permettez que je vous dise ma pensée; si vous sévissez avec cette sévérité dans les commencements de la guerre, vous allez ôter toute l'énergie des âmes. La plupart de nos officiers ne peuvent se dissimuler à eux-mêmes qu'ils manquent d'expérience dans l'ensemble des armées et des escadres; que, conséquemment, ils sont dans le cas de faire des fautes involontaires, et si l'espérance de l'indulgence leur est interdite, la crainte de voir leur honneur compromis les retiendra dans une timidité qui, bien loin de les préparer à mieux faire, absorbera les talents et empêchera les progrès que l'on doit attendre de l'expérience. Il vous sera libre, Monseigneur, de ne plus employer les officiers dont vous ne serez pas content, et, si vous adoptez mon avis, dicté par l'amour du bien du service et la gloire de votre ministère, ce sera la seule suite que doit avoir la journée du 27 juillet, d'ailleurs honorable pour la nation.

« .... MM. de Rochechouart[1] et Trémigon[2] l'aîné assurent n'avoir aperçu les signaux que j'ai fait faire, à huit heures et demie du soir, le 23 juillet, et que le changement de vent avait occasionnés. S'ils avaient été plus consommés dans le métier, ils auraient aperçu, par eux-mêmes, que le mouvement ordonné était indispensable pour ne pas abandonner l'avantage du vent aux ennemis, sous le vent desquels ils se sont trouvés, en effet, le lendemain. L'éloignement des feux de l'armée du Roi, que j'ai fait allumer et que j'ai conservés toute la nuit, était encore un avertissement sensible de la manœuvre qu'ils devaient faire. Mais tout cela ce sont des fautes d'inexpérience, ou, pour dire le vrai mot, d'ignorance qui, quoique considérables, ne touchent point à l'honneur et à la droiture d'intention. D'après les événements, je pense de M. de Trémigon l'aîné (capitaine de l'*Alexandre*), et de M. de la Cardonnie (capitaine du *Diadème*), que l'un et l'autre ont prouvé leur valeur. Je les crois bons marins, mais je ne puis leur accorder d'être officiers, le dernier surtout.....

« ...... Mais enfin, Monseigneur, les fautes sont purement d'ignorance, et il n'y aura jamais d'affaire générale entre deux armées considérables de terre ou de mer, qu'il ne s'en rencontre de semblables. Je maintiens donc toujours et je pense que ce sera le sentiment le plus universel qu'il ne faut pas rechercher les choses avec une grande sévérité, surtout lorsque le succès est favorable. D'ailleurs votre corps de la marine est trop réduit pour pouvoir vous priver des services d'une partie de ses membres qu'il est impossible de remplacer. »

La fermeté est indispensable pour conduire les hommes, mais cette qualité n'a toute sa valeur que lorsqu'elle est appliquée à propos. Le comte d'Orvilliers, qui avait une

---

1. Le chef d'escadre qui avait son pavillon sur le vaisseau le *Duc-de-Bourgogne*.
2. Le capitaine de l'*Alexandre*.

expérience particulière de la navigation d'escadre, n'ignorait pas combien il était difficile, au début de la guerre, de composer, aussi bien, d'ailleurs, en Angleterre qu'en France, une flotte de trente-deux vaisseaux, manœuvrant bien, ayant une cohésion parfaite et complétement dans la main de son chef. Dans une lettre, portant la date du 12 juillet et écrite en mer quatre jours après la sortie de Brest, il avait prévenu le ministre que plusieurs de ses capitaines manœuvraient mal, et il avait ajouté cette observation dont on a eu souvent, depuis cette époque, l'occasion de vérifier l'exactitude. « Ceci, Monseigneur, vient à l'appui de ce que je vous ai dit plusieurs fois, de la nécessité des escadres d'évolutions en temps de paix. »

M. de Sartines, se rangeant à l'opinion du lieutenant général d'Orvilliers, renonça aux mesures de sévérité qu'il avait crues nécessaires. Toutefois, M. de la Cardonnie, capitaine du *Diadème*, perdit son commandement.

Après le départ de l'amiral Keppel, sorti de Portsmouth, le 9 juillet, pour se porter à notre rencontre, le peuple anglais avait attendu avec impatience la nouvelle de notre défaite. La vieille renommée de la marine britannique, sa supériorité incontestée pendant les dernières guerres, étaient à ses yeux un sûr garant de la victoire. La vérité, lorsqu'elle fut connue, causa chez nos voisins un très-vif désappointement. On disait, pour consoler l'amour-propre national, que les Français avaient profité de leur position sous le vent pour laisser arriver pendant la nuit et courir sur Brest. Mais ceci n'expliquait pas à une nation habituée aux choses de la mer l'inaction de l'escadre anglaise dans l'après-midi du 27 juillet. Pourquoi l'amiral Keppel, ayant l'avantage du vent, ne nous avait-il pas attaqués, s'il était réellement en état de le faire? Ce n'était pas le temps qui lui avait manqué, puisque les derniers coups de canon avaient été tirés vers deux heures de l'après-midi, et que, à cette époque de l'année et par cette latitude, la nuit ne vient que très-tard. Il était donc bien avéré que le commandant en chef de la flotte britannique, officier aussi expérimenté que brave, avait reculé devant un second engagement. Les manœuvres exécutées par l'escadre anglaise, dans l'après-midi du 27 juillet, devinrent le thème de discussions passionnées. L'amiral Keppel jouissait d'une telle popularité qu'il fut mis hors de cause, mais les Anglais voulaient un coupable, et ils crurent le trouver dans le vice-amiral Palliser. Il fut accusé de s'être maintenu au vent de l'armée, malgré les signaux qui enjoignaient à son escadre de prendre son poste. L'obstination de cet officier général à rester éloigné du corps de bataille et de l'avant-garde avait empêché, disait-on, le commandant en chef de former une ligne régulière, et par suite de renouveler le combat. Le vice-amiral Palliser, croyant que l'état-major du *Victory* n'était pas étranger aux attaques dont il était l'objet, se plaignit très-vivement à l'amiral Keppel de la conduite des officiers de ce vaisseau. Il le pria de démentir publiquement les bruits qui portaient atteinte à son honneur. N'ayant pas obtenu la satisfaction à laquelle il croyait avoir droit, le vice-amiral Palliser adressa à l'amirauté une plainte contre son chef. Il déclara que l'amiral Keppel avait compromis, par sa négligence et son incapacité, l'honneur du pavillon anglais. Le ministère, sacrifiant les intérêts de la discipline à des rancunes politiques, prit la singulière détermination de traduire, sur la plainte d'un de ses inférieurs, le chef de la flotte devant une cour martiale. L'amiral, honorablement acquitté, ainsi qu'il était facile de le prévoir, reçut les félicitations des deux chambres et de la ville de Londres. Son adversaire fut obligé de résigner son emploi dans l'escadre, et de donner sa démission de membre de la Chambre des communes. Le capitaine du *Duke*, vaisseau de soixante canons, accusé de n'avoir pris aucune part à l'action, quoiqu'il eût passé à petite distance de la ligne française, fut déclaré indigne de servir.

La vivacité des débats qui s'élevèrent, de l'un et de l'autre côté du détroit, sur les divers incidents de la journée du 27 juillet, s'explique par l'importance que les deux nations attachaient aux résultats d'une première rencontre. Il s'agissait pour l'Angleterre de savoir si, dans cette nouvelle lutte, elle allait trouver les succès faciles des dernières guerres. La France se demandait, non sans quelque anxiété, si elle pourrait prendre cette revanche à laquelle le pays aspirait depuis le traité de 1763. Cette affaire « honorable pour la nation », ainsi que l'avait dit, avec une parfaite justesse d'expression, le lieutenant général d'Orvilliers, inspira aux Anglais le respect de notre marine et à nous-mêmes une juste confiance dans les suites de la guerre. Telles sont les circonstances qui donnent, au point de vue historique, un intérêt particulier au combat d'Ouessant.

IV

Le lieutenant général d'Orvilliers mit sous voiles, le 16 août, avec vingt-trois vaisseaux, les seuls qui fussent en état d'appareiller. Quelques jours après, cinq vaisseaux sortirent de Brest et vinrent le rejoindre au large d'Ouessant. Après être restée jusqu'au 27 août à l'ouverture de la Manche et sur les côtes méridionales d'Angleterre, l'armée se dirigea vers le sud, et elle établit sa croisière à la hauteur du cap Finisterre. M. de Sartines ayant prescrit au comte d'Orvilliers de rentrer avant les coups de vent de l'équinoxe, cet officier général mouilla à Brest, le 18 septembre. La *Junon*, appartenant à son escadre, avait rencontré, à quarante lieues environ dans le sud-sud-ouest d'Ouessant, la frégate le *Fox*, de trente canons. Après un combat très-vif, la frégate anglaise, démâtée de tous ses mâts, avait amené son pavillon[1].

---

1. Le capitaine de Beaumont fit connaître au ministre toute la satisfaction que lui avait fait éprouver la conduite de ses officiers et de son équipage. Il cita particulièrement MM. de Chavagnac, lieutenant de vaisseau, de Roquefeuil, enseigne de vaisseau, Duclos, Boursier et Mongon, officiers

102   HISTOIRE DE LA MARINE FRANÇAISE.

C'était la seule prise de quelque importance, faite pendant cette campagne qui avait été contrariée par des brumes très-épaisses. Toutefois, cette sortie avait eu pour résultat de chasser les bâtiments de guerre et les nombreux corsaires qui infestaient nos côtes. Les caboteurs purent naviguer en toute sécurité depuis Ouessant jusqu'au fond du golfe de Gascogne[1]. Ce fut au retour de l'escadre que le duc de Chartres débarqua du *Saint-Esprit* et quitta définitivement le service de la marine. Le lieutenant général d'Orvilliers demeura, ainsi que le prouve sa correspondance officielle, absolument étranger à cette détermination. L'amiral Keppel ayant paru dans la Manche pendant la sortie de l'escadre française, on nous accusa, de l'autre côté du détroit, d'avoir volontairement évité un nouvel engagement. Le lieutenant général d'Orvilliers avait reçu l'ordre de livrer bataille à l'ennemi, s'il le rencontrait. D'autre part, la marche de son escadre ayant été tracée dans ses instructions, il n'avait eu ni à fuir ni à rechercher les Anglais. Quant à ces derniers, ils ne pouvaient sérieusement soutenir qu'ils avaient pris la mer avec l'intention de nous combattre. L'escadre française était restée, pendant dix jours, à l'ouverture de la Manche, et elle avait passé vingt jours sous le cap Finisterre ou dans le golfe de Gascogne. Si l'amiral Keppel avait eu le dessein bien arrêté de nous joindre, il y serait facilement parvenu[2]. Ce qui était vrai,

---

auxiliaires. M. de Beaumont, qui était capitaine de vaisseau, fut appelé au commandement d'un vaisseau de ligne.

1. Dans une lettre du 21 septembre du comte d'Orvilliers, nous relevons le passage suivant ayant trait à plusieurs capitaines de son escadre dont les noms reparaîtront dans le cours de cette histoire : « M. Des Touches est un bon capitaine et du nombre de ceux avec lesquels je n'hésiterais pas à entreprendre des manœuvres délicates. Si vous me destinez à commander l'armée, l'année prochaine, je vous demande, dès à présent, de le désigner pour en faire partie. M. le marquis de Vaudreuil et M. de Brach, mes deux matelots dans la première sortie et dans le combat, m'ont donné, dans cette dernière, le témoignage d'amitié de préférer leurs postes au commandement d'une division. »

2. Faisant allusion à ces bruits, le comte d'Orvilliers écrivait au minis-

c'est que, ni à Paris ni à Londres, on ne désirait un second engagement entre les forces que commandaient les amiraux Keppel et d'Orvilliers. Le gouvernement français était très-sérieusement occupé d'un projet de descente en Angleterre. Des troupes étaient dirigées sur les côtes de Bretagne et de Normandie, et des dispositions étaient prises pour réunir des bâtiments de transport dans les ports de la Manche. Ces préparatifs devenaient inutiles, si nous ne conservions pas une force navale suffisante pour protéger le passage de nos soldats. Après la journée du 27 juillet, qui avait donné satisfaction à l'amour-propre national, un nouveau combat semblait inopportun. Quant aux Anglais, ils pouvaient, par une série de victoires, sinon anéantir notre marine, au moins la réduire à l'impuissance, ainsi que cela était arrivé pendant les guerres de 1741 et de 1756. La journée du 27 juillet avait montré que ce but n'était pas facile à atteindre. D'autre part, la Grande-Bretagne avait eu, depuis le début de la guerre, à satisfaire à de nombreuses exigences. Malgré l'immensité de ses ressources, il ne lui restait, pour défendre son littoral, que les vaisseaux de Keppel. C'est pourquoi elle tenait à ne pas compromettre ces remparts de bois qui étaient sa meilleure sauvegarde contre les périls d'une invasion. Des détachements de l'escadre de d'Orvilliers furent successivement envoyés en croisière à l'ouverture de la Manche et dans le golfe de Gascogne. Des frégates et des corvettes reçurent la mission d'assurer la sécurité de la navigation près de notre littoral. Des divisions légères furent envoyées dans la mer du Nord, autour des Iles Britanniques et sur les côtes de Portugal et d'Es-

---

tère : « Je ne puis me persuader que les Anglais aient eu jamais sérieusement, pendant notre dernière sortie, l'intention de nous rencontrer. L'armée du Roi a constamment navigué à découvert par de fréquents signaux à coups de canon et des feux allumés toutes les nuits. Enfin, pour rentrer à Brest, nous avons fait notre attérage sur Ouessant, où l'armée anglaise était sûre de nous rencontrer, et où nous n'avons aperçu aucune de ses traces. »

pagne. Tel fut, jusqu'à la fin de l'année 1778, le rôle des bâtiments mouillés sur la rade de Brest[1].

Après le rappel de son ambassadeur, l'Angleterre, ainsi que nous l'avons dit plus haut, avait expédié dans l'Inde l'ordre de nous attaquer. Le 10 juillet, les troupes britanniques prirent possession de la ville de Chandernagor[2]. Dans les premiers jours du mois d'août, le général Munro, à la tête de seize mille hommes, vint mettre le siége devant Pondichéry. Le 10, le commodore Vernon parut devant la ville avec un vaisseau, une frégate et trois corvettes. Le vaisseau de soixante-quatre le *Brillant*, la frégate la *Pourvoyeuse*, de trente-huit canons, et trois navires de la compagnie des Indes armés en guerre, le *Sartines*, le *Lauriston* et le *Brisson*, étaient sur rade. Ces bâtiments mirent immédiatement sous voiles pour se porter au-devant des Anglais. Après un combat qui dura environ deux heures, et dont les résultats furent indécis, les deux divisions se séparèrent. Le commodore Vernon alla à Madras et les Français revinrent à Pondichéry. Le gouvernement français ne s'était pas préoccupé, en temps opportun, de mettre la ville de Pondichéry en état de soutenir un siége. L'effectif des troupes était insuffisant et les fortifications, abattues en 1763, n'avaient pas été complétement relevées[3]. Quoique le gouverneur, M. de Bellecombe, eût la ferme résolution de se défendre jusqu'à la dernière extrémité, le sort de la place n'était pas douteux.

1. Nos croiseurs revenaient presque toujours avec des prises; après une sortie de quelques jours, Lamotte-Picquet rentra avec dix bâtiments.
2. Chandernagor était une ville ouverte. — Dans le rapport adressé par le gouverneur au ministre pour lui faire connaître cet événement, on lit ce qui suit : « Le conseil de Calcutta ayant reçu, le 7 du mois de juillet, la nouvelle que la guerre avait été déclarée en Europe, le 15 mars, l'a tenue si secrète que je n'en ai été informé que le 10, à la vue des troupes anglaises qui ont paru à cinq heures du matin. »
3. Au commencement de 1778, le ministre avait envoyé un officier de génie, le capitaine-major de Caire, pour compléter les fortifications de Pondichéry. Parti sur le vaisseau le *Flamand*, cet officier était arrivé, le 15 mai, à l'Ile de France. Le navire marchand, sur lequel il s'était embarqué pour se rendre à sa destination, avait été pris à l'attérage par les Anglais.

Le commodore Vernon avait reçu des renforts qui lui donnaient sur la division française une supériorité marquée. Convaincu qu'il serait réduit à la nécessité de brûler ses bâtiments ou de les rendre à l'ennemi, s'il ne se hâtait de s'éloigner, M. de Tronjolly fit route pour l'Ile de France. Un de ses navires, le *Sartines*, en mission sur la côte, fut capturé par les Anglais. Le 17 octobre, après une très-belle défense, M. de Bellecombe capitula. Le général Munro, rendant hommage à la conduite de nos troupes, leur accorda les conditions les plus honorables. La garnison sortit de la place, tambours battant, mèche allumée, les drapeaux déployés, emmenant avec elle six canons et deux mortiers. Elle devait être renvoyée en France aux frais du gouvernement britannique[1].

Une clause spéciale du traité de 1763 nous interdisait de fortifier les îles de Saint-Pierre et Miquelon. La garnison de ces deux îles n'était composée que du nombre de soldats strictement nécessaire pour assurer le service de la police. Le contre-amiral Montagu, qui commandait la station anglaise au Canada, détacha quelques frégates pour les occuper. Conformément aux instructions du gouvernement britannique, le commodore Evans, chargé de cette expédition, fit conduire en France tous les habitants. Leurs demeures, les magasins, les constructions affectées

---

1. M. de Bellecombe ainsi que les officiers et les soldats de la garnison de Pondichéry furent renvoyés en France sur le *Sartines*, armé en parlementaire, et à bord duquel se trouvait un commissaire anglais. Ce bâtiment courait toutes voiles dehors vers le détroit de Gibraltar, lorsqu'il fut chassé, sous le cap saint Vincent, par le vaisseau de cinquante le *Romney*. Le *Sartines* rentra ses bonnettes, cargua ses perroquets et ses basses voiles et il resta sous ses huniers, ayant en tête de mât le pavillon parlementaire. Arrivé à portée de canon de ce bâtiment, le *Romney* remplaça la flamme et le pavillon blanc qu'il avait eus jusque-là par les couleurs anglaises, et il envoya toute sa bordée au *Sartines*. Le capitaine et deux soldats furent tués et douze hommes furent blessés. Le commandant du vaisseau parut regretter très-sincèrement le mal qu'il avait fait. Ou le capitaine du *Romney* avait commis un acte de brutalité indigne d'un officier, ou il régnait un tel désordre, à bord de son navire, qu'il était arrivé à petite distance du *Sartines* sans que la position de ce bâtiment eût été reconnue. Dans les deux cas sa conduite était sans excuse.

au service de la pêche furent démolis ou brûlés. Ces procédés barbares offrent un contraste frappant avec les sentiments d'humanité et de courtoisie qui présidèrent, pendant le cours de cette guerre, aux relations des deux marines.

LIVRE III

Traversée de l'escadre française, partie de Toulon, le 13 avril.— Les troupes anglaises évacuent Philadelphie, à la fin de juin. — L'amiral Howe se retire à Sandy-Hook. — Arrivée des Français à l'embouchure de la Delaware, le 8 juillet. — Notre escadre mouille sur la côte, près de New-York. — Le comte d'Estaing se dirige sur Rhode-Island. — Attaque projetée de New-Port. — Apparition de l'amiral Howe devant Rhode-Island. — Le comte d'Estaing appareille pour le poursuivre. — Dispersion des deux escadres à la suite d'un coup de vent. — Les Français se retirent à Boston. — Départ de notre escadre pour la Martinique. — Prise de la Dominique par le marquis de Bouillé. — Les Anglais attaquent Sainte-Lucie que d'Estaing tente inutilement de secourir. — L'île se rend aux Anglais. — Arrivée de l'amiral Byron dans la mer des Antilles.

I

Les vaisseaux partis de Toulon, le 13 avril, franchirent le détroit de Gibraltar, dans la nuit du 17 au 18 mai. Le 20, les capitaines ayant reçu l'ordre d'ouvrir les plis cachetés qui leur avaient été remis avant le départ, apprirent la véritable destination de l'escadre. Nos vaisseaux étaient envoyés au delà de l'Atlantique pour secourir les États-Unis d'Amérique. Le comte d'Estaing devait commencer les hostilités, lorsqu'il serait à quarante lieues, dans l'ouest du cap Saint-Vincent. « Le 20, à onze heures du matin, dit le chevalier de Borda[1] dans son journal, on a dit la messe, à bord du *Languedoc*, avec beaucoup de pompe. Tout l'état-major y a assisté en grand uniforme. On a pavoisé et on a mis le pavillon de commandement avec le grand pavillon de poupe. On a ensuite publié

---

1. Le chevalier de Borda était major de l'escadre.

l'ordre de représailles et de courre sur les vaisseaux anglais, ainsi que l'ordre sur la distribution des prises. L'équipage y a répondu par des acclamations de joie réitérées, à différentes fois, avec des cris de « vive le Roi ! » L'époque à laquelle le comte d'Estaing était parti de Toulon et le secret qui avait entouré sa mission lui donnaient les chances les plus sérieuses de surprendre et de battre l'escadre de Howe. Cette escadre, ainsi que nous l'avons dit, était retenue, à l'entrée de la Delaware, par la position du général Clinton à Philadelphie. Toutefois, pour atteindre le but que nous poursuivions, il était indispensable d'arriver sur les côtes des États-Unis avant que les Anglais eussent reçu des renforts. Une traversée rapide était donc une des conditions les plus essentielles du succès. Nous allons examiner s'il était possible, avec les vaisseaux qui composaient l'escadre, d'obtenir ce résultat. D'Estaing écrivait au ministre par la frégate la *Flore*, expédiée, à la fin du mois de mai, dans un des ports de la côte d'Espagne, pour porter à Paris de ses nouvelles : « Le *Languedoc* et le *César* ont une marche supérieure. Le *Tonnant* est le troisième voilier de l'escadre ; après ce vaisseau viennent l'*Hector* et le *Zélé*. Le *Protecteur*, le *Fantasque* et le *Sagittaire* sont ce qu'on appelle trois vaisseaux de compagnie. Le *Marseillais* et la *Provence* marchent médiocrement. Quant au *Guerrier* et au *Vaillant*, ils sont tous deux les plus mauvais voiliers de l'escadre. M. de Bougainville est au désespoir. Toutes les frégates de l'escadre sont obligées de porter leurs perroquets lorsque le *Languedoc* et le *César* n'ont que leurs huniers, les ris pris ; tout ce que peut faire l'*Aimable*, c'est de nous suivre. » D'Estaing ajoutait : « Ce qui pourra, Monseigneur, vous donner une idée de la lenteur à laquelle nous sommes condamnés par le *Guerrier* et le *Vaillant*, c'est que tous les bâtiments marchands qui se sont ralliés à nous ne se sont séparés de l'escadre que lorsqu'ils l'ont voulu. Ces deux vaisseaux souffrent et font courir des risques à leur mâture, en restant toujours couverts de toile, tandis que nous roulons et que la mer nous mange, parce qu'il faut sans cesse tout carguer pour les attendre. » Ainsi, pour une cause indépendante du mérite de l'amiral et de ses capitaines, notre escadre se dirigeait vers les côtes des États-Unis avec une extrême lenteur. Le ministre avait fait armer des vaisseaux, mais il ne s'était pas préoccupé de réunir des bâtiments ayant les qualités requises pour opérer ensemble[1]. A ce tort, absolument personnel à M. de Sartines et à son administration, vint se joindre une faute dont la responsabilité retombe tout entière sur le comte d'Estaing. Celui-ci fit exécuter, pendant la traversée, de très-fréquentes évolutions. Or, une escadre, qu'elle soit à voiles ou à vapeur, ne peut aller vite qu'à la condition de ne faire que les manœuvres strictement indispensables. Avec les forces dont il disposait et étant donné la mission qu'il avait à remplir, on a le droit de dire que le comte d'Estaing se trompa en ne sacrifiant pas tout à la célérité. L'escadre française n'eut connaissance de la terre que dans les premiers jours de juillet. Quelques navires marchands, et un corsaire portant vingt-deux pièces de canon, furent capturés. La frégate le *Mermaid*, se voyant dans l'impossibilité d'échapper aux bâtiments qui la chassaient, se jeta à la côte. Le 8 juillet, quatre-vingt-sept jours après leur départ de Toulon, nos vaisseaux laissèrent tomber l'ancre à l'embouchure de la Delaware. Nous avons indiqué avec précision les véritables causes de la lenteur de cette traversée non-seulement parce qu'elles contiennent une leçon qui n'a pas perdu de sa valeur, mais aussi parce qu'elles nous permettent de réfuter péremptoirement les reproches de désobéissance et d'indiscipline auxquels l'escadre de d'Estaing n'a pas plus échappé que l'armée de d'Orvilliers. On a dit que plusieurs capitaines,

---

1. Il est inutile de dire que cette observation est aussi vraie aujourd'hui qu'elle l'était en 1778. Les escadres doivent être homogènes, sous peine de placer entre les mains des amiraux des instruments dont ils tireront difficilement parti.

en haine de leur général, s'étaient fait un jeu coupable, pendant les nuits obscures, soit de diminuer de toile, soit de se laisser sous-venter. Dans la correspondance de d'Estaing, correspondance très-volumineuse, car cet officier général écrivait beaucoup, on ne trouve rien qui puisse servir, je ne dirai pas de base, mais de prétexte à cette accusation. En effet, si le comte d'Estaing se plaignait de la marche de ses vaisseaux, il louait le zèle et la bonne volonté de ses capitaines.

Les périls auxquels une guerre avec la France exposait l'escadre de Howe n'avaient pas échappé à l'attention du gouvernement anglais. Avant que les hostilités fussent commencées, l'ordre avait été envoyé au général Clinton d'évacuer Philadelphie et de se retirer à New-York. Les troupes britanniques s'étaient mises en mouvement, le 22 juin, suivies de très-près par les Américains. Le 30, elles avaient atteint Middletown, petite ville située sur le littoral, dans la baie de New-York. L'escadre anglaise, retenue par les calmes, à l'entrée de la Delaware, n'était arrivée devant Middletown que la veille, c'est-à-dire le 29 juin. La petite armée de Clinton avait passé sur Sandy-Hook, et, de là, elle avait été transportée par mer à New-York. L'amiral Howe avait quitté l'embouchure de la Delaware avec six vaisseaux de soixante-quatre, trois de cinquante et des transports portant les vivres, les munitions et les bagages les plus lourds de l'armée. Si le comte d'Estaing avait rencontré l'escadre anglaise, soit au mouillage, soit à la mer, il l'aurait certainement battue. Dans le premier cas comme dans le second, les troupes britanniques, privées de l'appui de la flotte, eussent été impuissantes à gagner New-York. C'est parce que le général Clinton avait reconnu la difficulté de se rendre directement dans cette ville, qu'il avait conduit ses soldats à Middletown. Sur sa route, il avait eu un engagement, non avec la totalité mais avec une partie des forces détachées à sa poursuite, et il avait subi un échec. Si, arrivé à Middletown, il n'avait pas trouvé l'escadre de

Howe, le passage sur Sandy-Hook était impossible, et il ne lui restait d'autre ressource que de revenir sur ses pas. Avant d'avoir atteint New-York, il eût été entouré et contraint de se rendre à discrétion.

Après avoir expédié la *Chimère* à Philadelphie pour y conduire M. Gérard, notre ministre auprès du congrès, le comte d'Estaing reprit la mer, et il arriva, le 10 juillet, en vue de Sandy-Hook. L'amiral Howe était prévenu, depuis plusieurs jours, de la présence d'une escadre française sur la côte. Supposant probablement que nous n'avions pas l'intention de l'attaquer, il n'avait pris aucune position défensive. Les passes, qui du large conduisent dans l'intérieur de la baie de New-York, n'ont pas une grande profondeur. Le comte d'Estaing, ignorant si des vaisseaux à grand tirant d'eau, comme le *Languedoc* et le *César*, pouvaient les franchir sans danger, ne voulut prendre aucune détermination, à cet égard, avant d'avoir consulté les pilotes. En conséquence, il fit mouiller l'escadre à quelques milles de New-York, devant une petite ville du nom de Shrewsbury. La question qui préoccupait le commandant en chef demandait une prompte solution. Les Anglais, revenus de leur surprise, déployaient la plus grande activité pour réparer le temps perdu, et s'établir, avec l'aide des ressources que leur offrait l'arsenal de New-York, dans une forte position. Les pilotes américains n'arrivèrent à bord du *Languedoc* que le 16 juillet. Lorsqu'ils eurent appris que nos vaisseaux tiraient vingt-trois, vingt-quatre et vingt-cinq pieds d'eau, aucun d'eux ne voulut assumer la responsabilité de les mener en dedans de Sandy-Hook. Ils affirmèrent qu'il n'y avait, de haute mer, dans la passe, que vingt-trois pieds anglais, soit vingt et un pieds et demi de France. M. de Ribiers, lieutenant de vaisseau, désigné par le commandant en chef pour exécuter des sondages avec les pilotes, ne trouva, sur la barre, que vingt-deux pieds d'eau[1]. Le 20 juillet,

---

[1]. Le major de l'escadre qui avait été à terre en est revenu, à onze heures,

le comte d'Estaing réunit les capitaines de l'escadre à son bord, et, en leur présence, il offrit cent cinquante mille francs aux pilotes américains, s'ils consentaient à entrer l'escadre. Ceux-ci ayant affirmé de nouveau qu'il était impossible de franchir les passes avec nos vaisseaux, ce projet fut définitivement abandonné. Alors même qu'aucune considération maritime ne se fût opposée à l'exécution de cette entreprise, il eût été difficile, le 20 juillet, de la tenter avec des chances de succès. Les équipages de l'escadre anglaise avaient été complétés par des matelots pris sur les navires de commerce et des soldats de l'armée de Clinton. L'amiral Howe avait adjoint à son escadre plusieurs transports, sur lesquels il avait fait placer des canons. Tous les bâtiments en état de prêter le travers à nos vaisseaux formaient une ligne très-serrée dont les extrémités étaient défendues par des batteries. Dans ces conditions, nous n'étions pas sûrs de vaincre, et, en cas d'insuccès, nous n'avions pas de retraite. Le congrès fit proposer au commandant de notre escadre d'attaquer, de concert avec les Américains, la ville de New-Port, située dans Rhode-Island. Le comte d'Estaing, qui désirait trouver l'occasion de rendre des services à nos alliés, y consentit.

ayant traversé heureusement la barre. Il était accompagné de M. le lieutenant-colonel Laurens, fils du président du congrès et aide de camp du général Washington dont il apportait les lettres, et qui amenait en même temps plusieurs pilotes américains jurés envoyés par le congrès, sur la demande de M. le comte d'Estaing, pour faire entrer nos vaisseaux en dedans de Sandy-Hook. Ces pilotes, ayant appris que nos vaisseaux tiraient vingt-trois, vingt-quatre et vingt-cinq pieds d'eau, ont unanimement décidé qu'il leur serait impossible de nous entrer, s'étant tous accordés à dire qu'il n'y a dans la passe que vingt-trois pieds anglais, de haute mer, ce qui revient à vingt et un pieds et demi de France. Comme le général ne s'en tenait qu'avec peine à leur rapport et qu'il leur a annoncé qu'il ferait alléger les vaisseaux le plus qu'il serait possible, ces pilotes ont demandé à aller sonder sur la barre au milieu de la passe et qu'ils seraient accompagnés par un officier qui vérifierait ce qui se trouverait. Le général a nommé en conséquence M. de Ribiers qui est parti avec eux..... M. de Ribiers a rendu compte au général que les pilotes ont sondé au milieu et dans toute la longueur de la passe et qu'ils n'ont trouvé, à basse mer, que trois brasses et demie. (*Journal du Languedoc* du 16 juillet.)

L'escadre française mit sous voiles, le 22 juillet, et elle se dirigea vers le sud [1]. Aussitôt qu'elle fut hors de vue des Anglais, le comte d'Estaing fit route pour cette nouvelle destination.

II

L'île de Rhode est située dans une vaste baie découpée dans le littoral de l'Etat qui porte ce nom. La direction principale de l'île est nord et sud. Le bras de mer qui sépare sa partie orientale de la terre ferme est appelé Sea Channel ou passage de l'Est. L'île de Conanicut, placée parallèlement à Rhode-Island, lui fait face dans l'ouest. C'est entre ces deux îles que se trouve le passage principal. Entre l'île de Conanicut et le continent, il y a une troisième passe, appelée passe de l'Ouest ou de Narraganset. Les forces anglaises, commandées par le général Pigot, étaient concentrées à New-Port. Il avait été convenu que le général Sullivan débarquerait dans la partie nord de l'île. L'escadre française était chargée d'assurer le libre passage des troupes américaines. Le comte d'Estaing devait, en outre, pénétrer dans le canal principal et prendre à revers les fortifications de la ville. Le 29 juillet, nos vaisseaux laissèrent tomber l'ancre à l'ouvert de la grande passe. Le *Fantasque* et le *Sagittaire* furent chargés de surveiller la passe de Narraganset. Les frégates l'*Aimable*, l'*Alcmène*, et la corvette le *Stanley*, mouillèrent à l'entrée de la passe de l'est, dans laquelle il n'y avait de fond que pour les corvettes. L'occupation des trois issues qui conduisaient vers la mer coupait la

---

1. Le 20, le général fit assembler les commandants, attendu que les pilotes ne voulaient pas entrer l'escadre. Il avait envoyé M. de Ribiers, lieutenant de vaisseau, pour sonder la passe, et cet officier n'avait trouvé sur la barre que vingt à vingt-deux pieds d'eau. Le comte d'Estaing proposa aux pilotes, devant le conseil assemblé, cent cinquante mille francs, s'ils voulaient se charger d'entrer l'escadre, ils refusèrent. Le général se décida, de l'avis du conseil, à appareiller de cette rade pour se rendre à Rhode-Island. (*Journal du major de l'escadre.*)

retraite aux bâtiments anglais qui étaient dans l'intérieur de la baie. L'officier qui les commandait, se voyant dans l'impossibilité de s'échapper, fit débarquer les vivres, l'artillerie et les munitions, et il se tint prêt à les détruire à notre approche. Le 5 août au point du jour, le *Sagittaire* et le *Fantasque* mirent sous voiles pour remonter la passe de l'Ouest. Après avoir doublé la pointe de l'île de Conanicut, ils laissèrent tomber l'ancre dans la passe du milieu. Plusieurs navires ennemis, mouillés dans le nord de la position prise par les deux vaisseaux, furent livrés aux flammes. Nous ne laisserons pas dans l'oubli un trait de générosité qui fait honneur au caractère de notre nation. Le commandeur de Suffren, que son ancienneté appelait au commandement du *Sagittaire* et du *Fantasque*, défendit par signal de tirer sur les embarcations qui portaient à terre les équipages anglais. Le *Protecteur* et la *Provence* remplacèrent le *Sagittaire* et le *Fantasque* à l'entrée de la passe de Narraganset. Le comte d'Estaing attendait, pour entrer dans le chenal principal, que le général Sullivan eût terminé ses préparatifs. Ayant appris, le 8 août 1778, que les Américains étaient prêts à passer sur l'île de Rhode, il franchit la passe avec huit vaisseaux. Les Anglais ouvrirent sur nos bâtiments un feu très-vif auquel ceux-ci répondirent énergiquement. L'escadre mouilla, aussitôt qu'elle fut hors de portée de canon des forts, et elle prit les dispositions nécessaires pour s'embosser au premier ordre. Le comte d'Estaing voulait être en mesure de repousser l'amiral Howe, si celui-ci, après avoir reçu des renforts, se présentait pour l'attaquer. Le *Fantasque* et le *Sagittaire* rallièrent l'escadre dans la soirée. Le *Protecteur* et la *Provence*, chargés de la surveillance de la passe de Narraganset, vinrent au mouillage le lendemain matin. Les Anglais avaient coulé les bâtiments qui étaient à l'ancre devant New-Port, lorsque nous avions paru dans le chenal. Dans la nuit du 8 au 9 août, le général Sullivan débarqua dans le nord de l'île avec dix mille hommes et une nombreuse artillerie de campagne. Le 9 dans la matinée, quatre mille soldats et matelots, pris sur les bâtiments de l'escadre, furent mis à terre dans l'île de Conanicut. Ce corps était destiné, sous le commandement direct du lieutenant général d'Estaing, à marcher, avec les troupes américaines, à l'attaque des lignes anglaises. En attendant que le moment d'agir fût venu, ce personnel avait été réuni sur l'île de Conanicut pour y être organisé et instruit.

L'amiral Howe avait éprouvé une très-vive satisfaction, lorsqu'il avait vu notre escadre disparaître, le 22 juillet, à l'horizon. Il attendait des bâtiments qui fussent inévitablement tombés entre nos mains, si nous étions restés plus longtemps au mouillage de Shrewsbury. Mais la fortune, à laquelle à la guerre, comme en toutes choses, il faut faire une part, avait favorisé nos adversaires. Du 22 au 30 juillet, quatre vaisseaux, le *Cornwall* de soixante-quatorze, le *Raisonnable* de soixante-quatre, le *Centurion* et le *Renown* de cinquante, étaient arrivés séparément à Sandy-Hook. Le premier, qui appartenait à l'escadre de l'amiral Byron, s'était séparé de son armée pendant un gros temps; deux venaient d'Halifax et le dernier arrivait des Indes occidentales. On ne tarda pas à apprendre, à New-York, la double attaque dont le général Pigot était menacé. La situation des troupes britanniques avait ceci de particulièrement grave que, n'ayant pas de retraite, elles étaient réduites, en cas d'insuccès, à mettre bas les armes. L'amiral Howe eût encouru une grave responsabilité en ne faisant pas tout ce qui était en son pouvoir pour empêcher le retour d'une nouvelle convention de Saratoga. Il quitta Sandy-Hook avec treize vaisseaux, un de soixante-quatorze, sept de soixante-quatre et cinq de cinquante, sept frégates et plusieurs transports portant des troupes, des vivres et des munitions. L'amiral anglais avait été exactement informé des dispositions que le comte d'Estaing avait prises, à son arrivée devant Rhode-Island. Il savait que plusieurs bâtiments avaient été détachés dans les passes de l'Est et de l'Ouest, tandis que le gros de l'escadre était mouillé à l'ouvert du canal principal. En admettant que rien ne fût changé à cette situation, il nous attaquait avec l'avantage du nombre. Si nous avions franchi la passe, il débarquait sans difficulté, au sud de l'île, les secours destinés à la garnison. Dans cette dernière hypothèse, il avait l'espoir d'effectuer son opération sans combat. L'entrée du canal principal, formée par la pointe des îles de Rhode et de Conanicut, étant très-étroite, une escadre, mouillée devant New-Port, ne peut gagner le large que si les vents viennent du nord. Or, ces vents sont ceux qui, pendant le mois d'août, soufflent le moins fréquemment. Lorsque Howe parut en vue de Rhode Island, dans la journée du 9, il aperçut l'escadre française dans le canal principal. Il signala aux transports de jeter l'ancre près de la côte, et il resta sous voiles avec les bâtiments de guerre. L'apparition soudaine de l'ennemi modifia les projets du comte d'Estaing. Les hommes et le matériel furent rembarqués, et l'escadre prit ses dispositions pour repousser les Anglais, dans le cas où ceux-ci tenteraient de pénétrer dans la baie. Le 10 août, à sept heures du matin, la brise, par une exception très-rare dans cette saison, s'étant établie au nord-nord-est, l'armée appareilla en coupant les câbles. Deux heures après, elle était hors de la passe faisant route sur l'ennemi. L'amiral Howe, surpris par la rapidité de nos mouvements, rappela les bâtiments qui étaient au mouillage, et il se dirigea vers le large en se couvrant de toile. Il tenait à éviter un engagement désavantageux, et, d'autre part, il voulait profiter de cette circonstance pour nous éloigner de Rhode-Island. La journée se passa sans incident particulier. Notre escadre se rapprocha des Anglais, mais elle ne les gagna pas assez pour les obliger à combattre. Le lendemain, dans l'après-midi, nous avions l'espoir de les joindre, lorsque, vers cinq heures du soir, la brise, qui avait fraîchi rapidement, souffla en coup de vent. Les deux escadres furent dispersées, et, le 13 au point du jour, le vaisseau du comte d'Estaing se trouva seul. Son beaupré s'étant rompu, toute la mâture vint en bas; il eut, en outre, la mauvaise fortune de casser la barre de son gouvernail. Le *Languedoc* était dans cette situation, lorsque, un peu avant le coucher du soleil, il fut attaqué par le *Renown* de cinquante canons. Le capitaine du *Renown*, après avoir reconnu la position du bâtiment français, manœuvra de manière à le canonner par l'arrière. Le *Languedoc* se défendit avec ses pièces de retraite jusqu'au moment où l'obscurité mit fin au combat. Le 14, dans la journée, tous les vaisseaux, à l'exception du *César*, rallièrent le pavillon du commandant en chef. Le temps étant devenu maniable, le comte d'Estaing fit mouiller l'escadre, afin de permettre au *Languedoc* d'installer une mâture de fortune et aux autres bâtiments de réparer leurs plus grosses avaries. Le *Marseillais*, après avoir perdu son mât de misaine et son beaupré, avait été attaqué par un vaisseau de cinquante canons, l'*Isis*, qui avait été obligé de se retirer. L'escadre mit sous voiles, le 17 août, et elle mouilla, le 20, devant Rhode-Island. L'amiral Byron avait quitté Plymouth, le 12 juin 1778, avec treize vaisseaux, pour renforcer Howe que le départ de d'Estaing mettait en péril. Assailli pendant sa traversée par des gros temps, son escadre avait été dispersée. Quelques-uns de ses vaisseaux, et le sien était du nombre, avaient relâché à Halifax; les autres avaient continué leur route sur New-York où ils étaient entrés depuis quelques jours. Le marquis de la Fayette s'empressa de venir à bord du *Languedoc* pour porter cette nouvelle au comte d'Estaing. Quel que fût le désir du général français de tenir la promesse qu'il avait faite aux autorités américaines, il se voyait contraint de renoncer à l'expédition de Rhode-Island. La supériorité de l'ennemi et l'état dans lequel étaient ses vaisseaux, notamment le *Languedoc* et le *Marseillais*, lui imposaient d'autres devoirs. Il réunit à son bord les officiers généraux et les capitaines, afin de les consulter sur le parti qu'il convenait de prendre. Tous furent d'avis d'aller à Boston, où l'escadre pourrait trouver des ressources, et où elle ferait ses réparations avec plus de sécurité qu'à New-Port. Les membres du conseil ajoutèrent qu'il fallait nous hâter de partir, si nous ne voulions pas trouver les Anglais sur notre route. Il n'était pas douteux que l'amiral Howe, ayant en ce moment l'avantage du nombre, ne fît tous ses efforts pour nous joindre. Le général Sullivan, qui s'était établi, pendant notre absence, en face des lignes anglaises, attendait impatiemment notre retour pour continuer ses opérations et attaquer New-Port. Sa déception fut extrême en apprenant que notre départ était résolu, mais ses instances pour obtenir que le comte d'Estaing revînt sur cette détermination demeurèrent sans résultat. Le lendemain 21, l'escadre française se dirigea sur Boston où elle arriva le 28. Le *César* était depuis huit jours à ce mouillage, rendez-vous qui avait été assigné à l'armée, en cas de séparation, lorsqu'elle avait quitté New-Port, le 10 août. Ce vaisseau avait eu un engagement assez vif avec le *Preston* de cinquante canons, monté par le commodore Hotham. La présence de deux vaisseaux ennemis et la rupture de la roue du gouvernail avaient décidé le *César* à s'éloigner. Le *Languedoc*, le *Marseillais* et le *Protecteur*, qui avaient à faire de grandes réparations, laissèrent tomber l'ancre près de la ville, tandis que le reste de l'escadre mouillait dans la baie de Nantasket. Les îles, au milieu desquelles se trouvent les passes qui conduisent sur la rade, n'étaient pas fortifiées. Le comte d'Estaing se hâta de prendre les mesures nécessaires pour rendre notre position aussi solide que le comportaient la position des lieux et les ressources de l'escadre. Les garnisons des vaisseaux et des détachements de matelots, débarqués sur les îles George et Nantasket, travaillèrent immédiatement à la construction de batteries destinées à défendre le mouillage. Le 31 août, on aperçut au large seize vaisseaux anglais. Quoiqu'il ne se fût écoulé que trois jours depuis notre arrivée, la défense de la rade avait fait de sérieux progrès. Le 1ᵉʳ septembre, nous avions, sur l'île George, six mortiers et deux batteries, l'une de onze pièces de canon de vingt-quatre, et l'autre de huit pièces de dix-huit et de vingt-quatre. Cette dernière battait la grande passe et la passe étroite située au nord de l'île George. Trente canons de dix-huit et de vingt-quatre, placés sur l'île de Nantasket, tiraient dans la direction de la grande passe. Des batteries, d'une importance moindre, étaient déjà commencées sur quelques-unes des nombreuses îles qui avoisinaient la rade. L'escadre française, loin de redouter l'attaque de Howe, la souhaitait très-vivement. Le comte d'Estaing avait quitté le *Languedoc*, mouillé près de Boston, et il avait mis son pavillon sur le *César*. A bord de tous les vaisseaux les dispositions étaient prises pour présenter le travers à l'ennemi. Après avoir reconnu la force de notre position, l'amiral Howe fit route sur Rhode-Island.

Le départ de l'escadre française, le 21 août, avait placé le général Sullivan dans une position difficile dont il s'était tiré très-heureusement. Après avoir fait filer sa grosse artillerie, il avait opéré sa retraite en bon ordre, s'arrêtant pour combattre, quand il était serré de trop près. Le 31 août, il était en sûreté avec ses troupes et son matériel sur le continent. Les Américains durent se féliciter de la rapidité avec laquelle ils avaient exécuté leur mouvement. Le 1ᵉʳ septembre, des transports, escortés par quelques navires de guerre, amenèrent à New-Port le général Clinton avec quatre mille hommes. Si les Anglais, après la rentrée de l'escadre de Howe, à la suite du coup de vent du 11 août, avaient déployé une activité égale à celle du général américain, celui-ci, bloqué du côté de la mer, poursuivi par le général Clinton avec des forces doubles des siennes, eût couru les plus grands dangers. L'amiral Howe, après avoir touché à Rhode-Island, où les événements que nous venons de rapporter rendaient sa présence inutile, revint à New-York. Le général Sullivan n'avait pas admis la légitimité des motifs qui avaient déterminé le comte d'Estaing à se retirer à Boston. Oubliant la réserve que lui imposaient la situation de son pays et les fonctions qu'il exerçait, il avait protesté, en termes peu convenables, contre la conduite du commandant de notre escadre. La nouvelle de ce dissentiment s'était très-promptement répandue dans les provinces septentrionales, auxquelles appartenaient les milices qui avaient combattu sous les ordres de ce général, et elle avait soulevé l'opinion contre nous. Un mouvement populaire, dans lequel deux officiers de l'escadre, MM. de Saint-Sauveur et le Pléville le Peley, furent grièvement blessés, éclata à Boston[1]. La sagesse des autorités américaines, le calme et la modération du comte d'Estaing, apaisèrent cette effervescence. Les généraux Washington, Gates, Greene et plusieurs personnages importants s'empressèrent de désavouer le général Sullivan. Ces difficultés avaient pris de telles proportions que le congrès, regardant son intervention comme nécessaire, adopta la résolution suivante : « Le congrès conserve le plus haut sentiment du zèle et de l'attachement que le comte d'Estaing a montrés à la cause des États-Unis en plusieurs occasions, et particulièrement dans l'offre noble et généreuse qu'il a faite de venir à Boston, à la tête de ses troupes, pour coopérer à la réduction de Rhode-Island. » La nouvelle de l'arrivée sur le continent des troupes américaines avait rendu inutile cette proposition qui avait été réellement faite par le comte d'Estaing. Il est permis d'ajouter qu'elle n'était pas très-prudente. Comment nous serions-nous défendus, sur la rade de Nantasket, contre une attaque de l'escadre anglaise, si l'élite de nos équipages était partie, par la voie de terre, pour se battre sur l'île de Rhode?

L'Angleterre n'avait pas seulement à faire la guerre sur mer, elle devait défendre son sol, ses colonies, et continuer la lutte engagée avec le peuple américain. Pour

---

1. M. de Saint-Sauveur succomba à ses blessures.

satisfaire à toutes ces exigences, une armée considérable était nécessaire. Or, les Iles-Britanniques fournissaient peu de soldats, et les ressources qu'offrait la Hesse et quelques autres parties de l'Allemagne pour le recrutement des troupes anglaises étaient limitées. Profitant de l'approche de l'hiver, saison pendant laquelle les opérations de guerre subissaient dans le nord des Etats-Unis un ralentissement forcé, la cour de Londres prescrivit au général Clinton d'envoyer cinq mille hommes aux Indes occidentales. Ces troupes devaient quitter Sandy-Hook, dans les premiers jours de novembre, sur cinquante bâtiments de transport escortés par le commodore Hotham avec cinq vaisseaux. L'amiral Byron, le nouveau commandant en chef des forces navales de l'Angleterre, était arrivé, le 16 septembre, à New-York. Il vint, à la fin d'octobre, devant Boston, afin de couvrir le passage du commodore. A la suite d'un coup de vent très-violent, tous les bâtiments anglais furent dispersés ; quelques-uns rentrèrent à New-York et les autres relâchèrent à Rhode-Island. Le *Somerset*, de soixante-quatorze, se jeta à la côte, à l'entrée de la Chesapeak, et son équipage fut fait prisonnier. Le comte d'Estaing, réduit à l'inaction par la supériorité de l'ennemi, n'attendait qu'une occasion favorable pour se rendre dans les Antilles. Profitant de l'éloignement des Anglais, il fit route pour la Martinique. Le 25 novembre, trois navires, appartenant au convoi qui avait quitté Sandy-Hook dans les premiers jours du mois, furent chassés et pris par nos frégates. Cette rencontre nous apprit ce que nous ignorions complétement, c'està-dire le départ du commodore Hotham avec des forces considérables pour la mer des Antilles. Les capitaines des bâtiments capturés s'étaient séparés, la nuit précédente, de l'escadre anglaise, mais ils ignoraient quelle était sa destination. La route qu'ils suivaient, au moment où nous les avions aperçus, les faisait passer au vent de toutes les îles. Il y avait lieu de croire que les Anglais se dirigeaient sur la Barbade, mais le comte d'Estaing se persuada qu'ils allaient à Antigue. Il fit de la toile afin de rejoindre l'ennemi dont nous étions évidemment très-près. Le 6 décembre, l'escadre française arriva par la latitude de la Désirade, point d'attérage des navires qui se rendent à Antigue. Après avoir croisé, pendant quarante-huit heures, à la hauteur de cette île, sans apercevoir l'ennemi, le comte d'Estaing se décida à faire route pour la baie de Fort-Royal où il mouilla le 9 décembre.

Pendant le séjour qu'il venait de faire sur les côtes de l'Amérique septentrionale, le lieutenant général d'Estaing n'avait fait aucune opération de guerre proprement dite. Il était arrivé trop tard pour surprendre les Anglais à l'embouchure de la Delaware. Le refus obstiné des pilotes de conduire nos vaisseaux au mouillage de Sandy-Hook ne lui avait pas permis d'attaquer l'amiral Howe. Enfin, l'expédition de Rhode-Island, à peine commencée, avait été abandonnée. Cependant nous avions déjà rendu à la cause des Etats-Unis des services très-réels. C'était l'attitude du cabinet de Versailles qui avait appelé l'attention du ministère anglais sur les dangers auxquels Howe était exposé. En donnant à cet amiral l'ordre de quitter sa position, la cour de Londres avait été obligée de prescrire l'évacuation de Philadelphie, puisque l'armée de Clinton ne pouvait se passer de l'appui de la marine. Il était donc exact de dire que ce résultat était entièrement dû à l'alliance française. Des commissaires, munis de pleins pouvoirs pour négocier le rétablissement de l'union entre l'Angleterre et ses anciennes colonies, avaient débarqué à New-York, au commencement de juin 1778. C'était un dernier effort que tentait le ministère britannique pour empêcher le congrès de ratifier les traités conclus avec nous. L'abandon d'une ville de l'importance de Philadelphie avait montré aux moins clairvoyants que c'était la faiblesse et non la générosité qui avait inspiré aux hommes d'État de la Grande-Bretagne cette démarche en apparence conciliante. Les Américains s'étaient sentis d'autant plus forts pour repousser les propositions d'accommodement de la cour de Londres, qu'ils avaient la certitude d'être soutenus par la France. En effet, les traités signés à Paris, le 6 février 1778, avaient été remis, le 2 mai, au congrès par Simon Deane[1], qui avait pris passage sur la frégate la *Sensible*, partie de Brest, le 8 mars. L'arrivée du lieutenant général d'Estaing, en augmentant la confiance du congrès dans le succès définitif de l'insurrection, avait enlevé aux commissaires anglais toute espérance de réussir dans leur mission. La corvette le *Stanley*, les corsaires la *Rose*[2] et la *Fanny* et dix-huit navires marchands avaient été capturés par nos bâtiments. Le Sloop *York* était tombé entre nos mains, mais il avait été repris par les Anglais. La frégate le *Mermaid*, de vingt-huit canons, sur le point d'être jointe par le *Fantasque* et le *Sagittaire*, s'était jetée à la côte, le 8 juillet, à l'embouchure de la Delaware. A Rhode-Island, la frégate le *Grand-Duc*, de quarante canons, les frégates *Orphée*, *Larck*, *Junon* et *Flore*, de trente-deux, le *Cerbère*, de vingt-huit, les corvettes *Kings Ficher* et *Falcon* et quelques petits bâtiments avaient été brûlés ou coulés par les Anglais. La corvette le *Sénégal* et une galiote à bombe avaient été prises par nos frégates, après le coup de vent du 11 août.

III

La frégate la *Concorde*, arrivée, le 17 août, à la Martinique, avait apporté au gouverneur général des Iles-du-

---

1. Simon Deane était le frère de Silas Deane, un des trois envoyés des États-Unis auprès de la cour de Versailles. C'était ce dernier qui avait pris passage sur le *Languedoc*.
2. Ce corsaire, armé de vingt-deux pièces, fut aperçu, le 5 juillet, par l'escadre. Le *Languedoc* signala à la frégate l'*Engageante* de le chasser. La *Rose* n'amena son pavillon qu'après une très-vive résistance. Ce bâtiment était dans un tel état, qu'on fut obligé de le couler. Le corsaire eut une grande partie de son équipage hors de combat; sept hommes de l'équipage de l'*Engageante* furent blessés

Vent la nouvelle des actes d'hostilités commis par l'amiral Keppel et l'ordre du Roi d'user de représailles envers les Anglais. Entre la Martinique et la Guadeloupe, et à la vue de chacune de ces îles, se trouve la Dominique. Le ministre de la marine prescrivait au marquis de Bouillé de saisir toute occasion de se rendre maître de cette île que nous avions cédée à la Grande-Bretagne, en 1763. Les Anglais avaient mis un soin particulier à la fortifier, mais, en raison de l'étendue des ouvrages qu'ils avaient construits et de l'artillerie qui les armait, la défense exigeait un nombreux personnel. A la fin du mois d'août 1778, la garnison, par suite d'une négligence difficile à comprendre de la part des autorités britanniques, comptait à peine quelques centaines de soldats réguliers. Le marquis de Bouillé, informé de cette situation, résolut de mettre immédiatement à exécution les ordres de M. de Sartines. Les forces navales dont il disposait étaient inférieures à celles de l'ennemi, mais il se proposait d'agir avec une telle promptitude que le commandant de la station anglaise, le contre-amiral Barrington, arriverait trop tard pour s'opposer à ses desseins. Le 6 septembre, après le coucher du soleil, douze cents soldats et mille volontaires créoles, blancs et hommes de couleur, furent embarqués sur les frégates la *Tourterelle*, la *Diligente*, l'*Amphitrite*, la corvette l'*Étourdie* et une flottille de transports. Nos troupes, mises à terre le lendemain dans la matinée, occupèrent, sans coup férir, les positions qui couvraient la capitale de l'île. Le gouverneur, voulant épargner à la petite ville du Roseau les conséquences d'une prise d'assaut, demanda à capituler. Le général français traita les habitants avec la plus grande générosité. Il décida qu'ils conserveraient, jusqu'à la paix, le régime administratif et judiciaire sous lequel ils vivaient. Si la Dominique restait française, les colons qui ne consentiraient pas à changer de nationalité auraient toute liberté de sortir de l'île en emportant ce qu'ils possédaient. Aucune violence ne fut commise contre les personnes ou contre les propriétés, et les ennemis eux-mêmes rendirent hommage à l'exacte discipline observée par nos soldats. Cent soixante-quatre pièces de canon, vingt-quatre mortiers, des vivres, des munitions et des effets militaires tombèrent entre nos mains. Après avoir désigné les troupes qui devaient occuper notre nouvelle conquête, M. de Bouillé reprit la route de la Martinique. Lorsque le contre-amiral Barrington avait eu connaissance de l'attaque dirigée contre la Dominique, il s'était hâté de venir au secours de l'île, mais, à son arrivée, le pavillon français flottait sur tous les forts et nos bâtiments avaient disparu. Il retourna à la Barbade, attendant avec la plus vive impatience les renforts qui lui étaient annoncés d'Amérique. Il se proposait de tenter quelque opération dont le succès atténuât l'effet que devait produire en Angleterre la perte de la Dominique. Ignorant que le comte d'Estaing eût quitté Boston, il se considérait comme maître de la mer, et, par conséquent, libre de se porter là où il le jugerait convenable. Il jeta les yeux sur Sainte-Lucie, dont la possession avait, pour la marine britannique, une importance particulière. De cette île, placée à petite distance de la Martinique, on pouvait surveiller les mouvements des forces françaises mouillées dans la baie de Fort-Royal. Le 11 décembre, vingt-quatre heures après l'arrivée du commodore Hotham à la Barbade, l'amiral Barrington fit route sur Sainte-Lucie. Il avait avec lui sept vaisseaux et un convoi portant quatre mille hommes. Les troupes débarquèrent, le 13, près de l'anse du Cul-de-Sac, et elles s'emparèrent immédiatement des hauteurs qui dominent cette petite baie. Ce premier avantage donna aux Anglais un bon mouillage. Le lendemain, l'ennemi marcha sur le Morne Fortuné, capitale de l'île, que le gouverneur, M. de Micoud, évacua dans la crainte d'être enveloppé. La garnison française, composée de quelques centaines de soldats et de miliciens, se retira dans les montagnes. Les Anglais se dirigèrent immédiatement sur la baie du Carénage, située à trois milles dans le nord de l'anse du Cul-de-Sac. Les deux extrémités de la baie, ainsi que le Morne de la Vierge, position fortifiée qui domine le mouillage, furent occupés. Le 14 décembre dans la soirée, les généraux Grant et Meadows, qui commandaient le corps expéditionnaire, étaient maîtres de tout le littoral, s'étendant de la pointe nord de la baie de Carénage à la limite sud de l'anse du Cul-de-Sac. Ces événements s'étaient accomplis avec une telle rapidité que les Français n'avaient pas eu le temps ou avaient négligé, dans la précipitation de leur retraite, d'enclouer leur artillerie et de détruire les munitions.

Le 13 décembre, un corsaire américain apporta à la Martinique la nouvelle de la sortie du contre-amiral Barrington. On crut, d'après le rapport du capitaine de ce bâtiment, que les Anglais allaient à la Grenade, mais, le 14, le comte d'Estaing eut la certitude qu'ils attaquaient Sainte-Lucie. Depuis que la guerre était imminente, M. de Bouillé n'avait pris aucune disposition particulière pour mettre cette île en état de défense. Ce n'était pas que le gouverneur général des Iles-du-Vent eût manqué d'activité et de prévoyance. Il possédait au plus haut degré ces deux qualités, mais, en s'emparant de la Dominique et en abandonnant Sainte-Lucie à ses propres forces, il s'était strictement conformé aux ordres du ministre. Quelles que fussent, sur ce point, les instructions de M. de Sartines, le comte d'Estaing pouvait d'autant moins permettre aux Anglais de conquérir Sainte-Lucie, à la vue de son escadre, que l'attaque dirigée contre cette île semblait lui fournir l'occasion de remporter de grands succès. En effet, s'il battait le contre-amiral Barrington, la petite armée anglaise restait dans l'île sans ressources et sans approvisionnements. Dans cette situation, elle aurait difficilement résisté aux garnisons de nos colonies des Antilles qu'il nous eût été facile, étant maîtres de la mer, de conduire à Sainte-Lucie.

Afin de donner plus d'unité aux opérations de guerre,

le gouvernement avait confié au comte d'Estaing le commandement militaire des Iles-du-Vent. Cet officier général expédia des bâtiments à la Guadeloupe et à la Dominique pour prendre une partie de la garnison de ces deux îles. Il mit sous voiles, le 14, avec l'escadre, sur laquelle étaient embarqués les troupes réunies à Fort-Royal et les volontaires créoles, et il arriva, dans la soirée, en vue de Sainte-Lucie. Le 15, au point du jour, il se dirigea sur la baie de Carénage qu'il croyait encore en notre possession. Un feu très-vif, qui accueillit nos vaisseaux lorsqu'ils furent à portée de canon, apprit au comte d'Estaing le véritable état des choses. Il ne s'agissait plus de secourir l'île, il fallait la reconquérir. Il gouverna sur l'anse du Cul-de-Sac avec l'intention de combattre l'escadre anglaise. Le contre-amiral Barrington, dont les bâtiments étaient sans ordre, la veille, avait travaillé toute la nuit pour rectifier sa position. Ses vaisseaux étaient embossés sur une seule ligne, un peu en dedans de l'entrée qui est très-étroite, couvrant les navires de transport. Sur plusieurs points, l'ennemi élevait des batteries pour défendre le mouillage. Le comte d'Estaing passa une première fois au large de la baie, en échangeant des boulets avec les vaisseaux du contre-amiral Barrington. Il recommença la même manœuvre quelques heures après, mais cette canonnade n'amena, de part et d'autre, que des avaries sans importance. Le commandant de notre escadre, qui ne semblait pas obéir à un plan mûrement réfléchi, abandonna l'attaque de l'escadre anglaise et il vint jeter l'ancre dans l'anse du Choc. Prenant alors la détermination de s'emparer de la baie du Carénage, il fit mettre à terre le corps expéditionnaire. Le 18, les Français, divisés en trois colonnes, commandées par le lieutenant général d'Estaing, le marquis de Bouillé et le comte de Lowendal, se mirent en mouvement. Soit que nos troupes se fussent égarées, ou qu'elles eussent suivi des guides infidèles, les trois détachements débouchèrent sur un terrain découvert, situé au pied du Morne de la Vierge. Nos soldats, quoiqu'ils fussent accablés de fatigue, marchèrent à l'ennemi avec la plus grande vigueur. Les Anglais, abrités derrière des retranchements défendus par une nombreuse artillerie, occupaient une position très-forte. Après une lutte de plusieurs heures, les Français furent contraints de se retirer; ils avaient quarante et un officiers et huit cents hommes hors de combat. Le comte d'Estaing revint à la pensée d'attaquer l'escadre anglaise. Comprenant sans doute l'inutilité de l'engagement qui avait eu lieu, le 15, il résolut de combattre les bâtiments ennemis bord à bord. Il ne pouvait mettre ce projet à exécution que si la brise de l'est-nord-est à l'est-sud-est, qui soufflait habituellement, pénétrait jusque dans la baie. Le 24, la frégate l'*Iphigénie* ayant fait connaître par signal que la brise arrivait jusqu'aux navires anglais, l'escadre reçut l'ordre d'appareiller. Il était trois heures de l'après-midi lorsque nos vaisseaux furent en ligne. Soit que le comte d'Estaing trouvât la journée trop avancée, soit qu'il doutât encore une fois du succès de cette entreprise, il reprit le mouillage de l'anse du Choc. Ayant appris, le 28, que l'amiral Byron était attendu aux Iles-du-Vent, il prit le parti de s'éloigner. Les troupes furent rembarquées dans la nuit du 28 au 29, sans que l'ennemi songeât à nous inquiéter, et l'escadre fit route pour la Martinique, où elle mouilla le 30 décembre. Après le départ de la flotte, le gouverneur de Sainte-Lucie, M. de Micoud, capitula[1]. Depuis le début des hostilités, nos adversaires n'avaient obtenu que des avantages insignifiants plus que compensés par la perte de la Dominique. La prise de Sainte-Lucie, accompagnée de l'échec

---

1. Quoiqu'il puisse paraître singulier que le ministre eût donné, ainsi que nous l'avons dit plus haut, l'ordre d'abandonner Sainte-Lucie à ses propres forces, le fait ne peut être mis en doute. Le marquis de Bouillé écrivait au maréchal de Castries, le 11 septembre 1781 : « Quant à M. de Micoud, je n'ai personnellement aucune raison de m'en plaindre. Ce n'est qu'en conséquence des ordres secrets et par écrit de M. de Sartines que j'ai abandonné Sainte-Lucie à ses propres forces et que j'ai pris sur moi d'attaquer la Dominique. On a gagné l'une et on a perdu l'autre, ce

du comte d'Estaing, causa une très-vive satisfaction en Angleterre. L'amiral Barrington et les généraux Grant et Meadows s'étaient conduits dans cette affaire avec promptitude et résolution. Toute justice devait leur être rendue, mais la vérité obligeait également à reconnaître que nos propres fautes avaient eu une grande part dans le succès de nos adversaires. La capture faite, le 25 novembre, de trois navires appartenant au convoi du commodore Hotham, était une bonne fortune pour l'escadre française. Nous apprenions que nous avions devant nous une flotte de transports conduisant cinq mille hommes dans les Antilles, sous l'escorte de cinq vaisseaux, dont trois de soixante-quatre et deux de cinquante. Si nous parvenions à les joindre, nous remportions une victoire facile qui eût laissé sans défense les possessions britanniques des Iles-du-Vent. Dans ses conjectures sur la direction suivie par le commodore Hotham, le comte d'Estaing se trompa. Il admit que le commodore se rendait à Antigue, quoique la route des transports anglais, au moment de leur capture, fût contraire à cette supposition, et il perdit deux jours devant la Désirade. Arrivé à Fort-Royal, il garda ses frégates auprès de lui, au lieu de s'en servir pour connaître la destination des bâtiments qu'il avait poursuivis. Après avoir déployé la plus grande activité pour se porter au secours de l'île, il montra la plus grande indécision quand il se trouva en face de l'ennemi. Pressé d'en finir, il voulut enlever, par un coup de main, des positions très-solides défendues par de bonnes troupes et du canon. En engageant cette affaire dans ces conditions et sur un terrain que nous n'avions pas suffisamment

---

qui devait être ainsi sans qu'il y eût de la faute des agents subalternes. »
Le gouvernement français ne croyait pas que la guerre dût avoir une longue durée. Il voulait reprendre l'île de la Dominique, placée entre la Martinique et la Guadeloupe, mais on supposait probablement à Paris que les Anglais demanderaient Sainte-Lucie en échange. Le cabinet de Versailles avait sans doute pensé que le meilleur moyen d'arriver à ce résultat était de faire la conquête de la Dominique et de laisser les Anglais prendre Sainte-Lucie. Au moment de traiter de la paix, chacun eût gardé ce qu'il possédait.

reconnu, nous devions être battus. Quant à l'attaque par mer, elle ne fut pas menée avec l'énergie qui en eût assuré le succès. Nous avons, sur ce point, un témoignage décisif, celui de Suffren, qui commandait le *Fantasque* dans l'escadre. Il écrivait, à la date du 18 décembre, au commandant en chef : « Monsieur, il est du devoir d'un capitaine à qui le Roi a fait l'honneur de confier un vaisseau, de représenter qu'ayant cent cinquante hommes de moins dans son équipage, il n'est en état ni de manœuvrer ni de combattre. J'aimerais mieux servir comme volontaire, à terre, sous vos ordres, que de commander un bâtiment dans cet état. Au moins, n'ayant à répondre que de ma personne, mon honneur serait dans mes mains. Les circonstances nous ayant obligés de débarquer nos soldats, si vous le jugiez à propos, nous pourrions obvier au très-grand inconvénient d'avoir une escadre désarmée, en prenant des remplaçants sur les corsaires, les frégates et les transports....

« .... Je prends la liberté de vous envoyer un mémoire sur notre situation. Autant je serais éloigné de donner des avis à un général, autant je crois qu'il est du devoir d'un bon citoyen de faire part des idées qu'on croit utiles au bien de l'État, surtout à un général qui m'a témoigné de la confiance, de la bonté, et à la gloire de qui je m'intéresse. Malgré le peu de suite des deux canonnades du 15 décembre, du malheureux échec qu'ont essuyé nos troupes, nous pouvons encore attendre des succès. Mais le seul moyen d'en avoir, c'est d'attaquer vigoureusement l'escadre qui, vu notre supériorité, ne pourrait pas tenir malgré leurs fortifications à terre, dont l'effet deviendrait nul, si nous les abordions ou mouillions sur leurs bouées. Si nous retardons, mille circonstances peuvent les sauver. Ils peuvent profiter de la nuit pour s'en aller en abandonnant du monde dans un poste qui couvrirait leur retraite. Il est des temps, tel que celui de l'avant-dernière nuit, où toute la vigilance des croiseurs ne pourrait empêcher leur fuite. D'ailleurs, l'escadre étant désarmée, elle n'est en état ni de manœuvrer ni de combattre. Que ferait-on, si l'escadre de l'amiral Byron arrivait? Que deviendraient les vaisseaux sans monde, sans général? Leur défaite entraînerait la perte de l'armée et celle de la colonie. Détruisons cette escadre; l'armée de terre, manquant de tout, dans un mauvais pays, serait bien obligée de se rendre. Que Byron vienne après, il nous fera plaisir. Je crois qu'il n'est pas nécessaire de faire remarquer que, pour cette attaque, il faut du monde et des dispositions bien concertées avec ceux qui doivent les exécuter. » Cette lettre, dont chaque ligne renferme une leçon militaire, emprunte à la personnalité de celui qui l'a écrite une importance sur laquelle nous n'avons pas à insister. Après l'avoir lue, on demeurera persuadé que le commandement de cette escadre n'avait pas été confié à des mains capables de l'exercer[1].

---

1. Le comte d'Estaing avait consulté, pendant cette malheureuse expédition, le général de Bouillé et les capitaines de vaisseau de Bougainville et de Suffren. Nous devons ajouter qu'il n'avait pas suivi leurs conseils. Le marquis de Bouillé, au retour de cette expédition, voulait retourner en Europe.

LIVRE IV

L'amiral Byron, venant des côtes de l'Amérique septentrionale, rallie l'amiral Barrington. — Le comte d'Estaing reste sur la défensive. — Les escadres française et anglaise reçoivent des renforts. — La division de Vaudreuil mouille dans la baie de Fort-Royal, après avoir fait la conquête du Sénégal. — Prise de l'île Saint-Vincent. — Arrivée de Lamotte-Picquet avec six vaisseaux. — Les Français s'emparent de la Grenade. — Combat des escadres de Byron et de d'Estaing. — Les Anglais se retirent à Saint-Christophe. — Prise des îles Cariaçou et des petites Grenadines. — Le comte d'Estaing mouille successivement à la Guadeloupe et à Saint-Domingue. — Il se dirige vers les côtes de l'Amérique septentrionale. — Échec des Français et des Américains devant Savannah. — Retour en Europe des vaisseaux partis de Toulon, le 13 avril 1778. — Engagement de Lamotte-Picquet avec l'escadre de l'amiral Parker à l'entrée de la baie de Fort-Royal.

I

Le comte d'Estaing apprit, dans les premiers jours de janvier, que l'amiral Byron était arrivé à la Barbade. Il mit sous voiles, le 11, et il se dirigea sur Sainte-Lucie, afin de reconnaître la position des Anglais. Nos frégates ayant compté quinze vaisseaux ennemis au mouillage, il acquit la certitude que les amiraux Barrington et Byron avaient opéré leur jonction. Le 19 février, le comte de Grasse, venant de Brest avec les vaisseaux le *Dauphin Royal*, le *Magnifique*, le *Robuste* et le *Vengeur*, mouilla dans la baie de Fort-Royal. L'amiral Byron ayant été rejoint, à la même époque, par quatre vaisseaux aux ordres du commodore Rowley, la relation existant entre nos forces et celles de l'ennemi ne fut pas modifiée. Le comte d'Estaing prit la détermination de rester sur la défensive, jusqu'à ce qu'il eût reçu les renforts qu'il attendait d'Europe. Le chef d'escadre de Vaudreuil[1] arriva, le 26 avril, à la Martinique avec le *Fendant* et le *Sphinx*. Le *Fier*, de cinquante canons, était entré, la veille, dans la baie de Fort-Royal avec un convoi. L'escadre anglaise, qui avait également reçu des renforts, continuait à avoir, sur la nôtre, la supériorité du nombre. Soit circonspection de la part du comte d'Estaing, soit qu'il ne trouvât rien à tenter avec les forces dont il disposait, l'escadre française resta immobile sur ses ancres. Dans les premiers jours de juin, une flotte marchande, en partance pour les ports de la Grande-Bretagne, était réunie à Saint-Christophe, attendant une escorte annoncée par l'amiral Byron. La présence de nos vaisseaux à la Martinique décida l'amiral anglais à ne pas diviser ses forces. Il appareilla de Sainte-Lucie, le 6 juin, avec toute son escadre pour conduire ce convoi hors des débouquements. Il supposait que les Français, ignorant quelle pourrait être la durée de son absence, n'oseraient rien entreprendre. Le comte d'Estaing, très-promptement instruit des mouvements de son adversaire, résolut de s'emparer de Saint-Vincent. Les Caraïbes, qui occupaient une partie de l'île, souffraient impatiemment la domination anglaise. Ils avaient envoyé

---

1. Le chef d'escadre de Vaudreuil avait appareillé de Quiberon, le 25 décembre 1778, avec les vaisseaux le *Sphinx* et le *Fendant*, les frégates la *Nymphe* et la *Résolue*, les corvettes l'*Épervier*, la *Lunette* et le *Lively* et deux goëlettes. Des troupes, placées sous le commandement du duc de Lauzun, étaient embarquées sur ces bâtiments. La conquête du Sénégal et la destruction des établissements anglais compris entre Gorée et Sierra-Leone, tel était le but assigné à cette expédition. Les îles de Gorée et de Saint-Louis furent prises, au commencement de février. Après ce premier succès, le marquis de Vaudreuil fit route vers les Antilles, et le duc de Lauzun retourna en Europe avec les troupes qui n'étaient pas destinées à tenir garnison dans la colonie. L'exécution de la seconde partie des instructions du gouvernement fut confiée au lieutenant de vaisseau Pontevez Gien, capitaine de la *Résolue*. Cet officier, ayant sous ses ordres la *Nymphe*, l'*Épervier* et les deux goëlettes, s'empara des forts et des comptoirs que les Anglais possédaient dans la Gambie et dans la rivière de Sierra-Leone. Au commencement du mois d'avril, le cotre et les goëlettes revinrent au Sénégal, et la *Nymphe* partit pour les Antilles. La *Résolue* canonna les différents points occupés par l'ennemi dans le golfe de Guinée, et elle les fit évacuer, lorsque l'état de la mer permit à son équipage de descendre à terre.

un agent à la Martinique pour nous donner l'assurance qu'ils combattraient à nos côtés, le jour où nous attaquerions Saint-Vincent. Cette mission fut confiée au lieutenant de vaisseau Trolong du Rumain, capitaine de la corvette le *Lively*. Cet officier partit de la baie de Fort-Royal, le 9 juin, avec trois corvettes et deux goëlettes, sur lesquelles quatre cents soldats ou volontaires créoles avaient pris passage. L'expédition, contrariée par les calmes et les courants, n'arriva que le 17 en vue de Saint-Vincent. Aussitôt que le débarquement eut été effectué, les Caraïbes, fidèles à leurs promesses, vinrent se joindre à nous[1]. Le lieutenant de vaisseau du Rumain s'empara immédiatement des hauteurs qui dominent la capitale de l'île, la ville de Kingstown. Quoique la garnison se composât de trois cents hommes de troupes régulières, commandés par un lieutenant-colonel, le gouverneur, cédant probablement à la crainte que l'intervention des Caraïbes inspirait aux habitants, entra en pourparlers pour la reddition de la colonie. Les conditions accordées par le marquis de Bouillé aux habitants de la Dominique servirent de base à la capitulation qui fut signée le lendemain[2].

Lorsque la nouvelle de notre échec devant Sainte-Lucie était arrivée en France, le chef d'escadre de Ternay terminait l'armement de six vaisseaux avec lesquels il devait aller dans l'Inde. Le gouvernement décida que ces bâtiments seraient envoyés dans la mer des Antilles. Le ministre retint en France M. de Ternay, auquel il donna

---

1. Un habitant de la Martinique, officier dans la milice, M. Laroque-Perein, joua un rôle très honorable dans cette affaire. Il débarqua dans l'île avant l'expédition, et il se rendit au milieu des Caraïbes dont il dirigea les mouvements jusqu'à notre arrivée.

2. Le lieutenant de vaisseau du Rumain arrêtait les termes de la capitulation, lorsqu'il fut prévenu qu'on apercevait au large plusieurs navires. Il revint à son bord, coupa son câble et fit route pour les reconnaître. Les bâtiments en vue étaient des navires de commerce anglais qui prirent chasse devant la corvette de M. du Rumain, mais celui-ci en joignit deux qu'il ramena à Saint-Vincent.

provisoirement un commandement dans l'armée du lieutenant général d'Orvilliers. Son successeur, le chef d'escadre de Lamotte-Picquet, fit route le 1ᵉʳ mai pour la Martinique. Le 27 juin, il entra dans la baie de Fort-Royal avec l'*Annibal*, le *Diadème*, le *Réfléchi*, l'*Artésien*, l'*Amphion*, les frégates la *Blanche*, l'*Amazone*, la *Fortunée* et soixante bâtiments de transport. Le comte d'Estaing fit embarquer des troupes sur son escadre, et il prit la mer, le 31 juin, avec vingt-cinq vaisseaux. Il avait l'intention d'attaquer la Barbade, mais ayant trouvé dehors des vents qui ne lui permettaient pas d'atteindre cette île à la bordée, ce fut sur la Grenade qu'il se dirigea. Le 2 juillet, l'escadre mouilla près de la pointe de Beauséjour, à petite distance de George-Town, la capitale de l'île.

Sur une hauteur qui domine la ville, les Anglais avaient établi un camp retranché, défendu par des pièces de gros calibre. Cette position, connue sous le nom de morne de l'hôpital, était occupée par un détachement de troupes réglées et de miliciens, d'environ huit cents hommes. Le gouverneur de la Grenade, lord Macarteney, la regardait comme imprenable, et il y avait fait apporter les objets les plus précieux de la colonie. Quant à lui, il se tenait, de sa personne, dans un fort placé entre le morne de l'hôpital et George-Town. Le comte d'Estaing, prévoyant la prochaine arrivée de l'amiral Byron, désirait recouvrer le plus promptement possible sa liberté d'action. Il résolut de se rendre maître par un coup de main du camp retranché, qu'on pouvait considérer comme la clef de la position. Aussitôt que le soleil fut couché, le corps expéditionnaire, divisé en trois colonnes, commandées par les colonels Arthur et Édouard Dillon et de Noailles, se mit en mouvement. Afin de détourner l'attention de l'ennemi, on fit, dans la soirée, sur un poste anglais placé près de la mer, une démonstration à laquelle prirent part quelques navires de l'escadre. Vers onze heures, nos soldats gravirent silencieusement les pentes escarpées qui conduisaient au sommet du morne. Quoique les Anglais eussent accumulé les obstacles, tels que palissades et murs en pierres sèches, rien ne put arrêter l'élan des troupes. D'Estaing sauta un des premiers, l'épée à la main, dans les retranchements ennemis. Après une lutte très-vive, mais de peu de durée, les Anglais mirent bas les armes. Le 4, au point du jour, le comte d'Estaing fit tirer quelques coups de canon sur le fort dans lequel se trouvait le gouverneur. Lord Macarteney, sachant que toute résistance devenait inutile, envoya un officier pour traiter de la capitulation. Les propositions qu'il adressa au comte d'Estaing ayant été rejetées, il se rendit à discrétion. Cent deux pièces de canon, seize mortiers, trois drapeaux, des vivres, des munitions, trente bâtiments marchands, tombèrent entre nos mains. Le 5 juillet, les troupes qui n'étaient pas destinées à occuper la ville et les forts furent rembarquées.

L'amiral Byron avait été informé à Saint-Christophe, où il était revenu le 1er juillet, de la perte de Saint-Vincent. Extrêmement préoccupé de l'effet que produirait en Angleterre la nouvelle de cet événement, il avait pris la résolution de nous enlever immédiatement cette conquête. Il faisait route sur Saint-Vincent avec vingt et un vaisseaux et vingt-huit transports portant des troupes de débarquement, lorsqu'il apprit, par un bâtiment expédié à sa recherche, que la Grenade était attaquée. Il se dirigea sur cette île, en se couvrant de voiles, afin de la défendre, s'il en était encore temps. Le comte d'Estaing, instruit, dans la nuit du 5 juillet, de l'approche de l'amiral Byron, donna, à quatre heures du matin, l'ordre d'appareiller. Au point du jour, on aperçut, des hauteurs de l'île, la flotte anglaise que nos frégates signalaient en tirant du canon. Elle courait, les amures à bâbord, avec des vents d'est-nord-est, serrant de près la côte occidentale de l'île. Les Français manœuvraient pour former une ligne par rang de vitesse, les amures à tribord. Plusieurs vaisseaux, qui avaient passé la nuit sous voiles pour nous prémunir contre toute surprise, étaient sous-ventés. A l'aspect de notre escadre qui semblait en désordre, l'amiral Byron fit le signal de chasser en avant et de serrer l'ennemi au feu. Vers sept heures et demie, les meilleurs marcheurs de son armée arrivèrent à portée de canon de notre avant-garde. Celle-ci les accueillit par un feu si bien dirigé que plusieurs vaisseaux, notamment le *Prince-de-Galles*, le *Boynes* et le *Sultan*, furent très-maltraités[1]. D'autres vaisseaux ne tardèrent pas à rejoindre les bâtiments qui étaient engagés, et le combat continua avec une grande vigueur. Le *Montmouth*, le *Grafton*, le *Cornwall* et le *Lion*, se conformant strictement aux ordres de leur amiral, nous combattirent de très-près. Dix vaisseaux français, qui étaient sous le vent, ne prirent aucune part à cette affaire. Lorsque les deux lignes se furent dépassées, l'amiral Byron poursuivit sa route le long de terre. Ignorant que Kingstown fût en notre pouvoir, il ne voyait devant lui aucun obstacle qui pût l'empêcher d'atteindre la baie de Saint-George. La confiance qu'il avait dans le succès de son entreprise ne fut pas de longue durée. Peu après, il arrivait à portée de canon de la ville, et les forts, après avoir hissé le drapeau blanc, ouvrirent le feu sur ses vaisseaux. L'amiral anglais signala à son armée de virer de bord vent arrière, toute à la fois, et au convoi de forcer de voiles. Les deux escadres formèrent alors deux lignes parallèles, et le combat recommença avec une nouvelle vivacité. Le comte d'Estaing ayant laissé porter pour rallier un certain nombre de vaisseaux qui n'étaient pas encore parvenus à prendre leurs postes, les Anglais tinrent le vent et l'action cessa vers midi. Quatre vaisseaux, le *Montmouth*, le *Cornwall*, le *Grafton* et le *Lion*, qui avaient des avaries considérables dans leurs mâtures, étaient sous le vent et en arrière de leur escadre. A trois heures de l'après-midi, l'armée française, bien ralliée,

---

[1]. Le vice-amiral Barrington, qui avait son pavillon sur le *Prince-de-Galles*, fut au nombre des blessés.

vira de bord vent devant, toute à la fois. L'amiral Byron signala la même manœuvre à ses vaisseaux, mais trois d'entre eux, le *Cornwall,* le *Grafton* et le *Lion*, ne purent l'exécuter. Le *Cornwall* et le *Grafton* ne voulant pas virer vent arrière, ce qui les eût rapprochés des Français, continuèrent à courir les amures à tribord. Le capitaine du *Lion*, désespérant de rejoindre les siens, laissa porter, vent arrière, et il fit route dans l'ouest. Ce vaisseau aurait été infailliblement pris, si un des nôtres avait été détaché à sa poursuite. La retraite des Anglais rendait définitive la conquête de la Grenade. Le comte d'Estaing, craignant de compromettre ce succès, ne voulut ni diviser ses forces ni s'éloigner. Par son ordre, l'escadre française prit le plus près, les amures à bâbord, en se formant sur le serre-file, c'est-à-dire sur le vaisseau le plus sousventé de l'armée. Le *Cornwall* et le *Grafton*, que les Anglais ne songeaient pas à défendre, et qui eussent été pris, si le comte d'Estaing en avait eu la volonté, passèrent à contre-bord et au vent de notre ligne. Ces deux bâtiments, déjà très-maltraités, reçurent la bordée de plusieurs vaisseaux français. Pendant la nuit, notre escadre fit quelques bords sans s'écarter de terre, et elle reprit, le lendemain, le mouillage de Saint-George. Un transport, sur lequel se trouvaient cent cinquante soldats, tomba entre nos mains. Ce fut l'unique trophée de cette journée, dans laquelle nous pouvions prendre le *Lion*, le *Cornwall*, le *Grafton* et le *Montmouth*. Le délabrement de ce dernier vaisseau était tel que l'amiral anglais l'expédia à Antigue, dans la soirée du 6 juillet. Cet amiral, en rendant compte à son gouvernement des divers incidents du combat de la Grenade, exprima sa surprise que les Français n'eussent envoyé aucun bâtiment à la poursuite du *Lion*. Il déclara, en outre, qu'il eût été facile de couper le *Cornwall* et le *Grafton*, et surtout le *Cornwall*, qui se trouvait à une très-grande distance sous le vent de la ligne anglaise. Dans une lettre particulière, Suffren disait : « Le général s'est conduit par terre et par mer avec beaucoup de valeur. La victoire ne peut lui être disputée, mais, s'il avait été aussi marin que brave, nous n'aurions pas laissé échapper quatre vaisseaux démâtés »[1]. Suffren n'était pas enclin à l'indulgence, mais, d'autre part, il avait avec le comte d'Estaing, qui lui marquait une estime particulière, les meilleures relations. Nous devons donc croire que l'appréciation contenue dans cette lettre exprimait très-exactement l'opinion de ce grand marin sur le combat de la Grenade. On se rappelle que, le 6 juillet, l'engagement entre les deux escadres avait commencé à sept heures et demie du matin. Le feu avait cessé une première fois, lorsque les deux lignes s'étaient dépassées. A ce moment, les Anglais couraient largue, bâbord amures, vers le mouillage de Saint-George, tandis que les Français faisaient route, au plus près, les amures à tribord. Il fut dit, après le combat, que si, à ce moment, nous avions viré vent devant par la contre-marche, nous aurions vraisemblablement coupé l'armée anglaise et remporté sur elle un grand avantage. Le comte d'Estaing crut devoir s'excuser auprès du ministre de ne pas avoir exécuté ce mouvement. Il le fit dans les termes suivants :

[1]. Nous trouvons dans cette lettre, écrite le 10 juillet, c'est-à-dire quatre jours après le combat de la Grenade, le passage suivant qu'on lira avec l'intérêt qui s'attache à tout ce qui vient de Suffren : « Les deux escadres allaient à l'encontre l'une de l'autre. J'étais à la tête et j'essuyai le premier feu de l'escadre anglaise, composée de vingt et un vaisseaux. Cela dura près d'une heure et demie. L'escadre anglaise revira, de sorte que les deux lignes se trouvèrent à peu près parallèles. J'eus alors près d'une heure et demie d'intervalle, après quoi le combat recommença et dura près de deux heures et demie. Mon vaisseau a été fort maltraité, mais point en proportion du feu que j'ai essuyé. J'ai le cœur navré de la perte de mon second, le chevalier de Camprédon, qui jouait si bien du piano forte. J'ai eu vingt-deux hommes tués et quarante-trois blessés, dont vingt grièvement. D'Albert et mes neveux se portent bien. Le *Sagittaire* s'est très-bien conduit. Je ne vous dis rien du *Fantasque*, mais ayant attaqué à un poste d'honneur qui ne lui était pas destiné, et, pendant une heure et demie, essuyé le feu des vingt et un vaisseaux, les gens désintéressés en diront du bien, et ses ennemis, s'il en a, n'oseront pas en dire du mal. Les Anglais avaient en mer un convoi de troupes, dans l'espoir que l'escadre serait battue, l'armée prise et la Grenade sauvée. L'escadre anglaise est fort maltraitée ; si elle ne reçoit des renforts très-considérables, elle ne se montrera plus. »

« On vous écrira que, si j'avais fait virer vent devant par la contre-marche, lorsque l'armée anglaise a eu dépassé celle du Roi, l'armée anglaise eût été coupée. Je pense le contraire. Si je l'avais fait, notre ligne informe aurait été coupée, beaucoup de nos vaisseaux étant trop sous le vent. Un grand mouvement, une évolution lente et dangereuse, exigent au moins qu'on soit en ordre avant de les hasarder. J'aurais tout risqué et je n'aurais rien gagné. Mais ce qui tranche le point de difficulté, c'est que M. de Lamotte-Picquet et plusieurs autres vaisseaux pleins d'ardeur et de zèle n'ont pu virer que deux heures après que j'en ai eu fait le signal, non pas pour couper, mais simplement pour reprendre la ligne, tant ils étaient dégréés. » Le comte d'Estaing affirmant que notre ligne était en désordre, l'évolution dont il est question ci-dessus eût été inopportune. Quoi qu'il en soit de cet incident, on peut dire, sans se tromper, que le jugement sur l'affaire de la Grenade a été rendu par Suffren dans la lettre que nous avons citée plus haut. Quant à l'amiral Byron, il avait montré, le 6 juillet, plus de hardiesse que d'habileté. En arrivant en vue de l'escadre française, il s'était complétement trompé sur sa position. Croyant que nos vaisseaux étaient dispersés, alors qu'ils manœuvraient pour se former, il nous avait combattus sans s'astreindre à aucun ordre. Les avaries considérables éprouvées par plusieurs vaisseaux anglais avaient été la conséquence de ce mode d'attaque. Les Anglais, s'étant battus au vent, avaient perdu moins de monde que les Français, mais leurs vaisseaux étaient plus dégréés que les nôtres. Ils avaient cinq cent vingt-neuf hommes hors de combat, parmi lesquels cent quatre-vingt-trois tués et trois cent quarante-six blessés[1]. De notre côté, le nombre des tués s'élevait à cent quatre-vingt-dix et celui des blessés à sept cent cinquante-neuf[2].

---

1. Ce sont les chiffres donnés par l'amiral anglais.
2. MM. de Champorcin, commandant le vaisseau la *Provence*; Ferron du

Le comte d'Estaing, très-satisfait de son escadre et des troupes qui avaient conquis la Grenade, écrivit au ministre : « La victoire n'est pas restée indécise, généraux, officiers, matelots et soldats se sont conduits de même. Ils sont tous dignes du maître que nous servons, des bontés du Roi et des vôtres[1]. » Les rapports particuliers des officiers généraux commandant en sous-ordre et des capitaines étaient conçus dans le même esprit. Nous en citerons un, celui de Lamotte-Picquet : « Tous mes officiers en général de la marine et auxiliaires et gardes de la marine ont donné l'exemple de la plus grande bravoure, et exécuté mes ordres avec la plus grande précision ; ils méritent les grâces du Roi. Je ne demande rien de particulier pour mon équipage ; tous se sont comportés en héros. Une gratification proportionelle à la paie de chacun d'eux me paraîtrait juste et nécessaire. Cet équipage, au commencement du combat, était, tout compris, composé de quatre cents hommes, dont trente-deux ont été tués raide et quarante-trois blessés gravement. » Les vaisseaux présents au combat de la Grenade

---

Quengo, commandant l'*Amphion*; de Montault, commandant le *Fier-Rodrigue*; de Gotho, le chevalier de Gotho, de Marguery, Jacquelot, de Camprédon, lieutenants de vaisseau; Buisson, officier auxiliaire; Bernard de la Turmelière, Tuffin de Ducis, gardes de la marine; de Fremond, de Clairant, officiers d'infanterie, étaient au nombre des morts. On comptait parmi les blessés : MM. de Dampierre, de Retz, de Cillart de Suvilie, de Castellet; capitaines de vaisseau; Le Normand de Victor, Massillan de Sanilhac, Desglaiseaux de Vanal et de Carné-Carvallet, lieutenants de vaisseau, Scoslierna, officier suédois; de Boulouvard de Barentin, de la Martinière, le Rey, Frossard, Jugand, officiers auxiliaires ; de Reyniès, de Biarges, gardes de la marine; le comte Edouard Dillon, le chevalier de Lameth, de Peyrelongue, Plaquet, Raffin, le vicomte de Mory, officiers d'infanterie.

1. Le comte d'Estaing adressa au ministre, après le combat de la Grenade, des demandes très-nombreuses de récompenses. Ces demandes portaient sur des officiers de tout grade et de toute catégorie, officiers de marine, officiers de troupe, appartenant au corps de débarquement ou composant les garnisons des vaisseaux, officiers d'administration et chirurgiens. Les officiers-mariniers, les pilotes et les maîtres n'étaient pas oubliés. Enfin, le commandant en chef priait le ministre d'accorder des pensions aux veuves de ceux qui avaient été tués en combattant.

étaient commandés par les capitaines de Suffren, de Brach, de Bruyères, de Grasse-Limermont, Turpin de Breuil, Desmichels de Champorcin, de Peynier, de Montault, de Boulainvilliers, de Chabert, d'Albert de Rions, de Bougainville, de Soulanges, de Dampierre, Ferron du Quengo, de Lapoype-Vertrieux, de Castellet aîné, de Retz et Cillart de Surville. Les chefs d'escadre de Broves, de Breugnon et de Lamotte-Picquet, commandaient en sous-ordre. Le comte d'Estaing appela d'une manière spéciale l'attention du ministre sur MM. de Suffren et d'Albert de Rions qu'il considérait comme les meilleurs capitaines de son armée, et il le pria, avec les plus vives instances, de les nommer chefs d'escadre. M. de Sartines, moins clairvoyant que le comte d'Estaing, n'admit pas la valeur exceptionnelle de ces deux capitaines, et il refusa de leur donner cet avancement. M. d'Albert de Rions reçut une lettre de félicitations pour sa belle conduite pendant la campagne, et le commandeur de Suffren une pension de quinze cents livres[1]. La corvette la *Diligente* porta en France la nouvelle du combat naval du 6 juillet et de la conquête de la Grenade. Un officier de marine et un officier de l'armée, chargés de remettre au Roi les drapeaux pris sur l'ennemi, étaient sur ce bâtiment. La nation accueillit, avec un enthousiasme plus grand peut-être que ne le comportaient les circonstances, la nouvelle des événements qui venaient de s'accomplir dans la mer des Antilles. Un *Te Deum* fut chanté à Paris et dans

---

1. Le commandeur de Suffren, était-il dit dans le rapport adressé au Roi, capitaine de vaisseau qui a commandé le vaisseau le *Fantasque*, dans l'escadre du comte d'Estaing, a donné, pendant la longue campagne que cette escadre a faite, les plus grandes preuves de zèle et d'activité dans toutes les missions particulières dont il a été chargé ainsi que de bravoure et d'habileté dans les combats. Il s'est particulièrement distingué à celui de la Grenade, où il était chef de file de l'escadre. C'est un des meilleurs capitaines de vaisseau que Sa Majesté ait à son service, et, puisqu'elle ne peut l'avancer en ce moment, il est digne au moins de quelque marque distinguée de sa satisfaction. On propose à Sa Majesté de lui accorder, en récompense de ses services très-utiles pendant cette campagne, une pension de quinze cents livres.

toutes les grandes villes de France, pour remercier le ciel de la protection qu'il accordait à nos armes.

Le gouvernement français avait défendu au comte d'Estaing d'occuper les îles dont il pourrait s'emparer. Il devait faire les garnisons prisonnières, détruire les fortifications, enlever les canons, les armes, les munitions, les approvisionnements, et se retirer. L'abandon de la Grenade aurait été très-nuisible au rétablissement de nos nombreux blessés. Ceux-ci avaient été mis à terre, le 7 juillet, et il eût fallu les rembarquer au moment de l'appareillage de l'escadre. Le comte d'Estaing résolut de prendre provisoirement possession de l'île. L'état dans lequel se trouvaient les vaisseaux de l'amiral Byron et l'approche de l'hivernage mettaient, pendant quelques mois, notre nouvelle conquête à l'abri de toute entreprise. Si le ministre désapprouvait le parti auquel s'arrêtait le commandant de notre escadre, il pouvait envoyer, avant la reprise des opérations aux Iles-du-Vent, l'ordre d'évacuer la Grenade. Les îles Cariacou et de l'Union furent prises par une division que commandait le capitaine de vaisseau de Suffren. Enfin, le gouverneur de Saint-Vincent s'empara des petites îles Grenadines.

Le comte d'Estaing mit sous voiles, le 15 juillet, pour se rendre à la Guadeloupe où il arriva le 19. Il reprit la mer, le 20, avec une flotte marchande destinée à effectuer son retour en Europe. Le 22, l'escadre française défila devant la rade de la Basse-Terre, dans l'île de Saint-Christophe, où l'amiral Byron s'était retiré après le combat de la Grenade. La position des vaisseaux anglais, embossés sous la protection des forts, ne nous permettait pas de les attaquer avec avantage. Le comte d'Estaing fut informé que deux vaisseaux ennemis, dont un était démâté, étaient mouillés à la petite île hollandaise de Saba. Il n'eut pas la pensée de s'emparer de ces deux bâtiments que les batteries de l'île auraient été impuissantes à défendre. « Le seul pavillon des États-Généraux, écrivit-il au ministre, m'a suffi pour m'empêcher d'aller les y attaquer. Je sais que Sa Majesté ne veut pas qu'on imite la conduite impérieuse des Anglais. » L'escadre continua sa route pour le Cap Français où elle arriva le 31 juillet. Des lettres, venues d'Amérique, apprirent au comte d'Estaing que la Géorgie était tombée au pouvoir des Anglais, et que la Caroline du Sud était très-sérieusement menacée. Le consul de France à Charleston et le général Lincoln, gouverneur de la Caroline du Sud, prétendaient que la présence de l'escadre et quelques milliers de soldats suffiraient pour reprendre la Géorgie et obliger l'ennemi à évacuer la Caroline [1]. M. de Sartines avait prescrit de renvoyer en France les douze vaisseaux et les quatre frégates partis de Toulon, le 13 avril 1778. Le reste de nos forces devait rester dans les Antilles, sous les ordres des chefs d'escadre de Grasse et Lamotte-Picquet. Malgré les instructions très-précises du ministre, le comte d'Estaing appareilla, le 16 août, de Saint-Domingue, avec toute son escadre, et il se dirigea vers les côtes des Etats-Unis. Il n'avait en vue, au moment de son départ, aucune opération particulière. Il se demandait s'il devait secourir les provinces du Sud, ou se porter sur les côtes de l'Amérique septentrionale. Peut-être pourrait-il, en se hâtant, délivrer la Géorgie de l'occupation anglaise, et, après ce premier succès, se joindre à Washington pour attaquer New-York. Il se réservait de prendre une résolution définitive, lorsqu'il aurait communiqué avec la terre [2].

1. Des lettres que m'avaient adressées à Saint-Domingue le consul de France à Charleston, le gouverneur américain de la Caroline et M. le marquis de Prétigny, annonçaient de grandes facilités et demandaient peu de secours pour sauver la Caroline du Sud et pour reprendre la Géorgie. Je doutais, mais il fallait s'instruire et surtout connaître ce qui se passait dans la partie septentrionale du continent. (Lettre du comte d'Estaing au ministre.)

2. Premier lieu de rendez-vous en cas de séparation, Charleston dans la Caroline du Sud, devant lequel on croisera pendant huit jours complets, en attendant l'armée navale. Second lieu de rendez-vous, le mouillage de Boston devant le Light-House, où on attendra de nouveaux ordres. On pourra,

II

Le 31 août, notre escadre laissa tomber l'ancre devant l'embouchure de la rivière de Savannah. M. de Fontanges, officier du corps expéditionnaire, fut envoyé à Charleston, avec la mission de rapporter au général des renseignements très-précis sur l'état des affaires. Il avait l'ordre de se montrer très-réservé relativement au concours que nous étions en mesure de donner à nos alliés. Enfin, il devait déclarer que le comte d'Estaing ne consentirait pas à rester plus de huit jours sur la côte. Le 2 septembre, l'escadre reçut au mouillage un coup de vent d'une extrême violence. Cinq vaisseaux, au nombre desquels était le *Languedoc*, cassèrent leurs gouvernails. Le comte d'Estaing se trouvait dans l'impossibilité de reprendre la mer, avant que ces importantes avaries eussent été réparées. Ne pouvant aller à New-York, il prit le parti d'agir dans les provinces du Sud. Il crut qu'il serait facile d'enlever aux Anglais la ville de Savannah capitale de la Géorgie, et il promit son concours pour cette opération. Le commandant supérieur des troupes britanniques, le général Prevost, était à Savannah, avec un petit nombre d'hommes. Sachant qu'il n'avait rien à craindre des Américains, il avait divisé sa petite armée en plusieurs détachements. L'un d'eux, le plus important, placé sous les ordres du colonel Maitland, occupait l'île de Port-Royal, sur les côtes de la Caroline du Sud. Si nous avions quel-

---

en cas que l'ennemi survienne, ou que le temps l'exige, entrer dans la rade de Nantasket. Si l'on se séparait avant que l'armée eût passé devant Charleston, le premier rendez-vous aurait lieu, et ensuite le second. Si la séparation se faisait, après que l'armée aurait passé devant Charleston, on n'irait qu'au second lieu de rendez-vous. Pour copie conforme à l'original, signé d'Estaing, et daté à bord du vaisseau le *Languedoc*, en rade du Cap, île de Saint-Domingue, le 12 août 1779. — Chevalier de Borda. Cet ordre, donné aux capitaines de l'escadre, montre que le comte d'Estaing n'avait aucun projet arrêté en quittant Saint-Domingue.

que chance de battre les Anglais, c'était à la condition de les attaquer avant que leurs colonnes fussent réunies. Malheureusement, nos alliés, qui n'avaient pas été prévenus de l'arrivée d'une escadre française, n'étaient pas prêts à entrer en campagne. Sans se préoccuper de cette situation, le comte d'Estaing se mit en devoir d'exécuter le plan convenu. Des bâtiments de son escadre occupèrent les différentes passes qui, du large, conduisaient dans la Savannah. Les frégates et les corvettes remontèrent le fleuve, aussi haut que le leur permit leur tirant d'eau. Le passage suivant d'une lettre adressée au comte d'Estaing par le colonel Laurens montre l'accueil empressé qui nous fut fait, la situation des troupes américaines, et, de l'aveu de nos alliés, la position périlleuse de l'escadre sur la côte de Géorgie : « Mon général, votre présence dans ce moment-ci est comme celle d'une divinité tutélaire. Vous allez écraser l'ennemi commun et répandre la joie et la reconnaissance dans tous les cœurs. Il ne manque à mon bonheur individuel que de vous rendre mon hommage en personne. Les ordres que vous m'avez envoyés par M. le vicomte de Fontanges m'ont privé de l'occasion de le faire aussitôt que mon cœur le désirait. Mais j'espère que mon bonheur ne sera retardé que de quelques jours. En attendant, mon général, je ne négligerai rien de ce qui dépendra de moi pour hâter la marche des troupes aussi bien que pour en augmenter le nombre. Le bien commun de la France et de l'Amérique et le désir de contribuer à votre gloire sont des motifs trop puissants pour laisser des doutes là-dessus. Je n'ignore pas combien votre situation est critique, ce que peuvent les orages sur une côte qui n'offre point d'asile aux gros vaisseaux, combien enfin il faut mettre de promptitude et de justesse dans nos opérations. » Nos soldats furent mis à terre, le 13 septembre, à quelques lieues de la ville de Savannah. Le temps qui s'était écoulé depuis notre arrivée sur la côte avait été mis à profit par l'ennemi. Lorsque le général Prevost avait été informé de la présence de notre escadre, il avait expédié à ses troupes l'ordre de le rejoindre. Les navires mouillés dans les divers bras du fleuve s'étaient rapprochés de la ville. Quelques-uns d'entre eux avaient été coulés pour en défendre les approches, et leurs équipages étaient venus augmenter l'effectif de la garnison. Des noirs, requis en grand nombre, avaient travaillé, nuit et jour, aux fortifications. Le 15 septembre, le comte d'Estaing se présenta devant Savannah avec le corps français et un faible détachement de cavalerie américaine. Le 16, il fit sommer le général Prevost de rendre la ville, le menaçant, s'il n'acceptait pas les conditions avantageuses qu'il lui offrait, de donner immédiatement l'assaut. Le général anglais, qui était sans nouvelles du colonel Maitland, avait intérêt à gagner du temps. Après quelques pourparlers, il réussit à obtenir un armistice de vingt-quatre heures pendant lequel il devait examiner, de concert avec ses officiers, nos propositions. Les troupes du colonel Maitland ayant pénétré, la nuit suivante, dans la place, le général déclara qu'il était décidé à se défendre jusqu'à la dernière extrémité. Une attaque de vive force étant devenue impossible, par suite de l'arrivée du colonel, les alliés mirent le siége devant Savannah. Dans les premiers jours d'octobre, nos opérations n'avaient fait aucun progrès ; d'autre part, la nécessité d'éloigner l'escadre de la côte devenait, chaque jour, plus urgente. Plusieurs coups de vent s'étaient succédé, pendant lesquels nos vaisseaux avaient été compromis. Dans les conseils de la petite armée franco-américaine, on résolut de courir les chances d'un assaut. Le succès de cette tentative était d'autant plus incertain que les fortifications de la ville n'avaient pas souffert. De plus, l'ennemi disposait d'une nombreuse garnison et d'une puissante artillerie, très-bien servie par les matelots anglais. Le 9 octobre, un peu avant le jour, les alliés se mirent en mouvement. Malgré des prodiges de bravoure et l'exemple des généraux qui marchèrent en tête des troupes, nos soldats, décimés par le feu de la place, furent obligés de battre en retraite. Le comte d'Estaing, qui s'était conduit avec son intrépidité habituelle, avait été blessé. Les alliés levèrent le siége de Savannah, le 18 octobre. Quelques jours après, les Américains étaient en sûreté sur la rive gauche du fleuve, et nos troupes avaient rejoint leurs vaisseaux. Nous avions eu, pendant cette courte campagne, seize officiers, cent soixante-huit sous-officiers, marins et soldats tués, et quarante-sept officiers et quatre cent onze sous-officiers, marins et soldats blessés.

Malgré l'échec que nous venions de subir, la présence de l'escadre française sur la côte n'avait pas été sans utilité pour la cause des États-Unis. Les Anglais, ignorant le point où nous avions l'intention de nous porter, étaient restés partout sur la défensive. Le général Clinton, craignant que New-York ne fût attaqué par terre et par mer, avait concentré toutes ses forces dans cette ville. Par son ordre, l'île de Rhode avait été évacuée, et telle avait été la précipitation de la retraite que les Américains avaient trouvé dans la place des vivres, des munitions et des pièces d'artillerie qu'on avait négligé d'enclouer. Le *Sagittaire*, commandé par M. d'Albert de Rions, s'était emparé de l'*Experiment* de cinquante canons, sur lequel nous avions trouvé la somme de six cent cinquante mille francs. La frégate l'*Ariel*, de vingt-six canons, avait été prise par l'*Amazone*. Une frégate et quelques bâtiments de rang inférieur avaient été coulés par les Anglais dans la Savannah. Enfin, plusieurs transports, chargés de vivres, de munitions et d'approvisionnements de toutes sortes, étaient tombés entre nos mains.

Lorsque le comte d'Estaing revint à bord du *Languedoc*, tous les bâtiments de l'escadre étaient prêts à appareiller. Avant de ramener en France les vaisseaux avec lesquels il était parti de Toulon, le 13 avril 1778, il avait à prendre quelques mesures dont il s'occupa immédiatement. Quatre frégates, la *Fortunée*, la *Blanche*, la *Cérès*, la *Boudeuse*, et la corvette l'*Ellis*, furent désignées pour porter à la Grenade et à Saint-Vincent des hommes, des vivres et de l'argent. Les soldats appartenant à la garnison de Saint-Domingue furent embarqués sur les vaisseaux de Lamotte-Picquet. Quant aux troupes provenant des Iles-du-Vent, elles prirent passage sur l'escadre du comte de Grasse. Cet officier général devait faire des vivres dans la baie de la Chesapeak, avant de faire route pour la Martinique. Il appareilla, le 26 octobre, avec le *Robuste*, le *Fendant*, le *Diadème* et le *Sphinx*, et il attendit, sous voiles, que le *Vengeur*, le *Dauphin-Royal* et l'*Artésien* fussent prêts à le suivre. Telle était la situation de la flotte lorsque, le 28, le mauvais temps interrompit toute communication entre les vaisseaux. Le *Languedoc* avait à la mer deux ancres, les seules qu'il n'eût pas perdues dans les coups de vent précédents. Le câble de l'une d'elles s'étant rompu, le vaisseau chassa, après avoir fait tête sur la seconde ancre. L'ordre fut donné de couper le câble, et le vaisseau amiral mit sous voiles. La plupart des vaisseaux n'avaient d'autres ancres que celles sur lesquelles ils étaient mouillés. Cette considération, jointe à l'assurance donnée par le pilote que le mauvais temps ne serait pas de longue durée, détermina le commandant en chef à faire le signal de ne pas imiter sa manœuvre. Le même jour, deux autres vaisseaux, la *Provence* et le *Tonnant*, furent forcés d'appareiller. Le 5 novembre, le *Languedoc* était à cent quatre-vingts lieues au large. Persuadé que nos vaisseaux avaient quitté la côte d'Amérique, le comte d'Estaing se dirigea sur Brest où il arriva dans les premiers jours de décembre. Après le départ du comte d'Estaing, le commandement des vaisseaux mouillés à l'embouchure de la Savannah appartenait au chef d'escadre de Broves. Toutes les dispositions qui avaient été arrêtées par le comte d'Estaing pour la répartition des troupes sur les divers bâtiments de l'escadre furent exécutées. Les navires désignés pour retourner dans la mer des Antilles firent route pour leur destination. M. de Broves appareilla, le 1ᵉʳ novembre, pour se rendre à Brest, avec le *César*, sur lequel il avait son pavillon, l'*Hector*, le *Guerrier*, le *Protecteur*, le *Vaillant*, le *Zélé*, le *Marseillais*, le *Sagittaire*, le *Fantasque* et l'*Experiment*. Le *Zélé* et le *Marseillais* se séparèrent de l'escadre dans la nuit du 1er au 2 novembre. Ces deux vaisseaux, ayant rencontré du gros temps et des vents contraires, se dirigèrent sur Cadix. Après quelques jours de relâche dans ce port, les capitaines de ces deux bâtiments allèrent à Toulon, au lieu de se rendre à Brest, ainsi qu'ils en avaient reçu l'ordre[1]. A l'exception du *Tonnant*[2], obligé de relâcher aux Antilles pour réparer ses avaries, les vaisseaux, partis de l'embouchure de la Savannah pour rentrer en Europe, arrivèrent dans nos ports dans le mois de décembre.

Le comte d'Estaing venait de terminer une campagne qui n'avait pas complètement répondu aux espérances du gouvernement français. La lenteur de sa traversée, en partant de Toulon, ne lui avait pas permis de surprendre l'amiral Howe à l'embouchure de la Delaware. Pendant son séjour sur les côtes de l'Amérique septentrionale, il avait été de l'entrée de New-York à Rhode-Island, et de Rhode-Island à Boston, sans trouver une seule fois l'occasion de se servir de l'escadre qu'il commandait. A son arrivée aux Antilles, il avait subi, en tentant de secourir l'île de Sainte-Lucie, un échec très-sérieux. Au combat du 6 juillet, l'escadre française avait remporté sur l'ennemi un avantage indiscutable. Cependant les résultats de cette journée n'étaient pas supérieurs à ceux que nous avions obtenus à Ouessant. Or, à Ouessant, le nombre des vaisseaux était le même de part et d'autre, mais le total des bouches à feu était moins considérable sur notre escadre que sur les vaisseaux

---

1. Le ministre fut très-mécontent de la conduite des commandants du *Zélé* et du *Marseillais*. Tous deux furent frappés d'une interdiction de commandement, le plus ancien, le capitaine du *Marseillais*, pour un temps indéfini, le second, pendant quatre mois.

2. Le *Tonnant* partit de Saint-Domingue dans le mois de janvier 1780, escortant un convoi marchand, avec lequel il arriva en rade des Basques, le 15 mars.

anglais. A la Grenade, au contraire, c'était à nous qu'appartenait la supériorité du nombre, puisque nous avions vingt-cinq vaisseaux contre vingt et un. A son arrivée à la Martinique, le comte d'Estaing avait pris, en vertu des ordres du ministre, le commandement des troupes françaises stationnées aux Iles-du-Vent. En cette qualité, il avait dirigé les opérations militaires pendant la campagne. Si la prise du morne de l'hôpital, à la Grenade, était une action très-brillante, l'attaque des positions anglaises à Sainte-Lucie avait eu les conséquences les plus graves. A Savannah, où nous nous étions lancés en avant avec plus de hardiesse que de réflexion, nous n'avions pas été plus heureux qu'à Sainte-Lucie. Quoique le comte d'Estaing eût attaché son nom à une journée très-honorable pour nos armes, il était permis de dire qu'il ne s'était distingué ni comme chef d'escadre, ni comme général. Ce qui était hors de toute contestation, c'était la rare intrépidité dont il avait fait preuve en toutes circonstances. Mais le courage personnel, quand il n'est pas appuyé par des connaissances spéciales, est de peu de ressource pour les chefs des flottes et des armées. Ainsi, le comte d'Estaing, qui désirait vivement reprendre Sainte-Lucie, n'avait pas osé conduire son escadre dans l'anse où étaient mouillés les vaisseaux de l'amiral Barrington. N'ayant pas le coup d'œil assez sûr pour se rendre compte de la possibilité du succès, il avait reculé devant la responsabilité qu'un échec eût fait peser sur lui. Ce serait une erreur de croire que les instructions du gouvernement l'obligeaient à se montrer circonspect. Loin de le retenir, le ministre le poussait en avant. Nous en avons la preuve dans le passage suivant d'une lettre du comte d'Estaing à M. de Sartines : « Les lettres, Monseigneur, dont vous m'avez honoré, constatent la volonté de Sa Majesté. Ses intentions et les vôtres sont que la gloire des armes du Roi soit soutenue avec autant d'audace que de fermeté. » Le comte d'Estaing avait-il trouvé chez les officiers généraux et les capitaines de son escadre le concours sur lequel il avait le droit de compter? Ses rapports et les nombreuses demandes de récompenses qu'il adressa au ministre, soit après le combat de la Grenade, soit à la suite de sa campagne sur les côtes de l'Amérique septentrionale, ne permettent d'élever aucun doute sur ce point[1]. A Savannah, la marine n'avait eu que du mauvais temps à supporter. Toutefois, c'était elle qui avait fourni au corps expéditionnaire des vivres, des munitions et des approvisionnements. Ce service, que les circonstances rendaient quelquefois difficile, avait été dirigé par les chefs d'escadre de Broves et de Lamotte-Picquet avec autant de zèle que de bonne volonté. C'était d'ailleurs ce que reconnaissait hautement le comte d'Estaing qui écrivait au ministre : « M. le comte de Broves, secondé par les soins et par le travail aussi immense qu'utile de M. le chevalier de Borda, major de l'escadre, m'a fait passer, pendant le cours du siége, tous les secours qui ont dépendu de lui. M. de Lamotte-Picquet a fait, de son côté, la même chose avec le plus grand zèle et en

---

[1]. Parmi les capitaines de vaisseau que le comte d'Estaing proposa à son arrivée en France pour le grade de chef d'escadre, se trouvait M. de Boulainvilliers, son capitaine de pavillon. Cet officier, qui avait rendu des services pendant la campagne, était d'une très-mauvaise santé. Le comte d'Estaing priait le ministre de le nommer chef d'escadre et de le mettre en retraite huit jours après sa promotion. A ses débuts dans la marine, M. de Boulainvilliers avait assisté à un événement de mer que nous allons rapporter. C'est une page d'histoire maritime qui ne doit pas être laissée dans l'oubli. Son père commandait, en 1741, le vaisseau le *Bourbon*, faisant partie de l'escadre du duc d'Antin. Cette escadre, qui était forte de dix-neuf vaisseaux, revenait des Antilles en Europe. Arrivée aux Açores, elle se divisa en deux parties : l'une fit route sur Toulon, et l'autre pour Brest. Le 2 avril, à la suite d'un grain, le *Bourbon* se trouva séparé de son escadre. Ce vaisseau avait une voie d'eau qui prit rapidement des proportions inquiétantes. Le capitaine fit gouverner sur la côte de Portugal dont il n'était pas éloigné. Le vaisseau, alourdi par l'eau, marchait très-lentement. Le 12 avril, le *Bourbon* étant en vue de terre, trois embarcations furent expédiées vers la côte. L'officier qui les commandait était chargé de trouver un point favorable pour échouer le vaisseau. Il avait également l'ordre d'envoyer au *Bourbon* tous les bateaux de pêche ou autres qu'il apercevrait. Les embarcations étaient à petite distance du vaisseau, lorsque celui-ci disparut. Les trois canots portant trente-quatre hommes, officiers compris, arrivèrent à la Corogne. Dans une relation de cet événement, datée de la Corogne, et qui est du fils du capitaine du

s'impatientant souvent contre les vents et les contrariétés que tout autre aurait eu de la peine à vaincre. » En rendant compte au ministre de la prise de l'*Experiment* par le *Sagittaire*, que commandait le capitaine d'Albert de Rions, le comte d'Estaing disait : « Le Roi n'a point de capitaine de vaisseau plus hardi, ayant plus de désir de bien faire, ni meilleur manœuvrier que M. d'Albert de Rions. »

Pendant la guerre de 1756, le comte d'Estaing s'était très-honorablement battu dans l'Inde. Après avoir servi comme colonel et comme brigadier dans l'armée de Lally Tollendal, il avait pris part à plusieurs expéditions maritimes qui avaient fait beaucoup de mal au commerce anglais. Sa bravoure, son esprit d'entreprise, son patriotisme, avaient appelé l'attention sur sa personne. Au lieu de lui donner, dans l'armée de terre, l'avancement auquel il avait droit, le gouvernement l'avait nommé lieutenant-général des armées navales[1]. En entrant dans la marine avec un grade aussi élevé, d'Estaing s'était condamné à rester au-dessous de la position qu'il avait recherchée. Pour expliquer ses insuccès, on a prétendu, suivant une

Bourbon, celui-là même qui commandait le *Languedoc* en 1778, on lit : « Nos six cents hommes, tant officiers que gardes-marine, n'ont pas quitté l'ouvrage depuis le 10 au matin, et ils ont servi sans relâche les sept pompes et les deux cents seaux. Le 11 au soir, nous avions de quinze à dix-huit pieds d'eau dans le vaisseau. Dans la nuit du 11 au 12, on aperçut la terre. Il n'y a eu dans l'équipage aucune faiblesse, pas un cri, pas un murmure, point de confusion, chacun à sa besogne. » Une autre relation qui doit être du consul de France dit : « Le capitaine de vaisseau de Boulainvilliers a rempli de point en point l'ordonnance, ayant subi le sort du navire que le Roi lui avait confié, laissant une digne mémoire de constance, de valeur et de grandeur d'âme qui mérite toutes les louanges possibles. Ne doutant point du péril extrême et inévitable, il ordonna à son fils de s'embarquer dans le petit canot, ce à quoi on ne put parvenir à l'obliger. Le premier lieutenant, M. de Cany et les autres officiers le mirent par force dans le petit canot, ce qui sauva ce digne reste de cette illustre famille. » La famille de Boulainvilliers était d'ailleurs une famille militaire. Le frère aîné du capitaine du *Bourbon* avait été tué sur le vaisseau le *Maur*; enfin un troisième était mort à Brest, étant lieutenant des gardes du pavillon. Le capitaine de Boulainvilliers du Languedoc fut fait chef d'escadre, le 5 mai 1780, et il reçut, le 13, la permission de se retirer du service.

1. Pendant la guerre de 1756, la marine, négligée depuis longtemps par le gouvernement, très-inférieure en nombre à la marine anglaise, avait été

coutume éminemment française, qu'il n'avait pas trouvé chez ses capitaines la stricte obéissance qui lui était due. Nous avons montré, en nous appuyant sur des preuves irrécusables, l'inexactitude de cette assertion. Ce sont là des erreurs historiques qui se transmettent, si on peut s'exprimer ainsi, de livre en livre. Ce qu'on peut dire avec vérité, c'est que la plupart des officiers ne croyaient pas à la capacité maritime du comte d'Estaing. Dans un corps qui comptait des officiers généraux comme d'Orvilliers, de Guichen, Lamotte-Picquet et quelques autres, ce fait n'a rien qui puisse surprendre. L'obéissance la plus absolue est de rigueur dans les corps militaires. Quant à la confiance, elle ne s'impose pas, et les généraux doivent la conquérir par leur conduite, leurs actions et surtout par leur supériorité.

III

Les divisions du comte de Grasse et de Lamotte-Picquet furent dispersées par le mauvais temps, et les bâtiments qui les composaient firent route isolément pour leur destination. Trois frégates, la *Blanche*, l'*Alcmène* et la *Fortunée*, tombèrent entre les mains de l'ennemi. L'*Annibal*, le *Magnifique*, le *Diadème*, le *Dauphin*, le *Vengeur*, l'*Artésien* et le *Réfléchi* arrivèrent à la Martinique dans les premiers jours de décembre. Tous ces vaisseaux avaient à réparer d'importantes avaries, faites pendant la traversée de retour des côtes d'Amérique aux Antilles, ou au mouillage de la Savannah. Quatre vaisseaux, le *Magnifique*, le *Dauphin Royal*, le *Diadème* et l'*Artésien* furent provisoirement désarmés.

battue. L'opinion n'avait vu que nos défaites, et il avait semblé, à cette époque, qu'en prenant les officiers hors de la marine il y avait plus de chances qu'ils valussent quelque chose. Le gouvernement, obéissant probablement à ce courant de l'opinion, avait fait cette nomination. Il y a des circonstances où les gouvernements perdent, comme les foules, le sens droit des choses.

Le 18 décembre 1779, un convoi de vingt-six navires de commerce, parti de Marseille, dans le courant du mois d'octobre, sous la conduite de la frégate l'*Aurore*, parut au large de la pointe des Salines. L'amiral Hyde Parker, qui avait remplacé l'amiral Byron dans le commandement en chef des forces navales de l'Angleterre dans la mer des Antilles, était au Gros Ilet de Sainte-Lucie. A la vue de la frégate française et des navires qu'elle escortait, il mit sous voiles avec quatorze vaisseaux. Le capitaine de l'*Aurore*, après avoir fait le signal de serrer le vent et de forcer de toile, se plaça bravement derrière son convoi. Selon toute apparence, nos bâtiments devaient être joints par les Anglais avant d'avoir atteint la baie de Fort-Royal. L'*Annibal*, le *Vengeur* et le *Réfléchi* n'avaient pas de voiles en vergue, et leurs poudres ainsi que leurs boulets avaient été débarqués. Enfin, la plus grande partie des hommes formant l'équipage de ces trois vaisseaux étaient à terre, soit comme malades, soit comme convalescents. Quelles que fussent les difficultés de cette situation, Lamotte-Picquet ne voulut pas assister en simple spectateur à la prise de nos bâtiments. Le signal de faire route sur l'ennemi monta aux mâts de l'*Annibal*. Les préparatifs de l'appareillage furent faits avec une activité et une ardeur que surexcitait la vue de l'escadre de l'amiral Parker. Des matelots, provenant des navires qui étaient dans le port, complétèrent les équipages de nos vaisseaux. Lorsque l'*Annibal*, qui fut le premier sous voiles, arriva à portée de canon des Anglais, l'*Aurore* se défendait avec la plus grande énergie. Peu après, le *Vengeur* et le *Réfléchi* parurent sur le champ de bataille. Les Français se retirèrent sous petites voiles, couvrant les bâtiments de commerce qui n'avaient pas été capturés, au moment où Lamotte-Picquet était intervenu. La nuit mit fin à ce combat inégal pendant lequel trois vaisseaux français avaient combattu la plus grande partie de l'escadre de l'amiral Parker. Sur les vingt-six bâtiments dont se composait le convoi, dix tombèrent entre les mains des Anglais, douze entrèrent sains et saufs à Fort-Royal et quatre se jetèrent à la côte. Ces derniers furent perdus, mais on parvint à sauver leurs cargaisons. La population avait assisté du rivage à toutes les péripéties de cette brillante affaire. La hardiesse de Lamotte-Picquet, son habileté, sa bravoure, excitèrent dans la colonie le plus grand enthousiasme. Les officiers anglais n'admirèrent pas moins que les belliqueux créoles de la Martinique la manœuvre de nos vaisseaux. L'amiral Hyde Parker écrivit à Lamotte-Picquet : « Monsieur, j'ai reçu la lettre que Votre Excellence m'a fait l'honneur de m'écrire par le petit Saint-Michel. Quoiqu'il y ait fort peu de temps que vous m'ayez enlevé une frégate et plusieurs autres bâtiments, je ne puis m'empêcher de vous estimer et de vous admirer. La conduite que Votre Excellence a tenue dans l'affaire du 18 de ce mois justifie pleinement la réputation dont vous jouissez parmi nous, et je vous assure que je n'ai pu, sans envie, être témoin de l'habileté que vous avez fait voir en cette occasion. Nos inimitiés sont passagères et dépendent de nos maîtres, mais votre mérite a gravé dans mon cœur la plus grande admiration pour vous. Je prendrai toujours le plus grand soin pour que vos parlementaires et vos prisonniers soient bien traités, et je saisirai avec plaisir toutes les occasions qui pourront se présenter pour vous donner des preuves de la considération et de l'estime avec lesquels je suis de Votre Excellence...... » Cette lettre fait le plus grand honneur au caractère élevé de l'amiral anglais, en même temps qu'elle montre les sentiments de parfaite courtoisie dont étaient animés, les uns envers les autres, les officiers des deux nations.

Dans le courant de l'année 1779, les Espagnols s'emparèrent des établissements que la Grande-Bretagne possédait dans le Mississipi. Les Anglais prirent le fort d'Omoa dans la baie de Honduras.

LIVRE V

L'Espagne déclare la guerre à l'Angleterre. — Le lieutenant général d'Orvilliers sort de Brest pour opérer sa jonction avec don Luis de Cordova. — État sanitaire des équipages de notre flotte. — Réunion tardive des deux escadres. — Préparatifs faits sur les côtes de Bretagne et de Normandie, en vue d'un débarquement en Angleterre. — L'armée combinée, arrivée à l'ouvert de la Manche, est repoussée au large par un coup de vent d'est. — Les alliés poursuivent, sans succès, l'amiral Hardy. — Développement de la maladie qui sévit à bord des vaisseaux français. — La flotte franco-espagnole rentre à Brest. — Situation de l'escadre française. — Responsabilité du ministre de la marine.

I

Charles III, après avoir longtemps hésité, résolut de prendre part à la guerre. Le 12 avril 1779, MM. de Montmorin et de Florida-Blanca [1], plénipotentiaires de la France et de l'Espagne, signèrent à Aranjuez un traité d'alliance offensive et défensive. En échange d'avantages peu importants qu'elle nous garantissait, au moment où la paix serait conclue, l'Espagne se proposait d'obtenir la restitution de Gibraltar, de Minorque et de Pensacola, et la possession de la rivière et du fort de Mobile. Nous nous engagions à ne pas déposer les armes avant que nos alliés fussent maîtres du rocher de Gibraltar [2]. Les

---

1. M. de Montmorin était ambassadeur de France auprès de la cour d'Espagne. Le comte de Florida-Blanca avait le département des affaires étrangères, en même temps qu'il était le principal ministre de Sa Majesté catholique.
2. Nous donnons ci-après les articles les plus importants de la convention du 12 avril :
« Art. 5. — Pour le cas futur de la paix et le traité définitif que doit

cours de Madrid et de Versailles étaient convenues d'opérer une descente en Angleterre. Une flotte, composée des escadres que les deux nations avaient dans les mers d'Europe, devait couvrir le passage d'une armée française partie des ports de la Manche. Les Anglais, confiants dans les dispositions pacifiques de l'Espagne, n'avaient conservé, sur leurs côtes, que les forces nécessaires pour tenir en échec l'escadre de Brest. Quarante vaisseaux,

amener la guerre, Sa Majesté très-chrétienne entend se procurer ou acquérir les avantages ou utilités suivantes : 1° La révocation de l'abolition de tous les articles qui privent Sa Majesté très-chrétienne de la liberté, qui lui appartient de droit, de faire à Dunkerque tels travaux de mer ou de terre qu'elle jugera nécessaires; 2° l'expulsion des Anglais de l'île et de la pêche de Terre-Neuve; 3° la liberté absolue et indéfinie du commerce des Indes-Orientales, et celle d'y acquérir et fortifier tels comptoirs que Sa Majesté très-chrétienne trouvera convenables; 4° le recouvrement du Sénégal et la plus entière liberté du commerce d'Afrique hors des comptoirs anglais; 5° la possession irrévocable de l'île de la Dominique, et 6° l'abolition ou l'entière exécution du traité de commerce conclu à Utrecht, en 1713, entre la France et l'Angleterre.

Art. 7. — Le Roi catholique entend se procurer, de son côté, par le moyen de la guerre et du futur traité de paix, les avantages suivants : 1° La restitution de Gibraltar; 2° la possession de la rivière et du fort de Mobile; 3° la restitution de Pensacola, avec toute la côte de la Floride qui s'étend le long du canal de Bahama, de manière qu'aucune puissance étrangère n'ait d'établissement sur ce canal; 4° l'expulsion des Anglais hors de la baie de Honduras, et l'exécution de la prohibition, stipulée par le dernier traité de Paris de l'année 1763, de ne former aucun établissement en cette baie, non plus que dans les autres territoires espagnols; 5° la révocation du privilége accordé aux mêmes Anglais, de couper le bois de teinture sur la côte de Campêche, et 6° la restitution de l'île de Minorque.

Art. 9. — Leurs Majestés très-chrétienne et catholique promettent de faire tous leurs efforts pour se procurer et acquérir tous les avantages spécifiés ci-dessus, et de continuer ces efforts jusqu'à ce qu'elles aient obtenu le but qu'elles se proposent, s'offrant mutuellement de ne pa poser les armes et de ne faire aucun traité de paix, trêve ou suspension d'hostilités, sans avoir au moins obtenu et s'être respectivement assuré la restitution de Gibraltar et l'abolition des traités relatifs aux fortifications de Dunkerque, ou, à défaut de cet article, tout autre objet, à la volonté de Sa Majesté très-chrétienne. » M. de Vergennes, voulant obtenir l'alliance de l'Espagne, fut obligé d'accepter les conditions contenues dans l'article 7, mais cette clause pesa lourdement, pendant toute la durée de la guerre, sur la conduite des opérations militaires. Enfin, elle créa de sérieuses difficultés au gouvernement français, lorsque le moment vint de conclure la paix.

commandés par l'amiral Hardy, protégeaient la Grande-Bretagne contre tout danger d'invasion. A la fin du mois de mai, on se préoccupa, à Madrid et à Paris, de la réunion des forces navales des deux Couronnes. Le gouvernement français, craignant que la cour de Londres, instruite des projets de l'Espagne, ne fît croiser l'amiral Hardy devant Brest, envoya au comte d'Orvilliers l'ordre de prendre la mer. L'escadre, placée sous le commandement de cet officier général, n'était pas en mesure d'appareiller. L'administration du port ne pouvait lui donner les quatre mille hommes qui eussent été nécessaires pour compléter ses équipages[1]. M. de Sartines connaissait la convention du 12 avril et le plan de campage qui avait été arrêté à cette époque. Néanmoins, soit négligence, soit impossibilité momentanée, il n'avait pris aucune mesure pour faire face à cette difficulté.

Le lieutenant général d'Orvilliers, vivement pressé par le ministre, désarma plusieurs bâtiments afin de se procurer quelques matelots, et il embarqua deux mille soldats. L'escadre, forte de vingt-huit vaisseaux, sortit de Brest, le 4 juin. Elle arriva, le 11, à la hauteur de la petite île de Cizarga, où elle devait, d'après les instructions du ministre, opérer sa jonction avec les Espagnols.

A la fin de juin, huit vaisseaux venant de la Corogne rallièrent notre armée. Dans les premiers jours de juillet, plusieurs vaisseaux français, notamment la *Ville-de-Paris*, le *Bien-Aimé*, l'*Auguste*, le *Caton*, le *Saint-Esprit*, la *Couronne*, signalèrent un grand nombre de malades.

Le commandant en chef envoya successivement ces navires à la Corogne, afin de donner du repos aux équipages. Cette situation n'avait pas de gravité, mais elle

1. Ce n'étaient pas quatre mille hommes, comprenant des novices, matelots, canonniers, soldats, etc., qui manquaient pour compléter les effectifs des vaisseaux du lieutenant général d'Orvilliers, mais quatre mille hommes de mer. Ces quatre mille matelots étaient d'autant plus nécessaires, que la proportion des hommes étrangers à la mer dans la composition des équipages avait augmenté depuis le commencement de la guerre.

inquiétait le comte d'Orvilliers. « Nous sommes bien en état, écrivait-il au ministre, d'attaquer les ennemis et d'entamer les opérations; mais les moments sont d'autant plus précieux que la saison avance, et qu'il est à craindre que la maladie ne se propage dans nos vaisseaux, où nous avons des fièvres putrides ou de la petite vérole. Il nous faut, d'ailleurs, un temps à souhait pour ne perdre que quatre ou cinq jours, après la jonction de monsieur Gaston, nécessaires à régler les postes, y mettre les vaisseaux et les ranger au moins deux fois en bataille. Je suis persuadé de la valeur et de la bonne volonté de nos alliés; mais ce que je vois de leur manœuvre me confirme plus que jamais qu'ils sont fort éloignés d'être bons officiers de mer. » Vers le milieu de juillet, le mal fit des progrès très-rapides. Quoique cinq cents hommes eussent été mis à terre, à la Corogne et au Ferrol, il restait environ deux mille malades [1]. Le port de Brest ne s'était pas trouvé en mesure de donner à tous les bâtiments les quantités de médicaments réglementaires. Enfin, plusieurs vaisseaux avaient pris la mer sans médecins. Le comte d'Orvilliers fit connaître sa position au ministre, et il le pria de lui envoyer des secours à son passage devant Ouessant. Le chef d'escadre de Ternay, en relâche à la Corogne, informa directement M. de Sartines que le *Saint-Esprit*, sur lequel était arboré son pavillon, comptait cent trente malades. Ce vaisseau avait, à son départ de Brest, soixante hommes de moins que son effectif, et, depuis cette époque, il avait perdu neuf hommes. Le *Bien-Aimé*, qui était à la Corogne avec le *Saint-Esprit*, avait quatre-vingt-sept hommes à l'hôpital, et une vingtaine de malades à bord. Cette situation était celle de la plupart des bâtiments de l'escadre. Le temps marchait et le lieutenant général d'Orvilliers ne recevait aucune dépêche de Paris. Surpris de ce silence, il écrivit, le 20 juillet, au ministre : « Je

---

1. Le mot « malades » désigne les hommes atteints de maladie, et non ceux qui, par suite d'une légère indisposition, étaient exempts de service.

me flatte, Monseigneur, que c'est l'incertitude du lieu qu'occupe l'escadre du Roi qui me prive de vos nouvelles et de vos ordres depuis six semaines que je suis ici.... J'ai l'honneur de vous prévenir, Monseigneur, que, si nous continuons à être affligés de malades au point d'embarrasser les vaisseaux pour le combat, j'autoriserai les capitaines, en quittant ce parage pour aller dans la Manche, à mettre en botte une partie de leur troisième plan, pour se procurer dans leur cale un emplacement suffisant pour y déposer leurs malades. Je sais que l'ordonnance le défend, mais je n'ai imaginé aucun autre moyen de nous mettre en état de combattre. Le faux pont doit être libre pour recevoir les blessés. » Le 23, le lieutenant général don Luis de Cordova parut avec vingt-huit vaisseaux. Quoique cet officier général fût plus ancien de grade que le lieutenant général d'Orvilliers, il avait été convenu, entre les cours de Madrid et de Versailles, que le commandement en chef serait exercé par l'amiral français. Seize vaisseaux, placés sous la direction de don Luis de Cordova, devaient former une escadre particulière, dite d'observation.

Quelques jours s'écoulèrent pendant lesquels les deux généraux procédèrent à l'organisation de l'armée. Une question importante, celle des signaux, avait été complétement négligée dans les négociations particulières relatives à la réunion des deux escadres : « J'ai été bien surpris, Monseigneur, écrivit le lieutenant général d'Orvilliers au ministre, lorsque j'ai appris que les signaux de l'armée n'avaient pas été imprimés en Espagne, et que M. Mazzaredo (major de la flotte espagnole) avait été obligé de les copier à la main depuis son départ de Cadix. Je puis vous assurer qu'il n'est jamais arrivé que deux escadres, en se réunissant en mer, aient été réduites à improviser un corps entier de signaux. C'est cependant ce qu'il m'a fallu faire. Il est heureux que j'aie eu à traiter, pour la traduction et les ordres à donner, à un major très-intelligent et rempli de bonne volonté. Fort heureusement aussi, le calme a facilité la communication, en sorte que tout a été distribué hier 28. » Le 28 et le 29, les bâtiments détachés au Ferrol et à la Corogne rallièrent le pavillon du commandant en chef. Le 30 juillet, l'armée combinée, forte de soixante-six vaisseaux de ligne, trente français (deux vaisseaux, la *Victoire* et la *Bourgogne*, avaient rejoint l'escadre à la mer) et trente-six espagnols, et de quatorze frégates des deux nations, se dirigea vers le nord. La flotte franco-espagnole était disposée dans l'ordre suivant[1] :

Ligne de bataille.

Noms des bâtiments.	Nombre de canons.	Noms des capitaines.
Avant-garde.		
Le Citoyen............	74	De Nieuil.
Le Saint-Michel........	70	
L'Auguste............	80	De Rochechouart, chef d'escadre.
Le Protée............	64	De Cacqueray.
Le San-Pablo..........	70	
L'Éveillé.............	64	De Balleroy.
Arrogante............	70	
Ville-de-Paris.........	104	Huon de Kermadec. Le comte de Guichen, lieut. général.
Le Glorieux...........	74	de Beausset, chef d'escadre.
Le Serio.............	70	
L'Indien.............	64	De la Grandière.
Le Saint-Pedro........	70	
Le Saint-Joseph........	70	
Le Palmier...........	74	De Réale.
La Victoire...........	74	D'Albert Saint-Hippolyte.
Corps de bataille.		
Le Zodiaque..........	74	De Porte Vezins.
Le Guerrier..........	70	

1. La composition de la flotte combinée a été prise, telle qu'elle est indiquée ici, dans les états annexés aux rapports du lieutenant général d'Orvilliers.

LIVRE V.

Noms des bâtiments.	Nombre de canons.	Noms des capitaines.
Corps de bataille (suite).		
Le Saint-Vincent	80	Le comte d'Arce, lieutenant général.
Le Scipion	74	De Cherisey.
Le Bien-aimé	74	D'Aubenton.
Le Saint-Carlos	80	
La Bretagne	110	Duplessis Parscau. Le comte d'Orvilliers, lieut. général.
Le Neptune	80	Hector, chef d'escadre.
Le Vincendor	70	
Le Destin	74	D'Espinouse.
Le Saint-Joaquin	70	
Saint-Isabel	70	
La Bourgogne	74	De Marin.
Le Solitaire	64	De Monteclerc.
Arrière-garde.		
L'Hercule	74	Le comte d'Amblimont.
Le Septentrion	64	
Le Saint-Esprit	80	Ternay, chef d'escadre.
L'Intrépide	74	Beaussier.
L'Ange Gardien	70	
Le Bizarre	64	De Saint Riveul.
Le Conquérant	74	De Monteil, chef d'escadre
Le Rayo	80	
Le Saint-Damas	70	
L'Actionnaire	64	De l'Archantel.
L'Alexandre	64	De Trémigon.
Le Brillant	70	
Le Saint-Luis	80	
Le Caton	64	De Seillant.
Le Pluton	74	
Escadre d'observation		
La Trinité	122	
Le Phénix	80	
L'Orient	70	
Le Monarque	70	
Le Vaillant	70	
Le Saint-Julien	70	
Le Saint-Nicolas	80	
Le Rusé	60	
Le Saint-Raphaël	70	

Noms des bâtiments.	Nombre de canons.	Noms des capitaines.
Escadre d'observation (suite).		
La Princesse............	70	
La Sainte-Françoise.....	70	
Le Diligent............	70	
Le Saint-Victor........	70	
Le Saint-Eugène........	70	
Le Saint-François de Paul.	70	
La Galice.	70	
Escadre légère.		
Saint-Michel...........	60	de Labiochaye.
España................	64	
Couronne	80	Breil de Rays. Levassor de Latouche, lieut. général.
Mucho	52	
Triton................	64	Chadeau de Laclocheterie.

Par suite d'un ordre auquel on attachait, à Paris, une importance particulière, les vaisseaux qui n'appartenaient pas à l'escadre spécialement dirigée par Cordova étaient mêlés à nos bâtiments. Cette disposition avait l'avantage de mettre toute cette partie de l'armée espagnole dans les mêmes conditions que la nôtre, en cas de rencontre avec l'ennemi. D'autre part, elle imposait à notre escadre la marche de nos alliés qui était regardée comme très-mauvaise.

Au moment où ce formidable armement faisait route vers l'entrée de la Manche, il s'était écoulé près de deux mois depuis notre départ de Brest. L'escadre avait consommé la plus grande partie de ses vivres et de son eau[1], et nos équipages étaient très-affaiblis. Malgré ces condi-

---

1. Lorsque l'escadre avait appareillé, elle n'avait pas quatre mois complets de vivres et d'eau. Il est inutile de dire que le ministre connaissait très-bien cette situation.

tions défavorables, le lieutenant général d'Orvilliers, persuadé que le ministre lui ferait parvenir tous les secours qui lui étaient nécessaires, ne voyait aucun obstacle à l'accomplissement de sa mission. Il écrivait à M. de Sartines, à la date du 2 août : « Je ferai route pour aller reconnaître Ouessant, où je compte que je trouverai des avisos avec des ordres et des avis de votre part. J'enverrai même un lougre à cette île, dans l'espérance que vous aurez pu y faire passer des paquets avec ordre au gouverneur de me les faire parvenir par tous les moyens qui lui seraient possibles. Nous irons chercher l'ennemi à la côte jusqu'à la rade de Sainte-Hélène, et alors, si je trouve cette rade libre, ou que je m'en sois rendu maître, j'enverrai donner avis à M. de Vaux au Havre, comme vous me l'avez recommandé, et lui ferai part des moyens que j'emploierai pour la sûreté de son passage qui dépendront des forces supérieures des Anglais ; c'est-à-dire, j'opposerai, de ce côté-là, l'armée combinée pour contenir l'ennemi, et je ferai passer, dans l'autre partie, une escadre légère et des forces suffisantes en vaisseaux et frégates, ou je proposerai à M. de Cordova d'occuper cette partie pour que le passage de l'armée de terre soit libre et en sûreté. Je suppose qu'alors, soit par le combat que j'aurai livré aux ennemis, soit par leur retraite dans leurs ports, je serai certain de leur situation et du succès de l'opération. » Le comte d'Orvilliers insistait sur la nécessité d'envoyer à l'armée combinée des pratiques de la côte d'Angleterre. Il rappelait également au ministre que les deux tiers des vaisseaux français n'auraient plus d'eau le 1er septembre.

Un cruel malheur atteignit le commandant de notre escadre. Son fils, lieutenant de vaisseau sur la *Ville-de-Paris*, succomba aux atteintes de la maladie qui sévissait sur nos bâtiments. Le malheureux père supporta cet événement avec la fermeté qui convenait à sa position. « Le Seigneur m'a ôté, écrivit-il au ministre, tout ce que j'avais dans ce monde, mais il m'a laissé la force de terminer cette campagne, et le plus grand désir que ce soit à votre satisfaction. »

II

Dans les premiers jours du mois d'août, les préparatifs faits par notre gouvernement pour opérer un débarquement en Angleterre étaient terminés. L'armée d'invasion était divisée en deux corps principaux, dont l'un occupait le Havre et l'autre Saint-Malo. Quatre cents bâtiments de transport étaient prêts à les recevoir. Le commandant en chef de l'expédition, le maréchal de Vaux, n'attendait que l'arrivée de la flotte combinée à Sainte-Hélène pour donner à ses troupes l'ordre de s'embarquer. L'Angleterre, surprise par la brusque agression de l'Espagne, n'avait à opposer aux soixante-six vaisseaux de la flotte franco-espagnole que les quarante vaisseaux commandés par l'amiral Hardy. Si nous étions maîtres de la mer, le débarquement de l'armée française était assuré. Or, à ce moment, les meilleurs soldats de l'Angleterre combattaient au dehors, et les milices, appelées à la hâte, n'offraient pas les éléments d'une solide résistance. Des complications intérieures s'ajoutaient aux difficultés de cette situation. Par suite de l'agitation qui régnait dans les esprits, la cour de Londres était obligée de laisser en Irlande une partie des troupes dont elle disposait. Les instructions adressées au maréchal de Vaux dénotaient, de la part du gouvernement français, l'intention d'agir avec une extrême prudence. Le ministre de la guerre disait : « Dans la supposition où Portsmouth serait inattaquable, se borner à faire l'attaque de l'île de Wight et s'y établir avec les troupes de Sa Majesté ; s'y fortifier de manière qu'on ne puisse en être chassé et que le voisinage de cette île et les troupes qu'elle contiendra puissent occuper assez les ennemis sur les côtes du continent anglais, pour qu'ils soient obligés de dégarnir les environs de Portsmouth. Quand les troupes du Roi auront fait les fortifications et les retranchements suffisants pour que l'île de Wight puisse être conservée par dix mille hommes contre toutes les forces de l'ennemi, M. le comte de Vaux est autorisé à aller tenter un autre débarquement, sous la protection de l'armée navale, sur le point où, de concert avec M. le comte d'Orvilliers, ils trouveront possible, l'un et l'autre, de débarquer, jusqu'à Bristol; mais, dans le cas où on ne pourrait s'assurer d'avoir d'heureux succès, on se contentera, jusqu'à ce qu'on ait reçu de nouveaux ordres de Sa Majesté, de faire quelque entreprise dans les contrées les plus voisines de l'île de Wight, et qu'ils jugeront la plus convenable. Sa Majesté s'en remet, sur le choix de tous ces objets, aux lumières et connaissances locales que M. le comte de Vaux pourra se procurer. » Le 7 août, la flotte franco-espagnole attérit sur Ouessant avec des vents d'est faibles et une belle mer. Ces circonstances étaient très-favorables pour opérer le ravitaillement de l'escadre, mais aucun ordre n'avait été donné à Brest, et il ne vint que des approvisionnements insignifiants. Les pratiques de la côte d'Angleterre, que le comte d'Orvilliers avait demandées, ne lui furent pas envoyées. Le ministre lui annonça que des mesures étaient prises pour satisfaire aux besoins de son escadre, lorsque celle-ci serait entrée dans la Manche. Après avoir reconnu le cap Lézard, le 14, le comte d'Orvilliers continua sa route vers l'est. Il avait l'intention, s'il ne pouvait atteindre promptement Sainte-Hélène, de mouiller sur la rade de Torbay, pour embarquer le matériel, les vivres et le personnel expédiés de Brest. Le 16 août, il fut avisé d'un changement survenu dans les projets du gouvernement. Ce n'était plus à l'île de Wight, mais sur la côte de Cornouailles, près de Falmouth, que devait avoir lieu le débarquement des troupes françaises. Il était prescrit au comte d'Orvilliers de bloquer les Anglais dans Plymouth, et de détacher deux divisions, l'une à Saint-Malo et l'autre au Havre, pour escorter les transports sur lesquels nos soldats devaient s'embarquer. Le gouvernement, disait le ministre dans la même dépêche, avait l'intention de laisser l'armée combinée à la mer encore pendant quelques mois. Il est difficile d'imaginer un changement plus complet dans le plan primitivement adopté. On doit croire que M. de Sartines ne se rendait aucun compte de la portée de ses nouveaux ordres. Le port, considéré comme indispensable pour abriter l'escadre contre les mauvais temps et assurer son ravitaillement, disparaissait. Le débarquement de l'armée ayant lieu, d'après les nouvelles instructions, dans les environs de Falmouth, la flotte combinée était obligée, non-seulement de tenir la mer, mais de croiser près de la côte pour rester en communication avec nos troupes. Or, comme le maréchal de Vaux ne pouvait être mis à terre avant la fin d'août, il en résultait que nos vaisseaux étaient appelés à faire ce service pendant les mois de septembre, d'octobre et peut-être de novembre. Il est inutile d'ajouter que, à cette époque, nous n'avions pas de port dans la Manche. Nous laisserons le comte d'Orvilliers montrer lui-même ce que valaient les instructions du ministre de la marine : « Après le mois de septembre, écrivit-il à M. de Sartines, la Manche n'offre plus que des coups de vent et point d'abris. Les Anglais, qui ont tous leurs ports sous le vent de l'ouest et du sud-ouest, peuvent, sans rien hasarder, mettre dehors leurs escadres et leurs flottes. Il n'en est pas de même des forces réunies de la France et de l'Espagne. Si ce grand nombre de vaisseaux est battu par une tempête d'ouest, ils n'ont d'autre ressource que d'enfiler le canal et de faire de l'est. Si le coup de vent est du sud, du sud-sud-ouest et même du sud-ouest, un grand nombre ne pourra doubler la pointe sud de l'Angleterre[1], d'où il résulte que la marine des deux

1. On ne doit pas perdre de vue qu'il s'agit d'une escadre croisant en vue de Falmouth.

puissances est très-exposée, dans cette mer, pendant l'automne et l'hiver. Le ravitaillement de cette nombreuse armée mérite aussi, Monseigneur, votre considération. N'ayant ni port ni rade à votre disposition, on sera forcé de faire, à la mer, le renversement de transports que je suppose arrivés sans accident, dans une saison où, très-souvent, la communication est impraticable et les transports d'un vaisseau à l'autre impossibles. On saisira les courts moments qui se présenteront, mais on ne peut se flatter qu'ils suffisent à cet énorme travail. Selon les renseignements que je prends ici des Normands qui font la pêche à la côte d'Angleterre, Falmouth n'est d'aucune ressource pour la relâche de quelques vaisseaux de guerre. L'eau du port n'est pas suffisante, et la rade, trop petite pour contenir une escadre, est, de plus, exposée à tous les vents du large. Elle est, d'ailleurs, semée de roches qui rongent les câbles, font perdre les ancres et quelquefois les vaisseaux. En général, les Anglais n'y mouillent pas. C'est un grand malheur, mais un malheur prévu, que la jonction de nos alliés ait été aussi tardive, et un malheur encore plus grand le fléau qui désarme nos vaisseaux. C'est encore une contradiction bien désolante que les opérations ne puissent commencer que lorsque l'armée française est à la fin de son eau, et bientôt de ses vivres. Si nous recevons les secours qui nous sont annoncés de Brest, je serai obligé de perdre trois ou quatre jours de beau temps dans la baie de Torbay pour en faire le renversement, heureux encore si tout arrive en entier et sans accidents. C'est aujourd'hui le quatrième jour que nous sommes à la vue du cap Lézard et de la côte d'Angleterre qui le suit dans l'est. Néanmoins, je n'ai rencontré aucun bateau pêcheur où je puisse prendre des pilotes pratiques. Ceux annoncés par M. le comte de Carades n'ont pas plus paru que ceux arrêtés à Saint-Malo, ou ailleurs, de sorte que nous naviguons comme au hasard, et sans connaissance des dangers et des courants de la côte. Les Espagnols en gémissent encore plus que nous, et ne cessent de faire entendre leurs cris. »

Le 17 août, nos frégates d'avant-garde s'emparèrent, à l'entrée de Plymouth, du vaisseau de soixante-quatre canons l'*Ardent*. Un coup de vent d'est, qui souffla pendant quelques jours avec une grande force, rejeta la flotte hors de la Manche. Le 22 août, le temps étant devenu maniable, le comte d'Orvilliers s'empressa de répartir d'une manière égale l'eau et les vivres sur tous les bâtiments. Lorsque cette opération fut terminée, la flotte se trouva approvisionnée jusqu'au 20 septembre. Le 25 août, on apprit que l'escadre anglaise, forte de trente-neuf vaisseaux, se trouvait dans les parages des Sorlingues, où l'avaient poussée ces mêmes vents d'est qui nous avaient empêchés de gagner Torbay. Les divers événements survenus depuis le jour où l'armée avait attéri sur Ouessant faisaient peser sur le lieutenant général d'Orvilliers une très-lourde responsabilité. Il n'ignorait pas que, s'il renonçait à s'engager de nouveau dans la Manche, il ferait avorter le projet de descente en Angleterre, sur lequel, non-seulement la France, mais l'Europe entière avait les yeux fixés. D'autre part, l'état sanitaire des équipages, loin de s'améliorer, avait été en empirant, et la plus grande partie de nos vaisseaux n'étaient plus en état de naviguer. Le 25 août, les principaux officiers de l'armée furent appelés à bord de la *Ville-de-Paris* pour délibérer sur la situation. Tous furent d'avis de renoncer à rentrer dans la Manche pour y tenter une expédition, soit par les seuls moyens des deux flottes, soit avec l'aide des troupes françaises. Puisque l'escadre anglaise était aux Sorlingues, il fallait manœuvrer pour la joindre. Dans le cas où nous ne réussirions pas à l'atteindre, nous devions rester en croisière, à l'entrée de la Manche, jusqu'au 8 septembre. Si, à cette date, les vaisseaux n'avaient pas embarqué le personnel, le matériel et les vivres nécessaires pour continuer la campagne, les deux flottes se sépareraient. Les Français rentreraient à Brest, tandis que les Espagnols feraient route sur Cadix. Se conformant à l'opinion émise, à l'unanimité, par les officiers généraux de l'armée[1], le comte d'Orvilliers se mit à la recherche des Anglais. Le 31 août, les frégates signalèrent l'ennemi qui prit chasse aussitôt qu'il nous eut reconnus. Le 2 septembre, l'escadre anglaise que nous avions un peu gagnée, mais dont nous étions encore éloignés de quatre ou cinq lieues, arriva à l'entrée de Plymouth. On put croire un moment que la fortune nous réservait une compensation. Les vaisseaux de queue signalèrent quinze grands bâtiments à trois mâts sous le vent de l'armée. La satisfaction des officiers et des équipages ne fut pas de longue durée. Les navires en vue faisaient partie d'une flotte marchande hollandaise qui revenait en Europe, sous l'escorte de quelques frégates. Le comte d'Orvilliers ayant reçu, quelques jours après, l'ordre de revenir à Brest, mouilla sur cette rade, le 14 septembre. Nos alliés, qui devaient faire route directement pour un port d'Espagne, avaient de nouvelles instructions qui leur prescrivaient de nous accompagner. Le nombre des malades avait pris de telles proportions que la plupart des vaisseaux français étaient hors d'état de manœuvrer.

Nous allons montrer, par des chiffres, l'importance des difficultés avec lesquelles, non-seulement le comte d'Orvilliers, mais les capitaines, les officiers et les équipages de l'escadre, s'étaient trouvés aux prises. A la fin d'août et dans les premiers jours de septembre, les vaisseaux le *Bien-Aimé*, la *Victoire*, l'*Actif*, l'*Intrépide*, le *Saint-Michel*, le *Caton*, la *Ville-de-Paris* et l'*Auguste*, avaient été renvoyés à Brest. La *Ville-de-Paris*[2] avait cinq cent soixante

---

[1]. Le procès-verbal de la séance du conseil de guerre, tenu à bord du vaisseau la *Bretagne*, le 25 août 1779, est signé, du côté des Français, par les lieutenants généraux et chefs d'escadre dont les noms suivent : Guichen, Rochechouart, Latouche-Tréville, le chevalier de Ternay, Hector, de Monteil et de Beausset.

[2]. En transmettant le procès-verbal du chirurgien-major de son vaisseau, le lieutenant général de Guichen insistait sur la nécessité de faire rentrer la *Ville-de-Paris* à Brest. Quant à lui, il demandait à mettre son pavillon sur un autre vaisseau.

hommes exempts de service, et l'*Auguste*[1] cinq cents. Le premier de ces vaisseaux avait perdu soixante et un hommes, et le second quarante-quatre. A bord de l'*Intrépide*, le chiffre des morts s'élevait à soixante-dix, et celui des malades à cinq cent vingt-neuf. L'*Actif* avait quatre cents malades, et le *Caton*, petit vaisseau de soixante-quatre, trois cents. La *Victoire*, le *Bien-Aimé*, le *Saint-Michel*, n'étaient pas dans de meilleures conditions. Parmi les vaisseaux qui étaient restés à la mer jusqu'au dernier jour, la *Couronne* avait près de deux cents malades, et elle avait laissé deux cent quarante hommes à l'hôpital de la Corogne. Le *Palmier* avait trois cent trente malades, la *Bourgogne* deux cent trente, le *Destin* trois cents, et le *Triton*, vaisseau de soixante canons, cent soixante. L'*Alexandre* n'avait que soixante-dix malades, mais trois cents hommes de son équipage, atteints par l'épidémie pendant la campagne, n'avaient pas encore recouvré leurs forces et ne pouvaient rendre aucun service. Le capitaine de ce vaisseau écrivait au ministre, au commencement d'octobre : « J'ai l'honneur de vous rendre compte que, le 6 de ce mois, on a passé une revue de mon équipage. Il ne s'est trouvé de bien portants et n'ayant jamais été attaqués par cette cruelle maladie, parmi les hommes ayant appartenu à mon ancien équipage, que quarante-quatre officiers-mariniers, douze officiers-mariniers surnuméraires, soixante-dix-sept matelots, gabiers, timoniers, charpentiers et calfats, vingt-quatre novices ou garde-

---

1. J'ai l'honneur de vous prévenir, monsieur le comte, que l'*Auguste* est hors d'état de tenir la mer encore quatre jours. Nous avons trois cents hommes sur les cadres et deux cents au moins qui ne valent guère mieux. Nous ne pouvons pas faire de la voile, parce que nous n'avons pas assez de monde de quart pour la carguer. Nous avons été près d'une heure à carguer la grande voile, la dernière nuit. Il m'est impossible de faire le branle-bas, et à peine aurais-je du monde pour armer ma seconde batterie. Si vous voulez faire tenir la mer à l'*Auguste*, il faut que vous donniez quatre cents hommes et que vous retiriez ses malades.

Je suis avec respect,

Rochechouart.

côtes et vingt-sept mousses. » D'après les règlements en vigueur à cette époque, les vaisseaux à trois ponts, tels que la *Ville-de-Paris*, de cent quatre canons, et la *Bretagne*, de cent dix, avaient de mille à onze cents hommes d'équipage. Les vaisseaux de quatre-vingts avaient huit cents hommes, les vaisseaux de soixante-quatorze sept cents, et les vaisseaux de soixante-quatre cinq cents. En mettant ces chiffres en regard du nombre des malades, on comprendra mieux le degré de faiblesse et de désorganisation auquel l'escadre était arrivée.

Le lieutenant général d'Orvilliers appela l'attention du ministre sur les capitaines des frégates et des petits bâtiments. Tous étaient des officiers zélés, actifs et capables. Il signala le peu d'habileté, au point de vue de la navigation d'escadre, de quelques-uns de ses capitaines de vaisseau. Mais il n'eut que des éloges pour la conduite des généraux, des capitaines, des officiers et des équipages pendant les cruelles épreuves que l'escadre avait traversées. « Jamais, écrivit-il dans une lettre relative à la poursuite de l'amiral Hardy, la nation française n'a montré plus de bonne volonté et de bravoure que dans cette occasion. Cela s'est manifesté au point que, loin de réfléchir sur l'état fâcheux et trop diminué des équipages, chacun a dit ne plus sentir son mal, depuis qu'on chassait l'ennemi. » Le lieutenant général d'Orvilliers s'exprimait sur les choses et sur les personnes avec autant de franchise que d'indépendance. On doit considérer tout ce qu'il écrivait comme l'expression sincère de sa pensée.

III

En apprenant la rentrée de cette flotte qui ne ramenait d'autre trophée que le vaisseau l'*Ardent*, pris par nos frégates à l'attérage de Plymouth, la France ressentit une très-vive émotion[1]. La nation, persuadée que le

1. L'*Ardent*, une petite corvette prise à la vue de l'escadre anglaise,

lieutenant général d'Orvilliers serait maître de la mer pendant un temps assez long pour assurer la descente en Angleterre, avait manifesté une grande confiance dans les résultats de cette entreprise. Elle avait entrevu une paix glorieuse comme conséquence des succès de nos soldats. L'arrivée à Brest de l'armée combinée détruisait toutes ces espérances. La lenteur des Espagnols, l'épidémie qui avait sévi sur nos bâtiments, la persistance des vents contraires au moment où la flotte remontait vers le nord, le coup de vent d'est du 17 août, telles étaient les principales causes des malheurs de la campagne. Mais on doit ajouter que le ministre n'avait rien fait, rien tenté pour vaincre les obstacles que le commandant de l'escadre avait rencontrés. Notre escadre, partie de Brest, le 4 juin, avait consommé, dans l'inaction, une partie de son eau et de ses vivres. S'était-on trompé, à Paris, au point de croire que les Espagnols nous rallieraient pendant le mois de juin? Le gouvernement avait-il eu hâte de voir le lieutenant général d'Orvilliers hors de Brest, dans la crainte qu'il ne fût bloqué, s'il restait au port? Ce départ précipité, quel qu'en fût, d'ailleurs, le motif, nous mettait dans l'obligation de passer à la mer le temps pendant lequel nos alliés terminaient leurs préparatifs. Il appartenait au ministre d'aviser aux conséquences résultant de cet état de choses. Le ravitaillement de l'escadre, sinon complet, au moins dans des conditions qui nous eussent permis de continuer la campagne, était possible devant Ouessant. S'il eût été nécessaire, pour effectuer promptement et sûrement cette opération, que la flotte mouillât à Bertheaume, à Camaret et même à Brest, le ministre ne devait pas hésiter à l'ordonner. Ne recevant aucun secours, le comte d'Orvilliers continua sa route avec la pensée de se rendre le plus promptement possible à Sainte-Hélène. En s'emparant de ce mouillage, il s'acquittait de la tâche dévolue à la ma-

vingt bâtiments de commerce et onze cents prisonniers, tel fut le résultat de cette campagne.

rine. De plus, il conquérait le port qui lui était nécessaire pour abriter son escadre contre le mauvais temps, et assurer l'embarquement des vivres et du matériel attendus de Brest. Avant que ce projet eût été mis à exécution, le plan de la descente était modifié. L'escadre, obligée de croiser devant Falmouth pendant les mois d'octobre et de novembre, n'avait plus de refuge, si elle recevait un coup de vent d'ouest. Alors que toutes les ressources d'une administration active et intelligente eussent été à peine suffisantes pour conjurer le mal, le ministre parut croire qu'il ne fallait au comte d'Orvilliers que de l'énergie et de la volonté pour remplir sa mission. Au lieu de lui faire passer les secours, sans lesquels il ne pouvait rien, il lui donna des ordres qui eussent été d'une exécution difficile pour une escadre bien pourvue et en parfait état. Si nous examinons la conduite du commandant en chef, nous cherchons inutilement les reproches qu'on est en droit de lui adresser. Après avoir été rejoint par les Espagnols, il se présenta à l'entrée de l'Iroise, avec la conviction bien naturelle que le ministre, tenant compte de ses demandes, lui enverrait des hommes, des vivres et du matériel. A partir du jour où l'escadre reprit sa marche vers le nord, le lieutenant général d'Orvilliers resta sans influence sur les événements. Les circonstances, plus que sa propre volonté, dictèrent ses résolutions. Mal accueilli à son arrivée, il se déclara prêt à résigner son commandement. Cette offre fut acceptée avec un empressement d'autant plus grand, qu'en sacrifiant le commandant de l'escadre, M. de Sartines donnait le change à l'opinion. Il faisait retomber sur le général les fautes que, lui-même, avait commises. Le comte d'Orvilliers emporta dans sa retraite les regrets de son escadre, le respect et l'estime de toute la marine.

Depuis le commencement de la guerre, il n'y avait eu que deux grandes rencontres entre les flottes de France et d'Angleterre. Dans chacune d'elles, nous étions restés maîtres du champ de bataille. Le 27 juillet 1778, nous avions le même nombre de vaisseaux que les Anglais, avec cette différence toutefois que les navires anglais étaient plus forts que les nôtres. Le 6 juillet 1779, le vice-amiral Byron était à la tête de vingt et un vaisseaux, tandis que le comte d'Estaing en avait vingt-cinq. Aussi le combat d'Ouessant était-il considéré comme supérieur à celui de la Grenade. Les officiers de marine se souvenaient que ce premier succès, dû au comte d'Orvilliers, avait placé notre marine sur le même pied que la marine anglaise dans l'opinion de l'Europe[1]. Le capitaine de vaisseau du Pavillon, un des meilleurs officiers de la marine française, était major de l'escadre. Consulté par M. de Sartines sur les divers événements qui s'étaient produits pendant la campagne, il lui écrivit la lettre remarquable que nous joignons ici. « Mon général vient de me dire qu'il est désapprouvé de n'avoir pas poursuivi l'armée plus longtemps, et de n'avoir pas ordonné la chasse sans égard à l'ordre prescrit entre les vaisseaux rangés en ligne de bataille. J'avoue, Monseigneur, que ma surprise est extrême. Comment pouvait-il poursuivre un ennemi qui était à sept lieues dans le vent, et dont le port était ouvert pour lui et fermé à l'armée combinée? Comment pouvait-il se dispenser de courir sur une flotte signalée à plusieurs reprises par des personnes graves! Si elle se fût trouvée anglaise, on l'aurait bien mieux condamné. Enfin, Monseigneur, comment mon général pouvait-il négliger un seul instant de ressortir de la Manche, puisqu'il était menacé des vents du sud-ouest, que l'événement a prouvé qu'il les avait trouvés, qu'il manquait absolument d'eau, de vivres et même de matelots? Vous devez sentir aujourd'hui, Monseigneur, puisque vous connaissez l'état et les progrès de l'épidémie qui ravage tous les vaisseaux du Roi, que quelques jours de retard dans la sortie de la Manche auraient fait

---

1. Le lieutenant général d'Orvilliers se retira à Moulins avec une pension. Il mourut, dans cette ville, le 14 avril 1792, à l'âge de quatre-vingt-deux ans.

perdre au Roi ses vaisseaux et le reste de ses matelots. Ce fait n'est que trop prouvé ; il l'est également aux yeux de toute l'armée que jamais son général n'a été aussi grand, aussi supérieur à l'humanité et aux adversités que dans cette campagne, laquelle n'a manqué que parce qu'on a mal choisi le point de réunion (Cizarga) des vaisseaux des deux puissances. Quant à la poursuite dont on parle à Paris, et qui n'aurait pas été assez vive parce qu'on n'a pas fait chasser sans ordre sur une armée ennemie de trente-neuf vaisseaux, il est aisé de répondre à cette méchanceté absurde. 1° Les vaisseaux français n'étaient ni à portée, ni en état de combattre, puisqu'ils étaient de vrais hôpitaux, plutôt que des vaisseaux de guerre. 2° Les ordres du Roi étaient contraires à de pareilles dispositions, puisque les Espagnols et les Français étaient entremêlés dans la ligne de bataille, d'après mûr examen de la cour, quoiqu'il ait été proposé, dès le principe, de composer l'avant-garde de l'armée combinée entièrement de vaisseaux français. Vous m'avez demandé, Monseigneur, mon sentiment sur tous ces objets, je vous le donne sans détour et avec la même franchise. J'ai l'honneur de vous assurer que jamais le tableau de ce qui arrive à M. d'Orvilliers ne sortira de ma mémoire. Je tâcherai d'en faire mon profit pour être plus sage et moins ambitieux, car je ne pense pas qu'on puisse montrer plus de force d'âme et de zèle pour le service du Roi que ce digne général n'en a montré depuis la mort de son fils. J'ajouterai à tout ceci, d'après vous-même, Monseigneur, que M. d'Orvilliers ne peut être remplacé en ce moment, ni pour la guerre, ni pour le cabinet. Comment donc est-il possible que de simples propos de quelques individus méprisables puissent nuire à un pareil homme?» Cette lettre est un titre d'honneur pour le capitaine de vaisseau du Pavillon et pour le chef qui inspirait de tels sentiments.

Par suite d'un aveuglement difficile à comprendre, le ministre ne se rendait pas compte de la gravité de la situation. Il prescrivit au lieutenant général Duchaffault, successeur provisoire du comte d'Orvilliers, de compléter son eau, ses vivres et ses rechanges, et de se tenir prêt à appareiller. Très-surpris d'apprendre, par une lettre du nouveau commandant en chef, que l'état sanitaire des équipages réduisait nos vaisseaux à l'impuissance, M. de Sartines chargea un conseil de guerre de décider si l'escadre pouvait continuer la campagne. Le maréchal de Vaux, les généraux de Jaucourt et de Puységur furent envoyés à Brest pour assister à ce conseil. Le commandant en chef de l'armée et ses lieutenants devaient rester étrangers aux discussions relatives à la partie purement maritime. MM. Duchaffault, de Guichen, de Cordova, Gaston et d'Arce déclarèrent que l'escadre était hors d'état de reprendre la mer. L'armée prit ses quartiers d'hiver, mais elle conserva son organisation afin d'être prête à marcher au premier ordre.

Nous avons établi avec exactitude les causes du désastre auquel aboutit le plan de la descente en Angleterre. L'étude de cette expédition montre l'importance du rôle joué par le ministre chargé de la direction des opérations militaires. Si celui-ci ne possède pas le savoir, l'intelligence et l'esprit d'organisation nécessaires, on doit s'attendre aux résultats les plus fâcheux. A la guerre, le succès ne dépend pas seulement de ceux qui sont à la tête des troupes. Les meilleures armées peuvent être réduites à l'impuissance, si les généraux n'ont pas derrière eux une administration ferme, habile, qui sache prévoir leurs besoins et y pourvoir. On a prétendu que de graves dissentiments survenus entre le lieutenant général d'Orvilliers et don Luis de Cordova avaient eu une grande part dans l'échec de l'expédition. Les lettres du commandant en chef et les rapports du major de l'escadre montrent que cette assertion n'est pas fondée. Quoique la campagne de la flotte combinée constitue un des épisodes les plus importants de la guerre de l'indépendance américaine, les détails en sont peu connus. Aussi la plupart des historiens ont-ils évité de se prononcer sur la responsabilité incombant, soit au ministre, soit au commandant en chef[1]. Nous pensons avoir donné les moyens de porter sur cette affaire un jugement définitif.

La situation de nos vaisseaux, qui fut promptement connue de l'autre côté de la Manche, rendit à la marine britannique sa liberté d'action. La cour de Madrid, craignant qu'une escadre ennemie ne fût envoyée dans le détroit, rappela don Luis de Cordova avec quinze vaisseaux. Peu après, le gouvernement espagnol, ayant acquis la certitude qu'on faisait en Angleterre de grands préparatifs pour secourir Gibraltar, donna à don Miguel Gaston, resté à Brest avec vingt et un vaisseaux, l'ordre d'aller à Cadix. La France et l'Espagne abandonnèrent provisoirement le projet de descente en Angleterre. Bloquer Gibraltar, avoir des forces suffisantes en Amérique et en Asie pour résister aux Anglais, et prendre l'offensive dans les Antilles, tel fut le plan de campagne adopté par les alliés pour l'année 1780[2]. Le lieutenant général de Guichen, employé dans l'armée de Duchaffault, fut appelé au commandement en chef de l'escadre que le gouvernement français se proposait d'envoyer à la Martinique. Deux vaisseaux, l'*Ajax* et le *Protée*, et une frégate, la *Charmante*, entrèrent en armement pour aller dans l'Inde. L'Espagne prit l'engagement d'avoir, à la Havane, douze vaisseaux et dix mille soldats. Les forces navales de la France, dans la mer des Antilles, ne devaient pas être inférieures à vingt-cinq vaisseaux.

---

1. En général, les historiens ont fait pencher la balance en faveur du ministre. L'échec de la descente en Angleterre et la disgrâce du commandant en chef expliquent ce résultat. En l'absence de renseignements, on a pensé qu'un homme malheureux et disgracié devait être coupable. Il a été dit que les mauvaises mesures, voire même l'incurie du lieutenant général d'Orvilliers, avaient amené l'insuccès de l'expédition. Il y a lieu d'être surpris que les faits de notre histoire ne soient pas mieux connus.

2. Lettre du ministre des affaires étrangères à notre ambassadeur auprès de la cour de Madrid.

LIVRE VI

L'amiral Rodney reçoit la mission de ravitailler Gibraltar. — Prise par les Anglais du vaisseau le *Guipuscoa*. — Destruction de l'escadre de don Juan de Langara. — L'amiral Rodney, après avoir conduit son convoi à Gibraltar, prend la route des Antilles. — L'amiral Digby s'empare du *Protée*. — Arrivée à la Martinique de l'escadre du lieutenant général de Guichen. — Rencontres des 17 avril, 15 et 19 mai, entre les escadres française et anglaise. — L'amiral don Solano, avec une escadre venant de Cadix, mouille à Fort-Royal. — État sanitaire des équipages et des troupes passagères. — Départ du lieutenant général de Guichen avec l'escadre espagnole. — Le comte de Guichen quitte Saint-Domingue pour rentrer en Europe. — Départ du chef d'escadre de Ternay pour les côtes de l'Amérique septentrionale, avec sept vaisseaux et un convoi portant un corps de six mille hommes, sous les ordres du lieutenant général comte de Rochambeau. — Rencontre de la division du commodore Cornwallis. — Arrivée de l'escadre et du convoi à Rhode-Island. — Inaction de l'escadre et des troupes, par suite de la supériorité de l'ennemi. — Mort du chef d'escadre de Ternay.

I

L'amiral Rodney appareilla de Portsmouth, le 3 janvier 1780, avec une escadre de vingt et un vaisseaux. Il convoyait des transports destinés au ravitaillement de Gibraltar. Cette place, qui était bloquée par terre et par mer depuis le mois de juin 1779, avait un besoin pressant de secours. Le 8, à la hauteur du cap Finisterre, les Anglais capturèrent quinze navires marchands et leur escorte, composée du vaisseau le *Guipuscoa*, de quatre frégates et de deux bricks. Le 16, par un temps brumeux, les frégates qui éclairaient la marche de la flotte britannique aperçurent plusieurs grands navires sous le cap Saint-Vincent. L'amiral Rodney avait l'heureuse fortune de se trouver en présence d'une escadre espagnole de neuf vaisseaux, commandée par l'amiral don Juan de Langara. Cette escadre courait la bordée qui la rapprochait des Anglais. Loin de s'émouvoir de cette situation, don Juan de Langara ne modifia pas la direction de sa route. Comme s'il n'eût attaché aucune importance à être promptement renseigné sur les bâtiments qu'il avait devant lui, il ne donna pas à ses frégates l'ordre de se porter en avant pour les reconnaître. Lorsque les deux escadres furent à petite distance l'une de l'autre, il se décida à laisser porter et à faire route sur Cadix. L'amiral Rodney, qui ne voulait pas laisser échapper une aussi belle proie, fit le signal de chasser l'ennemi en route libre. Vers quatre heures du soir, les meilleurs marcheurs de son armée arrivèrent à portée de canon de l'arrière-garde espagnole. Les vaisseaux de don Juan de Langara se défendirent avec beaucoup d'énergie ; mais la lutte entre des forces aussi disproportionnées ne pouvait aboutir qu'à un désastre. A deux heures du matin, le *Santo Domingo* avait sauté[1] et six vaisseaux étaient pris[2]. Quelques jours après, Rodney arrivait à Gibraltar sans avoir fait de nouvelle rencontre. Dans le milieu du mois de février, il repassa le détroit avec vingt-deux vaisseaux, au nombre desquels se trouvaient le *Phénix*, le *Diligent*, le *Monarca* et la *Princessa*, capturés dans la nuit du 16 janvier.

Pendant que l'amiral anglais remplissait aussi heureusement sa mission, vingt vaisseaux espagnols et quatre vaisseaux français, formant l'escadre chargée, sous le commandement de don Luis de Cordova, de bloquer Gibraltar, étaient mouillés sur la rade de Cadix. Cette escadre réparait des avaries, faites pendant un coup de vent reçu au commencement de janvier. En apprenant la présence d'une flotte britannique sur la côte, Cordova avait réuni les officiers généraux de l'armée en conseil. Tous avaient

---

1. Des six cents hommes composant l'équipage de ce vaisseau, pas un ne fut sauvé.
2. Un des vaisseaux capturés périt corps et biens. Un autre fit prisonnier l'équipage anglais et rentra à Cadix.

été d'avis de se porter à la rencontre de l'ennemi. Soit que les travaux de réparation n'eussent pas été menés avec une activité suffisante, soit que Cordova, ne se faisant aucune illusion sur la valeur de ses vaisseaux, ne crût pas prudent de se mesurer avec les Anglais, l'armée espagnole était au mouillage de Cadix, au moment où l'escadre britannique franchissait le détroit. A défaut de Cordova, on pouvait croire que don Miguel Gaston, parti de Brest, le 13 janvier, avec vingt-cinq vaisseaux, arriverait à temps pour combattre Rodney. Il n'en fut rien, et l'ennemi était loin de Gibraltar que don Miguel Gaston n'avait pas encore paru du côté de Cadix. Après avoir fait cinquante lieues au large, Rodney expédia le contre-amiral Digby en Angleterre avec les prises, et il se dirigea vers les Antilles. Le 23 février, l'amiral Digby rencontra un convoi français qui se rendait dans l'Inde, sous l'escorte des vaisseaux le *Protée* et l'*Ajax*, et de la frégate la *Charmante*. Le commandant de la division, le capitaine de vaisseau du Chilleau, se plaça à la queue du convoi. Lorsque la nuit fut venue, l'*Ajax* et les bâtiments de transport firent une fausse route et s'échappèrent. Les Anglais suivirent le vaisseau qui fut joint pendant la nuit. Après une très-belle défense, le capitaine du Chilleau amena son pavillon.

Le ravitaillement de Gibraltar, la prise du *Protée* et des vaisseaux espagnols, causèrent en Angleterre une joie très-vive. La chambre des communes et la chambre des lords votèrent des remercîments au commandant en chef de l'escadre anglaise. L'amiral Rodney avait très-heureusement accompli sa mission, mais on chercherait inutilement les difficultés qu'il avait rencontrées pendant sa traversée des côtes d'Angleterre au détroit. On ne pouvait considérer comme une affaire sérieuse l'engagement des vingt et un vaisseaux qu'il commandait avec les neuf vaisseaux de don Juan de Langara. Les forces espagnoles, qui auraient pu s'opposer à l'exécution de ses projets, n'avaient pas paru. Don Luis de Cordova était resté à Cadix, et don Miguel Gaston avait relâché au Ferrol avec des mâts cassés, des vergues rompues et des voiles emportées. Le mauvais temps, tel était l'obstacle dont avaient triomphé les Anglais. Leurs bâtiments avaient navigué en bon ordre et sans faire d'avaries. Ce résultat faisait le plus grand honneur à l'amiral Rodney et à ses capitaines ; mais, dans le succès, il convenait de faire une part aux arsenaux de la Grande-Bretagne. Si les officiers espagnols n'avaient pas, au même degré que leurs adversaires, l'habitude de la navigation d'escadre, on devait reconnaître que leurs vaisseaux étaient dans les conditions les plus mauvaises pour tenir la mer. La correspondance du chef d'escadre de Beausset nous fournit, sur ce point, des renseignements curieux et instructifs.

Cet officier général commandait une division de quatre vaisseaux qui avait été adjointe à l'escadre de don Miguel Gaston. A son arrivée à Cadix, il rendit compte au ministre des divers incidents de sa traversée. Après avoir peint, sous les couleurs les plus fâcheuses, la situation des vaisseaux espagnols, au point de vue de la mâture et de la voilure, il disait : « Ces vaisseaux vont tous si mal qu'ils ne sauraient joindre aucun autre vaisseau de guerre ou lui échapper. Ainsi, ils ne peuvent rien prendre et ne sauraient éviter de l'être. Le *Glorieux* est un mauvais voilier dans l'armée française, et le meilleur de l'armée espagnole. Nous avons beaucoup de gabarres qui vont mieux que les frégates espagnoles. Je dois rendre justice à M. de Gaston et à son major Mazzaredo. Le premier est un général expérimenté et prudent, qui a fait tout ce qu'il a pu pour établir l'ordre dans son escadre, et la conduire avec une grande sagesse ; l'autre est un sujet de la première distinction, rempli de talents et d'activité. » La destruction de l'escadre de l'amiral don Juan de Langara par la flotte britannique inspirait au chef d'escadre de Beausset les réflexions suivantes : « L'escadre de M. de Langara aurait échappé à l'ennemi, si elle avait su profiter de la nuit qui allait se faire, de la force du vent, et prendre chasse à propos, et si tout vaisseau espagnol vu n'était pas un vaisseau joint. Ceux de cette escadre ont été surpris étant à des distances immenses les uns des autres. Ils ne naviguent pas autrement, et leur négligence et leur sécurité sur ce point est incroyable. J'ai souvent fait l'observation qu'il serait aisé à l'ennemi de couper et d'enlever un de ces vaisseaux, à la vue de son escadre, sans qu'il pût être secouru. »

II

Le personnel de nos équipages avait été gravement atteint par les événements de la campagne de 1779. Au commencement de l'année 1780, nous n'étions pas encore parvenus à remplacer les matelots que les maladies épidémiques avaient enlevés sur les vaisseaux du lieutenant général d'Orvilliers. Il fallait, ou désarmer des bâtiments, ou augmenter la proportion des soldats entrant dans la composition des équipages des divers bâtiments de la flotte. Ce fut à ce dernier parti que s'arrêta le ministre. De nouveaux régiments, appartenant à l'armée de terre, furent mis à la disposition de la marine. Le corps des officiers, très-peu nombreux au début des hostilités, était devenu complétement insuffisant. Le lieutenant général de Guichen rencontra les plus grandes difficultés pour former les états-majors et les équipages de son escadre. Il prit la mer, le 3 février, pour se rendre aux Antilles avec des vaisseaux « mal armés », ainsi qu'il l'écrivait au ministre [1]. On savait, à Paris, par une dépêche du chef d'escadre de Lamotte-Picquet, que les Anglais croisaient au vent de la Martinique, afin d'intercepter les secours envoyés aux Iles-du-Vent. Par suite de l'extrême surveillance de l'ennemi, nos colonies étaient complétement dépourvues de vivres et d'approvisionnements. Le ministre recommanda

1. Lettre du lieutenant général de Guichen au ministre, du 28 janvier 1780.

très-particulièrement au lieutenant général de Guichen de veiller à la sûreté de son convoi. Il lui prescrivit d'évacuer les possessions anglaises dont il parviendrait à s'emparer dans la mer des Antilles, après avoir détruit les munitions, les magasins et les ouvrages militaires. Il fit une exception pour l'île de Sainte-Lucie que nous devions occuper, si nous réussissions à la reprendre aux Anglais. Le ministre invitait le commandant de notre escadre « à tenir la mer, autant que les forces que l'Angleterre entretenait aux Iles-du-Vent pourraient le lui permettre, sans trop compromettre celles qui lui étaient confiées. » Le comte de Guichen arriva à la Martinique, le 23 mars 1780, sans avoir aperçu l'ennemi. Il mouilla sur la rade de Fort-Royal, où il opéra sa jonction avec la division du comte de Grasse. Le chef d'escadre de Lamotte-Picquet était parti, le 13 mars, pour rallier Saint-Domingue, où l'appelaient les ordres antérieurs du ministre[1]. Le lieutenant général de Guichen voulut faire une tentative pour s'emparer de Sainte-Lucie; mais la présence de l'amiral Hyde Parker au Gros Ilet, avec dix-sept vaisseaux, ne lui permit pas de donner suite à ce projet.

Le 13 avril 1780, l'escadre mit sous voiles pour couvrir le départ d'un convoi qui se rendait à Saint-Domingue, sous l'escorte du *Fier* de cinquante et de la frégate la *Boudeuse*. Trois mille soldats, commandés par le marquis

---

[1]. Lamotte-Picquet était prêt à partir pour Saint-Domingue, lorsqu'il fut retenu, sur la rade de Fort-Royal, par l'ordre suivant : « En conséquence du résultat du conseil de guerre tenu, à la réquisition du marquis de Bouillé, sur la situation de la colonie, à bord du *Robuste*, le 12 mars 1780, il est ordonné à M. de Lamotte-Picquet de suspendre, jusqu'à nouvel ordre, l'exécution de ses instructions. La position de la colonie m'oblige, pour le bien du service, de prendre sur moi de suspendre son départ. — 12 mars 1780. De Grasse. » Le lendemain, 13 mars, le comte de Grasse ayant été informé, par un aviso, de l'arrivée prochaine du lieutenant général de Guichen, donna au chef d'escadre de Lamotte-Picquet l'autorisation de se rendre à Saint-Domingue. Quelques historiens ont blâmé Lamotte-Picquet de ne pas être resté à la Martinique, où sa présence eût donné au lieutenant général de Guichen une grande supériorité sur Rodney. On voit que Lamotte-Picquet n'était parti de la Martinique que pour se conformer aux ordres du ministre.

de Bouillé, avaient pris passage sur nos vaisseaux. Il avait été convenu entre ce dernier et le lieutenant général de Guichen que nous profiterions de toute circonstance favorable pour attaquer les colonies anglaises, et notamment la Barbade où se trouvaient les prisonniers français. Le 16 avril, l'escadre louvoyait pour s'élever au vent de la Martinique, en passant par le canal de la Dominique, lorsque nos frégates signalèrent l'ennemi. Le lendemain, dans la matinée, les deux escadres couraient les amures à bâbord, les Anglais au vent des Français. Elles étaient rangées dans l'ordre suivant :

ESCADRE FRANÇAISE.

Ligne de bataille.

Noms des bâtiments.	Nombre de canons.	Noms des capitaines.
Avant-garde.		
Destin................	74	Dumaitz de Goimpy.
Vengeur..............	64	De Betz.
Saint-Michel..........	60	D'Aymar.
Pluton	74	De Lamarthonie.
Triomphant...........	80	De Gras-Préville. Comte de Sade, chef d'escadre.
Souverain............	74	De Glandevès.
Solitaire	64	De Cicé-Champion.
Corps de bataille.		
Citoyen	74	De Nieuil.
Caton................	64	De Framond.
Victoire..............	74	D'Albert Saint-Hippolyte.
Fendant..............	74	De Vaudreuil, chef d'escadre.
Couronne	80	Buor de la Charoulière. Comte de Guichen, lieut. général.
Palmier..............	74	De Monteil, chef d'escadre.
Indien	64	De Balleroy.
Actionnaire...........	64	De Larchantel.

Noms des bâtiments.	Nombre de canons.	Noms des capitaines.
Arrière-garde.		
Intrépide	74	Duplessis-Parscau.
Triton	64	Brun de Boades.
Magnifique	74	De Brach.
Robuste	74	Comte de Grasse, chef d'escadre.
Sphinx	74	De Soulanges.
Artésien	74	De Peynier.
Hercule	74	D'Amblimont.

ESCADRE ANGLAISE.

Ligne de bataille.

Noms des bâtiments.	Nombre de canons.	Noms des capitaines.
Avant-garde.		
Stirling Castle	64	Carkett.
Ajax	74	Uvedale.
Elizabeth	74	Maitland.
Princess Royal	90	Hammond. / Hyde Parker, contre-amiral.
Albion	74	Bowyer.
Terrible	74	Douglas.
Trident	64	P. Molloy.
Corps de bataille.		
Grafton	74	Collingwood.
Yarmouth	64	Bateman.
Cornwall	74	Edwards.
Sandwich	90	Young. / Sir George Brydges Rodney, amiral.
Suffolk	74	Crespin.
Boyne	68	Cotton.
Vigilant	64	Home.
Vengeance	74	Hotham.

Noms des bâtiments.	Nombre de canons.	Noms des capitaines.
Arrière-garde.		
Medway	60	Edmond Affleck.
Montagu	74	Houlton. Josuah Rowely, contre-amiral.
Conqueror.	74	Watson.
Intrepid..............	64	Saint John.
Magnificent...........	74	Elphinstone.
Centurion......	64	»

Vers une heure de l'après-midi, l'amiral Rodney laissa arriver par un mouvement tout à la fois, et il se forma parallèlement à notre ligne. Le feu commença aussitôt que les deux escadres furent à portée de canon. L'engagement durait depuis quelque temps déjà, lorsque le lieutenant général de Guichen s'aperçut que Rodney manœuvrait pour passer, avec son vaisseau le *Sandwich*, dans un vide que l'*Actionnaire*, en dérivant, avait laissé dans notre ligne. Il signala immédiatement à son armée de virer de bord lof pour lof, toute à la fois. Notre mouvement était à peine indiqué que les Anglais revenaient au plus près. Le comte de Guichen annula son premier ordre, mais quelques vaisseaux n'ayant pas aperçu à temps son signal, tombèrent sous le vent. L'escadre française laissa porter, afin de se former sur ces bâtiments. L'ennemi ayant continué à tenir le vent, le feu cessa à quatre heures et demie. Plusieurs navires anglais avaient des avaries très-graves. L'amiral Rodney passa sur le *Conqueror*, abandonnant le *Sandwich* qui fut, pendant vingt-quatre heures, en danger de couler. Dans cet engagement, nous avions un vaisseau de plus que les Anglais, mais ceux-ci avaient deux vaisseaux à trois ponts, tandis que nos plus forts bâtiments, comme la *Couronne* et le *Triomphant*, ne portaient que quatre-vingts canons. Enfin, nous avions plus de vaisseaux de soixante-quatre que nos adversaires. Le 17, lorsque le jour se fit, nos vigies interrogèrent inutilement l'horizon, la flotte britannique avait disparu.

Le 9 mai, l'escadre française faisait ses préparatifs pour attaquer le Gros Ilet de Sainte-Lucie. Déjà six cents hommes étaient embarqués sur les frégates, lorsque l'ennemi fut signalé sous le vent. Les Français, dont la manœuvre fut imitée par les Anglais, serrèrent le vent, les amures à tribord. Aussitôt que les deux escadres furent en dehors du canal, le comte de Guichen laissa porter avec l'intention d'engager une affaire générale[1]. L'amiral Rodney, qui voulait nous attirer loin de Sainte-Lucie et de la Martinique, prit chasse dans le sud-ouest. Quelques jours s'écoulèrent pendant lesquels les deux escadres restèrent en vue l'une de l'autre. Dans l'après-midi du 15 mai, notre armée, à laquelle les variations de la brise avaient donné l'avantage du vent, se dirigea sur l'ennemi. Des sautes de vent successives modifièrent la position relative des deux flottes, et retardèrent le moment de l'engagement. A la chute du jour, les deux escadres défilèrent à contre-bord, les Français au vent des Anglais. Lorsque les deux avant-gardes arrivèrent à portée de canon, le feu commença. L'amiral de Guichen, craignant que son adversaire ne tentât de couper son arrière-garde, fit revirer promptement ses vaisseaux, afin de se trouver aux mêmes amures que l'ennemi. Avant que cette évolution fût terminée, la nuit était venue, et les Anglais s'étaient éloignés. Le 19 mai, les Anglais parurent décidés à accepter un nouvel engagement. Vers

---

1. « Je louvoyai devant l'ennemi, afin de l'engager à sortir du canal pour le combattre. Lorsque les Anglais ont été dehors, j'ai arrivé, vent arrière, sur eux, trois jours de suite, pour leur présenter le combat et engager une affaire générale, à laquelle l'amiral Rodney s'est refusé, en pliant continuellement pour nous attirer dans le sud, où je le suivais pour le forcer au combat. » (*Lettre du lieutenant général de Guichen au ministre.*)

trois-heures de l'après-midi, les deux armées couraient à contre-bord, avec des vents de l'est à l'est-sud-est. Les vaisseaux de tête de l'armée française, rangés en ligne de bataille, les amures à bâbord, passèrent sur l'avant et à petite distance de l'avant-garde de la flotte anglaise qui courait les amures à tribord. Celle-ci, au lieu de continuer sa route, ce qui l'eût amenée à couper notre ligne, à quelques vaisseaux en arrière du chef de file, laissa porter par un mouvement successif. Les deux escadres défilèrent à contre-bord sur deux lignes parallèles. Le feu, qui avait commencé aussitôt que les deux avant-gardes s'étaient trouvées à portée de canon, devint bientôt très-vif. L'amiral Rodney, croyant à la possibilité d'envelopper notre arrière-garde, fit à son avant-garde le signal de virer de bord et de forcer de toile, afin de placer nos derniers vaisseaux entre deux feux. Ce mouvement était à peine accusé, que le comte de Guichen ordonnait à son avant-garde et au corps de bataille de virer de bord vent de vent, tout à la fois. Avant que cette évolution fût achevée, l'amiral anglais, comprenant l'inutilité de sa tentative, annula l'ordre qu'il avait donné. Le feu cessa aussitôt que le dernier vaisseau français eut doublé le serre-file de la ligne anglaise. L'ennemi courut les amures à tribord, et le lendemain on ne le revit plus. Plusieurs vaisseaux anglais avaient été très-maltraités pendant ce dernier engagement. Le *Cornwall* ne put atteindre Sainte-Lucie que grâce au beau temps et aux efforts de son équipage. Les avaries de nos vaisseaux n'avaient pas de gravité. Nos pertes pour les combats des 17 avril, 15 et 19 mai, s'élevèrent à cent cinquante-huit tués et huit cent vingt blessés [1]. Le lieutenant géné-

---

1. On comptait parmi les morts : MM. de Guichen, de Coetivy, lieutenants de vaisseau; de Cheffontaine, de Ramatuelle, enseignes; de Vassal, de Gazan, officiers auxiliaires; de Seguin, de Montcourrier, d'Aiguily, de Bouville, officiers d'infanterie. MM. Dumaitz de Goimpy, Dumas, de Cohant d'Aymar, capitaines de vaisseau ; de Lambour, de Rieux, de Chambellé, de Gantès, de Blois, Hurant, enseignes, étaient au nombre des blessés.

ral de Guichen eut la douleur de perdre son fils qui servait dans l'escadre comme lieutenant de vaisseau.

Nos bâtiments n'ayant plus que six jours de vivres, le commandant en chef se dirigea sur Fort-Royal où il mouilla le 22 mai. Si on en juge par les avaries des vaisseaux anglais, les Français obtinrent sur leurs adversaires, dans les combats des 17 avril, 15 et 19 mai, un avantage marqué. Néanmoins, l'ennemi atteignit le but qu'il s'était proposé, puisque le comte de Guichen et le marquis de Bouillé furent mis dans l'impossibilité d'attaquer les possessions britanniques des Iles-du-Vent. Les deux amiraux se conduisirent dans ces trois rencontres avec une extrême prudence. L'un et l'autre déployèrent beaucoup d'habileté, mais les ressources de la tactique leur servirent moins pour attaquer que pour se défendre. Le 17 avril et le 15 mai, Rodney sembla rechercher une action décisive, mais les tentatives, d'ailleurs très-timides, qu'il fit pour arriver à ce résultat, furent immédiatement repoussées. L'amiral anglais se plaignit avec beaucoup de vivacité de quelques-uns de ses capitaines. L'amiral français, au contraire, se montra satisfait de son escadre. « Si j'ai été assez heureux, écrivit-il au ministre, pour avoir un avantage décidé sur l'ennemi, je dois cet agrément à la bravoure et à l'exactitude dans l'exécution des signaux des capitaines qui ont combattu sous mes ordres. Les plus petits vaisseaux ont soutenu, avec la plus grande fermeté, le feu des plus forts de l'ennemi. L'*Artésien* et le *Sphinx*, petits vaisseaux, ont tenu pendant une heure contre trois vaisseaux, dont un à trois ponts. Enfin, Monseigneur, tous messieurs les capitaines se sont distingués. C'est une justice que je leur rends avec bien de la satisfaction. » Il appela d'une manière particulière l'attention du ministre sur le major de l'escadre, le capitaine de vaisseau Buor de la Charoulière, officier d'un très-grand mérite. Quoique le lieutenant général de Guichen eût exercé très-honorablement son commandement, il trouva la responsabilité qui pesait sur lui beaucoup trop lourde, et il résolut d'en décliner le fardeau. Il écrivit au ministre, le 28 mai, c'est-à-dire à son arrivée à la Martinique : « J'attends vos ordres, Monseigneur, et mon rappel, ayant l'honneur de vous assurer très-sincèrement que la conduite d'une escadre aussi considérable est infiniment au-dessus de mes forces à tous égards, et que ma santé ne pourrait soutenir une fatigue et une inquiétude aussi continuelles ; aussi j'ose espérer, Monseigneur, que vous voudrez bien m'en dispenser. »

Dans les premiers jours du mois de juin, une frégate espagnole arriva sur la rade de Fort-Royal. Elle précédait de quelques jours une escadre de douze vaisseaux qui faisait route sur la Havane. Cette escadre escortait un convoi, sur lequel étaient embarqués un matériel considérable et dix mille cinq cents soldats. L'amiral don Solano, sous le commandement duquel elle était placée, désirait que son attérage sur les Iles-du-Vent fût protégé par les Français. Le comte de Guichen lui fit connaître la position des Anglais ; il le pria d'envoyer son convoi à Saint-Pierre et de venir avec son escadre dans la baie de Fort-Royal. Cette proposition fut repoussée par l'amiral espagnol qui se disait obligé de se rendre, sans perdre de temps, à Porto-Rico. Le 9 juin, le comte de Guichen le rallia avec quinze vaisseaux, les seuls qui fussent en état de prendre la mer. Après de longs pourparlers, don Solano se décida à mouiller sur la rade de Fort-Royal, et à expédier son convoi sur la rade de la Basse-Terre. Le lieutenant général de Guichen et le marquis de Bouillé firent de vains efforts pour amener les Espagnols à prendre part à quelque entreprise, soit contre l'escadre de Rodney, soit contre les îles anglaises. Non-seulement don Solano ne voulut pas y consentir, mais il demanda à être accompagné jusqu'à sa destination. Le lieutenant général de Guichen avait reçu du ministre l'ordre de quitter les Iles-du-Vent à l'époque de l'hivernage. Il devait se rendre à Saint-Domingue, et, de là, effectuer son retour à Brest, en escortant une flotte marchande. L'insistance de l'amiral espagnol le détermina à partir un peu avant l'époque fixée par ses instructions. L'état sanitaire des équipages pouvait, sinon justifier, du moins expliquer la conduite de l'amiral espagnol. Une maladie épidémique faisait un grand nombre de victimes à bord de ses bâtiments. « Je conviens que l'état de cette flotte, écrivait le lieutenant général de Guichen au ministre, était misérable par la quantité de malades. Si l'escadre espagnole était arrivée, un mois plus tôt, en état d'entreprendre quelque chose, on aurait pu attaquer avec succès l'ennemi. Dans la position où elle est arrivée, c'est à l'escadre du Roi qu'elle doit son salut. » Ce qu'il était légitime de reprocher à l'amiral espagnol, c'était le peu de résolution dont il avait fait preuve, en arrivant dans le canal de la Dominique. A ce moment, il apprenait d'une manière certaine qu'aucune force ennemie ne se trouvait sous le vent. Il devait, ou continuer sa route, ou expédier son convoi, sous l'escorte de quelques vaisseaux, et se réunir, avec le gros de ses forces, à l'escadre française. Le lieutenant général de Guichen appareilla de Fort-Royal, le 5 juillet, avec les Espagnols. Après les avoir conduits jusqu'à l'entrée du vieux canal de Bahama, il se rendit à Saint-Domingue. Il trouva dans cette colonie la division du chef d'escadre de Lamotte-Picquet. Cet officier général avait eu un engagement avec plusieurs navires appartenant à la division du commodore Cornwallis. Il croisait, le 22 mars 1780, sur les côtes de Saint-Domingue, avec l'*Annibal*, de soixante-quatorze, sur lequel il avait son pavillon, le *Diadème*, de soixante-dix, le *Réfléchi*, de soixante-quatre, et l'*Amphion*, de cinquante. Trois voiles ayant été aperçues, il donna l'ordre de les chasser en route libre. Les bâtiments en vue étaient les vaisseaux le *Lion*, de soixante-quatre, le *Bristol*, de cinquante, et le *Janus*, de quarante. Grâce à la supériorité de sa marche, l'*Annibal* se rapprocha très-rapidement des Anglais. Aussitôt qu'il fut à portée de canon, Lamotte-Picquet fit commencer le feu. Le calme étant survenu, l'*Annibal* combattit seul, pendant plusieurs heures, les trois vaisseaux anglais. Par suite des variations de la brise et de l'action du courant, les bâtiments se trouvèrent séparés au coucher du soleil. Le lendemain, au point du jour, l'*Annibal* joignit de nouveau les Anglais, et la lutte recommença avec une nouvelle vivacité. Les capitaines du *Diadème*, du *Réfléchi* et de l'*Amphion*, étaient désespérés de ne prendre aucune part au combat, mais tous leurs efforts pour rallier Lamotte-Picquet furent inutiles. Pendant que l'*Annibal* réparait des avaries de mâture assez graves, les trois vaisseaux anglais s'éloignèrent. Peu après, trois grands bâtiments, dans lesquels on ne tarda pas à reconnaître des vaisseaux anglais, furent signalés. Notre division fit route sur le Cap Français, où elle mouilla le même jour. Lamotte-Picquet, blessé pendant le combat, n'avait pas quitté le pont de son bâtiment.

Le lieutenant général de Guichen trouva au Cap Français des lettres du chevalier de la Luzerne, notre ministre auprès du Congrès des États-Unis, et du marquis de la Fayette, qui l'invitaient à se rendre sur les côtes de l'Amérique septentrionale. Il déclina cette offre qui était contraire à ses instructions. Le 16 août, il fit route pour l'Europe, laissant à Saint-Domingue le chef d'escadre de Monteil avec dix vaisseaux. Une dépêche cachetée qu'il ouvrit, conformément aux ordres du ministre, en dehors du canal de Bahama, lui apprit qu'il devait aller à Cadix. Il mouilla dans ce port, le 24 octobre, avec dix-neuf vaisseaux et son convoi. Lorsque l'amiral Rodney avait été informé de notre départ, il avait détaché dix vaisseaux à la Jamaïque, et, avec le reste de ses forces, il s'était dirigé sur New-York.

III

Au commencement de l'année 1780, l'insurrection des colonies anglaises avait fait peu de progrès. L'enthousiasme des premiers jours était passé, et le peuple américain se demandait s'il conquerrait jamais cette liberté pour laquelle il avait fait tant de sacrifices. Le gouvernement français, préoccupé de cette situation, se décida à faire passer des troupes de l'autre côté de l'Atlantique. Cette mission fut confiée au chef d'escadre de Ternay qui avait le commandement d'une division de sept vaisseaux. Dans le milieu d'avril, cet officier général était sur la rade de Bertheaume, attendant des vents favorables pour appareiller. Dans la nuit du 2 mai, les vents ayant passé au nord-est, il mit sous voiles avec les vaisseaux le *Duc de Bourgogne*, de quatre-vingts canons, le *Neptune* et le *Conquérant*, de soixante-quatorze, la *Provence*, l'*Éveillé*, le *Jason* et l'*Ardent*, de soixante-quatre, deux frégates, la *Surveillante* et l'*Amazone*, et trente navires de transport. Six mille hommes, commandés par le lieutenant général de Rochambeau, étaient embarqués sur les bâtiments de l'escadre et du convoi. M. de Ternay n'était pas sans appréhension sur la possibilité de cacher son départ aux Anglais. Il savait que l'amiral Graves achevait, à Portsmouth, l'armement d'une escadre spécialement chargée de le poursuivre et de le combattre. L'expédition française fut retenue, pendant quelques jours, dans le golfe, par un coup de vent d'ouest qui succéda brusquement à la brise de nord-est avec laquelle nous avions quitté la rade de Bertheaume. Néanmoins, elle gagna le large sans avoir aperçu un seul croiseur ennemi. Les instructions de notre gouvernement prescrivaient à M. de Ternay de se rendre à Rhode-Island, s'il apprenait, à son arrivée sur la côte d'Amérique, que l'île n'était pas occupée par les Anglais. Après avoir mis à terre les troupes du général de Rochambeau, il devait rester sur la côte et déférer aux demandes de concours qui lui seraient adressées, soit par le général, soit par les autorités américaines. Toutefois, le ministre le laissait libre de décliner les propositions qui lui paraîtraient de nature à compromettre l'escadre placée sous son commandement. Si les forces navales, que l'Angleterre entretenait sur les côtes des États-Unis, se trouvaient supérieures aux siennes, il avait l'autorisation de demander des renforts au commandant en chef de notre flotte dans les Antilles.

Le 20 juin, l'escadre était dans le sud-ouest des Bermudes, faisant route, grand largue, avec des vents de l'est au sud-est, lorsque nos frégates signalèrent cinq vaisseaux dans le nord-est. Ces bâtiments gouvernèrent immédiatement sur nous en se couvrant de voiles. Après avoir donné au convoi l'ordre de se former sous le vent de l'escadre, M. de Ternay vint au plus près, les amures à bâbord, afin de se rapprocher des navires en vue. Il avait devant lui l'*Hector* et le *Sultan*, de soixante-quatorze, le *Lion* et le *Ruby*, de soixante-quatre, le *Bristol*, de cinquante, et la frégate le *Niger*, de trente-deux. Ces bâtiments faisaient partie de la division du commodore Cornwallis qui retournait aux Antilles, après avoir escorté un convoi jusqu'à la hauteur des Bermudes. Lorsque les Anglais eurent reconnu sept vaisseaux, au milieu des navires qu'ils avaient pris de loin pour une flotte marchande, ils serrèrent le vent les amures à tribord. Un de leurs vaisseaux, le *Ruby*, qui avait chassé en avant de sa division, se trouva sous-venté. Le *Neptune* et le *Jason* faisaient de la toile pour le joindre, mais le chef de notre escadre, s'apercevant que ces deux vaisseaux étaient très-éloignés du bâtiment qui les suivait dans la ligne, leur signala de diminuer de voiles. Le *Ruby*, se rendant compte des dangers de sa position, prit les amures à bâbord. Il passa au vent et à portée de canon du *Neptune*, du *Jason* et du *Duc de Bourgogne*, qui ouvrirent sur lui un feu très-vif. La division anglaise se contenta de tirer sur nous, de loin, pour protéger son retour. M. de Ternay, craignant d'exposer son convoi aux entreprises du commodore Cornwallis, ne poursuivit pas le *Ruby*. Il vira de bord et les deux escadres coururent au plus près, les amures à tribord, les Anglais au vent et à grande distance des Français. Aussitôt que la nuit fut venue, le commodore reprit sa première route, tandis que M. de Ternay ralliait son convoi et se dirigeait vers la côte d'Amérique. Le 4 juillet, un peu avant le coucher du soleil, l'escadre arrivait à l'ouvert de la Chesapeak, lorsque les frégates signalèrent dix ou douze voiles au mouillage dans la baie. M. de Ternay, se croyant en présence des forces d'Arbuthnot et de Graves, fit plusieurs fausses routes pendant la nuit, et, le lendemain, il mit le cap sur Rhode-Island. Le 12 juillet, après quelques jours d'une navigation que des brumes persistantes rendirent difficile, les bâtiments de l'expédition mouillèrent devant New-Port. Un des transports, qu'on avait perdu de vue, le 8 juillet, alla à Boston, rendez-vous qui avait été assigné à tous les navires, en cas de séparation.

La mission dont était chargé le chef d'escadre de Ternay se trouvait heureusement remplie. Cependant, des critiques très-vives s'élevèrent contre sa conduite; on le blâma de ne pas avoir fait plus d'efforts, le 20 juin, pour atteindre la division du commodore Cornwallis, ou au moins le *Ruby*. Nous allons examiner la valeur de ces reproches. Le chevalier de Ternay avait reçu du ministre l'ordre de conduire le plus promptement possible, à leur destination, les troupes que la France envoyait au secours des Américains. Cet officier général ne pouvait ignorer l'intérêt qui s'attachait à la mission qui lui avait été confiée. En l'état des affaires aux États-Unis, le débarquement d'un corps français était un événement d'une grande portée politique et militaire. Il devait donc tenir très-particulièrement à honneur de bien remplir les obligations qui lui incombaient dans le plan de campagne du gouvernement. Un avantage, remporté sur les vaisseaux que nous avions rencontrés à la mer, eût tourné au profit de nos forces navales dans les Antilles, puisque le commodore Cornwallis faisait route pour rejoindre l'amiral Rodney. Cela n'était pas douteux, mais il était également certain qu'il eût fallu un succès d'une véritable importance pour compenser l'échec de l'expédition. Les événements, d'ailleurs, montrèrent combien étaient légitimes les préoccupations de M. de Ternay. L'amiral Graves, qui avait, ainsi que nous l'avons dit, l'ordre de le poursuivre, était sorti de Plymouth, dans les premiers jours de mai, avec sept vaisseaux. Ses instructions lui enjoignaient expressément de faire les plus grands efforts pour capturer ou disperser les bâtiments du convoi. Les Anglais avaient reçu, dans la Manche, le coup de vent d'ouest qui nous avait assaillis, peu de jours après notre départ. Obligé de relâcher, par suite du mauvais temps, l'amiral Graves avait passé quinze jours dans le port de Plymouth. Lorsqu'il avait repris la mer, il avait forcé de voiles pour nous devancer sur la côte d'Amérique. Le 13 juillet, c'est-à-dire vingt-quatre heures après notre arrivée à Rhode-Island, son escadre entrait à New-York où se trouvait l'amiral Arbuthnot avec quatre vaisseaux. Si notre traversée avait été retardée de quelques jours, employés, soit à poursuivre l'ennemi, soit à réparer les avaries d'un combat même heureux, nous aurions trouvé la route de Rhode-Island barrée par onze vaisseaux. Faire du mal à l'ennemi, toutes les fois que cela est possible, est évidemment un principe de guerre excellent, mais il ne faut pas perdre de vue que, sur les flottes et dans les armées, l'obéissance est le premier de tous les devoirs. Comment pourrait-on exécuter un plan de campagne, exigeant le concours de plusieurs généraux, si chacun d'eux refusait d'admettre qu'il fût lié par ses instructions.

Aussitôt après le mouillage de notre escadre, les troupes du général de Rochambeau furent débarquées sur l'île de Rhode. L'état sanitaire du corps expéditionnaire était loin d'être favorable à une action immédiate; nous avions, sur les cadres, plus d'un tiers de l'effectif, par suite des fatigues de la traversée. Le 21 juillet, les amiraux Graves et Arbuthnot parurent au large avec onze vaisseaux, dont un de quatre-vingt-dix, six de soixante-quatorze, trois de soixante-quatre et un de cinquante. D'autre part, le commandant en chef de l'armée anglaise qui voulait, avec raison, combattre Rochambeau, avant que celui-ci eût opéré sa jonction avec les Américains, se proposait de débarquer sur l'île de Rhode avec dix mille hommes. Les amiraux anglais, reculant devant la détermination de forcer la passe sous le feu de l'escadre française, résolurent d'attendre l'arrivée du général Clinton, afin d'agir à la fois sur terre et sur mer. Nous n'étions pas préparés à recevoir la double attaque dont nous étions menacés. Défalcation faite des malades et des trois cent cinquante passagers du transport qui s'était séparé de l'escadre, le 8 juillet, nous n'avions pas plus de quatre mille hommes en état de porter les armes. Enfin, les batteries et les fortifications nécessaires pour rendre solide la position de l'escadre et des troupes n'avaient pu être construites. Quelques dissentiments survenus entre l'amiral Arbuthnot et le général Clinton retardèrent le départ de l'expédition. Pendant que nos adversaires perdaient un temps précieux, nos alliés se mettaient en mesure d'agir. L'arrivée d'un corps français à Rhode-Island avait ranimé le courage un peu abattu de la population. Le général Washington, profitant habilement de cette circonstance, donna à quelques régiments de milice l'ordre de le rejoindre. Aussitôt qu'il eut réuni douze mille hommes, il passa l'Hudson et il menaça New-York. En recevant cette nouvelle, le général Clinton fit mettre à terre ses soldats, qui étaient déjà embarqués sur des bâtiments de transport mouillés à Huntingdon, dans Long-Island. A la fin de septembre, l'amiral Rodney, qui arrivait des Antilles, parut à la vue de l'île avec vingt et un vaisseaux. Depuis le 12 juillet, date de notre arrivée à Rhode-Island, la marine et l'armée n'étaient pas restées inactives. Plusieurs ouvrages, armés avec des pièces de trente-six et de vingt-quatre, avaient été élevés à la pointe Brenton (île de Rhode), ainsi que sur les îles Conanicut et Race. Ces batteries appuyaient notre ligne d'embossage, ou croisaient leur feu avec celui des vaisseaux pour défendre l'entrée de la rade[1]. Après avoir reconnu notre position, l'amiral anglais rentra à New-York. Le chef d'escadre de Ternay avait écrit, le 3 août, au commandant de nos forces navales dans la mer des Antilles, pour le prier, conformément aux ordres du ministre, de lui envoyer cinq vaisseaux. A ce moment, nous n'avions à combattre que les onze vaisseaux d'Arbuthnot, et ce renfort eût suffi pour rendre à l'escadre, et par suite à l'armée, sa liberté d'action. Nous n'avions pas tardé à apprendre que le lieutenant général de Guichen avait fait route pour l'Europe avec la plus grande partie de ses vaisseaux, et que, de ce côté, nous ne pouvions espérer aucun secours.

M. de Ternay se décida à expédier un bâtiment en France pour informer le gouvernement de l'impuissance à laquelle l'escadre et les troupes se trouvaient momentanément réduites. La frégate l'*Hermione*, commandée par le lieutenant de vaisseau de la Pérouse, appareilla, le 28 octobre, avec ses dépêches et celles du général Rochambeau. Un coup de vent avait dispersé les bâtiments anglais qui se tenaient habituellement en observation devant l'île. Néanmoins l'*Hermione* fut aperçue par quelques croiseurs ennemis ; grâce à la supériorité de sa marche, elle échappa à leur poursuite. Dans le courant

---

1. Le chef d'escadre de Ternay écrivait ce qui suit sur les dangers de la position de l'escadre à Rhode-Island : « J'ai rendu le côté de la mer aussi fort qu'il peut l'être par les batteries multipliées que j'ai fait élever. Mais je n'oublie pas que l'escadre et les transports ennemis peuvent entrer par la passe de l'ouest, entre Conanicut et la terre ferme, mouiller dans le nord de la rade que j'occupe actuellement, et effectuer la descente sans que j'y puisse mettre obstacle. »

du mois de novembre, l'amiral Rodney reprit la route des Antilles, laissant douze vaisseaux à l'amiral Arbuthnot. Celui-ci vint mouiller dans la baie de Gardner, à la pointe de Long-Island, afin de surveiller l'escadre française. Le mois de décembre fut marqué, à Rhode-Island, par un malheureux événement : le chef d'escadre de Ternay fut enlevé, après quelques jours de maladie.

Le 15 décembre 1780, l'amiral Rodney attaqua l'île de Saint-Vincent, mais il fut repoussé et il se retira à Sainte-Lucie.

LIVRE VII

Prise d'un convoi de soixante voiles par la flotte combinée, sous le commandement de don Luis de Cordova. — Arrivée à Cadix du lieutenant général de Guichen. — D'Estaing prend le commandement des vaisseaux français réunis sur la rade de Cadix, et il les ramène à Brest. — La cour de Londres fait des efforts inutiles pour amener la Hollande à prendre part à la guerre comme alliée de la Grande-Bretagne. — Les procédés de la marine anglaise soulèvent parmi les puissances neutres un mécontentement général. — Convention conclue entre la Russie, le Danemark et la Suède, pour assurer la liberté du commerce maritime. — Difficultés qui s'élèvent entre la Hollande et la Grande-Bretagne. — Rupture entre ces deux puissances. — Accession tardive de la Hollande au projet de neutralité armée.

I

Au printemps de l'année 1780, l'amirauté britannique avait réuni dans les ports de la Manche quarante-cinq vaisseaux de ligne. Nous n'avions à opposer à des forces aussi considérables que l'escadre du lieutenant général Duchaffault. Or, par suite de l'envoi du comte de Guichen aux Antilles et de M. de Ternay en Amérique, l'escadre de Brest était réduite à douze ou quinze vaisseaux. Nous ne pouvions plus assurer la rentrée des bâtiments attendus dans ce port. C'était la crainte de compromettre les vaisseaux du comte de Guichen qui avait déterminé le ministre à donner à cet officier général l'ordre de se rendre à Cadix. Depuis qu'elle prenait part à la guerre, l'Espagne n'avait d'autre objectif que Gibraltar. Pour complaire à cette puissance, vingt vaisseaux français, sortis des ports de la Méditerranée et de l'Océan, s'étaient rangés sous le pavillon du lieutenant général don Luis de Cordova. Par suite de ces dispositions, les Anglais tenaient en échec, avec leur escadre du canal, les forces que nous avions à Brest et à Cadix. Les croiseurs ennemis parcouraient librement les parages compris entre le cap Lézard et le détroit. Une division, commandée par un officier très-habile, le commodore Johnstone, faisait de nombreuses prises sur les côtes de Portugal. Les choses en étaient arrivées à ce point que les communications entre le Ferrol et Cadix n'étaient pas assurées. Dans le mois de juillet, la cour de Madrid consentit à envoyer don Luis de Cordova à la mer. Cet amiral devait croiser depuis le cap Saint-Vincent jusqu'à la hauteur de Vigo, en poussant ses bordées jusqu'à cinquante lieues de terre[1]. Trente-deux vaisseaux espagnols et français sortirent de Cadix le 31 juillet. Le 9 août, l'armée chassa en route libre un grand nombre de voiles qui furent aperçues sous le cap Saint-Vincent. C'était un convoi ennemi, de soixante-quatre bâtiments, naviguant sous l'escorte d'un vaisseau de soixante-quatorze, le *Ramillies*, et de deux frégates. Quelques-uns de ces navires portaient des troupes et des approvisionnements dans l'Inde et en Amérique. Le chef d'escadre de Beausset, avec l'escadre légère, se mit à la poursuite de l'escorte, mais il ne put l'atteindre. Soixante et un bâtiments furent capturés; le nombre des prisonniers, en y comprenant les soldats passagers, s'éleva à trois mille cent quarante-quatre. Quelques jours après, l'armée franco-espagnole rentra à Cadix avec ses prises. Le lieutenant général d'Estaing, envoyé en mission à Madrid par le gouvernement français, devait examiner, de concert avec les ministres du Roi d'Espagne, ce qu'il était possible d'entreprendre avec les forces navales des deux nations. Si nos alliés s'obstinaient à rester près de Gi-

---

1. L'objet de la sortie de l'escadre espagnole était déterminé, ainsi qu'il suit, dans les instructions adressées par le gouvernement espagnol à Cordova : 1° Intercepter les vaisseaux et frégates aux ordres du commodore Johnstone, et les corsaires répandus sur ces parages; 2° protéger l'attérage des bâtiments espagnols et français qui viennent reconnaître les côtes; 3° assurer les communications du Ferrol à Cadix.

braltar, le comte d'Estaing avait l'ordre de prendre le commandement des vaisseaux français et de les ramener à Brest.

Charles III estimait que l'Espagne avait fait à la cause commune un sacrifice suffisant en envoyant douze vaisseaux à la Havane. Il repoussa toute combinaison qui ne lui permettait pas de conserver l'escadre de Cordova à portée du détroit. D'Estaing se rendit à Cadix, et il mit son pavillon sur le vaisseau de cent dix canons le *Terrible*. Le gouvernement espagnol lui fit proposer le concours de Cordova, dans le cas où il jugerait nécessaire de se porter au-devant du lieutenant général de Guichen. D'Estaing ne croyait pas que les vaisseaux attendus des Antilles eussent rien à redouter de l'ennemi. Supposant que l'empressement de la cour de Madrid cachait le désir secret de le garder le plus longtemps possible sur les côtes d'Espagne, il déclina cette offre. Le lieutenant général de Guichen mouilla à Cadix, le 23 octobre, avec dix-neuf vaisseaux et la flotte marchande de Saint-Domingue. Le commandeur de Suffren accompagna, avec cinq vaisseaux et deux frégates, les bâtiments qui se rendaient dans la Méditerranée. Le 7 novembre, trente-huit vaisseaux français prirent la route de Brest. Les bâtiments de commerce qui allaient dans les ports de l'Océan sortirent avec l'escadre. Huit vaisseaux espagnols naviguèrent avec nous jusqu'à la hauteur du cap Lagos. D'Estaing arriva à Brest, après une traversée de cinquante-sept jours [1].

---

1. Dans une lettre écrite, pendant cette traversée, par le comte d'Estaing au chef d'escadre de Lamotte-Picquet, qui était malade à ce moment, nous lisons : « Les généraux tels que vous sont, dans le service du Roi, un remède à tous les maux, et la vue des ennemis du Roi est un remède sûr pour de tels malades. » On voit quelle était la nature des relations du commandant en chef avec un de ses principaux lieutenants. On se rappelle que le capitaine de vaisseau la Cardonnie commandait, en 1778, le *Diadème*, qui était chef de file de l'armée au combat d'Ouessant. Il avait perdu son commandement à la suite de cette affaire. Le 3 juin 1780, le ministre lui avait donné le commandement de l'*Actif*. Ce vaisseau était au nombre de ceux que d'Estaing ramenait à Brest. Pendant la traversée, le commandant en chef lui écrivit : « M. d'Estaing a l'honneur de remercier M. le

II

Depuis l'ouverture des hostilités, l'Angleterre s'efforçait de nouer des alliances sur le continent. Elle avait principalement porté ses vues sur la Hollande, à laquelle l'attachaient des relations très-anciennes. Les négociations entamées avec cette puissance n'ayant pas été couronnées de succès, la cour de Londres chargea sir Joseph York, son représentant à La Haye, de demander officiellement au gouvernement néerlandais des troupes et des vaisseaux. Les Anglais prétendaient que les Provinces-Unies des Pays-Bas, en vertu d'un article secret du traité du 19 février 1674, dont les dispositions se trouvaient répétées dans le traité de 1678 et dans celui de 1716, étaient tenues de leur prêter assistance[1]. Les États-Généraux décidèrent qu'aucun engagement antérieur ne les obligeait à fournir le secours réclamé par la cour de Londres[2]. La marine

---

chevalier de la Cardonnie. Le vaisseau l'*Actif* a toujours été un des plus exacts et des plus prompts dans toutes ses manœuvres; il n'a nul besoin d'indulgence, et le général le prie d'agréer l'hommage de son approbation et de ses louanges. Le talent et la volonté réparent les avaries et le défaut des voiles. J'ai l'honneur d'être avec les mêmes sentiments que M. le chevalier de la Cardonnie veut bien avoir pour moi.... »

1. Le cinquième article de l'alliance défensive perpétuelle entre notre cour et les États-Généraux, conclue à Westminster, le 3 mars 1678, outre une obligation générale de fournir des secours, stipule expressément que « celui des deux États alliés qui ne sera point attaqué sera obligé de rompre avec l'agresseur deux mois après que la partie attaquée l'en aura requis. »

Déclaration de guerre contre les Hollandais. Manifeste du roi d'Angleterre, 17 décembre 1780.

2. « Et pour ce qui est du secours demandé, leurs Hautes Puissances ne peuvent dissimuler leur surprise que Sa Majesté britannique ait cru pouvoir insister, avec la moindre apparence de justice ou d'équité, sur les secours stipulés par les traités, dans un temps où déjà auparavant elle s'était soustraite à l'obligation que les traités lui imposaient envers la République. »

(Contre-manifeste des Hollandais, en réponse au manifeste du roi d'Angleterre, du 19 décembre 1780.)

hollandaise apportait dans nos ports des bois de mâture et de construction. L'article 4 du traité de commerce conclu, le 1er décembre 1674, entre les Provinces-Unies et l'Angleterre, disait expressément que les mâtures et les bois de construction n'étaient pas compris parmi les articles de contrebande de guerre. Le point de droit importait peu à l'Angleterre, habituée depuis longtemps à imposer ses volontés au monde maritime. Ce qu'elle voulait, c'était empêcher des relations commerciales qui avaient une importance particulière pour notre marine militaire. Dans un des traités conclus entre la Grande-Bretagne et la Hollande, il existait une clause qui défendait à une des deux puissances de fournir à l'ennemi de l'autre des armes, des munitions et des vaisseaux. S'appuyant sur ce texte, la cour de Londres déclara que l'importation en France des bois de construction, quoique ces objets fussent désignés nominativement dans le traité de commerce de 1674 comme n'étant pas sujets à saisie, constituait un secours donné à une puissance ennemie de la Grande-Bretagne. Elle demandait ou plutôt elle exigeait que cet article fût interprété, à La Haye, dans ce sens. Pendant que cette question était traitée par la voie diplomatique, la marine anglaise capturait les navires hollandais portant en France et en Espagne les marchandises qui faisaient l'objet du débat. Ces navires étaient déclarés de bonne prise par les tribunaux britanniques. Dans le but de faciliter les négociations pendantes, le cabinet de Saint-James consentit à restituer ces bâtiments à leurs propriétaires, mais il s'appropria les cargaisons dont il paya le prix, d'après une estimation faite par des experts. La Hollande céda, et la doctrine soutenue à Londres fut acceptée par les ministres de la République. On convint que les bois de mâture et de construction seraient considérés désormais comme contrebande de guerre. Le duc de la Vauguyon représentait la France auprès des États-Généraux. Par sa sagacité, par l'habileté de sa conduite, ce diplomate était parvenu à rétablir notre influence dans un pays où l'envoyé de la Grande-Bretagne jouissait depuis longtemps d'une autorité incontestée. Grâce à ses efforts, il s'était formé un parti qui penchait vers notre alliance et sur lequel nous pouvions nous appuyer. Le duc de la Vauguyon s'éleva avec beaucoup de force contre la mesure prise à la demande de l'Angleterre. Cette concession était une violation flagrante de la neutralité que la Hollande était tenue d'observer à l'égard des belligérants. La France, qui ne demandait rien pour elle-même, avait le droit d'exiger qu'on n'accordât aucune faveur à la puissance avec laquelle elle était en guerre. Le cabinet de Versailles déclara que, si les États-Généraux persistaient dans leur résolution, les bâtiments de la République seraient privés du bénéfice des dispositions libérales contenues dans l'article premier du règlement du 26 juillet 1778. Enfin, il menaça la Hollande d'augmenter les droits auxquels était soumis son commerce avec la France[1]. L'attitude très-ferme de notre gouvernement triompha de l'influence anglaise. Le duc de la Vauguyon reçut l'assurance qu'il ne serait apporté aucune modification aux traités conclus antérieurement avec la Grande-Bretagne.

La Hollande ne tarda pas à se trouver en présence de nouvelles difficultés. Le capitaine Paul Jones, de la marine américaine, croisait, sur les côtes d'Écosse, avec une petite division, composée des frégates américaines, le *Bonhomme-Richard* et l'*Alliance*, et du corsaire français la *Vengeance*. Le 23 septembre 1779, il rencontra un convoi anglais, escorté par la frégate le *Sérapis* et la cor-

---

1. Les menaces du gouvernement français reçurent un commencement d'exécution. Les dispositions de l'article 1ᵉʳ du règlement du 26 juillet 1778 furent suspendues, en ce qui concernait la marine hollandaise. Toutefois, le cabinet de Versailles fit une exception en faveur des villes d'Amsterdam et de Harlem. Ces deux villes avaient protesté contre la faveur accordée à l'Angleterre à notre détriment. Ces mesures furent rapportées, et les choses rétablies en l'état où elles étaient avant cet incident, aussitôt que les Provinces-Unies eurent annulé la décision qui rangeait les bois de mâture et de construction parmi les objets de contrebande de guerre.

vette la *Comtesse-de-Scarborough*. Après un combat sanglant, les deux bâtiments anglais amenèrent leur pavillon. Le *Bonhomme-Richard* coula sous les pieds de Paul Jones qui passa sur le *Sérapis* avec son équipage. L'affaire avait été très-rude, et les bâtiments américains aussi bien que les bâtiments anglais étaient hors d'état de tenir la mer. Le capitaine Paul Jones entra dans le Texel avec ses prises pour se réparer[1]. Sir Joseph York adressa immédiatement au ministre des affaires étrangères de la République une note dans laquelle il exigeait qu'on lui livrât le *Sérapis*, la *Comtesse-de-Scarborough*, ainsi que les équipages américains. L'envoyé de la Grande-Bretagne ajoutait que le capitaine Paul Jones, n'ayant pas de commission émanant d'un pouvoir souverain, devait être considéré comme pirate. Quel que fût le désir du Stathouder de vivre en bonne intelligence avec la cour de Londres, l'opinion publique ne lui eût pas permis de souscrire à de pareilles conditions. La présence, au milieu des navires américains, de deux bâtiments portant le pavillon français, l'obligeait d'ailleurs à une extrême circonspection. Le gouvernement hollandais, après un mûr examen de la question, adopta la solution suivante. Il fit défendre de fournir à la division américaine aucun approvisionnement propre à la guerre. Le capitaine Paul Jones reçut l'injonction de quitter le Texel, aussitôt qu'il aurait terminé les réparations les plus urgentes. Il fut prévenu qu'on emploierait la force, si cela était nécessaire, pour assurer l'exécution de ces mesures[2]. Le mécontentement que

---

1. Un quatrième bâtiment, le corsaire français la *Pallas*, qui appartenait à la division américaine, rallia Paul Jones, après le combat, et il entra avec lui dans le Texel.
2. Les mesures indiquées ci-après furent prises, à Paris, pour terminer cet incident. Le capitaine Paul Jones reçut de Franklin l'ordre de prendre le commandement de la frégate américaine l'*Alliance* et de faire voile du Texel pour l'Amérique septentrionale. Il devait composer son équipage avec des Américains, ceux qui se trouvaient sur l'*Alliance* et les survivants du *Bonhomme-Richard*. Les capitaines des deux corsaires, la *Vengeance* et la *Pallas*, passèrent avec la plus grande partie de leurs équi-

causa à Londres cette solution amena de promptes représailles.

Le commodore Fielding, en croisière dans la mer du Nord, rencontra, le 26 décembre 1779, un convoi composé de dix-sept navires hollandais, naviguant sous l'escorte de quelques bâtiments commandés par le contre-amiral comte de Bylandt. Le commodore fit connaître à l'amiral hollandais qu'il avait l'intention de visiter son convoi. Celui-ci déclara qu'il s'opposerait par la force à l'exécution d'une mesure offensante pour le pavillon de son pays. Les instructions très-précises de l'amirauté britannique ne permettaient pas au commodore de tenir compte de cette observation. Les Hollandais ayant tiré sur les embarcations anglaises expédiées à bord des bâtiments du convoi, le commodore Fielding envoya un coup de canon à boulet sur l'avant du navire que montait l'amiral Bylandt. Ce dernier, ne voulant pas engager une lutte que l'infériorité de ses forces eût rendue désastreuse pour sa division, répondit par toute sa bordée, et, lorsqu'il eut reçu celle de l'ennemi, il amena son pavillon. Les Anglais, après avoir capturé neuf bâtiments, laissèrent l'amiral hollandais libre de continuer sa route. Celui-ci rehissa ses couleurs, mais, ne voulant pas se séparer des navires confiés à sa garde, il suivit les Anglais à Spithead.

Les bâtiments arrêtés par le commodore Fielding furent jugés et déclarés de bonne prise. « Il est sans importance, fut-il dit dans les considérants de l'arrêt rendu par la cour de l'amirauté britannique, que le blocus des côtes ennemies soit formé par la clôture du Pas-de-Calais ou par des croisières devant les ports de Brest et de Lorient.

---

pages à bord du *Sérapis* et de la *Comtesse-de-Scarborough*, sur lesquels fut hissé le pavillon français. La *Pallas* et la *Vengeance* ne conservèrent que le nombre d'hommes nécessaire pour naviguer. Le ministre prescrivit de conduire les deux prises anglaises à Brest, et les deux corsaires à Dunkerque. Toutes ces dispositions reçurent leur exécution, malgré la surveillance très-active de la croisière anglaise.

Tous les vaisseaux pris avaient cherché à violer le blocus. Par sa position insulaire, la Grande-Bretagne établit un blocus naturel devant tous les ports de la France et de l'Espagne. Elle a le droit de tirer parti de sa position comme d'un don de la Providence. » On imaginerait difficilement un abus plus criant de la force. Les événements que nous venons de rapporter soulevèrent l'opinion en Hollande, et unirent tous les partis contre l'Angleterre. Mais cette puissance était décidée à persister dans la ligne de conduite qu'elle avait adoptée, quelles qu'en pussent être les conséquences. Loin d'admettre qu'elle eût des torts envers la Hollande, elle se plaignit avec hauteur du comte de Bylandt. Cet amiral, en faisant tirer sur les embarcations chargées de procéder à la visite des bâtiments de son convoi, avait violé le droit des gens. Le 21 mars 1780, sir Joseph York réclama avec plus d'insistance qu'il ne l'avait fait, l'année précédente, l'exécution des clauses contenues dans les traités de 1674, 1678 et 1716. Il ajouta que, si dans l'espace de trois semaines il n'était pas fait une réponse satisfaisante à cette demande, la Hollande serait traitée comme les puissances avec lesquelles l'Angleterre n'était liée par aucune convention particulière. Avant de prendre une décision de cette importance, le pouvoir exécutif était obligé, en vertu de la Constitution, de consulter tous les États. Tout en protestant de son désir sincère de vivre en bonne intelligence avec son ancienne alliée, la Hollande déclara que le délai fixé par sir York était insuffisant pour remplir cette formalité. Le 17 avril, la cour de Londres mit à exécution la menace contenue dans la note du 21 mars. Un ordre royal, rendu en conseil des ministres, supprima les privilèges dont jouissait le commerce des Provinces Unies, en vertu des traités régulièrement passés avec la Grande-Bretagne. Des instructions furent adressées aux croiseurs de la marine britannique, leur enjoignant de conduire dans les ports anglais les bâtiments hollandais à bord desquels on trouverait « quelques effets appartenant aux ennemis de Sa Majesté, ou des effets qui sont regardés comme contrebande par la loi générale des nations. » Il leur fut en outre prescrit de capturer les bâtiments hollandais rencontrés près de nos côtes, les ports français, disait la cour de Londres, se trouvant, par le fait seul que la guerre existait entre les deux puissances, en état de blocus. Depuis la paix d'Utrecht, la force de la Grande-Bretagne s'était accrue de la condescendance que lui témoignaient ses adversaires. Après ses succès dans les guerres de 1741 et de 1756, cette puissance avait paru considérer la souveraineté des mers comme un des attributs légitimes de la couronne d'Angleterre. Quoiqu'elle fût engagée dans une guerre qui exigeait, de sa part, de très-grands efforts et l'emploi de toutes ses ressources, elle ne renonçait à aucune de ses prétentions[1]. Dans ses relations avec les neutres, elle continuait à n'avoir d'autre règle que ses intérêts. Ses croiseurs arrêtaient, sous de vains prétextes, les navires, quel que fût leur pavillon, portant en France ou en Espagne des approvisionnements maritimes. Or, on savait par expérience que, sauf de très-rares exceptions, les navires conduits dans les ports anglais étaient perdus pour leurs propriétaires. Cependant, il s'a-

1. Le chancelier de l'empire russe, le comte Panin, entretenant le ministre d'Angleterre des plaintes que les neutres faisaient entendre contre les procédés de la marine britannique, lui disait : « Trois puissances, le Danemark, la Suède et la Hollande, prient instamment l'Impératrice de se joindre à elles pour se plaindre des procédés de votre marine. Il est impossible à Sa Majesté de voir avec indifférence les vexations auxquelles le commerce du Nord est exposé de la part de vos navires de guerre et de vos navires armés en course. Vos définitions, relativement aux matières destinées aux constructions navales, présentent si peu de précision, que vous pouvez saisir toutes les productions de notre pays. L'Impératrice, par suite de la position que la Russie occupe en Europe, est obligée de vous adresser des représentations. Elle doit insister pour que les instructions données à vos croiseurs soient modifiées. Il est indispensable que vos commandants observent désormais, dans leurs relations avec les bâtiments neutres, plus de circonspection. » Le ministre anglais défendit avec chaleur les instructions données par l'amirauté britannique, pour déterminer les objets concernant les constructions navales qui étaient sujets à saisie. Enfin, il fit entendre que la cour de Londres ne pourrait accepter, sur ce point, aucune remontrance de la part d'une puissance amie.

gissait le plus souvent de marchandises dûment spécifiées dans les traités comme appartenant au commerce licite. Les navires du Nord, russes, danois, suédois, prussiens, par suite de la nature spéciale de leur chargement, dans lequel il entrait presque toujours du bois, du chanvre et du goudron, étaient exposés à des vexations et à des tracasseries continuelles. Cet état de choses soulevait, dans toutes les cours de l'Europe, une très-vive irritation contre l'Angleterre. M. de Vergennes écrivait, le 22 novembre 1778, à M. de Corberon, notre ministre à Saint-Pétersbourg : « L'Impératrice donnerait une preuve éclatante de ses sentiments de dignité et de justice, si, en faisant cause commune avec la Suède, le Danemark, la Hollande et la Prusse, elle amenait le Roi d'Angleterre à des principes plus équitables sur la liberté des mers et le commerce des neutres. Elle rendrait ainsi un grand service à toute l'Europe. Déjà, la Hollande arme des navires pour convoyer ses escadres marchandes, et le Danemark annonce qu'au printemps prochain il mettra en mer une escadre pour le même objet. La Prusse se verra pareillement obligée de prendre une mesure de ce genre. Tant d'armements simultanés peuvent aisément donner occasion à des incidents fâcheux, et allumer une guerre maritime qui deviendrait générale. Mais l'Impératrice de Russie n'aurait aucune peine à rendre la sécurité au commerce de ses États, si, par des représentations énergiques, elle voulait appuyer celles que les autres nations, neutres dans le conflit actuel, sont déjà décidées à faire. » Le Danemark, la Suède et la Prusse faisaient à Saint-Pétersbourg des démarches très-actives pour amener la formation d'une ligue des neutres, à la tête de laquelle se placerait la Russie. Le chancelier de l'empire, le comte Panin, accueillait favorablement ces ouvertures. Il estimait qu'il était d'une bonne politique de conserver, à l'égard de l'Angleterre, une attitude très-ferme. Sir Harris, plus connu sous le nom de lord Malmesbury, représentait la cour de Londres à Saint-Pétersbourg. Ce diplomate s'efforçait, par tous les moyens en son pouvoir, de nouer une alliance étroite entre la Russie et la Grande-Bretagne. Ses tentatives auprès du chancelier étant demeurées sans résultat, il était parvenu à mettre le prince Potemkin dans ses intérêts. Malgré l'influence de ce personnage, le comte Panin combattait avec succès les projets de Sir Harris[1].

Telle était la situation, lorsqu'un incident, survenu à la fin de l'année 1779, remit toutes choses en question. Les pratiques des tribunaux anglais, en matière de prises, provoquaient, de la part des belligérants, des représailles dont les neutres avaient à souffrir. La marine britannique ayant capturé des bâtiments neutres porteurs de marchandises espagnoles, la cour de Madrid prescrivit à ses croiseurs d'arrêter tous les navires, quelle que fût leur nationalité, sur lesquels on trouverait des marchandises anglaises. Deux navires russes, la *Concordia* et le *Saint-Nicolas*, qui étaient dans ces conditions, furent rencontrés dans la Méditerranée et conduits à Cadix. L'Impératrice Catherine résolut de demander à l'Espagne une réparation éclatante de l'insulte faite à son pavillon. Elle donna l'ordre d'armer une escadre de quinze vaisseaux et de cinq frégates, et une note, formulée en termes énergiques, fut adressée à la cour de Madrid. Le ministre anglais n'était pas étranger à ces résolutions[2].

---

1. « Je m'estime heureux d'avoir pu rassurer si tôt Votre Majesté sur le succès des tentatives du ministre d'Angleterre. De la manière que le comte Panin l'a emporté dans cette affaire importante, il a prouvé que, sans jouir de la faveur de sa Souveraine, Elle rend justice à ses lumières, et qu'aussi longtemps qu'il vivra il soutiendra toujours le système politique qu'il a fait prendre à la Russie. » (Lettre du comte de Goertz au roi Frédéric, 7 janvier 1780.)
Le comte de Goertz était ambassadeur de Prusse à la cour de Russie.
2. Depuis mon dernier rapport, les intrigues du ministre d'Angleterre m'ont donné de nouvelles alarmes. J'avais bien trouvé, dans l'entretien que j'avais eu avec le comte Panin, et dont j'ai fait mention, que ce ministre n'était pas dans son assiette naturelle, mais se plaignait de sa santé, et, après le compte que le chargé d'affaires de France m'avait rendu de son entretien avec le favori, je me suis cru autorisé de dire à Votre Majesté que

214   HISTOIRE DE LA MARINE FRANÇAISE.

Instruit des difficultés qui s'étaient élevées entre l'Espagne et la Russie, il avait cru le moment opportun pour tenter un nouvel effort. Il avait obtenu de l'Impératrice, par l'intermédiaire du prince Potemkin, une audience particulière dans laquelle il n'avait rien négligé pour augmenter l'irritation que cette Souveraine ressentait contre l'Espagne. Le chancelier de l'empire avait été tenu en dehors de cette négociation. Toutes les lettres qui avaient été envoyées, soit à Madrid, soit aux cours neutres, étaient revêtues de la signature de l'Impératrice[1]. Sir Harris put un moment se croire arrivé au but qu'il

---

les nouvelles menées du ministre d'Angleterre ne porteraient probablement pas coup. Le jour du départ de la poste, on m'avertit que l'Impératrice de Russie, se trouvant offensée de ce que l'Espagne venait d'arrêter de nouveau un vaisseau russe, destiné même pour l'Espagne, l'ordre venait d'être donné d'équiper incessamment quinze vaisseaux de ligne et cinq frégates pour protéger son pavillon contre toute insulte. Je me rendis d'abord chez le vice-chancelier pour apprendre ce qu'il en était, en lui témoignant mes inquiétudes sur les menées du sieur Harris. Il m'assura que, jusqu'à présent, ce ministre ne lui avait pas encore adressé la parole sur ces négociations ; qu'il était vrai que l'Impératrice était très-fâchée contre les procédés des Espagnols ; qu'on avait non-seulement arrêté ce vaisseau russe et vendu sa cargaison, destinée pour l'Espagne, à un bas prix, mais qu'on n'avait même pas permis au capitaine russe de mettre pied à terre, ni prévenu du fait le consul ; mais que, probablement, le ministère d'Espagne désapprouverait cette conduite, et que cela ne pourrait avoir des suites. Je lui dis, sur cela, qu'on m'avait dit qu'il y avait un ordre pour la marine d'équiper des vaisseaux. Il me répondit qu'on le disait en ville, mais qu'il pouvait m'assurer n'avoir point encore connaissance de cette nouvelle, avec l'anecdote que l'Impératrice devait avoir, elle-même, minuté l'ordre sans le concours du ministère. (Lettre du comte de Goertz au roi Frédéric, 18 (29) février 1780.)

1. « Une preuve bien forte combien, dans ce moment, le comte Panin lutte contre la faveur et qu'il a peu de crédit, c'est que, lorsque sa Souveraine a pris la résolution de cet armement naval, elle a ordonné à son secrétaire de cabinet d'écrire des lettres à ses ministres aux cours de Suède, de Danemark et à La Haye, les a signées, et, après cela seulement, elle a fait parvenir à la connaissance de son ministère qu'elle avait ordonné l'armement d'une flotte pour protéger son commerce, et qu'on devait traiter cette affaire avec les puissances maritimes neutres. Le courrier a été expédié pour Stockholm, et ira de là à Copenhague, à La Haye, à Paris et à Madrid. Depuis, le comte Panin a pris, de son côté, l'affaire en main, et son plan est de tourner la négociation pour faire une association des puissances neutres, contre les insultes de leur pavillon, dans une guerre mari-

poursuivait, mais il devait encore une fois être battu par le ministre russe. Celui-ci, sans être en faveur auprès de sa Souveraine, jouissait d'un très-grand crédit qui était basé sur sa capacité politique. L'affaire de la *Concordia* et du *Saint-Nicolas* ayant été soumise au conseil, le chancelier persuada facilement à ses collègues que, dans les circonstances actuelles, il était impolitique de venir en aide à l'Angleterre. Il fit plus, il amena sa Souveraine à envisager la question sous son véritable jour [1].

time, et il espère, par là, pourvu que l'Espagne calme par sa réponse la première aigreur, trouver le moyen de porter un coup sensible à l'Angleterre par cette même démarche, à laquelle les intrigues de son ministre avaient donné nécessité. Le ministre a déjà porté ce plan sous les yeux de l'Impératrice, et on m'assure que, si Elle l'approuve, comme on le croit, et que les autres cours l'agréent, ses principes établis pour cette espèce de droit public maritime seront moins agréables à l'Angleterre qu'à toute autre puissance. Dès que l'Impératrice de Russie l'aura approuvé, il partira incessamment, avec ce plan, un courrier qui prendra la même route que celui qui a été expédié par ordre de Sa Majesté impériale. » (Lettre du comte de Goertz au roi Frédéric, 7 mars 1780).

1. « Je m'empresse de donner la bonne nouvelle à Votre Majesté que le comte Panin vient de me confier d'avoir la plus grande probabilité de faire échouer de nouveau les intrigues du chevalier Harris. En effet, sa Souveraine ayant approuvé le plan de ce ministre, il y a apparence que l'effet de cet armement naval, dont le ministre anglais était parvenu à faire prendre la résolution dans un moment d'humeur qu'il avait fomenté, pourrait bien tourner contre sa nation. On va expédier des courriers pour Stockholm, Copenhague, La Haye, Paris, Madrid et Lisbonne, tant pour instruire les puissances maritimes neutres de l'intention de cette cour impériale de protéger son commerce, et de les inviter à se réunir avec la Russie pour établir des principes de droit public pour le commerce des puissances neutres pendant le cours d'une guerre maritime, que pour faire connaître cette résolution et les principes qu'on croit nécessaire d'établir pour la sûreté des puissances belligérantes. Le comte Panin croit être sûr que la Hollande entrera volontiers dans ce concert. Il est sûr de la Suède et du Danemark, et il se flatte que la France elle-même, pour se procurer les productions du Nord, qui lui sont indispensables, applaudira également à ce plan. Tout dépend, à ce qu'il convient lui-même présentement, de la manière que l'Espagne s'expliquera sur les justes plaintes que la Russie lui a adressées. Si elle y répond d'une manière satisfaisante, alors, il est persuadé que tout retombera sur le ministre d'Angleterre, dont il ne peut assez blâmer la conduite, et il se flatte que lui et le ministère britannique se repentiraient de s'être permis de pareilles intrigues. Aux compliments que je lui ai faits

L'Espagne, disait le chancelier, était loin de prétendre que les navires russes eussent été arrêtés légalement. Cette puissance avait conformé sa conduite à celle de la Grande-Bretagne qui capturait les bâtiments de toutes nations porteurs de marchandises espagnoles[1]. S'il était légitime de réclamer la *Concordia* et le *Saint-Nicolas*, il était surtout important de ramener les belligérants à une plus juste appréciation de leurs devoirs à l'égard des neutres. L'attaque du convoi escorté par le comte de Bylandt était une preuve de la justesse de cette opinion. Ce qui était en cause, c'était une question de droit public qui intéressait toutes les puissances maritimes. L'Impératrice, jusque-là hésitante, prit un parti qui attira sur la Russie l'attention de toute l'Europe. Elle adressa, le 28 février, aux cours de Versailles, de Madrid et de Londres, une note dans laquelle étaient exposés les principes de droit international dont l'adoption, par les belligérants, lui semblait nécessaire pour assurer la liberté du commerce maritime. Ces principes étaient résumés dans les propositions indiquées ci-après : Les vaisseaux neutres pourront naviguer librement de port en port et sur les côtes des nations en guerre. Les effets appartenant aux sujets desdites puissances en guerre seront libres sur les vaisseaux neutres, à l'exception de la contrebande de guerre. L'Impératrice se tient,

sur ces glorieux succès, ce ministre, malgré sa modestie, ne m'a pas paru insensible, et la tournure habile qu'il a donnée à cette affaire importante, dans un moment critique où il lutte entièrement contre la faveur, me paraît effectivement un chef-d'œuvre, et, vu la grande admiration qu'il a pour les lumières supérieures de Votre Majesté, je suis persuadé que, si elle approuve ce qu'il vient de faire, cela le flattera extrêmement. » (Lettre du comte de Goertz au roi Frédéric, 10 mars 1780.)

1. « Dès le commencement de la présente guerre, le Roi déclara par ses ordonnances sur la course, publiées à la vue de tout le monde, qu'à l'égard des marchandises, productions et effets anglais chargés à bord des bâtiments portant pavillon ami ou neutre, Sa Majesté se conduirait suivant le procédé dont les Anglais en useraient envers les chargements du même genre, afin d'éviter, par cette réciprocité de conduite, l'inégalité énorme, le préjudice ou même la ruine, auxquels le commerce et les sujets de Sa Majesté se trouveraient exposés. » (Lettre du ministre des affaires étrangères d'Espagne au ministre de la marine, du 13 mars 1779.)

quant à la fixation de celle-ci, à ce qui est énoncé dans son traité de commerce avec la Grande-Bretagne du 20 juin 1766, en étendant ces obligations à toutes les puissances en guerre. Pour déterminer ce qui caractérise un port bloqué, on n'accordera cette dénomination qu'à celui où il y aura, par la disposition de la puissance qui l'attaque avec des vaisseaux suffisamment proches, un danger évident d'entrer. Ces principes serviront de règle dans les procédures et les jugements sur la légalité des prises. L'Impératrice terminait en disant qu'elle avait l'intention d'observer fidèlement, ainsi qu'elle l'avait fait depuis le début des hostilités, la plus stricte neutralité. Mais elle était décidée à donner à ses forces navales les ordres nécessaires pour faire respecter, partout où besoin serait, les droits de ses sujets et l'honneur de son pavillon. La note russe fut considérée à Londres comme une injure à laquelle, en toute autre circonstance, on eût répondu par une déclaration de guerre[1]. La situation des affaires ne permettait pas au gouvernement anglais de donner un libre cours à l'orgueil national. L'initiative prise par la Russie et l'attitude des cours du Nord révélaient un danger qu'il fallait soigneusement écarter. Sans s'expliquer

---

1. La déclaration de l'Impératrice fut, en Angleterre, le sujet de discussions très-vives. Lord Shelburne, chef de l'opposition dans la Chambre des lords, exprima son étonnement que l'empire moscovite qui comptait à peine, il y a trente ans, parmi les puissances maritimes, tentât de dicter des lois, sur mer, à la Grande-Bretagne. Selon un autre membre de la même Chambre, le manifeste russe ne tendait à rien moins qu'au renversement de toutes les règles observées jusque-là dans les relations internationales. On a raison de dire qu'on ne peut, à la fois, être juge et partie.

La note russe pouvait se résumer ainsi : « Navire libre, marchandises libres, à l'exception de la contrebande de guerre. » Il n'était pas question de la marchandise neutre chargée sur un navire ennemi. Dans une ordonnance de l'Impératrice, concernant le pavillon marchand de toutes les Russies et portant la date du 19 mai 1780, on lit ce qui suit :

« ... Nos sujets doivent aussi avoir soin de ne pas embarquer des effets qui leur appartiennent sur des bâtiments des nations engagées dans la guerre, afin d'éviter ainsi tous désagréments et toutes rencontres désagréables. » La règle la plus généralement suivie, à cette époque, était que la marchandise neutre était saisissable sur le bâtiment ennemi.

d'une manière catégorique sur les propositions russes, le cabinet de Saint-James protesta de ses sentiments d'équité à l'égard des neutres et de son respect pour les traités qui le liaient aux différentes cours de l'Europe. Le point sur lequel la cour de Londres insista particulièrement, ce fut sur son désir de vivre en bonne intelligence avec la Russie.

Au commencement de l'année 1778, les lois françaises, relatives aux prises maritimes, avaient pour base l'ordonnance de 1661. Un des articles de cette ordonnance disait : « Tous navires qui se trouveront chargés d'effets appartenant à nos ennemis et les marchandises de nos sujets et alliés qui se trouveront dans un navire ennemi seront pareillement de bonne prise[1]. » En 1744, la législation sur la matière avait été légèrement modifiée. La confiscation des marchandises ennemies chargées sur des navires neutres avait été maintenue, mais on avait décidé que les bâtiments seraient relâchés. Tel était l'état de la question au moment où avait éclaté la guerre de l'indépendance américaine. Le règlement français du 26 juillet 1778 consacra le principe que le pavillon neutre neutralise la marchandise ennemie, à l'exception de la contrebande de guerre. Aussi la déclaration de l'Impératrice Catherine fut-elle accueillie, à Paris, avec une très-grande satisfaction[2]. L'Espagne, qui avait adopté notre législation en matière de prise, s'empressa de donner son adhésion aux propositions russes. Dans le courant du mois de mai 1780, le Danemark, avec l'acquiescement de la Suède et de la Russie, interdit l'accès de la mer Baltique aux bâtiments de

---

1. La France s'était réservé le droit de révoquer ce règlement, si les puissances ennemies n'accordaient pas la réciprocité dans le délai de six mois, à partir de sa publication.

2. Il existait, entre le règlement du 25 juillet 1778 et les propositions contenues dans la note russe, une différence que nous allons indiquer. L'article 2 disait que les effets appartenant au sujet des puissances en guerre étaient libres sur les vaisseaux neutres, à l'exception de la contrebande de guerre, tandis que le règlement français prononçait la confiscation de la cargaison entière et du navire, lorsque les marchandises de contrebande composaient les trois quarts de la valeur du chargement.

guerre de la France, de l'Angleterre et de l'Espagne. Deux mois après, les rois de Danemark et de Suède adressèrent aux cours de Londres, de Versailles et de Madrid, une note absolument conforme à la déclaration de l'Impératrice Catherine. Enfin, la Russie, le Danemark et la Suède se lièrent par une convention ayant pour but de défendre, même par les armes, les droits de leurs sujets. La Russie se hâta de notifier aux puissances belligérantes l'accession des deux autres cours au projet de neutralité armée dont elle avait pris l'initiative[1]. Le prince Galitzin, qui représentait la cour de Saint-Pétersbourg à La Haye, avait remis, le 3 avril, au ministre des affaires étrangères de la République, la déclaration adressée par sa Souveraine aux puissances belligérantes. Le prince avait reçu de son gouvernement la mission d'amener les Provinces-Unies à se joindre aux cours du Nord pour défendre la liberté du commerce maritime. Les États-Généraux décidèrent, le 24 avril, que des plénipotentiaires spéciaux seraient envoyés à Saint-Pétersbourg pour cet objet. L'Angleterre voyait avec un mécontentement toujours croissant la Hollande échapper à son influence. Un incident qui se produisit dans le mois de septembre vint encore accroître la mésintelligence existant entre les deux nations. M. Henri Laurens, ancien président du congrès, fut nommé ministre des États-Unis à La Haye. Le bâtiment sur lequel il prit passage pour se rendre à son poste tomba entre les mains des Anglais. On trouva dans ses papiers la copie d'un traité de paix et d'amitié entre la Hollande et les États-Unis. Ce traité avait été signé, le 4 septembre 1778, par MM. Adam de Neufville, agissant d'après les ordres du

---

1. Les puissances dont les noms suivent donnèrent leur adhésion aux principes énoncés dans la déclaration de l'Impératrice Catherine aux époques indiquées ci-après, savoir : La Prusse, le 8 mai 1781; l'Autriche, le 9 octobre 1781; le Portugal, le 13 juillet 1782; le royaume de Naples, le 1ᵉʳ février 1783. Le congrès des États-Unis avait adopté, le 5 octobre 1780, en séance publique, les propositions contenues dans la note de l'Impératrice de Russie.

conseiller Van Berckel, pensionnaire de la ville d'Amsterdam, et William Lee, commissaire du congrès [1].

Cette pièce, dont le gouvernement de la République ignorait l'existence, ne pouvait engager qu'un seul État, celui de Hollande. Les États-Généraux, par une délibération en date du 27 novembre, désavouèrent publiquement la conduite du premier magistrat de la ville d'Amsterdam. Les efforts que faisaient les Provinces-Unies pour apaiser la cour de Londres étaient inutiles. L'Angleterre voulait, en soulevant ces continuelles difficultés, intimider la Hollande et l'amener à subir sa volonté. Reconnaissant l'impossibilité d'arriver à ce résultat, elle se décida à l'avoir pour ennemie. Deux partis se disputaient la direction des affaires dans les Provinces-Unies des Pays-Bas. L'un, à la tête duquel était placé le Stathouder, était partisan de l'alliance anglaise; l'autre, dont le pensionnaire de la ville d'Amsterdam était le chef, recherchait l'appui de la France. Le premier insistait sur la nécessité d'augmenter les forces de l'armée de terre, tandis que le dernier demandait que la marine fût mise en état de défendre l'honneur du pavillon hollandais contre les insultes de l'Angleterre. Il était résulté de ce choc d'influences que la Hollande n'avait armé ni sur terre, ni sur mer. En déclarant la guerre à cette puissance, la cour de Londres n'augmentait pas le nombre de ses ennemis. Elle voyait, au contraire, dans la conquête des colonies néerlandaises, une compensation aux pertes qu'elle-même pourrait éprouver. « Si nous déclarons la guerre à la Hollande, écrivait sir York à lord Stormont [2] le 3 no-

---

1. L'article 1ᵉʳ de ce traité était ainsi conçu : « Il y aura une paix ferme, inviolable et universelle, et une sincère amitié entre leurs Hautes Puissances, les États des sept provinces unies de Hollande, et les États-Unis de l'Amérique septentrionale, et les sujets et les peuples desdites parties, et entre les pays, îles, villes et bourgs dépendant de la juridiction desdits États-Unis de Hollande, et desdits États-Unis de l'Amérique, et de leurs peuples et habitants de toute condition, sans exception de personnes ou de lieux. »

2. Le ministre des affaires étrangères dans le cabinet de lord North.

vembre 1780, nous trouverons cet État dépourvu d'artillerie et d'approvisionnements de quelque nature que ce soit, n'ayant ni flotte, ni armée, ni aucune de ses possessions hors d'Europe en état de défense. » Revenant sur le même sujet il disait, le 7 décembre : « Ce pays ci n'est en aucune manière préparé pour la guerre. Tous sont encore disposés à considérer une lutte avec l'Angleterre comme une impossibilité. Le pouvoir exécutif, dans le gouvernement de la République, n'a jamais cessé d'être opposé au parti de la guerre. Tous les établissements de la Hollande, dans les Indes orientales et occidentales, sont actuellement dans une condition déplorable. Entre tous, Saint-Eustache, aussi dépourvu que les autres, est la grande mine des profits pour le commerce hollandais. » Le 20 novembre, les Etats-Généraux ayant décidé, à la majorité de quatre provinces contre trois, que la République prendrait part à la ligue formée par la Russie, le Danemark et la Suède, l'Angleterre résolut de brusquer les événements. Sir York fut chargé de demander la punition des autorités qui avaient conclu le traité signé à Amsterdam, le 4 septembre 1778. Ne pouvant obtenir cette satisfaction, ce à quoi, d'ailleurs, elle ne s'attendait pas, la Grande-Bretagne rappela son ambassadeur, le 12 décembre, et, le 20, elle envoya à La Haye une déclaration de guerre qui précéda de quelques jours l'acte d'accession des Provinces-Unies des Pays-Bas aux conventions maritimes conclues, les 9 juillet et 1er août, entre la Russie, le Danemark et la Suède. Les Etats-Généraux s'empressèrent alors de requérir les puissances qui avaient donné leur adhésion au système de la neutralité armée de venir à leur secours. Mais les cours du Nord, se fondant sur ce que l'acte d'accession des Provinces-Unies était postérieur à la déclaration de guerre de la Grande-Bretagne, déclinèrent cette demande.

L'alliance des puissances du Nord ne soutint pas l'éclat qui avait présidé à sa formation. Les stipulations relatives aux armements que devaient faire les trois cours pour protéger leur commerce ne furent pas fidèlement observées. L'Angleterre revint à ses anciennes pratiques et ses croiseurs reprirent les habitudes de violences devenues traditionnelles dans la marine britannique. Néanmoins, on doit considérer les discussions qui eurent lieu, à cette époque, sur ces importantes questions, comme le point de départ d'un nouveau droit public.

LIVRE VIII

Rodney reçoit l'ordre d'attaquer les possessions hollandaises dans les Indes occidentales. — Il s'empare successivement des îles de Saint-Eustache, de Saint-Martin et de Saba. — Les colonies de Demerari, d'Essequibo et de Berbice sont occupées par les Anglais. — Prise de l'île française de Saint-Barthélemy. — Arrivée du comte de Grasse à la Martinique. — Engagements des 29 et 30 avril. — Fausse attaque de Sainte-Lucie. — Prise de Tabago. — L'escadre française, après avoir touché à la Martinique, se dirige sur Saint-Domingue. — Événements survenus sur les côtes de l'Amérique septentrionale depuis le commencement de l'année 1781. — Prise du *Romulus*. — Combat du 16 mars entre les escadres d'Arbuthnot et du capitaine de vaisseau Des Touches. — Arrivée du comte de Grasse dans la baie de la Chesapeak. — Apparition de la flotte anglaise. — Engagement du 5 septembre. — Capitulation de Cornwallis. — Le comte de Grasse et l'amiral Hood retournent dans la mer des Antilles. — Le marquis de Bouillé reprend les îles de Saint-Eustache, de Saint-Martin et de Saba. — Prise de Pensacola et de la Floride occidentale par les Espagnols et les Français.

I

L'amiral Rodney était à Sainte-Lucie, lorsqu'il reçut l'ordre de commencer les hostilités contre les Hollandais. Il prit la mer, le 30 janvier 1781, ayant des troupes de débarquement sur son escadre, et il se présenta, le même jour, devant la baie de Fort-Royal. Aussitôt que la nuit fut venue, laissant le contre-amiral Drake pour surveiller quatre vaisseaux français, il fit route sur Saint-Eustache. Le gouverneur de cette colonie ne disposait d'aucune des ressources nécessaires pour se défendre. Surpris par la brusque arrivée de l'escadre britannique, il livra l'île, le 3 février, au général Vaughan. Deux cents bâtiments de commerce et une frégate de trente-huit canons tombèrent entre les mains des Anglais. Rodney détacha une division à la poursuite d'une flotte marchande qui avait appareillé, quelques jours auparavant, sous l'escorte d'un vaisseau de soixante canons. Ce convoi, composé de trente bâtiments richement chargés, fut joint et capturé. Avant de se rendre, le vaisseau hollandais combattit vaillamment pour l'honneur de son pavillon.

Depuis que la guerre avait arrêté les transactions commerciales entre les sujets des grandes puissances maritimes, l'île de Saint-Eustache avait acquis une importance particulière. Elle était considérée, dans la mer des Antilles, comme un terrain neutre, sur lequel les commerçants de tous les pays se rencontraient sans danger. Au moment où les Anglais en prenaient possession, elle renfermait des quantités de marchandises très-considérables, appartenant à des Hollandais et à des étrangers. L'amiral Rodney et le général Vaughan, ne tenant aucun compte de cette situation, déclarèrent propriété hollandaise tout ce qui était dans l'île. Leurs agents s'emparèrent, non-seulement de ce que renfermaient les magasins de l'État, mais encore des marchandises contenues dans les magasins particuliers. Les habitants, à l'exception des sujets anglais, furent transportés dans les îles voisines. Ces malheureux, exposés pendant la traversée aux plus mauvais traitements, perdirent leurs bagages qui furent pillés par les matelots. La valeur du butin fait à Saint-Eustache, en y comprenant les bâtiments capturés, atteignit la somme, énorme pour cette époque, de soixante-quinze millions de francs. Le général Vaughan fit occuper les îles de Saint-Martin et de Saba. Les habitants de ces deux colonies n'eurent pas moins à souffrir que ceux de Saint-Eustache de la rapacité des vainqueurs[1].

L'amiral Rodney, ayant reçu de Londres l'avis que des

---

1. Les procédés barbares de Rodney et de Vaughan soulevèrent une réprobation universelle. Des voix généreuses s'élevèrent, au sein du Parlement britannique, pour dénoncer la violence commise à Saint-Eustache contre les personnes et les propriétés. Burke présenta, le 14 mai 1781, une motion ten-

forces françaises étaient sur le point de partir de Brest pour la mer des Antilles, ordonna à son lieutenant, l'amiral Hood, de se rendre devant la baie de Fort-Royal. Celui-ci devait intercepter les bâtiments qui feraient route pour la Martinique. Ne voulant laisser à personne le soin d'achever l'œuvre de spoliation qu'il avait commencée, l'amiral Rodney resta à Saint-Eustache avec son vaisseau, le *Sandwich*, de quatre-vingt-dix, et le *Triumph*, de soixante-quatorze. Il fit vendre aux enchères publiques une partie des marchandises trouvées dans l'île; ce qui restait des dépouilles des malheureux habitants de Saint-Eustache fut expédié, en Angleterre, sur trente-quatre bâtiments de commerce, escortés par quatre vaisseaux.

Dans le courant du mois de février 1781, des corsaires anglais parurent dans les eaux de Demerari et d'Esséquibo, et ils s'emparèrent de plusieurs navires de commerce. Le gouverneur des établissements néerlandais, sur la côte de la Guyane, n'était pas en mesure de repousser une aussi faible attaque. Dans le but d'empêcher que les personnes et les propriétés fussent à la merci de quelques aventuriers, il fit connaître aux autorités britanniques à la Barbade qu'il était prêt à remettre la colonie entre leurs mains. Il demandait, ignorant à quelles calamités il s'exposait, que la Guyane fût traitée comme l'avait été l'île de Saint-Eustache. Des troupes, expédiées des Antilles sur les frégates la *Surprise* et la *Barbade*, prirent possession de la colonie hollandaise dans les premiers jours de mars. Nous devons dire que les officiers anglais usèrent envers les habitants des procédés les plus généreux. L'île française de Saint-Barthélemy fut prise, le 15 mars, par l'amiral Rodney.

---

dant à ce qu'une enquête fût ouverte sur la conduite des deux généraux. La proposition, combattue par les ministres, fut rejetée, mais elle réunit quatre-vingts voix sur deux cent quarante votants.

II

Le 22 mars 1781, vingt-six vaisseaux et quatre frégates sortirent de Brest, sous le commandement du lieutenant général de Grasse[1]. Le 29 mars, la frégate la *Concorde*, sur laquelle le successeur de M. de Ternay, le chef d'escadre de Barras, avait pris passage, se sépara de l'armée et fit route pour sa destination. A la hauteur des Açores, cinq vaisseaux et une frégate, sous les ordres du capitaine de vaisseau, commandeur de Suffren, se dirigèrent vers le cap de Bonne-Espérance. Le 5 avril, le vaisseau le *Sagittaire*, ayant à bord des munitions et six cents soldats pour renforcer la petite armée de Rochambeau, mit le cap sur Boston. Le 28, c'est-à-dire trente-sept jours après le départ de Brest, le comte de Grasse arriva en vue des terres de la Martinique. Afin de rendre sa traversée plus rapide, il avait fait remorquer par ses vaisseaux les vingt-trois bâtiments les plus mauvais marcheurs du convoi[2]. Ayant eu connaissance, un peu avant le coucher du soleil, d'une escadre ennemie, il craignit de compromettre ses transports, et il resta au large de la pointe des Salines. Un officier, qu'il avait envoyé à la pointe Sainte-Anne pour avoir des renseignements, lui apprit que la baie de Fort-Royal était bloquée depuis quarante jours par l'amiral Hood. Le lendemain matin, l'escadre française se mit en mouvement. A huit heures, nos frégates signalèrent dix-neuf vaisseaux anglais manœuvrant pour s'élever au vent, et, à onze heures, les deux escadres commencèrent à échanger des boulets. Aussitôt que notre armée eut pris position au vent de l'ennemi, nos bâtiments de trans-

1. Le comte de Grasse n'était en réalité que chef d'escadre, mais il avait reçu la commission provisoire de lieutenant général.
2. Le comte de Grasse avait donné l'exemple. Le vaisseau à trois ponts, la *Ville-de-Paris*, sur lequel il avait son pavillon, remorquait un navire du convoi.

port entrèrent dans la baie de Fort-Royal. Au même moment, les vaisseaux la *Victoire*, de soixante-quatorze, le *Caton*, le *Solitaire* et le *Réfléchi*, de soixante-quatre, appareillèrent en filant leurs câbles et rallièrent l'armée. Malgré notre supériorité numérique, le comte de Grasse se tint près de terre jusqu'à ce que tous les navires de son convoi fussent en sûreté. Il voulut alors se rapprocher des Anglais, mais ceux-ci firent de la toile et s'éloignèrent. Vers six heures du soir, le commandant en chef n'avait auprès de lui que treize vaisseaux. Les autres bâtiments de l'armée, quoique couverts de voiles, étaient à une grande distance en arrière. Plusieurs vaisseaux ennemis, au nombre desquels se trouvaient le *Russel*, le *Centaur* et l'*Intrépide*, étaient très-maltraités. Le *Russel* fut sur le point de couler bas avant d'arriver à Saint-Eustache, où il avait reçu l'ordre de relâcher[1]. L'amiral Hood continua sa retraite, s'arrêtant pour tirer sur nos meilleurs marcheurs, lorsque ceux-ci paraissaient vouloir le serrer de trop près. S'apercevant qu'il jouait un jeu dangereux, il se décida, dans la soirée du 30 avril, à faire route vent arrière : « Je ne crus pas convenable, dit-il dans son rapport, de continuer à défier l'ennemi ; je pensai, au contraire, qu'il était de mon devoir d'arriver vent arrière, et j'en fis le signal à huit heures du soir. » Le lendemain matin, le comte de Grasse ne put se faire aucune illusion sur les résultats de la poursuite. « Je vis avec douleur, écrivit-il au ministre, qu'il n'était que trop vrai que la marche de l'Anglais était bien supérieure à la nôtre. Il n'y avait plus avec moi que onze vaisseaux qui étaient à portée de joindre; les au-

---

1. Je dois à la vérité, Monsieur, de vous faire connaître la satisfaction que j'ai éprouvée de la conduite de l'équipage de la *Ville-de-Paris* pendant le combat. Il semblait que chaque individu voulût surpasser son camarade, et se faire distinguer des officiers qui le commandaient directement. Ceux-ci n'étaient occupés qu'à maintenir le silence et la subordination établie par M. de Sainte-Césaire, capitaine de pavillon. (Lettre du comte de Grasse au ministre.)

tres, couverts de voiles, étaient excessivement de l'arrière. Quelques-uns même étaient hors de vue. » Le comte de Grasse leva la chasse, et il reprit la route de Fort-Royal, où il mouilla le 6 mai [1]. L'amiral Hood avait évidemment sur son adversaire l'avantage très grand de commander une escadre composée de bâtiments doublés en cuivre. Néanmoins, on doit rendre hommage à son habileté et à la confiance qu'il montra dans ses capitaines. Si quelques-uns de ses vaisseaux étaient restés de l'arrière, par suite d'avaries, il eût été contraint de les sacrifier ou de combattre contre des forces supérieures. L'amiral Rodney, en restant à Saint-Eustache, avait privé l'escadre anglaise de deux vaisseaux, dont un à trois ponts. Quant au comte de Grasse, il semble qu'il se soit trop préoccupé, le 29 avril, de la sûreté de son convoi. L'amiral Hood s'était montré, ce jour-là, beaucoup moins circonspect qu'il ne le fut le lendemain, et peut-être eût-il été possible d'engager une action décisive. On parut croire, à Paris, que le chef de notre escadre n'avait pas été très-bien secondé par tous ses capitaines. Le ministre lui écrivit, relativement à la journée du 29 avril et à la poursuite de l'escadre anglaise. « Toutes vos manœuvres ont été dictées par la prudence, le zèle et la fermeté; mais il n'a point échappé à Sa Majesté que vous auriez dû obtenir une victoire complète, si toute votre armée vous eut secondé. C'est sans doute à la mauvaise marche des vaisseaux qu'il faut attribuer le peu d'ensemble de votre ligne pendant le combat et pendant la chasse [2]. »

---

1. Les Français perdirent M. Fournier de Salmes, lieutenant de vaissseau et dix-sept hommes d'équipage. MM. de Valois, lieutenant de vaisseau, Serrigny, garde de la marine, Moliny, officier auxiliaire, et cinquante-trois matelots ou soldats furent blessés.

2. Le ministre lui écrivait, à la même date : J'ai mis sous les yeux du Roi, Monsieur, la lettre que vous m'avez écrite, le 22 de mai, par laquelle vous m'informez de votre arrivée à la Martinique avec tout le convoi. Sa Majesté a été fort contente de votre attention à conserver les bâtiments qui ont navigué sous votre escorte, et du bon exemple que vous avez donné en prenant vous-même à la remorque un des plus mauvais voiliers.... Je vous

Si quelques fautes de détail avaient été commises dans la journée du 29 ou dans la nuit du 29 au 30, elles n'avaient eu qu'une importance secondaire. La mauvaise marche de nos vaisseaux, dont quelques-uns seulement étaient doublés en cuivre, telle était la véritable raison de l'inutilité de notre poursuite. Nous n'avions pu joindre les Anglais, et, par conséquent, profiter de l'occasion qui se présentait d'écraser dix-neuf vaisseaux avec vingt-huit, parce que notre matériel était moins perfectionné que celui de l'ennemi.

Le 8 mai, le *Pluton*, de soixante-quatorze, l'*Experiment*, de cinquante, et quelques frégates, portant treize cents hommes, se dirigèrent sur Tabago. Le même jour, l'escadre se plaça au vent de Sainte-Lucie, afin d'être en mesure de combattre les Anglais, si ceux-ci se présentaient au vent de l'île, et de les joindre, s'ils arrivaient par dessous le vent. Le marquis de Bouillé débarqua, dans la nuit, au Gros-Ilet, avec douze cents hommes. Après avoir reconnu l'impossibilité de terminer, en quelques semaines, les travaux de défense nécessaires pour mettre cette position à l'abri de toute attaque, il se rembarqua avec ses troupes. Il ramena avec lui une centaine de prisonniers faits pendant cette courte expédition. L'escadre revint à la Martinique, où elle mouilla le 15 mai. Le 22, le comte de Grasse fut informé que l'amiral Hood avait quitté Saint-Christophe. D'après la route suivie par les Anglais, au moment où ils avaient été aperçus, on supposait qu'ils allaient à la Barbade. Une frégate fut immédiatement expédiée à Tabago, afin de faire connaître au capitaine d'Albert de Rions, du *Pluton*, et au commandant des troupes, M. de Blanchelande, que toute l'armée se portait à leur secours. L'escadre embarqua trois mille soldats, et elle mit sous voiles.

Le *Russel*, venu en relâche à Saint-Eustache, par suite

exhorte à maintenir la bonne intelligence qui a régné entre vous et M. de Bouillé. Dans toutes les circonstances où vous opérerez avec les généraux de terre, ce sera de cette union que naîtront les succès.

des avaries qu'il avait reçues dans le combat du 28 avril, avait annoncé à l'amiral Rodney l'arrivée d'une escadre française dans la mer des Antilles. Celui-ci, s'arrachant à d'indignes occupations, était parti pour Antigue avec le *Sandwich* et le *Triumph*. Après être resté quelques jours dans cette île pour se ravitailler, il s'était rendu à la Barbade, où il avait trouvé l'amiral Hood. Recevant, dans la nuit du 26 mai, la nouvelle que les Français avaient opéré un débarquement à Tabago, il expédia le contre-amiral Drake, avec six vaisseaux, pour porter des renforts à la garnison. L'escadre française atterrissait sur Tabago, au moment où l'amiral Drake paraissait en vue de l'île. Le comte de Grasse se mit à sa poursuite, mais les Anglais étaient au vent et à grande distance, et il ne réussit pas à les atteindre. Dans la nuit du 30 au 31 mai, le corps expéditionnaire rejoignit les troupes qui avaient été mises à terre, le 24 mai, sous la protection du *Pluton* et de l'*Experiment*. Le gouverneur de Tabago, le général Fergusson, avait abandonné la petite ville de Scarborough dans laquelle nous étions entrés, et il s'était retiré sur le mont Concordia avec quatre cents soldats, cinq cents miliciens, quelques centaines de nègres armés et dix pièces de canon. Le colonel de Blanchelande ne disposant pas de forces suffisantes pour l'attaquer avec des chances de succès, s'était contenté jusque là de l'observer. Le marquis de Bouillé prescrivit immédiatement les dispositions nécessaires pour marcher, au point du jour, sur le mont Concordia. Douze cents hommes, qui avaient été débarqués au vent de l'île, devaient prendre l'ennemi à revers. Le général anglais, informé de nos mouvements, décampa dans la nuit, et il se dirigea sur un poste fortifié situé à l'extrémité de l'île. Malgré la chaleur et les difficultés des chemins, nos troupes marchèrent avec beaucoup d'ardeur, et elles rejoignirent l'ennemi dans l'après-midi du 31 mai. Le marquis de Bouillé envoya un de ses officiers, le comte de Dillon, auprès du général Fergusson pour le sommer de se rendre. Le général eût bien voulu résister, mais une partie de ses troupes, accablée par la fatigue, l'avait abandonné. Les miliciens et les quelques soldats restés auprès de lui, connaissant leur infériorité numérique, et sachant, d'autre part, qu'ils ne pouvaient attendre aucun secours, étaient très-découragés[1]. Dans cette situation, le général se vit contraint d'accepter une capitulation dont le marquis de Bouillé dicta les termes. Le 2 juin, les troupes anglaises mirent bas les armes et se constituèrent prisonnières de guerre. Le marquis de Bouillé montra à l'égard de la population une générosité d'autant plus grande que celle-ci avait fait de plus grands efforts pour nous repousser. Les considérations que le général fit valoir pour expliquer sa conduite méritent d'être rapportées. « Les milices, écrivit-il au ministre, contraignirent le général Fergusson à me demander une capitulation qu'elles laissèrent à ma disposition, en me faisant dire qu'elles s'en rapportaient à mon honnêteté et à ma générosité. Je leur en ai accordé une très-bonne que je vous envoie. La manière patriotique avec laquelle ces habitants se sont conduits, qui ont même sacrifié leurs propriétés à l'événement de la guerre, m'ont inspiré beaucoup d'estime et méritent des égards. »

A l'arrivée du contre-amiral Drake à la Barbade, l'amiral Rodney avait appareillé avec toutes les forces dont il disposait. Le 4 juin, en approchant de Tabago, il apprit que l'île était en notre pouvoir depuis quarante heures. Les deux escadres passèrent la journée du 5 juin en vue l'une de l'autre. Tandis que nous nous efforcions de joindre les Anglais, ceux-ci, qui étaient au vent, faisaient de la toile pour conserver cet avantage. Lorsque la nuit fut venue, l'amiral Rodney reprit la route de la Barbade. Nos officiers

---

1. Le comte de Dillon joignit bientôt le général Fergusson, remplit ma commission et trouva les troupes et les milices très-disposées à se rendre, excepté l'infatigable gouverneur, le plus entêté et le plus fier de tous les Écossais, qui voulait toujours gagner son réduit. (Lettre du marquis de Bouillé au ministre.) Cette boutade de M. de Bouillé est un compliment pour le général anglais.

s'attendaient à une affaire générale, et leur déception fut grande lorsqu'ils eurent la certitude que l'ennemi avait disparu. Nous avions vingt-trois vaisseaux et les Anglais vingt et un, mais la plupart des vaisseaux anglais étaient plus forts que les nôtres[1]. Après avoir rembarqué les troupes qui n'étaient pas destinées à tenir garnison à Tabago, le comte de Grasse mit sous voiles. Il toucha successivement à la Grenade et à Saint-Vincent, afin de s'assurer que ces deux îles étaient bien approvisionnées. Le 5 juillet, l'escadre française, ayant sous son escorte un convoi de deux cents bâtiments de commerce, appareilla de la Martinique pour se rendre à Saint-Domingue.

III

Après la mort de M. de Ternay, le commandement des forces françaises, stationnées sur les côtes de l'Amérique septentrionale, passa entre les mains de l'officier le plus ancien, le capitaine de vaisseau Des Touches. Dans le courant de janvier 1781, l'escadre de l'amiral Arbuthnot fut surprise, à la mer, par un coup de vent d'une extrême violence. Le *Culloden* se jeta à la côte, le *Bedfort* démâta, et, pendant quelque temps, l'amiral fut sans nouvelles d'un troisième vaisseau, l'*America*. Profitant de cette circonstance, M. Des Touches envoya dans la baie de la Chesapeak le vaisseau l'*Éveillé*, les frégates *la Gentille* et *la Surveillante* et le cotre *la Guêpe*. Le capitaine de l'*Éveillé*, M. de Tilly, était chargé de détruire une flottille, aux ordres du général Arnold, qui exerçait de nombreuses déprédations sur les côtes de l'État de Virginie. Lorsque l'amiral Arbuthnot, après avoir réparé ses vaisseaux à New-York, parut de nouveau dans la baie de Gardner,

---

1. Un de nos vaisseaux, l'*Hector*, qui avait perdu son beaupré et son mât de misaine dans un abordage avec le *César*, dans la nuit du 30 au 31 mai, avait quitté l'escadre. Le comte de Grasse l'avait envoyé à la Grenade.

nos bâtiments furent rappelés à Rhode-Island. M. de Tilly n'avait pu s'emparer de la flottille anglaise, qui s'était mise hors d'atteinte en remontant le cours de l'Élizabeth mais il avait capturé le *Romulus* de quarante-quatre canons, un brick, une goëlette et quelques transports. Les Américains, attachant un grand intérêt à chasser le général Arnold de la Virginie, réunirent quelques troupes pour le combattre. Le général Rochambeau et le commandant Des Touches, vivement sollicités par Washington, promirent de donner leur concours à cette expédition. Il fut convenu que notre escadre, sur laquelle onze cents soldats français prendraient passage, irait dans la baie de la Chesapeak. La mission que la marine avait acceptée, était, par suite de la mauvaise marche de quelques-uns de nos vaisseaux, d'une exécution difficile. Le commandant Des Touches ne pouvait réussir dans cette entreprise qu'à la condition de dérober sa sortie aux frégates d'Arbuthnot. Il fallait, en outre, qu'il eût assez d'avance, sur l'ennemi, lorsque son départ serait connu, pour n'avoir pas à craindre d'être rejoint. Il mit sous voiles, le 8 mars 1781, à l'entrée de la nuit, avec un vaisseau de quatre-vingts, deux de soixante-quatorze, quatre de soixante-quatre, le *Romulus* qu'il avait armé et une frégate de trente-deux. L'escadre fit route au large, et, le lendemain au jour, aucun navire ne fut aperçu à l'horizon. Le 16 mars, par un temps brumeux, nous faisions route sur la terre, dont nous nous supposions à quinze lieues environ, lorsque, dans une éclaircie, nos frégates découvrirent l'ennemi. L'amiral Arbuthnot, promptement prévenu de notre appareillage, venait en toute hâte pour nous barrer la route de la Chesapeak. L'amiral anglais, dont le pavillon était arboré sur le *London* de quatre-vingt-dix-huit, avait, en outre, deux vaisseaux de soixante-quatorze, quatre vaisseaux de soixante-quatre, un vaisseau de cinquante et trois frégates. Les deux escadres couraient, les amures à bâbord, avec des vents de sud-ouest, les Anglais au vent des Français. Peu après, la brise ayant sauté au nord-nord-ouest, les Anglais serrèrent le vent, tribord amures, tandis que les Français prenaient la bordée du large. Grâce à la supériorité de leur marche, nos adversaires se trouvèrent très-promptement dans nos eaux. Se formant alors aux mêmes amures que nous, ils se couvrirent de toile afin d'atteindre notre arrière-garde. Le commandant Des Touches signala à son escadre de virer lof pour lof par la contre-marche, et il se dirigea sur l'ennemi avec l'intention de le prolonger par tribord. Le feu s'ouvrit, dès que les premiers vaisseaux des deux escadres furent à portée de canon. L'avant-garde anglaise ayant laissé porter, nos vaisseaux reçurent l'ordre de venir au plus près, bâbord amures, par un mouvement successif. Cette manœuvre fit défiler toute notre escadre sur l'avant de la ligne anglaise, dont les trois premiers vaisseaux s'éloignèrent en désordre. L'arrière-garde ennemie arriva à la hauteur de nos derniers vaisseaux, au moment où ceux-ci achevaient leur évolution. Le combat fut alors très-vif, mais les Anglais ayant diminué de voiles afin de couvrir les navires qui avaient souffert au début de l'action, les deux escadres se dépassèrent et le feu cessa. Les Français et les Anglais prirent les amures à bâbord et coururent vers la terre, sous petites voiles. Quoique nos adversaires eussent l'avantage du vent, ils ne firent aucun mouvement qui indiquât, de leur part, l'intention de reprendre la lutte. Pendant la nuit, que notre escadre passa en panne et les feux allumés, l'amiral Arbuthnot entra dans la Chesapeak. Le *Conquérant* et l'*Ardent* n'étaient pas en position de supporter un coup de vent. Les bas mâts de ces vaisseaux avaient été traversés par les boulets, et le gouvernail du *Conquérant* était hors de service. Les capitaines français réunis, le lendemain, à bord du *Duc de Bourgogne*, furent d'avis qu'en l'état où se trouvaient le *Conquérant* et l'*Ardent*, l'escadre ne pouvait remplir sa mission. Le commandant Des Touches, se conformant à l'avis du conseil, ramena ses bâtiments à Rhode-Island.

Nous avions soutenu un combat honorable, mais nous avions échoué dans notre entreprise. Si la traversée de l'escadre française avait été plus rapide, l'amiral anglais eût trouvé nos vaisseaux embossés, à l'entrée de la rivière James, dans une position inexpugnable, et l'expédition projetée aurait eu lieu. Or, la lenteur de notre traversée, et, par suite, notre insuccès n'avaient d'autre cause que la marche de ceux de nos vaisseaux qui n'étaient pas doublés en cuivre. « La disproportion étonnante de marche que cela occasionne, écrivait le chef de notre escadre au ministre, a toujours mis de grands obstacles à tous les mouvements que j'ai voulu faire, et je puis vous dire, Monseigneur, que j'aurais primé les Anglais dans la Chesapeak, si les quatre vaisseaux de mon escadre qui ne sont pas doublés en cuivre, n'étaient pas, faute de marche, restés plusieurs lieues de l'arrière et sous le vent. » Telles étaient les conséquences de la faute que nous avions commise en n'appliquant pas à nos bâtiments l'importante amélioration que nos voisins avaient adoptée. Le rapport dans lequel le chevalier Des Touches fit connaître au ministre les divers incidents de la journée du 16 mars, contenait le passage suivant : « Les capitaines commandant les vaisseaux de l'escadre m'ont fait les plus grands éloges de leurs états-majors et équipages ; je dois vous faire celui de MM. de la Grandière, de Marigny et de Médine. M. de Médine, commandant le *Neptune*, a été blessé à la tête. Cet officier a su profiter d'un moment bien intéressant dans le combat, lorsqu'un vaisseau de tête de l'ennemi, ne pouvant plus supporter le feu de ceux de mon avant-garde, a été forcé d'arriver et de présenter l'arrière. Le *Neptune* s'est placé à portée de mousqueterie de sa poupe et l'a enfilé de toute sa bordée, sans que le vaisseau anglais pût lui répondre d'un seul coup de canon. » Nos pertes s'étaient élevées à soixante-douze tués et cent douze blessés. Le *Conquérant* et l'*Ardent*, commandés par MM. de la Grandière et de Médine, avaient porté le poids de la bataille. Le *Conquérant* comptait quarante-trois tués et cinquante blessés, l'*Ardent* quatorze tués et trente-neuf blessés. Le chevalier Des Touches avait trouvé chez ses camarades, non-seulement l'obéissance qui lui était due, mais le concours le plus dévoué. Les capitaines de son escadre n'avaient fait que leur devoir, mais en présence des accusations d'indiscipline portées contre la marine de Louis XVI, il n'est pas hors de propos de le signaler.

Depuis le commencement de la guerre, il n'y avait eu, sur les côtes des États-Unis, aucune rencontre entre les escadres de France et d'Angleterre. Aussi le prestige que les succès des deux dernières guerres avaient donné au pavillon de la Grande-Bretagne, n'avait-il subi, dans cette partie du monde, aucune atteinte. Or, il n'était pas permis de douter que l'escadre d'Arbuthnot, dont la supériorité sur la nôtre, sans être très-grande, était réelle, n'eût décliné les conséquences d'un second engagement. Si les Français n'avaient remporté, le 16 mars, aucun avantage sérieux, le champ de bataille leur était resté. Ce résultat, quoique incomplet, produisit un très-heureux effet sur l'esprit du peuple américain, enclin, malgré l'irritation qu'il nourrissait contre nos adversaires, à croire à leur supériorité maritime. Le congrès partageant l'opinion générale et désireux, d'autre part, de montrer sa reconnaissance envers la France, adopta, le 5 avril, la résolution suivante : « Arrête que le Président transmettra les remerciements des États-Unis, assemblés en congrès, au comte de Rochambeau et au chevalier Des Touches commandant l'armée et l'escadre envoyées par Sa Majesté très-chrétienne au secours de ses alliés, pour le zèle et la vigilance qu'ils ont montrés, en toute occasion, pour remplir les intentions généreuses de leur Souverain et l'attente de ces États; qu'il présentera leurs remerciements au chevalier Des Touches et aux officiers et équipages des vaisseaux sous son commandement, pour la bravoure, la fermeté et la bonne conduite qu'ils ont montrées dans l'entreprise faite dernièrement contre l'ennemi, à Portsmouth, en Virginie, dans laquelle, quoique des événements imprévus les aient empêchés de remplir leur objet, le combat opiniâtre, si avantageusement et si courageusement soutenu, le 16 mars dernier, à la hauteur des caps de la baie de la Chesapeak, contre une escadre anglaise supérieure, fait honneur aux armes de Sa Majesté très-chrétienne, et il est un heureux présage d'avantages décisifs pour les États-Unis. » Le gouvernement anglais ratifia le jugement porté par le peuple américain et le congrès, en remplaçant l'amiral Arbuthnot dans son commandement, aussitôt que parvint à Londres la nouvelle du combat du 16 mars.

Cette affaire ne fut pas appréciée, en France, à sa juste valeur. On laissa de côté le combat pour ne voir que l'insuccès de la mission. Le capitaine de vaisseau Des Touches, qui avait commandé avec succès une division de sept vaisseaux devant l'ennemi, ne fut pas nommé chef d'escadre. Au lieu de cette récompense, à laquelle il se croyait les plus justes droits, il eut une pension. Le major de l'escadre, le lieutenant de vaisseau de Granchain, officier du plus grand mérite et fort ancien, ne fut pas fait capitaine de vaisseau, quoique ce grade eût été demandé pour lui avec les plus vives instances par M. Des Touches[1]. Le chef d'escadre de Barras, qui

---

1. Le capitaine de vaisseau Des Touches adressa au ministre la lettre suivante : « Je me trouve très-honoré de la pension de huit cents livres que Sa Majesté a bien voulu m'accorder, parce qu'elle me prouve la satisfaction qu'elle veut bien avoir de mes services. Mais cette espèce de récompense n'a jamais été celle que j'ai ambitionnée. Je vois mes cadets dans la marine à la veille d'être officiers généraux, et ils n'ont pas devant eux le titre d'avoir battu les ennemis de Sa Majesté avec des forces prouvées très-inférieures et qui n'ont dû le succès d'un combat en ordre qu'à la supériorité de leurs manœuvres. Le rappel d'Arbuthnot le prouve assez, et j'ose avancer, Monseigneur, que les armes du Roi ont acquis un nouveau lustre sous mes ordres dans l'esprit de tous les Anglais... » M. de Granchain écrivit également au ministre. Voici un passage de sa lettre : « J'étais loin de m'attendre que la réponse aux lettres dans lesquelles on a rendu compte du combat du 16 mars ne m'apporterait qu'un passe-droit. Cette humiliation m'est d'autant plus sensible que j'avais conçu les espérances les plus diamétralement opposées : au surplus, je ne demande aucune réparation. Une récompense

vint, ainsi que nous le verrons plus loin, prendre le commandement de la division navale réunie à Rhode-Island, considéra comme un devoir de modifier l'opinion qu'on s'était faite, à Paris, sur la conduite de notre escadre le 16 mars. Il écrivit au ministre, le 30 septembre 1781 : « Monseigneur, j'ai vu avec peine qu'on n'a pas attaché, en France, au combat de M. Des Touches, tout le mérite qu'il a réellement et qu'on lui a justement attribué en Angleterre. Si on le compare cependant aux sept grandes batailles navales de cette guerre, on verra qu'il n'y en a aucune où nos escadres aient combattu avec des forces aussi inférieures que l'a fait M. Des Touches. La hardiesse qu'a eue ce commandant de mettre en ligne le *Romulus*, dont il venait de s'emparer sur les ennemis, et la fermeté de l'officier qui a tenu ce poste périlleux, ont pu rendre la ligne française égale en nombre à celle des Anglais, mais elles n'ont pas fait que les lignes fussent réellement égales, et un simple coup d'œil sur la liste des deux escadres suffit pour voir combien les ennemis avaient d'avantages.

D'après cette supériorité bien constatée, c'était à l'amiral Arbuthnot, et non à M. Des Touches, à chercher le combat décisif, et la nation anglaise l'a si bien senti que cet amiral a été bafoué par le peuple de New-York et rap-

---

tardive, et qu'on regarderait comme arrachée par l'importunité, ne serait pas un dédommagement pour moi, et je n'aspire qu'au moment où, ayant renoncé à tous les honneurs militaires, je n'aurai plus qu'à faire des vœux, en bon citoyen, pour que tous les officiers qui, à différentes époques, ont été mieux traités que moi, servent le Roi avec autant de zèle et, j'ose ajouter, aussi utilement que moi.... » Le ministre répondit à M. de Granchain : « J'avais proposé au Roi, monsieur, de vous accorder le grade de capitaine de vaisseau à prendre rang à la première promotion; mais votre lettre du 30 septembre est arrivée fort mal à propos pour l'expédition de cette grâce. Sa Majesté, remarquant le ton amer et trop présomptueux de cette lettre, a jugé à propos de remettre à un autre temps l'examen de vos prétentions; et j'ai senti que ce n'était pas le moment d'insister auprès d'Elle pour votre avancement. Je suis fâché que vous ayez mis cet obstacle à ma bonne volonté pour vous. » Le ministre donna cette satisfaction à la discipline, mais il regretta de s'être trompé. L'année suivante, il nomma le lieutenant de vaisseau de Granchain capitaine de vaisseau. La promotion de M. Des Touches au grade de chef d'escadre eut lieu en 1784. »

pelé par le ministère britannique. Quant à l'avantage qu'ont eu les Anglais de remplir leur objet, c'est une suite nécessaire de leur supériorité, et, plus encore, de leur position purement défensive. Il est de principe de guerre qu'on doit risquer beaucoup pour défendre ses propres positions, et très-peu pour attaquer celles des ennemis. M. Des Touches, dont l'objet était purement offensif, a pu et a dû, lorsque les ennemis lui ont opposé des forces supérieures aux siennes, renoncer à un projet qui ne pouvait plus avoir de succès qu'autant qu'il viendrait à bout, contre toute probabilité, non-seulement de battre, mais encore de détruire entièrement cette escadre supérieure. Dans cette position, il ne lui restait plus à faire que de se retirer avec honneur, après avoir châtié l'arrogance des ennemis, et avoir établi la réputation des armes françaises aux yeux du peuple d'Amérique, si longtemps abusé par les relations mensongères des Anglais. La voix de toute la marine, celle des Américains, qui ont rendu les témoignages les plus honorables à M. Des Touches, réclament pour ce commandant une récompense plus distinguée que n'est une pension, donnée en partie pour des blessures précédentes, et à peu près égale à celles qui ont été accordées à de simples capitaines pour avoir gardé avec fermeté leur poste dans une ligne de bataille. J'ose attendre, Monseigneur, qu'après avoir pris une connaissance plus parfaite de toutes les circonstances du combat honorable soutenu par M. Des Touches, vous sentirez tout le mérite de cette action, et que vous vous croirez d'autant plus obligé de le récompenser, qu'il sera dû, en quelque sorte, un dédommagement à M. Des Touches pour la mortification qu'il éprouve, aujourd'hui, de ne recevoir aucune marque réelle de satisfaction, et de n'avoir aucunes grâces à annoncer aux officiers de son escadre. De toutes ces grâces, celle dont le refus lui a été le plus sensible, est la demande qu'il a faite de la commission de capitaine de vaisseau pour M. de Granchain, major de son escadre. Cet avancement paraissait tellement mérité qu'un grand nombre d'officiers, sur la nouvelle qu'il était arrivé des réponses aux lettres qui ont annoncé le combat du 16 mars, sont venus d'avance faire leurs compliments à M. de Granchain, et je ne saurais vous peindre quel a été leur étonnement, lorsqu'ils ont appris qu'il n'avait reçu rien autre chose qu'un passe-droit. Je suis loin de blâmer la récompense qui a été accordée à M. de la Touche-Tréville, et que j'ai sollicitée moi-même ; mais il ne m'est jamais entré dans l'idée qu'il pût être avancé au préjudice de M. de Granchain, et lui-même a eu de la peine à croire que cela fût. Je vous demande, avec la dernière instance, Monseigneur, de réparer sans délai une erreur qui a blessé cruellement, et à très-juste titre, la susceptibilité de cet officier. »

IV

Le chef d'escadre de Barras, successeur de M. de Ternay, arriva, le 10 mai 1781, à Rhode-Island, sur la *Concorde*. Le fils du général de Rochambeau, qui avait pris passage sur cette frégate, apportait à son père les instructions de notre gouvernement. Le ministre de la guerre informait le général que l'escadre partie de Brest, le 22 mars 1781, pour se rendre dans la mer des Antilles, sous le commandement du comte de Grasse, viendrait sur les côtes de l'Amérique septentrionale, pendant la saison de l'hivernage. Il l'invitait à arrêter, de concert avec les autorités américaines, un plan de campagne auquel la marine pourrait donner son concours. Si nos troupes quittaient la position qu'elles occupaient, M. de Barras devait se retirer à Boston. Par la *Concorde*, qui avait navigué quelques jours avec son escadre, le comte de Grasse avait écrit au général de Rochambeau pour le prier de l'aviser à l'avance de ses intentions. Enfin, il avait donné à M. de Barras l'ordre de lui envoyer des avisos à Saint-Domingue avec les dépêches du général et des pilotes. Les généraux Washington et Rochambeau se rencontrèrent, le 20 mai, à Westerfield, près Hartford. Dans cette entrevue, ils discutèrent les chances de deux opérations également importantes, savoir une expédition en Virginie et une attaque sur New-York. Le premier projet, plus spécialement soutenu par Rochambeau, fut provisoirement adopté. Les deux généraux convinrent de se mettre en marche immédiatement, et d'opérer leur jonction sur les rives de l'Hudson. C'était là qu'ils devaient attendre les lettres du comte de Grasse, et arrêter leurs résolutions définitives. Dans la crainte que nos vaisseaux, privés de l'appui de la terre, ne fussent plus en sûreté à Rhode-Island, il avait été décidé que M. de Barras irait à Boston, après le départ des troupes. Le général Washington avait particulièrement insisté pour que l'escadre s'éloignât. Son avis, sur cette question, se trouvait mentionné, ainsi qu'il suit, dans une note indiquant les différents points débattus à Westerfield : « Le plan de campagne exigera que l'armée française marche vers le nord, aussitôt qu'il sera possible. En conséquence, M. le comte de Barras, selon les instructions données dans cette supposition, fera prudemment de profiter du premier moment favorable pour aller à Boston avec l'escadre qu'il commande ». M. de Barras n'assistait pas à la conférence du 20 mai. Ayant été informé, au moment où il se disposait à quitter Rhode-Island en compagnie du général Rochambeau, que l'amiral Graves était sorti de New-York, il avait mis à la voile, avec tous ses bâtiments, pour assurer la rentrée d'un convoi. Il apprit, avec un profond regret, que les forces placées sous son commandement, seraient, par suite de leur éloignement, tenues en dehors des opérations qu'on préparait. Un conseil de guerre, réuni sur sa demande, déclara que nos vaisseaux pouvaient sans inconvénient rester à New-Port. Washington, prévenu par les soins de M. de Barras du changement apporté aux dispositions prises le 20 mai, exprima le désir que cette affaire fût soumise à une nouvelle délibération. Par déférence pour l'opinion du généralissime américain, MM. de Rochambeau et de Barras assemblèrent, le 8 juin, un deuxième conseil de guerre qui confirma, à l'unanimité, l'opinion précédemment émise. La marine et l'armée étaient représentées dans ce conseil par les capitaines de vaisseau Bernard de Marigny, Chadeau de la Clocheterie, le Gardeur de Tilly, la Villebrune, de Médine, de Lombard, de la Grandière, Des Touches, le chef d'escadre de Barras, les colonels de Laval, de Lauzun, Custine, les brigadiers de Béville et de Choisy, les maréchaux de camp baron de Vioménil, comte de Vioménil, de Chastellux, et le lieutenant général de Rochambeau. Il est non-seulement intéressant, mais utile au point de vue historique, de rappeler les considérations invoquées par nos officiers pour justifier leur opinion. « Le désir extrême, disaient-ils, qui anime tout ce qui compose les forces françaises pour concourir également et efficacement au bien de la cause commune, a donné lieu à de nouvelles réflexions. On a pensé que l'espèce de retraite de l'escadre dans le port de Boston, tandis que les troupes de terre s'avanceraient sur New-York, pourrait paraître aux ennemis une démarche contradictoire et affaiblir l'effet qu'une marche offensive par terre devait produire. D'après ces réflexions, on a jugé que le départ des troupes de terre étant décidé par son Excellence, celui de l'escadre n'était qu'une simple précaution dictée par la prudence. Cette précaution n'étant plus jugée nécessaire par la marine du Roi, elle a désiré, elle-même, ne pas être un obstacle au système général de la campagne, auquel elle espère concourir par son séjour à New-Port, dans ce moment-ci, et plus encore par la facilité qu'elle trouvera à agir plus promptement, aussitôt que les secours qu'on a lieu d'espérer seront arrivés. » Ce passage, que nous avons cité avec intention, montre le zèle et la bonne volonté que déployèrent l'armée et la marine. Pendant cette campagne, nos officiers n'eurent d'autre préoccupation que de combattre avec vigueur les ennemis de la France et de l'Amérique. Washington, en apprenant la décision prise par le deuxième conseil de guerre, écrivit, le 13 juin, de son quartier général de New-Windsor, au comte de Barras : « Monsieur, j'ai eu l'honneur de recevoir hier la lettre de votre Excellence du 9 courant, accompagnée du résultat du second conseil de guerre. Ayant le plus grand respect pour l'opinion de Messieurs les officiers qui le composaient, j'aurais été satisfait, alors même qu'ils se fussent contentés de mentionner qu'après un nouvel examen ils croyaient utile à l'intérêt commun de persister dans leur première détermination. Mais en présence des nouveaux arguments qui ont été exposés en faveur de la continuation du séjour de l'escadre à New-Port, auxquels s'ajoutent ceux que votre Excellence m'a exprimés dans sa lettre, je demeure convaincu que le parti qui a été pris est excellent. Je vous prie de témoigner toute ma reconnaissance à Messieurs de la marine pour les raisons qui leur font désirer personnellement de rester dans la rade de New-Port plutôt que de s'en aller à Boston. » Quelques historiens prétendent que Washington éprouva un mécontentement très-vif en apprenant qu'une question, résolue à Westerfield, avait été mise en délibération à Rhode-Island. Le comte de Barras avait mieux vu les choses lorsqu'il écrivait, à propos de cet incident, au maréchal de Castries : « La différence d'opinion du général Washington me paraît venir plutôt d'une extrême délicatesse qui lui fait craindre de compromettre les forces du Roi, que d'une inquiétude fondée qu'il puisse avoir sur la sûreté de l'escadre. » La lettre du généralissime américain, que nous avons citée plus haut, suffit d'ailleurs pour rétablir la vérité sur ce point. Washington apportait, dans les affaires publiques, la même honnêteté que dans les affaires privées. Il n'eût pas voulu servir les intérêts de son pays en compromettant ceux de ses alliés. Le gouvernement français ayant tracé la ligne de conduite que

M. de Barras devait suivre, dans le cas où les troupes de Rochambeau quitteraient Rhode-Island, Washington avait insisté pour que l'escadre se rendît au point désigné, c'est-à-dire à Boston. Lorsqu'il sut qu'un conseil de guerre avait reconnu la convenance de s'écarter des instructions du cabinet de Versailles, il poussa le scrupule jusqu'à demander que la résolution adoptée fût soumise à un nouvel examen. Les officiers français ayant maintenu leur première décision, sa responsabilité se trouva complétement dégagée. Il manifesta alors ses véritables sentiments, en adressant à M. de Barras et à la marine les remercîments les plus sincères. Nous verrons plus loin le service que les vaisseaux restés à Rhode-Island rendirent à l'armée alliée [1]. La *Concorde*, partie de Boston, le 20 juin 1781, avec des pilotes pour nos vaisseaux et des dépêches pour le commandant en chef de l'escadre, mouilla, le 8 juillet, sur la rade du Cap Français. Lorsque le comte de Grasse, venant de la Martinique, arriva à Saint-Domingue, il sut immédiatement quelle était la nature des services que l'on attendait de lui. Les lettres qu'il reçut d'Amérique présentaient l'état des affaires sous le jour le plus alarmant. Peu de temps avant le départ de la *Concorde*, le général Clinton, qui avait reçu d'Angleterre des renforts importants, était à New-York avec douze mille hommes, alors que les alliés, campés sur les rives de l'Hudson, n'avaient que neuf mille soldats à lui opposer. Les forces de la Fayette, chargé de défendre la Virginie contre lord Cornwallis, étaient à

---

[1]. Le duc de Lauzun dit qu'il était personnellement d'avis que l'escadre se retirât à Boston. Or, son nom figure au bas du procès verbal de la séance du conseil du 8 juin, dans lequel la décision contraire, prise une première fois, le 31 mai, à l'unanimité, fut confirmée dans les mêmes conditions. Puisque nous parlons du duc de Lauzun, il convient de rappeler qu'il se montra, pendant cette campagne, brave, actif et dévoué à la cause qu'il était venu défendre. Il n'est pas le seul, devons-nous ajouter, qui, écrivant quelque temps après les événements et sur des souvenirs personnels, se soit trompé. Dans les mémoires relatifs à la guerre de l'indépendance américaine, il y a peu de faits ayant trait à la marine qui soient exactement rapportés.

peine suffisantes pour tenir la campagne. Les généraux Washington et Rochambeau, le chef d'escadre de Barras, M. de la Luzerne, notre ministre auprès du congrès, priaient très-instamment le comte de Grasse de venir à leur secours avec une flotte nombreuse, des troupes et de l'argent. Parmi les vaisseaux mouillés sur la rade du Cap, dix étaient depuis longtemps dans la mer des Antilles. Le ministre avait prescrit de les renvoyer en France, en plaçant, sous leur escorte, les bâtiments marchands prêts à prendre la mer. Le comte de Grasse résolut de les emmener avec lui sur les côtes de l'Amérique septentrionale. S'il pouvait, par ce moyen, disposer d'une nombreuse escadre, il lui était difficile d'avoir des troupes et de l'argent. Le gouverneur de Saint-Domingue, M. de Lillancourt, qui se conduisit en cette circonstance avec un dévouement qu'on ne saurait trop louer, lui donna trois mille deux cents hommes, dix pièces de campagne, quelques pièces de siége et deux mortiers. Ne voulant pas que sa marche fût embarrassée par un convoi, le comte de Grasse fit embarquer les hommes et le matériel sur ses vaisseaux. N'étant pas parvenu, malgré ses efforts, à résoudre la question d'argent à Saint-Domingue, il envoya l'*Aigrette* à la Havane. Le capitaine de ce bâtiment devait prier le gouverneur de la colonie de nous faire l'avance de douze cent mille livres, somme jugée nécessaire par le général de Rochambeau pour subvenir aux besoins de son armée. Le 28 juillet, la *Concorde* fit route pour Boston, précédant de quelques jours notre escadre qui prit la mer le 5 août. Le comte de Grasse fut rejoint par l'*Aigrette*, à l'entrée du canal de Bahama. Lorsque cette frégate avait mouillé à la Havane, les caisses de l'État étaient vides. Cependant, grâce à la bonne volonté des principaux habitants, son capitaine reprenait la mer, six heures après son arrivée, avec la somme que réclamait Rochambeau. Notre flotte franchit le canal de Bahama, et elle mouilla, le 30 août, près du cap Henri, à l'entrée de la Chesapeak.

Conformément aux conventions faites dans l'entrevue de Westerfield, les Français et les Américains se trouvèrent réunis, à la fin de juillet, à Philippsburg, non loin de New-York. Les dispositions prises par les alliés semblèrent annoncer l'intention d'attaquer la ville. Le commandant en chef de l'armée britannique, le général Clinton, se laissant tromper par ces démonstrations, conserva auprès de lui les troupes qu'il se proposait d'envoyer dans les provinces du sud. Il fit plus, il prescrivit à lord Cornwallis de se rapprocher de la baie de la Chesapeak, afin que ce général fût en mesure de se porter par mer à son secours, si les circonstances le rendaient plus tard nécessaire. Telle était la situation, lorsque la *Concorde* revint de Saint-Domingue avec les lettres du comte de Grasse. Certains de la prochaine arrivée de la flotte, sachant qu'ils pouvaient compter sur un renfort de plus de trois mille soldats, Washington et Rochambeau ne songèrent qu'à l'exécution du plan de campagne si habilement préparé. Ils se mirent en mouvement comme s'ils eussent voulu prendre de nouvelles positions, sans cesser d'avoir New-York pour objectif. A quelques jours de là, ils tournèrent brusquement le dos à cette ville, et ils se dirigèrent, à marches forcées, vers l'embouchure de l'Elk, située à l'extrémité septentrionale de la baie de la Chesapeak.

Le comte de Grasse avait écrit à M. de Barras qu'il le laissait libre d'agir comme il le jugerait convenable, le priant seulement de l'informer du parti auquel il croirait devoir s'arrêter. M. de Barras était convaincu que le lieutenant général de Grasse, venant sur les côtes de l'Amérique septentrionale avec vingt-huit vaisseaux, n'avait aucun besoin de ses services. D'autre part, la traversée de New-Port à la Chesapeak, présentait, dans les circonstances actuelles, de sérieuses difficultés. Nos vaisseaux pouvaient se trouver pris entre l'escadre de Graves, mouillée en ce moment dans la baie de Gardner, et celle de Rodney qui était attendue des Antilles. En conséquence, il avait eu la pensée de faire route pour l'île de Terre-Neuve, où les instructions du ministre lui permettaient de faire une expédition. Les généraux Washington et Rochambeau s'étaient très-vivement opposés à ce projet, et tous deux avaient demandé au comte de Barras de se rendre dans la baie de la Chesapeak avec l'artillerie de l'armée, et les quelques troupes restées à Rhode-Island. « Je suis fâché, écrivit M. de Barras au général de Rochambeau, que le projet que je vous ai communiqué éprouve une aussi forte opposition de votre part. Je l'ai cru et je le crois encore plus avantageux à la cause commune qu'une jonction avec M. le comte de Grasse, regardée comme inutile par ce général lui-même, qui connaît mieux que personne les forces qu'il doit amener à cette côte et celles que Rodney est en état d'y conduire. Cependant, comme votre avis et celui du général Washington sont absolument opposés au mien sur ce projet, je me décide, à tout événement, à me rendre dans la Chesapeak avec mon escadre et à y conduire votre artillerie, comme vous le désirez, et quelques bâtiments de transport. Je dois vous répéter cependant que cette réunion est hasardeuse, et je présume que M. le comte de Grasse en a senti les inconvénients, lorsqu'il m'a laissé la liberté de ne pas venir le rejoindre à la Chesapeak, si je le jugeais à propos. L'escadre de Graves, telle qu'elle est, ne m'arrêtera certainement pas. Mais, selon ce que me marque le général Washington, cet amiral peut être renforcé par Digby, et, selon l'opinion générale, Rodney doit venir incessamment sur cette côte. La rencontre que je pourrais faire de l'une ou de l'autre de ces escadres, n'est pas une de ces chances contre lesquelles il y a mille à parier contre un; ce doit être, au contraire, le résultat des combinaisons des ennemis qui, lorsqu'ils me sauront à la mer, doivent tourner toutes leurs vues et diriger tous leurs efforts pour intercepter mon escadre et mon convoi. Quoi qu'il en soit, je n'hésite pas à me rendre à votre réquisition et à celle du général Washington, et je vais rembarquer mon artillerie et la vôtre pour me mettre en état de partir au premier vent favorable. » M. de Barras avait quitté New-Port, le 25 août, avec huit vaisseaux, quatre frégates, dix transports et huit bateaux américains. Le rôle joué par le chef d'escadre de Barras, pendant cette campagne, n'a pas été exactement indiqué. Selon les uns, cet officier général aurait consenti, quoiqu'il fût le supérieur du comte de Grasse, à laisser à ce dernier le commandement des vaisseaux réunis dans la Chesapeak. Selon les autres, M. de Barras, qui était l'inférieur du comte de Grasse, ce dernier ayant été nommé, quelques mois auparavant, lieutenant général, avait fait preuve d'une grande abnégation en se plaçant, de lui-même et sans y être obligé, sous les ordres d'un officier entré après lui au service. Il était fort regrettable, a-t-on dit aussi, que des instructions précises n'eussent pas réglé la position réciproque de ces deux généraux. Ces différentes assertions sont erronées. MM. de Barras et de Grasse étaient chefs d'escadre, et le premier précédait le second sur les listes de la marine; mais en nommant le comte de Grasse au commandement de nos forces navales dans la mer des Antilles, le gouvernement lui avait donné une commission provisoire de lieutenant général. Il était donc le supérieur hiérarchique de tous les chefs d'escadre, quelle que fût leur ancienneté. De plus, il avait le droit de donner des ordres à M. de Barras, ainsi que le prouve le passage suivant d'une lettre qu'il lui écrivait le 28 juillet. « Je te laisse le maître, mon cher Barras, de venir me joindre ou d'agir de ton côté pour le bien de la cause commune. Donne-m'en avis seulement afin que nous ne nous nuisions pas sans le vouloir. » M. de Barras avait montré l'excellent esprit qui l'animait en restant à Rhode-Islande au lieu de se retirer à Boston, ainsi qu'on le désirait à Paris. Quant à sa jonction avec le comte de Grasse, nous savons qu'elle n'avait pas été spontanée. Toutefois, il n'avait pas résisté aux instances de Washington et de Rochambeau, et il avait fait route, sur leur demande, pour la Chesapeak.

Lord Cornwallis, occupait avec toutes les forces dont il disposait, la ville d'York, sur la rive droite du York River, ainsi que la ville de Glocester, située sur la rive opposée. Une division navale, composée d'un vaisseau de cinquante et de plusieurs navires d'un rang inférieur, était mouillée dans le York River. Le marquis de la Fayette, posté un peu au delà de Williamsburg, avec dix-huit cents hommes de bonnes troupes et quelques miliciens, observait les mouvements des Anglais. Un de ses aides de camp, qui attendait, depuis plusieurs jours, au cap Henri, l'arrivée de l'escadre, apprit au comte de Grasse que les alliés ne tarderaient pas à paraître à l'embouchure de l'Elk. Les généraux Washington et Rochambeau demandaient au commandant de la flotte française que leurs soldats fussent transportés par mer sur le théâtre des opérations. Le corps expéditionnaire, placé sous le commandement du marquis de Saint-Simon, fut envoyé à James-Town, sur les embarcations de l'escadre, quoique celles-ci eussent à faire plus de vingt-cinq lieues pour se rendre à leur destination. M. de Saint-Simon comptait se réunir à la Fayette, qui s'était avancé jusqu'à Williamsburg, lorsqu'il avait appris l'entrée de la flotte française dans la Chesapeak. Des bâtiments furent échelonnés dans le James River pour protéger le passage de nos canots et empêcher Cornwallis de traverser le fleuve. Quelques navires prirent position à l'embouchure du York River pour bloquer la division anglaise mouillée entre York et Glocester. Sept vaisseaux et quelques frégates se tinrent prêts à partir pour le nord de la baie, où ces bâtiments devaient embarquer la petite armée franco-américaine. Le comte de Grasse avait l'intention de les expédier aussitôt que ses embarcations, à bord desquelles se trouvaient quatre-vingt-dix officiers et dix-huit cents matelots ou soldats, seraient de retour.

Après notre appareillage du Cap Français, l'amiral

Rodney, dont la santé était altérée, était retourné en Europe. Il avait laissé une partie de ses vaisseaux à la Jamaïque, et il avait envoyé les autres à New-York, sous le commandement de l'amiral Hood. Croyant que la plupart des vaisseaux du comte de Grasse avaient fait route pour nos ports, l'amiral Rodney ne doutait pas que les forces navales de la Grande-Bretagne ne fussent supérieures aux nôtres, aussitôt que les amiraux Hood et Graves auraient opéré leur jonction. Sir Samuel Hood parut devant Sandy Hook, le 28 août, avec quatorze vaisseaux et quatre frégates. Il annonça au contre-amiral Graves qu'une escadre française avait quitté Saint-Domingue pour se rendre sur les côtes de l'Amérique septentrionale. Le même jour, on reçut à New-York la nouvelle que M. de Barras était sorti de Rhode-Island avec tous ses vaisseaux et des bâtiments de transport. Le contre-amiral Graves, auquel revenait, en vertu de son ancienneté, le commandement en chef, se hâta de prendre la mer avec les deux escadres. Il força de voiles afin de se placer entre le comte de Grasse et M. de Barras, qu'il espérait combattre séparément. Le 5 septembre, à l'ouvert de la Chesapeak, sa surprise fut extrême en apercevant une flotte nombreuse à l'ancre près du cap Henri. A bord des vaisseaux français, on crut un moment que les bâtiments en vue appartenaient à l'escadre de M. de Barras, mais la frégate de découverte ayant signalé vingt vaisseaux et sept frégates, il ne fut plus possible de douter de la présence de l'ennemi. Le comte de Grasse fit immédiatement le signal de se préparer à appareiller, et à midi, l'heure de la marée étant favorable, l'armée sortit de la baie. Elle s'avança vers les Anglais, formée par rang de vitesse, les amures à bâbord, avec une jolie brise de nord-nord-est. Nous laissions, à l'embouchure du James River, l'*Experiment*, le *Triton*, le *Glorieux* et le *Vaillant*. Dans l'après-midi, les deux escadres couraient l'une sur l'autre, rangées dans l'ordre suivant :

ESCADRE FRANÇAISE.

Ligne de bataille.

Noms des bâtiments.	Nombre de canons.	Noms des capitaines.
Avant-garde.		
Pluton..............	74	D'Albert de Rions.
Marseillais.........	74	De Castellane de Masjastre.
Bourgogne...........	74	De Charitte.
Réfléchi............	74	Cillart de Suville.
Auguste.............	80	De Bougainville, chef d'escadre. Castellan.
Diadème.............	74	De Monteclerc.
Saint-Esprit........	80	De Chabert.
Caton...............	74	De Framond.
Corps de bataille.		
César...............	74	Coriolis d'Espinouse.
Destin..............	74	Dumaitz de Goimpy.
Ville-de-Paris......	104	De Grasse, lieutenant général. De Sainte-Césaire. De Vaugirault, major de l'armée.
Victoire............	74	D'Albert Saint-Hyppolite.
Sceptre.............	80	De Vaudreuil.
Northumberland......	74	De Briqueville.
Palmier.............	74	D'Arros d'Argelos.
Solitaire...........	64	De Cicé Champion.
Arrière-garde.		
Citoyen.............	74	D'Ethy.
Scipion.............	74	De Clavel.
Magnanime...........	74	Le Bègue.
Hercule.............	74	De Turpin de Breuil.
Languedoc...........	80	De Monteil, chef d'escadre. Duplessis Parscau.
Zélé................	74	De Gras-Préville.
Hector..............	74	Renaud d'Alcins.
Souverain...........	74	De Glandevès.

ESCADRE ANGLAISE.

Ligne de bataille.

Noms des bâtiments.	Nombre de canons.	Noms des capitaines.
Avant-garde.		
Shrewsbury	82	Robinson.
Intrepid	72	Molloy.
Alcide	82	Charles Thompson.
Princessa	82	Charles Knatchbull. Samuel Drake.
Ajax	82	Charrington.
Terrible	82	Finch.
Europa	72	Child.
Corps de bataille.		
Montagu	82	Georges Boiven.
Royal Oak	82	Ardesoif.
London	108	Graves. Graves, contre-amiral.
Bedford	82	Graves.
Résolution	82	Robert Manners.
América	72	Samuel Thompson.
Centaur	82	John Inglefield.
Arrière-garde.		
Monarch	82	Francis Reynolds.
Barfleur	100	John Knight. Sir Samuel Hood, contre-amiral.
Invincible	82	Saxton.
Belliqueux	72	Brine.
Alfred	82	William Bague.
Adamant	60	Johnstone.
Solebay	72	

Les Anglais, qui arrivaient vent arrière, vinrent sur bâbord, par un mouvement successif, afin de se placer au même bord que nous. Les têtes de ligne ne tardèrent pas à se rapprocher, et un combat très-vif s'engagea entre les deux avant-gardes. Le vent refusa de trois quarts avant que les Anglais eussent achevé leur évolution, c'est-à-dire avant qu'ils fussent tous rangés sur la ligne du plus près, les amures à bâbord. Ceux des vaisseaux ennemis qui gouvernaient grand largue, serrèrent le vent afin de prendre le plus tôt possible les eaux de leur chef de file. Celui-ci était obligé, par suite de la variation de la brise, de venir sur tribord. Il résulta de cet état de choses que l'arrière-garde et quelques vaisseaux du corps de bataille restèrent hors de portée des bâtiments qui leur correspondaient dans notre armée. Le changement qui s'était produit dans la direction du vent avait mis nos vaisseaux en échiquier. Dans le double but de reformer notre ligne, et de préserver l'avant-garde du danger d'être coupée, le comte de Grasse signala aux vaisseaux de tête d'arriver de deux quarts. Pendant que nous exécutions cette manœuvre, les Anglais tinrent le vent et le feu cessa. L'*Auguste*, le *Pluton*, le *Marseillais*, la *Bourgogne*, le *Réfléchi*, le *Diadème*, le *Saint-Esprit*, le *Caton*, le *César*, le *Destin*, la *Ville-de-Paris*, la *Victoire*, le *Sceptre*, le *Northumberland* et le *Palmier* étaient les seuls vaisseaux qui eussent pris part à cette affaire. Du 6 au 10 septembre, les Français manœuvrèrent pour enlever aux Anglais l'avantage du vent. La mauvaise marche de quelques-uns de nos vaisseaux, qui n'étaient pas doublés en cuivre, rendait difficile l'exécution de ce dessein. Cependant, le 10 dans la soirée, grâce à quelques variations dans la brise, les Français se trouvèrent au vent de l'ennemi, et le comte de Grasse put concevoir l'espérance de livrer, le lendemain, un combat décisif. Plusieurs vaisseaux anglais, notamment le *Terrible*, le *Montagu*, le *Shrewsbury*, l'*Intrepid* et l'*Ajax*, avaient été très-maltraités le 5 septembre. Lorsque la nuit fut venue, l'amiral Graves, reculant devant les conséquences d'un nouveau combat, livra aux flammes le *Terrible*, qui ne pouvait le suivre, et il fit route pour New-York. Le lendemain, le comte de Grasse n'apercevant plus l'ennemi, craignit que son adversaire ne se fût dirigé sur la Chesapeak, et il força de toile pour rentrer dans la baie. Deux frégates, l'*Isis* et le *Richmond*, détachées par l'amiral anglais pour communiquer avec Cornwallis, furent capturées. Dans la soirée, l'escadre reprit le mouillage qu'elle avait quitté six jours auparavant pour aller au-devant des Anglais. Le comte de Grasse était attendu avec la plus vive impatience par les généraux la Fayette et de Saint-Simon qui avaient suspendu, pendant son absence, toutes les opérations militaires. Nos vaisseaux reprirent leurs embarcations revenues à Lynn Haven, après avoir accompli très-heureusement leur mission dans le James River. Le chef d'escadre de Barras était entré, la nuit précédente, dans la Chesapeak avec tous ses bâtiments. Il avait eu la bonne fortune de ne pas être aperçu par l'amiral Graves, quoique celui-ci fût arrivé en vue du cap Henri cinq jours avant lui. Si la traversée du lieutenant général de Grasse s'était prolongée, M. de Barras aurait trouvé l'entrée de la Chesapeak gardée par vingt vaisseaux. On doit reconnaître que les observations faites par ce chef d'escadre sur les dangers de sa mission étaient fondées.

Le *Romulus*, plusieurs frégates et des navires de transport furent expédiés dans le nord de la baie pour embarquer les troupes des généraux Washington et Rochambeau. Les alliés, partis, le 19 août, des rives de l'Hudson, arrivèrent, le 7 septembre, à l'embouchure de l'Elk. Deux mille hommes prirent passage sur des bateaux du pays pour se rendre dans le James River, et l'armée continua sa marche vers Annapolis, où elle s'embarqua, le 18, sur les bâtiments envoyés par le comte de Grasse. Le 26 septembre, toutes les forces maritimes et militaires mises en mouvement pour cette importante expédition étaient réunies, et, le 29, la ville d'York était investie par terre et par mer. L'historien américain Bancroft raconte que, peu de jours après avoir rejoint la Fayette à Williamsburg, Washington se trouva en présence d'une difficulté inattendue. Le comte de Grasse, apprenant que l'amiral Graves avait reçu des renforts, manifestait l'intention d'appareiller en laissant deux vaisseaux à l'embouchure du York River. Washington lui écrivit : « Je croirais manquer à mon devoir, non-seulement envers l'Amérique, mais aussi envers la France, si je ne vous priais, avec les plus vives instances, de persévérer dans l'exécution du plan que nous avons si heureusement préparé ensemble. » La Fayette porta la lettre du généralissime à bord de la *Ville-de-Paris*, et il fit, personnellement, les plus grands efforts pour que le comte de Grasse ne s'éloignât pas de la Chesapeak. Le commandant de l'escadre française, ajoute l'historien américain, consentit, mais non sans regret, à revenir sur sa détermination. Ce récit, sans être inexact, ne présente pas la conduite du comte de Grasse sous son véritable jour. Cet officier général avait été prévenu que des frégates, entrées dans les premiers jours de septembre à New-York, annonçaient l'arrivée très-prochaine d'une escadre venant d'Angleterre, sous les ordres de l'amiral Digby. Il ne doutait pas que l'amiral Graves, connaissant les dangers auxquels Cornwallis était exposé, ne fît une nouvelle tentative pour le secourir. Craignant d'être surpris dans une position désavantageuse, il eut la pensée, ainsi que le dit son chef d'état-major dans son journal, « d'épargner la moitié du chemin à l'amiral Graves ». Les principaux officiers de son escadre, qu'il consulta avant de mettre ce projet à exécution, furent d'avis de rester dans la baie. Ils n'admettaient pas que l'amiral anglais osât nous attaquer. Le comte de Grasse, se rangeant à leur opinion, fit prendre à ses vaisseaux une position qui leur permît de se porter rapidement au-devant de l'ennemi, si celui-ci venait à être signalé. Il n'eut plus alors d'autre préoccupation que de concourir, par tous les moyens en son pouvoir, aux opérations de l'armée. Bancroft dit que Washington écrivit au commandant en chef de la flotte française, lorsqu'il fut informé de sa décision définitive : « Un grand caractère sait faire le sacrifice de ses vues personnelles pour assurer au bien public d'importants avantages. »

Huit cents hommes, pris à bord de nos vaisseaux, rejoignirent le corps franco-américain, chargé, sous les ordres du brigadier de Choisy, de bloquer Glocester. Lord Cornwallis se trouvait renfermé dans York-Town avec huit mille soldats, sur lesquels quinze cents environ étaient déjà dans les hôpitaux. Il avait peu de vivres, peu de munitions, et la retraite de l'escadre britannique ne lui laissait aucun espoir d'être secouru. L'effectif de l'armée alliée, l'artillerie dont elle disposait et la situation de la place ne lui permettaient pas de se faire illusion sur le sort qui l'attendait. Il forma le projet de traverser le York-River et de gagner la campagne, après avoir culbuté les troupes de M. de Choisy. Un violent orage, qui coula ou dispersa les bateaux de sa flottille, au moment où il se préparait à s'embarquer avec tous les hommes en état de porter les armes, l'obligea à renoncer à cette tentative. Dans la nuit du 14 au 15 octobre, deux redoutes, qui formaient au dehors la principale défense de la ville, furent enlevées, l'une par un détachement américain, sous les ordres de la Fayette, l'autre par les Français, commandés par M. de Vioménil. Ne pouvant ni s'échapper, ni continuer la lutte, Cornwallis entra en pourparlers pour la reddition de la place. La journée du 18 octobre se passa en négociations entre deux officiers de son armée et les commissaires désignés par les généraux Washington, Rochambeau et de Grasse. Les Américains étaient représentés par le colonel Laurens, les troupes françaises par le colonel de Noailles, et l'escadre par le lieutenant de vaisseau de Granchain, major de l'escadre de M. de Barras. La capitulation fut conclue, le lendemain, aux conditions que lord Cornwallis avait imposées à la garnison de Charleston, lorsqu'il s'était emparé de cette ville, l'année précédente. Il y avait dans York-Town un certain nombre de loyalistes, c'est-à-dire d'Américains dévoués à la cause de l'Angleterre. Livrés à l'armée de Washington, ils eussent été considérés, non comme des prisonniers de guerre, mais comme des traîtres. Dans le but de les soustraire au sort qui leur était réservé, Cornwallis avait insisté très-vivement pour obtenir que la corvette la *Bonnetta* se rendît à New-York sans être visitée. Les généraux alliés avaient accepté cette condition, quoiqu'ils eussent facilement pénétré le motif secret de cette demande. Il avait été convenu que les passagers de la *Bonnetta*, ne pourraient servir dans la présente guerre, avant d'avoir été régulièrement échangés. Après avoir accompli sa mission, ce bâtiment devait revenir dans la Chesapeak et être livré aux alliés.

« Le général Cornwallis, dit le capitaine de vaisseau de Vaugirault, major de l'escadre, dans son journal de la campagne de 1781, se rendit prisonnier de guerre avec six mille hommes de troupes anglaises ou allemandes et quinze cents matelots. On trouva dans la place vingt-deux drapeaux, cent soixante pièces de canon, dont soixante-quinze en fonte et huit mortiers. » Un vaisseau de quarante-quatre et quelques transports avaient été incendiés par le feu de nos batteries, ou coulés par les Anglais, mais il restait environ quarante bâtiments, au nombre desquels se trouvait une corvette, qui étaient intacts. Conformément à un des articles de la capitulation, le matériel naval fut livré à la marine française et les matelots devinrent les prisonniers de l'escadre. Dans une lettre qui fut rendue publique, le général Cornwallis se plut à reconnaître l'attitude parfaitement correcte des Américains à l'égard de son armée. Mais ce fut dans les termes les plus chaleureux qu'il parla des attentions particulières dont lui et ses officiers étaient l'objet de la part des Français. « Leur générosité, disait-il, leur délicatesse, le tact qu'ils apportent dans leurs relations avec nous, sont au-dessus de tout éloge. J'espère que le souvenir de leur conduite sera présent à l'esprit des officiers anglais, toutes les fois que, par suite des hasards de la guerre, un officier français tombera en leur pouvoir ».

L'amiral Graves, rentré à New-York, le 20 septembre, fut rejoint, au commencement d'octobre, par six vaisseaux. Dans un conseil de guerre, auquel assistèrent les officiers généraux de terre et de mer, il fut décidé qu'on tenterait un nouvel effort pour dégager Cornwallis. L'escadre, sur laquelle le général Clinton s'embarqua avec sept mille hommes, mit à la voile le 19 octobre. Les Anglais ayant appris, en approchant de la Chesapeak, la capitulation d'York-Town, retournèrent à New-York.

V

La nouvelle de ce grand événement fut saluée dans toute l'Amérique par un long cri de joie. Le congrès, se faisant l'interprète des sentiments de reconnaissance de la population, vota des remerciements au général de Rochambeau, « pour la cordialité, le zèle, le talent et le courage avec lesquels il avait avancé et secondé les opérations de l'armée alliée contre la garnison britannique d'York. »

De semblables remerciements furent adressés au comte de Grasse pour « l'habileté et la valeur qu'il avait développées, en attaquant et en battant la flotte britannique, à la hauteur de la Chesapeak, et pour le zèle et l'ardeur avec lesquels il avait donné, avec l'armée navale à ses ordres, les secours et la protection les plus efficaces et les plus distingués aux opérations de l'armée alliée en Virginie. » Un monument commémoratif, élevé à York-Town, devait rappeler aux générations futures le désastre de l'armée de Cornwallis et la part que la France avait prise à ce glorieux fait d'armes. La campagne des alliés en Virginie exerça sur les événements ultérieurs une influence décisive. La capitulation de Burgoygne, à Saratoga, en octobre 1777, avait exalté le courage des Américains et montré aux troupes britanniques ce que valaient leurs adversaires. Néanmoins, peu de temps après ce désastre, les Anglais avaient réparé leurs pertes et repris vigoureusement l'offensive. Nous avons dit que Washington, Rochambeau, M. de la Luzerne et le chef d'escadre de Barras, écrivant au comte de Grasse, en juin 1781, dépeignaient l'état des affaires sous les couleurs les plus sombres. Après la prise d'York-Town, les choses changèrent de face. Le peuple anglais comprit l'inutilité des sacrifices qu'il s'imposait pour ramener les colonies de l'Amérique septentrionale sous sa dépendance. Le ministère, qui avait pour chef lord North, fut obligé de se retirer. Enfin, à partir de cette époque, les opérations militaires cessèrent sur le continent américain. Le général Clinton conserva des garnisons dans les villes de Savannah, Charleston et New-York, mais il n'osa plus tenir la campagne. La capitulation de Cornwallis est donc l'événement militaire le plus considérable qui se soit produit pendant la lutte engagée entre la Grande-Bretagne et ses colonies. Dans l'expédition de Virginie, dont il ne faut pas juger l'importance sur le nombre d'hommes qui étaient en présence, mais sur ses résultats, la France eut une action prépondérante. Nous allons le montrer en peu de mots, en appuyant particulièrement sur le rôle joué par la marine. L'escadre partie de Brest, le 22 mars 1781, pour se rendre dans les Antilles, avait l'ordre de venir sur les côtes de l'Amérique septentrionale pendant les mois d'août, de septembre et d'octobre. Le comte de Grasse voulut être informé, à l'avance, des services qu'il pourrait rendre avec les forces placées sous son commandement. Le 29 mars, il écrivit au chef d'escadre de Barras, qui allait à Rhode-Island avec la *Concorde*, une lettre dans laquelle il lui disait : « Je vous adresse, Monsieur, copie de la lettre que j'écris à M. le comte de Rochambeau, au sujet de mon séjour sur la côte de l'Amérique septentrio-

nale. Je vous prie de vous aboucher avec ce général, et de me faire parvenir, par plusieurs avisos, des pilotes bons côtiers à Saint-Domingue, afin que je puisse agir tout de suite, à mon arrivée, sans perdre de temps à des préparatifs toujours nuisibles aux opérations militaires. »
La lettre que le comte de Grasse adressait au général Rochambeau, était conçue dans les termes suivants : « Sa Majesté, Monsieur, m'a confié le commandement des forces navales destinées à protéger ses possessions dans l'Amérique méridionale et celles de ses alliés dans l'Amérique septentrionale. Les forces que je commande, Monsieur, sont suffisantes pour remplir les vues offensives qu'il est de l'intérêt des puissances alliées d'exécuter pour parvenir à une paix honorable. Mais, je dois avoir l'honneur de vous faire observer que, si les vaisseaux sont nécessaires à l'exécution des projets que vous pouvez former, il serait utile au service que MM. de Barras et Des Touches en fussent instruits, afin que les pilotes qui nous sont nécessaires nous soient envoyés. Il me semble, Monsieur, qu'il serait utile à la cause commune que je fusse informé, à Saint-Domingue, où je serai à la fin de juin, de la position de l'ennemi. » Ce fut donc la prévoyance du chef de l'escadre française qui permit à Washington et à Rochambeau d'arrêter, en temps opportun, le plan de l'expédition de Virginie. Enfin, si le comte de Grasse, en recevant à Saint-Domingue les propositions des deux généraux, eût, ainsi que cela arrive fréquemment en pareil cas, soulevé des difficultés ou demandé quelques changements au projet primitif, les alliés eussent été obligés de renoncer à cette opération. En effet, à la distance à laquelle ils étaient placés les uns des autres, les négociateurs n'auraient eu ni le temps, ni la possibilité de s'entendre. Le comte de Grasse ne se laissa aller à aucune critique ; il accepta, sans les discuter, les résolutions prises dans l'entrevue du 20 mai. Il fit plus ; se préoccupant du succès de cette expédition comme si elle eût été sienne, il obtint des troupes du gouverneur

de Saint-Domingue, et de l'argent des habitants de la Havane. La *Concorde*, qu'il expédia du Cap Français, le 28 juillet, porta à M. de Barras la lettre suivante : « A mon arrivée au Cap, j'ai vu avec bien du chagrin la détresse où se trouve le continent et la nécessité du prompt secours que demande le comte de Rochambeau. Je partirai, le 3 août, pour me rendre, en toute diligence, dans la baie de la Chesapeak, lieu qui me paraît indiqué, par vous, mon cher Barras, et par MM. Rochambeau, Washington et de la Luzerne, comme le plus sûr pour opérer le bien qu'on se propose. »

L'escadre, arrivée la première au rendez-vous, coupa toutes les communications de Cornwallis avec la mer. Renforcé par les trois mille deux cents hommes que commandait le marquis de Saint-Simon, la Fayette put prendre, à Williamsburg, une position défensive assez forte pour empêcher les Anglais de se retirer par cette voie. Après avoir battu l'amiral Graves, le comte de Grasse fit transporter d'Annapolis sur les bords du James-River la plus grande partie des soldats de Washington et de Rochambeau. Huit mille Français et dix mille Américains se trouvèrent réunis devant York-Town[1]. Ainsi fut opérée, dans les conditions prévues par les auteurs du plan de campagne, la jonction de la petite armée partie des rives de l'Hudson et de l'escadre venant des Antilles avec des troupes empruntées à la garnison de Saint-Domingue. L'histoire offre peu d'exemples d'une opération militaire qui ait été mieux conçue et mieux exécutée. En résumé, l'habileté déployée par Washington, Rochambeau et le comte de Grasse, l'entente parfaite qui ne cessa de régner entre les officiers des deux nations, telles furent les causes du succès des alliés en Virginie. Si le 4 juillet 1776 est la date officielle, le 19 octobre 1781 est la date véritable de l'indépendance des États-Unis d'Amérique.

---

1. Les dix mille Américains comprenaient six mille soldats réguliers et quatre mille hommes de milices.

Le comte de Grasse mit sous voiles, le 5 novembre, ne laissant sur les côtes de l'Amérique septentrionale que le *Romulus* et deux frégates. Les vaisseaux la *Victoire*, le *Vaillant*, la *Provence* et le *Triton*, les frégates la *Gentille* et la *Railleuse* furent expédiés à Saint-Domingue, avec l'ordre de ramener en Europe une flotte marchande.

VI

Dans les premiers jours du mois de novembre 1781, le gouverneur général des Iles-du-Vent apprit que la garnison de Saint-Eustache se gardait avec beaucoup de négligence. Le gouverneur de cette colonie semblait convaincu qu'il n'avait rien à redouter des Français pendant l'absence du comte de Grasse. M. de Bouillé résolut de profiter de cette imprudente confiance pour s'emparer de l'île par surprise. Il fit répandre le bruit qu'il avait l'intention de se porter au-devant de l'escadre attendue des côtes d'Amérique. Douze cents hommes furent embarqués sur les frégates l'*Amazone*, la *Galathée*, la corvette l'*Aigle* et quelques bateaux du pays. Cette division mit à la voile, le 16 novembre, mais elle fut contrariée par le temps, et ce fut seulement dans la nuit du 25 qu'elle atteignit Saint-Eustache. La mer était grosse, et la plupart des embarcations dans lesquelles nos troupes s'embarquèrent, furent brisées en arrivant à la plage. Vers trois heures du matin, quatre cents hommes étaient à terre et toute communication avec le large était devenue impossible. Cette situation, quelque critique qu'elle fût, n'était pas au-dessus du courage calme et de l'esprit de ressources qui distinguaient le marquis de Bouillé. Il marcha sur la ville, éloignée de deux lieues du point où avait eu lieu le débarquement. A six heures du matin, les Français débouchèrent près d'une esplanade sur laquelle une partie de la garnison faisait l'exercice. Non loin de là se trouvaient les casernes, et un fort qui constituait la principale défense de la place. Trompés par l'uniforme rouge des chasseurs irlandais placés en tête de la colonne française, les soldats anglais nous laissèrent approcher sans défiance. Ils ne furent tirés de leur erreur qu'en recevant, à bout portant, une volée de mousqueterie. Saisis d'une terreur panique, ils s'enfuirent dans le plus grand désordre. Le gouverneur rentrait en ville, après avoir fait une promenade à cheval, lorsqu'il fut entouré et fait prisonnier. Deux cents hommes, commandés par le comte de Dillon, allèrent droit aux casernes, tandis que cent hommes, sous les ordres du major de Frêne, se dirigeaient sur le fort. Le major de Frêne et son détachement firent une telle diligence qu'ils entrèrent dans le fort sur les pas des Anglais. Ils rendirent inutiles les efforts que faisaient quelques officiers pour fermer le pont-levis. A cette heure matinale, les hommes qui n'assistaient pas à l'exercice étaient épars dans les casernes et dans la ville. Ils furent faits prisonniers avant d'avoir eu le temps de se réunir. Ce hardi coup de main livra les sept cents hommes, dont se composait la garnison, à la petite troupe du marquis de Bouillé. Le général se conduisit, après la victoire, avec une générosité toute française. Il fit distribuer aux habitants le butin que l'amiral Rodney et le général Vaughan avaient laissé dans l'île. Enfin, il restitua au gouverneur, avec le consentement de tous les officiers, une somme fort élevée que celui-ci affirma, sur l'honneur, être sa propriété personnelle.

Les îles de Saint-Martin et de Saba furent reprises par un détachement expédié de Saint-Eustache. Après avoir mis des garnisons dans les îles conquises, le marquis de Bouillé revint à la Martinique. Il y trouva l'escadre du comte de Grasse qui avait mouillé, le 26 novembre, dans la baie de Fort-Royal.

Au commencement de l'année 1781, nous avions pris part à une expédition dirigée contre les établissements anglais de la Floride. Une division, placée sous les ordres du chef d'escadre de Monteil, et l'escadre espagnole commandée par don Solano, étaient sur le point d'appareiller de la Havane pour se rendre à Saint-Domingue, lorsque, le 8 avril, le bruit se répandit que sept grands bâtiments avaient été vus sous le cap Saint-Antoine. Le capitaine général de l'île de Cuba crut que des forces anglaises étaient envoyées au secours de Pensacola, attaqué par don Galvez, gouverneur de la Louisiane. Il suspendit le départ de don Solano pour Saint-Domingue, et, quelques jours après, il lui envoya l'ordre de faire route pour le golfe du Mexique. Cédant aux instances très-pressantes de l'amiral espagnol, M. de Monteil se décida à l'accompagner avec les vaisseaux le *Palmier*, le *Destin*, l'*Intrépide*, le *Triton* et la frégate l'*Andromaque*. Les Anglais n'avaient pas paru sur la côte; mais la présence de l'escadre combinée permit à don Galvez de pousser les opérations du siége avec vigueur. Des matelots et des soldats appartenant aux deux escadres furent mis à sa disposition. Le 9, le général Campbell qui commandait dans Pensacola se vit contraint de capituler. La garnison, forte de quatorze cents hommes, devait être transportée dans un des ports de la Grande-Bretagne situé hors de la mer des Antilles, à la condition de ne pas servir contre l'Espagne ou ses alliés avant d'avoir été régulièrement échangée. La prise de Pensacola donna à l'Espagne l'entière possession de la Floride occidentale. A la suite de cette affaire, M. de Monteil écrivit au ministre : « Le général espagnol s'est loué avec éclat de la conduite des canonniers français, soit de Brest, soit du détachement du corps royal de Saint-Domingue, des chasseurs d'Agenois et de toutes autres portions de troupes que j'ai pu mettre à terre, enfin des officiers de terre et de mer qui ont commandé les troupes et les marins débarqués. » Il ajoutait que la plus grande harmonie n'avait cessé de régner entre les officiers des deux nations.

LIVRE IX

Événements survenus en Europe pendant le cours de l'année 1781. — Une escadre, sous le commandement de l'amiral Darby, ravitaille la place de Gibraltar. — Le chef d'escadre de Lamotte-Picquet s'empare du convoi de Saint-Eustache. — Combat du Dogger Bank entre les Anglais et les Hollandais. — Croisière de l'armée franco-espagnole sous le commandement de don Luis de Cordova. — Débarquement des Espagnols à Minorque. — Prise de Mahon. — Le duc de Crillon assiége le fort Saint-Philippe. — Un corps auxiliaire français sous les ordres du baron de Falkenhayn se joint aux troupes espagnoles. — Sortie du général de Guichen avec des renforts expédiés aux Antilles et dans l'Inde. — Le convoi naviguant sous l'escorte de cet officier général est surpris par le contre-amiral Kempenfeldt.

I

La France ne disposait pas de forces suffisantes pour jouer, à la fois, un rôle important dans les Antilles, sur les côtes de l'Amérique septentrionale, en Asie et dans les mers d'Europe. Le cabinet de Versailles appela l'attention de la Hollande et de l'Espagne sur la nécessité de réunir à Brest une flotte assez forte pour tenir en respect les vaisseaux que la Grande-Bretagne conservait dans la Manche. Les Hollandais restèrent dans le Texel et les Espagnols ne sortirent pas de Cadix. Il résulta de cet état de choses que les Anglais bloquèrent, avec quarante vaisseaux, soixante-dix vaisseaux appartenant aux puissances alliées.

Les événements se chargèrent de montrer à la cour de Madrid l'étendue de la faute qu'elle avait commise en repoussant nos propositions. Depuis le mois de février 1780, la forteresse de Gibraltar n'avait reçu aucun secours. Au commencement de 1781, les vivres apportés par l'amiral Rodney étaient presque complétement consommés. Cette situation, qui était connue en Angleterre, préoccupait très-vivement l'opinion. L'amiral Darby, à la tête d'une flotte de vingt-huit vaisseaux, apparcilla de Portsmouth le 13 mars. Après avoir croisé pendant quelques jours sur la côte d'Irlande, pour rallier les bâtiments de transport attendus de Cork, il se dirigea sur le détroit. Trois cents bâtiments marchands gagnèrent le large sous la protection de son escadre. Cinq vaisseaux et un convoi de trente voiles portant des vivres, des munitions et trois mille soldats, naviguèrent avec l'armée anglaise jusque par le travers du cap Finisterre. Le commodore Johnstone, placé à la tête de cette escadre, et le général Meadows, qui commandait les troupes, se rendaient dans l'Inde avec l'ordre de s'emparer du Cap de Bonne-Espérance.

Les Espagnols étaient à la mer, lorsqu'ils furent informés du départ de l'amiral Darby. Un navire neutre, avec lequel ils communiquèrent, leur annonça qu'il ne précédait l'escadre britannique que de quelques jours. Soit qu'il eût des ordres secrets de son gouvernement, soit qu'à l'avance il considérât sa défaite comme certaine, s'il tentait de se mesurer avec les Anglais, le lieutenant général don Luis de Cordova ramena son armée au port. L'amiral Darby voulut, avant de s'engager dans le détroit, être renseigné sur la position de l'ennemi. Surpris de ne pas le rencontrer dans les parages du cap Saint-Vincent, il continua sa route vers Cadix. Arrivé au large de cette ville, il acquit la certitude que l'escadre espagnole était tout entière sur la rade. Il signala immédiatement au contre-amiral sir John Lockart Ross de faire route sur Gibraltar avec sa division et le convoi. Quant à lui, après avoir confié à quelques-unes de ses frégates la mission de surveiller les mouvements de l'escadre espagnole, il se plaça avec le gros de ses forces entre Cadix et le détroit. Les bâtiments anglais ayant été pris par le calme, à l'ouvert de la baie de Gibraltar, furent attaqués avec beaucoup de vigueur par une division de canonnières et de bombardes que commandait le contre-amiral Moreno. La brise s'étant levée, les canonnières se hâtèrent de se rapprocher de la côte, et les Anglais gagnèrent le mouillage. L'opération du ravitaillement de la forteresse ne rencontra pas d'autre obstacle. Le 20 avril, sir John Lockart Ross quitta la baie pour rallier l'escadre anglaise qui l'attendait en dehors du détroit. Aussitôt que tous ses bâtiments furent réunis, l'amiral Darby reprit la route de l'Angleterre.

On avait été promptement instruit, à Paris, des événements qui s'étaient accomplis à Saint-Eustache. Le ministre connaissait l'époque probable du départ des bâtiments qui portaient en Angleterre les dépouilles des habitants de l'île. Enfin, nous savions que l'escorte, placée sous les ordres du commodore Hotham, était forte de quatre vaisseaux. Le ministre désirait vivement faire une capture de cette importance, mais il craignait que l'escadre expédiée pour prendre le convoi de Saint-Eustache, ne fût elle-même interceptée par l'amiral Darby. Ce dernier, d'après la connaissance que nous avions de ses mouvements, devait paraître sur les côtes d'Angleterre en même temps que le commodore Hotham. Le maréchal de Castries était dans cette disposition d'esprit, lorsqu'il reçut du chef d'escadre de Lamotte-Picquet une lettre qui s'appliquait très-exactement à la situation. Cet officier général était à Brest, où il surveillait l'armement de six vaisseaux dont il avait le commandement. «J'ai conféré, disait-il au ministre, avec M. Hector[1] sur l'objet de ma destination. Il me paraît que c'est pour Cadix. Je vous avouerai, Monseigneur, que je préférerais une croisière entre les Sorlingues et les Açores. Je pense qu'elle serait plus préjudiciable à l'ennemi que mon séjour sur une rade d'Espagne. Quoi qu'il en soit, vous

---

1. Chef d'escadre et commandant de la marine au port de Brest.

pouvez compter sur tout mon zèle et sur mon activité : Je n'ai jamais eu tant d'envie de bien faire, et j'espère en trouver l'occasion. » On savait en ce moment que plusieurs convois, dont un très-considérable, venant de la Jamaïque, étaient attendus en Angleterre. Lamotte-Picquet supposait avec raison que le maréchal de Castries était préoccupé des dangers que courrait une escadre envoyée en croisière, au moment où l'amiral Darby remontait, avec vingt-six vaisseaux, du détroit vers la Manche. Il lui écrivit, le 18 avril : « Me sera-t-il permis de vous déduire ici les raisons qui me font désirer de sortir en ce moment où les flottes ennemies sont prêtes à rentrer? Il n'y a pas lieu de craindre qu'une escadre de six bons vaisseaux et quelques frégates puisse être interceptée. Il n'y en a jamais eu d'exemple, et les précautions qu'une expérience continuelle doit me suggérer me mettront à l'abri d'un pareil malheur. Il n'est pas possible, en outre, que je ne m'empare de quelque flotte, la manière dont elles sont convoyées ne permet pas d'en douter. Si, toute l'année, nous avions en croisière une escadre de huit vaisseaux, peu de bâtiments ennemis parviendraient à leur destination. Le moyen le plus sûr, selon moi, de vaincre les Anglais, c'est de les attaquer dans leur commerce. » Après avoir reçu ces deux lettres, le ministre put donner avec confiance un ordre que Lamotte-Picquet ne demandait qu'à exécuter. Ce dernier prit la mer, le 25 avril, avec les vaisseaux l'*Invincible* de cent dix canons, le *Bien-Aimé* et l'*Actif* de soixante-quatorze, l'*Alexandre*, le *Hardi* et le *Lion* de soixante-quatre, les frégates la *Néréide* et la *Sybille*, les cotres le *Chasseur* et la *Levrette*. On répandit le bruit qu'il se rendait au Ferrol, où il devait opérer sa jonction avec une division espagnole. Après quelques jours de croisière, il eut l'heureuse fortune d'apercevoir le convoi de Saint-Eustache. Les vaisseaux réussirent à s'échapper, mais, sur trente navires marchands, vingt-deux furent capturés. Au moment où nous exécutions cet heureux coup de main, l'amiral Darby approchait des côtes d'Angleterre. Prévenu de cet événement par un bâtiment neutre, il détacha huit vaisseaux à la poursuite de Lamotte Picquet. L'officier général auquel il en confia le commandement fit force de voiles afin d'arriver à l'entrée de l'Iroise avant les Français. Dans la matinée du 24 mai, les Anglais donnèrent la chasse à un grand navire dans lequel ils ne tardèrent pas à reconnaître un vaisseau. C'était l'*Actif*, de soixante-quatorze, commandé par M. de Boades, qui s'était séparé de Lamotte-Picquet la nuit précédente. Ce vaisseau fut joint dans la soirée par le *Non Such*, de soixante-quatorze, avec lequel il eut un engagement très-vif. L'action, interrompue par la nuit, reprit le lendemain à six heures du matin. Le vaisseau anglais ayant fait quelques avaries s'éloigna. Le capitaine de l'*Actif*, craignant d'être joint par les bâtiments de l'escadre dont faisait partie son adversaire, continua sa route sur Brest où il mouilla le même jour[1]. Lamotte-Picquet était sur la rade avec ses vaisseaux et ses prises. Ainsi se trouva terminé ce que le marquis de Bouillé avait si bien commencé. La plus grande partie des richesses acquises par les moyens odieux que nous avons signalés, furent perdues pour l'Angleterre.

II

Depuis l'époque de sa rupture avec la Grande-Bretagne, la Hollande n'avait rendu d'autre service à la cause commune que d'obliger les Anglais à conserver quelques vaisseaux dans la mer du Nord. Une escadre peu nombreuse, placée sous le commandement de l'amiral Parker, avait reçu la mission d'intercepter les bâtiments de guerre qui tenteraient de gagner les ports de France ou d'Espa-

---

[1]. M. de Boades fut récompensé pour sa conduite dans cette affaire. Il avait été blessé pendant l'action.

gne. Dans le courant du mois de juin 1781, cet amiral fut chargé de conduire un convoi dans la Baltique. Son escadre, qui était forte de cinq vaisseaux et de deux frégates, fut rejointe, quelques jours après sa sortie, par deux vaisseaux, un de soixante-quatorze et un de quarante-quatre. Les armements de la Hollande avaient marché avec une lenteur qu'on eût pu croire calculée. Cependant, dans le mois de juillet 1781, l'amiral Zoutman prit la mer avec sept vaisseaux. Le 5 août au point du jour, il était arrivé à la hauteur du Dogger Banck, lorsque ses frégates signalèrent l'escadre de Parker. Cet amiral revenait de la Baltique escortant une flotte marchande. Après avoir signalé aux bâtiments du convoi de serrer le vent, il laissa arriver sur l'escadre hollandaise. Celle-ci, sans montrer aucune hésitation dans sa manœuvre, forma la ligne de bataille en diminuant de voiles. Les amiraux Parker et Zoutman semblèrent d'accord pour n'engager qu'une affaire décisive. Pas un coup de canon ne fut tiré, avant que les deux bâtiments amiraux, *l'amiral de Ruyter* et la *Fortitude*, fussent par le travers l'un de l'autre, et à portée de pistolet. A ce moment l'action s'engagea sur toute la ligne avec une extrême vivacité. Les deux escadres étaient placées dans l'ordre suivant :

ESCADRE HOLLANDAISE.

Noms des bâtiments.	Nombre de canons.	Noms des capitaines.
Le Prince héréditaire....	54	Van Braack.
L'Amiral général........	76	Van Rinsbergen.
L'Argo................	44	Staring.
Le Batave.............	54	Le baron de Bentinck.
L'Amiral de Ruyter.....	68	Zoutman, amiral. Staring.
L'Amiral Piet Hein.....	54	Van Braam.
La Hollande...........	68	Dédel.

ESCADRE ANGLAISE.

Noms des bâtiments.	Nombre de canons.	Noms des capitaines.
Le Bienfaisant............	64	Braithwaite.
Le Berwick...............	74	Fergusson.
Le Preston...............	50	Groeme.
La Fortitude.............	74	Hyde Parker / Robertson.
L'Artois.................	40	Mac Bride.
Le Dolphin...............	44	Blair.
La Princesse Amélia......	80	Macartney.
Le Buffalo...............	60	Truscot.

Les vaisseaux anglais et hollandais, rangés sur deux lignes parallèles, se canonnèrent sans que, de part et d'autre, on tentât aucune manœuvre. Après trois heures quarante minutes d'un feu violent, le combat cessa par suite du désordre et de l'éloignement des deux escadres. Les efforts que firent les amiraux Zoutman et Parker pour reformer leurs lignes furent inutiles. Les vaisseaux étaient hors d'état de gouverner et aucun d'eux ne parvint à reprendre son poste. L'amiral Zoutman fit route sur le Texel, tandis que son adversaire ralliait la côte d'Angleterre. Le vaisseau *la Hollande*, de soixante-huit, coula, le lendemain, et les embarcations de l'escadre n'eurent que le temps de sauver l'équipage. Les pertes s'élevèrent, de chaque côté, à cinq cents hommes environ tués ou blessés. De tous les combats livrés pendant cette guerre, celui du Dogger Banck, si on considère le nombre des bâtiments engagés, fut le plus meurtrier. Cette affaire avait emprunté aux circonstances un caractère particulier d'acharnement. Les Hollandais avaient salué avec joie, dans la matinée du 5 août, la vue des vaisseaux de l'amiral Parker. Combattre les Anglais à égalité de forces, c'était pour eux qui n'avaient pas de marine, une véritable bonne fortune. Sortir victorieux de cette rencontre, telle fut la pensée qui s'empara de l'amiral Zoutman, de ses officiers et de ses équipages. Pour atteindre ce résultat, les vaisseaux hollandais se battirent jusqu'à l'entier épuisement de leurs forces. Moins habiles que les Anglais, tirant moins vite et moins bien, ils montrèrent une opiniâtreté qui ne se démentit pas un instant. Surpris, au début de l'action, par l'attitude de leurs adversaires, les Anglais redoublèrent d'ardeur pour triompher d'une résistance à laquelle ils ne s'attendaient pas. Pénétrés du sentiment de leur supériorité, ils n'admirent pas qu'ils pussent être vaincus. Lorsque l'escadre britannique cessa son feu, l'écartement des deux lignes le rendait inutile. Le délabrement de ses vaisseaux empêcha l'amiral Parker de poursuivre l'ennemi. La Hollande accueillit avec enthousiasme la nouvelle du combat du Dogger-Banck. La vaillance des marins de l'amiral Zoutman éveillait le souvenir des rudes combats livrés par les Ruyter et les Tromp, pendant le cours du siècle précédent, aux flottes de la Grande-Bretagne. La République se montra reconnaissante envers ceux de ses enfants qui avaient dignement soutenu le vieil honneur du pavillon néerlandais. L'amiral Zoutman et plusieurs de ses capitaines furent promus à un grade supérieur. De nombreuses récompenses furent accordées aux états-majors et aux équipages.

L'escadre britannique ne fut pas traitée moins favorablement. Le Roi vint à Portsmouth pour passer la revue des bâtiments qui avaient figuré au combat du Dogger Banck. La nation rendit hommage à la conduite de l'amiral Parker et de ses compagnons d'armes, mais elle montra une extrême irritation contre le premier lord de l'Amirauté. Celui-ci, disait-on, ne pouvait ignorer le nombre des vaisseaux mouillés dans le Texel, et il avait manqué à son devoir en ne donnant pas à l'amiral anglais des forces suffisantes pour battre l'ennemi. Une victoire décisive, remportée sur l'escadre de Zoutman eût obligé les États-Généraux à demander la paix. Alors même que cette hypothèse ne se serait pas réalisée, la destruction des forces navales de la Hollande eût délivré le commerce des Anglais de toute crainte. L'amiral Parker ne pardonna pas à son gouvernement de l'avoir privé d'un triomphe éclatant en n'augmentant pas son escadre de quelques vaisseaux. Malgré les instances qui furent faites auprès de lui, il résigna son commandement [1].

III

L'Espagne avait très-vivement ressenti l'échec que l'amiral Darby avait infligé à l'armée de Cordova en ravitaillant Gibraltar. Elle voulut prendre sa revanche en dirigeant une expédition contre Minorque. Depuis le commencement de la guerre, cette île était le rendez-vous de nombreux corsaires qui causaient à notre commerce et à celui de nos alliés un dommage considérable. Le gouvernement français se montra disposé à soutenir une entreprise qui avait pour but d'enlever aux Anglais une position avantageuse dans la Méditerranée. Il ne semblait pas que cette opération dût présenter de sérieuses difficultés. La Grande-Bretagne, obligée de se défendre en Asie, en Europe et en Amérique, ne disposait que d'un petit nombre de soldats. L'effectif des troupes qui occupaient l'île, sous le commandement des généraux Murray et Draper, ne dépassait pas trois mille hommes. Les Anglais avaient fait du fort Saint-Philippe une place de premier ordre. Ils pouvaient, ainsi qu'ils l'avaient fait quelques mois auparavant, apparaître inopinément, à l'entrée du détroit, et expédier un convoi qui eût débarqué des

---

1. « Je souhaite à Votre Majesté, dit le vieil amiral au Roi, des officiers plus jeunes et des vaisseaux plus solides. » La plupart des vaisseaux de son escadre, et notamment celui sur lequel il avait son pavillon, étaient de vieux bâtiments, jugés impropres à faire une campagne lointaine.

troupes, des vivres et du matériel, sous le canon de cette forteresse. La cour de Madrid, redoutant cette éventualité, demanda que les vaisseaux français mouillés sur la rade de Brest fussent envoyés à Cadix. Dix-neuf vaisseaux, sous les ordres du lieutenant général de Guichen, firent, le 6 juillet, leur jonction avec l'escadre de Cordova. Le 23, l'armée franco-espagnole, forte de quarante-neuf vaisseaux, mit sous voiles. Elle accompagna jusque dans la Méditerranée les bâtiments de guerre et de transport qui se rendaient à Minorque. Lorsque le lieutenant général don Luis de Cordova n'eut plus aucune crainte sur leur sûreté, il repassa le détroit et l'armée combinée remonta vers le nord.

Le duc de Crillon avait été nommé par la cour de Madrid au commandement en chef de l'expédition. Les troupes, dont l'effectif s'élevait à onze mille hommes, étaient embarquées sur quatre-vingt-cinq bâtiments de transport. L'escorte, placée sous les ordres du contre-amiral don Buonaventura Moreno, était composée de vingt bâtiments de tous rangs. L'armée débarquée, le 9 août 1781, dans le nord de Minorque, se dirigea, à marches forcées, sur la capitale de l'île. Les détachements qui tenaient la campagne se replièrent devant les Espagnols, mais le duc de Crillon fit une telle diligence qu'il pénétra dans Mahon à la suite des Anglais. La ville, l'arsenal et le port tombèrent sans coup férir en son pouvoir. Le général Murray n'avait pas eu le temps de détruire les armes, les vivres, les munitions et le matériel considérable que renfermait l'arsenal. Les vainqueurs trouvèrent des magasins remplis de marchandises provenant des prises faites sur les marines marchandes de la France et de l'Angleterre[1]. L'armée espagnole mit le

---

1. Si on en juge d'après une note faite par un officier appartenant à l'état-major du duc de Crillon, nos alliés auraient trouvé dans la ville, l'arsenal et le port de Mahon, de véritables richesses. Cette note qui est écrite en français est ainsi conçue : « Un arsenal très-grand, avec un entrepôt de bois de construction, des mâts de la première grandeur, des voiles et des cor-

siége devant le fort Saint-Philippe, dans lequel les troupes britanniques s'étaient retirées. Le duc de Crillon fut rejoint, peu après, par un corps de quatre mille soldats français, commandé par le maréchal de camp de Falkenhayn.

Lorsque la flotte franco-espagnole eut doublé le cap Saint-Vincent, elle se maintint à cinquante lieues au large, afin de ne pas être vue par les bâtiments neutres naviguant sur les côtes d'Espagne. Le commandant en chef espérait surprendre les Anglais dans le golfe de Gas-

dages propres à équiper des vaisseaux de premier ordre, et en assez grande quantité pour armer deux escadres, ou, suivant l'expression de don Moreno, bien plus qu'il n'y en a dans les trois départements de Cadix, de Carthagène et du Ferrol; cent soixante canons de bronze et de fer, de quatre jusqu'à douze livres de balles; vingt-cinq mille piastres fortes; un plan fait par un ingénieur pour des mines et autres projets de défense; deux grands magasins remplis de blé et deux autres remplis d'autres grains, de cochon et de bœuf salé et de plusieurs autres provisions de bouche; trois frégates et quatre chebecks prêts à mettre à la voile et armés en course; environ vingt gros bâtiments; un magasin considérable d'effets de toute espèce, pris par les corsaires mahonnais et achetés à ceux-ci par le Roi d'Angleterre. M. de Crillon l'évalue presque autant que l'arsenal et estime cette prise aussi importante que celle des Anglais à Saint-Eustache. On a trouvé dans la maison du gouverneur le modèle d'un vaisseau à trois ponts en argent, avec ses canons en or, dont le gouverneur se proposait de faire présent à son maître. M. de Crillon vient de l'envoyer, par un de ses aides de camp, à la princesse des Asturies. Les officiers sont occupés à continuer l'inventaire des effets qu'on découvre à chaque instant et qu'on dit être de grande valeur. Nous sommes maîtres du port et nous nous sommes emparés de plusieurs bâtiments barbaresques chargés de viande et autres provisions. Le quartier général est établi à Mahon où M. de Crillon a reçu le serment de fidélité des habitants. Ce général a fait publier une ordonnance par laquelle il fait connaître à tous ces insulaires qu'ils seront traités comme Espagnols. Cette publication s'est faite au son des cloches et aux acclamations réitérées de : Vive le Roi d'Espagne! » M. de Crillon a traité chez lui les principaux habitants de l'île, et il a admis à sa table cinq officiers anglais qui ont été faits prisonniers avec cent cinquante hommes.

Ce général a été reconnaître le fort Saint-Philippe dont la garnison est composée de deux mille cinq cents hommes : savoir : deux bataillons hanovriens, un anglais et quatre cents matelots. Il a trouvé la place bien fortifiée, mais il ne la croit pas imprenable; il demande au Roi huit à dix mille hommes d'infanterie, six cents dragons et deux cents artilleurs.

Nous apprenons par des déserteurs hanovriens que le fort de Saint-Philippe manque de vin, de bois et de charbon.

cogne, mais il arriva à la hauteur de Brest sans avoir aperçu l'ennemi. La cour de Londres était dans l'ignorance la plus complète de nos mouvements. Lorsque l'amiral Darby, qui était dans la Manche avec vingt vaisseaux, apprit l'arrivée de l'armée franco-espagnole, il mouilla à Torbay pour y attendre des renforts. L'alarme que notre présence causa sur les côtes méridionales d'Angleterre ne fut pas de longue durée. Après une courte croisière, Cordova, se conformant aux ordres de son gouvernement, revint vers l'entrée de l'Iroise. Le 5 septembre, il signala au lieutenant général de Guichen qu'il le laissait libre d'entrer à Brest, et il fit route pour Cadix. Neuf vaisseaux français, dont cinq à trois ponts, tous doublés en cuivre, accompagnèrent l'escadre espagnole.

La campagne que venait de faire la flotte combinée était de nature à porter atteinte à la considération de la France et de l'Espagne. Ces deux puissances avaient fait un grand déploiement de forces qui n'avait abouti à aucun résultat. Non-seulement nous n'avions remporté aucun avantage sur l'ennemi, mais nous n'étions pas restés assez longtemps à la mer, soit pour intercepter les convois attendus en Angleterre, soit pour assurer la rentrée des nôtres[1]. En annonçant son arrivée à Brest avec dix vaisseaux, le lieutenant général de Guichen écrivit au ministre : « La campagne n'a pas été assez brillante[2] pour m'autoriser à vous demander des grâces pour les commandants et les officiers de l'escadre, mais je n'en dois pas moins vous rendre compte que j'ai été très-satisfait de l'attention que MM. les capitaines ont apportée dans leurs manœuvres et dans l'exécution des signaux. » Le chef d'escadre de Lamotte-Picquet était tombé ma-

---

1. Je suis bien touché, Monseigneur, que M. de Cordova ne se soit pas rendu à mes instances pour prolonger la croisière qui eût pu être favorable au retour du convoi que nous attendons de Saint-Domingue. (Lettre du lieutenant général de Guichen au ministre.)

2. Dans une autre lettre il disait : « Monseigneur, je suis de retour d'une campagne fatigante, mais point glorieuse. »

lade pendant la traversée de la flotte combinée de Cadix à la Manche. Le 21 août, il avait informé le ministre que l'état de sa santé exigeait son retour en France. Il terminait la lettre qu'il lui écrivait à ce sujet en disant. « Je suis on ne peut plus satisfait de mes officiers ; M. de la Voyrie, mon capitaine de pavillon, est en état de conduire une escadre. Je prends la liberté de vous demander pour lui le commandement d'un vaisseau. Quant à moi, je serai toujours assez récompensé, si je puis faire quelque chose pour l'honneur du pavillon. Je ne vous demande pas le commandement d'une armée. Lorsque je serai rétabli, sept à huit bons vaisseaux me suffiront. Avec cela, je ne crains pas toutes les forces navales de l'Angleterre. Veuillez, Monseigneur, faire attention qu'il me reste peu de temps à pouvoir servir, et daignez me mettre en même d'en profiter. » Lamotte-Picquet, ainsi qu'il l'écrivait au ministre, commandait la neuvième division de l'armée de Cordova. Cette situation ne pouvait convenir à un homme de sa valeur et de son caractère[1].

La retraite de l'armée combinée permettait à la Grande-Bretagne de disposer d'une partie des forces qu'elle avait conservées dans la Manche. Il y avait lieu de croire qu'elle profiterait de cette circonstance pour envoyer des bâtiments sur les deux points où nous luttions énergiquement contre elle, c'est-à-dire dans les Antilles et en Asie. La situation du comte de Grasse attirait particulièrement l'attention du gouvernement français. Cet officier général n'avait reçu, depuis qu'il avait quitté Brest, ni renforts, ni approvisionnements. D'autre part, il était obligé, d'après ses instructions, de renvoyer en Europe les bâtiments partis de nos ports depuis le commencement de

---

1. Il avait à ce moment quarante-sept ans de services, trente campagnes lointaines, douze combats et six blessures. Lamotte-Picquet était surpris, non sans raison, de ne pas être nommé lieutenant général. (Il l'écrivit au ministre, qui fut évidemment de son avis, puisqu'il le nomma à ce grade quelques mois après.)

l'année 1780. Le ministre prescrivit les mesures nécessaires pour expédier à la Martinique des vaisseaux et un convoi portant des hommes, des vivres et du matériel. Les exigences auxquelles nous avions à faire face étaient si nombreuses, eu égard au peu d'étendue de nos ressources, que les bâtiments désignés pour ce service ne furent prêts que dans les premiers jours de décembre. Le 10 de ce mois, sept vaisseaux, dont cinq allaient à la Martinique et deux à l'Ile de France, prirent la mer, sous la conduite du lieutenant général de Guichen. Après avoir escorté au large tous ces bâtiments, cet officier général avait l'ordre de se diriger sur Cadix avec les douze vaisseaux qui étaient placés sous son commandement. Il devait, avant d'entrer dans ce port, détacher Lamotte-Picquet avec deux vaisseaux au-devant d'un convoi venant de Saint-Domingue[1]. Le gouvernement anglais, instruit de nos préparatifs, avait envoyé l'amiral Kempenfeldt en croisière dans le golfe de Gascogne. Supposant que les renforts expédiés à nos stations extérieures ne seraient pas accompagnés par des forces considérables, l'amirauté britannique ne lui avait donné que treize vaisseaux. Le 12 décembre, l'escadre française était à cinquante lieues environ dans l'ouest-sud-ouest d'Ouessant. Elle faisait route à l'ouest avec une fraîche brise de sud-est; la mer était grosse et le temps couvert et à grains. Dans l'après-midi, les navires de guerre, par suite d'une négligence extrêmement fâcheuse, étaient en avant et sous le vent du convoi, lorsque, tout à coup, dans une éclaircie, on aperçut, au vent de nos bâtiments, les vaisseaux de l'amiral Kempenfeldt. Celui-ci, jugeant la situation d'un coup d'œil très-sûr, gouverna sur le convoi. Il avait très-bien compris qu'il pourrait capturer une partie de nos transports, avant que

---

1. Quand les instructions ordonnant le départ arrivèrent à Brest, Lamotte-Picquet, qui commandait une division de cette escadre, était très-souffrant d'une violente attaque de goutte. Il fit dire à Guichen qu'il se ferait porter à son bord. (Lettre de Guichen au ministre.)

les vaisseaux fussent en mesure de les secourir. Les bâtiments du convoi prirent chasse en se dispersant dans toutes les directions, mais vingt d'entre eux tombèrent entre les mains de l'ennemi. L'escadre française assistait impuissante à cette brusque attaque; formée en ligne de bataille, elle s'efforçait de s'élever au vent. Deux vaisseaux, l'*Actif* et le *Triomphant*, furent les seuls qui échangèrent des boulets avec les Anglais[1]. La nuit, qui survint très-promptement, nous déroba les mouvements de l'ennemi. L'amiral Kempenfeldt rallia ses bâtiments, et il s'établit au même bord que notre escadre. Le lendemain au jour, ayant reconnu notre supériorité, il profita de sa position au vent pour s'éloigner. Il regagna l'Angleterre avec ses prises, à bord desquelles il y avait environ mille soldats passagers et un matériel considérable. Quelques jours après, l'escadre fut assaillie par un coup de vent très-violent. Plusieurs vaisseaux, parmi lesquels se trouvaient la *Bretagne* et la *Couronne*, que montaient Guichen et Lamotte-Picquet, perdirent une partie de leur mâture[2]. Le *Triomphant*, sur lequel le chef d'escadre de

[1]. Le capitaine Macarty, de l'*Actif*, avait montré beaucoup de vigueur et de résolution, en canonnant le chef de file de l'escadre anglaise. (Lettre du chef d'escadre de Vaudreuil au ministre.)

[2]. A son arrivée à Brest, le chef d'escadre de Lamotte-Picquet écrivit au ministre pour lui recommander quelques hommes de son équipage qu avaient été blessés dans le démâtement de son vaisseau. Nous empruntons à cette lettre le passage suivant qui offre un véritable intérêt, en ce qu'il donne une idée des relations existant, à cette époque, entre les équipages et leurs chefs : « Je joins ici, Monseigneur, la liste des hommes de mon équipage qui ont été blessés dans le démâtement du 22 décembre 1781. Je dois vous faire observer que ce sont toujours les meilleurs matelots auxquels ces sortes d'accidents arrivent. Cette classe d'hommes a bien besoin d'encouragement et de récompenses. J'ai l'honneur de recommander ceux-ci à votre bonté et à votre générosité, surtout mon maître voilier qui, depuis plus de vingt ans, embarque avec moi en ladite qualité. — C'est un sujet de la plus grande distinction en son état et qui seul faisait subsister une femme et des enfants qui vont tomber dans la misère, si vous n'avez la bonté de venir à leur secours; pour comble de malheur, le pauvre malheureux n'a point eu part aux parts de prises que j'ai faites, il était alors embarqué sur le *Zodiaque*. »

Le maître voilier, Mathias Respigel, mourut de ses blessures. Le ministre

Vaudreuil avait son pavillon, le *Brave* et quelques transports furent les seuls navires en état de continuer leur route. Tous les autres bâtiments de l'escadre et du convoi rentrèrent dans nos ports.

S'il est un exemple qui montre l'impérieuse nécessité d'observer, en toutes circonstances, les précautions prescrites par les règlements, c'est l'événement que nous venons de rapporter. La négligence du lieutenant général de Guichen, qui se trouvait en avant et sous le vent de son convoi, nous avait coûté vingt bâtiments de transport. En arrivant à Brest, cet officier général, mû par un sentiment qu'on ne saurait trop apprécier, voulut quitter son commandement. Cette résolution lui semblait la conséquence naturelle de la faute qu'il avait commise. Le gouvernement, se souvenant de ses services, et surtout des trois combats qu'il avait livrés dans les Antilles à l'amiral Rodney, au commencement de 1780, le maintint à la tête de son escadre.

accorda une pension à sa veuve et une gratification aux matelots qui avaient été blessés dans le démâtement de la *Couronne*.

En remerciant le ministre, Lamotte-Picquet ajoutait : « Il me reste à récompenser le nommé Laurent Demas, mon premier maître, et vous avez eu la bonté de m'assurer qu'il ne serait pas oublié. » — Ce maître venait de se distinguer dans un coup de vent de nord, reçu à bord du *Robuste* en février 1782.

LIVRE X

Les Français attaquent Saint-Christophe. — L'amiral Hood tente de jeter des secours dans l'île. — Engagement entre les escadres anglaise et française. — L'amiral Hood mouille sur la rade de la Basse-Terre. — Capitulation de Brimstone-Hill. — L'escadre anglaise s'échappe pendant la nuit. — Reddition des îles Saint-Christophe, Nièves et Montserrat. — Retour de l'escadre française à la Martinique. — Préparatifs faits par la France et l'Espagne, en vue de la conquête de la Jamaïque. — Arrivée de Rodney. — Concentration des forces anglaises à Sainte-Lucie. — Appareillage des deux escadres. — Engagement du 9 avril. — Bataille de la Dominique. — Les Français perdent cinq vaisseaux. — Discussion relative à la journée du 12 avril. — Arrêt rendu par le conseil de guerre réuni à Lorient pour juger la conduite des officiers généraux et des capitaines placés sous les ordres du comte de Grasse. — Arrivée de l'escadre française à Saint-Domingue.

I

Le 5 janvier, le comte de Grasse se dirigea sur Saint-Christophe avec vingt-six vaisseaux. Le 11, il mouilla dans la baie des Salines, un peu au sud de la ville de la Basse-Terre, sur la côte occidentale de l'île. Le commandant militaire, le général Frazer, s'étant retiré dans la position fortifiée de Brimstone-Hill, le corps expéditionnaire débarqua sans trouver de résistance. Les exactions commises à Saint-Eustache avaient fait éprouver au commerce de Saint-Christophe des pertes considérables [1]. D'autre part, certaines mesures législatives, récemment

---

1. L'indignation soulevée à Saint-Christophe par la conduite de Rodney et de Vaughan avait été telle que le soliciter général de la Couronne avait rédigé lui-même le mémoire que les habitants avaient adressé à Londres pour se plaindre des exactions dont ils avaient été les victimes. Des marchandises leur appartenant et qui se trouvaient à Saint-Eustache avaient été déclarées de bonne prise.

adoptées par le Parlement britannique, avaient porté atteinte aux intérêts des colons. Ceux-ci prirent la détermination de rester étrangers à la querelle qui divisait les gouvernements de France et d'Angleterre. Ils envoyèrent au comte de Grasse une députation chargée de lui donner l'assurance qu'aucun acte d'hostilité ne serait commis contre nous. Le réduit dans lequel s'était réfugiée la garnison était établi sur un morne élevé de quelques centaines de mètres. Le marquis de Bouillé, ayant reconnu l'impossibilité de s'en rendre maître par une attaque de vive force, prit ses dispositions pour en faire le siége.

L'amiral Hood avait appris à la Barbade notre départ de la Martinique et le but de notre expédition. Quoique les forces dont il disposait fussent inférieures aux nôtres, il n'hésita pas à mettre sous voiles. Après avoir touché à Antigue pour prendre le général Prescot et quelques troupes, il fit route sur Saint-Christophe. Le 24, nos frégates signalèrent vingt-deux vaisseaux anglais près de l'île de Nièves. Le comte de Grasse appareilla avec d'autant plus d'empressement que la présence de l'ennemi compromettait nos communications avec la Martinique. Il attendait des vaisseaux qui étaient restés à Fort-Royal pour achever leurs réparations, et des transports portant des vivres et des munitions[1]. Le général français supposa que sir Samuel Hood avait l'intention de gagner le mouillage de Sandy-Point, situé sur la côte, au nord de la Basse-Terre. La rade et la ville de Sandy-Point étant sous le canon de Brimstone-Hill, l'escadre anglaise aurait eu la possibilité de faire passer des secours au général Frazer. Le comte de Grasse comptait s'opposer à l'exécution de ce projet, et il voulait, en outre, profiter de la supériorité de ses forces pour engager une affaire décisive. Le 25 au point du jour, les Anglais étaient sous Montserrat, courant des bordées pour s'élever au vent. Au moment où ils arrivaient près de terre, les vents qui

---

1. L'*Hector*, un des vaisseaux attendus, rallia le même jour.

soufflaient de l'est-nord-est reculèrent jusqu'à l'est-sud-est. Cette circonstance permit à l'amiral Hood de faire route grand largue vers le nord. Il passa entre l'île de Nièves et les Français que le changement de brise avait rejetés sous le vent. Nos vaisseaux de tête échangèrent quelques boulets avec son arrière-garde, mais cette canonnade à longue portée ne put arrêter la marche des Anglais, qui prirent, à la chute du jour, le mouillage que nous avions quitté la veille[1]. Les vaisseaux de l'amiral Hood s'embossèrent beaupré sur poupe, présentant le travers au large. Trois vaisseaux se placèrent entre la terre et l'escadre, afin de battre ceux de nos bâtiments qui tenteraient de doubler une des extrémités de la ligne. Le lendemain, aussitôt que la brise fut faite, le comte de Grasse attaqua les Anglais. Il défila au large de leur ligne, portant son principal effort sur l'avant-garde. Quelques vaisseaux coupèrent leurs câbles et changèrent de mouillage, mais aucun d'eux ne subit de dommage sérieux. Dans l'après-midi, nos vaisseaux renouvelèrent cette manœuvre, et ils combattirent principalement le centre et l'arrière-garde de l'ennemi. Cette seconde tentative n'ayant pas eu plus de succès que la première, le comte de Grasse prit le parti de bloquer l'escadre britannique. Il se proposait de lui livrer bataille le jour où elle appareillerait. Dans les engagements des 25 et 26 janvier, nous avions eu cent sept tués et deux cent sept blessés. Quoique ces deux canonnades n'eussent pas une grande importance, le commandant en chef

---

1. On a dit que les manœuvres des Français avaient contribué plus que les variations de la brise au succès de l'amiral Hood. Ce point nous semble difficile à éclaircir. Ce qui paraît certain, c'est que le comte de Grasse, en appareillant le 24, n'eut pas la pensée que son mouillage pourrait convenir à l'escadre britannique. Il supposa que son adversaire chercherait à se rapprocher de Brimstone-Hill. En conséquence, sa seule préoccupation fut de lui barrer la route de Sandy-Point. Ayant négligé de se tenir près de terre dans la nuit du 24, il ne se trouva pas le 25 en position de défendre l'accès de la rade de la Basse-Terre. Quant à l'amiral Hood, il profita de la faute du comte de Grasse avec un coup d'œil et une habileté qui lui faisaient le plus grand honneur.

écrivit au ministre qu'il avait été très-satisfait de la conduite de son escadre, et il appela son attention sur les capitaines de vaisseau de Glandevez, du *Souverain*, d'Albert de Rions, du *Pluton*, et d'Escars, du *Glorieux*. Les Anglais avaient eu trois cent seize hommes hors de combat, soixante-douze tués et deux cent quarante-quatre blessés. L'amiral Hood envoya son capitaine de pavillon à bord de la *Ville-de-Paris*, pour demander qu'il lui fût permis d'expédier un bâtiment à Antigue avec ses blessés. Le comte de Grasse s'empressa d'accorder cette autorisation. Lorsque l'amiral anglais fut convaincu qu'il n'avait plus à craindre d'être attaqué à son mouillage, il voulut tenter une diversion en faveur de la garnison de Brimstone-Hill. Le 28 janvier, le général Prescot s'avança sur la ville de la Basse-Terre à la tête de quinze cents hommes. Le colonel de Fléchin, qui occupait cette place avec un faible détachement, se porta à sa rencontre, et il l'arrêta pendant une journée. Le marquis de Bouillé, instruit du débarquement des Anglais, s'était mis en marche avec une partie du corps expéditionnaire. En apprenant cette nouvelle, le général Prescot battit en retraite, et il regagna les vaisseaux de l'amiral Hood. Le transport sur lequel était embarquée l'artillerie de siége s'était brisé sur les roches près de la Basse-Terre. Cet événement, joint à la prise, par l'escadre de l'amiral Hood, d'une frégate qui portait des munitions, avait retardé le cours des opérations militaires. Les Français trouvèrent au pied du morne huit pièces de vingt-quatre, plusieurs mortiers, des bombes et des munitions, qu'ils parvinrent à transporter, de nuit, dans leur camp. Ce matériel était depuis quelque temps déjà dans la colonie, et les Anglais, qui avaient commis la faute de ne pas le mettre en place, en temps opportun, avaient négligé de le détruire lorsqu'ils s'étaient retirés à Brimstone-Hill. Cette ressource étant insuffisante pour dominer le feu de l'ennemi, qui était très-vif et bien dirigé, le *Caton* reçut l'ordre de débarquer ses pièces de vingt-quatre.

Enfin, nos marins sauvèrent les canons embarqués sur le bâtiment de transport qui s'était perdu sur la côte. Lorsque le marquis de Bouillé eut à sa disposition les moyens nécessaires, il mena le siége avec la vigueur et l'énergie qui lui étaient habituelles. Le 12 février, toutes les défenses de Brimstone-Hill étaient ruinées, et la garnison n'avait plus d'abris. Le général Frazer, qui ne conservait aucun espoir d'être secouru, se décida à capituler. Le marquis de Bouillé accorda à la garnison et aux habitants les conditions les plus favorables. Il promit de n'apporter, jusqu'à la conclusion de la paix, aucun changement dans le régime administratif et judiciaire de l'île. Nous nous engagions à ne percevoir, pendant la durée de l'occupation, que les deux tiers des impôts payés par les colons au gouvernement britannique. Les troupes sortirent de la place avec les honneurs de la guerre. Elles devaient être transportées en Angleterre, à la condition de ne pas servir contre nous avant d'avoir été régulièrement échangées. Le marquis de Bouillé, désirant donner au général Frazer et au major général Shirley une marque particulière d'estime pour leur belle défense, ne voulut pas les considérer comme prisonniers de guerre. Le major général Shirley, qui était gouverneur d'Antigue, reprit ses fonctions, et le général Frazer retourna en Angleterre avec toute liberté de servir pendant la guerre.

Un convoi apportant des approvisionnements pour l'escadre mouilla, le 13 février, près de l'île de Nièves, qui était depuis quelques jours en notre possession. Le comte de Grasse, pressé de faire des vivres, dont nos vaisseaux étaient, à ce moment, complétement dépourvus, vint jeter l'ancre auprès des bâtiments de transport. Cette détermination lui parut avoir d'autant moins d'inconvénients que, de son mouillage, il apercevait les feux des Anglais. Enfin, il comptait reprendre, le lendemain, sa croisière au large de la baie des Salines. L'amiral Hood, qui se trouvait obligé, par suite de l'infériorité de ses forces, d'éviter tout engagement, résolut de profiter de notre éloignement pour s'échapper. Au milieu de la nuit, les Anglais mirent sous voiles en coupant leurs câbles. Chaque bâtiment laissa, en appareillant, un feu sur sa bouée. Le 15, au point du jour, l'ennemi était à toute vue, et le comte de Grasse jugea inutile de le poursuivre.

La présence de l'escadre britannique avait été sans influence sur les événements. L'amiral Hood était resté sur la rade de la Basse-Terre, spectateur impuissant de la reddition de Brimstone-Hill. Néanmoins, son empressement à venir au secours de l'île, malgré l'infériorité de ses forces, le coup d'œil dont il avait fait preuve, le 26 janvier, en prenant possession de notre mouillage, et l'habileté avec laquelle il s'était dérobé à notre surveillance, rendaient très-honorable le rôle qu'il avait joué. Quant au lieutenant général de Grasse, des critiques, qui semblent justifiées, s'élevèrent contre sa conduite. Il était difficile d'expliquer son inaction du 26 janvier au 13 février. Étaient-ce les moyens d'action qui lui manquaient ? Le dernier des quatre vaisseaux restés à la Martinique pour se réparer était arrivé, le 1er février, à Saint-Christophe. Le *Triomphant* et le *Brave*, qui faisaient partie du convoi dispersé par le mauvais temps dans le golfe de Gascogne, le 20 décembre 1781, avaient rallié l'armée le lendemain. L'escadre anglaise n'était pas, comme celle de l'amiral Barrington à Sainte-Lucie, appuyée par des batteries. On pouvait mouiller auprès d'elle, au vent et sous le vent, sans avoir rien à craindre de la terre. Dans ces conditions, et avec trente-deux vaisseaux contre vingt-deux, nous avions le droit de compter sur un avantage décisif. On savait que l'amiral Rodney, nommé au commandement des forces navales de la Grande-Bretagne dans la mer des Antilles, était attendu avec une escadre de douze ou quinze vaisseaux. Nous avions, par conséquent, le plus grand intérêt à battre l'amiral Hood avant l'arrivée de son chef. Ce résultat avait, pour l'ensemble des opérations, une tout autre importance que la conquête de Saint-Christophe.

Après avoir rembarqué les troupes qui n'étaient pas destinées à tenir garnison dans l'île, le comte de Grasse fit route pour la Martinique où il arriva le 26 février. L'île de Montserrat s'était rendue, le 22, à un détachement de l'escadre commandé par le lieutenant général de Barras[1].

Le commencement de l'année 1782 ne fut pas favorable à nos adversaires. Le capitaine de vaisseau de Kersaint reprit Demerari le 22 janvier, et les établissements de Berbice et d'Essequibo les 5 et 8 février.

II

Il avait été convenu entre les cours alliées que l'expédition de la Jamaïque, plusieurs fois décidée et toujours différée, aurait lieu définitivement au commencement de 1782. Le commandement des troupes était confié au lieutenant général don Galvez[2], et celui des forces navales au comte de Grasse. Une division portant quatre mille hommes avait quitté Cadix dans les premiers jours de janvier, se dirigeant vers le cap Français, rendez-vous assigné à l'escadre de don Solano et aux soldats que cet amiral avait amenés d'Espagne en 1780. Le comte de Grasse avait ordre de prendre sur ses vaisseaux toute la partie disponible des garnisons des Iles-du-Vent, et de se rendre à Saint-Domingue aussitôt que ses bâtiments seraient en état d'appareiller. Les magasins de la Martinique étant complétement vides, cet officier général fut obligé d'attendre, pour se ravitailler, l'arrivée d'un convoi venant d'Europe. Le lieutenant général de Guichen, rentré à Brest à la fin de décembre 1781, à la suite d'un coup de vent, avait repris

---

1. M. de Barras avait été fait lieutenant général après la capitulation de York-Town.
2. Ce fut avec le plus grand regret que le gouvernement français, cédant aux instances de l'Espagne, priva le marquis de Bouillé d'un commandement qui était dû à sa capacité et à ses services.

la mer le 11 février 1782[1]. Il avait reçu la mission d'accompagner au large la division de Peynier qui allait dans l'Inde, et les vaisseaux le *Dauphin-Royal* et la *Couronne* expédiés à la Martinique avec un convoi. Quelques jours après sa sortie, il avait atteint, sans faire aucune rencontre, la limite habituelle des croisières anglaises. Le comte de Guichen s'était alors dirigé sur Cadix, et les navires qu'il escortait avaient fait route pour leur destination[2].

L'amiral Rodney, parti d'Angleterre, le 8 janvier, avec dix-sept vaisseaux, était arrivé aux Antilles à la fin de février. Après avoir opéré sa jonction avec sir Samuel Hood, il résolut d'intercepter les secours attendus dans la baie de Fort-Royal. Ses vaisseaux s'échelonnèrent, au vent des îles françaises, depuis la Désirade jusqu'à Saint-Vincent, et ses frégates formèrent une ligne en avant des vaisseaux. L'habileté du capitaine de vaisseau Mithon de Genouilly, chargé de la conduite du convoi, déjoua les calculs de l'amiral anglais. Cet officier doubla la Désirade par le nord, et il fit route sur la Martinique, en serrant de près les terres de la Guadeloupe et de la Dominique. Il mouilla, le 20 mars, sur la rade de Fort-Royal avec son convoi. Après cet insuccès qui lui causa un très-vif désappointement, l'amiral Rodney s'établit au gros Ilet de Sainte-Lucie. Il détacha ses meilleures frégates pour surveiller nos mouvements, et il se tint prêt à appareiller.

---

1. On se rappelle que vingt bâtiments du convoi parti de Brest, le 13 décembre 1781, sous l'escorte d'une escadre commandée par le lieutenant-général de Guichen, avaient été enlevés par l'amiral Kempenfeldt. Les autres, à l'exception de deux vaisseaux et de quelques navires de transport, avaient été dispersés par le mauvais temps et obligés de rentrer à Brest.

2. Le chef d'escadre de Lamotte-Picquet, sorti de Brest avec le lieutenant général de Guichen, se sépara de l'armée, le 15 février, à vingt lieues dans le sud du cap Finisterre. Cet officier général avait reçu l'ordre de croiser sur les côtes d'Angleterre et d'Irlande avec les vaisseaux le *Robuste*, sur lequel il avait son pavillon, et le *Pégase*. Un coup de vent de nord d'une extrême violence l'obligea à rentrer à Brest. Le *Robuste* avait perdu son beaupré. Le *Pégase* avait de très-graves avaries. Lamotte-Picquet passa sur le vaisseau l'*Invincible*.

L'arrivée tardive des approvisionnements nécessaires à notre escadre rendait très-difficile la tâche que le comte de Grasse avait à remplir. Cet officier général devait conduire à Saint-Domingue un convoi considérable, en présence d'une armée plus forte que la sienne. Il dut probablement regretter de ne pas avoir combattu avec plus de vigueur le lieutenant de Rodney à Saint-Christophe.

III

Le 8 avril, au point du jour, le lieutenant général de Grasse fit appareiller le convoi sous l'escorte des vaisseaux l'*Experiment* et le *Sagittaire*, et des frégates la *Railleuse*, l'*Engageante* et le *Richmond*. Quelques heures après, l'armée, forte de trente-trois vaisseaux, mit sous voiles. Dans la journée, une frégate de l'arrière-garde signala quarante voiles à toute vue. C'était la flotte de l'amiral Rodney qui avait quitté Sainte-Lucie, aussitôt qu'elle avait eu connaissance de nos mouvements. Les Français passèrent presque toute la nuit en calme sous la Dominique. Le 9, au lever du soleil, on aperçut très-distinctement, sur notre arrière et un peu sous le vent, trente-six vaisseaux dont cinq à trois ponts. Le *Zélé* et l'*Auguste*, qui s'étaient laissé sous-venter pendant la nuit, n'étaient pas très-loin des vaisseaux anglais les plus avancés. Le comte de Grasse signala au convoi de mouiller à la Guadeloupe, et à l'armée de se préparer au combat. Dans la matinée, l'avant-garde ennemie, favorisée par la brise du large, qu'elle reçut la première, se rapprocha du *Zélé* et de l'*Auguste*. La *Ville-de-Paris* signala la ligne de bataille, les amures à bâbord, en ordre renversé. Lorsque notre avant-garde se trouva à la hauteur des vaisseaux de tête de l'ennemi, notre armée reprit les amures à tribord. L'ordre fut alors donné à notre deuxième escadre d'attaquer l'avant-garde de Rodney. Le marquis de Vaudreuil laissa arriver pour s'en rapprocher, et lorsqu'il fut à une demi-portée de canon, il commença le feu[1]. Le *Northumberland*, le *Sceptre* et le *Citoyen*, qui appartenaient au corps de bataille, prirent part à cette affaire. Après une heure de combat, le *Royal-Oak*, ayant eu son grand mât coupé à la hauteur du ton, laissa arriver et s'éloigna. Le *Montagu*, qui venait après le *Royal-Oak*, perdit ses deux mâts de hune et tomba sous le vent. L'avant-garde anglaise ayant porté largue, tandis que les Français continuaient à tenir le vent, la distance entre les deux lignes augmenta rapidement, et, de part et d'autre, on cessa de tirer[2]. Le comte de Grasse, préoccupé de la mission qu'il avait à remplir, ne crut pas devoir pousser plus loin ses avantages. Persuadé que le retard apporté à la marche de l'armée anglaise, par suite des avaries de son avant-garde, donnerait au convoi une avance suffisante pour faire route en toute sécurité, il lui envoya l'ordre de reprendre la mer. Les deux flottes réparèrent leurs avaries pendant la nuit, et, le lendemain, elles continuèrent à courir au plus près, les amures à tribord, avec des vents de l'est au nord-est. Dans le but d'emmener l'ennemi loin du convoi, le comte de Grasse comptait passer au vent des îles pour se rendre à sa destination. Dans la nuit du 10 au 11 avril, le *Jason* et le *Zélé* s'étant abordés, le premier de ces vaisseaux relâcha à la Guadeloupe. Il y fut rejoint par le *Caton* dont la mâture était en mauvais état. Dans la journée du 11, l'armée était sur le point de doubler les Saintes, lorsque le comte de Grasse se décida à laisser porter,

---

1. Ce fut avec intention que le chef d'escadre de Vaudreuil ne se plaça pas plus près de l'ennemi. Lorsque j'attaquai l'avant-garde anglaise, dit-il dans un de ses rapports, je ne conduisis la nôtre qu'à une demi-portée de canon de la leur, afin de ne pas nous faire dégréer par leur mitraille. Nos vaissseaux étaient très-serrés, et la vivacité de notre feu les fit filer dans les deux attaques que nous fîmes, et, si nous nous fussions mis à portée de leurs caronades, nous aurions été promptement dégréés et nous aurions été battus.
2. L'amiral Rodney déclara, dans une lettre adressée à l'Amirauté britannique, que les bâtiments de son avant-garde et principalement le *Royal-Oak* et le *Montagu* avaient beaucoup souffert. Le capitaine Bayne, de l'*Alfred*, avait été tué.

pour couvrir deux vaisseaux, le *Magnanime* et le *Zélé*, qui étaient tombés sous le vent. Dans la nuit du 11 au 12, les deux flottes manœuvrèrent avec du calme et des brises variables. A deux heures du matin, le *Zélé*, courant les amures à bâbord, croisa la route de la *Ville-de-Paris*, qui était au plus près, les amures à tribord. L'officier de quart à bord du *Zélé*, se trompant sur la position du vaisseau qu'il avait devant lui, lofa au lieu de laisser porter[1]. Un abordage d'une extrême gravité, si on considère les circonstances dans lesquelles nous nous trouvions, fut la conséquence de cette fausse manœuvre. La *Ville-de-Paris* eut des voiles emportées, et le *Zélé* cassa son beaupré et son mât de misaine. Le général fit dire à la frégate l'*Astrée*, par le cotre le *Clairvoyant*, de prendre ce vaisseau à la remorque et de le conduire à la Guadeloupe. Au jour, l'armée était sans ordre, et il y avait une distance de plusieurs lieues entre les bâtiments sous-ventés et ceux qui étaient le plus dans l'est[2]. A quelques milles sous le vent de la *Ville-de-Paris*, le *Zélé*, remorqué par l'*Astrée*, faisait route sur la Basse-Terre. Plusieurs vaisseaux anglais faisaient de la toile et chassaient le *Zélé*. Le comte de Grasse crut que ce vaisseau tomberait entre les mains de l'ennemi, s'il ne se hâtait de le couvrir. Quoique l'armée française, par suite des incidents de la nuit, eût fort peu gagné dans son louvoyage, elle était encore au vent des Anglais. A cinq heures trois quarts, la *Ville-de-Paris* signala la ligne de bataille, les amures à bâbord, en ordre renversé, et à six heures

---

1. Le comte de Grasse avait pris la précaution de rappeler à l'armée que si, pendant le louvoyage, deux vaisseaux, courant à contre-bord, venaient à se croiser, celui qui était bâbord amures laisserait porter, tandis que l'autre loferait. Le commandant en chef avait ajouté que tous les vaisseaux, quelle que fût l'ancienneté des capitaines, qu'ils eussent ou qu'ils n'eussent pas de marque distinctive, étaient tenus de se conformer à cette règle.
2. Le comte de Grasse dit trois lieues dans l'un de ses mémoires, tandis que les rapports des capitaines parlent de cinq lieues. On conçoit l'intérêt qui s'attache à cette question. Il s'agit de savoir si l'armée a eu le temps de se former avant le commencement de la bataille.

elle répéta le même signal, en y joignant celui de forcer de voiles. La manœuvre des Français détermina l'amiral Rodney à rappeler les chasseurs. Ceux-ci étaient sous le vent et à quatre ou cinq milles du *Zélé*, lorsqu'ils abandonnèrent la poursuite. Vers sept heures, le marquis de Vaudreuil, commandant de la deuxième escadre, arrivait avec le *Triomphant* dans les eaux de la *Ville-de-Paris*. Peu après, l'*Auguste*, portant le pavillon du chef d'escadre de Bougainville, commandant de la troisième escadre qui faisait l'avant-garde dans l'ordre renversé, prenait son poste. Les deux armées dont les routes se croisaient s'étaient rapprochées. Le capitaine du *Marlborough*, vaisseau de tête de la flotte britannique, supposant qu'il ne passerait pas au vent de l'*Hercule*, gouverna de manière à prolonger notre ligne sous le vent. A sept heures et demie, le comte de Grasse signala de se préparer au combat. A ce moment, le *Zélé* était à environ dix milles des bâtiments ennemis qui l'avaient chassé. Ce vaisseau pouvait être considéré, depuis six heures du matin, comme étant hors de toute atteinte [1]. Quelques-uns des vaisseaux qui étaient le plus au vent, lorsque la *Ville-de-Paris* avait signalé la ligne de bataille, les amures à bâbord, n'avaient pas encore rallié. Un peu avant huit heures, le *Marlborough* et l'*Hercule* étaient par le travers l'un de l'autre. Le mouvement d'arrivée des Anglais avait amené un assez grand écartement entre les deux lignes. Elles tendaient de nouveau à se rapprocher, le *Marlborough* étant revenu au plus près, et les autres vaisseaux manœuvrant pour prendre ses eaux. A huit heures, le comte de Grasse signala de laisser porter jusqu'au sud-sud-ouest. Au moment où fut donné l'ordre d'exécuter ce mouvement, les Français n'étaient pas encore régulièrement formés. Les deux armées étaient rangées dans l'ordre suivant :

---

1. Le *Zélé*, remorqué par l'*Astrée*, filait de cinq à six nœuds, depuis six heures et demie du matin.

FLOTTE FRANÇAISE.

Ligne de bataille. — Ordre renversé.

Noms des bâtiments.	Nombre de canons.	Noms des capitaines.
Troisième escadre ou *escadre bleue.*		
Hercule..............	74	Chadeau de la Clocheterie.
Souverain............	74	De Glandevès.
Palmier..............	74	De Martelly-Chautard.
Northumberland.......	74	De Sainte-Césaire.
Neptune..............	74	Renaud d'Aleins.
Auguste..............	80	De Bougainville, chef d'escadre. De Castellan.
Ardent...............	64	De Gouzillon.
Scipion..............	74	Clavel.
Brave................	74	D'Amblimont.
Citoyen..............	74	D'Ethy.
Première escadre ou *escadre blanche.*		
Hector...............	74	De la Vicomté.
César................	74	De Marigny.
Dauphin-Royal........	70	De Roquefeuil-Montpéroux.
Languedoc............	80	D'Arros d'Argelos.
Ville-de-Paris.......	104	Comte de Grasse, lieutenant général. De Lavilléon. De Vaugirault, major.
Couronne.............	80	Mithon de Genouilly.
Eveillé..............	64	Le Gardeur de Tilly.
Sceptre..............	74	De Vaudreuil.
Glorieux.............	74	D'Escars.
Deuxième escadre ou *escadre blanche et bleue.*		
Diadème..............	74	De Monteclerc.
Destin...............	74	Dumaitz de Goimpy.
Magnanime............	74	Le Bègue.
Réfléchi.............	64	De Médine.
Conquérant...........	74	De la Grandière.
Magnifique...........	74	Macarty Macteigne.
Triomphant...........	80	De Vaudreuil, chef d'escadre. Le chevalier du Pavillon.
Bourgogne............	74	De Charitte.
Duc-de-Bourgogne.....	80	Coriolis d'Espinouse, chef d'escadre. De Champmartin.
Marseillais..........	74	De Castellane Majastre.
Pluton...............	74	D'Albert de Rions.

FLOTTE ANGLAISE.

Ligne de bataille. — Ordre renversé.

Noms des bâtiments.	Nombre de canons.	Noms des capitaines.
\multicolumn{3}{c}{*Troisième escadre.*}		
Marlborough	74	Taylor Penny.
Arrogant	74	Samuel Cornish.
Alcide	74	Charles Thompson.
Nonsuch	74	William Truscott.
Conqueror	74	George Balfour.
Princesse	70	Samuel Drake, contre-amiral. Charles Knatchbull.
Prince George	98	James Williams.
Torbay	74	John Gidoin.
Anson	64	William Blair.
Jame	74	Robert Barber.
Russel	74	James Saumarez.
\multicolumn{3}{c}{*Première escadre.*}		
America	64	Samuel Thompson.
Hercules	74	Henry Savage.
Prothée	64	Charles Buckner.
Résolution	74	Robert Manners.
Agamemnon	64	Benjamin Caldwell.
Duke	98	Allen Gardner.
Formidable	98	G. B. Rodney, vice-amiral. Charles Douglas. Johs Symonds. Cranston.
Namur	90	Inglis.
Saint-Albans	64	William Cornwallis.
Canada	74	Thomas Dumaresq.
Répulse	64	Charrington.
Ajax	74	Robert Fanshaw.
Bedford	74	Affleck, commodore. Grave.
\multicolumn{3}{c}{*Deuxième escadre.*}		
Prince William	64	George Wilkinson.
Magnificent	74	Robert Linzee.
Centaur	74	John Inglefield.
Belliqueux	64	Alexander Sutherland.
Warrior	74	James Wallace.
Monarch	74	Francis Reynolds.
Barfleur	90	Samuel Hood, vice-amiral. John Knight.
Valiant	74	S. G. Goodall.
Yarmouth	64	Anthony Parry.
Montagu	74	George Bowen.
Alfred	74	
Royal-Oak	74	Thomas Burnett.

Les premiers coups de canon furent tirés sur le *Marlborough* par le *Brave*, qui était de quelques rangs en arrière de l'*Auguste*. Les Anglais courant au plus près, les amures à tribord, et les Français quatre quarts largue, les amures à bâbord, la distance qui nous séparait de l'ennemi fut promptement franchie. L'avant-garde anglaise n'avait pas encore doublé notre chef de file qu'une partie des vaisseaux de notre troisième escadre combattait à petite portée. Vers huit heures et demie, le signal de virer de bord lof pour lof, tout à la fois, fut hissé à bord de la *Ville-de-Paris*. Le vaisseau du commandant de la deuxième escadre le répéta, en l'appuyant de plusieurs coups de canon. C'était au *Pluton*, serre-file de l'armée, qu'il appartenait de commencer le mouvement. Le capitaine d'Albert de Rions aperçut le signal de l'*Auguste*, mais il demeura persuadé que ce vaisseau se trompait dans la répétition des signaux. Cette opinion lui parut d'autant plus fondée, que les vaisseaux placés entre le *Pluton* et le *Triomphant* n'avaient pas en tête de mât les pavillons exprimant cet ordre. Convaincu que cette manœuvre ne pouvait avoir que des conséquences désastreuses, il ne voulut pas croire qu'elle eût été ordonnée. En effet, nos vaisseaux, pris en enfilade pendant un temps d'autant plus long que la brise était très-faible, auraient subi, dès le début, des pertes considérables[1]. On ne doit pas perdre de vue que, à ce moment, depuis l'*Hercule* jusqu'au *Magnifique*, on se battait de près. Peu après, le *Triomphant*[2], matelot d'arrière du *Magni-*

---

1. Le *Triomphant* et les vaisseaux qui le suivaient étaient assez rapprochés pour communiquer à la voix. Le lieutenant général de Vaudreuil n'employa pas ce moyen pour donner au *Pluton* l'ordre de commencer le mouvement. M. d'Albert de Rions y vit une nouvelle preuve que le signal, hissé à bord du *Triomphant*, n'exprimait pas un ordre de cette importance.

2. Le chef d'escadre de Vaudreuil dit formellement, dans un de ses mémoires, que le *Marlborough* passa à portée de fusil du *Triomphant*. Or, à ce moment, la *Ville-de-Paris* avait encore, à tête de mât, le signal de virer lof pour lof, tout à la fois.

fique, le *Duc-de-Bourgogne*, le *Marseillais* et le *Pluton*, étaient engagés. Les frégates de l'avant-garde avaient fait connaître que le signal de virer lof pour lof, tout à la fois, avait été vu par la troisième escadre. Voulant sans doute faire cesser l'indécision qui devait régner dans l'armée, par suite de l'inexécution de cet ordre, le comte de Grasse amena le premier signal, et il le remplaça par celui de serrer le vent, les amures à bâbord. Entre huit heures quarante-cinq et neuf heures, le comte de Grasse signala de virer de bord lof pour lof par la contre-marche. A bord de l'*Hercule*, on vit, pendant un moment, ce signal aux mâts du vaisseau du commandant de l'avant-garde, mais la fumée ayant presque immédiatement enveloppé l'*Auguste*, le capitaine Chadeau de la Clocheterie ne voulut pas assumer la responsabilité de ce mouvement. Vers neuf heures trois quarts, les vents, qui jusque-là avaient été à l'est, passèrent au sud-est. Au moment où se produisit cette variation dans la brise qui exerça une influence décisive sur le sort de la journée, l'arrière-garde anglaise venait d'entrer en ligne. Les vaisseaux français, obligés de laisser arriver pour ne pas masquer, se trouvèrent en échiquier. Dans cet ordre, ils ne pouvaient conserver, en combattant, une formation régulière. L'avant-garde anglaise continua à courir sous le vent de notre flotte. Au centre de l'armée britannique, le *Formidable*, sur lequel le commandant en chef avait son pavillon, et ses deux matelots, serrèrent le vent. Vers dix heures et un quart, le *Namur*, le *Formidable*, le *Duke* et le *Canada* coupèrent la ligne française sur l'arrière du *Glorieux*. Ce vaisseau de soixante-quatorze, qui avait déjà supporté le feu de l'avant-garde anglaise, fut démâté de tous ses mâts. Ces quatre vaisseaux prolongèrent, par bâbord, notre deuxième escadre qui fut obligée de combattre des deux bords. Sir Samuel Hood, imitant la manœuvre de Rodney, passa, avec son escadre, sur l'arrière du *César*. Ce vaisseau et l'*Hector* qui le précédait dans la ligne, canonnés par tous les bâtiments de l'arrière-garde anglaise, furent très-maltraités. Au lieu de laisser porter, pour prolonger au vent notre première escadre, sir Samuel Hood courut au plus près, les amures à tribord. La *Ville-de-Paris* et plusieurs vaisseaux de notre centre cessèrent leur feu à dix heures et demie, n'ayant plus d'ennemis, soit au vent, soit sous le vent. Sur tous les autres points, et principalement à l'avant-garde, le combat continua avec beaucoup de vivacité. La brise, qui était très-faible, fraîchit un peu vers onze heures. Le *Glorieux*, complétement démâté, n'avait pu suivre le mouvement de son escadre, et il restait isolé. Le comte de Grasse ayant fait aux frégates le signal de conduire ce vaisseau hors du feu, une d'elles, le *Richmond*, capitaine Mortemart, vint intrépidement se placer sur son avant, et elle lui donna une remorque. Quelques vaisseaux anglais, mettant à profit la légère brise qui soufflait en ce moment, gouvernèrent sur le *Glorieux*. Le lieutenant de vaisseau Trogoff de Kerlessi, qui avait remplacé le vicomte d'Escars, tué à neuf heures du matin, fit couper la remorque. Il ne voulut pas accepter le dévouement de cette frégate qui se serait perdue sans pouvoir le sauver.

Vers une heure, une légère brise d'est s'étant élevée, la fumée disparut, et on put se rendre compte de la situation des deux armées. Les Français étaient divisés en trois groupes principaux. La troisième escadre était au vent et à deux milles environ de la *Ville-de-Paris*, auprès de laquelle se tenaient ses deux matelots, le *Languedoc* et la *Couronne*, et quatre autres vaisseaux. La deuxième escadre était à trois ou quatre milles sous le vent du vaisseau du commandant en chef. Le *Glorieux* était au vent de la *Ville-de-Paris*; l'*Hector* et le *César* se trouvaient un peu au vent de notre avant-garde. Les vaisseaux qui, sous la conduite des amiraux Rodney et Hood, avaient coupé notre ligne, les premiers sur l'arrière du *Glorieux*, les seconds sur l'arrière du *César*, étaient au vent de notre armée. L'avant-garde ennemie continuait à courir au plus près, les amures à tribord, afin d'être en mesure de nous doubler au vent après avoir viré de bord. Une brise fraîche, qui soufflait à l'ouvert du canal, favorisait les mouvements de nos adversaires. A une heure et un quart, le comte de Grasse signala de se rallier à l'ordre de bataille, les amures à bâbord, dans l'ordre renversé. Peu après, il signala à la deuxième escadre de tenir le vent, tout à la fois, et, à deux heures, il répéta son premier signal. Par suite de sa position près de terre, l'armée française était presque en calme. De temps à autre, il s'élevait un peu de brise variant en force et en direction. Cette circonstance, jointe à l'état dans lequel se trouvaient quelques-uns de nos vaisseaux, rendait nos mouvements très-lents et toute formation difficile, sinon impossible. Le *Glorieux*, démâté de tous ses mâts, l'*Hector* et le *César*, presque complétement dégréés, ne pouvaient plus rien, s'ils n'étaient pas secourus. Plusieurs vaisseaux de l'avant-garde, devant lesquels toute l'armée anglaise avait défilé dans la matinée, ne manœuvraient que difficilement. L'*Auguste*, portant le pavillon du commandant de la troisième escadre, avait rendu, à midi, sa manœuvre indépendante, et, depuis ce temps, il réparait ses avaries. Pendant que les Français, dispersés par suite des variations de la brise et des incidents de la matinée, s'efforçaient de rétablir l'ordre primitif de combat, l'avant-garde ennemie rejoignait Hood et Rodney. Les vaisseaux anglais, répandus sans ordre au vent de notre ligne, gouvernaient sur ceux de nos bâtiments qui étaient isolés. A trois heures et demie, le comte de Grasse signala de serrer le vent, tout à la fois, les amures à tribord, et, à quatre heures, de former la ligne de bataille, les amures à tribord dans l'ordre naturel. A ce moment, le *Glorieux*, le *César* et l'*Hector* avaient succombé. Un vaisseau de l'avant-garde, l'*Ardent*, de soixante-quatre canons, entouré vers cinq heures par plusieurs bâtiments ennemis, amena son pavillon. Un combat très-vif s'engagea autour du vaisseau du commandant en chef. Les forces de l'ennemi, en état de prendre part à la lutte, s'accumulèrent sur ce point. La *Ville-de-Paris* et quelques-uns des vaisseaux qui étaient auprès d'elle, tels que la *Bourgogne*, le *Triomphant*, le *Languedoc*, la *Couronne*, le *Pluton*, le *Sceptre*, le *Magnifique* et le *Marseillais* se battirent des deux bords. Le vaisseau amiral, quoique épuisé par une journée de lutte, opposa aux attaques de ses nombreux adversaires une résistance héroïque. A cinq heures et demie, il fut canonné par neuf vaisseaux. Un peu avant six heures, un trois ponts, le *Barfleur*, monté par le vice-amiral Hood, vint se joindre aux assaillants. A six heures un quart, le comte de Grasse rendit aux Anglais un vaisseau que lui, ses officiers et son équipage avaient défendu avec la plus admirable valeur. Le corps du vaisseau était criblé de coups de canon, la chute de la mâture était imminente, les munitions étaient épuisées et le navire était encombré de morts et de blessés[1]. Cet événement donnait le commandement de l'armée au chef d'escadre de Vaudreuil. Le nouveau général n'avait que le temps strictement nécessaire pour prendre les mesures que comportaient les circonstances. La nuit approchait, et il fallait empêcher que la direction de notre flotte fût abandonnée au hasard. Le marquis de Vaudreuil ordonna à la voix à la *Bourgogne*, qui était le vaisseau le plus rapproché de la *Ville-de-Paris*, de faire de la toile. Lui-même, sur le *Triomphant*, laissa arriver et s'éloigna du champ de bataille, ayant en tête de mât le signal de ralliement. Il héla les vaisseaux près desquels il passa pour leur faire connaître la route qu'il comptait suivre. Il ne voulut pas faire de signaux dans la crainte que l'ennemi ne parvînt à les interpréter[2]. L'armée française se retira sans être

---

1. Les Anglais remorquèrent la *Ville-de-Paris* jusqu'à la Jamaïque.
2. Les quelques lignes qui suivent, empruntées à un passage des mémoires du marquis de Vaudreuil, indiquent avec précision les derniers moments de la bataille : « Jusqu'au moment où la *Ville-de-Paris* s'est rendue, je n'ai eu de voiles que ce qui était nécessaire pour gouverner. Nous suivions exactement les mouvements de la *Ville-de-Paris* dans toutes les olofées et arrivées pour ne nous point éloigner. A six heures et demie, l'ayant vue venir en travers, après avoir tiré des deux bords, cesser son feu et amener

inquiétée. L'amiral Rodney, dans son rapport, n'accusa que deux cent trente-sept morts et sept cent soixante-six blessés. Les pertes des Français furent certainement beaucoup plus considérables. Nous ne les donnons pas, parce que nous n'avons trouvé aucune pièce les indiquant, pour tous les bâtiments, avec un caractère suffisant d'authenticité. Un grand nombre d'officiers furent tués ou blessés dans cette journée[1].

Tel est le récit des divers incidents qui marquèrent la funeste journée du 12 avril. Après cet exposé, auquel nous n'avons joint aucun commentaire, nous rechercherons quel fut le plan du général et les moyens qu'il employa pour l'exécuter. Nous examinerons également s'il trouva, chez les officiers généraux et les capitaines de son armée, le concours qu'il avait le droit d'en attendre. La bataille de la Dominique est l'événement maritime le plus considérable de la guerre de l'Indépendance; de plus, la journée du 12 avril a été diversement appréciée. A ce double titre elle mérite un examen approfondi.

---

ses pavillons de signaux, j'ai regardé son bâton de pavillon, le pavillon était amené. C'est alors que j'ai crié à M. de Charitte de faire de la voile, que j'en ai fait moi-même et que j'en ai fait faire aux autres vaisseaux, leur donnant la route qu'il fallait tenir. »

1. On comptait parmi les premiers : MM. de Saint-Césaire, du Pavillon, d'Escars, de la Clocheterie, de la Vicomté, Bernard de Marigny, capitaines de vaisseau ; de la Mettrie, l'Hermite-Maillane, de Karvel, d'Orsin, de Villeneuve-Flayosc, de Rebender, lieutenants de vaisseau ; de Beaucouse, Visdelou de Liscouel, de Quattromani, enseignes de vaisseau; de Brochereuil, Moracin, officiers auxiliaires; de Kerolain, garde de la marine; de la Forgerie, de Trogoff, officiers d'infanterie. Officiers blessés : MM. de Vaudreuil, chef d'escadre ; Le Bègue, de Thy, de Médine, de Champmartin, capitaines de vaisseau ; de Mallet, du Roure, de Vieuxbourg de Rosily, de Clerimbert, de Champagny, Dupuy, de Carcaradec, d'Assas-Mondardier, Tredern de Lezerec, Despiès, de Trogoff, de Portzampar, lieutenants de vaisseau ; Barton de Montbas, de Laulanie, de Marnières de Montigny, enseignes de vaisseau ; de Blessinga, de Toll, officiers suédois; Charron-Duportaille, Roland, Levilain, du Frossey, Bicher, Martin, Quinart, officiers auxiliaires ; le Livec, de Châteaufur, gardes de la marine; de Monlezun, de Gouillard, de Villé, de Montel, de Quetteville, de Montalembert, de la Brosse, Dejean, Tanneguy, Deshayes, d'Adhémar, de Coquet, de Trouront, de Kerlerec, de Saint-Simon, de Renouard, de Boisgantin, officiers d'infanterie.

IV

L'amiral Rodney avait sous ses ordres trente-six vaisseaux, dont cinq à trois ponts. Le comte de Grasse, après avoir désigné deux vaisseaux pour accompagner le convoi, avait pris la mer avec trente-trois vaisseaux, parmi lesquels un seul, la *Ville-de-Paris*, était à trois ponts. Du 8 au 12 avril, il renvoya successivement le *Caton*, le *Jason* et le *Zélé*. Au combat de la Dominique, il avait trente vaisseaux représentant deux mille deux cent quarante-six canons, tandis que, sur la flotte anglaise, le nombre des bouches à feu s'élevait à deux mille six cent soixante-quatorze. Il est donc certain qu'il y avait entre les deux armées une grande disproportion de force. Néanmoins, les fautes commises par le commandant en chef contribuèrent, plus que la supériorité numérique de l'ennemi, à la perte de la bataille. Le 9 avril, le comte de Grasse avait eu, si ce n'est la certitude, au moins des chances très-sérieuses d'écraser une fraction de la flotte britannique. Il n'avait pas voulu en profiter dans la crainte d'être amené à livrer une bataille générale qui eût empêché l'accomplissement de sa mission. Comment, le 12, s'exposait-il à livrer cette même bataille, avec trente vaisseaux, alors que, le 9, il en avait trente-trois? Était-ce pour couvrir le *Zélé?* Alors le comte de Grasse commit une erreur bien malheureuse. En admettant, ce qui était douteux, que le *Zélé* eût été un moment compromis, la démonstration de la *Ville-de-Paris* avait suffi pour le délivrer de tout danger. En conséquence, aussitôt après le rappel des chasseurs par l'amiral Rodney, le général français avait toute liberté de reprendre les amures à tribord. Si le comte de Grasse, se trompant sur la situation du *Zélé*, s'exposait aux risques d'un engagement général pour sauver ce vaisseau, au moins devait-il se placer dans les conditions les meilleures pour combattre. C'est ce que malheureusement il ne fit pas. Le 12 avril, au point du jour, les bâtiments français étaient dispersés, et la distance qui les séparait les uns des autres variait entre trois et cinq lieues. Oubliant cette situation, le comte de Grasse gouverna sur l'ennemi avec son propre vaisseau. Il mit un tel empressement à venir au secours du *Zélé*, qu'il ne donna pas le temps à son escadre de se former. Enfin, en courant sur la Dominique, il alla au-devant des calmes et des changements de vent. Soit qu'il eût reconnu que la brise mollissait, à mesure qu'on approchait de terre, soit que, se souvenant de la journée du 9 avril, il se flattât de n'avoir qu'un engagement partiel, le comte de Grasse voulut se mettre au même bord que les Anglais. Il fit d'abord, ainsi qu'on l'a vu, le signal de virer de bord lof pour lof, tout à la fois, puis celui de virer de bord lof pour lof, par la contre-marche. Ces signaux aperçus pendant un moment par quelques vaisseaux, au nombre desquels se trouvaient le *Pluton* et l'*Hercule*, disparurent dans la fumée. M. d'Albert de Rions, un des meilleurs officiers de la marine française, et M. de la Clocheterie, l'ancien capitaine de la *Belle-Poule*, se trouvant livrés à leur propre inspiration, reculèrent devant l'exécution d'une manœuvre qui devait avoir pour l'armée des conséquences désastreuses. Il n'est pas inutile de faire remarquer que, dans cette affaire, ces deux capitaines n'étaient pas seuls en cause. Le *Pluton* et l'*Hercule* continuant à courir, les amures à bâbord, sans répondre aux signaux de l'amiral, il eût été du devoir des chefs d'escadre de Vaudreuil, dans le premier cas, et de Bougainville, dans le second, de prendre l'initiative du mouvement, ainsi que l'avait fait le *Saint-Esprit*, au combat d'Ouessant. Ces deux officiers généraux n'avaient pas plus que les capitaines de Rions et de la Clocheterie le droit de discuter les ordres du commandant en chef. Cependant, aucun d'eux n'eut la pensée de sortir de la ligne pour commencer l'évolution, parce que, en réalité, au moment où furent hissés les signaux relatifs au changement d'amures, l'armée française n'avait plus la liberté de ses mouvements[1]. Le comte de Grasse dit dans un de ses mémoires : « Comme les vaisseaux qui essuyaient déjà le feu des ennemis pouvaient être aussi malheureux que la *Ville-de-Paris*, qui avait le plus grand nombre de ses manœuvres coupées et ses voiles criblées, ce qui les aurait empêchés de virer vent devant, et que tout vaisseau, même dégréé, peut toujours virer vent arrière, je fis à l'armée le signal de virer toute ensemble vent arrière[2]. » Ainsi le comte de Grasse reconnaissait qu'il était impossible de virer de bord vent devant. Quant à un virement de bord lof pour lof, que ce fût par la contre-marche ou tout à la fois, la proximité de la ligne ennemie n'en permettait pas l'exécution. « Notre ligne, écrivait, après la bataille, le chef d'escadre de Vaudreuil, s'est formée sous le feu de la mousqueterie. Les Anglais avaient de la nouvelle artillerie qui de près dégréait promptement les vaisseaux[3]. Si le *Pluton* avait commencé le revirement, lorsque le général a fait le signal de virer ensemble, lof pour lof, il n'y aurait eu que quatre ou cinq vaisseaux qui eussent pu virer de bord, ce qui aurait fait une séparation, les autres étant engagés de trop près. Une armée ne vire pas de bord, vent arrière, lorsque

1. Lorsque le signal de virer lof pour lof, tout à la fois, fut amené, c'est-à-dire au moment où le chef d'escadre de Vaudreuil aurait dû commencer le mouvement que n'exécutait pas le *Pluton*, le *Triomphant*, sur lequel il avait son pavillon, se battait à portée de fusil.

2. On voit, par le témoignage du commandant en chef lui-même, que le vaisseau de tête de l'armée ennemie avait dépassé notre centre, au moment où furent hissés les signaux relatifs au changement d'amures. Ceci concorde bien avec l'affirmation du capitaine du *Pluton*, disant que le *Marlborough* était arrivé par le travers du *Magnifique*, matelot d'avant du *Triomphant*, vaisseau du commandant de la deuxième escadre, lorsque le signal de virer lof pour lof, tout à la fois, avait été aperçu à bord de ce dernier vaisseau. Il semble difficile d'admettre que les deux armées fussent séparées par une grande distance, ainsi que le dit le comte de Grasse, en lisant dans son propre rapport que, à ce moment, c'est-à-dire au début de l'action, la *Ville-de-Paris* avait le plus grand nombre de ses manœuvres coupées et ses voiles criblées.

3. Dans le rapport que le chef d'escadre de Vaudreuil adressa au ministre,

l'armée ennemie est sous le vent à portée de la mousqueterie. » Ce fut parce que le comte de Grasse combattit les amures à bâbord que notre ligne fut coupée par les Anglais. Cette manœuvre, dans laquelle on ne doit voir aucune combinaison militaire préconçue, mais un acte hardi, inspiré par les circonstances, eut, sur les résultats de la journée, une influence décisive. Des cinq navires qui restèrent aux mains de l'ennemi, trois, le *Glorieux*, l'*Hector* et le *César* avaient été totalement désemparés dans la matinée par les bâtiments qui avaient traversé notre ligne. A une heure et quart, le signal de se rallier à l'ordre de bataille, les amures à bâbord, en ordre renversé, fut hissé à bord de la *Ville-de-Paris*. Ce prompt ralliement de la flotte était évidemment le but vers lequel nous devions tendre, mais le moyen employé par le comte de Grasse était-il le plus propre à l'atteindre? Pour rétablir l'ordre primitif de combat, tous les bâtiments, à l'exception de ceux qui appartenaient à la deuxième escadre, étaient obligés de laisser porter. On ne pouvait, en effet, revenir à la ligne de bataille, les amures à bâbord, qu'en se formant sur les vaisseaux sous-ventés. Or, la deuxième escadre était à plusieurs milles sous le vent de la première qui était, elle-même, sous le vent de la troisième. Peut-être eût-il mieux valu reformer l'armée sur la première escadre. La deuxième eût fait un bord pour prendre son poste, et les bâtiments, restés au vent, eussent été plus facilement secourus. Le mouvement de la deuxième escadre n'aurait eu, d'ailleurs, aucun inconvénient, puisque, à ce moment, la moitié de

---

à son arrivée à la Jamaïque, on lit : « Permettez-moi, Monseigneur, de vous représenter que tous les bâtiments de guerre anglais ont, sur leurs gaillards, une grande quantité de caronades, obusiers ou petites pièces d'un très-gros calibre, dont l'effet est on ne peut plus meurtrier à la portée de la mousqueterie. Ce sont ces nouvelles armes qui nous ont si fort dégréés, à la journée du 12 avril. Les Anglais ont aussi adopté l'usage des platines à canons avec lesquelles ils pointent infiniment mieux qu'avec le boute-feu. Je pense qu'on ne peut trop tôt se servir des mêmes armes pour les combattre d'une manière égale. »

l'armée anglaise continuait à courir les amures à tribord¹. Quoi qu'il en soit, le *Glorieux*, le *César* et l'*Hector* ne pouvaient exécuter les ordres du commandant en chef, c'est-à-dire rallier l'armée, s'ils n'étaient pas secourus. Ce rôle incombait à l'avant-garde qui était au vent de la première escadre. Mais cette avant-garde avait soutenu, dans la matinée, un combat très-vif contre toute l'armée anglaise défilant à contre-bord. Elle avait été très-maltraitée, et la plupart des bâtiments qui la composaient étaient dégréés. L'*Auguste* s'étant tenu hors du feu, depuis midi jusqu'à cinq heures du soir, pour réparer ses avaries, la troisième escadre ne reçut pas l'impulsion précise et énergique qui lui eût été nécessaire, dans les circonstances où elle se trouvait, pour agir avec ensemble. Le *Neptune* et l'*Hercule*, qui s'étaient très-bien battus dans la matinée, ne firent pas des efforts suffisants pour rallier la *Ville-de-Paris*, lorsque l'ordre fut donné, à quatre heures du soir, de former la ligne de bataille, les amures à tribord, dans l'ordre naturel². Un des vaisseaux de cette escadre, le *Souverain*, voulut sauver le *Glorieux*, mais avant d'être à portée de lui donner une remorque, le capitaine de Glandevès dut faire de la voile et s'éloigner. Plusieurs vaisseaux anglais manœuvraient pour le couper. Le *Duc-de-Bourgogne*, appartenant à la deuxième escadre, avait eu sa mâture fort endommagée dans le combat du matin, et il était tombé sous le vent. Son capitaine s'occupa moins de rejoindre son poste que de mettre son bâtiment en état de faire de la toile. Après avoir relevé ces fautes de détail inséparables de toute opération militaire, nous avons à signaler les belles actions qui se produisirent pendant cette journée. Nous devons citer

---

1. Telle était la pensée du marquis de Vaudreuil. Il se disposait à courir un bord pour s'élever au vent et prendre les eaux de la *Ville-de-Paris*, lorsque le comte de Grasse fit à son escadre le signal de forcer de toile. Il obéit immédiatement à ce dernier ordre.

2. Le capitaine Chadeau de la Clocheterie avait été tué dans la matinée.

tout d'abord la magnifique défense de la *Ville-de-Paris*. « Que pouvaient, écrivit le comte de Grasse dans un de ses mémoires, le nom et les cent canons de mon vaisseau contre dix autres qui le foudroyaient par plus de quatre cents, tous à la fois, en ne leur prêtant qu'un seul côté? Privée de tous ses agrès, regréée sous le feu des ennemis, et toujours dégréée, ses mâts percés, vacillants, ses voiles criblées, en lambeaux, ses vergues coupées, ses équipages sans avoir pris aucune nourriture depuis le point du jour jusqu'à la nuit close, la *Ville-de-Paris* pouvait se rendre sans honte et sans reproche, et je voulus la défendre encore ; mais obligé de tenir tous les sabords ouverts pour faire feu de bâbord et de tribord et de l'arrière, mes gargousses s'épuisèrent. Je ne pus ensuite faire charger mes canons qu'à la cuillerée, à la seule lueur de mes fanaux, et j'eus la douleur de ne pouvoir jamais les garder allumés, à cause de la fumée et de la double commotion. Alors ne pouvant plus tirer un seul coup, canonné d'assez près pour perdre beaucoup de monde, et, en même temps, d'assez loin pour ne pouvoir faire usage de ma mousqueterie, il fallut me rendre. J'étais réduit à un tel état que les ennemis, le 13 au matin, pour amener le pavillon de commandement, furent obligés de couper les mâts, de crainte, en y montant, d'être entraînés dans la mer ou écrasés par leur chute. »

La conduite des officiers qui commandèrent successivement le *César*, l'*Hector* et le *Glorieux*, fut au-dessus de tout éloge. Ces trois vaisseaux, ainsi que nous l'avons dit plus haut, furent complétement désemparés par les navires ennemis qui traversèrent notre ligne. Entourés par les Anglais, n'ayant aucun espoir d'être secourus, ils combattirent jusqu'à l'entier épuisement de leurs forces. Les capitaines d'Escars, du *Glorieux*, La Vicomté, de l'*Hector*, furent tués, et le capitaine Bernard de Marigny, du *César*, grièvement blessé, quelques heures après le commencement de la bataille. Le capitaine de vaisseau Paul, les lieutenants de vaisseau Trogoff de Kerlessi et de Beaumanoir, qui les remplacèrent dans le commandement du *César*, du *Glorieux* et de l'*Hector*, se montrèrent dignes de succéder à de tels chefs. Dans la soirée du 12 avril, le feu se déclara à bord du *César*. Le capitaine Bernard de Marigny était étendu sur son lit, lorsque des matelots, se précipitant dans sa chambre, crièrent que le navire allait sauter. « Tant mieux! leur répondit-il, les Anglais ne l'auront pas. Fermez ma porte, mes amis, et tâchez de vous sauver. » Il est difficile de pousser plus loin que ne le firent ces officiers le sentiment de l'honneur militaire. Leurs noms ne doivent pas tomber dans l'oubli[1]. Le chef d'escadre, marquis de Vaudreuil, sur le *Triomphant*, les capitaines d'Albert de Rions, du *Pluton*, Charitte, de la *Bourgogne*, Castellane, du *Marseillais*, Macarty Macteigne, du *Magnifique*, déployèrent autant d'habileté que de bravoure. Le *Languedoc* et la *Couronne*, les deux matelots de la *Ville-de-Paris*, luttèrent vaillamment pour la défense de ce vaisseau. Je puis affirmer, écrivit le marquis de Vaudreuil, « que le soir, à six heures et demie, lorsque la *Ville-de-Paris* s'est rendue, le *Languedoc* était devant moi, éloigné à portée de voix et dans le plus grand délabrement. Il se battait contre les mêmes vaisseaux qui faisaient rendre M. le comte de Grasse. Il n'y avait entre lui et la *Ville-de-Paris* que le *Triomphant* et la *Bourgogne*; la *Couronne* était également en avant de moi et peu éloignée. Le *Languedoc* et la *Couronne* étaient venus, ainsi que le *Sceptre* et plusieurs autres vaisseaux du corps de bataille, joindre leurs efforts aux nôtres pour dégager la *Ville-de-Paris*, et ils se placèrent où ils purent. C'était aux vaisseaux les plus

---

1. Aucun des vaisseaux pris, le 12 avril, ne toucha aux rivages de la Grande-Bretagne. La *Ville-de-Paris*, le *Glorieux*, l'*Hector*, périrent, corps et biens, en revenant en Europe. Deux vaisseaux anglais, le *Centaure* et le *Ramillies*, partagèrent leur sort. L'*Ardent* n'eut pas une fin aussi tragique. Quelques jours après avoir pris la mer pour venir en Angleterre, ce vaisseau rentra à la Jamaïque coulant bas d'eau. Considéré comme hors d'état de naviguer, il fut démoli.

près de la *Ville-de-Paris* à se sacrifier comme l'ont fait le *Sceptre*, la *Couronne*, le *Languedoc*, le *Triomphant*, la *Bourgogne* et plusieurs autres qui n'ont fait de la voile que lorsque le général leur en a donné l'ordre, après que la *Ville-de-Paris* eût amené et que je leur aie dit la route qu'il fallait tenir. Cependant, il y avait longtemps, lorsque la *Ville-de-Paris* s'est rendue, que nous nous battions des deux bords, ainsi que la *Bourgogne* et le *Languedoc*[1]. »

Il résulte de ce qui précède que les véritables causes de notre défaite sont, avant toutes choses, l'aveuglement inexplicable qui s'empara du comte de Grasse, dès le matin du 12 avril. Il voulut sauver le *Zélé*, alors que ce vaisseau ne courait aucun danger. En admettant qu'il se fût trompé sur ce point, il devait, à six heures et demie du matin, être bien convaincu que le *Zélé* ne pouvait être joint par les bâtiments qui le chassaient. Il était donc libre de continuer sa route vers le Nord. Au lieu de prendre cette détermination, impérieusement commandée par les circonstances, il gouverna sur l'ennemi sans même donner le temps à ses vaisseaux de se mettre en ligne. Ayant l'intention de combattre les amures à tribord, il

---

1. L'opinion du chef d'escadre de Vaudreuil avait une comportance particulière. La conduite de ce brave officier avait été approuvée par le comte de Grasse et à Paris. Le comte de Grasse lui avait écrit de la Jamaïque, à la date du 1er mai 1782, que ses manœuvres ainsi que les signaux faits par le *Triomphant* à la deuxième escadre avaient été conformes à ses vues. Le 8 septembre 1782, le marquis de Castries lui écrivait : Quoique les efforts que vous avez faits, monsieur, dans la journée du 12 avril 1782, avec la division que vous commandiez, pour soutenir la gloire du général, n'aient pas été couronnés de succès, Sa Majesté n'en a pas moins été satisfaite des nouvelles preuves que vous lui avez données de votre zèle et de votre courage, et Elle a voulu vous en donner un témoignage public en vous élevant au grade de lieutenant général. Je me flatte que vous ne doutez pas du plaisir que j'ai à vous annoncer cette grâce.

Aucune autre faveur ne fut accordée à l'escadre lorsque celle-ci revint en France, en 1783. Le lieutenant général de Vaudreuil fut le seul officier admis à présenter ses hommages au Roi. Cet état de choses dura jusqu'au jour où fut prononcé le jugement du conseil de guerre dont nous parlerons plus loin.

s'approcha tellement près des Anglais que son armée n'eut plus devant elle l'espace nécessaire pour virer de bord. Cette faute capitale pour un chef d'escadre, le comte de Grasse la commit et rien ne saurait l'en disculper. Les signaux qu'il fit pour se mettre au même bord que l'ennemi doivent être considérés comme n'ayant aucune signification, puisqu'ils furent faits à un moment où le commandant en chef aurait dû s'apercevoir qu'on ne pouvait pas les exécuter. La saute de vent, qui permit à l'amiral Rodney de couper notre ligne, acheva de mettre le désordre dans nos rangs. Enfin, l'ennemi trouva de la brise à l'entrée du canal des Saintes, tandis que nous n'avions, sous la Dominique, que du calme ou des faibles brises avec lesquelles nos vaisseaux ne pouvaient pas manœuvrer. En résumé, le comte de Grasse se battit sans nécessité avec trente vaisseaux contre trente-six, et les dispositions qu'il prit, loin d'améliorer cette situation déjà défavorable, n'eurent d'autre résultat que de l'aggraver.

Ici se place une observation qui ne concerne plus le comte de Grasse, mais le département de la marine. On se rappelle que le marquis de Vaudreuil avait appuyé sur le rôle joué par les « caronades obusiers ou petites pièces d'un très-gros calibre qui armaient les gaillards des bâtiments anglais, et dont l'effet était on ne peut plus meurtrier à la portée de la mousqueterie.» Il avait dit que cette nouvelle artillerie tirant de près « dégréait très-promptement les vaisseaux. » L'absence de cette même artillerie, sur nos bâtiments, n'avait pas amené la perte de la bataille, mais elle y avait eu une certaine part, puisqu'on s'était battu de très-près. La faute commise par le département de la marine, en n'adoptant pas cette innovation, était d'autant plus grande qu'une proposition du même genre lui avait été soumise, avant la guerre, par le capitaine de Suffren. Avant de prendre une décision, le ministre avait voulu consulter les ports. La question posée avait été celle-ci : serait-il avantageux d'embarquer des obus sur les vaisseaux? Après avoir reçu les réponses de Brest, Rochefort et Toulon, les bureaux rédigèrent pour le ministre une note ainsi conçue : « Le port de Brest préfère multiplier les perriers ; les deux autres ports proposent de faire l'essai des obus, mais ils ne laissent apercevoir aucune présomption pour ou contre », et plus loin « l'essai des obus est proposé purement et simplement par les ports de Rochefort et de Toulon. » C'était bien quelque chose que deux ports eussent émis un avis favorable. Les bureaux n'en jugèrent pas ainsi, et l'affaire en resta là.... Suffren, armant le *Zélé* à Toulon, en 1779, revint sur cette idée, et dans un rapport adressé au ministre il dit : « De tout temps la bombe a été regardée comme fort à craindre pour les vaisseaux, et je crois que c'est avec raison. Les obus le sont moins, mais ils le sont beaucoup aussi, de sorte que je crois qu'on devrait embarquer des obusiers, en les plaçant sur la dunette d'où ils feraient une exécution terrible, s'ils étaient chargés à mitraille. Je demanderais à en faire l'expérience. Pour cela on pourrait en emprunter deux à la guerre, et, sur le succès, on déciderait si on doit les adopter ou les rejeter. » Il ne fut donné aucune suite à cette demande. Il n'est jamais facile d'obtenir le triomphe des idées nouvelles [1].

La victoire de l'amiral Rodney souleva en Angleterre un enthousiasme facile à comprendre. C'était le premier avantage sérieux remporté par nos adversaires dans une bataille rangée. Les deux chambres votèrent des remerciements à l'amiral Rodney, aux amiraux Samuel Hood et Drake, au commodore Affleck, au capitaine sir Charles Douglas, du *Formidable*, et à tous les capitaines, officiers, matelots et soldats embarqués sur la flotte. Rodney fut élevé à la pairie, le vice-amiral Samuel Hood devint pair d'Irlande, et le contre-amiral Drake ainsi que le commodore Affleck furent faits baronnets. L'Angleterre ne

---

1. On trouvera aux pièces placées à la fin de ce volume une note sur différentes propositions faites par Suffren.

récompensa pas seulement les vivants, elle voulut aussi honorer les morts. La Chambre des communes décida qu'un monument serait élevé à la mémoire des capitaines Bayne, de l'*Alfred*, Blair, de l'*Anson*, lord Robert Manners, de la *Résolution*, qui avaient trouvé une mort glorieuse dans les combats des 9 et 12 avril. La nouvelle de notre défaite produisit en France une très-vive émotion. Les amiraux d'Orvilliers, d'Estaing, de Guichen, le capitaine Des Touches, n'avaient pas eu l'heureuse fortune de prendre des navires à l'ennemi, mais aucun de ceux qu'ils commandaient n'était tombé entre les mains des Anglais. Dans ces rencontres, où l'avantage nous était presque toujours resté, notre attitude avait témoigné de la solidité de nos escadres. Si l'issue malheureuse du combat de la Dominique blessa le juste orgueil de la nation, elle ne fit que surexciter son patriotisme. Le Corps de ville de Paris, comme on disait alors, les États de Bourgogne, les armateurs des principaux ports de commerce, les négociants des grandes villes, votèrent des sommes considérables, auxquelles vinrent se joindre de nombreuses souscriptions particulières, pour construire de nouveaux vaisseaux.

V

Ce fut par une lettre écrite à bord du *Formidable*, le lendemain de la bataille, que le comte de Grasse apprit au gouvernement français le désastre que venaient de subir nos armes. Dans cette lettre, qu'on ne peut lire sans éprouver une pénible surprise, il rejeta sur la plupart de ses capitaines les malheurs de la journée. Les uns avaient désobéi à ses signaux, d'autres, et parmi ces derniers le *Languedoc* et la *Couronne*, c'est-à-dire ses deux matelots, l'avaient abandonné. A ce premier rapport, le comte de Grasse fit succéder, pendant le séjour qu'il fit à Londres, plusieurs mémoires dans lesquels il traita son armée avec la plus extrême sévérité. Il ne se contenta pas, ainsi qu'il eût été de son devoir de le faire, d'adresser ces mémoires au ministre, il les répandit dans toute l'Europe. Le gouvernement, croyant à la sincérité du comte de Grasse, résolut de rechercher les coupables et de les frapper sans aucun ménagement. Le maréchal de Castries nomma, dans chaque port, une commission chargée de procéder à l'interrogatoire des capitaines, officiers et premiers maîtres embarqués sur les navires présents au combat de la Dominique. Toutes les dépositions ainsi que les journaux de bord furent expédiés à Paris. Aussitôt que la paix fut signée, des ordres furent donnés pour retenir dans les ports les officiers qui avaient appartenu à l'armée du comte de Grasse. Au commencement de l'année 1784, presque tous se trouvèrent à la disposition du ministre. Un conseil de guerre, composé des lieutenants généraux Breugnon, de Guichen, Lacarry, Deshayes de Cry, Lamotte-Picquet, et des chefs d'escadre d'Apchon, Nieuil, Balleroy, Kermadec, Thévenard et Cheriseys, s'assembla à Lorient. La mission du conseil était définie dans le passage suivant d'une lettre que le maréchal de Castries adressait à son président, le lieutenant général de Breugnon : « Les ordres du Roi, disait le ministre de la marine, portent de juger si les ordres du général, transmis par les signaux, ont été exécutés dans la journée du 12 avril; si les matelots du général se sont plus occupés de la conservation du vaisseau pavillon que de la leur propre; enfin, si chaque individu a bien rempli son devoir dans ce qu'il pouvait et devait faire. » Officiers généraux et capitaines, depuis le commandant de la deuxième escadre jusqu'au capitaine du cotre le *Clairvoyant*, comparurent devant le conseil. Les capitaines d'Arros, du *Languedoc*, Mithon de Genouilly, de la *Couronne*, Gouzillon, de l'*Ardent*, d'Amblimont, du *Brave*, d'Albert de Rions, du *Pluton*, Roquart, de la frégate la *Galathée*, Suzannet, de l'*Aimable*, Paroy, de la *Cérès*, et d'Aché, du cotre le *Clairvoyant*, étaient accusés d'avoir manqué à leur devoir dans la journée du

12 avril. Ces officiers, suivant le langage du temps, étaient décrétés « d'ajournement personnel », tandis que les autres capitaines de l'armée « étaient assignés pour être ouïs. » Les lettres du comte de Grasse caractérisaient avec une telle sévérité la conduite des capitaines du *Languedoc* et de la *Couronne*, que le ministre, convaincu de leur culpabilité, les avait fait incarcérer à leur arrivée en France. Quelques jours avant la réunion du conseil, MM. Mithon de Genouilly et d'Arros furent transférés dans la citadelle de Port-Louis. L'arrêt du conseil fut rendu en mai 1784. Nous reproduisons ci-après les dispositions principales de ce jugement qui mit fin aux contestations trop nombreuses soulevées par le combat de la Dominique.

Vu en la chambre du conseil...

L'arrêté du Conseil de guerre du 23 janvier, qui ordonne que M. le comte de Grasse sera mandé au Conseil pour être entendu à la requête du procureur du Roi....

Les assignations données aux témoins et auxdits sieurs comte de Grasse, d'Arros et de Mithon, à la requête dudit procureur du Roi....

L'arrêté du Conseil de guerre du 4 février, portant que la requête présentée au Conseil par M. le comte de Grasse sera rejetée comme contenant des termes qui ne peuvent être admis, et que son mémoire, énoncé en ladite requête, sera reçu par le Conseil ; la requête présentée au Conseil par ledit sieur comte de Grasse, tendant à ce qu'il soit ordonné que sa réponse aux observations de M. le marquis de Vaudreuil soit déposée au greffe, ainsi que les pièces justificatives qui lui ont servi de base....

Le mémoire de M. le marquis de Vaudreuil en fin duquel est sa réquisition, tendant à ce qu'il plaise au Conseil ordonner que les deux premières phrases du paragraphe du mémoire justificatif de M. le comte de Grasse, pages 19 et 20, commençant par ces mots : « La deuxième escadre s'apercevant, » et finissant par ceux-ci : « Entouré de partout », seront rayées et biffées comme calomnieuses, comme aussi qu'il soit pareillement ordonné que les planches gravées qui sont jointes audit mémoire seront rejetées comme contraires à la vérité, et capables de donner à la plus grande partie du public, qui ne serait pas à portée d'en remarquer les erreurs, une idée fausse du combat du 12 avril 1782, et qu'il soit ordonné, en outre, la suppression de la réponse du sieur comte de Grasse, comme renfermant des mots injurieux, des faits calomnieux, invraisemblables et contraires à l'honneur et à la réputation dudit sieur marquis de Vaudreuil. . . . .

Le Conseil de guerre, n'ayant aucunement égard aux conclusions du procureur du Roi, tendant à régler le procès à l'extraordinaire, ni à la requête dudit sieur de Charitte, a donné et donne lettres auxdits sieurs marquis de Vaudreuil, comte de Vaudreuil, de Bougainville.... de ce que, en conformité de l'article 19 du titre 14 de l'ordonnance de 1670, ils prennent droit par les charges, et de ce qu'ils s'en rapportent aux dépositions des témoins, comme aussi de ce qu'ils consentent au jugement définitif du procès dans l'état actuel sans faire plus ample instruction, et enfin de leurs réquisitions d'être jugés sur leurs interrogatoires ou réponses personnelles.

Faisant droit sur le tout, et procédant au jugement définitif dudit procès,

A loué et loue la conduite tenue par Joseph-Gabriel de Poulpiquet, chevalier de Coatlès, lieutenant de vaisseau, ayant pris le commandement de l'*Hercule* à la place de M. de la Clocheterie, capitaine commandant, tué le 12 avril 1782, dans toutes les circonstances de la journée. Mais pour n'avoir pas fait tout ce qu'il était possible de faire, ledit jour, pour rallier la *Ville-de-Paris*, après le signal d'ordre de bataille l'amure à tribord, ordre naturel, fait vers quatre heures du soir, le condamne à être mandé en la chambre du Conseil pour y être admonesté, en présence du tribunal assemblé, décharge de toute accusation le sieur Joseph Amasieu de Ruat, lieutenant sur ledit vaisseau.

Pour, Laurent-Emmanuel de Renaud Daleins, capitaine, commandant le vaisseau le *Neptune*, n'avoir pas fait tout ce qu'il était possible de faire, ledit jour, 12 avril, pour se rallier à la *Ville-de-Paris*, après le signal d'ordre de bataille l'amure à tribord, ordre naturel, fait vers quatre heures, le Conseil de guerre le condamne à être mandé en la chambre du Conseil pour y être admonesté en présence du tribunal assemblé.

Décharge de toute accusation Jean-Baptiste de Glandevès, capitaine, commandant le vaisseau le *Souverain*.

Décharge de toute accusation Joseph-Jacques-François de Martelli Chautard, capitaine, commandant le vaisseau le *Palmier*.

A loué et loue la mémoire de M. de Sainte-Césaire, capitaine, commandant le vaisseau le *Northumberland*, et la mémoire de de Lamettrie, embarqué en second sur ledit vaisseau, lesquels ont combattu vaillamment, savoir : M. de Sainte-Césaire jusqu'au moment où il a été blessé mortellement, et de Lamettrie jusqu'à sa mort.

Décharge de toute accusation Marie-Gabriel de Combaud de Roquebrune, enseigne de vaisseau, qui a pris le commandement dudit vaisseau le *Northumberland*.

Le Conseil de guerre le déclare unanimement susceptible de mériter les grâces du Roi.

Déclare la conduite de Louis-Antoine de Bougainville, chef d'escadre, commandant la troisième escadre de l'armée du Roi, ou escadre bleue, sur le vaisseau l'*Auguste*, irréprochable jusqu'à midi de la journée dudit jour, 12 avril 1782. Mais ce chef d'escadre n'ayant pas, dans l'après-midi, particularisé ses signaux et fait manœuvrer son escadre pour le plus prompt ralliement possible au corps de bataille, le condamne à être mandé en la chambre du Conseil, pour y être admonesté en présence du tribunal assemblé.

Décharge de toute accusation Pierre-Joseph de Castellan, capitaine de pavillon dudit vaisseau l'*Auguste*,

Et Augustin de Truguet, lieutenant de vaisseau, embarqué sur ledit vaisseau, faisant les fonctions de major de ladite escadre leue.

A déclaré et déclare la conduite de Jean-Guillaume-Michel de Gouzillon, commandant le vaisseau l'*Ardent*, irréprochable dans la journée dudit jour, 12 avril, jusqu'au moment où il a amené son pavillon. Mais pour n'avoir pas prolongé sa résistance autant qu'il eût pu le faire, l'interdit pour trois mois de ses fonctions.

Décharge de toute accusation Alexandre Demalys Le Grand, lieutenant, embarqué sur ledit vaisseau l'*Ardent*, en qualité de commandant en second et de lieutenant en pied; Guillaume-Casimir le Veneur, Louis-Casimir-Marie-Avice de Tourville, Joseph-Anatase de Saint-Pern, Antoine Pinière de Clavin, et Charles-François le Groiny de la Romage, enseignes, embarqués sur le même vaisseau.

A loué et loue la conduite tenue par Pierre-Antoine de Clavel, capitaine, commandant le vaisseau le *Scipion*, dans le combat dudit jour, 12 avril, qui, quoique très-malade, s'est fait transporter sur son pont où il a très-bien combattu le matin. Mais trop faible, par son état de marasme, pour s'occuper ensuite des manœuvres qui auraient été convenables à l'exécution des signaux et à son ralliement, sur l'accusation contre lui intentée, met les parties hors de cour et de procès.

Décharge de toute accusation Claude-François Regnard Defuschamberg, comte d'Amblimont, capitaine, commandant le vaisseau le *Brave*,

Et Jean-Baptiste de Marbotin Rubérons, lieutenant, embarqué sur ledit vaisseau et chargé des signaux.

A loué et loue unanimement la conduite et les manœuvres d'Alexandre d'Ethy, capitaine, commandant le vaisseau le *Citoyen*, tant dans le combat que dans la journée dudit jour, 12 avril, et le décharge de toute accusation.

A loué et loue la mémoire de M. de la Vicomté, capitaine, commandant le vaisseau l'*Hector*, qui a défendu ce vaisseau avec la plus grande bravoure jusqu'à quatre heures un quart du soir, ledit jour, 12 avril, époque à laquelle il a été tué, ayant combattu sans interruption depuis le matin jusqu'à deux heures et demie, et depuis cette époque n'avait eu que des intervalles très-courts, ayant été réattaqué par des forces supérieures.

A loué et loue la conduite de Julien-François de Beaumanoir, capitaine, embarqué en qualité de lieutenant en second, ayant pris le commandement dudit vaisseau l'*Hector* à quatre heures un quart, le 12 avril, et ayant continué le combat pendant un quart d'heure, malgré l'état de délabrement où se trouvait réduit le vaisseau à la dite époque, elle le décharge de toute accusation.

Décharge pareillement de toute accusation François-Pierre-Jean Dekmorial, lieutenant de vaisseau ;

Marie-Jean-Élie Demoulins de Rochefort, aussi lieutenant de vaisseau ;

Charles-Armand-Mathurin de la Garde, lieutenant de frégate ;

Jean Bassière, officier auxiliaire, tous embarqués sur ledit vaisseau.

Décharge de toute accusation la mémoire de Joseph-François-Hubert Delahayrie, lieutenant embarqué sur ledit vaisseau, décédé dans le cours de l'instruction.

Le Conseil de guerre juge les officiers de terre et de mer, embarqués sur ledit vaisseau, susceptibles des grâces du Roi et de l'estime de la nation, ainsi que l'équipage.

Le Conseil de guerre a unanimement loué et loue la mémoire de M. de Marigny, capitaine, commandant le *César*, pour avoir combattu avec la plus grande valeur, ledit jour, 12 avril, jusqu'à neuf heures du matin qu'il a été blessé mortellement.

A loué et loue la conduite de Michel-Georges Laub, capitaine, embarqué en second sur ledit vaisseau, dont il a pris le commandement à cette époque, ayant combattu sans interruption jusqu'à trois heures et demie avec la plus grande opiniâtreté, et fait la plus belle défense jusqu'au moment où il a été forcé de céder aux forces supérieures, n'ayant plus que trente-six coups de canon à tirer, de tous calibres, et ayant ses voiles en lambeaux et ses mâts hors de service. En conséquence, le décharge de toute accusation.

Décharge pareillement de toute accusation Louis-Simon de Broutières, enseigne sur ledit vaisseau.

Et Joseph Ruault-Duplacy, officier auxiliaire, embarqué sur ledit vaisseau,

Loue aussi les officiers de terre et de mer embarqués sur ledit vaisseau, et les juges susceptibles des grâces du Roi et de l'estime de la nation, pour avoir combattu avec tant de valeur, de sang-froid, et fait une si belle résistance, ainsi que l'équipage.

Sur l'accusation intentée contre Pierre-Antoine de Montpéroux, capitaine commandant le *Dauphin-Royal*, cet officier ayant combattu valeureusement le matin dudit jour, 12 avril, avec un vieux vaisseau, mais étant le soir éloigné de son poste du corps de bataille, le met hors de cause et de procès.

Décharge de toute accusation Jean-Baptiste-Roch de Guerpel de Bar, enseigne, embarqué sur ledit vaisseau.

Décharge de toute accusation Jean-François, baron d'Arros, commandant le vaisseau le *Languedoc*, matelot d'avant de la *Ville-de-Paris* dans la ligne de bataille bâbord amures, ordre renversé.

A supprimé et supprime tous mémoires, lettres et écrits en ce qu'ils contiennent d'attentatoire à son honneur et à sa réputation.

Décharge de toute accusation Jean-Baptiste-François de Lavilléon, capitaine de pavillon de la *Ville-de-Paris*, commandant ledit vaisseau sur les ordres de l'amiral ;

Pierre-René-Marie de Vaugirault de Rosnay, capitaine, faisant les fonctions de major de l'armée ;

Jean-Baptiste de Cibon, capitaine, embarqué sur ledit vaisseau la *Ville-de-Paris* en qualité d'intendant de l'armée ;

Jean-Louis Trédern Delezerec, lieutenant de vaisseau ;

Jean-Louis-Charles chevalier de Brach, lieutenant de vaisseau ;

Jacques-Paul-Robert Delezardière, enseigne de vaisseau ;

Charles de Blois, aussi enseigne ;

François-Marie du Bouexic, aussi enseigne,

Et Joseph de Tanouarn, aussi enseigne, tous embarqués sur la *Ville-de-Paris*.

Décharge de toute accusation Claude de Mithon, capitaine, commandant le vaisseau la *Couronne*, matelot de l'arrière de la *Ville-de-Paris* dans la ligne de bataille bâbord amures, ordre renversé.

A supprimé et supprime tous mémoires, lettres et écrits en ce qu'ils contiennent d'attentatoire à son honneur et à sa réputation.

Décharge de toute accusation Armand le Gardeur de Tilly, capitaine, commandant le vaisseau l'*Éveillé*.

Décharge de toute accusation Louis de Rigaud, comte de Vaudreuil, chef d'escadre, commandant le *Sceptre*.

Le Conseil de guerre témoigne ses regrets sur la perte de M. le baron d'Escars, capitaine, commandant le vaisseau le *Glorieux*, et loue sa mémoire, ayant fait une vigoureuse défense jusqu'à neuf heures du matin, ledit jour, 12 avril, époque à laquelle il a été tué, ayant été successivement combattu par l'amiral anglais et son matelot d'arrière qui ont laissé son vaisseau sans mâts quelconques.

Décharge de toute accusation Jean-Honoré de Trogoff de Kerlessi, lieutenant de vaisseau, ayant pris le commandement du vaisseau à la place du baron d'Escars, ledit jour, 12 avril.

Décharge pareillement de toute accusation Louis-Hippolyte-Marie Vinoy de Portzamparc, enseigne de vaisseau,

Et Charles-Paul-Léonard de Montigny, aussi enseigne, tous deux embarqués sur ledit vaisseau.

A loué et loue la conduite de Trogoff dans son opiniâtreté dans la défense dudit vaisseau. Sa résistance, sa valeur, ses ressources et sa résolution sont des titres qui lui méritent les grâces du Roi et lui assurent l'estime du corps.

Loue pareillement la conduite des officiers de terre et de mer qui l'ont bien secondé dans sa défense, ainsi que l'équipage dudit vaisseau, qui ont combattu avec courage et fermeté, et qui, par cette considération, méritent également les grâces du Roi.

Décharge de toute accusation la mémoire de Louis-Augustin de Monteclerc, capitaine, commandant le vaisseau le *Diadème*, décédé dans le cours de l'instruction.

Décharge de toute accusation François-Louis-Èdme-Gabriel Dumaitz de Goimpy, capitaine, commandant le vaisseau le *Destin*.

Décharge de toute accusation Jean-Antoine Le Bègue, capitaine, commandant le vaisseau le *Magnanime*,

Lui enjoint d'être à l'avenir plus circonspect dans ses termes et expressions qu'il ne l'a été dans son journal et son compte rendu au Ministre, à l'occasion du combat dudit jour, 12 avril.

Décharge de toute accusation Charles de Médine, capitaine du vaisseau le *Réfléchi*;

Charles-Marie de la Grandière, capitaine du *Conquérant*;

Jean-Baptiste de Macarty Macteigne, capitaine du *Magnifique*,

Et le loue de sa valeur dans le combat dudit jour, 12 avril, et de son activité, tant dans l'exécution des manœuvres de son vaisseau que pour rallier avec le commandant de son escadre la *Ville-de-Paris*, et de son attention à se porter de manière à conserver son poste de matelot du *Triomphant*.

Décharge de toute accusation Louis-Philippe de Rigaud, marquis de Vaudreuil, lieutenant général, commandant la seconde escadre de l'armée du Roi sur le vaisseau le *Triomphant*,

Et loue sa conduite dans toutes les circonstances de la journée dudit jour, 12 avril, tant comme commandant dudit vaisseau que comme amiral commandant la seconde escadre.

A supprimé et supprime toutes lettres, mémoires et écrits en ce qu'ils contiennent d'attentatoire à son honneur et à sa réputation.

Décharge pareillement de toute accusation Joseph-Saturnin Mont-Cabrié de Peytes, capitaine de pavillon sur ledit vaisseau à la place de M. le chevalier du Pavillon, tué au combat dudit jour, 12 avril.

Et Louis Frager, chevalier de l'Éguille, lieutenant, embarqué sur ledit vaisseau, faisant les fonctions de major de ladite escadre.

Loue la mémoire du chevalier du Pavillon, pour avoir combattu valeureusement jusqu'à sa mort ledit jour.

Décharge de toute accusation Charles de Charitte, capitaine du vaisseau la *Bourgogne*,

Et le loue de ses manœuvres pendant la journée dudit jour, 12 avril,

Pour, Charles-Régis-Coriolis d'Espinouse, chef d'escadre, montant le vaisseau le *Duc-de-Bourgogne*, s'être trop occupé dans l'après-midi dudit jour, 12 avril, du danger de démâter, au lieu de faire tout son possible pour ne pas s'éloigner de son escadre, le Conseil de guerre le condamne à être mandé en la Chambre du Conseil pour y être admonesté en présence du tribunal assemblé.

Décharge de toute accusation Pierre Joseph-François Samson de Champmartin, capitaine de pavillon dudit vaisseau ;

Henri-César de Castellane-Majastre, capitaine du vaisseau le *Marseillais*,

Et le loue de son zèle, de sa fermeté et de son attention la plus suivie dans l'exécution des mouvements généraux de son escadre, et de ceux particuliers de son vaisseau dans ladite journée du 12 avril.

Décharge de toute accusation François-Hector d'Albert de Rions, capitaine du vaisseau le *Pluton*,

Et loue sa conduite dans ladite journée.

Décharge de toute accusation Charles-Elzéar Bourgarel de Martignan, enseigne de vaisseau, commandant la frégate l'*Amazone*, aux lieu et place de M. de Montguyot, commandant ladite frégate.

Le Conseil de guerre honore la mémoire dudit Montguyot, tué dans un combat antérieur au 12 avril.

Décharge de toute accusation Jean-Baptiste-François de Suzannet, lieutenant de vaisseau, commandant la frégate l'*Aimable*;

François Robert, vicomte Daché, enseigne de vaisseau, commandant le cutter le *Clairvoyant*,

Et le loue de sa conduite dans la journée du 12 avril.

Décharge de toute accusation Joachim de Roquart, lieutenant de vaisseau, commandant la frégate la *Galathée*;

Louis-Jean-Marie, baron de Paroy, lieutenant de vaisseau, commandant la corvette la *Cérès*.

Le Conseil de guerre a loué et loue la mémoire de M. le vicomte de Mortemart, commandant la frégate le *Richmond*, ayant été infiniment utile ledit jour, 12 avril, par sa manœuvre hardie et distinguée en prenant le *Glorieux* à la remorque, qu'il a conservé avec opiniâtreté sous le feu de l'ennemi, ne l'ayant abandonné qu'après les ordres réitérés de M. de Trogoff, commandant le *Glorieux*, qui voyait que cette frégate allait être entourée. Cette action hardie et valeureuse justifie les regrets que le corps conserve d'avoir perdu ce brave militaire.

Décharge de toute accusation Joseph-Louis de Canillac, embarqué en qualité de lieutenant de vaisseau en second sur ladite frégate.

Sur le surplus des demandes des parties, les met hors de cause et de procès.

Quoique le *Zélé* eût été la cause première de la bataille, ce vaisseau n'était pas au nombre des bâtiments dont la conduite avait été déférée à l'examen du conseil. Il en était de même de la frégate détachée de l'armée pour conduire le *Zélé* à la Guadeloupe. Toutefois, l'*Astrée* se trouva mêlée aux discussions passionnées que souleva le combat de la Dominique. Le comte de Grasse releva la manœuvre de cette frégate et il la critiqua très-sévèrement. Il prétendit que son capitaine avait perdu un temps précieux en exigeant que le *Zélé*, dont les embarcations avaient été brisées par la chute de sa mâture, mît un canot à la mer. Le comte de Grasse se trompait, c'était la frégate et non le vaisseau qui avait amené un canot.

L'*Astrée* passa, à deux heures trois quarts, à poupe du vaisseau, et elle fit route à cinq heures [1]. Eu égard aux circonstances de temps et de mer, et aussi en raison de la situation relative des deux flottes, il ne semble pas que l'*Astrée* ait manœuvré avec célérité. La Pérouse, car c'était l'illustre La Pérouse qui commandait l'*Astrée*, repoussa les reproches qui lui furent adressés par le comte de Grasse, en disant qu'il avait reçu l'ordre de porter secours à un vaisseau sous-venté, sans être informé de la nature des services qu'il était appelé à rendre. L'obscurité de la nuit ne lui ayant pas permis de voir que le *Zélé* était démâté, il avait passé à poupe de ce vaisseau afin de savoir ce qu'on attendait de lui. De là, un retard dont il ne croyait pas devoir accepter la responsabilité. Quoi qu'il en soit de cet incident, nous rappellerons que, si le comte de Grasse avait repris, à six heures et demie, sa route vers le nord, le *Zélé* n'en eût pas moins continué sa route en toute sûreté pour la Guadeloupe. Le comte de Grasse écrivit au ministre pour protester contre l'arrêt du conseil de guerre et demander de nouveaux juges. Cet officier général se faisait sur sa propre situation et sur l'autorité qu'il pouvait encore avoir, à Paris, les illusions les plus étranges. Le débat était clos, et le gouvernement ne voulait pas le faire renaître. D'autre part, l'avis motivé, émis par le conseil sur la conduite de chacun des officiers généraux et des capitaines, dans la journée du 12 avril, avait montré l'injustice des accu-

---

1. Il résulte des témoignages de MM. Brueys d'Aigallier et de Rogues, lieutenants de vaisseau, embarqués, le premier sur le *Zélé*, et le second sur l'*Astrée*, que cette frégate passa, à deux heures trois quarts, dans la nuit du 11 au 12 avril, à poupe du vaisseau le *Zélé*. La frégate héla le vaisseau et lui dit d'amener un canot pour lui envoyer une amarre. Le vaisseau ayant répondu que sa situation ne lui permettait pas de mettre une embarcation à la mer, la frégate mit en panne sous le vent et envoya un canot à bord du *Zélé*. La frégate étant tombée sous le vent, courut une bordée pour s'élever et reprendre son canot qui avait l'amarre du vaisseau. L'*Astrée* prit le *Zélé* à la remorque, à quatre heures trois quarts, et à cinq heures elle fit route pour sa destination.

sations dirigées par le comte de Grasse contre son armée. Le Roi et le ministre de la marine regrettaient très-vivement les mesures prises contre d'honorables officiers qui n'avaient trouvé, pour récompense de leur bravoure et de leur dévouement, que la prison et de mauvais traitements. Le maréchal de Castries crut nécessaire de rappeler le comte de Grasse au sentiment de sa situation. Il lui écrivit à la date du 2 juin : « Le Roi a lu, Monsieur, la lettre par laquelle vous récusez d'avance les membres du conseil de guerre et vous suppliez Sa Majesté de vous juger Elle-même. Sa Majesté n'a point approuvé les motifs de la réclamation anticipée que vous avez formée contre le jugement définitif qui vient d'être rendu par le conseil de guerre assemblé à Lorient, et Elle n'a pu les approuver davantage depuis que ce jugement est connu. Sa Majesté a fait examiner et a examiné, Elle-même, avec la plus grande attention, tous les chefs d'accusation qui se trouvent compris dans les lettres et mémoires que vous avez répandus en Europe et que vous avez portés contre l'armée navale dont vous aviez le commandement. Elle a vu que toutes les inculpations de désobéissance aux signaux et d'abandon du pavillon amiral, dans la journée du 12 avril 1782, étaient détruites par le prononcé du conseil de guerre et qu'on ne pouvait attribuer aux fautes particulières qui ont été commises la perte de la bataille. Il résulte de ce jugement que vous vous êtes permis de compromettre, par des inculpations mal fondées, la réputation de plusieurs officiers, pour vous justifier, dans l'opinion publique, d'un événement malheureux dont vous eussiez peut-être pu trouver l'excuse dans l'infériorité de vos forces, dans l'incertitude du sort des armes et dans des circonstances qu'il vous était impossible de maîtriser. Sa Majesté veut bien supposer que vous avez fait ce qui était en votre pouvoir pour prévenir les malheurs de la journée, mais Elle ne peut pas avoir la même indulgence sur les faits que vous imputez injustement à ceux des officiers de sa marine qui sont déchargés d'accusation. Sa Majesté, mécontente de votre conduite à cet égard, vous défend de vous présenter devant Elle. C'est avec peine que je vous transmets ses instructions et que j'y ajoute le conseil d'aller, dans les circonstances actuelles, dans votre province. » Cette lettre fait ressortir l'esprit de justice et d'impartialité qui furent la marque particulière de l'administration du maréchal de Castries. Elle a, plus, cette importance qu'elle nous montre le Roi et son ministre se rangeant résolûment à l'opinion du conseil de guerre.

Pendant la durée de son commandement, le comte de Grasse avait remporté sur l'ennemi des avantages marqués. La capitulation de l'armée de Cornwallis, qui avait assuré l'indépendance de l'Amérique, était en partie son œuvre. Battu, au combat de la Dominique, il s'était honoré en défendant le vaisseau sur lequel flottait son pavillon avec une énergie qu'il était difficile de surpasser. Son courage personnel avait été, dans cette journée malheureuse, au-dessus de tout éloge. En échange des services qu'il avait rendus, la France lui devait l'oubli des fautes qu'il avait commises le 12 avril. Quant à lui, après la perte de la bataille de la Dominique, il avait la stricte obligation de garder le silence et de vivre dans la retraite. Au lieu de se résigner à ce rôle, le seul qui lui convînt, il se livra à de stériles et injustes récriminations. Il ne sut pas, ce qui n'est d'ailleurs l'apanage que de très-peu d'hommes, se montrer digne dans le malheur.

VI

Des vingt-cinq vaisseaux qui composaient l'armée française, après la reddition de la *Ville-de-Paris*, onze se trouvèrent réunis, le lendemain matin, auprès du *Triomphant*. Le marquis de Vaudreuil expédia le *Conquérant* au Cap Français pour y porter la nouvelle du combat de la Dominique, et il croisa pendant quelques jours sur les côtes de Saint-Domingue. Il voulait attendre ceux de nos bâtiments qui se dirigeraient isolément sur le Cap Français, rendez-vous assigné à l'armée, en cas de séparation. Il arriva, le 25, sur cette rade avec le *Triomphant*, la *Bourgogne*, le *Réfléchi*, le *Magnanime*, le *Destin*, le *Diadème*, le *Sceptre*, le *Languedoc*, le *Dauphin-Royal*, le *Citoyen*, le *Brave*, le *Scipion*, le *Northumberland*, le *Palmier*, le *Souverain* et le *Neptune*. Le convoi, composé de cent vingt-trois voiles, et les vaisseaux le *Duc-de-Bourgogne*, la *Couronne*, le *Magnifique*, étaient au mouillage. Le *Sagittaire* et l'*Experiment*, les frégates la *Railleuse*, l'*Engageante*, le *Richmond* et neuf vaisseaux espagnols qui avaient appareillé, le 22, pour se porter au-devant de nos bâtiments, rentrèrent quelques jours après. Cinq vaisseaux, l'*Auguste*, portant le pavillon du chef d'escadre de Bougainville, l'*Éveillé*, l'*Hercule*, le *Marseillais* et le *Pluton*, rallièrent l'armée dans le mois de mai, après avoir réparé leurs avaries à Curaçao.

Les Anglais, trop maltraités dans la journée du 12 avril pour nous poursuivre, passèrent la nuit en panne sur le lieu du combat. Le calme les retint pendant trois jours sous la Guadeloupe. Le vice-amiral Samuel Hood partit en avant avec dix vaisseaux, pris parmi ceux qui avaient le moins souffert. Il avait l'ordre de croiser, au large du cap Tiberon, sur la côte de Saint-Domingue, jusqu'à l'arrivée du commandant en chef. Rodney supposait que ce détachement pourrait intercepter quelques-uns des retardataires de la flotte française. Quant à lui, il voulut, avant de s'éloigner, s'assurer que le gros de nos forces n'avaient pas relâché aux Iles-du-Vent. Aussitôt qu'il eut acquis cette certitude, il fit route pour rejoindre son lieutenant. Ce dernier, arrivé, le 19 avril, au passage de la Mona, aperçut cinq voiles qu'il fit chasser en route libre[1]. Les bâtiments que les Anglais avaient devant eux étaient les vaisseaux le *Caton* et le *Jason*, les frégates

---

1. Le passage de la Mona sépare Saint-Domingue de Porto-Rico

l'*Astrée*, l'*Aimable* et la *Cérès*, partis quelques jours auparavant de la Guadeloupe. Entourés par des forces supérieures, le *Caton* et le *Jason* furent obligés de se rendre. Des trois frégates, l'*Astrée* fut la seule qui parvint à se dérober à la poursuite de l'ennemi[1]. Rodney, après avoir opéré sa jonction avec Hood, conduisit son armée à la Jamaïque où il arriva à la fin d'avril.

Les pertes subies par les Français au combat de la Dominique et la présence à la Jamaïque de l'armée de Rodney, déterminèrent les chefs d'escadre don Solano et le marquis de Vaudreuil à renoncer à l'expédition projetée contre cette île. Toutefois, la victoire des Anglais n'eut pas pour conséquence de paralyser les mouvements des alliés. Le marquis de Vaudreuil fit réunir au Cap les bâtiments marchands répandus dans les différents ports de Saint-Domingue. Il les expédia en Europe, sous bonne escorte, en deux convois, comprenant chacun plus de cent voiles. Une division, composée du vaisseau le *Sceptre*, commandé par La Pérouse, des frégates l'*Astrée* et l'*Engageante* commandées par les lieutenants de vaisseau de Langle et de la Jaille, fut envoyée dans la baie d'Hudson pour y détruire les établissements anglais[2]. Le 4 juillet, les escadres française et espagnole appareillèrent de la rade du Cap. Après avoir assuré l'entrée de don Solano à la Havane, le marquis de Vaudreuil continua sa route vers l'Amérique septentrionale avec treize vaisseaux. Dans les premiers jours d'août, il parut sur les côtes des États-Unis, où sa présence inattendue excita, chez l'ennemi, les craintes les plus vives. Les généraux anglais crurent à une action concertée entre les Français et les

---

1. Cet événement faisait peser sur le capitaine du *Caton*, M. de Framond, qui commandait la division par droit d'ancienneté, une grave responsabilité. La route qu'il avait prise n'était point celle qui était indiquée dans ses instructions. Le ministre fit rayer cet officier des listes de la marine.
2. Malgré de très-grandes difficultés, cette expédition fut conduite par La Pérouse avec un plein succès. Elle fit éprouver à l'Angleterre des pertes considérables.

Américains, et ils concentrèrent des troupes autour de New-York. Le marquis de Vaudreuil mouilla, le 10 août, devant Boston, pour ravitailler son escadre et faire les réparations que les ressources insuffisantes du Cap ne lui avaient pas permis d'entreprendre. Notre arrivée dans la rade de Nantasket fut marquée par un événement malheureux. Le *Magnifique*, mal dirigé par son pilote, se jeta à la côte; on sauva le matériel, mais le vaisseau ne put être relevé. Le Congrès, voulant donner à la France un témoignage de la reconnaissance publique, offrit au Roi l'*América* de soixante-quatorze canons. C'était le premier vaisseau qui eût été construit dans les chantiers de la nouvelle République.

Les déprédations commises à Saint-Eustache avaient soulevé en Angleterre une réprobation générale. L'amiral Pigot, désigné pour remplacer Rodney, était en mer, au moment où parvenait à Londres la nouvelle du combat de la Dominique. L'amirauté fit partir en toute hâte un navire bon marcheur pour le rappeler. Dans le cas où il n'aurait pu rejoindre cet amiral en temps opportun, le capitaine de ce bâtiment était porteur d'une lettre qui laissait Rodney libre de rentrer en Angleterre ou de rester à la tête de son armée. Lorsque cet aviso rallia la flotte britannique, l'amiral Rodney avait remis son commandement à son successeur, et il était parti pour l'Europe. Pendant leur séjour à la Jamaïque, les Anglais, occupés à se réparer, n'inquiétèrent pas nos mouvements. Ils ne firent aucune tentative, soit pour attaquer nos possessions, soit pour reconquérir les colonies dont nous nous étions emparés. La victoire de Rodney délivra la Jamaïque de toute crainte, ce qui était, on doit le reconnaître, un point très-important; mais elle n'eut pas pour l'ennemi, au point de vue offensif, de conséquences directement favorables. Lorsque l'amiral Pigot reprit la mer, il y avait quelque temps déjà que le marquis de Vaudreuil avait quitté de Saint-Domingue. Les Anglais nous suivirent sur les côtes de l'Amérique septentrionale, et leur escadre mouilla à New-York, le 4 septembre 1782 [1].

Aussitôt que notre escadre fut en état de prendre la mer, elle se rendit à Porto-Cabello, où le marquis de Vaudreuil et don Solano étaient convenus de se réunir. Nos alliés ne parurent pas au rendez-vous fixé, d'un commun accord, dans le conseil de guerre tenu au Cap quelques mois auparavant. Le capitaine général de Cuba n'avait pas permis à l'amiral espagnol de s'éloigner de l'île avant l'arrivée d'une escadre qui, à ce moment, était attendue d'Europe. Le marquis de Vaudreuil, informé de cette situation, fit route pour Saint-Domingue.

La défaite essuyée par le comte de Grasse ne modifia point les projets de la France et de l'Espagne relativement à la Jamaïque. Ces deux puissances décidèrent qu'elles tenteraient cette entreprise au commencement de l'année 1783. Les forces que la Grande-Bretagne entretenait à la mer s'élevaient à environ cent vaisseaux. En défalquant les

---

[1]. L'inaction des Anglais permit au marquis de Vaudreuil de présenter, dans un de ses mémoires, les observations suivantes : « Si les Français n'avaient pas opposé la plus vigoureuse résistance, l'armée anglaise aurait-elle été autant de temps à se réparer à la Jamaïque? Ne nous serait-elle pas venue bloquer au Cap? Elle n'a cependant pu empêcher l'expédition de la baie d'Hudson de renvoyer les troupes aux Iles-du-Vent, de rassembler les marchandises qui étaient dans les différents ports de Saint-Domingue, de faire partir deux différents convois de plus de cent voiles chacun. Les Espagnols sont retournés à la Havane sans être inquiétés ; nos vaisseaux ont croisé entre le Cap et Port-au-Prince ; nous avons été ensuite croiser à la tête de la Nouvelle Angleterre avant qu'ils aient été en état de s'y rendre, et ils n'ont été à New-York que pour achever de s'y réparer. Les convois de la Jamaïque n'ont pu partir pour l'Europe aussitôt que les nôtres. De tous les vaisseaux qu'ils nous ont pris, l'*Ardent*, en partant de la Jamaïque, s'est trouvé en si mauvais état qu'il a été obligé d'y retourner sur le point de couler à fond; tous les autres ont péri en pleine mer, au premier coup de vent qu'ils ont reçu. Les Anglais ont-ils pu retirer quelque avantage de leur victoire ? On ne les taxera pas cependant d'inactivité ou de n'être pas commandés par des généraux entreprenants et habiles. Mais les Français, ne se laissant point abattre par les revers, ont mis tant de célérité dans leurs travaux, qu'ils ont été en état de prévenir, en tout, les Anglais, comme s'ils n'avaient pas été battus. Ce sont ces mêmes officiers, Messieurs, qui attendent un jugement qui répare leur honneur attaqué. »

bâtiments nécessaires à la protection de ses convois, les navires qui étaient dans l'Inde et l'escadre de la Manche, l'Angleterre disposait de quarante vaisseaux pour défendre ses colonies des Indes occidentales. Nous avions vingt-deux vaisseaux dans la mer des Antilles, et les Espagnols douze à la Havane. Les cabinets de Versailles et de Madrid convinrent d'envoyer à Saint-Domingue, à la fin de décembre, trente vaisseaux, quinze français et quinze espagnols, détachés de l'armée combinée réunie à Cadix. L'exécution de ces mesures devait nous permettre de faire l'expédition de la Jamaïque avec une flotte d'au moins soixante vaisseaux.

LIVRE XI

Conquête de Minorque. — Réunion des forces navales de la France et de l'Espagne à Cadix. — La cour de Madrid forme le projet d'attaquer Gibraltar par terre et par mer. — Prise du vaisseau le *Pégase*. — Les alliés s'emparent d'un convoi anglais. — Apparition de la flotte combinée dans la Manche. — Poursuite de l'escadre anglaise. — Howe sort pour ravitailler Gibraltar. — Les Espagnols construisent, à Algésiras, dix batteries flottantes sur les plans d'un officier français, le colonel du génie d'Arçon. — Attaque de Gibraltar, le 13 septembre. — Les Espagnols évacuent les batteries flottantes et les livrent aux flammes. — Belle conduite d'un officier anglais, le capitaine de vaisseau Curtis. — Observations sur la journée du 13 septembre. — Arrivée de l'escadre anglaise dans le détroit. — L'amiral Howe parvient à ravitailler Gibraltar. — Engagement du 20 octobre. — Retour des alliés à Cadix. — Les Anglais poursuivent leur route vers Portsmouth.

I

Au commencement de l'année 1782, les Espagnols achevèrent la conquête de Minorque. Le fort Saint-Philippe, le seul point qui fût au pouvoir des Anglais, capitula le 4 février. La garnison, réduite à une poignée d'hommes, se rendit prisonnière de guerre. La cour d'Espagne, toujours poursuivie par le désir de reprendre Gibraltar, résolut d'attaquer cette place par terre et par mer. Les troupes qui avaient fait l'expédition de Minorque furent transportées au camp de Saint-Roch. Charles III, espérant que le duc de Crillon serait aussi heureux dans cette seconde entreprise que dans la première, plaça ce général à la tête de l'armée assiégeante. La France, cédant aux sollicitations de l'Espagne, envoya le lieutenant général de Guichen à Cadix, avec une escadre, pour se joindre à Cordova. En présence des forces considérables que les alliés avaient dans les mers d'Europe, les Anglais conservèrent sur leurs côtes un nombre de vaisseaux suffisant pour se prémunir contre toute nouvelle tentative d'invasion. Ces bâtiments furent divisés en plusieurs escadres. Une d'elles bloqua les Hollandais dans le Texel, et les autres sortirent successivement pour attaquer notre commerce et protéger celui de la Grande-Bretagne.

Le 20 avril, le vice-amiral Barrington, parti depuis huit jours de Portsmouth avec douze vaisseaux, aperçut, dans le sud-ouest d'Ouessant, un grand nombre de voiles. C'était un de nos convois qui allait dans l'Inde, sous l'escorte des vaisseaux de soixante-quatorze le *Pégase* et le *Protecteur*. Ces deux bâtiments prirent chasse, les amures à tribord, avec des vents de sud-est, courant sur Ouessant dont ils n'étaient pas éloignés. A sept heures et demie du soir, l'ennemi les avait beaucoup gagnés. A huit heures et demie, le *Pégase*, qui était à une assez grande distance en arrière du *Protecteur*, était serré de très-près par un vaisseau anglais. Perdant tout espoir de franchir l'Iroise avant d'être atteint, son commandant, le capitaine de vaisseau de Silans, fit route vent arrière, allure qui lui parut la plus favorable pour échapper à l'ennemi. Vers minuit, le *Foudroyant*, de quatre-vingts canons, arriva à petite portée du *Pégase*. Un combat très-vif s'engagea immédiatement entre ces deux vaisseaux. A deux heures du matin, le capitaine de Silans manœuvra pour aborder son adversaire. Il réussit à engager le beaupré du *Foudroyant* dans ses grands haubans, mais les deux bâtiments se séparèrent presque immédiatement. A trois heures, le *Pégase* désemparé, ayant quatre-vingt-dix hommes hors de combat, amena son pavillon. Le *Foudroyant* avait trois blessés et quelques avaries sans importance dans la mâture. Le vaisseau l'*Actionnaire*, armé en flûte, et douze transports, sur dix-huit dont le convoi était composé, tombèrent entre les mains des Anglais. Cet événement était d'autant plus malheureux que la plupart des bâtiments capturés par l'amiral Kempenfeldt, le 14 décembre 1781, se rendaient dans l'Inde.

La prise du *Pégase* souleva en France une légitime émotion. Les rencontres qui avaient eu lieu, depuis le commencement de la guerre, entre des bâtiments isolés, avaient été le plus souvent favorables à notre marine. Dans les combats de la *Belle-Poule* et de l'*Arethusa*, de la *Surveillante* et du *Québec* [1], le courage des équipages et l'habileté des capitaines avaient brillé d'un vif éclat. Lorsque la fortune des armes nous avait été contraire, nos bâtiments, avant de succomber, avaient toujours infligé à l'ennemi des pertes très-sérieuses. Le succès du *Foudroyant*, dans les conditions que nous avons indiquées, était un fait d'autant plus difficile à comprendre, que M. de Silans jouissait d'une très-bonne réputation. Cet officier, ayant été très-promptement échangé, comparut, le 22 octobre de la même année, devant un conseil de guerre réuni à Brest, sous la présidence du lieutenant général de Breugnon. L'officier qui remplissait les fonctions de procureur du Roi, le capitaine de vaisseau de Fautras, termina le réquisitoire extrêmement sévère qu'il prononça contre le capitaine du *Pégase* en disant : « Nous requérons pour le Roi que le sieur chevalier de Silans soit cassé et extrait du corps des officiers de la marine, que son nom soit rayé de dessus les listes et états desdits officiers, qu'il soit déclaré incapable de jamais servir le Roi dans sa marine, ainsi que déchu et privé de tous honneurs, prérogatives, attribués à ce corps, et qu'il soit condamné, en outre, à garder prison fermée pendant l'espace de vingt ans, dans tel fort, citadelle, château et autres endroits qu'il plaira à Sa Majesté de lui assigner [2]. » Le

---

1. Le combat de la *Surveillante* et du *Québec* est une des plus belles actions de cette guerre. Les officiers et les équipages des deux nations firent preuve, dans cette affaire, de la plus rare intrépidité. Après un engagement à petite portée qui avait duré plusieurs heures, le *Québec* sauta. Le capitaine Farmer disparut dans l'explosion de son bâtiment. Du Couëdic, le vaillant capitaine de la *Surveillante*, mourut quelques mois après des blessures reçues pendant le combat.

2. Le chevalier de Fautras demandait, en outre, que M. de Cambis, officier en second du vaisseau, fût condamné à la prison pendant une année, avec interdiction de toutes fonctions au service de la marine, jusqu'à ce qu'il plût à Sa Majesté de le relever de cette interdiction. M. de Cambis fut acquitté.

conseil n'admit pas les conclusions du procureur du Roi. Le capitaine du *Pégase* fut interdit « de toutes fonctions au service de la marine, jusqu'à ce qu'il plût à Sa Majesté de le relever de ladite interdiction [1]. »

Cette condamnation, relativement légère, offrait un contraste surprenant avec la gravité de l'événement qui avait amené M. de Silans devant un conseil de guerre. L'opinion d'un des juges, le capitaine de vaisseau de la Vaultière, que nous reproduisons ici, nous fournira l'explication de cette indulgence apparente : « Je ne crois pas M. de Silans aussi répréhensible, sur aucun point, que de l'excès de zèle ou d'ambition qui l'aurait porté à accepter le commandement d'un vaisseau mal

---

[1]. On trouvera dans les considérants du jugement que nous donnons ci-après les fautes de manœuvre que le conseil reprochait au capitaine du *Pégase*. Le conseil de guerre a déclaré et déclare ledit sieur chevalier de Silans dûment atteint et convaincu, premièrement : de s'être laissé atteindre, à portée de pistolet, avant d'avoir fait usage de ses canons de retraite, quoique le *Foudroyant* fût resté pendant plus de quatre heures dans ses eaux, manœuvre qui, outre les avantages qu'elle faisait perdre au *Pégase*, lui a procuré l'inconvénient d'être réduit à la nécessité de commencer le combat dans une position défavorable, son adversaire le serrant en arrière par la hanche du vent à tribord ; secondement, d'avoir non-seulement commencé et continué le combat sans avoir placé les grappins, ni ses gens sur les gaillards et dunettes pour le service de la mousqueterie, mais même d'avoir, dans un moment où il venait d'éprouver la mise hors de combat d'environ un septième de son équipage et plusieurs avaries à son vaisseau, tenté sur ledit vaisseau, le *Foudroyant*, un abordage sans aucune détermination et sans préparation ni pour ni contre cette attaque ; d'avoir cependant, dans ce dessein, fait monter indistinctement toutes les espèces d'individus, et compromis ainsi la conservation de son vaisseau, soit en exposant, d'après son défaut de précaution, inconsidérément et sans apparence d'avantages, ce monde sur le pont, soit en laissant les batteries et l'intérieur du vaisseau hors de défense par l'enlèvement des gens qui y étaient nécessaires ; enfin, de n'avoir pas exactement rempli les dispositions des ordonnances pour la conservation de son vaisseau et l'honneur du pavillon du Roi, ayant au contraire, sans être réduit à la dernière extrémité, amené son pavillon et rendu le *Pégase* au vaisseau le *Foudroyant* dans une circonstance où cet ennemi n'avait pas encore repris l'action depuis la tentative d'abordage, et sans qu'aucun des trois autres vaisseaux de la division anglaise, qui s'en étaient approchés, eût formé l'attaque. Pour réparation de tout quoi le conseil de guerre a condamné et condamne ledit sieur chevalier de Silans à être interdit de toutes fonctions au service de la marine, jusqu'à ce qu'il plaise à Sa Majesté de le relever de cette interdiction.

armé en matelots et même en officiers, puisqu'un enseigne de vaisseau de dix-neuf ans commandait la première batterie. En conséquence, il me paraît qu'au lieu d'enlever un vaisseau très-supérieur, comme il y serait infailliblement parvenu par l'audace de ses manœuvres, avec un équipage plus marin, il n'a rien fait pour la gloire du pavillon français, et il a compromis la sienne. C'est sur cela que je porte le blâme que je prononce sur lui, et mon avis est de l'interdire[1]. » Le *Pégase* avait été mis en rade le 11 avril, quoiqu'il fût, à ce moment, dans un état d'armement très-peu avancé. M. de Silans en avait pris le commandement le 13, et il était parti de Brest le 19. Le conseil avait acquis la preuve que ce vaisseau était, sous le rapport du personnel, dans des conditions non pas mauvaises, mais déplorables. On a vu qu'un très-jeune enseigne commandait la batterie basse. Les matelots et les canonniers manquant au port de Brest, l'équipage avait été complété avec des hommes qui n'avaient jamais vu la mer. Le *Pégase* avait été mis dehors avec une telle précipitation, que les rôles de combat n'étaient pas terminés, au moment où il avait appareillé. Or, il s'était battu le 20, c'est-à-dire le lendemain de son départ, contre un vaisseau armé depuis longtemps, et qui était commandé par un des meilleurs officiers de la marine anglaise. L'issue malheureuse de cette rencontre avait été la conséquence naturelle de la situation des deux vaisseaux. Les membres du conseil, divisés en ce qui concernait l'appréciation des manœuvres faites avant et pendant le combat, s'étaient trouvés d'accord pour reconnaître que le commandant du *Pégase* avait manqué gravement à son devoir en n'adressant à l'autorité supérieure aucune observation sur l'état de son vaisseau. L'accusation, elle-même, s'était associée à cette manière de voir. Le capitaine de vaisseau de Fautras avait reproché très-vivement à M. de Silans de ne pas avoir fait à ses supérieurs les représentations que

---

1. A cette époque les juges donnaient leur opinion par écrit.

comportait la composition de son équipage[1]. Les débats avaient fait ressortir clairement la part de responsabilité revenant au commandant du port de Brest, dans le malheureux événement du 20 avril. La leçon qui ressort de ce qui précède n'a pas perdu de sa valeur. Les bâtiments envoyés à la mer doivent être en mesure, dès le lendemain de leur appareillage, de faire honneur au pavillon.

On doit d'autant plus insister sur cette observation, que, le plus souvent, les officiers ayant la mission de préparer les forces navales ne sont pas chargés de s'en servir. On peut donc craindre qu'ils ne se laissent aller à la tentation de faire vite, sans se préoccuper suffisamment de faire bien.

Le 4 juin, trente-deux vaisseaux, dont cinq vaisseaux français, sortirent de Cadix et firent route vers le Nord. Le 25, don Luis de Cordova eut l'heureuse fortune de rencontrer un convoi allant d'Angleterre au Canada, sous l'escorte d'un vaisseau, de deux frégates et d'un sloop. Les bâtiments de guerre réussirent à s'échapper, mais dix-huit navires de commerce, richement chargés, tombèrent entre nos mains. En raison de la supériorité numérique des alliés, les Anglais se tinrent sur la défensive. Cependant, l'amirauté britannique voulut assurer la rentrée d'un riche convoi attendu de la Jamaïque. L'amiral Howe, chargé de cette mission, se porta au-devant de ce convoi en se tenant à l'ouest de la flotte combinée. Il parvint à le rejoindre, et il le ramena sain et sauf dans les ports d'Irlande. Dans les premiers jours de juillet, Lamotte-Picquet rallia l'armée combinée avec huit vaisseaux. Cet officier général prit le commandement d'une escadre légère, composée de l'*Invincible*, sur lequel était arboré son pavillon, du *Robuste*, du *Guerrier*, du *Protecteur* et des vaisseaux espagnols le *Saint-Vincent*, l'*Arrogante*, la

---

[1]. « De ne pas avoir fait des représentations convenables touchant les vices qu'il préjugeait sur la formation des équipages. » Réquisitoire de M. de Fautras.

Santa-Ysabel et le *Santo-Ysidoro*. La flotte franco-espagnole croisait à vingt lieues dans l'ouest-sud-ouest d'Ouessant, lorsque, le 12 juillet, à cinq heures du matin, les frégates annoncèrent une escadre à grande distance dans le nord-est. Cordova fit le signal de chasser en route libre. Peu après, les bâtiments avancés firent connaître qu'ils apercevaient vingt-deux vaisseaux.

L'ordre fut donné d'attaquer dès qu'on serait à portée de canon. La supériorité de marche de l'ennemi rendit toutes ces dispositions inutiles. Lamotte-Picquet, avec l'escadre légère, se rapprocha des Anglais, mais le gros de la flotte combinée resta en arrière. A six heures du soir, le commandant en chef, reconnaissant l'impossibilité de joindre les Anglais, hissa le signal de ralliement[1]. A la fin de juillet, don Luis de Cordova fit route pour Cadix. L'escadre hollandaise était sortie du Texel, mais elle n'avait pas osé se diriger vers la Manche. Après une courte croisière dans la mer du Nord, elle était rentrée sans avoir infligé de dommage à l'ennemi. Une flotte marchande, de près de quatre cents voiles, venant de la Baltique avec une faible escorte, avait pu atteindre les ports d'Angleterre sans être inquiétée. Le gouvernement britannique, délivré de toute crainte d'invasion, résolut de tenter un effort énergique pour secourir Gibraltar. Cette mission fut confiée à lord Howe, ayant sous ses ordres les vice-amiraux Barrington et Milbank. Le 11 septembre, l'armée anglaise, forte de trente-quatre vaisseaux,

1. J'ai l'honneur de vous adresser un précis de ce qui s'est passé dans la chasse que nous avons donnée, le 12 de ce mois, à l'armée anglaise, composée de vingt-deux vaisseaux de ligne, dont onze à trois ponts et six frégates. J'ai fait humainement tout ce qu'il a été possible pour l'engager, au risque d'être écrasé ou pris, mais le tout inutilement; l'armée combinée était au moins à deux lieues de nous, et une grande partie beaucoup plus éloignée. Si elle avait mieux marché, la marine anglaise était anéantie en ces mers. Quelle journée, Monseigneur, nous avons manquée par la pesanteur des vaisseaux espagnols! Nos officiers et nos équipages témoignaient la plus grande ardeur, et je regretterai toute ma vie de n'avoir pu en faire usage. (Lettre de Lamotte-Picquet du 14 juillet 1782, à douze milles dans le sud du cap Lézard.)

mit sous voiles. Elle escortait une flotte de transports chargée de vivres et de munitions. Des troupes, destinées à renforcer la garnison, étaient réparties sur les vaisseaux et sur les bâtiments du convoi. Don Luis de Cordova, arrivé le 5 septembre à Cadix, en était reparti, le 9, pour se rendre à Algésiras. Il trouva sur cette rade, où il mouilla le 12, huit vaisseaux espagnols et deux vaisseaux français. Ces renforts élevèrent la force de l'armée combinée à quarante-neuf vaisseaux, trente-cinq espagnols et quatorze français.

Depuis la prise de Minorque, la nation espagnole n'avait vu dans la guerre engagée avec l'Angleterre d'autre but à poursuivre que la conquête de Gibraltar. Toutes les ressources des arsenaux avaient été mises à la disposition du nouveau commandant en chef. L'armée, réunie au camp de Saint-Roch, était forte de quarante mille hommes, sur lesquels on comptait dix mille Français. Depuis son arrivée, le duc de Crillon avait donné aux opérations une impulsion énergique. De nombreuses batteries de canons et de mortiers avaient été établies, et les assiégeants avaient fait subir à la place plusieurs bombardements. Néanmoins, les résultats obtenus jusque-là pouvaient être considérés comme nuls. Il est, d'ailleurs, facile de se rendre compte des difficultés de cette entreprise. Le duc de Crillon ne faisait pas le siège de Gibraltar; la nature des lieux ne le lui permettait pas. Tous ses efforts se portaient sur le front nord, nous ne dirons pas de la place, mais du rocher sur lequel s'élevait la forteresse de Gibraltar.

II

Le rocher de Gibraltar forme une presqu'île liée au continent par une langue de terre basse et sablonneuse. Son étendue, du nord au sud, dépasse à peine deux milles, sur une largeur moyenne inférieure à un mille. Cette presqu'île se termine par un cap appelé Pointe d'Europe. Elle est limitée, du côté de la Méditerranée, par un roc coupé à pic. C'est sur le versant occidental que se trouve la ville. Au commencement de 1782, celle-ci était presque entièrement détruite, mais cette situation n'avait, au point de vue militaire, aucune importance. Il existait sur la montagne, à différentes hauteurs, des camps retranchés dans lesquels la garnison avait des abris assurés. La presqu'île de Gibraltar est un des côtés d'une vaste baie découpée dans les terres du sud de l'Espagne. Sur la côte occidentale de la baie, se trouve Algésiras, qui fait face à Gibraltar. La Pointe d'Europe n'est pas très-élevée, mais en avançant vers le nord, la hauteur du sol augmente rapidement. À l'extrémité de la presqu'île, elle atteint de trois à quatre cents mètres. Les batteries anglaises élevées sur ce point faisaient un feu plongeant sur le camp espagnol. On ne croyait pas, à Madrid, qu'il fût possible de prendre Gibraltar en l'attaquant du côté de la terre. Les deux siéges de 1705 et de 1727 ne laissaient sur ce point aucune espérance. D'autre part, il semblait douteux que, même en sacrifiant une escadre, on pût agir par mer avec des chances sérieuses de succès. Un officier français, le colonel du génie d'Arçon, après avoir mûrement étudié ce problème, soumit à l'examen du gouvernement espagnol les plans de batteries flottantes propres à remplir cet objet. Ces batteries, disait-il, n'avaient à redouter ni le danger de couler, ni celui de brûler. Le colonel donnait à la quille et aux fonds de ses bâtiments une très-grande épaisseur. Il les rendait impénétrables aux boulets en les entourant d'une muraille de bois et de liége recouverte de cuir vert. Dans l'épaisseur de la muraille se trouvait ménagé un espace rempli de sable. A la distance de Gibraltar où il supposait que seraient mouillées les batteries flottantes, les boulets devaient s'arrêter à deux pieds des murailles intérieures. Un toit incliné, fait à l'aide d'une forte charpente recouverte d'un lit de vieux cordages, mettait les batteries à l'abri de la bombe.

338   HISTOIRE DE LA MARINE FRANÇAISE.

Un système de canaux, communiquant les uns avec les autres et s'entre-croisant, traversait la muraille extérieure dans toutes ses parties. Tous ces canaux venaient aboutir à une sorte de réservoir, placé au sommet du blindage, et dans lequel les pompes élevaient l'eau nécessaire à la circulation générale. Ces dernières dispositions avaient pour but de rendre les batteries flottantes incombustibles. Les propositions du colonel d'Arçon étaient trop en dehors des idées reçues pour ne pas soulever une très-vive opposition. Le gouvernement espagnol, après avoir hésité longtemps, se décida, au mois de février 1782, à les adopter. Le Roi, qui s'occupait avec un soin particulier des affaires militaires, ne fut pas étranger à cette détermination[1]. Au lieu de commencer

---

1. Le colonel d'Arçon faisait reposer l'économie de son projet sur les principes suivants : 1° les plus forts calibres connus, disait-il dans un de ses mémoires, sont impuissants contre cinq pieds d'épaisseur sur du bois compact et disposé jointivement.

2° Les bois continuellement entretenus, humectés jusqu'au degré de l'immersion totale, ne peuvent permettre aucun progrès d'incendie, expérience faite.

3° Il existe sans doute telle composition chimique qui brûlera dans l'eau même et qui fera brûler quelques parties des bois qu'elle touchera immédiatement, mais jusqu'à consommation de la composition seulement, après quoi la nature reprend son cours ordinaire et l'on ne verra aucun progrès d'incendie sur les bois imbibés par abondannance.

4° Il ne faut plus rien prévoir à la guerre, si l'on ne veut pas adopter en principe que six pièces d'artillerie en feront taire une dans tous les cas. Il est bien entendu que, pour que cette machine puisse être adoptée dans toute sa force, il faut que toutes choses soient égales de part et d'autre, relativement à la sécurité des hommes employés au service de l'artillerie. Or, dans le cas présent, la proportion de supériorité eût encore été fort augmentée en faveur de l'artillerie attaquante, puisque celle-ci devait exercer ses effets sur un espace découvert où les masures à demi semées eussent multiplié les ravages de quatre-vingt-dix mortiers et de trois cents pièces de canons.

5° Un assaut exécuté sous la protection de quatre cents bouches à feu, une fois maîtresses, tous obstacles fortifiant étant effacés, n'est pas même un assaut et n'est qu'une prise de possession sans coup férir. Tels sont les axiomes d'où l'inventeur est parti. Ce sont ou des faits éprouvés ou des vérités de tous les temps. On lit dans un des mémoires du colonel d'Arçon, paru à Madrid le 26 novembre 1782 : « Batteries flottantes insubmersibles et incombustibles. » La première de ces propriétés devait s'obtenir d'une manière fort simple en préservant les carènes des batteries par la surépaisseur de bois employé en redoublement. A l'égard de l'incombustibilité, l'auteur annonça sans mystère et sans prétention qu'on l'obtiendrait par

immédiatement les travaux, le ministre de la marine ne donna qu'à la fin du mois de mai les ordres nécessaires pour la transformation de dix bâtiments de charge en batteries flottantes. Le colonel avait demandé, pendant qu'on discutait ses plans, que les bois nécessaires à l'opération fussent réunis. Il faisait observer que ces bois pourraient toujours être utilisés, alors même qu'on rejetterait ses propositions. Ce conseil si sage n'avait pas été suivi. Dans les premiers jours de septembre, les batteries flottantes furent presque complétement terminées. Un premier essai de l'arrosage continu ne donna pas de résultats satisfaisants. Soit que le calfatage eût été mal fait, ou qu'il existât quelque défaut dans la construction, l'eau filtrait à l'intérieur des bâtiments. Le désir de commencer le bombardement de Gibraltar était tel, au camp de Saint-Roch, que le duc de Crillon ne voulut pas accorder les délais nécessaires pour achever les travaux. Il décida que les batteries flottantes serviraient dans l'état où elles se trouvaient. Les conduits intérieurs furent bouchés, et on ne conserva que l'arrosage superficiel. Cette décision enlevait aux batteries flottantes la plus grande partie de leur valeur militaire. Le colonel d'Arçon ne se laissa pas aller au découragement. Il crut que, même dans ces conditions, les nouveaux bâtiments pourraient rendre de grands services. Enfin, il pensa que, si une première expérience n'était pas favorable, on se hâterait de les retirer du feu. En ce cas, il aurait la liberté de revenir à ses premiers plans et le temps de les exécuter. La marine espagnole montrait la plus grande confiance dans les nouveaux bâtiments, et la plupart des officiers briguaient l'honneur de les com-

---

l'antidote ordinaire du feu, en déterminant la présence active de l'eau par une circulation générale dans toutes les parties des bois exposées à l'attouchement et à la pénétration des boulets rouges. Il était question de produire une expansion artificielle équivalente à l'immersion totale des bois. De là résultait, après expérience faite, que leurs fibres, toujours imbibées par abondance, s'opposaient à toute espèce de progrès d'incendie.

mander. Elles formaient une division, composée ainsi qu'il suit : *Pastora, Talla Piedra,* la *Paula Prima, Rosario, San Christoval, Principe Carlos, San Juan, Paula Secunda, Santa Anna, Dolores.* Le nombre total des canons s'élevait à cent cinquante-deux, du calibre de vingt-six, et tous disposés d'un seul bord[1]. Ces dix bâtiments étaient placés sous le commandement du contre-amiral Moreno. Cet officier général reçut du duc de Crillon, dans la soirée du 12 septembre, l'ordre d'attaquer Gibraltar le lendemain. Le duc le prévenait qu'il avait les pouvoirs nécessaires pour le démonter de son commandement, s'il n'obéissait pas. Le contre-amiral Moreno éprouva une extrême surprise en recevant cette communication. Il ne croyait pas que le moment fût venu de conduire ses bâtiments au feu. Les préparatifs n'étaient pas complétement terminés, et il n'avait établi aucune entente avec la flotte combinée qui avait mouillé le même jour sur la rade. En présence des instructions impératives du commandant en chef, il déclina la responsabilité de l'événement et il se disposa à appareiller.

La ligne de fortification du front nord de Gibraltar, à laquelle faisait face l'armée espagnole, se reliait à une muraille qui bordait la côte occidentale de la presqu'île. Sur cette muraille, épaisse de quinze pieds, étaient placées, de distance en distance, des batteries tirant à fleur d'eau. Une seconde ligne de fortifications s'élevait au-dessus de la première. Deux môles, terminés par des ouvrages puissamment armés, s'avançaient au large. Le vieux môle, situé le plus au nord, était à un mille et demi environ du môle neuf. Dans un projet soumis au duc de Crillon par le colonel français, les batteries flottantes prenaient position dans le nord du vieux môle. Elles battaient de front les ouvrages que les lignes de Saint-Roch prenaient à revers. Le colonel avait indiqué, sur un plan, le poste

---

1. Cinq batteries flottantes n'avaient qu'une batterie, et les autres étaient à deux batteries.

de chaque navire. Trente canonnières et autant de bombardes, réunies à Algésiras, devaient appuyer l'attaque. Enfin, les vaisseaux faisaient une diversion en canonnant un point de la côte désigné par les amiraux. Les assiégeants auraient disposé de trois cent quatre-vingt-dix-huit bouches à feu, savoir : de cent cinquante-deux pièces provenant des batteries flottantes, de cent quatre-vingt-six pièces de l'attaque de terre, de trente pièces des canonnières et des trente mortiers des bombardes. En supposant les batteries flottantes mouillées aux postes qu'il avait indiqués, le colonel estimait que les Anglais ne pourraient nous opposer que quatre-vingt-six pièces. Avec une différence, en notre faveur, de trois cent douze canons, il était convaincu que notre feu acquerrait promptement une très-grande supériorité sur celui des Anglais. Le 13 septembre, à huit heures du matin, les vents étant au nord-nord-ouest, les batteries flottantes se dirigèrent vers Gibraltar. La *Pastora*, portant le pavillon du contre-amiral Moreno, mouilla, vers neuf heures, par le travers du bastion du Roi, un peu au sud du vieux môle[1]. Quatre batteries mouillèrent au sud du bâtiment amiral, et cinq au nord. Ces dernières se trouvaient à la hauteur du vieux môle. Les bâtiments espagnols étaient sur une ligne distante de terre d'environ mille à douze cents mètres. La *Talla Piedra* que commandait le prince de Nassau, et sur laquelle se trouvait le colonel d'Arçon, était la plus rapprochée de l'ennemi. Quatre cents hommes, appartenant aux troupes françaises, étaient embarqués sur les batteries flottantes. Vers dix heures, celles-ci ouvrirent le feu sur les forts de Gibraltar. Les lignes de Saint-Roch avaient commencé à tirer à huit heures du matin. Soit qu'ils n'eussent pas reçu d'ordres suffisamment précis, soit pour toute autre cause, les capitaines espagnols n'occu-

---

1. Le bastion du Roi était placé au centre de la seconde ligne de fortifications. La première, ainsi que nous l'avons dit plus haut, consistait en batteries rasantes établies sur la muraille qui bordait le littoral ouest de la presqu'île de Gibraltar.

paient pas les postes que l'ingénieur français avait indiqués dans son plan d'attaque. Au lieu de se concentrer au nord du vieux môle, ils s'étaient placés sur une longue ligne dont l'extrémité sud se rapprochait du môle neuf. La position prise par nos alliés entraînait deux conséquences également fâcheuses. D'une part, le nombre des bouches à feu ayant vue sur les batteries flottantes devenait plus considérable, et, d'autre part, les bâtiments éloignés du vieux môle perdaient l'appui des lignes de Saint-Roch. Le manque absolu de direction apparut dès le début de la journée. Quelques bombardes se mirent en mouvement, mais elles retournèrent presque immédiatement à Algésiras. Les canonnières ne s'approchèrent pas de Gibraltar, et l'escadre combinée resta au mouillage[1].

Les projectiles de l'ennemi restèrent impuissants contre les murailles des nouveaux bâtiments. Les coups d'embrasures furent les seuls qui atteignirent les équipages. Pendant quelques heures, les boulets rouges ne causèrent aucun mal. Dans l'après-midi, un commencement d'incendie se déclara à bord de la *Pastora* et de la *Talla Piedra*. Les équipages, malgré leurs efforts, ne parvinrent pas à s'en rendre maîtres. A trois heures, le capitaine de la *Talla Piedra* ralentit son feu, et, à cinq heures, il le cessa. Le prince de Nassau expédia une embarcation pour demander que son bâtiment fût conduit hors de portée de canon[2]. Ne recevant aucun secours, il voulut s'éloigner par ses propres moyens, mais il ne put réunir un nombre de matelots suffisant pour porter une ancre au large. Les

---

1. Les relations espagnoles disent que l'état de la mer ne permit pas aux chaloupes canonnières d'appareiller. Telle n'était pas l'opinion du colonel d'Arçon, qui écrivit sur ce sujet : « La mer n'était pas trop forte pour les chaloupes canonnières, puisque quelques-unes appareillèrent en même temps que les batteries flottantes et les accompagnèrent jusqu'au détroit. On remarquera également que l'une des bombardes seulement jeta quelques bombes dans la journée du 13, comme pour établir la preuve que les autres auraient pu en faire autant. »

2. Le colonel d'Arçon déclare dans ses mémoires qu'il n'existait pas de signaux de convention entre les batteries et Algésiras.

lignes de Saint-Roch avaient cessé de tirer à cinq heures du soir[1]. C'était compromettre inutilement les batteries que de les laisser seules exposées au feu des Anglais. Leur retraite était donc commandée, non-seulement par l'état dans lequel se trouvaient la *Pastora* et la *Talla Piedra*, mais par la situation militaire elle-même. Après les fautes qui avaient été commises dans cette journée, les assiégeants devaient s'estimer heureux que la partie ne fût pas complétement perdue. En s'éloignant promptement du champ de bataille, il n'y avait dans la situation rien qu'il ne fût possible de réparer. La position des batteries flottantes et les demandes de secours adressées par quelques capitaines causèrent le plus grand trouble à Algésiras. Les instructions, prescrivant au contre-amiral Moreno d'attaquer, étaient arrivées si inopinément qu'aucune disposition n'avait été prise en vue de ramener les batteries en arrière. Perdant tout espoir de les retirer du feu, et craignant, d'autre part, de les abandonner à l'ennemi, les autorités espagnoles donnèrent l'ordre de les évacuer et de les brûler.

A deux heures du matin, douze chaloupes canonnières sortirent de Gibraltar. Chacune d'elles portait, sur son avant, un canon de vingt-quatre ou de dix-huit. Après avoir pris position au sud de la ligne d'embossage, le capitaine de vaisseau Curtis fit ouvrir le feu sur les batteries flottantes. Les premiers coups de canon produisirent, à bord des bâtiments espagnols, des scènes de confusion indescriptibles. Le personnel, composé presque entièrement de soldats empruntés à l'armée assiégeante, n'avait pas le sang-froid nécessaire pour affronter une semblable situation. Parmi les embarcations venues pour procéder à l'évacuation, quelques-unes furent prises, les autres s'enfuirent vers Algésiras. Une chaloupe coula, et

---

1. D'Arçon affirme que les munitions avaient manqué à cinq heures du soir, d'où la nécessité de cesser le feu. Il ajoute que le tir des Espagnols avait été mauvais. Quant aux lignes, elles avaient peu souffert.

des quatre-vingts personnes qui la montaient, treize seulement réussirent à gagner la terre. Les batteries brûlaient, et, sur plusieurs d'entre elles, il y avait encore une partie de l'équipage. Les Anglais montrèrent dans cette circonstance des sentiments d'humanité qu'on ne saurait trop louer. Officiers et matelots coururent les plus grands dangers pour arracher ces malheureux à une mort certaine. Une chaloupe canonnière anglaise fut coulée par des débris provenant de l'explosion d'une des batteries. Une pièce de bois perça l'embarcation dans laquelle était le capitaine de vaisseau Curtis. Le patron et plusieurs matelots furent tués. Les Anglais sauvèrent trois cent cinquante-sept personnes, au nombre desquelles se trouvaient vingt-neuf blessés dont un officier. Deux batteries flottantes sautèrent pendant la nuit, et les huit autres dans la journée du lendemain. Telle fut la fin d'une entreprise sur laquelle l'Espagne fondait les plus grandes espérances.

La victoire des Anglais eut un retentissement d'autant plus grand, que toute l'Europe avait les yeux fixés sur Gibraltar. Deux princes français, le comte d'Artois et le prince de Bourbon, étaient dans les rangs de l'armée assiégeante. Enfin, la plupart des puissances neutres avaient envoyé des officiers de marque au camp de Saint-Roch. Le gouvernement espagnol put mesurer la portée de la faute qu'il avait commise en perdant un temps précieux au commencement de l'année 1782[1]. Si la construction des batteries flottantes avait été terminée quelques mois plus tôt, on doit supposer que le duc de Crillon aurait per-

---

1. Le projet fut adopté en février 1782, mais on ne mit la main à l'œuvre que vers la fin de mai. Les préparations étaient immenses, et la fin du mois de septembre étant regardée comme une époque nécessaire, il fallut regagner le temps perdu, à force de dépenses et de célérité et par une activité qui, poussée à l'excès, ne pouvait que difficilement se concilier avec les soins qu'exigeait la précision des détails. Ainsi se passèrent, dans une activité difficile à peindre, les mois de juin, juillet et août, à la transformation de dix vaisseaux de charge en batteries flottantes, laquelle exigeait deux cent mille pieds cubes de bois mis en œuvre. (Rapport de d'Arçon.)

mis à l'ingénieur français de corriger les imperfections qui s'étaient manifestées, après la première expérience, dans le système de l'arrosage continu. Quoi qu'il en soit, il est difficile de comprendre que le duc de Crillon n'ait pas donné au colonel d'Arçon le temps d'achever son œuvre. Le commandant de l'armée espagnole se préoccupait-il de la saison qui avançait, ou de la prochaine arrivée d'une escadre anglaise, chargée de ravitailler la forteresse? Outre que la possession de bâtiments n'ayant rien à redouter des boulets rouges valait bien quelques sacrifices, le duc de Crillon ne se serait exposé à aucun risque en différant l'attaque de Gibraltar par mer. Il était très-sûr de trouver, à la fin de septembre, et même dans le mois d'octobre, des temps favorables pour cette opération. D'autre part, la présence des escadres de Cordova et de Guichen faisait disparaître toute crainte, à l'endroit de la marine britannique. Enfin, en supposant les batteries flottantes livrées à elles-mêmes, par suite de l'éloignement de la flotte franco-espagnole, elles n'auraient couru aucun danger. Embossées à Algésiras, sous la protection de la terre, elles eussent défié les efforts de l'escadre attendue d'Angleterre. Le colonel d'Arçon aurait probablement été très-heureux que l'ennemi voulût faire cette expérience. Il résulte de ce qui précède que le duc de Crillon, en ne permettant pas l'exécution complète des plans du colonel français, n'avait obéi à aucun raisonnement maritime ou militaire.

Les Espagnols auraient dû se servir avec d'autant plus de ménagements de l'instrument de guerre, remis entre leurs mains par le colonel d'Arçon, que, depuis 1779, ils cherchaient, sans le trouver, un moyen d'agir contre Gibraltar. Ce ne fut pas ainsi qu'ils comprirent la situation. Nous avons vu que le duc de Crillon avait envoyé, de son camp de Saint-Roch, au contre-amiral Moreno, l'ordre impératif d'attaquer Gibraltar. Les chefs de la marine espagnole n'avaient pas été consultés, et il n'existait aucune entente entre les différents services appelés à donner leur concours à cette importante opération. Enfin, il n'avait été fait aucun préparatif pour ramener à Algésiras des bâtiments qui n'avaient pas encore été expérimentés et qui allaient au feu pour la première fois. Lorsque le capitaine de vaisseau Curtis sortit de Gibraltar, il put impunément s'approcher des batteries flottantes. Douze chaloupes canonnières anglaises furent complétement maîtresses du champ de bataille. Pendant ce temps, trente chaloupes canonnières espagnoles attendaient des ordres au mouillage d'Algésiras. Les Anglais s'étaient bien conduits, et cependant ils auraient pu, sans courir aucun risque, se montrer plus audacieux. Si le capitaine Curtis était sorti quelques heures plus tôt, il se serait emparé de plusieurs batteries qu'il eût emmenées sans difficulté à Gibraltar.

Après cet échec, ou pour parler plus exactement, après ce désastre, l'œuvre de d'Arçon fut très-vivement attaquée. Beaucoup de gens déclarèrent, comme il arrive le plus souvent en pareil cas, qu'ils n'avaient jamais eu confiance dans les nouveaux bâtiments. Le mérite de l'ingénieur, ses efforts, sa constance à poursuivre ses travaux au milieu des contrariétés de toutes sortes, son rôle le 13 septembre, tout fut oublié. Le colonel serait-il parvenu à rendre les batteries flottantes incombustibles? Il est difficile de le dire, mais il n'est pas nécessaire d'être fixé sur ce point pour juger la conduite du commandant de l'armée espagnole. Quelle était la valeur des batteries flottantes lorsqu'elles furent envoyées au feu? Telle est la question qu'il s'agit d'examiner. Le colonel d'Arçon ne quitta la *Talla Piedra*, sur laquelle il s'était embarqué, que vers une heure du matin. Il raconte ainsi qu'il suit, dans un de ses mémoires, ce qui se passa sur ce bâtiment :
« La *Talla Piedra* fut embossée avant dix heures du matin. Le feu de cette batterie commença immédiatement. Celui de l'ennemi, très-vif et très-nombreux, fut pourtant ralenti vers midi. Le nôtre fut soutenu vivement jusque vers trois heures du soir. Les progrès de l'incendie étaient

fort lents. Ce n'était toujours que le même boulet dont la fumée se manifestait par le trou extérieur et successivement par les joints intérieurs; mais cet état, très-aisément remédiable en s'éloignant du feu de la place, dura plus de six heures, et l'incendie même ne se déclara irrémédiable qu'après minuit. Les neuf autres batteries, beaucoup moins pressées du feu de l'ennemi et plus éloignées de la place, pouvaient, à plus forte raison, s'éloigner et se réparer. La retraite était nécessaire pour toutes et il fallait l'exécuter. Cette retraite prévue et très-facile à exécuter, et qui devenait d'autant plus nécessaire, puisque la position était manquée et que tous les auxiliaires et accessoires persistaient dans un abandon mortel, cette retraite ne fut pas même tentée. L'ordre fut donné de les évacuer et de les incendier. » Au moment où les lignes de Saint-Roch avaient cessé de tirer, c'est-à-dire à cinq heures du soir, deux batteries étaient atteintes d'une manière assez sérieuse, une troisième très-légèrement, et sept étaient intactes. Si la *Pastora* et la *Talla Piedra* avaient été retirées du feu dans la soirée, elles auraient été inévitablement sauvées. Il convient en outre de faire remarquer que la résistance des batteries flottantes eût été tout autre, si, d'une part, elles n'avaient pas été disséminées sur une ligne aussi étendue, et si, d'autre part, l'ennemi avait été obligé de réserver une partie de son feu pour répondre à celui des canonnières et des bombardes [1]. Après cet exposé,

---

[1]. On alla se jeter au centre de la forteresse, comme si on avait eu l'intention de mettre en action contre nous toute l'artillerie de la place. On dispersa toutes les batteries flottantes, on négligea l'accessoire des canonnières et des bombardes. Nous nous trouvâmes privés du concours de l'attaque de terre, tant par l'éloignement que par l'imperfection des tirs et par le manque de munitions. De sorte que ce prodigieux effet de trois cent quatre-vingt-dix-huit bouches à feu se trouva réduit à soixante ou soixante-dix pièces tout au plus, tirant à la muraille et par conséquent nulles contre les feux de l'ennemi. Faut-il donc s'étonner qu'une action si faible et si opiniâtrement abandonnée ait cédé, après cinq heures de combat, contre deux cent quatre-vingts bouches à feu de la place que rien ne troublait? Remarquez que nous combattions un contre dix, au lieu de combattre dix contre un.... et jugez, malgré l'incomplet des machines, combien l'auteur

il ne peut rester aucun doute sur la valeur militaire des batteries flottantes, nous ne disons pas telles qu'elles auraient pu être, si les plans du colonel avaient reçu une complète exécution, mais telles qu'elles étaient le 13 septembre[1]. Les annales militaires offrent peu d'exemples d'une opération de cette importance conduite avec autant de légèreté. Nous n'avons aucune raison d'accuser le commandant de l'armée espagnole d'avoir préparé l'échec des batteries; mais il est parfaitement certain que, si telle avait été son intention, il n'aurait pas agi autrement. Dans tous les cas, on est en droit de dire que, dans une entreprise demandant de l'étude, de la méthode et du savoir, le duc de Crillon ne montra que de l'impatience et de l'irréflexion.

Le capitaine de vaisseau Buor de la Charoulière avait consigné dans les termes suivants, sur son journal, les divers incidents de la journée du 13 septembre[2]: « Le 12 à midi, l'armée a mouillé dans la baie d'Algésiras. Le 13, à sept heures et demie du matin, les vents étant de la partie du nord-nord-ouest, les dix batteries flottantes destinées à faire brèche ont commencé à mettre sous voiles. La première s'est embossée vers neuf heures, et elle a été successivement suivie des neuf autres. Leur feu a été assez vif. La place y a répondu de différentes batteries, en tirant sur elles à boulets rouges, jetant des bombes et une immensité de grenades royales, qui, dès avant midi, avaient mis plusieurs fois le feu à la machine que montait M. le prince

---

du projet avait de raisons d'espérer du concours de tant de moyens puissants. (Mémoires de d'Arçon.)

1. La situation des dix batteries flottantes, à cinq heures du soir, permet de se demander si, entre des mains intelligentes, elles ne seraient pas parvenues, après une ou plusieurs attaques, à réduire Gibraltar.

2. Le capitaine de vaisseau Buor de la Charoulière était un officier d'un très-grand mérite. Il avait été, en 1780, major de l'escadre qui avait combattu Rodney avec succès dans les Antilles. Le ministre avait l'intention de l'envoyer dans les Antilles pour remplacer, à bord du *Triomphant*, le capitaine de vaisseau du Pavillon, tué le 12 avril 1782, au combat de la Dominique.

de Nassau. On avait, chaque fois, réussi à l'éteindre. Cependant, ces bâtiments souffrant beaucoup du feu de la place et perdant beaucoup de monde, on en faisait continuellement le remplacement. Pour cet objet, on y envoya, le soir, les chaloupes des vaisseaux. Le 14, à minuit et demi, la position de ces batteries devint plus alarmante. Le feu faisait des progrès rapides, surtout à bord de celle de M. de Nassau; on y envoya tous les canots, pour aider à évacuer non-seulement les batteries incendiées, mais encore celles qui ne l'étaient pas. L'ordre avait été donné de mettre le feu à ces dernières, qui étaient au nombre de sept, auxquelles le feu de la place n'avait pas fait grand dommage. A une heure et demie, une de ces machines était totalement embrasée. A deux heures et demie, le feu s'est manifesté dans une seconde. La première, au lever du soleil, a sauté en l'air, ensuite trois autres, et successivement toutes ont subi le même sort, jusque vers cinq heures du soir que la dernière a terminé cette affreuse scène, qui sans doute n'aurait pas eu lieu, si on avait prévu et employé des moyens très-faciles pour les retirer du feu de la place, lorsqu'on l'aurait voulu. Par une fatalité qu'on ne peut se permettre d'appeler négligence de la part des chefs, mais au moins trop de sécurité, rien n'était prévu. Point de moyen de retraite, point de diversion de la part des chaloupes canonnières et bombardières, pas même des ouvrages des lignes, dont le feu a cessé de trop bonne heure au lieu de redoubler. Point de concert avec les vaisseaux, qui auraient pu porter des secours. Mais il faut savoir se taire sur un aussi cruel événement, les réflexions ne remédiant à rien. Les chaloupes françaises ont été de la plus grande utilité pour sauver les équipages; mais malheureusement elles n'étaient pas assez nombreuses pour remplir entièrement cet objet important. Quelques chaloupes anglaises sorties du môle en ont aussi sauvé. Mais malgré ces secours, il y a lieu de craindre qu'on ait perdu beaucoup de monde par l'incendie, indépendamment de ceux qui ont été tués par le feu de la place. »

Le gouvernement français montra la plus grande sollicitude à l'égard du contingent fourni par nos troupes pour former les équipages des batteries flottantes[1]. Quant au colonel d'Arçon, il fut accueilli, à son arrivée en France, avec la plus grande distinction. Le ministre de la guerre le présenta au Roi, qui lui adressa les paroles les plus flatteuses. Un témoignage officiel de satisfaction lui fut adressé pour les services qu'il avait rendus en Espagne. Enfin, il reçut une gratification de quinze cents livres et une pension de deux mille livres.

1. « Le Roi n'a pas été, Monsieur, moins peiné que surpris du malheureux événement dont le courrier, parti, le 14, du camp devant Gibraltar, a apporté la nouvelle, et Sa Majesté, en lisant la lettre que vous m'avez fait l'honneur de m'écrire, le même jour, a témoigné la plus grande sensibilité sur le sort des malheureux qui ont été abandonnés au gré des flots ou à la fureur des flammes. Elle a vu aussi avec une véritable peine qu'elle a perdu quelques officiers de ses troupes et que d'autres ont été blessés. Je dois vous prévenir que son intention est de donner à ces derniers des marques de ses bontés, et, si quelques-uns sont, par leurs blessures, hors d'état de servir, elle leur accordera leurs appointements entiers pour leur retraite. Vous voudrez bien, Monsieur, m'adresser des détails qui me fassent connaître les mérites et les malheurs de chacun d'eux. A l'égard des soldats qui ont été employés sur les batteries flottantes, le témoignage que vous rendez de la manière dont ils ont servi est un motif suffisant pour leur procurer, ainsi que vous le demandez, le dédommagement des pertes qu'ils ont faites. M. le prince de Nassau a bien justifié, en cette occasion, l'idée qu'il avait déjà donné sujet de concevoir de son courage et de son intelligence ; il vient d'acquérir un nouveau droit à la bienveillance de Sa Majesté, qui est parfaitement instruite de ce qu'il a fait. » (Lettre du 29 septembre du marquis de Ségur, ministre de la guerre, au baron de Falckenhayn, commandant le corps français.)

Le baron d'Arnfeldt, capitaine du Royal-Suédois, infanterie allemande, fut le dernier qui sortit de la *Talla Piedra* avant son explosion. Il fut présenté à M. le comte d'Artois, qui lui fit une pension de six cents livres.

III

Soit que le duc de Crillon eût un plan pour prendre Gibraltar, soit qu'il voulût adoucir le coup que la nouvelle du désastre du 13 septembre devait porter à son souverain, il ajouta, en rendant compte des événements, qu'il continuerait le siége[1]. Sa confiance, s'il en avait véritablement dans les moyens qu'il se proposait d'employer, ne dura pas longtemps. Quelques jours après, cédant aux observations qui lui furent faites par ses principaux officiers, il renonça à ce projet. Le gros de l'armée s'établit dans le voisinage, et on ne laissa au camp que les troupes jugées nécessaires pour défendre les lignes de Saint-Roch[2]. Il ne restait plus à l'Espagne d'autre moyen de prendre Gibraltar que de l'affamer. Pour conduire à bien cette tentative, il fallait maintenir, du côté de la mer, un blocus tellement étroit que la forteresse ne reçût aucun secours. Les circonstances semblaient favorables à l'exécution de cette tâche que la marine espagnole avait entreprise plusieurs fois, mais qu'elle n'était pas encore parvenue à remplir. La flotte mouillée à Algésiras, en y comprenant la division du lieutenant général

---

1. En apprenant qu'il était question de continuer le siége de Gibraltar, le comte de Vergennes écrivit au comte de Montmorin, notre ambassadeur à Madrid : nous ne sommes pas moins effrayés que vous l'avez été, Monsieur, lorsque vous avez entendu le Roi d'Espagne dire : la prise de Gibraltar n'est que retardée, M. de Crillon a un moyen sûr de le prendre, et il agit en conséquence. Quel funeste aveuglement! Comment est-il possible qu'après la funeste expérience qu'on vient de faire, on s'entête à en tenter une seconde qui n'aura pas un résultat différent et qui en aura un plus désastreux encore? Le projet de M. d'Arçon avait une apparence spécieuse, sa méthode était nouvelle et pouvait promettre du succès. On est donc excusable de l'avoir tenté, mais le serait-on de se livrer désormais à des projets très-certainement plus futiles que celui qui vient d'échouer? Je ne connais pas celui de M. le comte de Crillon, mais il y a tout à parier, d'après la connaissance que l'on a de son caractère, qu'il est tout au moins romanesque.

2. « Lors du fâcheux événement des batteries flottantes, M. le duc de Crillon

de Guichen, était forte de quarante-huit vaisseaux, tandis que l'escadre qui était attendue dans le détroit n'en comptait que trente-quatre. L'amiral Howe avait trouvé des vents contraires en sortant de la Manche, et le début de sa traversée avait été très-lent. L'amirauté britannique, par suite d'une mesure de prévoyance extrêmement sage, avait expédié des bâtiments sur différents points de la côte de Portugal. Ces navires devaient appareiller successivement et se porter à la rencontre de la flotte anglaise, afin de renseigner l'amiral sur les événements qui s'étaient accomplis dans la baie de Gibraltar depuis son départ de Portsmouth. Lord Howe apprit ainsi l'échec que les alliés avaient éprouvé, le 13 septembre, la force de l'escadre combinée et sa présence au mouillage d'Algésiras. Celle-ci, depuis le commencement du mois d'octobre, se tenait prête à appareiller, à la première nouvelle de l'approche des Anglais. Dans la journée du 10, la brise, qui était très-fraîche du sud-ouest, souffla en coup de vent. Plusieurs vaisseaux chassèrent sur leurs ancres et quelques-uns s'abordèrent. Le *San Pablo* et la frégate le *Crescent* mirent sous voiles et entrèrent dans la Méditerranée. Un vaisseau se jeta à la côte sur la pointe d'Orange, non loin d'Algésiras. Le *Saint-Michel*, de soixante-dix, portant le pavillon du contre-amiral Moreno, s'échoua, pendant la nuit, sous Gibraltar. Vigoureusement canonné au point

---

crut devoir donner des espérances pour la continuation du siége, et faire revivre un ancien projet qu'il avait donné à Madrid et dont l'exécution lui avait paru devoir contribuer promptement à la reddition de la place. Ce projet ayant été examiné depuis par les officiers généraux espagnols et les ingénieurs les plus instruits, parut, comme on vous l'a mandé, ne pouvoir être exécuté que dans deux mois. Aucun de ces ingénieurs n'était, d'ailleurs, persuadé qu'il pût contribuer à la reddition de la place que tout le monde persiste à croire imprenable par terre. Toutes ces considérations ayant germé dans la tête de M. le duc de Crillon, ce général s'est enfin déterminé à mettre ses troupes en cantonnement, et à proposer seulement à la cour de Madrid sa conservation et la défense des lignes pendant l'hiver. Je vois même, par les lettres qu'il m'a confiées, qu'il ne dissimule plus rien sur l'impossibilité de prendre cette place par terre. » (Lettre du commandant du corps français au ministre de la guerre.)

du jour, il fut obligé de se rendre. Les lignes de Saint-Roch tirèrent alors sur ce vaisseau, mais elles ne lui firent aucune avarie importante. Aussitôt que le temps le permit, le capitaine Curtis ramena le *Saint-Michel* à Gibraltar. Le jour même où se produisit cet événement qui donnait aux Anglais un vaisseau de ligne et six cent cinquante prisonniers, lord Howe parut à l'entrée du détroit. Au coup de vent de sud-ouest de la veille avait succédé une très-faible brise de nord. Quatre transports et un vaisseau de ligne, la *Panthère*, réussirent à gagner Gibraltar. Les autres bâtiments du convoi et l'escadre furent entraînés dans la Méditerranée par les courants. Le calme qui régnait dans la baie d'Algésiras ne permit pas aux alliés d'appareiller. Le 13 octobre, la flotte combinée mit à la voile avec une faible brise d'ouest-nord-ouest, et elle franchit le détroit.

La position de lord Howe présentait de sérieuses difficultés. L'escadre anglaise ne comptait que trente-trois vaisseaux, et, de plus, elle était embarrassée par un convoi considérable[1]. Enfin, il y avait entre elle et Gibraltar la flotte combinée qui était forte de quarante-six vaisseaux[2]. Notre rôle consistait évidemment à garder cette position, afin que lord Howe fût dans l'impossibilité de se rendre à sa destination sans livrer bataille. Nous avions un intérêt d'autant plus grand à agir ainsi que la plupart de nos vaisseaux n'étaient pas doublés en cuivre et ne marchaient pas. Le lieutenant général de Cordova, fort inquiet sur le sort du vaisseau et de la frégate qui avaient déradé dans la nuit du 10 octobre, courut au large. Le lendemain matin, il n'y avait aucun navire à l'horizon, mais, dans l'après-midi, les Anglais furent aperçus dans le sud de notre armée. Ainsi, le 14 au soir, l'amiral Howe avait si bien manœuvré qu'il était plus près que nous de

---

1. Le trente-quatrième, la *Panthère*, était à Gibraltar.
2. Le *San Pablo* était dans la Méditerranée et le *Saint-Michel* avait été pris par les Anglais.

l'entrée du détroit[1]. Dans la soirée la brise tomba, le temps devint brumeux et les deux escadres cessèrent de se voir.

Le 16, les vents s'établirent à l'est et fraîchirent rapidement. La flotte combinée, après être restée en cape une partie de la nuit du 17, se dirigea, le 18, vers le détroit. Le lendemain, au jour, les Anglais furent signalés à l'ouvert de la baie de Gibraltar. Lorsque les vents avaient passé à l'est, l'amiral Howe s'était empressé de faire de la toile. Le 18, il était entré dans le détroit, et le même jour son convoi avait mouillé sous le canon de Gibraltar. Les troupes qui devaient renforcer la garnison, furent immédiatement mises à terre. Le général Elliot ayant demandé un supplément de munitions, quinze cents barils de poudre, pris sur les approvisionnements des vaisseaux, furent débarqués. Lorsque, le 19, les alliés parurent, lord Howe, qui avait achevé son opération, s'éloigna dans la direction de l'ouest. Il entra, le même jour, dans l'Océan, suivi par la flotte combinée. Le lendemain, 20 octobre, la brise s'étant établie au nord, les alliés se trouvèrent au vent des Anglais. L'armée reçut l'ordre de se former par rang de vitesse et de gouverner sur l'ennemi. Don Luis de Cordova signala de s'approcher des vaisseaux anglais jusqu'à deux encablures. Au coucher du soleil, les deux armées n'étaient plus très-éloignées l'une de l'autre. Le lieutenant général de Lamotte-Picquet, dont le pavillon était arboré sur l'*Invincible*, avait pris la tête de la ligne. Lorsqu'il fut à la distance prescrite du chef de file de l'escadre anglaise, il commença le feu. L'action s'engagea par une très-belle nuit éclairée par la lune. Les deux escadres se tenaient rangées dans l'ordre suivant :

1. Avec une marche aussi lente que celle de l'armée, il serait plus avantageux de se tenir près du détroit pour y attendre les ennemis et les combattre au passage que de les aller chercher au large, puisqu'il leur sera facile, par la supériorité de leur marche, d'éviter la poursuite. Les Anglais auront l'attention de rester en vue de la terre et leur flotte, avec les premiers vents frais de la partie de l'est, filera le long de la côte. (Journal de la campagne de l'escadre aux ordres du lieutenant général de Guichen, tenu par le capitaine Buor de la Charoulière.)

LIVRE XI.   355

ESCADRE COMBINÉE.

Noms des bâtiments.	Nombre de canons.	Noms des capitaines.
Invincible.............	110	De Rivière.
		Lamotte-Picquet, lieut. général.
Guerrier...............	74	Duplessis-Parscau.
Dictateur..............	74	De Laclue.
Robuste................	74	De Nieuil.
San Isidro.............	70	Alvaro Lopez.
Suffisant..............	74	De Castellet.
Guerrero...............	70	
Arrogante.............	70	Lopez Carizosa.
Santa Elizabeth........	70	....
San Laurent...........	70	....
Zodiaque..............	74	De Langan-Boisfévrier.
Rayo	70	Don Antonio.
		Posada.
Firme.................	70	Don Atanazia Veranda.
Terrible	70	Don Francisco Winthuisen.
San Vicente	76	Don Ignacio Ponce de Léon.
Royal-Louis............	110	De Verdun de la Crenne.
		De Beausset, chef d'escadre.
San Joaquim...........	70	Don Carlos de Torres.
Castilla...............	64	Don Juan Quindos.
San Juan Baptista	70	Don Francisco Idiaques.
San Justo.............	70	Bascomorales.
Vencedor..............	70	Josef Castejou.
España	64	Francisco Velasquez.
Galicia................	70	Juan Clavigero.
Sério	70	Filip Gonzales.
Triomphante	76	....
Brillante..............	70	Oustares.
Septentrion	60	Juan Landecho.
Majestueux............	110	Bruni d'Entrecasteaux.
		De Rochechouart, lieutenant général.
Indien	64	De Laubepin.
San Raphael	70	....
Santa Trinidad	112	Daioz.
		Luis Cordova.
Bretagne..............	110	De Dampierre.
Actif..................	74	Cillart de Suville.
Purissima Concepcion...	110	Ozorno y Fumes.
		Juan Bonnet.
Terrible...............	110	De Saint-Riveul.
		De Guichen, lieutenant général.
San Fernando.........	80	Angulo.
		Miguel Gaston.
Bien-Aimé	74	De Cacqueray.
San Miguel...........	70	Juan Moreno.
Atlante	70	Diego Quevedo.
San Pablo............	70	Luiz Muñoz.
San Eugenio..........	70	....

Noms des bâtiments.	Nombre de canons.	Noms des capitaines.
Angel................	70	Jacintho Serano.
Santa Isabel...........	70	De Médina.
San Damaso...	70	Antonio Ozorno.
Africa................	70	De Cazeres,
Oriente	70	Domingo Perler.

ESCADRE ANGLAISE.

Noms des bâtiments.	Nombre de canons.	Noms des capitaines.
Goliath	82	Hyde Parker, junior.
Ganges	82	Fielding.
Royal William.........	84	Allen.
Britannia.............	110	Hill. Barrington, vice-amiral.
Atlas	108	Collins.
Panther..............	60	Simonton.
Foudroyant...........	84	Jervis.
Edgar	82	Hotham, commodore.
Polyphemus...........	72	Finch.
Suffolk	82	Home.
Vigilant..............	72	Douglas.
Courageux	82	Mulgrave.
Crown	72	Reeves.
Alexander............	82	Longford.
Sampson.	72	Harvey.
Royal Princess.........	108	Faulknor.
Victory	110	Leweson Gover Duncan. Howe, amiral.
Bleinheim............	108	Duncan.
Asia.................	72	Bligh.
Egmont..............	82	Ferguson.
Queen	108	Dornet. Samuel Hood, contre-amiral.
Bellona...............	82	Onslow.
Raisonnable.	72	Harvey.
Fortitude.............	82	Keppel.
Princess Amelia	84	Reynolds. Richard Hughes, contre-amiral.
Berwick............ ..	82	Phipps.
Bienfaisant...........	72	Howarth.
Dublin...	82	Dickson.
Cambridge............	84	Stewart.
Océan................	100	Bigar. Milbanck, vice-amiral.
Union.	100	Dalrymple.
Buffalo	60	Halloway.
Vengeance	82	Moutray.

L'amiral anglais était trop habile pour compromettre le succès de la mission qu'il avait si heureusement remplie, en se battant avec trente-quatre vaisseaux contre quarante-six. Il avait remarqué le peu d'ordre qui régnait dans notre ligne, par suite de la mauvaise marche d'un grand nombre de nos bâtiments. Douze vaisseaux français et espagnols étaient à une trop grande distance en arrière pour prendre part à l'action. Lord Howe vit immédiatement la possibilité de combattre l'armée combinée sans être obligé de s'engager à fond. Il nous avait attendus, sous une voilure réduite, mais, dès que les premiers coups de canon furent tirés, il gouverna largue en faisant de la toile. A dix heures et demie, les deux armées étaient très-loin l'une de l'autre et le feu cessa. Une heure après, le lieutenant général de Cordova signala à ses vaisseaux de serrer le vent. L'affaire n'avait été vive qu'à l'avant-garde et à l'arrière-garde de la flotte britannique. L'escadre directement placée sous les ordres de l'amiral Howe avait à peine combattu. Douze vaisseaux français et espagnols, en tête desquels était le *Terrible*, portant le pavillon du lieutenant général de Guichen, n'avaient pas tiré un coup de canon. Ces vaisseaux, quoique couverts de voiles, n'avaient pu suivre l'armée combinée [1]. Au jour, les Anglais étaient à quatre lieues sous le vent. Au lieu de continuer activement la poursuite, Cordova fit peu de route pendant la journée du 21, afin de donner aux vaisseaux qui avaient souffert le temps de réparer leurs avaries. Le lendemain, n'apercevant plus l'ennemi, il ramena l'armée combinée à Cadix. Dans l'engagement du 21 octobre, les Anglais avaient eu soixante-huit tués et deux cent soixante-huit blessés, et les alliés

---

1. « Le *Terrible*, quoique forçant de toile, n'a pas été à même de faire feu (à dix heures et demie le feu a cessé), la distance était trop grande. A onze heures cinquante, Cordova a signalé de tenir le vent. A minuit, les vaisseaux anglais les plus proches étaient à deux lieues, courant largue, sous la misaine et les perroquets, pour se rallier à leur tête qu'on ne voyait plus. » (Journal du major de l'escadre française.)

soixante tués et trois cent vingt blessés. Quelques jours après, l'amiral Howe, certain de n'avoir plus rien à craindre de la flotte franco-espagnole, se dirigea sur Portsmouth, après avoir expédié huit vaisseaux aux Antilles[1].

Les qualités que déploya lord Howe pendant cette courte campagne furent à la hauteur de la mission qu'il avait à remplir. Cette opération, une des plus belles de la guerre de l'indépendance américaine, mérite d'être louée à l'égal d'une victoire. Si l'escadre anglaise fut favorisée par les circonstances, et il est rare qu'en de telles entreprises on puisse réussir sans être aidé par la fortune, ce furent surtout le coup d'œil du commandant en chef, la sûreté de son jugement et la rapidité de ses décisions qui assurèrent le succès. Après avoir rendu à lord Howe ce qui lui appartient, il convient de faire la part de l'amirauté britannique. Parmi les trente-quatre vaisseaux qu'elle avait donnés à l'amiral, il n'y avait pas un de ces mauvais bâtiments qui mettent, à chaque instant, en péril les combinaisons d'un commandant en chef. Tous les vaisseaux étaient doublés en cuivre et de marche à peu près égale. Si lord Howe n'avait pas la certitude absolue, il avait au moins de très-grandes chances de rester maître d'accepter ou de refuser le combat. Cette supériorité de marche constituait un avantage dont les différentes péripéties de la campagne avaient montré toute la valeur. Enfin, si nous en jugeons par les résultats, le commandant en chef de la flotte anglaise n'eut qu'à se louer de ses capitaines. Il n'y eut ni sépa-

---

1. Le capitaine de vaisseau Curtis, qui avait joué un rôle si glorieux dans la journée du 13 septembre, avait été chargé par le général Elliot d'une mission pour l'amiral Howe. Il avait quitté Gibraltar sur la frégate la *Latona*, qui était arrivée, dans la nuit du 18 au 19, au milieu de la flotte anglaise. Au jour, avant que la *Latona* eût communiqué avec le *Victory*, l'armée combinée fut signalée. L'amiral fit immédiatement de la toile et il emmena la *Latona* avec lui. Le captitaine Curtis passa sur le *Victory*. L'amiral Howe ayant envoyé, le 22 octobre, son capitaine de pavillon sur une frégate pour porter des dépêches à l'amirauté, il donna le commandement de son vaisseau à ce vaillant officier.

rations, ni abordages, ni vaisseaux avariés, et il ne se produisit aucun de ces événements, si fréquents dans la navigation d'escadre, qui obligent souvent les amiraux à prendre un parti absolument opposé au but qu'ils poursuivent.

En présence de la navigation si sûre de l'amiral Howe, il est impossible de ne pas se rappeler les incidents malheureux survenus, du 9 au 12 avril, dans l'escadre du comte de Grasse. L'armée française, qui avait appareillé, le 8, de la baie de Fort-Royal, fut obligée, le 9, de se porter au secours du *Zélé* et de l'*Auguste*. L'avant-garde anglaise s'approchant rapidement de ces deux vaisseaux, qui s'étaient laissé sous-venter, il fallut se battre pour les dégager. Dans la nuit du 10 au 11, le *Jason* et le *Zélé* s'abordèrent; le premier de ces vaisseaux relâcha à la Guadeloupe pour réparer ses avaries. Le 11, l'armée revint encore une fois en arrière pour couvrir le *Zélé* et le *Magnanime*, qui étaient tombés sous le vent. Enfin, dans la nuit du 11 au 12, ce même *Zélé*, qui avait déjà compromis deux fois l'armée, aborda la *Ville-de-Paris*. S'il est juste de reconnaître que lord Howe déploya les plus grands talents, on doit ajouter qu'il eut entre les mains des instruments excellents.

Le capitaine de vaisseau Buor de la Charoulière, major de l'escadre française, en envoyant son journal au ministre, après cette campagne qui faisait beaucoup d'honneur aux Anglais et très-peu aux alliés, disait : « J'ai l'honneur de vous adresser un extrait du journal de la campagne de l'armée combinée. Je crains beaucoup que vous ne trouviez, dans quelques endroits, une opinion trop décidée, mais je dois vous donner, Monseigneur, une copie fidèle des articles portés dans mon journal qui n'a pu être écrit qu'au fur et à mesure que les temps se sont écoulés et dans les différentes circonstances. J'ai écrit ce que j'ai vu et ce que je pensais. J'ose espérer, Monseigneur, que vous voudrez bien ne pas me savoir mauvais gré d'avoir écrit librement ma façon de penser sur tous les événements qui n'avaient pas une tournure favorable à nos désirs. » Nous avons fait connaître l'opinion de cet officier sur la journée du 13 septembre et sur la poursuite de l'escadre anglaise.

LIVRE XII

Le gouvernement français apprend qu'on fait à Porstmouth les préparatifs d'une expédition destinée à s'emparer du Cap de Bonne-Espérance. — Envoi dans l'Inde de cinq vaisseaux, sous les ordres du commandeur de Suffren. — Combat de la Praya, le 16 avril 1781. — Arrivée des Français à Simon's Bay. — Les Anglais se montrent, à la fin de juillet, dans les parages du Cap. — Le commodore Johnstone retourne en Angleterre avec deux vaisseaux. — Trois vaisseaux font route pour Bombay. — La colonie hollandaise est mise en état de défense par nos troupes. — L'escadre française appareille le 28 août 1781. — Suffren est nommé chef d'escadre, en récompense de sa conduite à l'affaire de la Praya. — Événements survenus dans l'Inde depuis la prise de Pondichéry. — Bâtiments envoyés à l'Ile de France. — Le capitaine de vaisseau Tronjolly est remplacé par le comte d'Orves. — Le nouveau commandant en chef prend la mer avec six vaisseaux. — Séjour de l'escadre sur la côte de Coromandel. — Relations avec Hyder-Ali. — Retour du comte d'Orves à l'Ile de France. — Dénûment de l'escadre. — Arrivée du commandeur de Suffren. — Difficultés relatives au remplacement des capitaines de Trémigon et de Cardaillac, tués au combat de la Praya. — L'escadre retourne dans l'Inde.

I

Le gouvernement français fut informé, au commencement de l'année 1781, que les Anglais faisaient secrètement, à Portsmouth, les préparatifs d'une expédition destinée à faire la conquête du Cap de Bonne-Espérance. Le commodore Johnstone, auquel cette mission était confiée, avait, sous ses ordres, cinq vaisseaux et un convoi portant des troupes de débarquement. Les forces dont disposait le commodore ne permettaient pas de douter du succès de cette entreprise. Quoique la France eût peu d'aide à attendre de ses nouveaux alliés, il était de son intérêt de les secourir. Nous nous étions proposé, en commençant cette guerre, d'effacer les traités de 1763 et d'affaiblir la puissance de nos voisins. En s'emparant des établissements coloniaux de la Hollande, ceux-ci se seraient ménagé à l'avance, des compensations aux pertes qu'ils auraient pu subir sur les côtes de l'Amérique septentrionale ou dans la mer des Antilles. Enfin, la possession du Cap par les Anglais eût compromis la sûreté de Bourbon et de l'Ile de France. Cinq vaisseaux, deux de soixante-quatorze, le *Héros* et l'*Annibal*, et trois de soixante-quatre, le *Sphinx*, le *Vengeur* et l'*Artésien*, furent désignés pour aller dans l'Inde. On leur adjoignit quelques navires de commerce, sur lesquels on embarqua onze cents hommes d'infanterie, des vivres, des munitions et cent artilleurs. Le nouveau ministre plaça le commandeur de Suffren à la tête de cet armement. On se rappelle que M. de Sartines avait refusé, malgré les très-vives instances du comte d'Estaing, de donner de l'avancement à cet officier. Suffren ne fut pas promu au grade de chef d'escadre, mais le maréchal de Castries décida qu'il jouirait des honneurs attachés à cette situation, aussitôt qu'il aurait doublé le Cap de Bonne-Espérance. Les mêmes avantages furent accordés au comte d'Orves qui était à l'Ile de France avec six vaisseaux. Ce dernier, étant plus ancien de grade que Suffren, était appelé à exercer le commandement en chef de nos forces navales, après la jonction des deux divisions. Il était prescrit au commandeur, s'il arrivait au Cap avant Johnstone, de mettre immédiatement ce point en état de défense. Il devait expédier un bâtiment à l'Ile de France pour informer le comte d'Orves de la situation de la colonie et des mesures prises pour repousser les Anglais. La frégate la *Fine* partit de Brest, le 15 mars 1781, pour porter ces nouvelles au Cap de Bonne-Espérance et à l'Ile de France.

Suffren appareilla, le 22 mars, avec la flotte que le comte de Grasse conduisait aux Antilles. Le 29, il reçut l'ordre de se séparer de l'armée et de faire route pour sa destination. Ses bâtiments comptaient, en partant de Brest, un grand nombre de malades. Dans les premiers jours d'avril, l'état sanitaire des équipages, loin de s'améliorer, prit des proportions inquiétantes. Suffren craignit que sa division ne fût frappée d'impuissance, ainsi que l'avait été l'armée du comte d'Orvilliers en 1779. De tous les malheurs que pouvait lui réserver sa mauvaise fortune, celui-là était, à ses yeux, le plus grand. Aussi, malgré sa rare activité et son désir très-grand de faire une prompte traversée, crut-il nécessaire de toucher aux îles du Cap-Vert pour y prendre des vivres frais et compléter son eau[1]. Il se proposait de profiter de cette relâche pour réparer deux transports qui s'étaient fait, dans un abordage, de graves avaries.

Le 16 avril, au point du jour, la division française, après avoir reconnu l'île de San Yago, gouverna sur la baie de la Praya. A huit heures trois quarts, l'*Artésien*, qui chassait en avant, fit le signal de : « Vaisseaux ennemis à l'ancre. » Il n'y avait pas lieu de douter que nous ne fussions en présence de l'expédition dirigée contre le Cap de Bonne-Espérance par les Anglais. Cette rencontre avait l'avantage de nous fixer sur la position de l'ennemi. Quel parti fallait-il tirer de cette circonstance? telle fut la question que Suffren se posa. Nous avions assez d'eau, en rationnant les équipages, pour arriver au Cap de Bonne-Espérance. Si nous atteignions ce point les premiers, nous mettions la colonie en état de défense, remplissant ainsi l'objet principal de la mission confiée à l'escadre. Les avaries des deux navires dont nous avons parlé plus haut et la mauvaise marche du convoi détournèrent Suffren de ce projet. Il eut la pensée de faire filer les bâtiments de transport, et de croiser à l'ouvert de la baie, afin de combattre les Anglais lorsque ceux-ci prendraient le large. D'après les renseignements qui lui avaient été envoyés de Paris, quelques jours avant son

---

1. L'*Artésien* avait été joint à la division du commandeur, le 19 mars, par le ministre lui-même, qui était présent à Brest. Ce vaisseau n'avait pas eu le temps de compléter son eau.

départ, il supposait Johnstone beaucoup plus fort que celui-ci ne l'était réellement. En conséquence, il ne crut pas que, dans une action régulière, il remporterait sur l'ennemi un avantage tel que celui-ci serait dans l'impossibilité de continuer sa route vers le Cap. Il n'y avait plus alors d'autre combinaison que d'entrer dans la baie de la Praya et d'aller droit à l'ennemi. La position de nos bâtiments n'était pas favorable à l'adoption de ce dernier parti. L'*Annibal* et l'*Artésien* étaient près du *Héros*, mais le *Sphinx* et le *Vengeur*, le premier de ces vaisseaux ayant un navire à la remorque, étaient en arrière à grande distance. En engageant l'action sur-le-champ, nous avions le bénéfice de la surprise, mais nous nous exposions à supporter, avec trois vaisseaux et pendant un temps assez long, le feu de toute l'escadre ennemie. D'autre part, si le commandeur attendait le *Sphinx* et le *Vengeur*, le *Héros*, l'*Annibal* et l'*Artésien* tombaient sous le vent. Suffren pesa rapidement ces diverses considérations, et il se décida pour une attaque immédiate. La neutralité de l'île était une question de peu d'importance pour un officier qui avait assisté à l'affaire de Lagos[1]. Peut-être le commandeur n'était-il pas mécontent de rendre aux Anglais ce que ceux-ci nous avaient fait en 1759.

Après avoir signalé à sa division de se préparer à combattre, et aux vaisseaux arriérés de forcer de voiles (le signal de mouiller avait été fait précédemment), Suffren prit la tête de la ligne. Les vigies du *Héros* ne tardèrent pas à apercevoir cinq vaisseaux, trois frégates et un grand nombre de transports portant le pavillon anglais. L'escadre du commodore Johnstone était composée du *Hero*, de soixante-quatorze, du *Montmouth*, de soixante-

---

1. En 1759, une escadre anglaise de quatorze vaisseaux avait attaqué quatre vaisseaux français, mouillés sur la rade de Lagos et sous le canon des forts portugais. Suffren était lieutenant de vaisseau sur le vaisseau de quatre-vingts canons, l'*Océan*, qui portait le pavillon du chef d'escadre de la Clue. L'*Océan*, un des quatre vaisseaux réfugiés à Lagos, fut pris par l'ennemi, et Suffren devint prisonnier des Anglais.

quatre, du *Romney* et de l'*Isis*, de cinquante, des frégates la *Diane*, le *Jason* et l'*Active*, de trente-deux, d'un cotre, d'un brûlot et d'une galiote à bombe. La flotte de transport comprenait trente-cinq bâtiments, portant dix, vingt et trente pièces.

Le commodore avait quitté l'Angleterre, le 13 mars, en même temps que la grande escadre chargée, sous le commandement de l'amiral Darby, de ravitailler Gibraltar. Il s'en était séparé quelques jours après, et il avait mouillé, le 11 avril, à la Praya, pour y faire de l'eau et des vivres. Fermement convaincu que nous ignorions sa sortie, il n'avait pris aucune disposition particulière en vue d'une attaque à laquelle il ne croyait pas. Les vaisseaux étaient mouillés sur une ligne irrégulière dont la direction allait de l'est-sud-est à l'ouest-nord-ouest. Les frégates étaient aux extrémités de cette ligne et les transports entre les navires de guerre et la terre. La baie de la Praya, abritée contre les vents de l'est à l'ouest, en passant par le nord, est complétement ouverte au sud. La brise soufflant du nord-nord-est, nous avions à ranger de près la pointe qui limite la baie au sud et à l'est, puis à serrer le vent, les amures à tribord, pour atteindre le mouillage à la bordée. Un peu avant dix heures du matin, les matelots de l'*Isis*, le bâtiment mouillé le plus en dehors, aperçurent trois vaisseaux qui gouvernaient pour doubler la pointe orientale de la baie. Un moment après, les pavillons ayant pour signification « la vue de l'ennemi » flottèrent en tête des mâts de ce bâtiment. La surprise fut d'autant plus grande, à bord des navires anglais, que les capitaines, ne soupçonnant aucun danger, avaient envoyé, à terre, une partie de leurs équipages pour faire de l'eau et des vivres. Le commodore n'eut pas un instant la pensée que les Français respecteraient la neutralité de l'île. Il savait que la conduite de l'Angleterre, non-seulement à l'affaire Lagos, mais en plusieurs circonstances, leur servirait d'excuse, s'ils avaient l'intention de l'attaquer. Il signala successivement à son escadre de rappeler les canots, de faire le branle-bas de combat et de se préparer à appareiller. Enfin, il quitta son vaisseau le *Romney*, mouillé à l'extrémité de la ligne dans l'ouest-nord-ouest, pour passer sur le *Hero*, à bord duquel fut hissée sa cornette. A onze heures du matin, le vaisseau du commandant de l'escadre française, ayant son pavillon déployé à l'arrière, pénétra dans la baie. Arrivé à portée de canon de l'ennemi, Suffren ordonna d'ouvrir le feu des deux bords. Les Anglais ripostèrent immédiatement et le combat s'engagea avec une très-grande vivacité. Le *Héros* jeta l'ancre par le travers et à deux tiers d'encablure du vaisseau monté par le commodore [1]. Suffren avait à tribord le *Montmouth*, le *Jupiter*, l'*Isis*, les frégates la *Diane* et l'*Active*, et, à bâbord, le *Hero*, le *Romney* et la frégate le *Jason*. Le commandant de l'*Annibal*, M. de Trémigon, serra le vent, plus que ne l'avait fait le *Héros*, et il mouilla sur l'avant de ce vaisseau. Il était difficile de manœuvrer avec plus d'habileté. Le *Héros* et l'*Annibal*, se relevant nord-nord-est et sud-sud-ouest, se trouvaient sur une ligne perpendiculaire à la ligne anglaise. Dans cette position, ils pouvaient, l'un et l'autre, faire usage de leurs batteries des deux bords. Le capitaine de l'*Artésien* rangea l'arrière du *Héros*, et il se dirigea sur un bâtiment qu'à travers la fumée il supposait être un vaisseau. Son intention était de se placer bord à bord de ce bâtiment, et de l'enlever à l'abordage. Le commandement de mouiller venait d'être fait, lorsque le capitaine de Cardaillac tomba frappé par une balle. Cet ordre ne fut pas exécuté et le vaisseau, qui avait encore de l'aise, dépassa le navire anglais. L'*Artésien* aborda un transport qui avait coupé son câble pour gagner le large, et les deux bâtiments dérivèrent hors de la baie, entraînés par le vent et le courant. Le lieutenant

---

1. Le *Héros*, en évitant au vent, aborda un navire marchand dont il se dégagea en filant du câble. Huit matelots de ce navire sautèrent à son bord.

de vaisseau, appelé à prendre le commandement de l'*Artésien*, parcourait les batteries au moment où son capitaine avait été tué. Il s'écoula un temps relativement long en pareille circonstance, avant qu'il eût été prévenu de cet événement. Lorsqu'il parut sur le pont, l'*Artésien* ne pouvait rallier le champ de bataille qu'après avoir rétabli sa voilure et s'être élevé au vent. Les capitaines de Forbin et du Chilleau, commandant le *Vengeur* et le *Sphinx*, commirent la faute de ne pas serrer de près la pointe méridionale de l'île. Ils eurent, de plus, la mauvaise fortune de trouver la brise au nord, lorsqu'ils vinrent sur tribord pour atteindre le point où combattaient le *Héros* et l'*Annibal*. Il résulta de cet ensemble de circonstances que les deux vaisseaux passèrent loin des bâtiments anglais et français. Arrivés de l'autre côté de la baie, le *Vengeur* et le *Sphinx* virèrent de bord, mais, par suite de la faiblesse de la brise et de l'action du courant, ces deux vaisseaux furent très-promptement hors de portée de canon. Ainsi, sur les cinq vaisseaux dont se composait la division française, deux seulement se trouvaient en présence de l'ennemi. Cet état de choses permit à tous les navires anglais, vaisseaux, frégates et transports, de diriger leurs coups sur le *Héros* et l'*Annibal*. Ces deux vaisseaux étaient, en outre, fort incommodés par un feu très-vif de mousqueterie partant des bâtiments qui avaient des troupes passagères. Enfin, les Portugais ayant pris le parti de défendre la neutralité de leur pavillon, un fort qui dominait la baie envoya des boulets à notre escadre. Il n'y avait pas une heure que les premiers coups de canon s'étaient fait entendre, et déjà le *Héros* avait des avaries très-graves. Les manœuvres étaient hachées, les haubans coupés et les mâts traversés par les boulets. L'*Annibal* ne semblait pas moins maltraité. Son mât d'artimon était coupé au-dessus des jottereaux, et toute sa mâture était dans le plus grand désordre. Cette lutte, en se prolongeant, ne pouvant aboutir qu'à un désastre, Suffren résolut de rejoindre le *Sphinx*, le *Vengeur* et l'*Artésien*. Les drisses de pavillon ayant été coupées par le feu de l'ennemi, il était dans l'impossibilité de faire connaître cette décision à l'*Annibal*. D'autre part, il ne fallait pas attendre, pour gagner le large, que les deux vaisseaux fussent complétement dégréés. Le commandeur, persuadé que son compagnon imiterait sa manœuvre, ordonna de couper le câble. Le lieutenant de vaisseau de Galle, qui avait remplacé le capitaine de Trémigon, tué pendant le combat, suivait avec attention ce qui se passait à bord du vaisseau du commandant en chef. Aussitôt que le mouvement du *Héros* fut prononcé, il fit couper le câble de l'*Annibal*. Quelques lambeaux de voiles furent appareillés pour faciliter la manœuvre, mais la mâture, criblée par les boulets, ne put supporter un aussi faible effort. Lorsque le vaisseau fut en travers au vent, le grand mât et le mât de misaine vinrent en bas. Toutefois, l'évolution s'acheva, et le vaisseau sortit de la baie vent arrière. A la vue de l'*Annibal* gouvernant dans ses eaux, la satisfaction de Suffren fut extrême. Cette partie, engagée avec tant d'audace, il ne l'avait pas perdue, puisqu'il se retirait avec tous ses bâtiments. L'*Annibal* était ras comme un ponton et le *Héros* avait perdu deux mâts de hune, mais le *Sphinx*, l'*Artésien* et le *Vengeur* étaient intacts. Quoique le commandeur ignorât les avaries des vaisseaux anglais, il n'admettait pas qu'ils eussent reçu, pendant une heure, sans subir de nombreux dommages, le feu du *Héros* et de l'*Annibal*. Il s'occupa immédiatement de mettre sa division en mesure de recevoir l'ennemi, si celui-ci, ainsi qu'il le supposait, appareillait de la baie de la Praya. Aussitôt que des drisses de pavillon eurent été repassées à bord de son vaisseau, l'ordre fut donné au *Sphinx* de prendre l'*Annibal* à la remorque, et au convoi de faire route pour sa destination, sous l'escorte de la *Fortune*[1]. Dix ou douze transports

---

1. Cette corvette amarinait le brûlot l'*Infernal*, au moment où fut hissé le signal qui la concernait. Comprenant la nécessité d'obéir sans délai,

anglais qui avaient mis sous voiles, seraient inévitablement tombés entre nos mains, si nous avions été plus heureux dans notre attaque. La situation de l'*Annibal* et l'obligation de couvrir notre convoi ne nous permettaient pas de les chasser. A trois heures de l'après-midi, on aperçut les Anglais courant grand largue sur notre escadre. Suffren fit serrer le vent, bâbord amures, l'*Annibal* à la remorque du *Sphinx*, et il attendit l'ennemi. Arrivé à une portée et demie de canon, Johnston prit le plus près et il se maintint dans cette position. Aussitôt que la nuit fut faite, Suffren se dirigea sur le Cap de Bonne-Espérance. La crainte d'être entraîné sous le vent du mouillage, où il avait laissé une partie de son convoi, et le mauvais état de quelques-uns de ses vaisseaux avaient empêché le commodore de nous attaquer.

Le *Héros* perdit trente-quatre hommes, et il eut cinquante-six blessés. Le chiffre des morts s'éleva, sur l'*Annibal*, à soixante-dix, et celui des blessés à cent trente. Une faute commise par le capitaine de Trémigon ne fut pas étrangère à ce résultat. Lorsque le signal de se préparer au combat parut en tête des mâts du *Héros*, les malades, qui étaient fort nombreux, et les pièces à eau que, par un excès de zèle, on avait fait monter, à l'avance, de la cale, encombraient les batteries. Persuadé que Suffren respecterait la neutralité de l'île, le capitaine de Trémigon ne crut pas qu'il fût nécessaire de les dégager. En conséquence, les dispositions militaires que comporte le branle-bas de combat ne furent que très-incomplète-

---

son capitaine abandonna le navire anglais, en conservant le capitaine et quinze hommes de l'équipage qu'il avait déjà fait passer à son bord.

Le capitaine de l'*Artésien* avait jeté du monde à bord d'un navire de la Compagnie des Indes, mais, par suite d'une erreur aussi regrettable que difficile à expliquer, il avait mis vingt-deux hommes sur un navire qui avait quatre-vingts hommes d'équipage. Le bâtiment anglais fut repris le même jour, et l'escadre perdit fort inutilement vingt-deux matelots. Le commandeur, qui était loin d'être satisfait du rôle que l'*Artésien* avait joué après la mort du capitaine de Cardaillac, se montra très-mécontent de cette faute.

ment exécutées sur son vaisseau. En entendant le canon retentir dans la baie, il comprit toute la gravité de son erreur. Quoique désarmé, il continua sa route sans diminuer de toile, recevant des boulets auxquels il ne pouvait pas répondre. Son vaisseau avait fait des pertes considérables avant d'être en mesure de commencer le feu. Nous n'insisterions pas sur cette faute noblement rachetée, s'il n'était pas nécessaire de montrer les conséquences que peut entraîner l'inexécution d'un ordre. L'*Artésien*, outre son capitaine qui fut tué, eut dix-huit blessés. Tel fut le combat de la Praya dans lequel deux vaisseaux français luttèrent héroïquement contre cinq vaisseaux anglais.

Les circonstances dans lesquelles se produisit notre attaque enlevèrent à Suffren toute action sur la conduite de ses bâtiments. Lorsque la présence de l'ennemi fut signalée, sa division n'était pas régulièrement formée. L'*Annibal* était près du *Héros*, tandis que l'*Artésien* se trouvait à quelque distance en avant et sous le vent. Le *Vengeur* et le *Sphinx*, qui marchaient mal, étaient encore très-éloignés, et l'un d'eux avait un navire à la remorque. Si Suffren se décidait à attendre le *Vengeur* et le *Sphinx*, il perdait, ainsi que nous l'avons dit plus haut, l'avantage d'une attaque faite à l'improviste. D'autre part, en allant sur-le-champ à l'ennemi, il renonçait à communiquer avec ses bâtiments, et à combattre suivant un plan arrêté à l'avance. Obligé de prendre un parti, il choisit ce dernier comme le plus propre à atteindre le but qu'il poursuivait. Il crut que ses capitaines, jugeant la situation comme il la comprenait lui-même, sauraient trouver leurs postes de combat. Le capitaine de l'*Annibal* justifia pleinement la confiance de son chef. Suivant de près le *Héros*, il se rendit compte de la position de l'ennemi, et il fit un mouillage qui excita l'admiration des officiers anglais et français. Lorsque l'*Artésien* se présenta dans la baie, la fumée était assez épaisse pour que le capitaine de Cardaillac prît un navire de la Compagnie des Indes pour un vaisseau de ligne. Si l'ordre de laisser tomber l'ancre avait été exécuté, cet incident eût été sans importance. Après avoir reçu un équipage de prise, la *Fortitude*[1] coupait son câble et elle rejoignait notre convoi, laissant les batteries de l'*Artésien* libres des deux bords. La mort du capitaine de Cardaillac, la confusion qui en fut la conséquence, et l'inexécution de l'ordre de mouiller privèrent Suffren de l'*Artésien*. Le *Vengeur* et le *Sphinx* n'arrivèrent sur le lieu du combat que plus d'une demi-heure après le début de l'action. Les capitaines du Chilleau et de Forbin traversèrent la baie sans mouiller, et, lorsqu'ils eurent viré de bord, ils se trouvèrent sous-ventés. Cette suite de circonstances défavorables modifiait complétement le plan du général en chef. Suffren avait attaqué, ou pour parler plus exactement, s'était jeté sur l'ennemi avec deux vaisseaux, parce qu'il comptait que le troisième, d'abord, puis les deux autres viendraient promptement à son secours. Trompé dans cette espérance, il n'avait plus qu'à battre en retraite, ce qu'il fit avec calme et résolution. On ne doit pas perdre de vue que ces divers événements se passèrent avec une extrême rapidité. A onze heures du matin, le *Héros* laissait tomber l'ancre au milieu de l'escadre anglaise, et, à midi, il coupait son câble. Les capitaines de l'*Artésien*[2], du *Vengeur* et du *Sphinx* n'eurent pas le temps de réparer la faute qu'ils avaient commise, en manquant leur mouillage. Il serait, d'ailleurs, injuste de ne pas reconnaître que le *Vengeur* et le *Sphinx*, arrivant tard sur le champ de bataille, rencontrèrent plus de difficultés pour prendre leurs postes que le *Héros* et l'*Annibal* qui avaient reconnu, à loisir, et avant qu'un seul coup de canon eût été tiré, la position de l'ennemi.

---

1. C'était le nom du navire de la Compagnie des Indes, sur lequel le capitaine de Cardaillac s'était dirigé par erreur.
2. Il n'est question de l'*Artésien* qu'à partir du moment où le capitaine de Cardaillac fut tué.

II

Après la séparation des deux escadres, Suffren n'eut plus d'autre préoccupation que de gagner de vitesse son adversaire. L'*Annibal*, remorqué par le *Sphinx*, installa une mâture de fortune. Quant au *Héros*, qui, d'ailleurs, marchait très-bien, ses avaries furent promptement réparées. Le 18 juin, l'escadre doubla le Cap de Bonne-Espérance. Ce jour-là, conformément aux ordres du Roi, Suffren arbora, à bord de son vaisseau, le pavillon de chef d'escadre[1]. Le 21, il entra à Simon's bay où il eut la satisfaction d'apprendre qu'on n'avait aucune nouvelle de l'ennemi. La colonie n'était pas en état de résister aux forces du commodore Johnstone. L'effectif de la garnison ne dépassait pas quatre cents hommes de troupes réglées. Les fortifications n'avaient aucune importance et le matériel d'artillerie, à l'exception de quelques pièces récemment arrivées d'Europe, était hors de service. Les troupes embarquées sur nos vaisseaux furent envoyées à la ville du Cap, distante de quelques milles du mouillage. Pendant que le brigadier de Conway, sous les ordres duquel elles étaient placées, prenait ses dispositions pour repousser les Anglais, l'escadre se réparait et faisait des vivres. A la fin de juin, la corvette la *Fortune* et les transports rallièrent le pavillon du commandant en chef.

Le commodore Johnstone quitta la baie de la Praya, le 2 mai, et il fit route sur le Cap de Bonne-Espérance. Ayant été informé, par un bâtiment neutre, des préparatifs de

---

1. Le 18 juin, en doublant le cap de Bonne-Espérance, M. le commandeur a arboré le pavillon de chef d'escadre, ayant ordre de Sa Majesté de prendre les prérogatives et les honneurs de cette place dans les mers au delà du Cap. Il a été salué d'un cri de : Vive le Roi ! par les bâtiments de l'escadre (*Journal du major de l'escadre*).

défense faits par nos troupes, il ne se crut pas en mesure de remplir la mission qui lui avait été confiée. Peu de temps avant que l'escadre française mouillât à Simon's bay, le bruit de la prochaine arrivée de l'expédition britannique s'était répandu dans la colonie. A ce moment, cinq navires hollandais, richement chargés, se trouvaient sur la rade du Cap. Certains d'être capturés, s'ils restaient au mouillage, craignant de rencontrer les Anglais, s'ils prenaient la mer, les capitaines de ces bâtiments s'étaient retirés dans la baie de Saldanah[1], comptant appareiller le jour où ils seraient fixés sur la position des Anglais. Ils avaient commis la faute de ne pas retourner au Cap, aussitôt après notre arrivée. Ces divers incidents parvinrent à la connaissance du commodore. Celui-ci, persuadé que le tort fait au commerce de la Hollande, atténuerait, aux yeux de ses concitoyens, les malheurs de sa campagne, fit route pour la baie de Saldanah. Il y surprit, le 21 juillet, au point du jour, les cinq bâtiments qui se gardaient avec beaucoup de négligence. L'un d'eux fut brûlé par son équipage, mais les quatre autres tombèrent entre les mains des Anglais. Quoique l'*Annibal* ne fût pas en mesure de le suivre, Suffren mit sous voiles aussitôt qu'il apprit la présence de l'ennemi sur la côte. Après avoir inutilement cherché l'escadre anglaise, il jeta l'ancre, le 10 août, devant la ville du Cap. La colonie hollandaise n'avait plus rien à craindre des forces placées sous les ordres de Johnstone. Le commodore était parti, le 24 juillet, pour l'Angleterre, avec le *Jupiter*, le *Romney*, les frégates et les prises. Les vaisseaux le *Hero*, le *Montmouth*, l'*Isis* et les transports s'étaient dirigés sur Bombay. Le 16 août, la frégate la *Consolante*, venant de l'Ile de France, apporta au commandeur l'ordre de rallier le comte d'Orves, s'il pouvait s'éloigner du cap sans compromettre la sécurité de la colonie. Le 28 août, les répa-

---

1. La baie de Saldanah est située sur la côte orientale de l'Afrique, à soixante milles dans le nord du Cap de Bonne-Espérance.

rations de l'*Annibal* étant terminées, Suffren appareilla avec l'escadre et le convoi.

Quelques jours avant son départ, il avait expédié un navire en Europe pour porter ses dépêches. Persuadé que le gouvernement français était instruit de l'affaire de la Praya par le récit des journaux anglais, il se demandait, non sans quelque inquiétude, si sa conduite était approuvée par la cour. Dans le but de se justifier, il écrivait au ministre : « J'ai pris la détermination d'attaquer Johnstone dans la baie de la Prayà par l'espoir très-fondé de le détruire. Le désordre du mouillage, la surprise devaient me procurer cet avantage dont le résultat devait être de couper racine à tous les plans et projets de cette expédition, d'acquérir la supériorité dans l'Inde pour longtemps, supériorité de laquelle pouvait résulter une paix glorieuse, d'empêcher les Anglais d'arriver au Cap avant moi, objet qui a été rempli et qui était le principal de ma mission. Par la note des forces ennemies que vous m'aviez donnée, je n'avais aucun espoir de les battre en pleine mer. Je devais donc saisir l'occasion de les attaquer dans une position qui me promettait du succès. Voilà ce qui regarde la partie militaire. Tant qu'à la politique, j'ai l'honneur de vous faire observer que Johnstone appelle la Praya une baie, mais, selon l'étendue du mot portugais, elle n'est qu'une plage. Dans tous les auteurs du droit public, soit Grotius, Puffendorf, Selden, il n'y a rien qui puisse établir une règle constante sur les égards dus au territoire. Nos ordonnances n'en parlent point. Les Anglais, en 1759, prirent et brûlèrent les débris de l'escadre de la Clue, sous les forts de la côte du Portugal, à quarante lieues de Lisbonne. La *Rose* fut brûlée sur la côte de Malte et la *Nymphe* sur celle de Majorque par le capitaine Hervé, connu depuis sous le nom du comte de Bristol. On peut ajouter à ce raisonnement la grande importance de l'objet. Plaignez-moi, Monseigneur, d'avoir manqué l'occasion de faire de grandes choses avec de petits moyens. »

Suffren se préoccupait, à tort, de l'opinion du gouvernement français à son égard. Sa conduite n'avait trouvé, dans les sphères officielles, que des approbateurs. Lorsque le rapport du commodore Johnstone, inséré dans les journaux anglais, eut traversé le détroit, le maréchal de Castries montra les dispositions les plus bienveillantes pour le commandeur. Quoiqu'il n'eût aucune nouvelle de l'escadre française et qu'il ignorât en quel état le *Héros* et l'*Annibal* étaient sortis de la baie de la Praya, il écrivit immédiatement à Suffren pour le rassurer sur les suites de cette affaire[1]. Le cabinet de Versailles ne voyait pas avec plaisir les difficultés que la violation du territoire portugais devait soulever, mais le ministre voulait maintenir intact l'esprit d'entreprise que révélait, chez Suffren, le combat du 16 avril. Lorsque les rapports expédiés du Cap parvinrent à Paris, le commandeur fut fait chef d'escadre. Le ministre lui annonça sa promotion dans les termes suivants[2] : « Le Roi vous a annoncé dans vos instructions, Monsieur, que toutes les actions courageuses que ses généraux feraient, lors même qu'elles n'auraient pas le succès que leur conduite aurait mérité, n'en seraient pas moins honorées par lui, et qu'il n'y aurait que de leur inaction qu'il serait mécontent. Sa Majesté n'avait pas connu, sur les premiers comptes qui lui avaient été rendus, tous les caractères du parti que vous aviez pris, lorsque vous vous êtes déterminé à attaquer le commodore Johnstone à la Praya. Elle a reconnu depuis, par

---

1. Suffren reçut cette lettre à l'Ile de France, en novembre 1781. Il répondit au ministre : « J'ai reçu la lettre que vous m'avez fait l'honneur de m'écrire, en date du 1er juillet, relativement à l'affaire de la Praya. Je ne saurais vous exprimer combien j'ai été sensible à la bonté que vous avez eue de me rassurer sur les craintes que je pouvais avoir que vous n'eussiez pas approuvé ma conduite. » Dans une lettre particulière, il disait sur le même sujet : « M. de Castries m'a écrit, sur la Praya, une lettre aussi agréable qu'elle peut l'être, sur une affaire qu'il ne connaît que par la relation anglaise. »

2. Suffren ne reçut cette lettre qu'à la fin de février 1783, sur la rade de Trinquemalay.

divers détails qui lui sont parvenus, que vous vous êtes conduit, dans cette circonstance importante, comme un homme de guerre qui annonçait de grands talents, et, sans avoir égard au résultat dont vous n'êtes point garant, ni au rang que vous tenez dans l'ordre de ses capitaines de vaisseau, elle m'a chargé de vous mander qu'elle vous donnait le grade de chef d'escadre, en se réservant, toutefois, de rendre le rang à ceux des capitaines de vaisseau, vos anciens, qui trouveraient des occasions de se distinguer dans le cours de cette campagne seulement. »

III

Le capitaine de vaisseau de Tronjolly, qui avait, au début de la guerre, le commandement des bâtiments français stationnés dans l'Inde, avait quitté la côte de Coromandel lorsque les Anglais avaient mis le siége devant Pondichéry. Il s'était retiré à l'Ile de France où il avait trouvé le vaisseau le *Flamand*, de cinquante canons, parti de Brest avant l'ouverture des hostilités. M. de Tronjolly avait reçu du ministre l'ordre de se considérer comme spécialement affecté à la défense de Bourbon et de l'Ile de France. Notre gouvernement, qui se disposait à envoyer six vaisseaux dans l'Inde, jugeait inutile de compromettre la faible division de M. de Tronjolly avant l'arrivée de ce puissant renfort. Contrairement à ce que l'on supposait à Paris, les Anglais n'avaient dans l'Inde que des forces insignifiantes. Au lieu de se porter sur les côtes de Malabar et de Coromandel, où il aurait pu les inquiéter, M. de Tronjolly, quoiqu'il eût été successivement rallié par l'*Orient*, de soixante-quatorze, et le *Sévère*, de soixante-quatre, s'en tint à la lettre de ses instructions. Il n'appareilla que pour faire une courte croisière dans les parages du Cap de Bonne-Espérance. A la nouvelle de l'échec du comte d'Estaing devant Sainte-Lucie, l'escadre destinée à aller dans l'Inde fut dirigée sur les Antilles. Une seconde escadre, prête à appareiller pour l'Ile de France, fut encore une fois détournée de sa destination. M. de Ternay, qui en avait le commandement, fut chargé de conduire à Rhode-Island les six mille hommes du corps de Rochambeau. Le ministre expédia, à l'Ile de France, le *Bizarre*, puis, quelques mois après, le *Protée*, l'*Ajax* et quelques navires de transport. On se rappelle que le *Protée* fut pris, avec plusieurs bâtiments de son convoi, par l'escadre du contre-amiral Digby. A la fin de l'année 1780, le comte d'Orves, qui avait remplacé M. de Tronjolly, avait, sous ses ordres, les vaisseaux l'*Orient*, de soixante-quatorze, le *Brillant*, le *Bizarre*, le *Sévère*, l'*Ajax* de soixante-quatre, le *Flamand*, de cinquante, et quelques frégates. Le nouveau commandant en chef ne voulut pas garder, avec six vaisseaux, deux îles qu'aucun danger ne menaçait. Il insista auprès du gouverneur général pour obtenir l'autorisation de se rendre à la côte de Coromandel. Quoique le ministre n'eût rien changé aux ordres qu'il avait précédemment donnés, M. de Souillac acquiesça à cette demande, mais il mit pour condition que le comte d'Orves éviterait toute opération de nature à compromettre son escadre. Les magasins de la Compagnie étant vides, le gouverneur général craignait de se trouver dans l'impossibilité de réparer nos vaisseaux, s'ils revenaient avec des avaries. Il fut donc convenu que cette sortie n'aurait d'autre objet que de montrer notre pavillon sur la côte de Coromandel[1]. Le

---

1. La nature de la mission donnée à l'escadre se trouve clairement définie dans le passage suivant d'une lettre que le comte d'Orves écrivait au ministre de la marine, à son retour de la côte de Coromandel : « Le journal de ma campagne vous a fait connaître l'insuffisance des moyens qui m'étaient confiés pour la rendre aussi avantageuse qu'elle aurait pu l'être avec des approvisionnements qui m'eussent permis de garder plus longtemps la côte de Coromandel. Je n'ai pu y paraître que pour remplir l'objet essentiel de ma mission, qui était de montrer aux princes indiens des forces qui leur donnaient une confiance fondée de notre puissance et de nos dispositions à en réunir aux leurs de suffisantes pour les seconder dans la guerre qu'ils font à nos ennemis, et les engager à la continuer. J'ai eu

comte d'Orves appareilla de Port-Louis, le 14 octobre 1780, avec six vaisseaux et trois frégates. Après être resté quelques jours à l'entrée de la passe de Surate pour faire de l'eau, il parut, le 27 janvier, devant Madras. Les bâtiments anglais qui étaient sur la rade, s'étant réfugiés sous les canons du fort Saint-George, nos vaisseaux poursuivirent leur route vers le sud, et ils mouillèrent à petite distance de Pondichéry. Les Anglais, croyant que nous avions l'intention d'opérer un débarquement devant cette ville, envoyèrent des troupes dans cette direction.

Au moment où l'escadre française arrivait sur la côte de Coromandel, la puissance britannique dans l'Inde traversait une épreuve pleine de périls. Les chefs indigènes, oubliant leurs querelles particulières, s'étaient étroitement unis contre les Anglais. Au commencement de l'année 1780, les troupes de la Compagnie avaient été attaquées simultanément au Bengale, à la côte de Malabar et à la côte de Coromandel. Hyder-Ali qui, sous le titre de régent, gouvernait le royaume de Mysore, avait envahi le Carnatic avec cent mille hommes et une nombreuse artillerie. Plusieurs détachements anglais avaient été faits prisonniers par ses troupes, et il s'était emparé, après un siége régulier, de la ville d'Arcate, capitale de la Nababie de ce nom. Un général fort habile, sir Eyre Coot, avait arrêté les progrès du sultan, mais l'armée mysoréenne conservait les positions qu'elle avait conquises, et elle continuait à tenir la campagne. Le nabab, très-promptement

l'honneur de prévenir M. de Sartines, par les lettres que j'ai laissées, lors de mon départ, que je ne considérais la campagne que j'allais entreprendre que comme une préparation. Et, en effet, le défaut d'ordre de la cour avait déterminé M. de Souillac à me faire les plus fortes recommandations de ne pas compromettre les vaisseaux dont le commandement m'était confié, vu que toutes les dépêches ministérielles les annonçaient comme uniquement destinés à la défense de l'Ile de France. Vous verrez aussi, Monseigneur, combien il m'en recommandait la conservation, en m'observant le peu de ressources que je devais trouver pour régréer l'escadre qu'il prévoyait être destinée à des opérations ordonnées par la cour, suivant des vues ultérieures. »

instruit du mouvement des troupes britanniques vers Pondichéry, se plaça par une marche rapide entre cette ville et Madras. Les Anglais s'étant retirés à Goudelour, l'armée indienne s'établit devant cette place qui était à peine fortifiée.

Hyder-Ali, en apprenant l'arrivée d'une escadre française, avait fait tirer le canon dans son camp, en signe de réjouissance. Il accueillit avec le plus grand empressement MM. de Salvert, capitaine de la *Fine*, et Pivron de Morlat, ancien procureur du Roi à Pondichéry, envoyés en mission auprès de lui par le comte d'Orves. Le nabab déclara qu'il était prêt à nous donner des hommes, des vivres et de l'argent, si nous consentions à mettre à terre un corps français. Cette proposition ne pouvant avoir aucune suite, puisque nous n'avions pas de troupes de débarquement, il réclama l'appui de l'escadre pour prendre Goudelour. Il demanda, en outre, avec une grande insistance, qu'un détachement français assistât son armée dans les opérations du siége. L'amiral Hughes ayant quitté la côte de Coromandel, le 14 octobre, pour se rendre à Bombay, la place n'avait à attendre aucun secours de la marine britannique. Attaquée par terre et par mer, coupée de toute communication avec Madras, la ville se serait rendue à discrétion. Notre escadre n'avait, à ce moment, que les vivres nécessaires pour effectuer sa traversée de retour. Soit que le comte d'Orves fût convaincu qu'il ne parviendrait pas à s'en procurer sur la côte, soit que, étant parti pour l'Inde sans ordres, ou plutôt malgré les ordres du gouvernement, il fût pressé de revenir à l'Ile de France, il refusa son concours. M. de Souillac, écrivit-il au sultan, lui avait défendu de la manière la plus formelle de débarquer un seul homme. Il ajouta qu'il était obligé, en vertu d'instructions extrêmement précises, de se trouver à l'Ile de France, au mois d'avril, pour opérer sa jonction avec une escadre attendue d'Europe. Il offrit au sultan de lui laisser deux cent cinquante soldats de marine, mais celui-ci déclina cette proposition[1]. L'escadre appareilla le 13 février, et elle mouilla, le 31 mars, à l'Ile de France. Il ne lui restait, à son arrivée, qu'un repas de buiscuit et du riz pour huit jours. Le comte d'Orves était donc parti à temps, mais, s'il avait voulu prolonger son séjour sur la côte, on ne peut pas admettre qu'il n'eût pas trouvé, soit chez les Danois, à Tranquebar, soit chez les Hollandais, à Négapatam ou à Ceylan, des vivres pour six vaisseaux pendant un mois. Or, la coopération réclamée par Hyder-Ali n'aurait pas eu une plus longue durée.

La *Fine* avait quitté Brest, le 16 mars 1781, pour porter, à l'Ile de France, la nouvelle du départ de Suffren. Après avoir touché le 25 mai au Cap de Bonne-Espérance, cette frégate était arrivée, le 10 juillet, à sa destination. Les instructions qu'elle apportait au commandant de l'escadre laissaient ce dernier libre de choisir entre les trois partis suivants : croiser dans les parages du Cap de Bonne-Espérance pour intercepter Johnstone et son convoi, attendre Suffren à l'Ile de France, ou faire route pour l'Inde en donnant rendez-vous au commandeur. L'escadre devait prendre les dispositions nécessaires pour faire une campagne de six mois. Le ministre ignorait absolument, au moment où il donnait ces ordres, la position du comte d'Orves. Nous n'avions, à l'Ile de France, ni matériel, ni approvisionnements d'aucune sorte. Quant aux ressources qu'on pouvait trouver dans le commerce, elles étaient épuisées depuis longtemps. L'escadre n'avait fait aucune réparation depuis son retour de la côte de Coromandel. Les efforts du comte d'Orves, à l'arrivée de la *Fine*, n'a-

---

1. « Vous nous marquez que vous ne pouvez pas faire descendre les troupes sous vos ordres; il est juste que vous suiviez les ordres de votre Roi. Nous sommes très-sensible à l'offre que vous nous faites de deux cent cinquante hommes, prenant sur vous, malgré Souillac et Ternay. Puisque vous n'avez pas les ordres pour débarquer les troupes de vos vaisseaux, nous ne sommes pas d'avis de les accepter. Nous vous conseillons de retourner au plus tôt, pour nous mener vingt-cinq vaisseaux de guerre pour prendre tous les vaisseaux anglais par mer, et six mille hommes de troupes très-aguerries pour faire la guerre sur terre. » (Hyder-Ali à d'Orves.)

vaient eu d'autre résultat que de mettre la *Consolante* en état de prendre la mer. Cet officier écrivait au ministre le 1er août 1781 : « Le vicomte de Souillac m'a donné toute communication des instructions du Roi que vous nous avez adressées.... Je suis pénétré de ne pas m'être trouvé en état de sortir, lorsque vos ordres me sont parvenus, mais il m'est impossible de mettre en mer, avec quelque sûreté, deux vaisseaux dans l'état de disette où sont les magasins du Roi, ce qui nous fait prendre le parti d'expédier la *Consolante* avec les instructions dont nous vous rendons compte conjointement, ainsi que des projets que la circonstance nous met en état de former. Tous les câbles de l'escadre ne fournissent pas ceux qui sont nécessaires à un seul vaisseau. Nous manquons absolument de cordages, de voiles et de mâtures. Mais je ne puis vous donner une idée plus juste de la position de la marine dans cette île qu'en vous rendant compte de la nécessité où nous avons été réduits, après avoir pris, à bord des six vaisseaux, ce qu'ils ont pu fournir de provisions à la *Consolante*, d'acheter chez les particuliers, à tout prix, pour la mettre en état de sortir. » Par suite de ce dénûment, dont la responsabilité retombait sur l'administration de M. de Sartines, l'escadre de l'Inde n'avait rendu aucun service[1]. Le comte d'Orves qui avait acquis, comme capitaine de vaisseau, une honorable réputation, s'était montré, pendant cette campagne, un très-médiocre général. Cependant, nous devons faire ressortir la situation particulièrement difficile dans laquelle l'imprévoyance du ministre l'avait placé.

Le commandeur de Suffren mouilla sur la rade de Port-Louis, le 25 octobre 1781, avec sa division. Les approvisionnements, vivres et munitions, chargés sur les transports, furent débarqués, et les travaux, pour la réorganisation de notre escadre, commencèrent immédiatement.

1. M. de Sartines n'avait quitté le ministère qu'en octobre 1780.

IV

On se rappelle que les vaisseaux l'*Annibal* et l'*Artésien* avaient perdu leurs capitaines au combat de la Praya. Suffren avait désigné les lieutenants de vaisseau de Galle et de Beaulieu pour remplacer MM. de Trémigon et de Cardaillac. Après la jonction des deux divisions, il appartenait au comte d'Orves, en sa qualité de commandant en chef, de prononcer, en dernier ressort, sur les mesures prises par son lieutenant. La corvette la *Fortune*, venant du Cap de Bonne-Espérance, avait mouillé, le 6 septembre, sur la rade de Port-Louis. Elle avait apporté des lettres du commandeur qui avaient appris au comte d'Orves tous les incidents de la journée du 16 avril. Ce dernier avait manifesté publiquement l'intention de faire des mutations parmi les capitaines, aussitôt que toutes les forces placées sous ses ordres seraient réunies. Il destinait notamment l'*Annibal*, de soixante-quatorze, au capitaine de vaisseau Le Goarant de Tromelin. Suffren plaida chaleureusement la cause de MM. de Galle et de Beaulieu, et il obtint que le premier conserverait son commandement. Quant au second, dont les titres étaient inférieurs à ceux de son collègue, il fut décidé qu'il aurait une frégate. Lorsque le changement qui venait de se produire dans les dispositions du comte d'Orves fut connu, de nombreuses protestations surgirent. Plusieurs capitaines ne craignirent pas de dire qu'ils quitteraient leurs bâtiments, si le commandant de l'escadre maintenait sa décision. Celui-ci, loin de s'émouvoir d'un acte d'indiscipline aussi nettement caractérisé, revint sur l'engagement qu'il avait pris envers Suffren. Il ne voulut voir, dans cette affaire, qu'une question purement réglementaire dont il abandonna la solution aux capitaines eux-mêmes. Conformément à leur avis, il enleva le commandement de l'*Annibal* à M. de Galle pour le donner à M. de Tromelin.

Suffren, mécontent de la conduite du comte d'Orves, et convaincu que l'escadre, sous un tel chef, n'aurait aucun succès, songea à rentrer en France. Il écrivit au ministre le 7 septembre 1781 : « Vous savez, Monseigneur, avec quelle répugnance j'ai passé dans l'Inde. Vous n'ignorez pas que j'y ai été décidé principalement par le désir de mériter votre estime. Vous avez eu la bonté de me promettre de me faire revenir dans dix-huit mois, à compter du mois de mars. J'ose vous supplier de vous en souvenir. Si vous m'en donnez la permission, je vous assure que je n'en profiterai pas tant que je croirai pouvoir être utile au service dans ce pays. » Dans cette affaire, la forme avait pris une telle importance qu'elle l'avait emporté sur le fond. Il était non-seulement conforme aux convenances hiérarchiques, mais utile, au point de vue militaire, de donner le troisième vaisseau de soixante-quatorze au capitaine de vaisseau le plus ancien, après MM. d'Orves et de Suffren, c'est-à-dire à celui auquel revenait le commandement de la troisième division. Si tel était l'avis du comte d'Orves, et il était certainement très-bon [1], pourquoi ne s'en était-il pas expliqué nettement avec Suffren ? Si, au contraire, il jugeait utile d'accorder une récompense exceptionnelle à un jeune officier qui avait honoré notre pavillon devant l'ennemi, pourquoi n'avait-il pas imposé sa volonté à son escadre ? Enfin, quel que fût le mérite de sa décision dernière, comment ne l'avait-il pas maintenue, surtout en présence de l'attitude de quelques-

---

1. Suffren prit le commandement de l'escadre, le 9 février 1782, après la mort du comte d'Orves. Ce jour-là, il eut à sa disposition un vaisseau de soixante-quatorze, l'*Orient*, qu'il avait le droit de donner à l'ancien second de l'*Annibal*. S'il tenait à rendre à M. de Galle le vaisseau avec lequel celui-ci avait combattu à la Praya, il pouvait enlever l'*Annibal* à M. de Tromelin, qui le commandait alors, et lui donner l'*Orient*. M. de Tromelin, échangeant un vaisseau de soixante-quatorze contre un vaisseau du même rang, n'aurait pas eu à se plaindre. Telle ne fut pas, ainsi que nous le verrons plus loin, la ligne de conduite adoptée par Suffren. Il donna l'*Hannibal* anglais, de cinquante canons, à M. de Galle, et la *Bellone* à M. de Beaulieu. Il y eut, à ce moment, de nombreuses mutations parmi les capitaines. Toutes eurent pour base l'ancienneté.

uns de ses capitaines? Lorsque ces faits furent connus à Paris, le ministre, extrêmement irrité, adressa au comte d'Orves une dépêche conçue dans les termes suivants : « Je vous adresse un ordre du Roi, Monsieur, pour conserver à M. de Galle le commandement de l'*Annibal* qu'il a commandé d'une manière si distinguée. Je ne dois pas vous laisser ignorer qu'il est revenu à Sa Majesté que vous lui aviez ôté ce commandement, sur la représentation de ses anciens, et qu'ils vous l'avaient demandé en vous annonçant qu'ils donneraient leur démission si leur ancienneté ne prévalait pas. Le Roi n'a pu croire qu'une telle menace ait pu vous être faite, et encore moins que vous y ayiez cédé. Mais si, par hasard, lorsque vous replacerez M. de Galle à bord de l'*Annibal* (ce qui se fera à la réception de l'ordre du Roi), il y avait quelques-uns de ses anciens qui voulussent donner leur démission, Sa Majesté vous ordonne de la recevoir, et de faire passer en Europe ceux qui viendraient vous l'offrir. »

Cette dépêche était fort dure pour le comte d'Orves, puisqu'elle tranchait, dans un sens opposé à celui qu'il avait adopté, une question débattue publiquement dans son escadre. Mais le ministre le considérait, avec raison, comme le principal coupable. Il était convaincu qu'aucune résistance ne se fût produite, si le comte d'Orves avait montré quelque énergie. Enfin, ne voulant pas désorganiser l'escadre, en rappelant la plupart des capitaines, il avait employé le seul moyen qu'il eût à sa disposition pour détruire le mauvais effet produit par cet acte d'indiscipline. Les instructions apportées par la *Fine* donnaient au comte d'Orves toute liberté quant au choix des opérations. Le ministre lui disait : « Le Roi, en laissant les généraux maîtres de déterminer les opérations qu'ils estimeront les plus utiles et les plus glorieuses à ses armes, leur prescrit d'attaquer les Anglais séparés ou réunis, partout où il sera possible de le faire, sauf l'évidence de la destruction de leurs forces. La sagesse de Sa Majesté ne lui a pas permis de fixer, en particulier, aucune opération. Elle sait qu'à quatre mille lieues d'Elle, il serait imprudent d'en déterminer de positives, et Elle se borne, en conséquence, à faire connaître au sieur comte d'Orves que l'inactivité de son escadre est ce qu'elle défend principalement, que des événements malheureux ou l'inaction seront également contraires à ses vues, de manière qu'elle se borne à dire au comte d'Orves de profiter de la supériorité ou de l'égalité des forces qu'il doit avoir cette année sur les Anglais, dans les mers d'Asie, pour ruiner leur commerce et détruire ceux de leurs établissements qu'il pourra attaquer avec succès. Sa Majesté daigne en même temps assurer au comte d'Orves qu'elle ne le rendra pas responsable des événements malheureux qui pourraient arriver, mais qu'il le serait, s'il n'employait pas les ressources que son esprit et son courage peuvent lui inspirer pour rendre la campagne également utile et glorieuse à ses armes[1]. » On ne saurait trop louer l'esprit dans lequel étaient rédigées ces instructions. Le gouvernement n'avait pas la prétention d'indiquer d'une manière précise ce que l'escadre devait exécuter. Le ministre s'en remettait, sur ce point, au zèle et à l'habileté de l'officier auquel avait été confié le commandement de nos forces navales. Toutefois, les instructions adressées au commandant de l'escadre de l'Inde contenaient un ordre très-net, celui de chercher l'ennemi et le combattre.

Nous n'avions à prendre d'autre résolution que de retourner à la côte de Coromandel et de renouer les relations entamées, au commencement de l'année, avec Hyder-Ali. Conformément aux dispositions arrêtées à Paris, les troupes, qui n'étaient pas absolument nécessaires à la sûreté de l'Ile de France et de Bourbon, furent embarquées sur les vaisseaux de l'escadre ou sur les bâtiments du convoi[2]. L'armée mit sous voiles le 17 décembre 1781.

1. De la main du Roi, « approuvé ».
2. On a dit que l'embarquement des troupes avait été le résultat d'une intrigue ourdie autour de M. de Souillac. C'était tout simplement l'exécution d'un ordre qui était ainsi conçu : « Dans toutes ces suppositions, Sa

Elle était composée des bâtiments ci-après, savoir : l'*Orient*, le *Héros* et l'*Annibal*, de soixante-quatorze, le *Vengeur*, le *Sévère*, le *Bizarre*, le *Sphinx*, l'*Artésien* et l'*Ajax*, de soixante-quatre, le *Flamand*, de cinquante, la *Pourvoyeuse*, de trente-huit, la *Fine* et la *Bellone*, de trente-deux, la *Subtile*, de vingt-deux, la *Sylphide*, de seize, le brick le *Diligent*, de dix canons, et un brûlot, le *Pulvériseur*. Un navire-hôpital et sept transports accompagnaient l'escadre. L'effectif des équipages s'élevait à huit mille cinq cent vingt-quatre hommes, et celui des troupes passagères, en y comprenant l'infanterie, l'artillerie, des cipayes et des volontaires de l'Ile de France et de Bourbon, à trois mille cent.

Majesté autorise MM. d'Orves et de Souillac à tirer des Iles et à embarquer sur l'escadre le nombre d'hommes qu'ils jugeront nécessaires à leurs vues. Ils y laisseront seulement assez de forces pour les mettre en sûreté. On suppose qu'ils pourront en retirer quinze cents hommes. »

LIVRE XIII

L'escadre s'empare, le 12 janvier 1782, de l'*Hannibal*, de cinquante canons. — Mort du comte d'Orves. — Suffren se présente devant Madras. — Neuf vaisseaux ennemis sont embossés sous la protection des forts. — L'escadre anglaise met sous voiles. — Dispersion de notre convoi. — Combat du 17 février 1782. — L'escadre française mouille à Pondichéry et à Porto-Novo. — Relations avec Hyder-Ali. — Débarquement des troupes françaises. — L'escadre appareille le 23 mars. — Suffren prend la détermination de rester dans l'Inde. — Combat du 12 avril. — Mouillage des deux escadres sur la côte. — Les Français vont à Batacalo, et les Anglais à Trinquemalay. — L'escadre se rend à Tranquebar et à Goudelour. — Suffren appareille de Goudelour le 3 juillet.

I

Le 20 janvier 1782, nos frégates signalèrent un grand navire qui fut chassé par les meilleurs marcheurs de l'escadre. Ce bâtiment, qu'on perdit de vue dans la soirée, et qu'on aperçut de nouveau, le lendemain, fut joint, le 22, par le *Héros*. C'était le vaisseau l'*Hannibal*, de cinquante canons, qui faisait route sur Madras. Après un engagement de peu de durée, le capitaine anglais amena son pavillon. Ce vaisseau reçut un équipage français, et il prit place dans notre escadre. On sut, par l'*Hannibal*, que le *Sultan*, de soixante-quatorze, et le *Magnanime*, de soixante-quatre, escortant un convoi portant des troupes, étaient attendus d'Angleterre. Le comte d'Orves, dont la santé était, depuis quelque temps déjà, très-chancelante, mourut le 9 février. Cet événement plaça le commandeur à la tête de douze vaisseaux. Par ordre du nouveau général, quelques changements eurent lieu dans le commandement des navires de l'escadre. L'*Orient*, de soixante-quatorze, que montait le comte d'Orves, fut donné à M. de la Pallière, le *Sévère* à M. de Cillart, l'*Hannibal* anglais au lieutenant de vaisseau de Galle, le second de M. de Trémigon au combat de la Praya, la frégate la *Pourvoyeuse* à M. de Beaulieu, la *Bellone* à M. de Ruyter, et la corvette la *Subtile* à M. de Galifet. Le lieutenant de vaisseau de Moissac fut nommé major de l'escadre et capitaine de pavillon du commandant en chef. Quoique l'amiral Hughes eût opéré sa jonction avec le *Montmouth*, le *Hero* et l'*Isis*, les Anglais ne pouvaient nous opposer que neuf vaisseaux. Suffren résolut de se présenter à l'improviste devant Madras et d'attaquer l'ennemi au mouillage. L'escadre prit connaissance de la terre dans le nord de cette ville; mais, au lieu des brises favorables sur lesquelles il comptait, Suffren trouva des vents de sud le long de la côte, et il ne parut devant Madras que le 15 février. Neuf vaisseaux étaient embossés sous la protection des forts. Notre atterrage dans le nord de Madras et la persistance des vents contraires avaient été pour nos adversaires deux circonstances très-heureuses. Les Anglais, venant de Trinquemalay, étaient arrivés sur la rade de Madras, en deux divisions, la première, forte de six vaisseaux, le 8 février, et la seconde le lendemain. Prévenu de notre présence sur la côte, l'amiral Hughes avait fait à loisir tous ses préparatifs de défense. Suffren demeura convaincu que nous nous exposerions à un échec en combattant l'ennemi dans la position qu'il occupait. Néanmoins, il voulut connaître, sur ce point, l'opinion de ses capitaines, et il les appela à son bord. Tous furent d'avis qu'une attaque, faite dans ces conditions, serait d'autant plus dangereuse, qu'en ce moment les vents soufflaient du large[1]. Suffren prit la route de Pondichéry

---

1. M. Trublet de la Villejégu prétend que le capitaine de la *Fine*, le lieutenant de vaisseau Perrier de Salvert, vota, dans le conseil, pour une attaque immédiate de l'escadre anglaise. Il ajoute que cet officier soutint avec beaucoup de vivacité son opinion contre le commandeur. L'affirmation très-nette du major de l'escadre, disant que tous les capitaines furent d'avis de ne pas attaquer les Anglais, montre que M. de la Ville-

où il comptait faire de l'eau. Pendant la nuit, on perdit de vue nos bâtiments de transport. Lorsque le jour se fit, on aperçut, du haut des mâts, l'escadre britannique entre nos vaisseaux et le convoi.

L'amiral Hughes, craignant que nous n'eussions la pensée d'attaquer Trinquemalay, avait mis sous voiles, le 16, dans la soirée[1]. Il serrait la terre de près, espérant nous dérober sa marche vers le sud. Suffren força de voiles, et il se dirigea sur les Anglais qui commençaient à chasser nos bâtiments. La brise était très-faible, et, à cinq heures du soir, nos meilleurs marcheurs se trouvaient encore très-éloignés de l'ennemi. Un peu avant le coucher du soleil, les vaisseaux anglais rallièrent leur amiral et ils formèrent la ligne de bataille, les amures à bâbord. Le 17, dans la matinée, les Anglais restaient à environ deux lieues dans le sud-ouest de l'armée française. Une partie de la journée s'écoula sans que la distance qui séparait les deux escadres fût sensiblement modifiée. Dans l'après-midi, des grains de l'est-sud-est, que nos vaisseaux reçurent les premiers, nous permirent de nous rapprocher de nos adversaires. A quatre heures du soir, le *Héros*, qui avait pris la tête de la ligne, canonnait le vaisseau de queue de l'armée anglaise, et il prolongeait l'ennemi au vent jusqu'à la hauteur du *Superb*. Après avoir combattu pendant quelque temps le vaisseau amiral, Suffren se plaça par le travers de l'*Eagle*. Les deux escadres étaient rangées dans l'ordre suivant :

---

jégu s'est trompé. Comment, d'ailleurs, admettre qu'un jeune officier commandant une frégate, c'est-à-dire un bâtiment qui ne devait pas aller au feu, ne se soit pas rangé à l'avis d'un homme jouissant du prestige que donnait à Suffren, je ne dis pas sa situation de commandant en chef, mais l'attaque audacieuse de l'escadre anglaise dans la baie de la Praya?

1. Les Anglais avaient enlevé aux Hollandais l'importante position de Trinquemalay, le 12 janvier 1782.

ESCADRE FRANÇAISE.

Noms des bâtiments.	Nombre de canons.	Noms des capitaines.
Héros	74	Suffren. / Moissac.
Orient	74	De la Pallière.
Sphinx	64	Du Chilleau.
Vengeur	64	Forbin.
Hannibal (anglais)	50	De Galle.
Annibal	74	De Tromelin.
Bizarre	64	La Landelle.
Artésien	64	Maurville.
Ajax	64	Bouvet.
Sévère	64	De Cillart.
Brillant	64	Saint-Félix.
Flamand	50	Cuverville.

ESCADRE ANGLAISE.

Noms des bâtiments.	Nombre de canons.	Noms des capitaines.
Worcester	64	Wood.
Burford	70	Peter Rainier.
Monmouth	64	Alms.
Eagle	64	Riddals.
Superb	74	Stevens. / Sir Edward Hughes, contre-amiral.
Monarca	68	Gell.
Hero	74	Hawker.
Isis	50	Lumley.
Exeter	64	Reynolds / Charles King, commodore.

La position prise par le commandant en chef nous permettait de combattre six vaisseaux avec la totalité de l'escadre, c'est-à-dire avec douze vaisseaux. Suffren se proposait de porter la plus grande partie de ses forces sur l'arrière-garde ennemie. Celle-ci, entourée au vent et sous le vent, devait être écrasée avant que les trois premiers vaisseaux anglais fussent en mesure de la secourir. Les signaux, enjoignant à l'*Annibal*, à l'*Ajax* et au *Flamand* de doubler l'ennemi par la queue, et à l'armée de combattre à portée de pistolet, montèrent aux mâts du *Héros*. Le chef de file de l'escadre française étant par le travers de l'*Eagle*, les trois premiers vaisseaux de la ligne anglaise n'avaient pas d'adversaires. Quel que fût le désir de l'amiral Hughes d'éviter une affaire générale, il ne pouvait échapper à la nécessité d'appeler ces bâtiments au secours de son arrière-garde. Dans cette supposition, Suffren s'était placé à une distance suffisante de la ligne ennemie pour que le *Worcester*, le *Burford* et le *Montmouth* fussent dans l'impossibilité de le doubler au vent. Cette manœuvre, qui était en contradiction apparente avec le signal précédemment fait de combattre à portée de pistolet, amena les capitaines français à ne pas tenir compte de ce dernier ordre. Ils crurent être à leurs postes en restant dans les eaux du *Héros*. L'*Annibal* et l'*Ajax* n'ayant pas aperçu le signal qui leur prescrivait de doubler l'ennemi par la queue, ce mouvement ne fut exécuté que par le *Flamand*. L'*Annibal* se trouvant à la hauteur du serre-file de l'armée anglaise, les bâtiments placés derrière lui n'avaient pas de vaisseaux par leur travers. M. de Saint-Félix, fort mécontent de son rôle, rejoignit le *Flamand*. Son vaisseau fut, de tous nos bâtiments, celui qui s'approcha le plus près de l'ennemi. Le capitaine de l'*Annibal*, M. de Tromelin, remplissait les fonctions de chef de division. Il avait, en cette qualité, toute l'autorité nécessaire pour donner des ordres aux navires qui étaient éloignés du feu. Il avait, en outre, reçu du commandeur l'invitation très-expresse d'en agir ainsi, toutes les fois que les circonstances l'exigeraient. Cependant, il ne fit aucun signal au *Bizarre*, à l'*Artésien*, à l'*Ajax* et au *Sévère*. Ces vaisseaux, qui étaient au vent de la ligne, continuèrent à tirer obliquement et à grande distance sur les bâtiments anglais[1].

S'il avait été possible d'attaquer plus tôt, les erreurs et les fautes que nous venons d'indiquer n'auraient pas eu la même importance. Le signal, fait à l'*Annibal* et à l'*Ajax*, de passer sous le vent de l'ennemi, hissé de nouveau à bord du *Héros*, eût été aperçu par ces deux bâtiments. Les capitaines du *Sévère*, de l'*Ajax*, de l'*Artésien* et du *Bizarre*, soit d'eux-mêmes, soit par suite des ordres du commandant en chef, se seraient mis en position de prendre une part plus active au combat. A l'heure où nous avions joint l'ennemi, le temps mal employé était irréparablement perdu. L'approche de la nuit, la faiblesse de la brise, l'inexécution de l'ordre donné de combattre à portée de pistolet, décidèrent Suffren à remettre l'affaire au lendemain. Vers six heures et demie, le *Héros* tint le vent et les autres vaisseaux imitèrent sa manœuvre. Jusqu'à ce que l'obscurité fut complète, nos vaisseaux échangèrent des boulets avec les Anglais. Plusieurs bâtiments ennemis sortirent de cette rencontre très-maltraités. L'*Exeter*, suivant l'expression employée par l'amiral Hughes, était dans la position d'un bâtiment naufragé. Le *Superb* avait, outre des avaries considérables dans sa mâture, cinq pieds d'eau dans la cale. Le *Mo-*

---

1. Le rapport de Suffren, sur le combat du 17 février, est accompagné d'un croquis indiquant la position des deux escadres, à quatre heures et demie. Cinq navires, le *Héros*, portant son pavillon, l'*Orient*, capitaine de la Pallière, le *Sphinx*, capitaine du Chilleau, le *Vengeur*, capitaine de Forbin, l'*Hannibal* anglais, capitaine de Galle, forment une ligne régulière. Le vaisseau qui suit est l'*Annibal*, capitaine de Tromelin. En regard du nom de ce vaisseau, on lit l'annotation « très-loin ». Le *Bizarre*, capitaine de la Landelle, l'*Artésien*, capitaine de Maurville, l'*Ajax*, capitaine Bouvet, et le *Sévère*, capitaine de Cillart, sont placés en arrière et au vent de l'*Annibal*. Les noms de ces quatre vaisseaux sont accompagnés de la mention « en désordre et fort loin. »

narca, le *Hero* et l'*Isis* avaient souffert, mais dans une proportion moindre. L'ennemi eut dans cette affaire cent vingt-sept hommes hors de combat. Le capitaine de l'*Exeter* fut tué, et celui du *Superb* mourut des blessures qu'il avait reçues pendant l'action. A l'exception du *Brillant* qui eut dix-huit morts et quarante blessés, moins par le feu de nos adversaires que par suite de l'explosion d'une caisse de grenades, les vaisseaux français perdirent peu de monde [1]. Quelques écrivains ont prétendu que, le 17 février, l'escadre française s'était avancée sur l'ennemi en deux colonnes, ayant pour objectif, l'une le centre, et l'autre l'arrière-garde des Anglais. Nous avons vu que telle n'avait pas été la manœuvre de notre escadre. Suffren était parvenu à attaquer six vaisseaux avec douze, c'est-à-dire à rendre trois vaisseaux ennemis inutiles. Les moyens qu'il a employés pour arriver à ce résultat valent bien ceux qu'on lui a prêtés. Dans tous les cas, en toutes choses, il faut s'en tenir à la vérité [2].

Afin de ne laisser subsister aucun doute sur le mode d'attaque de notre escadre, nous citerons le passage suivant du rapport que Suffren adressa au ministre. « Je vous dois un compte particulier du combat du 17 février dont a dépendu le sort de l'Inde. Je devais détruire l'escadre anglaise, moins par la supériorité que par la disposition avantageuse dans laquelle je l'ai attaquée. J'ai attaqué le dernier vaisseau et j'ai prolongé la ligne anglaise jusqu'au sixième vaisseau. J'en rendais par là trois inutiles, de sorte que nous étions douze contre six. Je commençai le combat à trois heures et demie de l'après-midi, prenant la tête et faisant le signal de former une ligne quelconque, sans cela je n'aurais point engagé. A quatre heures, je fis le signal à trois vaisseaux de doubler par la

---

[1]. Le journal du major de l'escadre porte à trente le nombre des morts, mais il n'indique pas le chiffre des blessés.

[2]. Ces écrivains ont évidemment cédé au désir d'établir un rapprochement entre la journée du 17 février et les combats de la Dominique et de Trafalgar.

queue, et à l'escadre d'approcher à portée de pistolet. Ce signal, quoique répété, n'a point été exécuté. Je n'en ai point donné l'exemple pour tenir en échec les trois vaisseaux de tête qui, en revirant, m'auraient doublé. Cependant, excepté le *Brillant*, qui a doublé par la queue, aucun vaisseau n'a été aussi près que le mien, ni essuyé autant de coups. » Nous ajouterons que la manœuvre du 17 février n'avait pas été dictée par les circonstances. Suffren écrivait, le 6 février 1782, à M. de Tromelin : « La fausse alerte d'avant-hier m'empêche de m'entretenir avec vous sur quelques motifs relatifs à la rencontre des Anglais. Si nous sommes assez heureux pour être au vent, comme ils ne sont que huit ou neuf au plus, mon dessein est de les doubler par la queue. Supposons que votre division soit de l'arrière, vous verrez, par votre position, quel nombre de vaisseaux débordera la ligne ennemie et vous leur ferez le signal de doubler. Si nous sommes sous le vent et que vos vaisseaux puissent, en forçant de voiles, doubler les ennemis, soit qu'ils ne soient pas attaqués du tout, ou qu'ils ne le soient que de loin et faiblement, vous pourriez les faire revirer pour doubler au vent. Enfin, dans tous les cas, je vous prie de commander à votre division les manœuvres que vous croirez les meilleures pour assurer le succès de l'action. La prise de Trinquemalay et celle de Négapatam et peut-être de tout Ceylan doit nous faire désirer une affaire générale[1]. »

L'habileté des dispositions prises par Suffren et notre

---

1. Le major de l'escadre résume ainsi qu'il suit, dans son journal, la manœuvre de la journée et la pensée de son chef : « A quatre heures, au moment où nous arrivions par le travers du *Superb*, fait le signal à l'*Annibal*, à l'*Ajax*, au *Flamand* de doubler l'ennemi par la queue pour le mettre entre deux feux, et celui d'approcher l'ennemi à portée de pistolet. Nous formions une ligne avec le *Sphinx*, le *Vengeur*, l'*Hannibal* (anglais) et l'*Orient*, qui est venu prendre poste après nous. Nous combattions toujours l'armée anglaise, et nous restions à même de tomber sur l'avant-garde ennemie, si elle eût fait quelque mouvement, soit en virant sur nous, soit en arrivant vent arrière pour secourir son arrière-garde. Le général espérait, avec raison, que les derniers vaisseaux ennemis seraient écrasés, mais peu de nos vaisseaux approchèrent l'ennemi de très-près. »

supériorité numérique nous assuraient, le 17 février, une victoire décisive. Toutefois, à cause de l'heure avancée de la journée, de la faiblesse et de l'inégalité de la brise qui rendaient les manœuvres lentes et difficiles, nous ne pouvions profiter de nos avantages qu'à la condition d'agir avec promptitude et résolution. Cinq capitaines sur douze n'avaient pas compris cette situation. Suffren eut la pensée de renvoyer en France les capitaines dont il était mécontent. La crainte de ne pas trouver des officiers capables de commander des vaisseaux le fit reculer devant cette détermination¹. Il se plaignit au ministre avec beaucoup de vivacité du chef de division de Tromelin qui avait laissé sans direction les vaisseaux placés près de lui. « Étant à la tête, lui dit-il, je ne pouvais bien voir ce qui se passait à l'arrière. J'avais chargé M. de Tromelin de faire des signaux aux vaisseaux qui seraient près de lui, il n'a fait que répéter les miens sans les faire exécuter. » Il dénonça au maréchal de Castries la conduite de MM. de Maurville, de la Landelle, Bouvet et de Cillart qui étaient restés en ligne, quoiqu'ils n'eussent pas d'adversaires. M. de Maurville était particulièrement coupable de ne pas avoir pris une part plus active au combat. Il avait été averti, par un aviso, que l'intention du général en chef était d'attaquer avec les vaisseaux doublés en cuivre. Or, l'*Artésien* était de ce nombre, et, de plus, il était bon voilier. Après avoir signalé les officiers dont le peu de coup d'œil et le manque d'initiative nous avaient privés d'avantages importants, Suffren appela l'attention du ministre sur ceux qui s'étaient distingués. Le *Brillant* et le *Flamand*, écrivit-il, commandés par MM. de Saint-Félix et de Cuverville, ont doublé par la queue. Ils méritent des éloges, et surtout M. de Saint-Félix, qui n'en avait pas reçu l'ordre². Ce dernier s'est

---

1. Il disait dans une de ses lettres au ministre : » Encore faut-il se servir d'eux, car, dans les subalternes, on ne trouverait pas à les remplacer. »
2. On lit dans l'*Histoire de Suffren*, de M. Cunat : « L'*Ajax* et le

battu de très-près, et son vaisseau a eu dix-huit tués et quarante blessés. Je demande pour M. de Saint-Félix une pension sur Saint-Louis de huit cents livres, et, pour M. de Cuverville, la haute paye. Les récompenses accordées sur-le-champ excitent l'émulation et font con-

Flamand, par un signal spécial, eurent ordre de combattre l'ennemi par-dessous le vent. Ce dernier se couvre de voiles pour accélérer sa marche lourde et pesante. L'*Ajax*, en serre-file, laisse porter aussi, mais, au signal que lui fait l'*Annibal* de reprendre son poste, Bouvet obéit, et, par là, il ne répond pas à l'ordre qui lui avait été donné par Suffren et ne l'exécute point. Le *Brillant*, que monte de Saint-Félix, fait la demande de remplacer ce vaisseau ; il l'obtient, et concerte aussitôt avec de Cuverville leurs dispositions de combat. Elles restent sans succès, parce que l'arrière-garde de l'ennemi, pour les prévenir, ne discontinuait pas d'arriver. Le *Brillant* et le *Flamand*, par ce mouvement des vaisseaux anglais qu'ils n'avaient pas prévu, se gênent l'un l'autre. » Il y a là deux affirmations bien nettes concernant l'*Ajax* et le *Brillant*. Voyons ce qu'elles contiennent de vrai. Disons d'abord que le *Brillant* ne reçut pas l'ordre de passer sous le vent de l'ennemi, et qu'il ne le demanda pas. Le capitaine de vaisseau de Saint-Félix exécuta cette manœuvre de son propre mouvement. Le rapport de Suffren ne laisse aucun doute sur ce point. Ainsi, l'assertion relative au *Brillant* n'est pas exacte. On doit en dire autant de celle qui a trait à l'*Ajax*. L'*Annibal* n'eut pas à rappeler l'*Ajax*, par la raison bien simple que ce dernier vaisseau, n'ayant pas vu le signal qui lui était adressé, ne fit aucun mouvement. Il est inutile d'ajouter que, si un pareil fait s'était produit, Suffren n'eût pas oublié de le faire connaître au ministre. Il serait, d'ailleurs, assez singulier de reprocher en même temps à M. de Tromelin d'avoir rappelé l'*Ajax* et de n'avoir fait aucun signal aux bâtiments qui étaient près de lui. Cette dernière accusation est celle que le commandant en chef porte contre M. de Tromelin. [M. Cunat avait emprunté cette version à M. Trublet de la Villejégu, mais il ajoute, pour son propre compte : « Des personnes dignes de foi m'ont raconté, à Pondichéry, et cela vingt-cinq ans seulement après l'événement, que M. Bouvet, chagrin de sa conduite, se tenait le lendemain à l'écart dans la chambre du conseil du *Héros*, où les capitaines avaient été appelés, n'osant approcher le général. « Monsieur Bouvet, lui dit Suffren, en s'avançant vers lui, votre zèle et
« vos talents m'étaient signalés, mais l'exemple de subordination que vous
« avez donné hier a achevé de vous faire connaître. Qu'il a dû vous en
« coûter en vous retirant au moment où vous alliez prendre part au com-
« bat ! Je ferai en sorte que vous n'essuyiez plus de désagrément. »
M. Bouvet remercia son chef avec les expressions d'un cœur ému ; mais son grand âge et ses infirmités l'empêchèrent de tenir l'engagement qu'il contractait tacitement. » Que devient ce récit, lorsqu'on sait que M. de Tromelin n'a pas rappelé l'*Ajax*. Cependant, cette légende a été acceptée, et on la retrouve encore dans la plupart des livres faits sur cette campagne.

sidérer les chefs qui les font obtenir. MM. de la Pallière, du Chilleau et de Forbin ont bien gardé leurs postes. M. de Galle s'est conduit sur le petit *Hannibal*, comme il l'avait fait sur le grand, comme il le fera toujours, c'est-à-dire très-bien. »

II

Suffren avait fait cesser le combat, le 17 février, avec l'intention de le reprendre le lendemain. Pendant la nuit, le temps fut sombre et à grains, et, lorsque le jour se leva, on ne vit plus les Anglais. Ce qui arrivait était d'autant plus fâcheux que Suffren se trouvait momentanément dans l'impossibilité de poursuivre l'ennemi. Nos vaisseaux n'avaient plus d'eau, et, d'autre part, il était urgent de savoir ce que notre convoi était devenu. L'escadre fit route pour Pondichéry, où elle mouilla le 19 février. Le même jour, M. Pivron de Morlat, notre envoyé auprès du nabab, vint à bord du *Héros*. Il apportait au commandeur des renseignements sur la situation des affaires dans l'Inde et plus particulièrement sur l'état de nos relations avec Hyder-Ali. Les événements qui s'étaient accomplis, dans le cours de l'année 1781, n'avaient pas été favorables à la cause que le nabab défendait avec plus d'ardeur et de sincérité que ses alliés. La diplomatie britannique était parvenue à mettre la désunion parmi les confédérés. L'attitude purement défensive des chefs marhattes et du Soubab du Decan avait permis aux Anglais d'envoyer à Madras la plus grande partie de leurs forces. Le général sir Eyre Coot avait battu l'armée mysoréenne dans plusieurs rencontres. Néanmoins, la Compagnie des Indes, qui tenait à ne nous laisser aucun allié, offrait au nabab des conditions de paix très-avantageuses. Hyder-Ali était personnellement très-désireux de continuer la guerre, mais il était obligé de ménager son entourage qui le pressait d'accepter les propositions de nos ennemis. M. de Morlat avait reçu la mission spéciale d'empêcher le sultan de traiter avec les Anglais. Il y avait réussi jusque-là, mais il regardait comme impossible d'atteindre désormais ce résultat, si nous ne venions pas au secours du nabab. Celui-ci avait éprouvé, l'année précédente, un très-vif désappointement, lorsque l'escadre française, après quelques jours passés sur la côte, était retournée à l'Ile de France. Il s'était bercé de l'espoir que Suffren amenait le corps de débarquement annoncé par le comte d'Orves. Si nous nous éloignons, disait notre envoyé, sans entrer en communication avec le sultan, celui-ci, convaincu qu'il ne peut avoir aucune confiance dans nos paroles, fera la paix avec les Anglais. Suffren était décidé à rester dans l'Inde depuis le jour où il avait pris le commandement de l'escadre. Aucun effort n'était nécessaire pour le convaincre de la nécessité de s'unir à Hyder-Ali. Cette alliance était, à ses yeux, le point de départ de toute action sérieuse sur la côte de Coromandel. Toutefois, il se voyait, avec beaucoup de regret, privé de la liberté de ses mouvements, au moment où il eût été nécessaire de se mettre à la poursuite de l'ennemi, afin de le combattre avant l'arrivée du *Magnanime* et du *Sultan*. Si l'amiral Hughes, désirant éviter une rencontre, se retirait à Trinquemalay, nous pouvions nous établir au sud de Ceylan avec de grandes chances d'intercepter ces deux vaisseaux. Cependant, prenant en considération, d'une part, les observations présentées par M. de Morlat, et, d'autre part, le désir manifesté par le général Duchemin d'être mis à terre avec ses troupes, Suffren renonça à prendre la mer. Voulant se rapprocher d'Hyder-Ali, il conduisit l'escadre au mouillage de Porto-Novo. MM. de Morlat, de Moissac et le lieutenant-colonel de Canaples se rendirent auprès du sultan. Il fut convenu entre nos officiers et les agents du nabab que les Français, auxquels seraient adjoints deux mille cavaliers et trois mille fantassins de l'armée indienne, formeraient un corps indépendant. Hyder-Ali promit de nourrir nos soldats et de fournir des vivres à l'escadre, toutes les fois que celle-ci serait mouillée sur la côte et à portée de son camp. Il devait nous donner de l'argent, au fur et à mesure de nos besoins. Enfin, il offrait d'abandonner à la France, lors de la conclusion de la paix, un territoire d'une étendue aussi grande que nous pourrions le désirer. Ces propositions n'avaient ni la netteté, ni la précision qui eussent été nécessaires dans une négociation de cette importance. Le sultan ne prenait, sur aucun point, d'engagement formel, mais les circonstances ne nous permettaient pas de nous montrer très-exigeants. En même temps que MM. de Moissac, de Canaples et de Morlat, ainsi que Suffren l'écrivait, quelques jours après, au ministre, se trouvaient, au camp d'Hyder-Ali, des envoyés anglais qui offraient de l'argent, tandis que nous en demandions. Le général Duchemin et le chef de l'escadre, confiants dans la bonne foi du nabab, se décidèrent à débarquer les troupes. Cette opération fut terminée le 22 mars, et, le 23, l'escadre fit route vers le sud à la recherche des bâtiments du convoi dispersés dans la journée du 16 février. Suffren expédia un navire en Europe afin d'informer le ministre des événements survenus depuis le jour où l'escadre avait quitté l'Ile de France. « Je suis dans la ferme résolution, lui écrivit-il, de ne point quitter la côte jusqu'à l'hivernage. Les Anglais, après la réunion du *Sultan* et du *Magnanime*, seront au moins à forces égales. Mais, à moins que l'escadre ne soit, par de grandes avaries ou par le manque de subsistances, dans l'impossibilité absolue de rester, elle n'abandonnera pas la côte. Je l'ai promis au nabab et je lui tiendrai parole. » Suffren réclama les moyens d'action nécessaires pour rendre sa présence sur la côte de Coromandel profitable à nos intérêts. L'armée du sultan, qui ne comptait pas moins de cent mille hommes, pouvait, si elle était soutenue par des troupes françaises, lutter avec avantage contre les Anglais. Les succès remportés par Hyder-Ali eussent affermi l'alliance très-ébranlée des princes indiens. En conséquence, il demandait qu'on fît passer dans l'Inde deux bataillons d'infanterie, un bataillon d'artillerie, un train de campagne, des bombes et des mortiers. Il priait le ministre de l'aviser, par des bâtiments expédiés directement à la côte de Coromandel, du départ des convois français et anglais, afin qu'il pût intercepter les uns et assurer l'arrivée des autres. Enfin, il insistait pour qu'on lui donnât quelques frégates doublées en cuivre avec lesquelles il pût détruire le commerce de l'ennemi. Suffren s'adressa à M. de Souillac pour obtenir que le matériel et le personnel existant à l'Ile de France fussent mis à sa disposition. Il lui écrivit : « Il manque plus de six cents hommes à l'escadre. J'ai acheté à Tranquebar trente Cafres, à soixante-dix pagodes ; je tâche d'engager des lascars, mais ce ne sont que des moyens bien courts. Envoyez-nous donc des hommes : 1° des marins ; 2° des soldats ; 3° des volontaires ; 4° des noirs. On a été très-content de ces derniers dans le combat du 17 février. »

Lorsque l'escadre avait quitté Porto-Novo, les vivres et les rechanges étaient presque complétement consommés. Six mille piastres, prises à l'Ile de France, et les vivres embarqués sur le convoi, telles étaient nos seules ressources. Or, à ce moment, Suffren n'était pas exactement renseigné sur le nombre des bâtiments de transport capturés par l'ennemi. Les forces françaises étaient parfaitement en mesure de lutter contre l'escadre de l'amiral anglais, alors même que celle-ci eût été renforcée par le *Magnanime* et le *Sultan*. Ce qui avait paru impossible jusque-là, c'était de ravitailler des vaisseaux sur une côte où nous n'avions ni ports ni magasins. On était convaincu, à Paris, qu'une escadre, opérant sur la côte de Coromandel, était contrainte de faire route pour l'Ile de France, le jour où elle n'avait plus que les vivres nécessaires pour revenir à son point de départ. Suffren ne recula pas devant une détermination contraire aux idées reçues et que le succès seul pouvait justifier.

III

Le 8 avril, dans la matinée, l'escadre française fut ralliée par un bâtiment marchand qui s'en était séparé, la veille, pour aller à Batavia. Le capitaine annonça qu'il avait aperçu douze ou quinze grands bâtiments courant au nord-nord-est. Suffren fit mettre le cap dans cette direction, et, le lendemain, dans la journée, nos frégates découvrirent onze vaisseaux. C'était l'escadre britannique qui avait été rejointe, le 30 mars, par le *Sultan* et le *Magnanime*. Le 10 et le 11 avril, par suite de la faiblesse de la brise, nos vaisseaux doublés en cuivre furent les seuls qui parvinrent à se rapprocher des Anglais[1]. Dans la nuit du 11 au 12, l'amiral Hughes laissa porter, afin de se mettre en position d'entrer à Trinquemalay. Au jour, on aperçut l'ennemi sous le vent, à une distance d'environ trois lieues. Vers neuf heures du matin, les vents continuant à souffler de l'est-sud-est, nos meilleurs marcheurs se trouvèrent en position de canonner les vaisseaux de queue de l'armée anglaise. L'amiral Hughes, prenant alors la détermination de combattre, fit former la ligne de bataille, les amures à tribord, sous petites voiles. Cette manœuvre fut imitée par les Français, et les deux escadres coururent parallèlement l'une à l'autre. A onze heures, notre ligne étant bien formée, Suffren signala de laisser arriver jusqu'à l'ouest-sud-ouest par un mouvement tout à la fois. Nos vaisseaux ne se tinrent pas sur la ligne de relèvement prescrite, et l'avant-garde, composée des meilleurs voiliers, arriva la première à portée de l'ennemi. A une heure, les vaisseaux de tête de l'armée anglaise commencèrent à tirer sur le *Vengeur* et l'*Artésien*. Ces deux vaisseaux, étant venus en travers

---

1. Le 10, deux navires de commerce furent pris et brûlés à la vue des Anglais.

pour répondre au feu de nos adversaires, reçurent immédiatement l'ordre de laisser porter[1]. Suffren, qui voulait une action décisive, continua sa route, recevant, sans riposter, les coups que l'ennemi dirigeait sur son vaisseau. Lorsqu'il fut à portée de pistolet du *Superb*, il fit serrer le vent et le signal de commencer le feu parut en tête de son grand mât. L'amiral Hughes n'ayant que onze vaisseaux, le *Bizarre*, conformément aux dispositions prises par le commandant en chef, devait combattre, par la hanche, le vaisseau de queue de l'armée anglaise, et le doubler par-dessous le vent, si les circonstances le lui permettaient. Au moment où les premiers coups de canon se firent entendre, nos mauvais marcheurs étaient en arrière de leurs postes. S'inspirant de la lettre et non de l'esprit des ordres du commandant en chef, les capitaines de ces bâtiments lofèrent en même temps que les vaisseaux qui les précédaient. Il en résulta que la ligne française forma une courbe dont les extrémités étaient représentées, à l'avant-garde, par le *Vengeur* et l'*Artésien*, et, à l'arrière-garde, par le *Bizarre*, l'*Ajax* et le *Sévère*. Comme conséquence de cette position, ces vaisseaux étaient très-éloignés des bâtiments qui leur correspondaient dans la ligne ennemie. Les avaries que le *Héros* reçut, au début de l'action, ne lui permirent pas de rester à la hauteur du *Superb*. N'ayant pu masquer, à temps, ses huniers, dont les bras avaient été coupés, il courut de l'avant et il ne s'arrêta que par le travers du *Montmouth*[2]. A deux

---

1. Ce signal fut répété un quart d'heure après. A une heure trois quarts, le *Héros* fit à l'armée le signal de combattre l'ennemi à portée de pistolet.
2. On lit dans l'*Histoire du bailli de Suffren*, de M. Cunat : « Suffren, qui avait arrêté le *Héros* par le travers du *Superb* que montait l'amiral Hughes, combattait victorieusement celui-ci, lorsque, tout à coup, il aperçut avec étonnement nos deux vaisseaux de tête, le *Vengeur* et l'*Artésien*, dépassant ceux de l'armée ennemie, et, quoiqu'au large des Anglais, en signalant quatorze brasses de fond. Le commandeur, étonné, jette alors rapidement un regard sur les vaisseaux de queue, et il remarque que plusieurs de ces vaisseaux n'avaient pas d'ennemis par leur travers. Aussitôt il force de marche, abandonnant à regret le *Superb*, et il se met bord à

heures quarante minutes, ce vaisseau avait perdu son grand mât et son mât d'artimon. Le *Héros*, qui avait combattu le *Superb* avant d'avoir le *Montmouth* pour adversaire, était, lui-même, très-dégréé. Il tomba sous le vent, et, pendant un moment, il canonna le *Superb* avec ses pièces de retraite. Suffren fit alors, à son matelot d'arrière, le signal particulier, et à l'arrière-garde, le signal général de laisser porter. Quoique l'*Orient* eût beaucoup souffert, le capitaine de la Pallière exécuta sur-le-champ l'ordre du commandant en chef[1]. Il fut suivi par M. de Saint-Félix qui montra, dans cette circonstance, l'esprit d'initiative dont il avait fait preuve, le 17 février. La manœuvre de ces deux vaisseaux dégagea le *Héros* qui continua à combattre jusqu'à ce que l'*Orient* et le *Brillant* se fussent placés entre lui et l'ennemi. L'amiral anglais passa sous le vent du vaisseau démâté, et il rejoignit son avant-garde. Le mouvement en avant de quelques-uns des vaisseaux de notre arrière-garde rendait la situation du *Montmouth* très-périlleuse. Pour sauver ce vaisseau et rétablir sa ligne de bataille qui était fort en désordre, l'amiral Hughes fit, à trois heures quarante minutes, le signal de virer de bord lof pour lof tout à la fois. Les vents qui étaient au nord-est, au début de l'action, avaient passé au nord, et les deux escadres s'étaient rapprochées de la terre. Le *Vengeur* ayant signalé quatorze brasses de fond, les Français prirent les amures

---

bord du *Montmouth*. » Ce récit n'est pas exact. Ce fut contrairement à la volonté de Suffren que le *Héros* dépassa le *Superb*. Le major de l'escadre dit, dans son journal : « Le dessein du général était de combattre l'amiral, mais des bras coupés nous ayant empêchés de coiffer nos huniers, nous l'avons dépassé et couru jusque par le travers de son matelot de l'avant, que nous avons combattu. » Enfin, lorsque le *Vengeur* signala quatorze brasses, le *Héros*, ainsi qu'on le verra plus loin, avait cessé de combattre le *Montmouth*. Il n'était pas une heure trois quarts, mais trois heures et demie, ce qui est très-différent. En d'autres termes, il n'y a aucun lien entre la manœuvre du *Héros* et la conduite des capitaines du *Vengeur* et de l'*Artésien*.

1. L'*Orient* faisait le signal « d'incommodité » au moment même où il recevait cet ordre.

à l'autre bord, en virant vent arrière, tous en même temps[1].

Pendant que les vaisseaux des deux escadres exécutaient cette évolution, le *Montmouth* restait immobile entre les deux lignes. Suffren signala à l'armée de forcer de voiles, et il donna, à la voix, l'ordre au capitaine de l'*Artésien* de se diriger sur le navire désemparé. En ce moment, ceux de nos bâtiments qui avaient combattu de près le centre de l'armée anglaise n'étaient pas éloignés du *Montmouth*. Suffren put croire que cette journée laisserait un trophée entre ses mains, mais l'habileté d'un des capitaines anglais trompa cette espérance. Cet officier envoya une amarre au *Montmouth*, et il le remorqua hors du feu. Après le virement de bord des deux escadres, les Anglais se trouvèrent sur l'avant des Français. Le délabrement d'un grand nombre de vaisseaux et les diverses péripéties du combat avaient mis le désordre dans les deux lignes. Les bâtiments de notre arrière-garde, devenue notre avant-garde, et quelques vaisseaux de notre centre étaient seuls en mesure de combattre. A cinq heures quarante minutes, le petit mât de hune du *Héros* s'étant rompu, le général mit son pavillon sur l'*Ajax*. Par suite du calme et des variations de la brise, les deux escadres s'éloignèrent l'une de l'autre, et l'ordre fut donné de cesser le feu. Néanmoins, le combat continua entre les vaisseaux qui étaient à portée de canon jusqu'au moment où l'obscurité fut complète. Le voisinage de la terre préoccupait les deux amiraux qui eussent voulu s'en éloigner avant la nuit, mais cette manœuvre n'était pas d'une exécution facile. Les Anglais, dont la marche était embarrassée par le *Montmouth*, mouillèrent à sept heures. Quoique les Français eussent pris la bordée la plus favorable pour gagner le large, l'*Ajax* toucha deux fois. D'au-

1. Le *Vengeur* venait de signaler quatorze brasses de fond. Le général a fait le signal de virer vent arrière tous en même temps. Cette manœuvre, après un combat chaud, n'a pu être ni prompte, ni générale. Nous avons viré, à bord du *Héros*, avec l'aide d'une embarcation.

tre part, Suffren craignait que le *Héros*, le *Brillant* et l'*Orient* ne fussent pas en état de le suivre. En conséquence, à huit heures du soir, il fit à l'armée le signal de mouiller où elle se trouvait. La préoccupation du commandant en chef à l'égard du *Héros* était légitime. Ce vaisseau, après avoir inutilement tenté de virer de bord pour s'éloigner de l'escadre anglaise, sur laquelle le portait une petite brise de nord-est, avait laissé tomber son ancre, à sept heures et demie. Du pont du *Héros*, on entendait distinctement les voix des hommes de l'équipage du vaisseau anglais le plus rapproché. Tous les canots ayant été brisés pendant le combat, M. de Moissac ne pouvait communiquer avec le commandant en chef. Une embarcation de l'escadre, montée par un officier, s'étant présentée le long de son bord, il s'empressa de profiter de cette circonstance pour faire connaître sa position au général[1]. Suffren fit donner à la *Fine*, qui était encore sous voiles, l'ordre de conduire le *Héros* au milieu de l'escadre française. Malgré l'obscurité de la nuit, cette frégate se présenta sur l'avant de ce vaisseau, et elle lui envoya un canot avec une amarre. Celle-ci était tournée, lorsque le vaisseau l'*Orient*, passant entre la *Fine* et le *Héros*, cassa la remorque. Le capitaine de la Pallière héla le *Héros*, et il le prévint que la *Fine* avait abordé un vaisseau anglais[2]. La secousse produite par la rupture du

---

1. A sept heures et demie, le *Héros* ayant inutilement essayé de virer vent arrière et vent devant, le vaisseau, absolument dégréé et hors d'état d'être réparé dans peu de temps, ayant le petit mât de hune et toutes ses voiles et manœuvres qui en dépendent sur les haubans de misaine, j'ai été forcé, par le peu de fond et dérivant toujours, de mouiller par sept brasses, fond de corail, au milieu de l'escadre anglaise et assez près d'un de ses vaisseaux pour en distinguer les voix. Le vent toujours au nord-est, presque calme. A ce moment, un officier est venu à bord pour savoir si ce n'était pas nous qui avions tiré trois coups de canon. Je lui dis que je croyais que c'était l'amiral anglais, dont ce pouvait être le signal de mouiller. Je le priai d'instruire le général de notre position désagréable.

2. « Nous entendions effectivement des voix anglaises et françaises, dit M. de Moissac dans son journal, se disputer, mais tout se passa en paroles. »

grelin, sépara le vaisseau et la frégate. Peu après, cette dernière indiqua par signal qu'elle était échouée. M. de Moissac, désespérant d'être secouru, fit frapper une embossure sur son câble. Il se tint prêt à s'en servir, soit pour abattre, dans le cas où le vent deviendrait favorable, soit pour présenter le travers à l'ennemi, si, comme il le supposait, il était attaqué le lendemain au jour. Ce fut la première de ces prévisions qui se réalisa. A neuf heures et demie, la brise s'étant levée du sud-ouest, le capitaine de Moissac fit couper son câble, et, à dix heures et demie, il laissa tomber l'ancre par le travers de l'*Ajax*. Quant à la *Fine*, après avoir éteint un commencement d'incendie qui s'était déclaré à son bord, elle se déséchoua et elle rallia l'armée. Ce ne fut pas le seul incident de cette nuit obscure et pluvieuse. M. de Goy, enseigne de vaisseau, aide-major de l'escadre, était à bord de la *Fine*, au moment où cette frégate avait abordé l'*Isis*. Il embarqua dans son canot pour retourner à bord de l'*Ajax*, mais son patron, au lieu de le conduire à bord du bâtiment que montait Suffren, accosta le vaisseau amiral anglais. M. de Goy et ses hommes furent faits prisonniers. On a dit que le capitaine de la *Fine* avait eu la pensée d'abandonner sa frégate, au moment où celle-ci était bord à bord avec l'*Isis*. Suffren, dans ses lettres au ministre, ne parle pas de ce fait qui eût certainement appelé son attention. Il n'en est pas question dans le journal du major de l'escadre. Or, M. de Moissac relate avec soin tous les incidents de la nuit ayant trait à la frégate *la Fine*[1]. Cette accusation déshonorante pour la mémoire de cet officier, n'est appuyée par aucune preuve, et elle doit être repoussée[2]. Lors-

---

1. M. de Moissac dit : « La secousse qu'occasionna l'*Orient*, en coupant le grelin, sépara les deux bâtiments. La *Fine* alla s'échouer un peu plus loin, fit le signal d'incommodité, mit le feu dans ses porte-haubans, l'éteignit et se déséchoua. M. de Goy, enseigne de vaisseau, aide-major, était sur la *Fine*. Il avait porté des ordres à plusieurs vaisseaux, quand la *Fine* s'est abordée avec l'*Isis*. Il embarqua dans son canot, mais, au lieu d'aller à bord de l'*Ajax*, il alla à bord du *Superb*. »

2. On lit dans l'*Histoire du bailli de Suffren*, par M. Cunat : « M. de

que le jour parut, les deux escadres étaient mouillées en pleine côte, et à deux milles de distance l'une de l'autre. Elles se seraient probablement perdues, si le vent avait soufflé grand frais du large pendant la nuit. « Six heures de mauvais temps, écrivait Suffren, pouvaient faire perdre l'escadre. Ma seule consolation était que les ennemis auraient le même sort. Au jour, nous nous sommes trouvés mouillés à deux tiers de lieue de l'escadre anglaise (par 8° 8' de latitude septentrionale, sur la côte orientale de Ceylan, près de l'île de la Provedien), et chacun est occupé à réparer son dommage[1]. » Suffren envoya un parlementaire à bord du *Superb* pour proposer à l'amiral Hughes l'échange de M. de Goy. L'amiral anglais ré-

---

Salvert, stupéfait, ne voyant aucune issue pour se soustraire à cet abordage, et craignant une invasion de la part des Anglais, fit amener son canot pour se sauver. M. Sébire de Beauchêne fut invité par M. de Salvert à descendre dans son canot et à le suivre dans sa retraite. Cet officier, de Saint-Malo, qui s'était distingué au combat de la *Belle-Poule*, s'y refusa. Sa belle contenance encouragea les plus timides et contribua au salut de la *Fine*. » M. Cunat a emprunté cette version à M. de Villejégu. Ce dernier était évidemment de très-bonne foi lorsqu'il rapportait un bruit qui avait peut-être couru dans l'escadre et qu'il croyait vrai, mais la bonne foi, en pareil cas, est à peine une circonstance atténuante. Quand on porte une accusation de cette nature, il faut y joindre des preuves. Il est, d'ailleurs, facile de voir d'où vient son erreur. Il sait que M. de Goy a été à bord du *Superb*, mais il ignore que cet officier venait de la *Fine*, lorsqu'il a pris le vaisseau amiral anglais pour l'*Ajax*. C'est la présence du canot de cet officier le long de la *Fine*, pendant l'abordage de cette frégate avec l'*Isis*, qui a donné naissance au bruit que M. de la Villejégu a accueilli trop facilement, et que la plupart de ceux qui ont écrit sur la campagne de l'Inde ont rapporté après lui.

1. Quelques historiens prétendent que, le 13, au matin, Suffren eut la pensée de tirer sur les vaisseaux anglais qui étaient à portée de l'escadre. Il ne donna pas suite à ce projet, disent les uns, dans la crainte d'engager une affaire générale. D'autres, au contraire, disent qu'il ne le fit pas parce que cette canonnade n'aurait amené qu'un combat partiel. Le rapport de Suffren met tout le monde d'accord. Il ne fut pas un instant question de tirer sur les vaisseaux les plus rapprochés de nous. Comment croire, d'ailleurs, que nous aurions usé notre poudre en envoyant des boulets à des vaisseaux qui étaient à dix-huit encablures ? Le major de l'escadre dit : Quelques vaisseaux anglais, mouillés à portée de canon à toute volée de notre escadre, appareillent. Les vaisseaux mouillés trop près des roches ou par des fonds trop petits, changent de mouillage.

pondit que ses instructions ne lui permettaient pas d'accueillir cette demande[1]. Le 17, les Français avaient terminé les travaux les plus urgents, et ils se tenaient prêts à mettre sous voiles. Le lendemain, les Anglais ne faisant aucun mouvement, Suffren se décida à appareiller. Après être resté, le 19 et une partie de la journée du 20, en vue de l'ennemi, il fit route pour Batacalo, rendez-vous assigné à ses transports. Le commandeur crut devoir se justifier, auprès du ministre, de ne pas avoir attaqué l'amiral Hughes dans la position que celui-ci occupait. Il le fit, en donnant comme explication de sa conduite les raisons suivantes : « 1° L'incertitude du fond mêlé de corail, puisque, au large des Anglais, l'*Ajax*, l'*Orient* et la *Fine* s'étaient échoués le 12 avril; 2° dans ces sortes d'entreprises, tout est à perdre, si on ne réussit pas; 3° je n'ai dans le moment des munitions de guerre que pour un combat; 4° peu de monde; 5° aucun moyen en rechanges pour réparer les gréements; 6° il manque à l'escadre au moins douze mâts de hune de rechange; 7° je vais au-devant de ceux qui sont à Galles où je trouverai du cordage, quelques munitions de guerre et des hommes; 8° pour tenter cela avec espérance de succès, il faut de la capacité, de la volonté, et assurément je les ai trop éprouvées pour risquer ainsi le tout pour le tout. »

La journée du 12 avril n'avait pas été, comme celle du 17 février, une simple escarmouche. On s'était sérieusement battu, et les pertes, de part et d'autre, étaient considérables. Nous les faisons connaître dans le tableau suivant qui indique la ligne de bataille des deux escadres.

---

1. Suffren avait pour M. de Goy une estime particulière. Il disait au ministre, dans une lettre contenant la demande du grade de lieutenant de vaisseau pour cet officier : « C'est un jeune homme qui est au milieu du feu d'un froid à faire plaisir à ceux qui le voient. »

LIVRE XIII.

ESCADRE FRANÇAISE.

Noms des bâtiments.	Nombre de canons.	Noms des capitaines.	Tués.	Blessés.
Vengeur	64	Forbin	»	2
Artésien	64	Maurville	12	20
Hannibal (anglais)	50	De Galle	6	19
Sphinx	64	Du Chilleau	22	74
Héros	74	Suffren / Moissac	12	38
L'Orient	74	La Pallière	25	71
Brillant	64	Saint-Félix	15	33
Sévère	64	Villeneuve-Cillart	12	20
Ajax	64	Bouvet	4	11
Annibal	74	De Tromelin	14	29
Flamand	50	Cuverville	3	12
Bizarre	64	La Landelle	12	28
Totaux des tués et des blessés [1]			137	357

1. MM. de Bourdeilles, lieutenant de vaisseau, de Bielke, Lamerchienna (officier suédois), de Rochemore, de Cuers, enseignes, Le Vasseur de Séligny, lieutenant de frégate, de Barence, garde de marine, étaient au nombre des morts. On comptait parmi les blessés, MM. de Cillart et de Galle, capitaines de vaisseau, Gouler, Pastrascour, officiers auxiliaires, d'Aigremont, garde de la marine.

ESCADRE ANGLAISE.

Noms des bâtiments.	Nombre de canons.	Noms des capitaines.	Tués.	Blessés.
Exeter	64	King	4	40
Sultan	74	Watt	»	9
Eagle	64	Reddal	»	22
Burford	70	Rainier	6	36
Montmouth	64	Alms	45	102
Superb	74	Edward Hughes	59	96
Monarca	68	Gell	7	28
Magnanime	70	Wolseley	»	7
Isis	50	Lunley	6	51
Héro	74	Hawher	2	13
Worcester	64	Charles King	8	26
Totaux des tués et des blessés			137	430

Les vaisseaux des deux escadres se trouvant placés pendant le combat dans l'ordre indiqué ci-dessus, on peut facilement reconnaître ceux qui avaient porté le poids de la bataille. On remarquera que les vaisseaux anglais, étant sous le vent, ne pouvaient pas s'approcher des nôtres. Dans le rapport qu'il adressa au ministre sur le combat du 12 avril, Suffren ne formula contre MM. de Maurville, Forbin, de Cillart, Bouvet et de la Landelle aucun grief spécial, mais il signala le rôle à peu près insignifiant joué par les vaisseaux qu'ils commandaient. Après avoir dit que M. de Tromelin, le chef de division dont il avait eu à se plaindre, le 17 février, avait fait son devoir, il signala la belle conduite de MM. de Saint-Félix et de la Pallière. Quant au commandant du *Sphinx*, le capitaine de vaisseau du Chilleau, Suffren accorda des éloges sans réserves aux services qu'il avait rendus dans la journée du 12 avril. « Si tous les officiers avaient fait comme lui, écrivit-il au maréchal de Castries, l'escadre anglaise ne serait plus. »

Le 30 avril, nos vaisseaux mouillèrent dans la baie de Batacalo, sur la côte orientale de l'île de Ceylan. La veille, Suffren avait communiqué avec le brûlot le *Pulvériseur*, envoyé à sa recherche par le capitaine de la *Bellone* qui était à Pointe de Galles avec le convoi. Le *Pulvériseur* apportait des dépêches venues de l'Ile de France par un bâtiment hollandais[1].

IV

Lorsque Suffren ouvrit les lettres adressées à son prédécesseur, il éprouva une très-pénible surprise. Le mi-

---

[1]. Le bâtiment hollandais apportait le duplicata de ces dépêches. Le primata avait été envoyé par la corvette l'*Expédition*, qui avait été prise par les Anglais.

nistre, en annonçant la prochaine arrivée d'un convoi escorté par deux vaisseaux, l'*Illustre*, de soixante-quatorze, et le *Saint-Michel*, de soixante, prescrivait au comte d'Orves de retourner à l'Ile de France. Il devait en repartir, au mois d'avril, après avoir fait des vivres et réparé ses bâtiments. Si des ordres aussi précis lui étaient parvenus au mois de février, Suffren eût hésité à les enfreindre. Les recevant à la fin d'avril, il considéra comme un devoir de sa position de ne pas les exécuter. Les dépêches apportées par le *Pulvériseur* soulevaient d'autres difficultés et ajoutaient aux perplexités du commandeur. Quelle ligne de conduite adopterait M. de Souillac qui ne pouvait ignorer les nouvelles instructions de la cour? Expédierait-il le convoi à la côte de Coromandel, ou le retiendrait-il sur la rade de Port-Louis, dans la pensée que Suffren obéirait aux ordres du ministre? « L'intention du Roi, écrivit Suffren à M. de Souillac, était que l'escadre fût de retour à l'Ile de France, en mars, afin de repartir, en avril, en forces réunies et bien réparées. Cela n'est plus possible. Avant que j'aille à la côte de Coromandel (on est au 1ᵉʳ mai) et que l'on puisse déterminer Hyder-Ali à laisser embarquer nos troupes, que celles-ci aient marché et que j'aie pu regagner Ceylan, c'est une affaire d'au moins quarante-cinq jours, la traversée environ quarante, le temps pour les radoubs au moins autant, la traversée (pour le retour) trente. Récapitulation : Quarante-cinq jours pour aller prendre nos troupes à la côte et les ramener à Ceylan, quarante jours de traversée, quarante-cinq de radoubs, trente de traversée pour revenir ici : total cent soixante. De sorte que voilà six mois de perdus, et Dieu sait ce que les ennemis peuvent entreprendre pendant ce temps. Ce serait bien mal interpréter les intentions du Roi et les vôtres, si j'entreprenais, à la fin d'avril, ce que vous aviez prévu pour la fin de février, et si, sur les assurances réitérées de ne pas quitter la côte, et si, sur la certitude que vous aviez, par les *Bons-*

Amis et par le *Chasseur*[1], que la corvette[2] n'était point arrivée, vous aviez jugé qu'il était trop tard, et que, sur mes demandes, vous ayez fait partir le convoi, que deviendrai-je à l'Ile de France? Je prends ce parti, quoique le seul bon, à regret, parce que, comme il ne sera du goût de personne, je serai désapprouvé par tout le monde. De plus, si je quittais la côte après un combat, sir Hughes, que j'ai battu deux fois, le 17 février et le 12 avril, ne manquerait pas de dire que j'ai été battu. Ce qui m'affecte le plus, c'est le manque de monde et la quantité de malades, mais deux traversées de douze cents lieues ne remettraient pas les équipages. »

Les transports qui étaient à Pointe de Galles arrivèrent à Batacalo, sous la conduite de la *Bellone* et de la *Sylphide*. La séparation du convoi n'avait pas eu les suites fâcheuses que Suffren redoutait. Nos pertes se réduisaient à deux bâtiments, le *Lauriston* et le *Toscan*, pris par les Anglais, le premier, à la mer, et le second, sur la rade de Négapatam, où il avait cherché un refuge, ignorant que cette place fût au pouvoir de l'ennemi. Quelques navires hollandais, expédiés par le gouverneur de Ceylan, apportèrent des vivres et des munitions. La frégate la *Bellone* avait capturé, dans une de ses sorties, treize navires de commerce et une petite corvette. Celle-ci reçut un équipage et elle augmenta le nombre des bâtiments légers de l'escadre. Avec l'argent provenant de la vente des prises, Suffren fit acheter à Tranquebar, comptoir danois, les vivres, les munitions et les approvisionnements de toutes sortes existant dans les magasins de la Compagnie des Indes. Un des bâtiments dont s'était emparée la *Bellone*, avait été vendu cinq cent mille francs.

Malgré les nécessités du ravitaillement, Suffren ne négligeait rien de ce qui avait trait à la question militaire.

---

1. Ces deux bâtiments avaient été expédiés à l'Ile de France, après le combat du 17 février.
2. Il s'agit de l'*Expédition* qui, ainsi que nous l'avons dit, était tombée entre les mains des Anglais.

Placés au sud de l'ennemi, qui s'était retiré à Trinquemalay, nous étions en position de capturer les bâtiments venant d'Europe ou de Bombay et se dirigeant sur Madras. Nos frégates croisaient au large, et une division de l'escadre était toujours prête à appareiller. Le 13 mai, cinq voiles ayant été signalées, le *Héros*, le *Vengeur*, l'*Artésien*, le *Sphinx* et l'*Annibal* mirent sous voiles. Au coucher du soleil, nous étions encore à plus de deux lieues de ces bâtiments. Suffren, ne jugeant pas prudent de mettre l'escadre anglaise entre les vaisseaux qu'il avait avec lui et ceux qui étaient mouillés à Batacalo, leva la chasse. On apprit, à quelque temps de là, que les bâtiments poursuivis venaient de Bombay avec des vivres, du matériel et des munitions.

L'escadre française fit route, le 3 juin, pour Tranquebar, où elle devait trouver plusieurs navires hollandais chargés de vivres. Elle arriva, le 5, à sa destination, après être passée, la veille, devant Trinquemalay où les Anglais terminaient leurs réparations. Notre nouvelle position nous permettait d'intercepter les navires expédiés de Madras à l'escadre anglaise. Le 8 juin, une division composée des vaisseaux le *Sphinx* et l'*Artésien*, des frégates la *Fine* et la *Bellone*, revint au mouillage amenant une prise, le transport le *Raikes*, chargé de vivres et de matériel. Cinq navires, au nombre desquels était ce dernier bâtiment, avaient quitté Madras avec des approvisionnements pour Trinquemalay. Le commandeur apprit, avec le plus vif regret, que nous avions laissé échapper deux de ces bâtiments. Dans la soirée du 5 juin, nos croiseurs couraient sur deux navires qui avaient été aperçus au coucher du soleil. La chasse se prolongea, et, par suite de leur inégalité de marche, nos bâtiments se séparèrent. La *Bellone* et la *Fine* étaient en avant, puis venait l'*Artésien*, et derrière lui le *Sphinx*. Les frégates s'étaient assez approchées de ces deux bâtiments pour reconnaître un vaisseau et un brick. Telle était la situation, lorsque, vers onze heures, l'*Artésien*, qui était près de rejoindre la *Bellone* et la *Fine*, diminua de voiles et disparut. Le capitaine de ce vaisseau avait fait route sur le *Sphinx* qu'il était sur le point de perdre de vue. MM. de Beaulieu et de Salvert avaient suivi l'ennemi, sous petites voiles, allumant des feux et tirant des fusées pour indiquer leur position. Un peu avant le jour, n'apercevant plus le *Sphinx* et l'*Artésien*, ignorant, d'autre part, quelle pouvait être l'intention du commandant de la division, ils s'étaient éloignés. On apprit plus tard que ces deux bâtiments étaient le brick le *Rodney* et le vaisseau le *San Carlos*, tous deux armés en flûte. Suffren se montra d'autant plus irrité contre le capitaine de l'*Artésien* que la capture de ces deux bâtiments eût été pour nous d'un prix inestimable. Quelques jours après, nos croiseurs amenèrent à Tranquebar deux transports chargés de vivres. L'un deux, la *Résolution*[1], portait seize canons et était doublé en cuivre. L'escadre mouilla, le 22 juin, devant la ville de Goudelour, enlevée aux Anglais le 3 avril 1782. Sur la rade, se trouvaient un navire de commerce, chargé de vivres, et un grand transport, appartenant à la Compagnie des Indes, qui avaient été capturés par la *Fine*. Le dernier avait, à son bord, seize officiers d'artillerie, des canonniers, des pièces de siége, de la poudre et des munitions de guerre. A quelques jours de là, un grand bâtiment anglais, ayant trente pièces de canon, chargé de riz et de blé, tomba entre nos mains. L'activité de nos croiseurs faisait subsister notre escadre. Suffren était venu à Goudelour pour compléter ses vivres, déposer les malades et examiner, de concert avec le général Duchemin, ce qu'il était possible d'entreprendre avec les troupes et l'escadre. Le commandeur avait l'intention de combattre une troisième fois l'escadre anglaise, et, s'il sortait victorieux de cette nouvelle rencontre, il désirait attaquer Négapatam dont la possession, au double point de vue

---

1. Ce bâtiment avait fait le tour du monde avec Cook. (*Journal du major de l'escadre.*)

militaire et maritime, nous eût été fort utile. Le major de l'escadre se rendit auprès d'Hyder-Ali pour lui soumettre cette proposition et réclamer son concours. L'envoyé de Suffren trouva le nabab extrêmement irrité contre le général Duchemin. L'armée mysoréenne avait eu, avec les Anglais, plusieurs engagements auxquels le corps expéditionnaire n'avait pris aucune part. Après s'être emparée de la forteresse de Permacoul, elle aurait, disait le sultan, remporté de très-grands avantages, si elle avait été soutenue par nos soldats. Toutefois, Hyder-Ali montra envers la marine les dispositions les plus favorables, et il promit d'agir par terre lorsque le moment serait venu. Il chargea M. de Moissac d'exprimer à Suffren son désir de le voir, au retour de cette expédition. Le 25 juin, le commandeur ayant appris que les Anglais étaient mouillés devant Négapatam, hâta les préparatifs du départ. Pour compléter les vides qui existaient dans ses équipages, il fit embarquer, sur les vaisseaux, des compagnies de cipayes et des détachements empruntés aux troupes de la garnison de Goudelour. Après avoir pris sept cents blancs, écrivit Suffren au ministre, il ne reste plus que six cents Européens en santé qui composeront la garnison de Goudelour. Ils couvriront les hôpitaux et le dépôt jusqu'à l'arrivée des renforts. Si la guerre dure, il faut nous envoyer de fortes frégates doublées en cuivre. Si, depuis que je suis à la côte, j'avais eu des frégates, nous aurions fait aux Anglais un mal infini. Je n'en ai que deux, et elles ont été employées autant que cela a été possible. Les circonstances ont fait exécuter les intentions du Roi relativement à l'armée. Si les renforts annoncés arrivent et qu'ils soient bien commandés, tout ira bien. L'Inde n'est plus le même pays que jadis. Le Carnatic et l'Arcate étant absolument dévastés par la guerre, on n'y peut vivre qu'avec l'aide d'Hyder-Ali. Celui-ci, avec des milliers de chameaux, fait venir des vivres de l'intérieur. Sous ce rapport, on sera toujours dans la dépendance du nabab. Mais, pour qu'elle soit moindre, il faut de l'argent; on n'en trouve pas dans ce pays. Le nabab me témoigne autant de confiance que de considération, et j'emploie toute celle qu'il paraît avoir en moi pour le persuader de l'arrivée des renforts, et qu'on ne fera pas la paix sans l'y comprendre, afin de l'empêcher de faire la sienne. Tous ses gens le désirent ; ils sont ennuyés de faire la guerre dans un pays où il n'y a plus rien à prendre. Les Anglais, qui voient combien leur position est critique, sèment l'argent dans le Durbar, de sorte qu'il est le seul qui veuille la guerre. »

Les prisonniers, dont le nombre allait croissant, devenaient pour l'escadre une cause sérieuse d'embarras. La faiblesse de la garnison de Goudelour ne permettait pas de les laisser dans cette ville. D'autre part, nous n'avions pas de bâtiments disponibles pour les envoyer à l'Ile de France. Enfin, les autorités anglaises repoussaient d'une manière absolue toute demande d'échange. Dans cette situation, Suffren prit le parti de les remettre entre les mains d'Hyder-Ali. Une convention spéciale fut passée avec le nabab pour que les prisonniers fussent traités et nourris conformément aux habitudes européennes. Un commissaire français fut chargé de veiller à la stricte exécution des diverses clauses qu'elle contenait.

Au moment d'appareiller pour aller, une troisième fois, à la recherche de l'escadre anglaise, Suffren put écrire au ministre avec un légitime orgueil : « Depuis mon arrivée à Ceylan, soit par le secours des Hollandais, soit par les prises que j'ai faites, l'escadre est en mesure de vivre pendant six mois, et j'ai des subsistances assurées en blé et en riz pour plus d'un an. »

LIVRE XIV

Combat du 6 juillet 1782. — Mouillage des deux escadres sur la côte. — Les Français retournent à Goudelour. — Incident relatif au capitaine du *Sévère*. — M. de Cillart est démonté de son commandement. — Les capitaines de Maurville, de l'*Artésien*, de Forbin, du *Vengeur*, sont renvoyés en France. — Entrevue de Suffren avec Hyder-Ali. — Départ de l'escadre pour Batacalo. — Arrivée du *Saint-Michel*, de l'*Illustre* et de la *Fortune*. — Prise de Trinquemalay. — Combat du 3 septembre 1782. — Les Français rentrent à Trinquemalay. — Perte du vaisseau l'*Orient*. — La nouvelle de la prise de Trinquemalay et l'arrivée de l'amiral Hughes à Madras décident sir Eyre Coot à s'éloigner de Goudelour. — — Les Français vont à Achem, et les Anglais à Bombay. — Suffren fait route, le 20 décembre, pour la côte d'Orixa.

I

L'escadre française appareilla, le 3 juillet, de la rade de Goudelour. Deux jours après, nos frégates signalèrent l'ennemi mouillé entre Naour et Négapatam. La brise qui soufflait de l'ouest nous permit de faire route sur les Anglais. A notre approche, vers deux heures et demie, l'amiral Hughes mit sous voiles. A trois heures, un grain blanc démâta l'*Ajax* de son grand mât de hune et de son mât de perroquet de fougue [1]. Le *Héros* fit à ce vaisseau le signal de prendre la queue de la ligne, et il donna à la frégate la *Bellone* l'ordre de l'observer. Les vents ayant passé au sud-sud-ouest, les Français se trouvèrent sous le vent de l'ennemi. Au lieu de nous attaquer, pendant que

---

1. « A trois heures, le vaisseau l'*Ajax* a démâté de son grand mât de hune et de son perroquet de fougue, dans un grain ou tourbillon qui, quoique la ligne fût serrée, n'a été ressenti que par lui. » (*Journal du major de l'escadre.*)

l'*Ajax* était hors d'état de combattre, l'amiral anglais tint le vent le cap au large. Le calme étant survenu, les deux escadres mouillèrent dans la soirée. La frégate la *Fine* reçut la mission de surveiller les mouvements de l'ennemi, et la *Sylphide* alla se joindre à la *Bellone* pour secourir l'*Ajax*. Le commandeur fit au capitaine Bouvet la recommandation très-expresse de se mettre le plus promptement possible en état de combattre. Le 6 juillet, au point du jour, les deux escadres mirent sous voiles. L'*Ajax* ayant demandé à rester au mouillage, il lui fut répondu par l'ordre d'appareiller. Croyant que l'amiral Hughes manœuvrait pour concentrer le gros de ses forces sur notre arrière-garde, Suffren prescrivit à l'*Orient*, vaisseau de soixante-quatorze, de prendre poste à la queue de la ligne [1]. A dix heures du matin, les deux escadres couraient les amures à bâbord, avec une faible brise de sud-ouest, les Anglais au vent des Français. Quoiqu'il se fût écoulé près de vingt heures depuis que l'*Ajax* avait démâté de son grand mât de hune et de son mât de perroquet de fougue, les avaries de ce vaisseau n'étaient pas encore réparées et il se tenait sous le vent de la ligne [2]. En conséquence, nous avions le même nombre de vaisseaux que nos adversaires. A dix heures et demie, l'amiral anglais laissa

---

1. « Les deux escadres firent, dans la matinée, quelques évolutions. A sept heures et demie, ordre à l'escadre de virer vent devant par la contre-marche. Le général espérait passer à portée de l'arrière-garde de l'ennemi, mais le *Bizarre*, vaisseau de tête, ayant manqué à virer, a retardé l'évolution ; les vents étaient alors dans la partie de l'ouest. A huit heures, ordre à la division de serrer la ligne ; à la même heure, le vaisseau de tête a viré. A huit heures un quart, signal au *Bizarre* de diminuer de voiles et au *Sphinx* de serrer la ligne. A huit heures et demie, le *Bizarre*, qui était en panne, a ordre de faire servir. A huit heures trois quarts, ordre au *Bizarre* de tenir le vent. Ce vaisseau, ayant pris le signal de tenir le vent pour celui de tenir le vent bâbord amures, a viré de bord vent arrière. Le général lui a donné l'ordre de prendre poste entre le *Vengeur* et l'*Orient*. » (*Journal du major de l'escadre*.)

2. « L'*Ajax* a demandé à relâcher, mais le général a refusé. Ce vaisseau n'ayant eu ni ses barres, ni ses hunes brisées, il était bien extraordinaire qu'il n'eût pas encore repassé les mâts de hune. » (*Journal du major de l'escadre*.)

porter sur notre armée par un mouvement tout à la fois. Vers onze heures, l'avant-garde ennemie étant à portée de canon, Suffren fit commencer le feu. Le combat s'engagea avec beaucoup de vivacité à l'avant-garde et au corps de bataille. A l'arrière-garde, plusieurs vaisseaux anglais restèrent à une grande distance au vent de notre ligne. A midi trois quarts, quelques navires avaient déjà beaucoup souffert. Le chef de file de l'armée anglaise, le *Hero*, de soixante-quatorze canons, se retira du champ de bataille. Dans notre escadre, Suffren fut obligé de couvrir, avec son vaisseau, le *Brillant*, qui avait perdu son grand mât. A une heure, au moment où l'action était très-chaude, le vent sauta brusquement au sud-sud-est. La nouvelle direction de la brise, frappant par bâbord les vaisseaux anglais et français, mit le désordre dans les deux lignes. A l'exception du *Sultan*, de l'*Eagle* et du *Worcester*, qui laissèrent porter à temps, les bâtiments ennemis furent masqués et tombèrent sur tribord. L'escadre anglaise se trouva divisée en deux parties, dont l'une était poussée dans l'ouest et l'autre dans l'est. L'amiral Hughes donna l'ordre à son armée de serrer le vent, les amures à bâbord. Suffren fit le signal de virer de bord lof pour lof, tout à la fois, et de former une ligne, sans avoir égard aux postes. Notre évolution avait pour but de couvrir le *Brillant* et le *Sévère*, qui avaient abattu sur tribord, et de couper l'*Eagle*, le *Worcester* et le *Sultan*, si ces trois vaisseaux ne manœuvraient pas avec célérité pour rallier leur escadre. Le *Worcester* et l'*Eagle* dirigeaient contre le *Brillant* un feu très-vif, mais le *Héros*, doublant ce dernier vaisseau au vent, le sépara de ses deux adversaires. Le *Worcester*, après avoir échangé quelques bordées avec l'*Annibal*, passa à contre-bord du *Héros*, dont il reçut toute la bordée sans riposter, et il s'éloigna du champ de bataille en courant grand largue sous toutes voiles. Le *Sévère*, de soixante-quatre, et le *Sultan*, de soixante-quatorze, que la saute de vent avait placés très-près l'un de l'autre, se canonnèrent avec vigueur. Pendant un moment, à bord du *Héros*, on cessa d'apercevoir le pavillon du *Sévère*, mais l'émotion causée par cet incident, attribué à la rupture d'une drisse de pavillon, ne fut pas de longue durée. Les couleurs nationales reparurent à l'arrière du vaisseau français dont le feu sembla toujours très-soutenu [1]. Pendant ce rapide engagement, le capitaine du *Sultan* virait de bord lof pour lof, et aussitôt qu'il eut achevé son évolution, il fit route sur son escadre. L'*Eagle*, le seul bâtiment ennemi qui restât à notre portée, était suivi, à petite distance, par le *Vengeur* et l'*Artésien*. Si ces deux vaisseaux parvenaient à le dégréer promptement, et, par suite, à ralentir sa marche, nous avions des chances d'autant plus grandes de le prendre, que plusieurs navires français, au nombre desquels était le *Héros*, manœuvraient pour le couper. Déjà, on remarquait quelques avaries dans sa mâture, lorsque l'*Artésien* arriva tout plat, à la suite d'une explosion qui se produisit sur l'arrière de son mât d'artimon. Ce mouvement était d'autant moins explicable, qu'il devait avoir pour conséquence de porter l'incendie sur l'avant du vaisseau. Suffren, très-irrité contre le capitaine de Maurville, lui donna immédiatement, par signal, l'ordre de tenir le vent. La même injonction fut faite au *Vengeur*, qui courait largue et s'écartait de son adversaire. L'*Eagle*, mettant à profit le temps que nous perdions, fut bientôt hors de portée. A trois heures cinquante minutes, le feu ayant cessé, de part et d'autre, Suffren rallia ses bâtiments et il se dirigea sur l'ennemi. Le gros de l'escadre anglaise, qui était déjà loin de nous, courait dans la direction de l'ouest. L'amiral Hughes avait eu la pensée de faire un retour offensif, mais, en présence de la situation de son armée, il s'était décidé à la retraite.

---

1. « Le *Sévère* était alors à portée d'un soixante-quatorze ennemi; son pavillon était amené, ce qui nous causait de l'inquiétude, mais nous le vîmes bientôt continuer à faire feu sur le vaisseau et arriver dans la ligne. D'ailleurs, nous étions assez près pour le secourir en cas d'accident. » (*Journal du major de l'escadre*.)

Le *Hero* avait, en haut de ses mâts, des signaux de détresse, et le *Worcester* était à toute vue [1] sous le vent. Le capitaine du *Monarca*, passant près du *Superb*, avait fait connaître à l'amiral qu'il était hors d'état de retourner au feu. Enfin, par suite des avaries qu'ils avaient reçues dans leurs mâtures, la plupart des vaisseaux anglais ne manœuvraient que très-difficilement [2]. L'escadre anglaise se rapprocha de la côte, et, à cinq heures et demie, elle mouilla entre Négapatam et Nagore. Les bâtiments français laissèrent tomber l'ancre à trois lieues environ dans le nord des vaisseaux ennemis. Le lendemain, dans la matinée, Suffren fit route sur Goudelour. Il était disposé à reprendre le combat interrompu la veille, mais l'amiral Hughes resta au mouillage. Le 7 juillet, nos vaisseaux furent rejoints par un brick portant pavillon parlementaire. M. de Moissac, major de l'escadre, se rendit à bord de ce navire, où il trouva le capitaine James Watt. Cet officier était porteur d'une lettre dans laquelle son amiral réclamait le *Sévère*, affirmant que ce vaisseau s'était rendu au *Sultan* [3]. Le commandeur n'avait reçu de M. de Cillart aucune explication qui lui permît de comprendre la démarche de l'amiral anglais. Il se rappelait seulement que le *Sévère* avait combattu pendant quelques instants sans pavillon. « Le général, dit le major de l'escadre dans son journal, à qui M. de Cillart n'avait pas encore rendu compte, a répondu à l'amiral que, sans doute, une drisse de pavillon coupée avait pu faire imaginer que le vaisseau avait amené; mais que cela n'avait jamais été son intention, et que, d'ailleurs, il était, lui-même, dans ce moment-là, assez près pour le secourir, et même pour le reprendre, en cas qu'il se fût rendu [4]. » Désagréablement surpris que le commandant

---

1. Le *Worcester* ne rallia son armée que le lendemain, 7 juillet.
2. Lettre de l'amiral Hughes au secrétaire de l'amirauté anglaise.
3. Dans la lettre de l'amiral anglais, il était question de l'*Ajax*; c'était une erreur de nom, l'amiral voulait parler du *Sévère*.
4. Suffren rendit compte au ministre, dans les termes suivants, des

en chef de l'escadre britannique eût basé une réclamation de cette importance sur un accident aussi simple que celui de la rupture d'une drisse de pavillon, il refusa de recevoir le capitaine James Watt qui demandait à lui présenter ses hommages. Au moment où le pavillon du *Sévère* avait disparu, ce n'était pas ce vaisseau, ainsi que nous l'avons déjà fait remarquer, mais son adversaire qui se trouvait compromis. Menacé d'être coupé, le capitaine du *Sultan* n'avait d'autre préoccupation que d'achever son virement de bord et de rallier son escadre. Si cette réclamation n'avait au fond aucune valeur, le fait sur lequel elle reposait était de la plus scrupuleuse exactitude. Le pavillon du *Sévère* avait été amené, sur l'ordre du capitaine de Cillart, au moment où ce vaisseau était bord à bord avec le *Sultan*. Les officiers, accourus sur le pont, avaient fait à leur commandant d'énergiques représentations auxquelles celui-ci avait cédé. Le pavillon avait été rehissé, et le feu avait repris avec une nouvelle vivacité [1]. Ces détails furent portés à la connaissance de Suffren, à l'arrivée de l'escadre à Goudelour. M. de Cillart reçut immédiatement l'ordre de quitter son commandement et de s'embarquer, comme passager, sur un navire prêt à partir pour l'Europe. L'irritation que ressentit le commandeur, à la suite de cette affaire, eut une très-grande part dans la mesure qu'il prit à l'égard de deux

---

réclamations qui lui avaient été adressées par l'amiral anglais, au sujet du vaisseau le *Sultan* : « M. de Cillart, commandant le *Sévère*, s'étant, dans l'affaire du 6 juillet, trouvé très-près d'un vaisseau ennemi, amena son pavillon, étant fort proche de plusieurs vaisseaux de l'escadre, notamment du *Héros*. Ses officiers l'engagèrent à le faire rehisser et à continuer le combat. J'ai cru que la drisse de pavillon avait été coupée, étant bien loin de soupçonner une telle infamie. Le 7, l'amiral Hughes envoya un parlementaire pour le réclamer. Comme on ne m'avait rendu aucun compte, e repondis, ce que je croyais, que la drisse du pavillon avait été coupée, et que si ce vaisseau se fût rendu, j'étais assez près pour le reprendre. »

1. Le major de l'escadre dit, dans son journal, « que les officiers du *Sévère* et son brave équipage n'avaient pas voulu consentir à la reddition du vaisseau et avaient continué à tirer sur l'ennemi. »

autres capitaines de l'armée. Depuis le jour où la mort du comte d'Orves l'avait placé à la tête de l'escadre de l'Inde, il était convaincu que plusieurs de ses capitaines n'avaient ni la capacité, ni l'énergie nécessaires pour le seconder. Le 17 février et le 12 avril, les résultats sur lesquels il comptait avaient été compromis par les manœuvres de quelques-uns de ses vaisseaux. Après ces deux combats, était venu celui du 6 juillet. Ce jour-là, le peu d'activité du capitaine de l'*Ajax* nous avait privés du concours d'un vaisseau de soixante-quatre. Le commandeur n'était pas disposé à se montrer sévère à l'égard de M. Bouvet, dont la carrière était très-honorable. Mais en ce moment, cet officier, doublement fatigué par l'âge et les maladies, était hors d'état d'exercer le commandement de son vaisseau. Si, le 6 juillet, les capitaines du *Vengeur* et de l'*Artésien* avaient mis plus d'énergie et d'habileté dans la poursuite de l'*Eagle*, ce vaisseau, promptement dégréé, eût été joint par les nôtres. Aucune circonstance particulière ne plaidait la cause de ces deux officiers. Le *Vengeur*, qui figurait au combat de la Praya, n'avait été, dans cette affaire, d'aucun secours pour ses compagnons d'armes. Il s'était bien conduit, le 17 février, mais, le 12 avril, étant chef de file de l'armée, il avait ouvert le feu à une distance beaucoup trop grande, et, pendant toute la durée du combat, il avait été de l'avant et loin de son poste. Dans cette même journée, le capitaine de l'*Artésien* avait suivi tous les mouvements du *Vengeur*, et il s'était rendu coupable des mêmes fautes. Quoique l'*Artésien* fût doublé en cuivre et qu'il eût une bonne marche, M. de Maurville n'avait pas su, le 17 février, prendre un poste qui lui permît de combattre. Enfin, le commandeur se rappelait que ce même officier avait fait manquer la prise du *San-Carlos*, bâtiment chargé de vivres et de matériel, alors que l'escadre française était dans le dénûment le plus complet[1]. Il se décida à prendre, à l'égard

---

1. Le 5 juin, étant détaché avec deux vaisseaux et une frégate pour

des capitaines du *Vengeur* et de l'*Artésien*, une mesure devant laquelle il avait reculé, le 17 février, quoique déjà il la regardât comme nécessaire. M. de Forbin portait un nom illustre dans la marine, et il était, par alliance, le parent de Suffren. M. de Maurville, fils d'un lieutenant général, avait ci[nq] frères dans la marine. Ces considérations furent impu[iss]antes à modifier une résolution qu'il jugeait indispensa[ble] au bien de l'État. Les capitaines du *Vengeur* et de l'*Artésien* furent démontés de leur commandement et envoyés en France à la disposition du ministre. Quant au capitaine de l'*Ajax*, il quitta son vaisseau par suite du mauvais état de sa santé[1]. Au moment où Suffren montrait cette vigueur dans l'exercice de son commandement, il n'était que capitaine de vaisseau. Or, à cette époque, ainsi que le témoigne le passage suivant d'une lettre qu'il écrivait au ministre, le règlement ne permettait pas aux officiers généraux d'agir ainsi qu'il l'avait fait. « Vous serez peut-être fâché, Monseigneur, que je n'aie pas sévi plus tôt, mais je vous prie de considérer que l'ordonnance ne donne même pas ce droit aux officiers généraux et que je ne le suis pas. » Suffren était, en réalité, chef d'escadre, mais il ne connaissait pas sa promotion.

Nous indiquons ci-après les chiffres des morts et des blessés sur les vaisseaux des deux escadres, ainsi que l'ordre dans lequel celles-ci avaient combattu.

chasser un vaisseau et une corvette, à l'entrée de la nuit, il diminua de voiles et il s'éloigna, au point de ne pas être vu par les frégates, qui ne se crurent pas assez fortes pour attaquer un vaisseau de ligne et une corvette. M. du Chilleau, ne voyant plus rien, à onze heures du soir, leva la chasse, ce qu'il n'eût pas fait si l'*Artésien* était resté entre lui et les frégates. Le ralliement de l'*Artésien* a fait manquer le vaisseau le *San-Carlos*, qui était chargé de munitions de guerre navales et de renforts d'équipage. (Lettre de Suffren au ministre.)

1. « Je lui ai accordé avec plaisir, écrivit Suffren au ministre, en parlant du capitaine de l'*Ajax*, la permission qu'il m'a demandée de passer en Europe pour cause de santé. Cet officier, qui était réellement très-souffrant, mourut le 6 octobre 1782 à Trinquemalay. Une pension de huit cents livres, sur le Trésor royal, fut accordée, à compter du même jour, à sa veuve.

ESCADRE FRANÇAISE.
Ligne de bataille. — Ordre renversé.

Noms des bâtiments.	Nombre de canons.	Noms des capitaines.	Tués.	Blessés.
Troisième escadre.				
Flamand.	50	De Cuverville.	13	56
Annibal.	74	De Tromelin.	28	80
Sévère.	64	De Cillart.	20	77
Brillant.	64	De Saint-Félix.	47	136
Corps de bataille.				
Héros.	74	Suffren / De Moissac.	25	72
Sphinx.	64	Du Chilleau.	19	85
Hannibal.	50	Galle.	5	13
Artésien.	64	Maurville.	12	38
Deuxième escadre.				
Vengeur.	64	Forbin.	8	44
Bizarre.	64	La Landelle.	»	»
Orient.	74	La Pallière.	1	»
Totaux des tués et des blessés.			178	601

ESCADRE ANGLAISE.
Ligne de bataille.

Noms des bâtiments.	Nombre de canons.	Noms des capitaines.	Tués.	Blessés.
Division rouge.				
Hero.	74	Hughes / King, commodore.	12	23
Exeter.	64	Robert Montagu.	11	24
Isis.	50	Lumley.	9	19
Burford.	70	Peter Rainier.	7	34
Division bleue.				
Sultan.	74	James Watt.	16	21
Superb.	74	Mac Lellan. / Sir E. Hughes, vice-amir.	7	19
Monarca.	68	John Gell.	8	46
Worcester.	64	Wood.	1	9
Division blanche.				
Montmouth.	64	James Alms.	»	12
Eagle.	64	Ambrose Reddals.	4	9
Magnanime.	64	Charles Wolseley.	2	7
Totaux des tués et des blessés [1].			77	223

1. Le capitaine Lumley, de l'*Isis*, était au nombre des morts.

Les Anglais ayant combattu au vent, étaient très-dégréés, tandis que les Français, placés sous le vent, avaient un grand nombre d'hommes hors de combat. Les pertes, à bord de quelques bâtiments appartenant aux deux arrière-gardes, étaient très-faibles. La position prise par plusieurs vaisseaux de l'armée anglaise explique ce résultat. Les 17 février et 12 avril, nous étions au vent, et par conséquent libres de nous rapprocher de nos adversaires. Le 6 juillet, les rôles étaient changés, et les Anglais étaient maîtres de la distance à laquelle ils voulaient combattre. L'amiral Hughes, dont la manœuvre fut imitée par la plupart de ses capitaines, se plaça très-près de nous. Quelques navires de l'arrière-garde ne suivirent pas cet exemple. Ils lofèrent trop tôt, et ils restèrent, pendant toute la durée du combat, loin des bâtiments qui leur correspondaient dans notre ligne. « L'*Orient* et le *Bizarre*, écrivit Suffren, ne prirent aucune part au combat, l'arrière-garde anglaise étant toujours restée éloignée. » Les officiers qui commandaient les vaisseaux de queue de la ligne anglaise, ne s'étaient pas montrés plus habiles manœuvriers, le 6 juillet, que ne l'avaient été, le 12 avril, les capitaines du *Vengeur* et de l'*Artésien*. Quoiqu'il ne ressorte de cette comparaison rien qui puisse atténuer la conduite de MM. de Forbin et de Maurville, il est nécessaire de constater ces faits, afin de restituer aux fautes commises par nos officiers leur véritable caractère.

L'escadre était arrivée à Goudelour avec des besoins auxquels ses ressources ne lui permettaient pas de satisfaire. Notre dénûment était tel que Suffren fut obligé de démâter les frégates pour mâter les vaisseaux et de prendre les mâts des corvettes pour les donner aux frégates. Le major de l'escadre rapporte, ainsi qu'il suit, dans son journal, les dispositions prises pour triompher d'obstacles qui eussent paru insurmontables à tout autre qu'à Suffren. « Nous sommes fort embarrassés pour avoir des mâts de hune, en ayant perdu beaucoup dans les trois combats. Le général a ordonné que le grand mât de la *Pourvoyeuse*, avec ses mâts de hune, vergues, voiles, serait donné au *Brillant*. La *Fortitude* donnera son grand mât à la *Pourvoyeuse*, et son mât d'artimon pour un mât de hune d'un vaisseau. La *Sylphide* donnera son grand mât qui peut faire un mât de hune et mettra à sa place un mât de fortune. Le *Pulvériseur* donnera ses deux bas mâts qui peuvent faire des mâts de hune et sera remâté avec ceux de la prise *Yarmouth*. L'intention du général est d'envoyer la *Pourvoyeuse* à Malac, où elle fera un grand mât et chargera des mâtures que les Anglais font couper dans le détroit. La *Fortitude* ira au Pégou; elle y fera un grand mât et y chargera des bois de toutes dimensions. » L'escadre française devait exécuter ces diverses opérations sur une rade foraine où la mer était fort grosse lorsque la brise soufflait du large. La position de l'ennemi, resté au vent de Goudelour, ajoutait aux difficultés de cette situation. Néanmoins, les travaux furent immédiatement entrepris, et l'ordre fut donné de les pousser, jour et nuit, avec toute l'activité que comportaient les circonstances.

II

Quelques jours après son arrivée sur la rade de Goudelour, Suffren reçut la nouvelle de l'arrivée à l'Ile de France des vaisseaux le *Saint-Michel*, de soixante, l'*Illustre*, de soixante-quatorze, et de plusieurs transports. Le lieutenant général de Bussy, nommé au commandement en chef des forces de terre et de mer au delà du Cap de Bonne-Espérance, était à bord d'un des vaisseaux[1]. La

---

1. Le *Saint-Michel*, l'*Illustre*, le cotre le *Lézard*, partis de Cadix le 4 janvier 1782, avaient mouillé, le 11 janvier, à Ténériffe, rendez-vous assigné aux transports qui avaient quitté Brest, le 12 décembre 1781, en même temps que l'escadre du lieutenant général de Guichen. La presque totalité des bâtiments capturés dans le coup de main audacieux de l'amiral

frégate la *Bellone*, en mission à Tranquebar, amena à Goudelour M. de Launay, qui commandait l'artillerie du corps expéditionnaire. Cet officier était venu de l'Ile de France à Pointe de Galles par le cotre le *Lézard*. De l'île de Ceylan, il avait passé sur la côte de Coromandel, et il avait gagné Tranquebar par la voie de terre. L'*Illustre*, le *Saint-Michel*, la frégate la *Consolante* et plusieurs navires portant des vivres, des munitions navales et six cents soldats, devaient appareiller peu de jours après le départ du *Lézard*. M. de Launay apportait les dépêches que le ministre adressait au commandeur et au général Duchemin. Le maréchal de Castries annonçait que deux nouveaux convois, portant cinq mille hommes, partiraient de nos ports au commencement de 1782.

Il avait été convenu que Suffren aurait, à son retour, une entrevue avec Hyder-Ali. Ce prince, voulant donner au grand homme qui commandait notre escadre une marque éclatante de sa considération, vint, avec toute son armée, forte d'environ cent mille hommes, s'établir à quelques lieues de notre mouillage. Deux de ses principaux officiers et une nombreuse escorte de cavalerie se rendirent à Goudelour pour accompagner le commandeur à son camp. Celui-ci fut reçu, à son arrivée, par toute l'armée mysoréenne sous les armes. La situation politique et militaire du sultan avait subi une nouvelle atteinte. Ce prince avait appris que ses anciens alliés étaient sur le point de devenir ses ennemis. Les provinces de son empire, qui confinaient à la côte de Malabar, laissées sans défense par la défection des Mahrattes, étaient attaquées par les troupes de la Présidence de Bombay. Il ne pouvait compter sur le corps français qui était à peine suffisant pour garder Goudelour. En consé-

---

Kempenfeldt, appartenait au convoi qui se rendait dans l'Inde. Trois transports seulement étaient arrivés à Ténériffe. M. de Bussy, dont le nom eût trahi les desseins de la France sur l'Inde, s'était rendu à Cadix incognito.

quence, l'armée mysoréenne se trouvait seule en présence de toutes les forces que la Grande-Bretagne avait dans l'Inde. Enfin, il était informé que les Anglais attendaient très-prochainement un convoi apportant des renforts considérables [1]. Cette situation lui imposait l'obligation, soit de faire la paix, soit de s'éloigner du Carnatic pour défendre ses propres États. Suffren s'appliqua à combattre le découragement dont le nabab était atteint. Les dépêches du maréchal de Castries, apportées par M. de Launay, donnaient la certitude que cinq mille soldats ne tarderaient pas à débarquer à l'Ile de France. La désignation du lieutenant général de Bussy pour commander les troupes indiquait, de la part du gouvernement français, l'intention bien arrêtée de prendre une part très-active aux affaires de l'Inde. Cédant aux instances de Suffren, le nabab, auquel la pensée de traiter avec les Anglais était extrêmement pénible, promit d'envoyer son fils Tippo-Saïb à la côte de Malabar et de rester, de sa personne, dans le Carnatic avec la plus grande partie de ses forces. Avant de quitter le camp, Suffren réussit à amener un rapprochement entre le nabab et le général Duchemin. Si on en juge par le passage suivant d'une de ses lettres, le commandeur désapprouvait la ligne de conduite suivie par le général français. « Ce prince, disait-il au ministre, en parlant d'Hyder-Ali, a pris en moi la plus grande confiance; il me traite de frère et il me demande des conseils. Je puis affirmer que si on avait su prendre ce prince, on en aurait fait tout ce qu'on aurait voulu. Je n'ai eu avec lui d'autre astuce que de n'en point avoir et de dire toujours vrai. » Après une seconde entrevue avec Hyder-Ali, Suffren hâta les préparatifs du départ. Il désirait rallier le plus promptement possible les bâtiments partis de l'Ile de France, peu de temps après le *Lézard*. L'obligation de faire route pour Batacalo, non moins que le voisinage de l'escadre anglaise qui

---

1. Celui du contre-amiral Bickerton, parti d'Angleterre le 6 février 1782.

s'était retirée à Madras, ne lui permettaient pas d'attaquer Négapatam. Il voulut alors se mettre en mesure de prendre Trinquemalay, dans le cas où l'amiral Hughes, trompé sur ses mouvements, resterait dans le Nord. L'escadre quitta Goudelour, le 1er août, avec six cents hommes d'infanterie et une compagnie de canonniers. Un officier du génie, M. Des Roys, dans lequel le commandeur avait une grande confiance, prit passage à bord du *Héros*.

Les officiers français, envoyés à Tranquebar pour approvisionner l'escadre, rencontraient de grandes difficultés pour accomplir leur mission. Les autorités danoises avaient montré, en plusieurs circonstances, une extrême partialité pour les Anglais. Le nabab, qui avait particulièrement à s'en plaindre, voulait s'emparer de la ville. Tranquebar nous était utile pour vendre nos prises et acheter des objets de matériel. Suffren arrêta le sultan, mais il avertit le gouverneur qu'il devait s'attendre, s'il ne changeait pas de conduite, à de sévères représailles de la part de l'armée mysoréenne et de l'escadre française[1]. Le 8 août, le commandeur communiqua avec une embarcation envoyée à sa rencontre par le capitaine du *Saint-Michel*. L'officier qui la commandait annonça que tous les bâtiments du convoi étaient arrivés à Pointe de Galles. Le lendemain, l'escadre, à l'exception du cotre le *Lézard*, laissé en observation devant Trinquemalay, mouilla dans la baie de Batacalo. La frégate la *Bellone*, en croisière sur la côte, rallia l'armée le 12 août. Elle avait eu, la veille, un engagement avec une frégate ennemie. Le capitaine de la *Bellone*, le lieutenant de vaisseau

---

1. Suffren écrivit au gouverneur de Tranquebar : « Je dois vous prévenir que si ce prince (Hyder-Ali), justement irrité de vos procédés, se décidait à vous faire la guerre, et s'il me sommait de courir sur vos bâtiments, je ne pourrais me dispenser de le faire. Vous sentez, monsieur, que vous seul seriez responsable envers votre cour, votre nation et l'Europe même des maux qui résulteraient de la démarche à laquelle vous m'auriez forcé. »

de Pierrevert, neveu de Suffren, avait été tué au début de l'action. Quoique la frégate anglaise fût d'une force inférieure à la nôtre, elle était parvenue à s'échapper après une heure de combat [1]. Le 21 août, l'*Illustre*, le *Saint-Michel*, la corvette la *Fortune*, et sept transports portant des vivres, des munitions et six cents hommes d'infanterie rallièrent le pavillon du commandant en chef. Quarante-huit heures après, toutes les opérations relatives à la répartition et au transbordement des vivres et du matériel étaient terminées et l'escadre reprenait la mer. Ayant appris, le 24, par le capitaine du *Lézard*, que les Anglais n'avaient pas paru, Suffren se dirigea sur Trinquemalay. Arrivée, le 25, devant l'entrée, l'escadre s'engagea dans la baie extérieure, et elle gagna, en louvoyant avec une jolie brise du sud-ouest, l'arrière-baie dans laquelle elle laissa tomber l'ancre hors de portée de canon de la place. Quelques bordées, envoyées par les batteries près desquelles nos vaisseaux étaient passés, avaient fait à l'*Hannibal*, au *Sphinx* et au *Saint-Michel* des avaries sans importance. Deux mille trois cents hommes, en y comprenant cinq cents soldats de marine et six cents cipayes, furent mis à terre, dans la nuit du 26 au 27 juillet. Les 27 et 28, les Français élevèrent des batteries qui furent armées avec des pièces prises sur nos bâtiments. Les forts de Trinquemalay et d'Ostienbourg, sans communication entre eux, défendaient la ville. Notre feu, ouvert le 29 dans la matinée,

---

[1]. Le major de l'escadre relate ainsi qu'il suit cet événement : « La *Bellone* est entrée en rade : un officier est venu rendre compte au général que, la veille, la frégate s'était battue contre un autre bâtiment; qu'une supériorité de mousqueterie et beaucoup de mitraille jetée par des obusiers avaient dégréé la *Bellone*, dès le commencement du combat, et fait perdre l'avantage que devaient lui donner le nombre et la force de ses canons. M. de Pierrevert, commandant la frégate, neveu de M. de Suffren, avait été tué au commencement de l'affaire. M. Boucher, officier auxiliaire, qui avait le commandement après, avait été tué ; M. Stephano, officier napolitain, grièvement blessé. La frégate anglaise s'était éloignée après une heure de combat, et avait laissé la *Bellone* dans l'impossibilité de la poursuivre. Celle-ci avait eu quarante hommes hors de combat. »

acquit très-promptement une supériorité marquée sur celui de l'ennemi. Le 30 juillet, le commandant du fort de Trinquemalay, le capitaine Macdowal, sommé de se rendre, envoya un officier au camp français pour traiter de la capitulation. Quelques difficultés s'étant élevées entre les négociateurs, Suffren les trancha en faveur de l'ennemi. Persuadé que l'arrivée de l'amiral Hughes était imminente, il ne voulut pas retarder, par des exigences inutiles, le moment où une position de cette importance serait remise entre ses mains. La garnison, composée de cent cinquante soldats blancs et de trois cents cipayes, sortit de la ville avec les honneurs de la guerre. Elle devait être transportée à Madras aux frais de notre gouvernement. Le commandant du fort d'Ostienbourg se rendit, le 31 juillet, aux mêmes conditions. Il avait sous ses ordres le même nombre d'hommes que le capitaine Macdowal. Ce succès, qui donnait à l'escadre française le seul port existant sur la côte, ne nous avait coûté que vingt-cinq hommes tués ou blessés. Le général prit immédiatement toutes les mesures que comportait la prompte organisation de sa nouvelle conquête. Les troupes destinées à tenir garnison dans la place furent désignées, et nos vaisseaux reçurent l'ordre de rembarquer le personnel et le matériel qu'ils avaient mis à terre.

Le 2 septembre, dans l'après-midi, nos vigies signalèrent l'escadre anglaise. Les Français hâtèrent leurs préparatifs de départ et ils appareillèrent, le lendemain, au point du jour[1]. Les Anglais, qui s'étaient rapprochés de la côte, serraient le vent, les amures à tribord, avec une fraîche brise de sud-ouest, se dirigeant sur l'entrée de Trinquemalay. A la vue du pavillon français flottant sur tous les forts, l'amiral Hughes laissa arriver par un mouvement successif, et il gouverna quatre quarts largue,

---

1. Le *Héros* et l'*Annibal* s'abordèrent. Le premier de ces vaisseaux fit quelques avaries.

sous petites voiles. Son intention était de n'accepter le combat que tard dans la journée. S'il était battu, la nuit couvrirait sa retraite ; dans le cas où la fortune des armes lui serait favorable, nos vaisseaux désemparés seraient loin du port que nous avions conquis. Suffren souhaitait très-vivement avoir une nouvelle occasion de se mesurer avec l'ennemi. L'escadre, disposée sur une ligne de relèvement, se couvrit de toile pour atteindre les Anglais qui étaient sur notre avant et sous le vent. L'amiral Hughes avait cinq vaisseaux de soixante-quatorze, six de soixante-quatre et un de cinquante, soit douze vaisseaux. Nous avions quatorze vaisseaux, parmi lesquels trois de soixante-quatorze, sept de soixante-quatre, un de soixante et trois de cinquante. Afin d'utiliser cette supériorité plus apparente que réelle, si on ne considère que le nombre des canons, Suffren prescrivit aux capitaines du *Vengeur* et de la *Consolante* de doubler les derniers vaisseaux de la ligne anglaise par-dessous le vent, aussitôt que l'action serait engagée. La force de la brise, l'inégalité de marche de nos bâtiments, l'allure du grand largue étaient autant d'obstacles à la régularité de notre ligne. La plupart de nos vaisseaux et principalement ceux de l'avant-garde n'étaient pas à leurs postes. Quelques tentatives faites par le commandeur pour rétablir l'ordre demeurèrent sans résultat. Soit que Suffren se laissât entraîner par le désir de joindre l'ennemi, soit qu'il supposât que chaque capitaine saurait, une fois les premiers coups tirés, prendre place par le travers d'un vaisseau anglais, il continua sa route. A deux heures et demie, après avoir fait environ vingt-cinq milles, nous étions à petite distance de l'ennemi. A ce moment, le *Héros* appuya d'un coup de canon le signal de laisser arriver, qui était hissé en tête de ses mâts. Par suite d'une erreur extrêmement regrettable, ce coup de canon fut suivi de la bordée du *Héros*. Les capitaines, persuadés que le commandant en chef avait l'intention de commencer le combat, suivirent cet exemple. Reconnaissant l'impossibilité de faire cesser le feu, Suffren fit le signal de combattre à portée de pistolet, résumant ainsi le but vers lequel devait tendre chaque bâtiment. Les Anglais couraient largue, sous petites voiles, tandis que l'armée française arrivait sur elle en dépendant. Nos vaisseaux, ayant le vent de la hanche de tribord, étaient obligés, pour se conformer à l'ordre du commandant en chef, de diminuer de toile et de calculer leur tour de manière à se placer, avec la voilure convenable, par le travers des bâtiments qui leur correspondaient dans la ligne ennemie. La fumée qui couvrait le champ de bataille, ajoutait aux difficultés de cette manœuvre. Lorsque chaque vaisseau eut terminé son évolution, notre ligne fut dans le plus grand désordre. Presque tous nos bâtiments avaient conservé trop d'aire, en même temps qu'ils avaient trop prononcé leur mouvement d'oloffée. En conséquence, ils se trouvèrent en avant et au vent de la position qu'ils auraient dû occuper. L'avant-garde tout entière et les deux premiers vaisseaux du corps de bataille formèrent un groupe compacte en avant des premiers vaisseaux ennemis. L'*Illustre*, commandé par M. de Bruyères, le matelot d'arrière du *Héros*, fut le seul vaisseau qui prit son poste. Le *Flamand* et les vaisseaux de l'arrière-garde étaient au vent et par le travers du *Héros* et de l'*Illustre*. Ces navires étaient confondus et se gênaient l'un l'autre, aussi bien pour manœuvrer que pour combattre. L'avant-garde et les deux premiers vaisseaux du corps de bataille, soit sept vaisseaux sur quatorze, devinrent à peu près inutiles. Le feu de ces vaisseaux ne portait que sur l'*Exeter*, le chef de file de l'armée anglaise, et sur l'*Isis* qui le suivait. Le *Flamand*, l'*Annibal* et le *Bizarre* tiraient de loin et faisaient peu de mal à l'ennemi. Le capitaine de l'*Ajax*, le lieutenant de vaisseau de Beaumont, plus heureux ou plus habile que ses camarades, parvint à se dégager des vaisseaux qui l'entouraient, et il vint se placer sur l'avant du *Héros*. Le *Vengeur* et la *Consolante*, se conformant aux ordres du commandant en chef, avaient laissé porter pour doubler, par-dessous le vent, le dernier vaisseau de l'escadre anglaise, mais les capitaines de ces deux bâtiments voyant qu'ils n'étaient pas soutenus, ne voulurent pas s'exposer au danger d'être coupés, et ils restèrent au vent de l'ennemi. Peu après, le feu s'étant déclaré dans la hune d'artimon du *Vengeur*, ce vaisseau s'éloigna du champ de bataille. En réalité, trois vaisseaux, le *Héros*, l'*Illustre* et l'*Ajax*, supportaient le poids de la bataille. Suffren multipliait les signaux pour rallier les vaisseaux dispersés, mais la brise, très-fraîche au commencement de l'action, tomba subitement et les bâtiments des deux escadres demeurèrent immobiles là où ils se trouvaient. Le temps s'écoulait, et nos trois vaisseaux, battus en travers par les vaisseaux du centre de l'armée anglaise, enfilés par ceux qui étaient placés aux extrémités de la ligne, souffraient beaucoup. A quatre heures et demie, le *Héros* avait ses voiles en lambeaux, toutes ses manœuvres coupées et il ne pouvait plus gouverner. L'*Illustre* avait perdu son grand mât de hune et son mât d'artimon. Vers cinq heures et demie, une légère brise de sud-sud-ouest s'étant élevée, les Anglais virèrent de bord lof pour lof tout à la fois. « Si les ennemis avaient viré vent devant, dit le major de l'escadre dans son journal, nous aurions été coupés et probablement détruits. » Après avoir exécuté ce mouvement, nos adversaires continuèrent le combat en nous canonnant par bâbord. La brise était favorable pour ramener nos vaisseaux sur le champ de bataille, mais elle était très-faible et ceux-ci n'arrivaient que très-lentement. Pendant ce temps, le *Héros*, l'*Illustre* et l'*Ajax* continuaient à combattre avec la même énergie[1]. A six heures, le grand mât du *Héros*, criblé de projectiles, tomba à la mer. A six heures trois quarts, les Anglais qui couraient à contre-bord commencèrent à

---

1. Notre équipage, désespéré de la mauvaise manœuvre de nos vaisseaux, n'en était cependant pas découragé, et nous avons répondu avec la même vivacité au feu de l'ennemi que nous recevions alors, à bord opposé, réparti sur l'*Ajax*, l'*Illustre* et nous. (*Journal du major de l'escadre.*)

s'éloigner. A la même heure, plusieurs vaisseaux, en tête desquels se trouvait l'*Artésien*, capitaine de Saint-Félix, passèrent entre le *Héros* et l'ennemi[1]. Les Anglais laissèrent arriver et gouvernèrent au nord-ouest pendant que le gros de l'armée française serrait le vent les amures à tribord. Suffren quitta le *Héros*, ainsi qu'il avait déjà été obligé de le faire dans la soirée du 12 avril, et il passa sur l'*Orient*. Aussitôt que nos vaisseaux eurent rallié le pavillon du commandant en chef, le *Héros* et l'*Illustre* furent pris à la remorque, et l'escadre se dirigea vers la côte de Ceylan. Dans la nuit du 6 au 7 septembre, vers quatre heures du matin, l'escadre louvoyant sans ordre, avec une forte brise de terre, l'*Orient*, un des trois soixante-quatorze de l'armée, se jeta sur la pointe Sale, à l'entrée de Trinquemalay[2]. Tous les efforts faits pour le relever de la côte furent inutiles. Le vaisseau était vieux, fatigué et il se cassa très-promptement. L'escadre, qui avait mouillé près de l'*Orient* pour procéder au sauvetage du matériel, entra, le 17 septembre, à Trinquemalay. Plusieurs bâtiments ennemis, notamment l'*Eagle*, le *Burford*, le *Montmouth*, et le *Superb* avaient été très-mal-traités dans le combat du 3 septembre[3]. L'amiral Hughes n'ayant plus de ports sur la côte, s'était dirigé sur Madras, où il avait mouillé le 9 septembre.

Nous indiquons, ci-après, l'ordre dans lequel les deux escadres étaient rangées, au début de l'action, et les pertes qu'elles avaient subies. Le tableau relatif à notre armée comprend, en outre, une note de Suffren sur la conduite de chaque capitaine.

1. M. de Saint-Félix avait quitté le *Flamand*, de cinquante, pour prendre l'*Artésien*, de soixante-quatre, après le départ de M. de Maurville
2. Suffren n'était plus à bord de l'*Orient*.
3. Rapport de l'amiral Hughes.

ESCADRE FRANÇAISE
Ligne de bataille.

Noms des bâtiments.	Nombre de canons.	Noms des capitaines [1].	Tués.	Blessés.	Observations.
Avant-garde.					
L'Artésien	64	De Saint-Félix	4	12	Très-bien dans les premiers, mal dans celui-ci.
L'Orient	74	De la Pallière	»	»	Bien dans le commencement de l'action.
Saint-Michel	60	D'Aymar	2	»	Mal.
Sévère	64	De Langle	»	»	Très-mal.
Brillant	64	De Kersauson	5	8	Moins mal.
Corps de bataille.					
Hannibal (angl.)	50	De Galle	»	»	Très-mal.
Sphinx	64	Du Chilleau	»	»	Très-mal.
Héros	74	Suffren / De Moissac	30	72	»
Illustre	74	De Bruyères	24	82	Très-bien, on ne peut mieux.
Flamand	50	De Salvert	1	13	Très-mal.
Arrière-garde.					
Ajax	64	De Beaumont	10	24	Très-bien.
Consolante	36	Péan	3	8	Capitaine tué.
Annibal	74	De Tromelin	»	»	On ne peut plus mal, il n'a jamais été à portée de canon.
Vengeur	64	De Cuverville	1	26	Un accident de feu l'a empêché de bien faire.
Bizarre	64	De la Landelle	2	16	Mal dans les quatre combats, sans qu'il y ait eu rien d'assez caractérisé pour le renvoyer.
Totaux des tués et des blessés [2]			82	255	

1. MM. de Langle, de Kersauson, de Salvert, de Beaumont et Péan étaient lieutenants de vaisseau.
2. Officiers tués : MM. de Péan, de Voutron, lieutenants de vaisseau, de la Graudière, enseigne; Dubousquet, lieutenant de frégate.
Officiers blessés : MM. de Bruyères, lieutenant de vaisseau ; d'Ankarlo, de Cardignan, de Beaupoil, enseignes ; Amielh, Dulac, lieutenants de frégate ; Delatour-Godis, Séguier, officiers d'infanterie.

ESCADRE ANGLAISE.

Ligne de bataille.

Noms des bâtiments.	Nombre de canons.	Noms des capitaines.	Tués.	Blessés.
Division rouge.				
Exeter	64	King	6	18
Isis	50	Lumley	5	19
Hero	74	Hawker	1	17
Sceptre	64	Graves	2	23
Division bleue.				
Burford	70	Rainier	4	32
Sultan	74	James Watt	4	43
Superb	74	Sir Edward Hughes, vice-amiral. Henry Newcome	4	29
Monarca	68	Gell	4	40
Division blanche.				
Eagle	64	Reddall	8	14
Magnanime	64	Wolseley	4	16
Montmouth	64	Alms	»	3
Worcester	64	Charles Wood	4	15
Totaux des tués et des blessés [1]			46	259

1. Les capitaines Lumley, de l'*Isis*, et James Watt, du *Sultan*, étaient au nombre des morts. Le capitaine Charles Wood, du *Worcester*, grièvement atteint pendant le combat, mourut de ses blessures.

Suffren avait conçu l'espoir très-légitime, en raison de la supériorité de ses forces, de battre l'armée anglaise. L'insuccès relatif de cette journée lui causa une irritation profonde. Jusque-là, il ne s'était plaint que de quelques-uns de ses capitaines; après le combat du 3 septembre, il accusa la presque totalité de son armée de l'avoir abandonné. Ce fut sous l'empire de ce sentiment qu'il écrivit au ministre : « J'ai le cœur navré par la défection la plus générale. Je viens de manquer l'occasion de détruire l'escadre anglaise. J'avais quatorze vaisseaux et la *Consolante* que j'avais mise en ligne. L'amiral Hughes évitait sans fuir, ou pour mieux dire il fuyait en ordre, conformant sa voilure à la marche des plus mauvais voiliers. Larguant à mesure, il fit courir jusqu'à dix et même douze aires de vent. Ce ne fut qu'à deux heures de l'après-midi que je pus le joindre. Ma ligne à peu près formée, j'attaquai et fis le signal d'approcher. J'avais fait signal au *Vengeur* et à la *Consolante* de doubler par la queue, on n'approcha point. Il n'y a eu que le *Héros*, l'*Illustre* et l'*Ajax* qui aient combattu de près et en ligne. Les autres, sans égard à leurs postes, sans faire aucune manœuvre, ont tiraillé de loin ou, pour mieux dire, hors de portée de canon. Tous, oui tous, ont pu approcher puisque nous étions au vent et de l'avant, et aucun ne l'a fait. Plusieurs de ceux-là se sont conduits bravement dans d'autres combats. Je ne puis attribuer cette horreur qu'à l'envie de finir la campagne, à la mauvaise volonté et à l'ignorance, car je n'oserais soupçonner rien de pis. Le résultat a été terrible. Le *Héros*, l'*Illustre* ont perdu grand mât, mât d'artimon, petit mât de hune, etc. Ce seraient des avaries affreuses en Europe, jugez dans l'Inde où nous n'avons aucune ressource en ce genre. Il faut que je vous dise, Monseigneur, que des officiers depuis longtemps à l'Ile de France ne sont ni marins, ni militaires. Point marins, parce qu'ils n'y ont point navigué, et l'esprit mercantile, d'indépendance et d'insubordination est absolument opposé à l'esprit militaire. Les maîtres y ont contracté un esprit de rapine, qu'il est impossible de réprimer. Vous ne sauriez imaginer, Monseigneur, toutes les petites ruses qu'on a employées pour me faire revenir. Vous n'en serez pas surpris si vous savez qu'à l'Ile de France l'argent vaut dix-huit pour cent, et, quand on fait des affaires, infiniment plus, et pour cela il faut y être. MM. de la Landelle, de Tromelin, de Saint-Félix et de Galle ont demandé à quitter leurs vaisseaux; j'ai été trop mécontent d'eux pour ne pas le leur accorder avec plaisir. Si je ne change pas plusieurs autres, c'est faute d'avoir des personnes en état de commander les vaisseaux; je vous envoie la liste apostillée. Il est affreux d'avoir pu quatre fois détruire l'escadre anglaise, et qu'elle existe toujours. Le choix des officiers pour l'Inde est des plus essentiels parce qu'on n'est pas à même de les changer. Je ne crois pas avoir les talents qu'il faudrait; je ne suis rassuré que par la confiance que vous avez en moi. Mais, en vérité, si ma mort ou ma santé faisait vaquer le commandement, qui me remplacerait? M. d'Aymar? Vous le connaissez. M. Peynier est brave, zélé, excellent pour un jour de combat, mais je croirais la conduite d'une grande escadre fort au-dessus de ses forces dans ce moment, n'ayant point encore été éprouvé dans cette partie. Je ne connais qu'une personne qui ait toutes les qualités qu'on peut désirer; qui est très-brave, très-instruit, plein d'ardeur et de zèle, désintéressé, bon marin : c'est M. d'Albert de Rions, et fût-il en Amérique, envoyez-lui une frégate. J'en vaudrai mieux l'ayant, car il m'aidera; et si je meurs, vous serez assuré que le bien du service n'y perdra rien. Si vous me l'aviez donné quand je vous l'ai demandé, nous serions maîtres de l'Inde. Je puis avoir fait des fautes ; à la guerre qui n'en fait pas, mais on ne pourra m'imputer aucune de celles qui font perdre les affaires. »

Sur les quatorze vaisseaux dont se composait l'armée française, le *Vengeur*, l'*Illustre*, l'*Ajax* et le *Héros* étaient les seuls qui fussent mis hors de cause. Le *Bizarre*, l'*Annibal*, le *Flamand*, l'*Artésien*, l'*Orient*, le *Saint-Michel*, le

Sévère, le *Brillant*, l'*Hannibal* et le *Sphinx*, soit dix vaisseaux, étaient signalés comme n'ayant pris aucune part au combat. Le capitaine du *Bizarre*, M. de la Landelle, s'était, en toutes circonstances, conduit très-médiocrement. M. de Tromelin, après avoir joué un rôle absolument nul, le 17 février, avait tenu convenablement son poste, le 12 avril, et il s'était distingué le 6 juillet. L'*Artésien*, l'*Orient*, le *Saint-Michel*, le *Sévère*, le *Brillant*, l'*Annibal* et le *Sphinx* appartenaient au groupe qui s'était séparé, dès le début de l'action, du centre de notre armée. Rendus immobiles par le calme, ramenés sur le champ de bataille par la brise du sud-est, au moment où l'ennemi s'éloignait, ces vaisseaux n'avaient obtenu d'autre résultat que d'obliger l'*Exeter* à sortir de la ligne. Ces bâtiments étaient commandés par MM. d'Aymar, de Saint-Félix, de la Pallière, Kersauson, de Langle, de Galle et du Chilleau. Le capitaine de vaisseau d'Aymar, arrivé depuis peu dans l'Inde, était un officier très-honorablement connu. Il avait été cité par le lieutenant général de Guichen comme s'étant particulièrement distingué dans un des combats livrés dans les Antilles à l'amiral Rodney. MM. de Saint-Félix, de la Pallière, du Chilleau et de Galle étaient présents aux combats des 17 février, 12 avril et 6 juillet. Nous avons vu par la correspondance de Suffren en quelle estime il tenait ces capitaines et le cas qu'il faisait de leur bravoure. Le départ de MM. de Forbin, de Maurville, Bouvet et de Cillart avait laissé vacants les commandements de quatre vaisseaux. Suffren les avait donnés à des lieutenants de vaisseau que la distinction de leurs services désignait pour cet emploi. On ne pouvait admettre que ces officiers n'eussent pas apporté la plus extrême bonne volonté dans l'exercice de leurs nouvelles fonctions. Ce qui était vrai, c'est que MM. de Kersauson et de Langle, les capitaines de l'*Artésien* et du *Sévère*, de même que M. de Salvert qui commandait le *Flamand*, n'avaient pas su se dégager des vaisseaux au milieu desquels ils étaient, et prendre un poste de combat, ainsi que l'avait fait leur collègue, le lieutenant de vaisseau de Beaumont, capitaine de l'*Ajax*. En résumé, dans le nombre des officiers qui ne s'étaient pas battus, il y avait des hommes comme MM. d'Aymar, de Saint-Félix, de Galle et de la Pallière. Cela seul suffit pour montrer que ce n'est pas dans les accusations de défection et de lâcheté qu'il faut chercher la cause de l'inaction de la presque totalité de notre armée. Nous nous permettons d'exprimer le regret que des expressions aussi malheureuses et, nous n'hésitons pas à le dire, aussi injustes se soient trouvées sous la plume de Suffren.

Le 3 septembre, le commandant de l'escadre française, impatient de combattre, arriva à portée de canon de l'ennemi avec une armée qui n'était pas encore parvenue à se former. Il alla au feu avec une impétuosité d'autant moins explicable que lui-même se plaignait du peu de capacité de la plupart de ses capitaines. Or, ce jour-là, il leur demanda ce qu'un amiral est seulement en droit d'attendre des officiers les plus habiles, commandant des vaisseaux excellents. La fortune, qui en toutes choses prend sa part, quand on ne la lui fait pas, se déclara contre nous. Ce fut d'abord la brise extrêmement fraîche qui gêna la manœuvre de nos vaisseaux, puis le calme qui, les ayant surpris hors de leurs postes, les retint là où ils étaient. Telle fut certainement, à en juger par sa conduite, ainsi que nous le verrons plus loin, la manière de voir de Suffren sur le combat du 3 septembre, lorsque le temps eut adouci les regrets que l'insuccès de cette journée lui avait fait éprouver. MM. de Tromelin, de la Landelle, de Galle, de Saint-Félix, qui avaient demandé à quitter leurs vaisseaux, partirent, le 24 septembre, pour l'Ile de France[1].

On a dit que les drisses de pavillon du *Héros* ayant été

---

1. Le départ de MM. de Tromelin, de la Landelle, de Galle et de Saint-Félix est mentionné ainsi qu'il suit dans le *Journal du major de l'escadre* : « M. de Tromelin a demandé à quitter son vaisseau pour vaquer à

coupées pendant le combat du 3 septembre, Suffren, transporté d'indignation à la pensée qu'on pût croire son vaisseau amené, s'était écrié : « Des pavillons blancs, qu'on couvre mon vaisseau de pavillons. » Nous n'avons trouvé, soit dans la correspondance de Suffren, soit dans le journal du major de l'escadre, aucune trace de cet incident. C'est pourquoi nous nous sommes abstenu de le rapporter. Nous pensons n'avoir fait aucun tort à la mémoire de Suffren. Sa conduite héroïque, que nous avons fidèlement retracée, reste au-dessus des paroles les plus éloquentes.

Suffren apprit, pendant son séjour à Trinquemalay, que l'ordre de Malte lui avait conféré le titre de bailli.

III

Quelques jours après notre arrivée à Trinquemalay, on apprit la mort du général Duchemin. Son successeur, le colonel d'Hoffelize, écrivait que le corps français, diminué par les maladies, était hors d'état de tenir la campagne. Il prêtait au général sir Eyre Coot, qui disposait de forces considérables, l'intention de l'assiéger dans Goudelour. Le pays était tellement dévasté que le nabab, arrêté par le manque de vivres et de fourrages, ne pouvait que difficilement venir à son secours. Les Anglais, momentanément maîtres de la mer, tiraient leurs approvisionnements de Madras. Ces nouvelles étaient d'autant plus inquiétantes que l'escadre était dans l'impossibilité de sortir de Trinquemalay avant d'avoir été réparée. Suffren eut encore une fois recours aux moyens qu'il avait employés, après le combat du 6 juillet. Le *Bizarre* donna son grand mât au vaisseau l'*Illustre*, et il prit celui

---

ses affaires à l'Ile de France, et retourner en Europe. MM. de Saint-Félix, de la Landelle et de Galle, très-incommodés, ont demandé à quitter leurs vaisseaux pour aller à l'Ile de France rétablir leur santé. »

d'une des frégates. Le *Héros* se fit un grand mât avec le tronçon du sien et le mât de misaine de l'*Orient*. Les mâts de misaine et d'artimon de l'*Illustre* et du *Héros*, qui étaient criblés par les boulets, furent consolidés à l'aide de fortes jumelles. Malgré les ressources que la perte malheureuse de l'*Orient* mettait à sa disposition, Suffren désarma la frégate de quarante canons la *Consolante*. Le matériel et le personnel de cette frégate étaient nécessaires pour mettre les vaisseaux en état de naviguer. Les travaux furent poussés avec une très-grande activité et l'escadre fit route pour Goudelour. Le lendemain, un grand transport anglais, chassé par nos frégates et sur le point d'être pris, s'échoua sous toutes voiles près de Négapatam. L'officier envoyé à bord de ce bâtiment, croyant qu'on ne parviendrait pas à le renflouer, le livra aux flammes. Cette détermination priva l'escadre et la garnison de Goudelour de ressources très-précieuses. Ce navire était chargé de vivres et de matériel de guerre[1]. En arrivant sur la rade de Goudelour, le 4 octobre 1782, la fermeté d'âme du commandeur fut soumise à une nouvelle épreuve. Le *Bizarre*, occupant le dernier rang dans la ligne, devait prendre son mouillage après tous les vaisseaux de l'escadre. Le capitaine, voulant se placer à terre des bâtiments qui avaient déjà leur ancre au fond, s'approcha trop près de la côte et son vaisseau toucha. Il reçut immédiatement les secours que réclamait sa position, mais tous les efforts faits pour remettre le *Bizarre* à flot furent inutiles. Ce vaisseau, qui était vieux et fatigué, se creva quelques heures après son échouage. On apprit que l'amiral anglais, au mépris du droit des gens, avait envoyé le *Sultan* à Tranquebar, avec l'ordre de s'emparer

---

1. Le général aurait désiré qu'on l'eût conservé, d'autant mieux que, n'étant échoué que dessus la vase, on l'eût aisément retiré; tout le monde s'était sauvé à terre. Ce bâtiment, qui appartenait à la Compagnie des Indes, portait vingt-quatre canons et était doublé en cuivre. (*Journal du major de l'escadre.*)

des bâtiments français et hollandais mouillés sur la rade. Le cotre le *Lézard*, qui était fort heureusement le seul navire que nous eussions devant cette place, avait été pris. Le corps français était dans une situation meilleure qu'on aurait pu le croire, d'après les dépêches du colonel d'Hoffelize. En apprenant le retour de l'amiral Hughes à Madras, sir Eyre Coot, convaincu que Suffren ne tarderait pas à paraître, s'était éloigné de Goudelour. Ainsi le combat du 2 septembre, malgré ses résultats incomplets, avait dégagé nos troupes.

L'amiral Bickerton avait quitté l'Angleterre, le 6 février 1782, avec six vaisseaux et un convoi pour se rendre dans l'Inde. L'un de ces vaisseaux, le *Sceptre*, qui s'était séparé de son escadre pendant un gros temps, avait mouillé à Madras au commencement d'octobre. L'arrivée de l'amiral Bickerton devait porter à dix-sept le nombre des vaisseaux placés sous le commandement de l'amiral Hughes. Depuis la perte de l'*Orient* et du *Bizarre*, nous ne pouvions opposer à des forces aussi considérables que douze vaisseaux. L'*Argonaute* et le *Fendant*, de soixante, l'*Alexandre* et le *Hardi* armés en flûte, et plusieurs navires de transport étaient partis de France, le 12 février 1782, pour rallier le comte d'Orves. Ces bâtiments avaient marché avec une extrême lenteur, par suite du mauvais état de l'*Alexandre*. Ce vaisseau, qui faisait beaucoup d'eau, avait été plusieurs fois en danger de couler. Un peu avant l'arrivée au Cap de Bonne-Espérance, une épidémie s'était déclarée à bord des bâtiments de cette division. L'officier qui la commandait, le capitaine de vaisseau de Peynier, avait expédié un aviso à l'Ile de France afin d'informer M. de Bussy qu'il serait probablement forcé de prolonger son séjour à False-Bay bien au delà du temps nécessaire pour faire de l'eau et des vivres frais. Le général attendait impatiemment les renforts que le ministre lui avait annoncés. Déjà, il avait prévenu Suffren qu'il ferait route au mois d'août pour la côte de Coromandel, où il supposait qu'un second convoi, parti de

Brest le 21 avril 1782, le rejoindrait très-promptement. Or, en même temps qu'il recevait les lettres de M. de Peynier, il apprenait la prise du *Pégase* et la dispersion des transports que ce vaisseau avait sous son escorte [1]. Convaincu que ni hommes ni bâtiments n'arriveraient, en temps utile, pour rallier le bailli avant l'hivernage, il lui écrivit qu'il irait à Achem, aussitôt que la division Peynier serait à l'Ile de France. En se rendant au point indiqué par le général, Suffren cessait de couvrir avec son escadre l'importante possession de Trinquemalay. D'autre part, si l'amiral Hughes, qui n'avait pas de port de refuge sur la côte, se décidait à passer à Achem la saison de l'hivernage, la division du commandant Peynier et son convoi eussent été compromis. Il était douteux qu'en restant à Trinquemalay l'escadre trouvât les ressources nécessaires pour subsister, tandis que, à Achem, elle avait la certitude d'avoir des vivres. Là, l'escadre serait, au retour de la belle saison, au vent de la côte de Coromandel, et, par conséquent, en position de se porter sur tel point que M. de Bussy jugerait convenable. La garnison de Trinquemalay comptait six cent cinquante soldats de l'Ile de France, cent cinquante chasseurs hollandais, cent artilleurs de terre et de mer, six cents cipayes et six cents Malais, soit deux mille cent hommes avec des vivres et des munitions de guerre. Le gouverneur, M. Des Roys, se croyait en complète sûreté avec les forces dont il disposait. Après avoir pesé ces diverses considérations, Suffren prit le parti d'aller à Achem, et il fit route, le 15 octobre, pour cette destination. Dans une lettre particulière, Suffren écrivait en quittant Goudelour : « Les grands objets nécessaires au succès de l'expédition, sont des généraux et de l'argent; on ne saurait trop insister sur ces deux articles, le premier surtout. Il faudrait nous faire passer des

---

1. C'était là le second convoi annoncé par le ministre dans une lettre que Suffren avait reçue sur la rade de Goudelour, après le combat du 6 juillet.

mâts, des hommes de mer et beaucoup de fortes frégates; pour cent cinquante lieues de côte où on peut établir des croisières, cinq détroits à garder, j'ai, en tout, deux frégates doublées en cuivre, la *Fine* et la *Bellone,* de sorte que le commerce anglais se fait tranquillement. Cette année, j'ai bien fait du dommage pour six millions, je n'en ai réalisé qu'un et demi. Il me faudrait six vaisseaux de cinquante canons et douze frégates ; avec cela je ferais six divisions qui ruineraient le commerce des Anglais. Quand même nous n'aurions pas de grands succès sur terre, le commerce de l'Inde détruit, les Anglais ne feraient pas la guerre pendant longtemps. Les efforts que l'on fait annoncent une volonté décidée de jouer un rôle dans l'Inde. M. de Bussy décidera les opérations. Comme je ne sais trop ce qu'il fera de l'escadre, puisqu'elle est sous ses ordres, je ne puis dire ce qu'elle deviendra. Mais, pour réussir, il faudrait qu'on nous envoyât des avisos en droiture, très-souvent, pour nous instruire des secours qui sont destinés et des mouvements des Anglais; 2° qu'on ne comptât pas sur les vivres du Cap, que la relâche de False-Bay ne fût que pour faire de l'eau, se reposer; qu'on y laissât les malades, que ceux qui passeraient prendraient en laissant les leurs; qu'on recommandât l'activité dont on n'a plus d'idée. M. de la Bourdonnais partit en avril de Lorient, fut à l'Ile de France le 14 août, y arma ses vaisseaux en guerre, en partit le 21, et il était à la côte le 28 septembre. Notre division est partie en février ; elle n'est pas aux îles aujourd'hui 10 octobre.

« On devrait bien nous envoyer de bons vaisseaux doublés en cuivre, et du cuivre pour doubler ceux qui ne le sont pas, mais on n'en aura peut-être pas le temps. Cette année va décider du sort de l'Inde. »

IV

L'escadre française laissa tomber l'ancre devant Achem le 2 novembre 1782. Nos vaisseaux entreprirent immédiatement les travaux qu'il était possible d'exécuter sur une rade. La *Bellone* et la *Fine* furent expédiées dans les divers comptoirs que les Hollandais possédaient dans le détroit, avec la mission de rapporter des vivres et du matériel. Afin de garantir l'armée contre toute surprise, un bâtiment fut placé en croisière à l'ouest du mouillage. Suffren espérait être rejoint très-promptement par la division Peynier. Il supposait que le général de Bussy quitterait Achem, avant la mousson de nord-est, pour se rendre à Goudelour où nos intérêts militaires exigeaient depuis longtemps sa présence. Le 24, un navire de commerce, le *Duc-de-Chartres*, venant de l'Ile de France avec des vivres et des munitions pour l'escadre, mouilla à Achem, après avoir touché successivement à Galles, à Trinquemalay et à Goudelour. Le capitaine de ce bâtiment apportait des nouvelles de l'amiral Hughes. Deux jours après notre départ de Trinquemalay, un coup de vent d'une extrême violence avait obligé les bâtiments mouillés sur la rade de Madras de prendre le large. Le vaisseau le *Superb* avait perdu son grand mât, son mât d'artimon et son petit mât de hune, et plusieurs vaisseaux s'étaient trouvés en danger de couler. L'escadre anglaise ayant été portée dans le sud par les vents et les courants, l'amiral avait jugé que le retour à Madras présenterait de grandes difficultés, et il s'était dirigé sur Bombay.

L'épidémie, qui avait arrêté la division de M. de Peynier, sévissait encore parmi les équipages et les troupes embarquées sur le convoi. M. de Bussy, qui était lui-même tombé malade, écrivait au bailli qu'il était dans l'impossibilité d'indiquer d'une manière précise l'époque de son départ. Enfin, on apprit par le *Duc-de-Chartres* que sir Richard Bickerton, après avoir paru tour à tour sur la côte du Malabar et sur la côte de Coromandel, avait rallié l'amiral Hughes à Bombay[1]. Les retards continuels qu'éprouvait l'arrivée de nos renforts plaçaient l'escadre dans une situation pleine de périls. Aussi longtemps que Suffren n'opérerait pas sa jonction avec la division de M. de Peynier, il aurait six vaisseaux de moins que l'ennemi. D'autre part, si le nabab, trouvant notre alliance illusoire, faisait la paix avec les Anglais, quel serait le sort réservé à la garnison de Goudelour? Suffren, reconnaissant qu'il ne pouvait compter que sur lui-même, résolut de partir pour la côte de Coromandel aussitôt que ses bâtiments seraient prêts. Il expédia le *Duc-de-Chartres* à l'Ile de France afin d'informer M. de Bussy de sa décision : « Il serait trop affligeant, lui écrivit-il, de réfléchir à ce que nous aurions pu, si la jonction avait eu son effet, il ne faut s'occuper que de l'avenir. Je ne sais vraiment comment faire prendre patience au nabab. Je vais lui dire que vous viendrez bientôt, et je ne doute pas que, sur la nouvelle que Trinquemalay est à nous, et sur le retardement de votre départ et celui de l'aviso, vous n'ayez pris le parti d'y aller. Je lui annoncerai ce parti comme étant plus sûr pour notre réunion, mais devant

---

[1]. L'amiral Bickerton avait déployé une rare activité. Il avait quitté l'Angleterre le 6 février 1782. Arrivé, le 29 avril, à Rio-Janeiro, avec un grand nombre de malades, il en était reparti le 3 juin. Ne trouvant pas l'escadre anglaise à Bombay, il était revenu à la côte de Coromandel, et il avait paru devant Madras, quelques jours après le départ de l'amiral Hughes, c'est-à-dire au mois d'octobre. Il avait repris, sans perdre de temps, la route du sud, et il était retourné à Bombay. L'extrême rapidité des mouvements de l'amiral anglais formait un contraste fâcheux avec la lenteur de la division Peynier, sans que, d'ailleurs, cet officier eût rien à se reprocher. Le vaisseau l'*Alexandre*, qui avait retardé sa marche, avait fait jusqu'à quarante-quatre pouces d'eau à l'heure. Le *Hardi* était également en mauvais état. Suffren écrivait au ministre, à propos de ces deux bâtiments : » Je remarquerai qu'il est inconcevable qu'on fasse partir de Brest pour l'Inde des vaisseaux dans l'état où étaient le *Hardi* et l'*Alexandre*. » En résumé, les vaisseaux de Bickerton étaient à Bombay avant que les nôtres fussent à l'Ile de France. La division de M. de Peynier était partie le 12 février.

retarder notre arrivée à la côte. Ces petits subterfuges sont si fort contre mon caractère que je crains bien de m'y prendre gauchement. »

Les frégates la *Pourvoyeuse*, la *Bellone* et la *Fine* revinrent à Achem dans les premiers jours de décembre. Le *Vengeur*, faisant de l'eau d'une manière inquiétante, partit directement pour Trinquemalay, où il devait être abattu en carène, sous l'escorte de la *Pourvoyeuse*. Le 20 décembre, Suffren fit route pour la côte d'Orixa, laissant à Achem la *Fortune*. Le capitaine de cette corvette était chargé de diriger sur Trinquemalay plusieurs navires hollandais attendus de Malacca avec des approvisionnements. Suffren, ayant acquis la certitude que l'amiral Hughes était parti pour Bombay, n'avait pas à se préoccuper de l'escadre anglaise. Il se proposait d'atterrir dans le nord de Madras, et de se rendre à Goudelour en suivant la côte de très-près. Il espérait faire assez de prises pour fournir du riz en abondance à nos bâtiments et aux troupes. L'*Hannibal* et la *Bellone* furent envoyés en croisière sur les brasses du Gange, où, selon toute apparence, ces deux bâtiments devaient faire beaucoup de mal au commerce de l'ennemi[1].

---

1. « M. de Bussy m'avait assuré, dans trois lettres, qu'il irait à Achem. Il ne m'ordonnait pas de venir, mais cela me suffisait. Je voulais, par là, le mettre à même, en faisant sa réunion au vent, d'attaquer le point de la côte qu'il voudrait. J'espérais y trouver des moyens de subsistance. L'épidémie qu'a éprouvée la division de M. Peynier a empêché cette réunion, qui se serait faite, à Achem, bien tranquillement. Voilà maintenant les Anglais avec dix-huit vaisseaux, dont douze doublés en cuivre. J'en ai douze, dont six seulement doublés, et plusieurs en mauvais état. Je dois donc éviter les Anglais ; d'autre part, s'enfermer dans Trinquemalay, ou y meurt de faim. » (Extrait d'une lettre écrite par Suffren au ministre, avant le départ de notre escadre pour la côte d'Orixa.)

LIVRE XV

L'escadre française atterrit devant Ganjam, sur la côte d'Orixa. — Prise de la frégate le *Cowentry*. — Mort d'Hyder-Ali. — Suffren se rend à Goudelour et à Trinquemalay. — Arrivée du lieutenant général de Bussy. — L'escadre porte le général et ses troupes à Goudelour. — L'amiral Hughes, venant de Bombay, arrive sur la côte de Coromandel avec dix-huit vaisseaux. — Quinze vaisseaux français sortent de Trinquemalay pour secourir Goudelour. — Combat du 20 juin. — Avantage remporté sur les Anglais. — Accueil enthousiaste fait à Suffren par les troupes du général de Bussy. — On apprend à Madras que les articles préliminaires de paix ont été signés entre la France, l'Espagne, l'Angleterre et les États-Unis. — Les hostilités sont suspendues dans l'Inde, sur terre et sur mer, à partir du 8 juillet 1783.

I

L'escadre française mouilla, le 8 janvier, devant Ganjam, sur la côte d'Orixa. Plusieurs bâtiments, chargés de riz à destination de Madras, furent capturés. Les navires qui n'étaient pas en état de nous suivre furent brûlés, après que leur chargement eut été réparti sur les vaisseaux. Le 10, au point du jour, les vigies aperçurent un bâtiment mouillé à deux milles dans le sud-est de l'escadre. Les officiers du *Héros* crurent d'abord que c'était la *Fine*, mais, après un examen plus attentif, ils reconnurent une frégate anglaise. L'ordre fut immédiatement donné au *Saint-Michel* et au *Sphinx* de mettre sous voiles. Avant que nos vaisseaux eussent appareillé, la frégate avait pris chasse en se couvrant de toile. Le *Sphinx* et le *Saint-Michel*, l'ayant inutilement poursuivie pendant une partie de la journée, rallièrent l'escadre dans la soirée. Une frégate ennemie, en croisière dans le golfe du Bengale, fut prise, le lendemain, dans des circonstances qu'il est utile de rapporter, afin de montrer avec quelle circonspection il convient, en temps de guerre, de s'approcher des bâtiments inconnus. Le 11 janvier, un peu avant le coucher du soleil, nos vigies signalèrent deux bâtiments à grande distance dans le sud-sud-ouest. Vers dix heures, on aperçut l'un d'eux faisant route vers le mouillage avec une légère brise du large. Le temps était clair, et, dans ce navire, on ne tarda pas à reconnaître une frégate anglaise. Tandis que le *Héros* se disposait à appareiller, tous les bâtiments de l'escadre se tenaient prêts à ouvrir le feu sur le bâtiment en vue, aussitôt que celui-ci serait à leur portée. A onze heures et demie, l'*Ajax*, l'*Illustre* et le *Brillant* commencèrent à tirer sur la frégate anglaise. Celle-ci, après avoir tenté de fuir, ce que la faiblesse de la brise ne lui permit pas, amena son pavillon. La frégate qui venait de tomber aussi facilement entre nos mains, était le *Cowentry*, portant vingt-huit canons. Quelques jours auparavant, un bâtiment de la Compagnie des Indes avait été chassé par la *Fine*. Le capitaine, ignorant qu'il y eût des navires de guerre français dans le golfe, avait pris la frégate pour un corsaire. Ayant communiqué avec le *Cowentry*, le 10 janvier, il lui avait fait part de cette rencontre, ajoutant que le navire suspect avait fait route pour Ganjam, après avoir levé la chasse. Le commandant du *Cowentry*, le capitaine Wolseley, s'était dirigé en toute hâte sur ce point, avec la crainte d'arriver trop tard pour sauver de la destruction une flotte marchande qu'il savait être sur cette rade. En apercevant les hautes mâtures de nos vaisseaux, il crut être en vue des navires qu'il voulait protéger. A petite distance du mouillage, où il n'arrivait que très-lentement par suite de la faiblesse de la brise, il envoya un canot avec un officier à bord du bâtiment le plus rapproché, afin d'avoir quelques informations sur le prétendu corsaire. Le canot ayant été hêlé en anglais par l'*Ajax*, l'officier du *Cowentry* était monté sans hésitation à bord de ce vaisseau, où lui et ses hommes avaient été faits prisonniers [1]. Lorsque le *Cowentry* avait quitté Madras, le bruit courait que notre fidèle allié, le nabab Hyder-Ali, était mort le 7 décembre 1782, après une courte maladie. Suffren, renonçant aux expéditions qu'il se proposait de faire sur la côte, fit immédiatement route pour Goudelour où il mouilla le 6 février. La nouvelle annoncée par la frégate anglaise n'était que trop vraie. L'adversaire le plus redoutable de la puissance britannique dans l'Inde n'était plus de ce monde. Au moment où cet événement s'était produit, Tippo-Saïb, son fils aîné et son héritier, combattait les Anglais à la côte de Malabar. La transmission régulière des pouvoirs était, à cette époque, un fait rare dans ce pays. Il y avait lieu de craindre que les trésors et les possessions du sultan décédé ne devinssent la proie des gouverneurs de province, des nations voisines du nouveau royaume de Mysore et des Anglais. L'armée indienne eût été dispersée et le corps français serait resté sans appui. Le colonel d'Hoffelize, appréciant sagement la situation, s'était porté au camp d'Hyder-Ali avec ses troupes, prêt à soutenir par les armes la cause de Typpo-Saïb. Les principaux chefs de l'armée, dévoués à Hyder-Ali, s'étaient hâtés de faire parvenir à son fils aîné la nouvelle de cette mort qu'ils avaient tenue secrète le plus longtemps possible. Quelques officiers, soupçonnés d'entretenir des intelligences avec les agents de la compagnie anglaise, avaient été emprisonnés. Les troupes britanniques, dont la présence eut peut-être suffi pour mettre l'armée indienne en fuite,

---

1. Ce qu'il y a de plus particulier, c'est que le général ayant envoyé un canot à bord de l'*Illustre*, le patron, étant seul, avait été droit à la frégate anglaise. Mais on était si persuadé de l'existence du corsaire qu'on les avait pris pour des matelots de ce bâtiment, et leur parlant ironiquement, les regardant déjà comme une proie assurée, on les avait envoyés à l'entrepont. Au premier coup de canon, on les avait fait monter et on leur avait demandé quels étaient les bâtiments mouillés. On peut juger de leur surprise lorsqu'ils apprirent que c'était M. de Suffren. (*Journal du major de l'escadre.*)

retenues à Madras par le manque de vivres, ne s'étaient pas montrées. Tippo-Saïb, arrivé au camp le 27 décembre avait pris, sans trouver aucune résistance, le commandement de l'armée.

Les généraux anglais qui opéraient à la côte de Malabar avaient été très-promptement instruits du brusque départ du fils d'Hyder-Ali. Ils avaient marché en avant, et ils s'étaient emparés sans coup férir de plusieurs places très-importantes. Hyder-Nagur, résidence favorite d'Hyder-Ali, dans laquelle se trouvait une partie de ses trésors, avait été livrée aux Anglais par le gouverneur. Lorsque ces nouvelles arrivèrent à la côte de Coromandel, Tippo-Saïb résolut d'abandonner le Carnatic pour se porter au secours de ses États. M. Pivron de Morlat fit de vains efforts pour obtenir qu'il attendît, avant de s'éloigner, l'arrivée de M. de Bussy. A ce moment, disait notre envoyé, on prendrait dans notre armée un détachement qui se joindrait aux troupes mysoréennes pour aller, sur l'autre côte, combattre les Anglais. L'intervention de Suffren, qui écrivit directement au sultan, fut couronnée de succès. Tippo-Saïb promit de rester sur la côte de Coromandel.

Après quelques jours passés à Porto-Novo, Suffren fit route pour Trinquemalay, laissant le *Saint-Michel* et le *Cowentry* en croisière devant Madras. Il avait hâte de réparer ses bâtiments et de faire des vivres, afin d'être en état de tenir la mer aussitôt que l'escadre anglaise paraîtrait sur la côte. Il eut la satisfaction de trouver sur la rade de Trinquemalay, où il mouilla le 23 février 1783, deux bâtiments hollandais avec des munitions et des vivres, des prises faites par l'*Hannibal* et la *Bellone*, et la *Fortitude*, venant du Pégou, avec un chargement complet de bois de construction.

Ce fut seulement à cette époque que Suffren apprit sa nomination au grade de chef d'escadre. Cette récompense lui avait été décernée immédiatement après l'arrivée, à Paris, de son rapport sur le combat de la Praya.

Dans une lettre, portant la date du 17 avril 1782, le maréchal de Castries écrivait au bailli. « En vous faisant chef d'escadre, le Roi a compté que vous ne mettriez plus de terme à votre retour, et que vous combattriez les ennemis dans l'Inde, jusqu'à ce qu'ils fussent obligés de désirer une paix raisonnable. J'espère que vous ne tromperez pas son attente. Je ne puis vous exprimer, Monsieur, le degré de confiance que votre conduite a donné de votre audace et de vos talents. J'espère que vous emploierez l'un et l'autre en second comme en premier. » Le ministre terminait une autre lettre, portant la date du 20 juillet 1785, par les lignes suivantes : « Vous avez déjà acquis le grade de chef d'escadre par une action, je voudrais bien qu'une seconde action aussi décisive que la première me mît dans le cas de vous faire faire un pas. Je vous prie de compter sur le désir que j'ai de contribuer à l'emploi de vos talents. »

Le ministre attachait le plus grand intérêt à ce que le comte d'Orves, dont il ignorait la mort au moment où il écrivait ces dépêches, conservât auprès de lui un lieutenant tel que Suffren. On se rappelle que ce dernier, blessé par les procédés de son chef, à l'arrivée de sa division à l'Ile de France, en octobre 1781, avait prié le maréchal de Castries de le rappeler en Europe. Depuis qu'il était à la tête de l'escadre, le bailli ne redoutait rien tant que d'obtenir cette faveur[1]. Les lettres du maréchal le rassurèrent complétement sur ce point. Suffren était sans nouvelles de M. de Bussy. La corvette la *Fortune*,

---

1. « Le débarquement d'une armée, l'approvisionnement et la conduite d'une escadre donnent beaucoup d'occupation. Depuis le combat du 17 février, les Anglais n'ont plus reparu. Notre débarquement s'est fait le plus tranquillement. Me voici en mer ; je désire bien pouvoir vous donner de bonnes nouvelles, mais il faut pour cela trouver les Anglais et les battre. Je suis dans une superbe position, commandant douze vaisseaux de ligne ; mais il y a beaucoup de mais... Je crains, à présent, que M. le marquis de Castries ne m'accorde la grâce que je lui ai demandée de me faire revenir, car nulle part je ne pourrais être employé d'une façon aussi brillante. »

qu'il avait laissée à Achem arriva le 21 février. Pendant sa croisière, elle n'avait vu aucun navire venant de l'Ile de France. Suffren craignant que le nabab ne s'éloignât, envoya M. de Moissac en mission auprès de lui pour l'engager à rester sur la côte de Coromandel.

Le 2 mars, l'*Hannibal* et la *Bellone* rallièrent l'escadre, après avoir fait de nombreuses prises. Le *San-Carlos* n'avait échappé à leur poursuite qu'en jetant ses canons à la mer, et en s'échouant sur les bancs de l'entrée du Gange. Le *Saint-Michel* et le *Cowentry*, qui rentrèrent quelques jours après, avaient capturé ou détruit douze bâtiments de commerce. Le 9, la frégate la *Cléopâtre*, les vaisseaux le *Fendant*, sur lequel le lieutenant général de Bussy avait pris passage, l'*Argonaute*, le *Hardi* et trente-cinq bâtiments de transport mouillèrent sur la rade. Le convoi portait des vivres, des munitions et deux mille cinq cents soldats. Le vaisseau l'*Alexandre* devait rallier très-prochainement l'armée. La situation de nos affaires, au moment où le nouveau commandant en chef arrivait à son poste, était loin d'être satisfaisante. Les forces anglaises qui opéraient à la côte de Malabar avaient fait des progrès très-rapides. Elles s'étaient emparées du port de Mangalore qui abritait la marine créée par Hyder-Ali. Tippo-Saïb, fatigué d'attendre M. de Bussy, s'était porté à marches forcées au secours de ses États. Le colonel d'Hoffelize avait consenti, sur ses vives instances, à lui donner un bataillon d'infanterie et une compagnie d'artillerie placés sous les ordres du lieutenant-colonel Cossigny. Les Français, trop affaiblis pour tenir la campagne, étaient rentrés dans Goudelour. Telles étaient les conséquences des retards apportés par le général au départ de la division Peynier.

L'épidémie qui avait sévi sur les équipages et les troupes passagères avait cessé au commencement de novembre. Si le général était parti immédiatement, il serait arrivé, dans le mois de janvier 1783, sur la côte de

Coromandel. Nos troupes, réunies à celles du nabab, eussent été en position de mettre le siége devant Madras. Nous aurions eu, sinon la certitude, du moins des chances très-sérieuses de nous emparer de cette ville, avant que l'escadre anglaise ne parût. Les succès obtenus dans le Carnatic eussent compensé les pertes faites par Tippo-Saïb à la côte de Malabar. Ayant pris la fâcheuse détermination d'attendre que le *Hardi* fût réparé, M. de Bussy n'avait quitté l'Ile de France que le 26 décembre 1782. Le général n'était pas dans un état de santé qui lui permît d'exercer son commandement. Non-seulement il ne montait pas à cheval, mais la fatigue du palanquin était au-dessus de ses forces. Parmi les officiers de son entourage, il n'y en avait pas un qui, dans l'opinion de Suffren, eût la capacité nécessaire pour le remplacer. S'il était urgent de porter le corps expéditionnaire à Goudelour, d'autre part l'exécution de cette mesure présentait de grandes difficultés. Le temps avait marché, et nous pouvions, chaque jour, recevoir la nouvelle que l'amiral Hughes était sur la côte avec dix-sept vaisseaux. Suffren, obligé de laisser à Trinquemalay le *Brillant* et le *Vengeur*, qui étaient abattus en carène, ne disposait que de treize vaisseaux. Il résolut de prendre la mer avec les bâtiments doublés en cuivre, et quelques navires de commerce marchant bien. Le bailli se proposait de transporter les troupes et une partie du matériel d'artillerie. On aurait attendu une circonstance favorable pour expédier les vivres et les bagages de l'armée. Il y avait lieu de croire que l'opération, ainsi faite, serait terminée avant l'arrivée de l'amiral Hughes. Si l'escadre anglaise apparaissait, Suffren ne doutait pas qu'il ne réussît à l'éviter. Le 14 mars, le *Héros*, le *Fendant* et l'*Argonaute* de soixante-quatorze, le *Sphinx* et l'*Artésien*, de soixante-quatre, le *Saint-Michel* de soixante, l'*Hannibal*, de cinquante, les frégates la *Cléopâtre*, la *Fine*, la *Bellone*, de trente-deux, le *Cowentry*, de vingt-huit, la *Fortune*, de dix-huit, quittèrent Trinquemalay. Le 16, au coucher du soleil, l'escadre laissa tomber l'ancre devant Porto-Novo. Les troupes furent mises à terre pendant la nuit, et, le lendemain 17, Suffren se rendit à Goudelour, où il débarqua le matériel et les munitions[1]. Le 4 avril, après quelques jours passés à Porto-Novo pour faire de l'eau, Suffren reprit la mer, laissant en croisière, devant Madras, le *Fendant*, le *Saint-Michel* et la *Cléopâtre*. Il espérait que cette division intercepterait un convoi venant d'Europe, sous l'escorte du vaisseau de cinquante canons le *Bristol*. Le 10 avril, il rentrait à Trinquemalay, lorsque la frégate la *Bellone* signala l'escadre anglaise dans le sud. Nous avions appris que l'amiral Hughes amenait sur ses vaisseaux des troupes destinées à se joindre aux forces britanniques dans le Tanjaour. En admettant l'exactitude de cette nouvelle, M. de Bussy devait avant peu être cerné au sud par la petite armée du Tanjaour, et au nord par les soldats de sir Eyre Coot. Enfin, il y avait lieu de croire que les communications de Goudelour avec Trinquemalay seraient coupées par l'escadre anglaise. « Vu cette position effrayante, écrivait Suffren au ministre, le 11 avril, il est nécessaire que je sorte dès que M. de Peynier m'aura rejoint. Je désarmerai les frégates, je prendrai les équipages des transports et je tenterai le sort des combats. Comme je ne puis pas partir avant vingt jours, la mousson sera renversée, et je puis espérer de combattre au vent. Je désirerais bien, mais je n'ose m'en flatter, que les secours partis en octobre fussent arrivés à cette époque. » L'amiral Hughes ayant appris, le 11 avril, par un bâtiment neutre, que nous avions des bâtiments en croisière sur la côte, hâta sa marche dans l'espérance de les intercepter. Arrivé à Madras sans les avoir vus, il détacha quatre vaisseaux et une frégate à leur poursuite. Après avoir

---

[1]. « Donné l'ordre de débarquer les troupes pendant la nuit avec les vivres nécessaires. M. de Bussy doit se rendre à Goudelour en palanquin, encore fort incommodé de la goutte, n'ayant point du tout l'usage de ses mains. Il débarquerait difficilement d'une chelingue, seul bâtiment qui puisse se rendre à Goudelour. » (*Journal du major de l'escadre.*)

couru pendant quelques jours dans la direction de Trinquemalay, la division anglaise revint au mouillage, accompagnant le *Bristol* qu'elle avait rencontré à la mer. Suffren expédia la corvette la *Naïade* pour prévenir M. de Bussy de la présence de l'escadre anglaise et rappeler les bâtiments qui étaient devant Madras. La mission confiée à cette corvette avait d'autant moins de chances de succès, que celle-ci marchait fort mal. Le bailli, voulant probablement compenser les défauts du navire par la valeur du capitaine, avait désigné M. de Villaret-Joyeuse, capitaine de la *Bellone*, pour la commander. Cet officier était passé sur son nouveau bâtiment quelques heures avant d'appareiller. Le *Saint-Michel*, le *Fendant* et la *Cléopâtre* rentrèrent, le 20 avril, sans avoir aperçu l'ennemi. Quant à la *Naïade*, elle fut prise par le vaisseau de soixante-quatorze, le *Sceptre*, après un très-beau combat[1]. Suffren,

1. Ce fut l'expression dont se servit Suffren en rendant compte au ministre de la prise de la *Naïade* par le *Sceptre*. Nous joignons ici le rapport que le capitaine Villaret-Joyeuse adressa de Madras au général de Bussy : « Le 14, j'ai eu connaissance, au point du jour, d'un gros vaisseau croisant entre Goudelour et Porto-Novo. Ne doutant pas que ce bâtiment ne fût ennemi, je pris le large sur-le-champ pour ne pas compromettre ma mission. J'étais au moins à trois lieues au vent du vaisseau, que je reconnus pour le *Sceptre* qui avait déjà chassé la *Bellone* plusieurs fois. Ma corvette ne marchait pas, mais l'ennemi marchait très-bien, et il fut à même de me conserver dans la nuit. Dès dix heures du soir, il commença à me canonner, et, vers les onze heures, il me héla et m'annonça sa force pour m'engager à ne pas faire de résistance. Je lui envoyai ma bordée pour toute réponse, et, dès ce moment, commença le combat le plus inégal et le plus opiniâtre. Je lui envoyai de mille à douze cents boulets pendant notre engagement qui a duré cinq heures, dont trois heures et demie vergue à vergue. Mes mâts de hune ayant été enfin coupés, ainsi que mon gouvernail, sept pièces démontées, mes bas-mâts percés d'outre en outre, prêts à tomber, et trente-quatre hommes hors de combat, j'ai été enfin obligé, mon général, pour sauver le reste des braves gens qui m'étaient confiés, de céder à la force. Le grand mât de mon ennemi a été offensé, son grand mât de hune cassé, une pièce de sa première batterie démontée et les sept servants tués ou blessés. Il a eu vingt-deux hommes hors de combat et deux officiers. J'ai eu le bonheur de n'en perdre aucun, et ils se sont si supérieurement comportés que je ne ferai mention que de mon second, M. le chevalier de Saint-Georges, qui est resté seul sur le gaillard d'avant. J'ai été conduit à la remorque devant Madras. J'ai reçu l'accueil le plus flatteur de la part des officiers de terre et de mer qui regardaient mon combat comme un phénomène. »

ne recevant aucune nouvelle de la côte, fit partir le *Cowentry* pour Goudelour. Cette frégate apporta, le 12 mai, des lettres du général prescrivant à Suffren d'appareiller avec toute l'escadre pour lui porter des vivres et des munitions. Nos vaisseaux n'ayant pas achevé leurs réparations, Suffren ne pouvait pas exécuter cet ordre. D'autre part, il eût été très-imprudent de tenter le ravitaillement de Goudelour avec une partie de nos forces. Le 24 mai, l'escadre anglaise, forte de dix-sept vaisseaux, fut aperçue au large de Trinquemalay faisant route vers le sud. Le *Cowentry*, expédié pour observer ses mouvements, rentra après l'avoir suivie jusqu'à la hauteur de Batacalo. Suffren se demanda quels pouvaient être les projets de l'amiral Hughes. S'était-il placé dans le sud de Trinquemalay pour intercepter les bâtiments français venant de l'Ile de France, ou pour assurer l'arrivée d'un convoi attendu d'Angleterre? Voulait-il, en laissant la route du nord libre, nous engager à la prendre avec l'intention de se porter sur Trinquemalay, dès que nous nous serions éloignés? Cette supposition était la plus plausible, mais Suffren n'était pas homme à se laisser prendre à un pareil piége. L'existence de notre escadre dans les mers de l'Inde était liée à la possession de Trinquemalay. Comment aurions-nous fait, si, après tant de combats, nous n'avions pas eu ce port pour caréner le *Brillant* et le *Vengeur*, et faire subir à plusieurs vaisseaux des réparations qu'il eût été impossible d'exécuter sur la côte. Les bâtiments avariés, ou plutôt l'escadre tout entière, eût été depuis longtemps obligée de retourner à l'Ile de France. Quoique tous nos vaisseaux fussent, à la date du 26 mai, en état de prendre la mer, le bailli résolut, malgré les instructions contraires de M. de Bussy, de rester au mouillage. Il fit partir pour Goudelour deux transports avec des vivres et de l'artillerie, sous l'escorte du *Fendant*, de la *Cléopâtre* et du *Cowentry*. Il pensait, ce qui était exact, que le dix-huitième vaisseau anglais, *le Bristol*, était resté en croisière dans le nord. L'escadre anglaise reparut, le 31 mai, et, ce jour-là, elle vint très-près de l'entrée de Trinquemalay. Suffren, croyant que l'amiral Hughes avait l'intention de nous attaquer, signala à l'escadre, mouillée en ligne dans la baie du large, de s'embosser et de se préparer au combat. L'ennemi s'éloigna, et nos vigies le perdirent de vue faisant route dans le nord. Le lendemain, le bailli, préoccupé des dangers que couraient les bâtiments partis pour Goudelour, expédia une embarcation, le long de la côte, pour les aviser de la présence de l'ennemi, et leur recommander de naviguer très-près de terre. Cette division se trouvait, le 3 juin, à petite distance de Trinquemalay, lorsque la frégate qui marchait en avant eut connaissance de l'escadre anglaise. M. de Peynier signala aux deux transports de prendre la bordée de terre. Quant à lui, il courut au nord-nord-ouest avec les deux frégates, entraînant l'ennemi à sa suite. Il fit une fausse route pendant la nuit, et, lorsque le jour se fit, il ne vit plus un seul des bâtiments qui le poursuivaient. Le commandant de Peynier rentra, le 10 juin, à Trinquemalay, où les deux transports étaient arrivés depuis trois jours. Les nouvelles que cet officier apportait de l'armée étaient très-alarmantes. Nos troupes occupaient encore quelques positions en dehors de Goudelour, mais il était facile de prévoir qu'elles seraient très-prochainement contraintes de se renfermer dans la place. Le général Stuart, dont les forces étaient déjà supérieures aux nôtres, attendait de Madras des renforts considérables. Tippo-Saïb avait repris Hyder Nagur et infligé au général Mathews un échec d'une extrême gravité. Néanmoins, il devait s'écouler un temps assez long avant qu'il fût en mesure de se porter sur la côte de Coromandel. M. de Bussy, revenant sur l'ordre qu'il avait donné précédemment, écrivit à Suffren par le *Cowentry* de ne pas sortir de Trinquemalay, « excepté dans le cas où, forcé dans ses retranchements, il serait obligé de se renfermer dans Goudelour, et celui où l'escadre anglaise le bloquerait ». Les instructions du général n'étaient pas suffisamment claires, et, en les recevant, tout autre que Suffren eût été livré à de grandes perplexités. Comment pouvait-il être informé du moment précis où nos troupes, forcées dans leurs retranchements, rentreraient dans Goudelour. D'autre part, en restant à Trinquemalay, il était difficile de connaître les mouvements de l'escadre anglaise et de savoir si elle bloquait la ville. Cette dernière éventualité n'était pas douteuse, et il était surprenant que M. de Bussy en eût parlé d'une manière hypothétique. Il n'y avait pas lieu de douter que l'amiral Hughes n'apportât son concours aux opérations des troupes britanniques. Le général de Bussy avait-il voulu, en donnant des ordres ambigus, laisser à Suffren la responsabilité de la sortie de notre escadre et des événements qui en seraient la conséquence? Lorsqu'il eut pris connaissance des dépêches de M. de Bussy, le bailli appela les capitaines à son bord. Après avoir exposé la situation de nos troupes, il les consulta sur la conduite que la marine devait tenir. Tous furent d'avis de tenter le sort des armes pour secourir Goudelour. Le lendemain, 11 mai, l'escadre française, forte de quinze vaisseaux et de trois frégates, prit la mer. L'amiral Hughes avait trois vaisseaux, dont un de quatre-vingts, de plus que les Français. A l'exception du *Bristol*, arrivé récemment d'Europe, tous les bâtiments anglais avaient passé la saison de l'hivernage à Bombay, où ils avaient trouvé toutes les ressources que peut offrir un arsenal bien approvisionné. Cette escadre, dont presque tous les bâtiments étaient doublés en cuivre, avait des qualités de marche et d'évolutions qui faisaient complétement défaut à la nôtre. La plupart de nos vaisseaux, dont huit seulement étaient doublés en cuivre, n'avaient pas été carénés depuis quatre ou cinq ans. Quelques-uns, notamment le *Saint-Michel* et l'*Illustre*, faisaient beaucoup d'eau. Notre situation, sous le rapport du personnel, n'était pas plus satisfaisante. Depuis le départ de l'Ile de France, le 7 décembre 1781, nous n'avions pas reçu un seul matelot pour compléter les vides existant dans les équipages. Malgré la perte de l'*Orient* et du *Bizarre* et le désarmement de tous les transports et de plusieurs frégates, il n'y avait pas un seul vaisseau qui eût plus des trois quarts de son effectif réglementaire. Nous devons ajouter que les soldats et les cipayes entraient pour la moitié dans la composition de ces équipages ainsi réduits.

11

Le 13 juin, les frégates de découverte signalèrent l'escadre anglaise mouillée à petite distance de Goudelour. Dans la soirée, le calme étant survenu, les Français jetèrent l'ancre à huit lieues dans le sud de cette ville. Ils mirent sous voiles, le lendemain, mais, pendant trois jours, la faiblesse de la brise ne nous permit pas de nous approcher de l'ennemi. Le 16 juin, vers midi, les vents étant au nord nord-ouest, nous n'étions plus qu'à trois lieues des Anglais, lorsque ceux-ci se décidèrent à appareiller. La brise ayant sauté au sud-est et à l'est, l'amiral Hughes, qui avait pris la bordée du large, eut sur nous l'avantage du vent. Suffren fit former la ligne de bataille, les amures à tribord, mais la nuit arriva avant que les deux armées fussent assez près l'une de l'autre pour engager le combat. Le lendemain, les vents étant revenus à l'ouest et l'escadre anglaise se trouvant à plus de cinq lieues sous le vent, Suffren communiqua avec M. de Bussy. Il apprit que nous avions eu, le 13 juin, un engagement très-vif avec les assiégeants. Cinq cents hommes de notre petite armée avaient été mis hors de combat, et douze pièces de canon étaient tombées entre les mains des Anglais. Quoique l'ennemi eût fait des pertes très-sensibles, nous avions été obligés, à la suite de cette affaire, de nous renfermer dans la ville. Bien convaincu que l'amiral anglais essayerait de l'entraîner au large, s'il laissait porter pour le rejoindre, Suffren se maintint près de terre. Dans la soirée du 17, les vents étant restés à l'ouest, l'escadre française laissa tomber l'ancre devant Goudelour. Le sort de la place et de la garnison dépendant désormais des succès de notre escadre, le général de Bussy s'empressa de donner au bailli le nombre d'hommes nécessaires pour compléter ses équipages. Pendant la nuit du 17 au 18 juin, six cents soldats et six cents cipayes furent répartis sur les vaisseaux. Le 18, à neuf heures du matin, les Français mirent sous voiles pour aller à la rencontre des Anglais. Notre escadre, formée en ligne de bataille, les amures à tribord, passa à contre-bord et au vent de l'ennemi. L'amiral Hughes, grâce à la marche supérieure de ses vaisseaux, put facilement décliner un engagement que nous paraissions rechercher. Le 19 juin, les deux armées évoluèrent avec des brises faibles et irrégulières, et elles eurent beaucoup de difficultés à se maintenir en ordre. La persistance des vents d'ouest, très-rare dans cette saison, trompait les calculs de l'amiral anglais. Il avait compté sur la brise du large pour nous combattre avec l'avantage du vent, et, depuis le 14 juin, ses vaisseaux avaient été constamment sous le vent des nôtres. Dans la journée du 20 juin, il sembla que nos adversaires, fatigués d'attendre des vents d'est, fussent décidés à accepter le combat. Vers trois heures, la brise soufflant de l'ouest à l'ouest-nord-ouest, l'escadre anglaise tint le vent sous petites voiles, les amures à bâbord. L'armée française, qui courait aux mêmes amures, laissa porter sur l'ennemi par un mouvement tout à la fois. Un peu après quatre heures, les deux lignes étant à petite portée de canon, l'ordre de venir au vent et de commencer le feu fut hissé à bord de la frégate la *Cléopâtre*, sur laquelle Suffren avait arboré son pavillon[1].

1. « Suffren avait reçu, quelques mois auparavant, la dépêche du ministre prescrivant au commandant d'une escadre de plus de neuf vaisseaux de passer sur une frégate en cas de combat. Je me conformerai à cet ordre, avait-il répondu au maréchal de Castries, autant que je penserai la chose utile au bien du service. Ce serait mal remplir l'esprit de cet ordre que d'en profiter pour ne pas donner l'exemple que doit un chef dans les occasions où il peut commander de son vaisseau aussi bien que d'ailleurs. »

On se battit, de part et d'autre, avec une grande vigueur, mais l'action fut particulièrement chaude à l'avant-garde et au corps de bataille. Il se produisit un peu de désordre parmi les vaisseaux des deux arrière-gardes. Dans la nôtre, le *Vengeur* et l'*Annibal* s'abordèrent et se firent quelques avaries. Le feu cessa vers six heures et demie, et, à sept heures, les deux escadres étaient hors de portée de canon[1]. Les Français mouillèrent, le lendemain 21 juin, à deux lieues au nord de Pondichéry. Dans la soirée, la frégate de découverte ayant signalé l'ennemi, nos vaisseaux se tinrent prêts à appareiller. Le 22, au point du jour, les Anglais furent aperçus sous le vent, faisant route sur Madras. Suffren fut sur le point d'appareiller en coupant les câbles et de les poursuivre. Diverses considérations, que nous trouvons exposées dans une de ses lettres, l'empêchèrent de prendre ce parti. « Mon premier mouvement, écrivit-il au ministre, fut de couper les câbles et de les chasser. Voilà les raisons qui m'en ont empêché : j'étais trop mal en ancres et en câbles pour en faire le sacrifice ; 2° Goudelour était attaqué et j'avais douze cents hommes de sa garnison. Cette escadre, ayant sur la mienne une grande supériorité de marche et prenant chasse à l'est-nord-est, pouvait me mener assez loin pour ne pouvoir plus regagner la côte, et elle aurait été tranquillement à Madras. Dans cette saison, les navires qui marchent mal ne rejoignent pas la côte quand ils la

---

1. Avant de sortir de Trinquemalay, Suffren avait indiqué un ordre de bataille dans lequel les cinq vaisseaux de soixante-quatorze prenaient la queue de la ligne. En supposant l'armée rangée dans cet ordre, appelé ordre de bataille n° 3 dans le Journal du major de l'escadre, il était prescrit à ces cinq vaisseaux de doubler l'ennemi par l'arrière-garde. Quant aux autres bâtiments de l'armée, ils devaient se placer à grande distance les uns des autres et combattre toute la ligne anglaise. Les 14 et 15 juin, l'ordre de bataille n° 3 avait été signalé. Le 20 juin, il ne s'était probablement produit aucun incident permettant d'appliquer cette combinaison.

On lit dans le Journal du major de l'escadre à la date du 14 : « Ce jour-là le général, sur la *Cléopâtre*, arrive toutes voiles dehors sur une frégate anglaise qui était venue nous observer. Elle était à une lieue et demie de nous. »

quittent. L'année passée, un colonel anglais fut pris sur Porto-Novo, le cinquante-huitième jour de son départ de Madras. L'escadre française fit route pour Goudelour, où Suffren avait hâte d'arriver.

Nous indiquons, dans les tableaux ci-après, l'ordre dans lequel les deux escadres étaient rangées, le 20 juin, et les pertes qu'elles avaient subies.

ESCADRE FRANÇAISE.
Ligne de bataille.

Noms des bâtiments.	Nombre de canons.	Noms des capitaines.	Tués.	Blessés.
Avant-garde.				
Sphinx	64	Du Chilleau	8	33
Brillant	64	Kersauson	7	18
Fendant	74	Peynier	11	55
Flamand	50	Salvert	17	42
L'Ajax	64	Dupas de la Mancelière	4	25
Corps de bataille.				
Hannibal	50	Beaulieu	2	16
Argonaute	74	Clavières	10	25
Héros	74	Moissac	15	45
L'Illustre	74	Bruyères	4	20
Saint-Michel	60	Beaumont	5	25
Arrière-garde.				
Vengeur	64	Cuverville	10	21
Sévère	64	De Langle	2	21
Annibal	74	D'Aymar	5	14
Hardi	64	Herhué	0	4
Artésien	64	De Vignes	2	20
Consolante		Costebelle	0	2
Totaux des tués et des blessés [1]			102	386

1. Officiers tués : MM. Dupas de la Mancelière, Perrier, de Salvert, lieutenants de vaisseau ; de Robinot, enseigne ; Dieu, capitaine de brûlot ; l'Isselée, de Lessègues, officiers auxiliaires ; Dumoulin, officier d'infanterie.
Officiers blessés : MM. de Saint-Félix, capitaine de vaisseau ; de Ravenel, lieutenant de vaisseau ; de Poignat de Bonnevie, de Than, enseignes ; Croignard, capitaine de brûlot ; de Gourdun, officier auxiliaire ; de Villione, d'Egmont, de Lesquin, Flantin, officiers d'infanterie.

ESCADRE ANGLAISE.

Ligne de bataille.

Noms des bâtiments.	Nombre de canons.	Noms des capitaines.	Tués.	Blessés.
Division rouge.				
Cumberland	74	William Allen	2	11
Montmouth	64	James Alms	2	19
Bristol	50	James Burney	0	13
Héro	74	Richard King, commodore / Théophile Jones	5	21
Eagle	64	Williams Clark	4	8
Magnanime	64	Thomas Mackensie	1	16
Division bleue.				
Sceptre	64	Samuel Graves	17	47
Burford	70	Peter Rainier	10	20
Monarca	68	John Gell	6	14
Superb	74	Sir Edw. Hughes	12	41
		Vice admiral of the Bleue.	»	»
		Henry New Come	4	»
Sultan	74	Audren Mitchell	4	20
Africa	64	Robert M. Donall	5	25
Worcester	64	Charles Hughes	8	32
Division blanche.				
Exeter	64	John Smith	4	9
Inflexible	64	Hon J.-W. Chetiwind	3	30
Gibraltar	80	Sir R. Bikerton, contre-amiral	6	40
Isis	50	Thomas Hicks	3	30
Defense	74	Christopher Halliday	7	38
		Totaux des tués et des blessés	103	434

Le succès de l'escadre française était hors de toute contestation. Le 13 juin, l'amiral Hughes bloquait Goudelour, avec dix-huit vaisseaux et six frégates. Il protégeait, en outre, le débarquement des troupes, des vivres et des munitions envoyées de Madras à l'armée anglaise. Lorsque Suffren s'était placé entre la flotte britannique et la ville assiégée, les nombreux transports mouillés sur la côte s'étaient hâtés de fuir en coupant leurs câbles. Après le combat du 20 juin, l'amiral Hughes avait disparu, abandonnant le général Stuart, tandis que nous prenions, devant Goudelour, la place que l'escadre anglaise occupait quelques jours auparavant. Quoique l'ennemi n'eût pas laissé un seul navire entre nos mains, il ne pouvait s'élever aucun doute sur le résultat de cette rencontre.

Suffren se montra satisfait de la conduite de ses capitaines. Il loua particulièrement l'habile direction donnée à l'avant-garde par M. de Peynier. Dans une lettre portant la date du 6 juillet, il disait au ministre : « La supériorité de l'escadre anglaise sur la nôtre consistait en un vaisseau de quatre-vingts, un de soixante-quatorze et un de soixante-dix. M. de Peynier a conduit l'avant-garde avec autant de valeur que de précision. Depuis qu'il m'a rejoint, je lui ai donné deux missions également importantes et périlleuses dont il s'est parfaitement acquitté. Si, pour cela, vous le faites chef d'escadre, et que ce ne soit qu'à prendre rang, ce n'est point assez en vérité, d'autant plus qu'au combat de la Grenade et dans ceux de M. de Guichen, il s'est parfaitement bien conduit[1]. Trois jours après le combat du 20 juin, l'escadre française mouilla sur la rade de Goudelour. Aussitôt que nos vais-

---

1. Suffren disait au ministre dans une autre lettre : « Je vous envoie l'état des pertes de l'escadre. J'attendrai d'être auprès de vous pour demander des grâces pour les officiers. Mais je vous réitère ma demande pour M. de Peynier. Il s'est acquitté particulièrement bien de deux missions très-épineuses, et il s'est conduit, dans le combat du 20 juin, avec autant de bravoure que d'intelligence. Si des raisons particulières vous empêchent de le faire chef d'escadre, rien ne peut s'opposer à ce que vous lui donniez le cordon rouge. »

seaux eurent l'ancre au fond, Suffren se rendit auprès de M. de Bussy. A son arrivée à terre, les batteries de la ville le saluèrent de quinze coups de canon. Les officiers et les soldats qui n'étaient pas retenus à leurs postes par un devoir impérieux, s'étaient portés vers la plage. Le bailli alla chez le général, suivi d'un immense cortége qui faisait retentir l'air des cris de vive le Roi! et vive Suffren! Les mêmes manifestations se produisirent, lorsqu'il se sépara du commandant en chef pour regagner son canot. Les soldats et les cipayes, empruntés à l'armée de M. de Bussy, retournèrent à terre. L'escadre débarqua mille hommes, pris parmi les soldats de marine et les matelots, pour renforcer la garnison.

La victoire de Suffren avait complétement modifié la situation des troupes britanniques. Le général Stuart ne pouvait plus recevoir ses approvisionnements par mer. D'autre part, un détachement de cavalerie mysoréenne, très-bien commandé, battait la campagne et coupait ses communications avec Madras. Suffren, persuadé qu'une sortie générale amènerait la retraite de l'ennemi, voulait qu'on tentât cette opération[1]. Ce conseil ayant été repoussé, le bailli resta étranger aux mesures prises par le général de Bussy. Le 29 juin, une frégate anglaise, la *Médée*, portant pavillon parlementaire, parut devant Goudelour. Elle était chargée par lord Macarteney, gouverneur de la Présidence de Madras, et l'amiral Hughes de nous apprendre que les hostilités avaient cessé en Europe. Cette nouvelle, que les Anglais regardaient comme authentique, quoiqu'elle n'eût aucun caractère officiel, était arrivée à Bombay par la voie de terre. Le capitaine de la *Médée* remit à MM. de Bussy et de Suffren les journaux et les copies de lettres particulières dans les-

---

1. La présence d'un tel homme, écrivait le chef de l'armée anglaise, en parlant de Suffren, nous oblige de faire nos approches avec la plus grande prudence. Il presse M. de Bussy de nous attaquer. Il lui offre de débarquer la plus grande partie de ses équipages et de les conduire lui-même à l'assaut de notre camp.

quels étaient mentionnés les articles préliminaires de paix signés, à Paris, le 20 janvier 1783, par les représentants de la France, de l'Angleterre, de l'Espagne et des États-Unis. Lord Macarteney et l'amiral Hughes demandaient qu'une suspension d'armes fût conclue jusqu'à l'arrivée des instructions des cours de Londres et de Paris. Le général de Bussy, auquel il appartenait, en sa qualité de commandant en chef des forces de terre et de mer, de se prononcer sur cette proposition, se trouva très-embarrassé de son rôle. Les Anglais désiraient recouvrer le plus promptement possible leur liberté d'action, afin de marcher avec toutes leurs forces contre Tippo Saïb. Il était évident que leur démarche n'avait pas d'autre but. Si le général refusait la suspension d'armes, il assumait une grave responsabilité, et, s'il l'acceptait, que devenait notre allié? Les commissaires venus sur la *Médée*, déclaraient que les autorités britanniques étaient décidées à donner aux généraux l'ordre de ne plus tirer un coup de fusil. M. de Bussy s'efforça de sauvegarder les intérêts de Tippo Saïb. Les Anglais promirent d'entrer en arrangements avec le sultan, aussitôt que celui-ci serait disposé à traiter, mais ils ne voulurent prendre aucun engagement relativement aux conditions de la paix. Si, comme le disait Suffren dans une de ses lettres, « nous avions mieux fait la guerre, l'entente, sur ce point, eût été plus facile ». Des succès militaires nous eussent permis d'avoir des exigences que notre situation ne comportait pas. Le général se décida à envoyer à Madras le major de l'escadre et deux de ses aides de camp avec les pouvoirs nécessaires pour conclure une suspension d'armes. Ces trois officiers arrivèrent, dans les premiers jours de juillet, auprès de l'amiral Hughes et de lord Macarteney. Il fut décidé que les hostilités cesseraient, sur terre et sur mer, à partir du 8 juillet, et que les prisonniers seraient immédiatement rendus. Le 1ᵉʳ août Suffren fit route pour Trinquemalay, où il mouilla, le 6, après avoir touché à Tranquebar et à Karikal. L'escadre compléta six mois de vivres, fit son eau et se tint prête à appareiller. Le 13 septembre, le *Sphinx* et l'*Artésien* partirent pour l'Ile de France, où ils devaien être mis en état de retourner en Europe.

III

A l'origine des troubles de l'Amérique, il existait, dans le parlement de la Grande-Bretagne, un parti politique qui repoussait d'une manière absolue l'emploi de la force pour résoudre les difficultés pendantes. Après l'ouverture des hostilités, ces mêmes hommes combattirent énergiquement l'administration de lord North. Les revers des armes anglaises et principalement la capitulation d'York Town augmentèrent le nombre de leurs adhérents. A la fin de l'année 1781, on ne se faisait, dans les deux chambres, aucune illusion sur l'état des affaires. Les colonies américaines étaient considérées comme irrévocablement perdues pour l'Angleterre. Néanmoins le ministère, soutenu par le Roi, voulait continuer la lutte. Le 22 février 1782, le général Conway présenta à la Chambre des communes une motion invitant le gouvernement à mettre fin à la guerre d'Amérique. Cette proposition était appuyée par des hommes tels que Fox, Pitt, Mahon, Burke, Cavendish et Wilberforce. Elle fut repoussée à une voix de majorité; mais une tentative du même genre, faite quelques jours après, eut un plein succès. La Chambre décida, le 27 février, à dix-neuf voix de majorité, qu'une adresse serait envoyée au Roi pour le prier de faire la paix avec les colonies. Les 4 et 5 mars, des résolutions de même nature furent adoptées par une majorité toujours croissante. La nouvelle de la prise de l'île de Saint-Christophe et la perte de Minorque augmentèrent le mécontentement général. Le 20 mars, lord North donna sa démission. Le marquis de Rockingham, après s'être assuré que le Roi ne s'opposerait pas à la reconnaissance de l'indépendance de l'Amérique, accepta la mission de former un nouveau cabinet. Lord Shelburne prit, dans la nouvelle administration, le ministère de l'intérieur, département auquel se rattachaient les colonies. Il fit immédiatement partir pour Paris un agent ayant toute sa confiance. Cet agent n'avait pas de caractère officiel, mais des lettres particulières lui assuraient un très-bon accueil auprès de notre ministre des affaires étrangères et de l'envoyé des États-Unis. Il devait renseigner son gouvernement sur les conditions auxquelles il serait possible de faire la paix. La mort du marquis de Rockingham, survenue dans le mois de juin, plaça lord Shelburne à la tête du cabinet. Cet homme d'État avait été un des champions les plus déterminés du parti de la guerre. Il avait réclamé l'emploi de moyens énergiques pour ramener les rebelles à l'obéissance. Les événements avaient modifié son opinion, et il était convaincu que la reconnaissance des colonies de l'Amérique septentrionale, comme État indépendant, était la mesure la plus sage que son pays pût adopter. Les négociations entamées à Paris, quoique poursuivies, de part et d'autre, avec bonne foi, marchèrent avec lenteur. Le gouvernement anglais, disposé à donner toute satisfaction sur la question américaine, demandait à s'en tenir, à l'égard de la France et de l'Espagne, aux clauses du traité de 1763. Ce n'était pas pour arriver à ce résultat que nous avions pris les armes en 1778. D'autre part, les commissaires américains se montraient extrêmement exigeants dans toutes les discussions relatives à leurs nouvelles frontières. Enfin les Espagnols ne voulaient pas qu'on parlât de la paix, si on ne leur assurait pas la possession de Gibraltar. Après de longues et laborieuses négociations, ces difficultés s'aplanirent. Le 30 novembre 1782, un premier traité fut conclu entre les plénipotentiaires anglais et américains. Le 23 janvier 1783, les préliminaires de paix entre la France, l'Espagne et la Grande-Bretagne furent signés à Paris.

Ce fut à Pondichéry, où il se trouvait, le 8 septembre, avec le *Héros* et la *Cléopâtre*, que les premières dépêches relatives à la paix parvinrent à Suffren. Elles avaient été apportées à Madras par la frégate anglaise le *Crocodile*, partie de Portsmouth, le 14 avril 1783. Nous devions laisser dans l'Inde le même nombre de bâtiments que les Anglais, et renvoyer les autres en France. Les soixante-quatorze et les frégates effectuaient leur retour à Brest, les soixante-quatre à Rochefort, à l'exception du *Hardi* et de l'*Alexandre* qui allaient à Toulon. L'amiral Hughes nous ayant fait connaître que cinq vaisseaux anglais resteraient sur la côte, Suffren désigna, pour faire partie de la station française, le *Fendant*, l'*Argonaute*, le *Brillant*, le *Saint-Michel*, l'*Hannibal* et les frégates la *Surveillante*, la *Bellone* et le *Cowentry*. Cette division fut placée sous le commandement de M. de Peynier.

Suffren avait été fait chef d'escadre pour l'affaire de la Praya. Après les combats du 17 février, du 12 avril et du 6 juillet, le Roi le nomma lieutenant général. Le maréchal de Castries lui annonça cette nouvelle dans les termes suivants : « Le plus grand plaisir qu'un ministre du Roi puisse éprouver dans sa place, Monsieur, est de pouvoir concourir à l'avancement d'un officier général aussi distingué que vous et qui annonce des talents décidés pour le commandement de ses armées. Quoique Sa Majesté ait en vue de vous récompenser, elle s'est proposé, en même temps, en vous donnant le grade de lieutenant général, de vous donner les moyens de nous rendre de nouveaux services. Le Roi a été particulièrement frappé, dans les comptes que vous lui rendiez, de la vérité et de la force avec laquelle vous lui parlez de ceux des officiers de sa marine qui l'avaient bien ou mal servi dans les différentes occasions où vous avez combattu les Anglais. »

Après avoir arrêté avec M. de Bussy toutes les dispositions relatives au départ des vaisseaux qui rentraient en France, Suffren se rendit à Trinquemalay[1]. L'*Illus*-

---

1. Nous avons embarqué une soixantaine d'Indiens, hommes et femmes,

tre, le *Hardi*, l'*Annibal* et l'*Ajax* partirent directement pour l'Europe, avec l'autorisation de relâcher au cap de Bonne-Espérance. Le *Héros*, escortant le *Vengeur* qui faisait beaucoup d'eau, fit route le 6 octobre pour l'Ile de France[1]. Ces deux vaisseaux mouillèrent, le 12 novembre, sur la rade de Port-Louis.

Les habitants de l'Ile de France et de Bourbon avaient suivi avec un intérêt passionné les événements qui s'étaient accomplis sur la côte de Coromandel. Ils avaient pris part à la lutte, en fournissant des compagnies de volontaires qui avaient combattu à terre et sur nos vaisseaux. Plus rapprochés que nous des événements, il semblait que Suffren fût leur héros avant d'être celui de la France. Lorsque son arrivée fut connue, la population de l'île accourut à Port-Louis pour apercevoir l'illustre amiral et lui donner des marques de l'admiration qu'elle éprouvait pour sa personne. Le major de l'escadre relate ainsi qu'il suit, dans son journal, la réception faite à Suffren[2]. « A cinq heures et demie, le général est descendu à terre. Il a été salué, en débarquant, de vingt et un coups de canon par la place, et reçu par le gouverneur, les officiers de la garnison, des habitants et un monde infini qui faisait retentir l'air des cris de : Vive le Roi, vive Suffren ! Les musiques des régiments l'ont con-

---

ouvriers en toile, que le général compte envoyer à Malte. (*Journal du major de l'escadre*.)

1. Vendredi 7 novembre 1783, en vue de Rodrigues. L'observation est très juste par la distance de la lune au soleil. (*Journal du major de l'escadre*.)

2. Je puis te dire qu'il est incroyable la considération que j'ai dans l'Inde : des vers, des chansons, etc.... Mais gare les revers, le moindre suffirait pour que les claquements de mains se changent en sifflets.
Je ne sais pas, car personne ne m'a écrit, les lettres du ministère étant perdues, en quelle considération je suis en France, et comment le public a pris mon avancement prématuré; mais dans l'Inde, à Madras surtout, et dans nos îles de France et de Bourbon, je suis infiniment plus considéré que je ne le mérite. Je suis accablé de vers, de chansons, etc.... Si je passe à l'Ile de France, ils feront des folies, si leur enthousiasme n'est point refroidi. (Lettre particulière de Suffren du 6 février 1783.)

duit, ainsi que tout le monde, jusqu'au gouvernement où il a soupé. Après souper, toutes les dames de la ville sont venues lui faire une visite et lui ont donné une sérénade ». Le *Héros*, accompagné de la frégate la *Cléopâtre*, quitta l'Ile de France, le 29 novembre et il mouilla, le 22 décembre, à Table-Bay. Lorsque Suffren descendit à terre, il fut reçu par le gouverneur entouré des principaux fonctionnaires de la colonie. Toute la garnison était sous les armes, et une salve de vingt et un coups de canon fut tirée en son honneur. Neuf vaisseaux anglais, revenant de l'Inde, étaient mouillés sur la rade. Les capitaines de ces bâtiments montrèrent un empressement particulier à présenter leurs hommages au chef de l'escadre française[1]. L'état dans lequel se trouvait le *Héros* ne permettant pas à ce vaisseau d'aller à Brest, Suffren avait informé le ministre qu'il irait à Toulon. Il appareilla de Table-Bay, le 3 janvier 1784, avec la *Cléopâtre* à laquelle il signala, aussitôt qu'il fut hors de la rade, de se rendre en route libre à sa destination. Le *Héros* eut connaissance, le 19 mars, du cap Spartel, et, le 26, il laissa tomber l'ancre sur la rade de Toulon[2].

IV

La campagne de l'Inde restera fameuse dans les annales militaires de notre pays. On peut, à bon droit,

---

1. Je te ferais tourner la tête si je te racontais la façon dont on m'a reçu.... Les bons Hollandais m'ont reçu ici comme leur libérateur.... Mais parmi les hommages qui m'ont le plus flatté, il n'y en a point qui m'aient fait plus de plaisir que l'estime et la considération que m'ont témoignées les Anglais qui se trouvent ici.

2. Le lieutenant de vaisseau de Moissac, qui avait eu le très-grand honneur d'être à la fois, pendant cette campagne, le capitaine de pavillon de Suffren et son chef d'état-major (major d'escadre), adressa, en débarquant du *Héros*, la lettre suivante au ministre de la marine : « M. le bailli de Suffren s'est réservé de vous rendre compte des officiers qui ont servi sur le vaisseau ainsi que des différents événements de la campagne. Le zèle que j'ai mis à exécuter les ordres du général, soit comme capitaine de pavillon, soit comme major de l'escadre, ou dans les différentes missions qu'il a daigné me

la considérer comme l'œuvre personnelle de Suffren. Aussitôt que ce grand homme eut pris le commandement de l'escadre de l'Inde, toutes choses changèrent de face. Aux hésitations du comte d'Orves succéda une ligne de conduite nette et bien déterminée. Il reconnut la nécessité de s'unir étroitement à Hyder-Ali, et, lorsqu'il se fut engagé à rester dans l'Inde, rien ne put le détourner de la voie qu'il s'était tracée. Sans ports, sans magasins, il parvint, après les combats des 17 février, 12 avril et 6 juillet, à faire vivre et à réparer son escadre. Ce ne fut que dans le courant du mois d'août, c'est-à-dire près de neuf mois après son départ de l'Ile de France, que l'*Illustre* et le *Saint-Michel* arrivèrent à la côte de Coromandel avec un convoi. « Il y a huit mois, écrivait Suffren dans une lettre portant la date du 10 octobre 1782, que je suis dans l'Inde, dix passés depuis mon départ de l'Ile de France. J'étais parti avec six mois de vivres et on ne peut pas plus mal en rechanges. Je n'ai reçu de secours des îles qu'il y a un mois et demi. J'ai livré quatre combats, j'ai perdu trois grands mâts, quoique je fusse sans magasins et sans ressources. A force de bonheur et de conduite, nous existons encore. M. d'Apche, ayant Pondichéry et les ports hollandais bien munis, n'a jamais pu rester trois mois dans l'Inde. » Après chaque combat, aussitôt que ses vaisseaux furent en état de tenir la mer, il reprit, avec une ardeur qui ne se démentit jamais, la poursuite de l'escadre anglaise. Il voulait, par une victoire, s'assurer la liberté de ses mouvements et la possibilité d'enlever à l'ennemi les points que celui-ci occupait sur la côte. Pendant que les vaisseaux anglais réparaient les dommages qu'ils avaient éprouvés dans le combat

---

confier, peut me faire espérer votre satisfaction à mon égard et me mériter votre estime. Je regarderais cette récompense comme aussi flatteuse pour moi que les grâces que vous daigneriez intercéder pour moi auprès de Sa Majesté. Quoique à peine arrivé d'une campagne longue et pénible, je serai toujours prêt à exécuter les ordres de Sa Majesté, si elle jugeait à propos de m'employer. »

du 6 juillet, Suffren s'empara de Trinquemalay. L'amiral Hughes, soupçonnant trop tard les projets de son adversaire, se dirigea sur la côte orientale de Ceylan, mais il n'apparut en vue du port, le 2 septembre, que pour apercevoir le pavillon français flottant sur les forts. Dans la lutte engagée sur la côte de Coromandel, la prise de Trinquemalay était un événement de la plus haute importance. Nous avions un port, tandis que les Anglais se trouvaient désormais condamnés à mouiller sur des rades foraines. Au moment où, après tant d'efforts et de difficultés vaincues, Suffren voyait l'état de ses affaires prendre une tournure plus favorable, la fortune soumit la fermeté de son âme à de nouvelles épreuves. Il perdit l'*Orient* à l'entrée de Trinquemalay, et le *Bizarre* devant Goudelour. Il apprit l'arrivée de sir Richard Bickerton avec six vaisseaux en même temps qu'il recevait la nouvelle de la prise ou de la dispersion de deux de nos convois. Enfin la division de M. de Peynier était retenue à l'Ile de France par une épidémie qui sévissait avec beaucoup de force sur les troupes et sur les équipages. Telle était notre situation, lorsque la saison de l'hivernage obligea les deux escadres à abandonner la côte de Coromandel. Suffren, craignant de ne pas trouver à Trinquemalay des ressources suffisantes pour faire subsister son escadre, se décida à se rendre à Achem. Les Anglais, chassés par le mauvais temps de la rade de Madras, firent route pour Bombay.

Partie d'Achem, en décembre 1782, l'escadre française parut près de Ganjam au commencement de l'année 1783. Suffren avait l'intention d'attaquer quelques-uns des établissements anglais situés sur la côte d'Orixa, mais la mort d'Hyder-Ali le rappela brusquement à Goudelour. M. de Bussy, ayant prolongé d'un mois son séjour à l'Ile de France pour attendre le *Hardi*, ne rallia Trinquemalay qu'à la fin de mars. Quoique l'arrivée de l'escadre anglaise fût très-prochaine, il était impérieusement nécessaire de secourir nos soldats, sérieusement menacés par le général Stuart. Suffren fit embarquer, sur les vaisseaux doublés en cuivre et les transports bons marcheurs, les troupes et l'artillerie, et, sans se préoccuper des dix-sept vaisseaux que l'amiral Hughes amenait de Bombay, il se rendit à Goudelour. Au moment où les Français rentraient à Trinquemalay, l'escadre anglaise fut aperçue faisant route vers le nord. Tippo-Saïb, fatigué d'attendre le général de Bussy, était parti pour la côte de Malabar. D'autre part, les généraux anglais avaient reçu de nombreux renforts. Notre petite armée, qui eût joué, quelques mois plus tôt, un rôle important, fut contrainte de s'enfermer dans Goudelour. Suffren appareilla de Trinquemalay avec quinze vaisseaux, qui étaient presque tous dans de mauvaises conditions sous le double rapport du matériel et du personnel. Par l'habileté de ses manœuvres, il obligea son adversaire à prendre le large. Ce premier succès obtenu, il communiqua avec la place. Après avoir complété ses équipages avec des troupes empruntées à la garnison, il se porta au-devant de l'ennemi. La rencontre entre les deux armées eut lieu le 21, et, le 23, les Français revenaient sur la rade de Goudelour. Quant aux Anglais, quoiqu'ils eussent dix-huit vaisseaux, ils abandonnèrent le général Stuart et ils se retirèrent à Madras. Cette affaire, qui faisait le plus grand honneur non-seulement à Suffren, mais à toute notre escadre, termina brillamment la campagne.

Pendant la durée de son commandement, la conduite de Suffren fut en opposition constante avec ses instructions. Il tint celles-ci pour non avenues, toutes les fois qu'il les jugea contraires aux intérêts de la France. Ce serait une erreur de croire que sa manière d'être à l'égard du ministre, de M. de Bussy et de M. de Souillac eût, à aucun degré, le caractère de l'indiscipline ou de la désobéissance. Il s'exprimait, dans sa correspondance officielle, avec une entière liberté, mais il apportait un soin particulier à donner sur tout ce qu'il voulait entreprendre les explications les plus précises. Il ne négligeait aucun argument pour justifier le parti auquel il s'arrêtait. Suffren avait un sentiment très-élevé des droits que lui conférait sa position de commandant en chef. Ayant en ses lumières une confiance que nous devons trouver bien légitime, il ne consentit jamais à exécuter des ordres qu'il trouvait contraires au bien de l'État. Il se disait qu'à la distance où il était de son pays, nul autre que lui ne pouvait être juge des événements et de la ligne de conduite qu'il convenait d'adopter.

Le patriotisme le plus vrai était, en toutes choses, le mobile de ses actions. L'intérêt de son escadre, c'est-à-dire des forces directement placées sous ses ordres, disparaissait aussitôt que l'intérêt général était en jeu. Après le combat du 17 février, il avait le plus grand désir de combattre les Anglais, avant que ceux-ci eussent été ralliés par le *Magnanime* et le *Sultan*. Cependant il n'hésita pas à rester au mouillage de Porto-Novo, lorsqu'il eut reconnu la nécessité d'entrer immédiatement en négociation avec Hyder-Ali. Il se montra constamment préoccupé de Goudelour et de la garnison. Il semblait s'être donné la mission de protéger des gens qu'il considérait comme incapables de pourvoir eux-mêmes à leur sûreté.

Les difficultés matérielles ne furent pas les seules que Suffren eut à surmonter pendant cette campagne. Peu après notre arrivée sur la côte, le général Duchemin, dont les pouvoirs étaient égaux aux siens, reçut de M. de Souillac l'ordre de ne pas compromettre ses troupes avant l'arrivée des renforts attendus d'Europe. D'autre part, Hyder-Ali, dont nous nous disions l'allié, réclamait, avec une insistance bien naturelle, l'appui de nos soldats. Le général ne sut pas prendre le parti que commandaient les circonstances, celui de donner un concours loyal et empressé au plus redoutable ennemi de l'Angleterre. Hésitant, inactif, il resta jusqu'à sa mort sans autorité sur les siens et sans influence sur l'esprit du chef de l'armée mysoréenne. Sans les instances réitérées de Suffren, le nabab eût fait la paix avec les Anglais. Ce fut au moment où le commandant de notre escadre sentait très-vivement le poids de ces difficultés, qu'il fut prévenu du départ de M. de Bussy, envoyé dans l'Inde pour prendre le commandement en chef des forces de terre et de mer. En accusant réception de la dépêche qui lui annonçait cette nouvelle, Suffren ne cacha pas au ministre son sentiment sur cette mesure. « Par la patente de M. de Bussy, je suis sous ses ordres. Je n'en suis fâché que parce qu'il n'en peut résulter aucun bien pour le service; mais je puis vous assurer que je ferai mon possible pour qu'il n'en résulte aucun mal. Ma façon de penser doit vous en être un sûr garant. De deux choses l'une, ou le général de mer sait son métier, ou bien il ne le sait pas. Dans le premier cas, pourquoi le mettre sous les ordres de quelqu'un qui l'ignore ? dans le deuxième, pourquoi le laisser en tutelle ? A quoi lui serviraient les ordres de quelqu'un encore plus ignorant que lui, qui sera dans les terres et lui à la mer ? » L'arrivée du nouveau commandant en chef devint pour l'escadre une nouvelle cause d'embarras. Suffren ne parvint pas à être exactement renseigné sur les intentions du général, et il ne sut jamais à quelle époque et où il pourrait faire sa jonction avec lui. M. de Bussy perdit un temps précieux à l'Ile de France, et il fit très-inutilement la traversée d'Achem où il n'avait aucune chance de rencontrer nos vaisseaux. Lorsqu'il parut sur le théâtre de la guerre, ce fut pour s'enfermer dans Goudelour. Le rôle que nos troupes jouèrent sous sa direction arracha à Suffren cette exclamation, lorsqu'il sut que la paix était faite : « Dieu soit loué de la paix ! car, dans l'Inde, il était clair que tout en ayant de quoi faire la loi, tout eût été perdu. J'attends vos ordres avec impatience et je désire bien qu'ils me permettent de m'en aller. Il n'y a que la guerre qui puisse faire passer sur l'ennui de certaines choses. » Le général de Bussy compromit, pendant cette campagne, la brillante réputation qu'il s'était acquise au début de sa carrière. Toutefois, il serait injuste d'oublier qu'il avait accepté par dévouement à la chose publique un commandement que son âge et l'état de sa santé lui eussent permis de refuser.

Ce fut dans sa propre escadre que Suffren trouva les plus grands obstacles à l'exécution de ses desseins. Ce n'est pas à dire que nous devions considérer comme légitimes toutes les plaintes faites par le commandant de l'escadre de l'Inde. Suffren faisait la guerre avec passion, et il n'avait aucune indulgence pour les fautes ou les erreurs commises par ses capitaines. Ses dépêches, lorsqu'elles étaient écrites le lendemain d'un combat, trahissaient une extrême irritation contre les personnes, toutes les fois que les résultats n'avaient pas répondu à son attente. Le temps présent exerçait sur son esprit une grande influence. Après une affaire, son opinion sur un de ses capitaines se ressentait des événements de la journée. Il oubliait volontiers les fautes antérieures de celui qui s'était bien battu; mais il avait une tendance non moins grande à méconnaître les services de l'officier qui, pour une cause quelconque, n'avait joué, ce jour-là, qu'un rôle secondaire. Aussi n'est-ce pas dans ses dépêches prises isolément, mais dans l'ensemble de sa correspondance qu'on doit chercher la vérité sur le personnel de son escadre. Le capitaine du Chilleau était un brave officier qui s'était fait remarquer à la Dominique, à la Grenade et dans le combat du *Protée* contre les vaisseaux de l'amiral Digby. Si la paix avait été faite après le combat de la Praya, il eût été considéré comme coupable d'avoir abandonné son chef. Il serait resté, non-seulement devant le ministre, mais encore devant l'opinion, sous le coup de cette grave accusation. Fort heureusement pour lui, la guerre continua et sa position dans l'escadre avait complétement changé, lorsque Suffren reçut du maréchal de Castries une lettre conçue dans les termes suivants : « Je viens de lire dans plusieurs lettres particu ières du Cap, Monsieur, que, si le *Vengeur* et le *Sphinx* avaient mouillé et exécuté vos ordres, vous eussiez détruit la flotte de M. Johnstone. Je vous ordonne, Monsieur, de la part du Roi, de me rendre compte de ce qui s'est passé, lors de votre attaque de la Praya, et de renvoyer en France les commandants de vos vaisseaux dont vous auriez eu à vous plaindre. Il ne peut y avoir d'égard ni de considération qui puisse vous dispenser de vous faire obéir et je compte que vous me mettrez dans le cas de faire connaître au Roi la vérité. Sa Majesté ordonnerait un conseil de guerre pour la vérification des faits, si les circonstances politiques ne faisaient craindre de rendre public un acte contraire au droit des gens envers la cour du Portugal. » L'attitude du capitaine du Chilleau, au combat du 17 février, lui avait valu l'estime de son chef et l'oubli absolu de ce qui s'était passé dans la baie de San Yago. Après l'affaire du 12 avril, Suffren demandait au ministre, avec les plus vives instances, une récompense pour le capitaine du Chilleau, dont la conduite était au-dessus de tout éloge. « Si tous les capitaines avaient fait comme lui, avait-il dit dans son rapport, les Anglais ne seraient plus. » Nul doute qu'à ce moment Suffren ne vît, sous son véritable jour, le combat du 16 avril 1781. Le capitaine du Chilleau avait eu le tort de ne pas serrer d'assez près la pointe orientale de la baie de la Praya. Cette faute était évidemment fort grave, puisqu'elle avait eu pour conséquence de l'empêcher de prendre part à l'action; mais il était contraire à l'équité de dire qu'il avait abandonné son chef. Dans un métier aussi spécial que celui de la marine, les officiers qui ne se trompent jamais sont fort rares. Les premières dépêches arrivées de l'Inde apprirent au ministre que M. du Chilleau, dans lequel il avait craint de trouver un officier incapable ou indiscipliné, était un des meilleurs capitaines de l'escadre. Après le combat du 3 septembre, MM. de Galle, le vaillant capitaine de l'*Annibal* à la Praya, de Saint-Félix, dont la conduite avait été très-belle aux trois combats des 17 février, 12 avril et 6 juillet, du Chilleau, de la Pallière, d'Aymar, n'échappèrent pas à l'irritation que fit éprouver à Suffren l'insuccès de cette journée. Les expressions regrettables que nous avons relevées dans son rapport au ministre atteignaient tous les capitaines de l'escadre, sauf MM. de Bruyères, de l'*Illustre*, de Beaumont, de l'*Ajax*, et de Cuverville, du *Vengeur*. Or, après cette affaire, nous n'avions eu qu'une seule rencontre avec l'ennemi, celle du 20 juin 1783. Dans cette journée, l'escadre française avait fait très-brillamment son devoir. Toutefois, à l'exception de M. de Peynier, cité dans le rapport de Suffren, et de M. de Salvert, du *Flamand*, qui avait laissé arriver fort à propos pour couvrir son matelot de l'avant, aucun des capitaines n'avait eu l'occasion de se distinguer d'une manière particulière. Cependant, à son arrivée en France, Suffren fit accorder des récompenses à la plupart des officiers qu'il avait violemment attaqués dans sa lettre du 29 septembre. On pourrait peut-être croire que certaines faveurs ont été accordées par le ministre, en dehors du commandant en chef de l'escadre de l'Inde. La haute situation de Suffren et les déclarations très-nettes du maréchal de Castries sur ce point excluent cette supposition. Vous pouvez compter, monsieur, « que ce sera vous qui disposerez des grâces que vous estimerez juste que le Roi fasse, et qu'il approuvera toutes les punitions que vous aurez prononcées », écrivait le ministre à Suffren, en lui annonçant sa nomination au grade de lieutenant général.

MM. de Bruyères et d'Aymar ayant commandé, le premier l'*Illustre* et le second le *Saint-Michel* au combat du 3 septembre, furent nommés commandeurs de Saint-Louis. Le capitaine de vaisseau du Chilleau eut une pension de quinze cents livres, et il fut fait, ainsi que M. d'Aymar, chef de division en 1786. M. de Saint-Félix, auquel une pension de huit cents livres avait été accordée, après le combat du 12 avril, en eut une seconde de quatre cents livres sur le trésor royal, en juillet 1784. M. de la

Pallière, l'ancien capitaine de l'*Orient* qui était, à cause de l'état de sa santé, dans l'impossibilité de servir activement, fut mis à la retraite avec la commission de chef de division et une pension de trois mille six cents livres. On ne doit pas perdre de vue que M. de la Pallière n'avait rien fait depuis le combat du 3 septembre, puisque son vaisseau s'était perdu en rentrant à Trinquemalay. Or, il était dit dans les considérants du décret qui lui accordait les avantages indiqués ci-dessus, « M. de la Pallière, ancien capitaine de vaisseau de la Compagnie des Indes, a fait la guerre honorablement. Parti de France avec le vaisseau le *Sévère*, il a pris part à quatre combats, et il était à la prise de Trinquemalay. » M. de Galle, nommé capitaine de vaisseau pour sa conduite à la Praya, obtint une pension à la fin de la campagne. Après cette démonstration, basée non-seulement sur la correspondance, mais aussi sur la conduite de Suffren, il est permis de dire qu'il ne faut pas attacher une trop grande importance à quelques-unes des plaintes portées contre les capitaines de l'escadre de l'Inde. MM. d'Aymar, du Chilleau, de Saint-Félix, de la Pallière, de Galle, traités très-sévèrement dans la lettre du 29 septembre, eurent des croix ou des pensions. Si le Bailli de Suffren cédait quelquefois, en rédigeant un rapport immédiatement après une bataille, à la vivacité de ses impressions, la loyauté de son caractère le mettait au-dessus d'une injustice. Il est inutile de faire remarquer l'extrême sagesse qui préside à la distribution de quelques-unes de ces récompenses. Données en dehors de toute faveur, elles montrent l'esprit qui dirigeait l'illustre chef de l'escadre de l'Inde. M. de Peynier est fait chef d'escadre parce qu'il est reconnu digne d'exercer ces importantes fonctions. Suffren n'a pas, sur les talents de MM. d'Aymar et de Bruyères, une opinion aussi favorable. Néanmoins ces deux officiers ne sont pas oubliés. La croix de commandeur de Saint-Louis qui leur est accordée, n'est donnée, d'après les usages du temps, qu'aux chefs d'escadre et aux lieutenants généraux. Ce que

Suffren ne veut pas, c'est qu'on donne à la bravoure ce qui revient au mérite. Cette doctrine, soutenue par un des plus grands de tous nos amiraux, doit être relevée. Ce qu'il faut à la tête des flottes et des armées, ce ne sont pas seulement des hommes courageux, mais des chefs capables de les conduire à la victoire.

Le ministre montra une très-grande sévérité à l'égard des officiers dont le commandant de l'escadre de l'Inde avait eu réellement à se plaindre. M. de la Landelle, revenu en France sur sa demande après le combat du 3 septembre, le lieutenant de vaisseau de Tréhouret, capitaine du *Bizarre*, lorsque ce vaisseau s'était perdu à Goudelour, le lieutenant de vaisseau qui avait pris le commandement de l'*Artésien*, le 16 avril 1781, après la mort du capitaine de Cardaillac, furent mis à la retraite. M. de Forbin obtint, comme une très-grande faveur, de quitter le service[1]. MM. Bidé de Maurville[2] et de Cillart furent rayés des listes de la marine. M. de Cillart fit paraître un long mémoire pour expliquer, si ce n'est même pour justifier sa conduite. Il avait, disait-il, un très-faible équipage, peu de matelots et de canonniers. Enfin, au moment où il avait cédé à la fatale détermination d'amener son pavillon, son vaisseau se trouvait très-maltraité. M. de Cillart avait le tort de ne pas comprendre que toute discussion sur ce point était sans objet. Que le *Sévère*, qui avait beaucoup souffert pendant la première période de la bataille, fût incommodé du feu très-vif du *Sultan*, cela n'était pas dou-

---

1. Le comte de Forbin commandant le *Vengeur* à la Praya et dans l'Inde, capitaine de vaisseau du département de Toulon, ayant obtenu la permissio de quitter le service, ne sera plus porté sur les états de revue à compter du 12 septembre 1784 (archives de la marine). Le comte de Forbin avait été enfermé au château du Pont-Saint-Esprit, à son arrivée en France. Il y était resté jusqu'au moment où cette décision avait été prise.

2. Le capitaine de vaisseau Bidé de Maurville, commandant de l'*Artésien* dans l'Inde, s'est constamment mal conduit dans les combats du 17 février, du 12 avril et du 6 juillet 1782. Le 5 juin, il laissa échapper un vaisseau anglais en levant la chasse sans ordre. Détenu au château de l'île de Ré, à son arrivée en France, il fut élargi, le 25 juillet 1784, jour où il fut rayé des listes de la marine (archive de la marine.)

teux. Mais le combat, engagé entre ces deux vaisseaux, ne devait durer que le temps nécessaire au *Sultan* pour achever son virement de bord. Le capitaine James Watt, qui était fort loin des siens et très-près de nous, n'avait et ne pouvait avoir d'autre pensée que de fuir. C'est, d'ailleurs, ce qu'il fit aussitôt qu'il eut le cap en route. Il eût suffi que M. de Cillart déployât un peu d'énergie pour échapper à l'affreuse situation dans laquelle il se plaça. Le *Sévère* avait joué un rôle fort modeste, les 17 février et 12 avril, mais il avait très-bravement fait son devoir le 6 juillet. Il est évident que cet officier perdit la tête lorsqu'il fut bord à bord avec le *Sultan*. Dans les vaisseaux français qui évoluaient autour de lui, et dont quelques-uns manœuvraient pour se porter à son secours, il ne vit que des bâtiments qui l'abandonnaient. M. de Tromelin n'avait pas quitté l'escadre de l'Inde dans les mêmes conditions que MM. de Maurville et de Forbin. Après le combat du 3 septembre, il avait obtenu du commandant en chef l'autorisation de rentrer en France. Le capitaine de l'*Annibal* s'était bien battu, le 12 avril, et encore mieux, le 6 juillet, mais son rôle avait été nul, le 17 février et le 3 septembre. Les fonctions de chef de division que remplissait M. de Tromelin, et les difficultés qui s'étaient élevées entre Suffren et lui, à l'Ile de France, au sujet du commandement de l'*Annibal*, avaient attiré l'attention du ministre sur sa personne. Lorsqu'on apprit, à Paris, qu'il s'était démis volontairement du commandement de son vaisseau, sa radiation des listes de la marine fut décidée[1]. M. de Tromelin publia un long mémoire, et il fit des démarches très-actives pour obtenir que la mesure prise à son égard fût révoquée. Le ministre, qui lui reprochait d'avoir fait à son chef une opposition systématique, et d'avoir montré une très-grande ignorance ou beaucoup

---

1. M. de Tromelin, commandant l'*Annibal* (français) sous Suffren, fut rayé des listes de la marine en exécution de la décision royale du 25 juillet 1784, d'après les plaintes portées contre lui par M. de Suffren (archives de la marine).

de mauvaise volonté, fut inflexible. M. de Tromelin aurait dû imiter la conduite de MM. de Saint-Félix et de Galle. A leur arrivée à l'Ile de France, ces deux officiers exprimèrent hautement leur regret d'être éloignés de l'escadre, et le désir de la rejoindre, aussitôt que l'état de leur santé le leur permettrait[1]. Tous deux avaient déjà commandé des vaisseaux avec lesquels ils avaient pris part à plusieurs combats. Néanmoins ils n'hésitèrent pas à accepter la position de capitaines en second, M. de Galle sur l'*Argonaute*, et M. de Saint-Félix sur le *Fendant*, pour retourner dans l'Inde[2]. Quoi qu'il en soit, on doit exprimer le regret que MM. de Forbin, de Maurville et de Tromelin n'aient pas été traduits devant un conseil de guerre. Les faits eussent été mieux connus, et l'arrêt qui serait intervenu n'aurait permis à aucune réclamation de se produire.

Nous avons montré qu'on ne devait pas juger la conduite des officiers de l'escadre de l'Inde d'après quelques lettres de Suffren, mais sur l'ensemble de sa correspondance. Nous ajouterons qu'il ne faut pas confondre les gens qui ne savent pas se battre avec ceux qui ne le veulent pas. Sur le champ de bataille, et même dans les manœuvres faites hors de la présence de l'ennemi, la bonne volonté ne suffit pas. Le lieutenant de vaisseau de Tré-

---

1. Il paraît que MM. de Galle et de Saint-Félix n'ont pas voulu être confondus dans la liste de ceux que l'ennui du métier ou la mauvaise volonté a ramenés aux îles. (Lettre du maréchal de Castries, à M. de Souillac du 20 avril 1783.)

2. Le 10 décembre 1782, M. de Galle s'embarqua, à l'Ile de France, comme capitaine de vaisseau en second, sur l'*Argonaute*, commandant Clavières. Il était présent sur ce vaisseau au combat du 20 juin 1783. Le lendemain, M. de Suffren lui proposa le commandement de l'*Ajax*, mais le mauvais état dans lequel était retombée sa santé ne lui permit pas d'accepter ce témoignage flatteur de la bonté de son général. L'*Argonaute* restant dans l'Inde, il passa sur le *Vengeur* comme capitaine en second. (États des services de M. de Galle.) M. de Saint-Félix avait embarqué sur le vaisseau le *Fendant* comme capitaine en second, le 1er décembre 1782, à l'Ile de France. Il assista sur ce vaisseau au combat du 20 juin 1783, et Suffren lui donna le lendemain le commandement du *Flamand*.

houret, auquel Suffren avait confié le commandement du *Bizarre* après le départ de M. de la Landelle, était fort honoré de son nouveau poste, et il ne souhaitait rien tant que de le remplir à la satisfaction de son chef. Cependant, il perdit ce vaisseau en mouillant sur la rade de Goudelour par un très-beau temps. Cet officier fut puni de cette faute par sa mise à la retraite. Il est permis de dire qu'il paya fort cher l'honneur d'avoir commandé trop tôt un vaisseau de ligne. Ce qui est d'une vérité incontestable, c'est l'extrême médiocrité de la plupart des capitaines et des officiers placés sous les ordres de Suffren[1]. Cette situation tenait à un état général de la marine, à cette époque, que nous allons indiquer.

Les préparatifs de la guerre de l'indépendance américaine commencèrent le lendemain du jour où fut signé le traité de Paris. Le duc de Choiseul travailla sans bruit, afin de ne pas attirer l'attention de l'Angleterre, mais avec la plus grande activité à la réorganisation de nos forces navales. Il y eut, en 1776, un moment où la guerre fut considérée comme très-proche. M. de Sartines, préoccupé de la question du personnel, mit à la retraite les officiers que leur âge ou l'état de leur santé rendait incapables de servir activement. On fit des promotions, et on voit dans les rapports adressés au Roi pour l'exécution de ces mesures l'intention très-nette, de la part du ministre, de n'avancer que de bons officiers. Les résultats du combat

---

1. Je ne puis entrer dans aucun détail, mais si, dans cette escadre, on ne change pas cinq ou six capitaines, on ne fera jamais rien. (Lettre de Suffren au ministre de la marine.) Suffren avait déjà écrit, à propos de l'affaire du 17 février, qu'il ne pouvait pas renvoyer les capitaines dont il était mécontent, parce qu'il ne trouverait pas dans son escadre des officiers suffisamment capables pour les remplacer.

Il faut nous envoyer, disait-il dans une autre lettre, des officiers, car sans eux aucune escadre n'est possible. On pouvait appliquer avec justice à un certain nombre de capitaines ce que Suffren disait de MM. Forbin, Maurville, Bouvet, de la Landelle et Cillart après le combat du 17 avril : « Ont fait bien médiocrement. Cependant ce n'est le cas ni de conseil de guerre ni de démonter ces messieurs. »

d'Ouessant montrèrent l'efficacité des moyens employés depuis 1763 pour reconstituer notre marine. Certains de valoir nos adversaires, nous n'avions plus à nous préoccuper que de leur nombre. On ne tarda pas à s'apercevoir que, si on avait bien fait, on n'avait pas fait assez. La paix qu'on considérait comme très-proche ne se fit pas. L'Espagne se joignit à la France, mais cette puissance, absorbée par la pensée de prendre Gibraltar, ne nous fut que d'un faible secours. Après l'Espagne, ce fut au tour des États-Généraux à se déclarer contre l'Angleterre. L'alliance de la Hollande ne fit que nous créer des embarras, et la France se trouva presque seule en face de son puissant adversaire[1]. Notre marine ne recula pas devant cette tâche, mais elle fut obligée d'avoir recours à des moyens qui l'affaiblirent. En temps ordinaire, les garnisons des vaisseaux étaient composées de soldats appartenant aux troupes de la marine. Ces hommes, habitués à la vie de bord, rompus à toutes les exigences de leur métier, n'étant plus assez nombreux, furent remplacés par des soldats empruntés à l'armée de terre. Quand les matelots devinrent rares, on diminua la proportion des hommes de mer entrant dans la composition des équipages. Les capitaines se trouvèrent souvent heureux d'obtenir des soldats des troupes de la marine à la place de matelots qu'on ne pouvait pas leur donner.

La question des états-majors ne présenta pas moins de difficultés. Il ne fut pas possible de se conformer aux dispositions réglementaires concernant l'embarquement des officiers[2]. Dès le mois de juillet 1778, le comte

---

1. Plus je réfléchis à cet objet (il s'agissait de la déclaration de guerre de la Grande-Bretagne à la Hollande), plus je suis embarrassé pour distinguer si nous devons nous réjouir de cet événement ou nous en affliger. (Lettre de M. de Vergennes à M. de Montmorin.)

2. Un règlement du 14 février 1778 disait que les vaisseaux et les frégates auraient, suivant leur rang, le nombre d'officiers désignés ci-après, savoir : les vaisseaux de cent canons et au-dessus, deux capitaines de vaisseau, cinq lieutenants, cinq enseignes et quatre officiers auxiliaires; les vaisseaux de quatre-vingt-dix, deux capitaines de vaisseau, cinq lieutenants, cinq en-

d'Orvilliers signala l'insuffisance des cadres. Cette année, nous avions cent soixante-seize bâtiments armés. Ce chiffre s'éleva, en 1779, à deux cent soixante-quatre, et, en 1782, à trois cent vingt-cinq. Il fallut remplacer les officiers tués, ceux qui, par suite de l'état de leur santé ou de leurs blessures, étaient hors d'état de naviguer, et pourvoir aux besoins nécessités par les nouveaux armements. De nombreuses promotions eurent lieu. Le cadre des capitaines de vaisseau perdit de sa solidité, et celui des lieutenants et des enseignes s'épuisa. Le ministre se vit obligé d'employer tous les officiers, même ceux qu'il eût volontiers écartés. On augmenta le nombre des officiers auxiliaires, et on fit appel aux anciens officiers de la Compagnie des Indes. Les conditions dans lesquelles le *Protecteur* fut pris par le *Foudroyant* montrent les résultats auxquels on peut arriver, lorsque, pendant la paix, on ne se ménage pas des ressources suffisantes pour faire la guerre[1]. Ces armements, qui étaient hors de proportion avec nos préparatifs, auraient complétement désorganisé le personnel de la marine, si celui-ci n'avait pas eu une très-grande solidité. Le gouvernement français avait, au début de la guerre, l'intention d'agir dans l'Inde avec vigueur. Une première escadre, prête à faire

seignes et trois officiers auxiliaires; les vaisseaux de quatre-vingts, deux capitaines de vaisseau, quatre lieutenants, quatre enseignes et trois officiers auxiliaires; les vaisseaux de soixante-quatorze, deux capitaines de vaisseau, quatre lieutenants, trois enseignes et trois officiers auxiliaires; les vaisseaux de soixante-quatre, un capitaine de vaisseau, quatre lieutenants de vaisseau, trois enseignes et trois officiers auxiliaires; les vaisseaux de cinquante, un capitaine de vaisseau, quatre lieutenants de vaisseau, deux enseignes de vaisseau et deux officiers auxiliaires. Les frégates commandées par un capitaine de vaisseau devaient avoir un lieutenant de vaisseau, deux enseignes et trois officiers auxiliaires. Celles qui étaient commandées par un lieutenant de vaisseau avaient un lieutenant de vaisseau, deux enseignes et trois officiers auxiliaires.

1. On se rappelle que le plus ancien officier d'un vaisseau de soixante-quatorze était un jeune enseigne de dix-neuf ans. Dans le combat de la *Bellone* et du *Cowentry*, le capitaine, le lieutenant de vaisseau de Pierrevert, neveu de Suffren, ayant été tué, ce fut un officier auxiliaire qui lui succéda. Ce dernier ayant eu le même sort que son capitaine, le commandement de la frégate passa à un officier napolitain.

route pour l'Ile de France, reçut brusquement l'ordre de rallier le comte d'Estaing, tenu en échec à la Martinique par l'amiral Byron. Une seconde escadre, ayant la même destination, était sur le point de prendre la mer, lorsqu'elle fut sacrifiée à un besoin non moins pressant. Le ministère, qui reconnaissait l'impérieuse nécessité d'envoyer des troupes en Amérique, ne disposait pas d'une force suffisante pour protéger leur passage. Il est inutile de rappeler les résultats considérables obtenus par le corps de Rochambeau. Quelques vaisseaux, presque tous médiocrement armés, furent expédiés isolément à l'Ile de France[1]. La division navale de l'Inde avait joué jusque-là un rôle trop effacé pour que les commandements de ces navires fussent recherchés. Les officiers, quel que fût leur grade, demandaient à servir là où ils avaient le plus de chances de rencontrer l'ennemi, c'est-à-dire en Europe et dans les Antilles[2]. Lorsque, plus tard, l'escadre de l'Inde passa sous les ordres de Suffren, la plupart des capitaines ne se trouvèrent pas à la hauteur des obligations que leur imposa le génie entreprenant de leur chef[3]. On connaissait si bien cette situation,

---

1. Nous devons ajouter que les vaisseaux expédiés à l'Ile de France arrivèrent à leur destination extrêmement affaiblis. Le capitaine de vaisseau d'Orves, en relâche au cap de Bonne-Espérance avec le vaisseau l'*Orient*, écrivait au ministre qu'il avait perdu quarante-neuf hommes pendant sa traversée. Il annonçait qu'il laisserait en partant vingt hommes dans la colonie. Il avait deux cent soixante-dix-huit hommes sur les cadres ou hors d'état de servir. Les autres vaisseaux ne souffrirent pas autant que l'*Orient*, mais tous perdirent du monde, et ils eurent un grand nombre de malades.

2. Les amiraux servant en Europe et dans les Antilles usaient de leur influence pour conserver dans leurs escadres les meilleurs officiers. Suffren ne put obtenir que le capitaine d'Albert de Rions vînt avec lui, quoique le ministre fût disposé à le lui donner. D'Albert, écrivait Suffren dans une lettre particulière portant la date du 26 février 1781, avait autant envie de venir avec moi que j'en avais de l'avoir : « M. de Grasse s'y est opposé et l'a emporté. »

3. Ce qui suit fournira un nouvel exemple des difficultés avec lesquelles Suffren et ses capitaines avaient eu à lutter. Deux vaisseaux français, l'*Annibal* et l'*Ajax*, rentrant en Europe après la paix, touchèrent au cap de Bonne-Espérance. L'*Annibal* avait perdu soixante hommes du scorbut pendant sa traversée, et il ne comptait pas moins de cent soixante ma-

à Paris, que le maréchal écrivait à Suffren le 17 avril 1782. « Vous avez vu, monsieur, par toutes les dispositions qui ont suivi celles de votre départ, que le Roi a eu l'intention de ne nommer au commandement des vaisseaux qui sont passés dans l'Inde que des officiers en état de vous seconder dans des opérations que M. d'Orves et vous jugeriez devoir être formées. » Poursuivi par la pensée de réduire l'escadre anglaise à l'impuissance, Suffren ne voulait que des affaires décisives. Lorsque les circonstances ne lui permettaient pas d'apporter dans son attaque la méthode et la régularité qui eussent rendu facile la tâche de chacun, ses signaux indiquaient nettement le but qu'il poursuivait. Il pensait que ses capitaines sauraient agir sans attendre des ordres qu'il n'était plus possible de leur donner une fois l'affaire engagée. Cette espérance fut constamment trompée. Excepté à l'affaire du 20 juin, il se produisit dans les combats livrés sur la côte de Coromandel des incidents qui obligèrent les capitaines à ne prendre conseil que d'eux-mêmes. Le 17 février, le 12 avril, le 6 juillet après la saute de vent, et le 3 septembre, le succès dépendait de la capacité particulière de chacun d'eux. Suffren ne trouva pas dans son escadre cette souplesse et cette facilité de manœuvre qui eussent été nécessaires à l'exécution de ses desseins. Est-il surprenant qu'il se soit plaint avec autant d'amertume de l'infériorité de ses capitaines? Quand on mesure les obstacles qu'il a dû vaincre, son génie semble encore plus grand.

Au moment où la paix fut signée, l'opinion publique, en France, ne distinguait d'une manière particulière aucun des amiraux ayant commandé en Europe, aux Antilles ou sur les côtes d'Amérique. Le combat d'Ouessant et les services du lieutenant général d'Orvilliers avaient été perdus de vue, à la suite de l'expédition désastreuse de 1779.

lades. Trente-sept hommes étaient morts, à bord de l'*Ajax*, depuis le départ de Trinquemalay, et il y avait cent trente hommes sur les cadres. L'*Annibal* avait fait jusqu'à dix-huit pouces d'eau à l'heure.

Ces derniers événements étaient encore trop proches pour qu'on rendît à cet officier général la justice qui lui était due. Le comte d'Estaing, rentré en France après son échec devant Savannah, n'avait repris la mer que pour conduire une escadre de Cadix à Brest. Les brillants résultats de la campagne de 1781 avaient donné au comte de Grasse une popularité qui avait disparu le jour où le fatal combat de la Dominique avait été connu. Il restait les lieutenants généraux de Guichen et de Lamotte-Picquet. Le premier avait bien dirigé son escadre dans les trois rencontres qu'il avait eues avec Rodney en 1780. S'il n'avait pas infligé de grandes pertes à l'ennemi, il n'en avait subi aucune. A la fin de cette campagne, il s'était démis de son commandement qu'il trouvait au-dessus de ses forces, et, depuis cette époque, il n'avait joué qu'un rôle secondaire. Quant à Lamotte-Picquet, on se souvenait de l'audace qu'il avait déployée, au mois de décembre 1779, en se portant avec quatre vaisseaux au-devant de l'escadre de Parker. Mais au milieu des grands événements qui s'étaient succédé pendant cette guerre, il n'avait exercé aucun commandement important[1]. Nous ne parlerons pas du chef d'escadre de Ternay, mort à Rhode Island avant d'avoir trouvé l'occasion de se distinguer. Lorsque Suffren avait pris, en 1781, le commandement de la division que le ministre envoyait à l'Ile de France, il n'avait pas de notoriété en dehors de la marine. La hardiesse de sa manœuvre à l'affaire de la Praya appela sur lui l'atten-

---

1. On ne s'explique pas que Lamotte-Picquet n'ait pas été employé, pendant cette guerre, d'une manière plus conforme à son mérite. Il semble qu'aucun commandement n'eût été au-dessus de ses forces. On ne doit pas attacher une trop grande importance à ce qu'on dit des officiers, à leur entrée dans la carrière. Les espérances qu'on conçoit alors ne se réalisent pas toujours. Néanmoins, on lira avec intérêt la note suivante donnée à Lamotte-Picquet en 1742. Celui-ci avait alors vingt-deux ans : « Lamotte-Picquet a beaucoup d'esprit et d'application, a bien fait ses études, bon géomètre, grand arithméticien, saisit toutes les parties du métier avec facilité. Estimé de tout le monde, est un très-digne sujet, sera un excellent officier, n'ayant rien omis dans ses campagnes pour acquérir toutes les connaissances nécessaires,

tion. Ses premiers combats dans l'Inde eurent en France un très-grand retentissement. Les avantages qu'il remporta le 17 février, le 12 avril et le 6 juillet donnèrent à l'amour-propre national, cruellement atteint par la défaite du comte de Grasse, une très-vive satisfaction. La prise de Trinquemalay et la campagne de 1783 excitèrent l'admiration générale et mirent le comble à sa réputation[1]. Le nom de Suffren acquit, non-seulement dans notre pays et chez nos alliés, mais dans toute l'Europe, un prestige éclatant. La France ne se montra pas ingrate envers l'homme qui, non loin du théâtre de la gloire des Dupleix et des Labourdonnaye, avait soutenu avec autant d'éclat l'honneur de notre pavillon. Partout où il parut, sa présence souleva un enthousiasme extraordinaire. La foule accourait sur son passage pour l'apercevoir et le saluer de ses acclamations. Louis XVI, la Reine et les membres de la famille royale le traitèrent avec une distinction particulière. Les plus grands serviteurs de la France, Turenne, le maréchal de Saxe, n'avaient pas été mieux accueillis. Nommé chef d'escadre en 1782, Suffren avait été fait lieutenant général en 1783. Le Roi décida qu'une quatrième charge de vice-amiral serait créée en sa faveur, et, le 18

---

est homme sur lequel on peut jeter les yeux pour de certains emplois par ses talents. »

1. Suffren avait été nommé chef d'escadre pour l'affaire de la Praya. Le grade de lieutenant général était la récompense des combats des 17 février, 12 avril et 6 juillet. Dans une lettre particulière, Suffren appréciait, ainsi qu'il suit, ce qu'il avait fait après ce dernier combat : « Je jouis, ma chère amie, du plaisir que tu auras en apprenant, au mois de mars 1782, que je suis chef d'escadre, et en mars 83 que je suis lieutenant général. En lisant la gazette, car c'est par là que tu l'auras appris, tu auras fait un beau cri de joye. A présent, je te le dis dans la sincérité de mon cœur et pour toi seule, ce que j'ai fait depuis vaut infiniment mieux que ce que j'avais fait précédemment. Tu sais la prise et le combat de Trinquemalay, mais la fin de la campagne et ce qui s'est passé du mois de mars jusqu'à la fin de juin est fort au-dessus de tout ce qui s'est fait dans la marine depuis que j'y suis ; peut-être y a-t-il eu plus de bonheur que bien joué, mais le résultat est agréable pour moi et mes amis, et très-avantageux pour l'État, car l'escadre était hasardée et l'armée perdue. Aussi je crois que M. le marquis de Castries ne se repentira pas de m'avoir accordé une grâce inouïe. »

avril 1784, il fut élevé à cette dignité[1]. Les États Généraux envoyèrent une députation à Paris pour lui remettre une épée d'honneur. Ils firent, en outre, frapper une médaille qui devait consacrer le souvenir des services que l'illustre amiral avait rendus à la Hollande.

---

1. La position de vice-amiral n'était pas seulement un grade militaire, c'était aussi une des charges importantes de l'État. La quatrième place de vice-amiral créée en faveur de Suffren devait être supprimée après lui. On trouvera, à la fin de ce volume, le texte de l'ordre royal que lui conférait cette charge. Ce document est surtout intéressant parce qu'il relate les états de service de Suffren avant et pendant la campagne de l'Inde.

FIN.

APPENDICE

Mémoire pour servir d'instruction au sieur Gérard, secrétaire du Conseil d'État, allant résider, de la part du Roi, auprès du Congrès général des Etats-Unis.

29 mars 1778.

Les États-Unis de l'Amérique ayant donné une base légale à leur indépendance par l'acte du 4 juillet de l'année 1776, le Roi jugea que son intérêt politique ne devait pas s'opposer à la consistance qu'ils pourraient acquérir; qu'il pourrait même en résulter des relations utiles à son royaume. C'est dans cette vue que Sa Majesté leur a accordé dans ses ports toutes les facilités de commerce compatibles avec les engagements alors existants.

La défaite du général Burgoyne[1] ayant précipité les événements au delà de toute attente, le Roi sentit la nécessité de prendre enfin un parti décisif à l'égard de l'Amérique. Cette nécessité devint d'autant plus urgente, que l'Angleterre, de son côté, commença à ouvrir les yeux sur ses fautes et son impuissance et qu'elle songea sérieusement aux moyens de se réconcilier avec ses colonies; les conditions mêmes qu'elle se proposait de leur faire accepter montraient si manifestement son but hostile contre la France, qu'il n'y avait pas un moment à perdre si l'on voulait sérieusement en prévenir l'effet.

En conséquence, le Roi fit traiter avec les députés du Congrès; et il a été conclu avec eux, le 6 février, un traité d'amitié et de commerce et un traité d'alliance éventuelle. Comme le sieur Gérard a lui-même signé et expédié ces traités, il serait superflu de rappeler ici les circonstances qui les ont précédés et accompagnés, il suffira de lui en remettre des copies, et de faire connaître l'es-

---

1. A Saratoga.

prit dans lequel ils ont été dirigés et les moyens que le Roi est résolu d'employer pour les remplir.

L'indépendance de l'Amérique septentrionale et son union permanente avec la France ont été le but principal du Roi et c'est pour assurer l'un et l'autre que Sa Majesté s'est portée aux stipulations éventuelles renfermées dans le traité d'alliance, et que, dans le traité de commerce, elle ne s'est assuré aucun avantage exclusif.

La Grande-Bretagne ne regardant la communication amicale qui lui a été faite de la signature du traité de commerce, ni comme une provocation de guerre, ni comme un acte d'hostilité, rend absolues et définitives les stipulations qui n'étaient encore qu'éventuelles; c'est de leur exécution qu'il s'agit aujourd'hui.

La première et la plus essentielle de toutes est qu'aucune des deux parties ne fera ni paix ni trêve sans le consentement de l'autre; son exécution fidèle sera le garant des avantages que l'une et l'autre pourront se procurer durant la guerre, et il est essentiel que le sieur Gérard pénètre le Congrès de cette vérité, et qu'il le prémunisse par là contre les suggestions que les Anglais pourraient lui faire pour conclure une paix séparée. Il l'assurera, en même temps, de la manière la plus positive, que le Roi, de son côté, rejettera toute proposition de cette nature qui lui serait faite par l'ennemi commun, et qu'il ne posera les armes que lorsque l'indépendance plénière et absolue des treize États-Unis aura été reconnue par la Grande-Bretagne.

Quant aux opérations militaires que les deux parties devront entreprendre, elles dépendront des circonstances. Cependant le sieur Gérard pourra assurer le Congrès que le Roi fera tous ses efforts pour empêcher l'Angleterre d'envoyer de nouvelles forces en Amérique, au moyen de quoi les Américains pourront d'autant plus facilement vaincre l'armée du général Howe, que l'on a lieu de se flatter que la flotte commandée par le comte d'Estaing détruira l'escadre anglaise qui est dans la Delaware, ou au moins l'empêchera d'approvisionner l'armée royale.

Il est possible que les opérations de l'armée continentale et de la flotte aient besoin d'être combinées; mais comme ni ce besoin ni les moyens d'y satisfaire ne sauraient être prévus dès à présent, les arrangements qu'il sera question de faire ne pourront être concertés qu'avec le commandant de la flotte à qui on donnera à cet effet les pouvoirs nécessaires. Il est un point qui importe fort au Roi, et qui exigera toute la dextérité du sieur Gérard : ce sont les stipulations à ménager en faveur de l'Espagne. Il sait que cette puissance n'a pris aucune part aux deux traités, quoiqu'elle n'y répugne point, et que, jusqu'à présent, elle n'ait rien articulé des conditions auxquelles elle pourrait y accéder dans la suite. Cependant on a lieu de croire qu'elle désirerait acquérir les Florides, une part aux pêcheries sur les bancs de Terre-Neuve et la Jamaïque. Ce dernier objet est entre les mains du Roi, puisqu'elle se l'est assuré éventuellement par le traité d'alliance. Le second dépendra également d'elle, du moins en grande partie, ainsi il n'y aura rien à négocier de ce côté avec le Congrès.

Quant aux Florides, elles entrent dans le plan de conquête des Américains; il s'agira donc de les préparer à un désistement éventuel; le Roi en charge d'une manière spéciale le sieur Gérard, et Sa Majesté s'en rapporte entièrement à sa prudence sur les moyens à employer pour remplir cet objet. On lui fera seulement observer qu'il évitera soigneusement de parler au nom de l'Espagne, car Sa Majesté Catholique n'a encore rien articulé relativement à ses intentions et à ses vues. Au surplus, le sieur Gérard connaît les principaux motifs qui doivent faire désirer à l'Espagne la possession des Florides : il les fera valoir autant qu'il sera en son pouvoir; mais s'il ne peut pas réussir à obtenir le tout, il s'efforcera au moins d'obtenir Pensacola et les parties des côtes qui seront jugées être le plus à la convenance de la cour de Madrid.

Le Roi s'attend que la cour de Londres fera ses derniers efforts pour se former un parti dans le Congrès et pour semer la division dans les différentes provinces.

Le sieur Gérard sentira de lui-même combien il est important de rompre toutes ses mesures, et de maintenir l'union et le parfait accord qui ont régné jusqu'à présent parmi les treize provinces confédérées. On n'indique pas au sieur Gérard les moyens qu'il aura à employer pour atteindre cet objet : ils dépendront des circonstances locales, sur lesquelles on ne saurait avoir dès à présent aucune notion. Le sieur Gérard sait que le Congrès n'a pas encore ratifié les deux traités. Mais il est à présumer que cette formalité essentielle pour la validité se trouvera remplie à son arrivée en Amérique; si cependant cela n'était pas, son premier soin serait d'y engager le Congrès, et l'on ne présume pas qu'il veuille s'y refuser.

Les députés du Congrès avaient proposé au Roi de prendre l'engagement de favoriser la conquête que les Américains entreprendraient du Canada, de la Nouvelle-Écosse et des Florides, et il y a lieu de croire que le projet tient fort à cœur au Congrès. Mais le Roi a considéré que la possession de ces trois contrées, ou au moins du Canada par l'Angleterre, serait un principe utile d'inquiétude et de vigilance pour les Américains, qui leur fera sentir davantage tout le besoin qu'ils ont de l'alliance et de l'amitié du Roi; il n'est pas de son intérêt de le détruire. D'après cela, Sa Majesté pense qu'elle ne doit prendre aucun engagement relatif à la conquête dont il s'agit. Cependant, si le Congrès en fait l'ouverture, comme il est présumable, le sieur Gérard répondra que le Roi se prêtera toujours avec empressement à tout ce qui pourra convenir aux États-Unis, et qu'il concourra volontiers à l'effectuation de leur plan de conquête, autant que les circonstances le permettront; mais que l'incertitude et la variabilité de ses engagements ne lui permettent pas d'en prendre l'engagement formel. Tel est le principe de Sa Majesté par rapport à cet objet, et son intention est que le sieur Gérard le prenne comme base de son langage et de ses insinuations. Si cependant le Congrès devenait trop pressant, et que le sieur Gérard jugeât que le Roi ne pourrait refuser de coopérer à ses vues sans faire soupçonner sa bonne volonté et la droiture de ses intentions, il pourrait alors condescendre à leurs désirs, mais en leur faisant entendre toutefois que la conquête qu'il s'agira de faire ne devra pas faire une condition essentielle de la prochaine paix. Le sieur Gérard sentira de lui-même que cette dernière insinuation devra être faite avec assez de dextérité pour qu'elle n'indispose point le Congrès.

Il est probable aussi que le Congrès marque le désir d'obtenir des subsides de la part de la France. Mais le sieur Gérard lui fera observer que les efforts que le Roi fait pour la cause américaine exigent de lui des dépenses extraordinaires qui absorbent tous ses moyens; que d'ailleurs l'envoi de la flotte dans l'Amérique septentrionale, chargée de faire tout le mal possible aux Anglais, opérera une diversion infiniment plus avantageuse pour les Américains que si le Roi se bornait à leur donner de l'argent. Sa Majesté est persuadée que le Congrès se rendra sans peine à des raisons aussi prépondérantes.

Le sieur Gérard est sans doute persuadé de toute l'importance de la mission que le Roi confie à ses soins; Sa Majesté est persuadée qu'il lui donnera, dans cette occasion, de nouvelles preuves de sa capacité, de son attachement pour sa personne et de son zèle pour son service.

Provisions accordées par le Roi, le 4 avril 1784, à son très-cher et bien-aimé le bailli de Suffren Saint-Tropez, lieutenant général de ses armées navales, d'une quatrième charge de vice-amiral de France que, par une distinction particulière, le Roi a créée pour lui seul, pour lui donner des marques éclatantes de sa satisfaction, portant que les preuves qu'il a constamment données, depuis près de quarante ans, de sa valeur, de sa vigilance, de sa bonne conduite et de ses talents, rendent Sa Majesté pleinement convaincue de son affection à son service et de son expérience dans la guerre et la navigation; qu'ayant été fait garde de la marine, au mois d'octobre 1743, il fut embarqué en cette qualité, en 1744, sur le vaisseau *le Solide*, faisant partie de l'armée combinée de France et d'Espagne, et se trouva au combat rendu par cette armée, le 22 février, à la hauteur du cap Sicié; le fut encore, la même année, sur le vaisseau *le Trident*, sur lequel il fit campagne dans la Méditerranée et ensuite à la Martinique, en 1745, sur la corvette *la Palme*, qui rendit un combat dans la rade à Calais; en 1746, sur le vaisseau *le Trident*, faisant partie de l'escadre du duc d'Anville; en 1747, sur le vaisseau *le Monarque* de l'escadre du sieur de l'Étenduère, qui essuya, au cap Finisterre, un brillant mais malheureux combat, dans lequel il reçut deux légères blessures et fut fait prisonnier; qu'ayant été fait enseigne de vaisseau, en avril 1748, il passa à Malte pour y faire ses caravanes jusqu'en 1751; en 1753, il fut embarqué sur la galère *la Hardie*, et, en 1752, sur la frégate *la Rose*, faisant partie de l'escadre commandée par le sieur de la Galissonnière, campagne d'évolutions; en 1755, il passa à Brest et y fut embarqué sur le *Dauphin-Royal*, armé en transport, dans l'escadre du sieur du Bois de la Motte; fut fait lieutenant de vaisseau en mars 1756, et, étant embarqué sur le vaisseau *l'Orphée*, faisant partie de l'escadre commandée par le sieur de la Galissonnière, il se trouva au combat rendu sur Minorque; il fut embarqué, en 1759, sur le vaisseau *l'Océan*, commandé par le sieur de la Clue, qui s'échoua, après un combat, sur la côte de Lagos où il fut pris; que ne pouvant être échangé pendant le reste de la guerre, il passa à Malte et y fit quelques campagnes jusqu'à la paix; en 1763, il fut embarqué sur la frégate *la Pleyade*, faisant partie de la division destinée à croiser contre les Salatins; en 1764, il eut le commandement du chebeck *le Caméléon*, ayant la même destination, et se sauva d'un naufrage par sa vigueur et son courage; en 1765, il commanda une division de chebeks dans la Méditerranée, joignit l'escadre commandée par le sieur Duchaffault, et se trouva au bombardement de Salé et de Larache, et rentra ensuite avec sa division dans la Méditerranée, où il croisa jusqu'au mois d'octobre; en 1767, il fut embarqué à Brest sur le vaisseau *l'Union*, commandé par le comte de Breugnon ; envoyé en ambassade au Maroc, il fut fait capitaine de frégate au retour de la campagne ; en 1769, il passa à Malte pour y commander une galère, et se trouva, en 1770, au bombardement de Bizerte ; fut fait capitaine de vaisseau, au mois de février 1772, et eut le commandement de la frégate *la Mignonne:* en 1774, le même commandement ; en 1776, celui de la frégate *l'Alcmène*, dans l'escadre d'évolutions commandée par le sieur Duchaffault, et, en 1777, celui du vaisseau *le Fantasque* dans l'escadre du sieur Barras en croisière sur les côtes de Provence ; que la confiance qu'avait déjà Sa Majesté la détermina, en 1778, à lui donner le commandement du même vaisseau dans l'escadre du sieur comte d'Estaing, qu'elle envoya au secours des États-Unis d'Amérique ; qu'il justifia pleinement cette confiance dans cette campagne qui dura près de deux ans, et pendant laquelle il se distingua d'une manière remarquable dans toutes les occasions qui se présentèrent, et particulièrement à New-Port, où il força l'entrée de la rade et obligea cinq frégates anglaises à se brûler ; et au combat du 6 juillet 1779, devant la Grenade, où il fut chef de file pendant tout le temps que les deux armées combattirent à bord opposé et eut soixante hommes tués ou blessés ; que sur les comptes très-avantageux que le comte d'Estaing rendit à Sa Majesté de sa conduite pendant cette campagne, elle lui en marqua sa satisfaction en lui accordant une pension de 1500 livres, qu'en 1780 Sa Majesté le chargea du commandement des vaisseaux *le Zélé* et *le Marseillais* avec lesquels il fit une croisière, joignit à Cadix l'armée combinée de France et d'Espagne, commandée par le sieur de Cordova, croisa avec elle et rentra ensuite à Brest sous les ordres du comte d'Estaing ; qu'au commencement de 1781, Sa Majesté voulant envoyer une division de ses vaisseaux dans les mers de l'Inde pour y augmenter ses forces et secourir préalablement le cap de Bonne-Espérance, elle crut ne pouvoir faire un meilleur choix que de lui pour ce commandement, et que c'est dans cette campagne qu'il a développé tous ses talents, ainsi que le zèle le plus actif pour le succès et la gloire de ses armes ; que, parti de Brest, le 20 mars 1781, avec cette division de cinq vaisseaux et un corps de troupes et d'artillerie, il trouva, le 16 avril, à la rade de la Praya, à l'île de San Yago, l'escadre anglaise expédiée pour aller attaquer le cap de Bonne-Espérance ; que, consultant moins le danger que l'importance de l'entreprise, il l'attaqua au mouillage, la retarda par les dommages qu'il lui causa, arriva avant elle au Cap, y débarqua ses troupes et sauva cet établissement ; qu'il joignit, au mois d'octobre, l'escadre commandée par le sieur d'Orves, à l'Ile de France, et partit avec elle, en décembre, pour la côte de Coromandel. Le 22 janvier 1782, il chassa et prit, après une demi-heure de combat, le vaisseau anglais l'*Hannibal* de cinquante canons ; que devenu commandant en chef, par la mort du sieur d'Orves, le 9 février, il battit, le 17, à la hauteur de Sadras, l'escadre anglaise qui profita de la nuit pour se dérober à sa poursuite. Le 22, il débarqua à Porto-Novo l'armée de terre qu'il transportait et ses munitions, et il repartit pour aller chercher l'escadre anglaise, la joignit le 12 avril, après l'avoir chassée pendant trois jours sur la côte de Ceylan, lui livra un combat très vif qui ne fut terminé que par la nuit, l'endommagea et la mit dans une telle détresse qu'elle chercha son salut en mouillant dans des bancs inaccessibles, et la tint bloquée, pendant six jours, dans cette position, appareilla et croisa ensuite pour l'attirer à un nouveau combat, mais l'escadre anglaise s'étant renfermée à Trinquemalay, il prit le parti de retourner à la côte de Coromandel ; que, le 2 juillet, ayant appris que l'escadre anglaise était sortie de Trinquemalay et mouillée devant Négapatam, il alla au-devant d'elle, là combattit vivement, le 6 juillet, lui causa de notables dommages qui l'obligèrent à retourner à Négapatam, et il vint pour réparer les siens à Goudelour. Le nabab Hyder-Ali Kan Bahader, allié de sa Majesté, se rendit, à la tête de cent mille hommes, pour conférer avec lui sur les opérations combinées, et lui donner de grandes marques d'estime et de confiance ; que, le 1er août, il partit de Goudelour et joignit, le 23, les vaisseaux de Sa Majesté, l'*Illustre* et le *Saint-Michel*, qui lui amenaient un convoi. Avec ce renfort, il alla attaquer Trinquemalay, y débarqua et se rendit maître des deux forts en cinq jours ; que, le 3 septembre, l'escadre anglaise étant venue au secours de cette place, il appareilla, l'attaqua et la força de regagner Madras, ce qui détermina le général Coot, campé avec son armée près de Pondichéry et menaçant Goudelour, de se retirer aussi vers Madras ; qu'il revint à Trinquemalay réparer ses vaisseaux, et particulièrement le sien qui avait soutenu les plus grands efforts de l'armée anglaise et s'était couvert de gloire ; qu'au commencement de 1783, après avoir hiverné à Achem, il fit une croisière sur les côtes d'Orixa, prit une frégate anglaise, le *Cowentry*, prit ou détruisit cinquante bâtiments marchands, vint à Trinquemalay pour y attendre le marquis de Bussy, commandant en chef des forces de Sa Majesté en Asie, en partit avec lui en mars, le conduisit à la côte de Coromandel, y débarqua l'armée et ses munitions, revint à Trinquemalay ; que, le 11 juin, ayant appris les mouvements de l'armée anglaise menaçant Goudelour, il appareilla avec l'escadre à ses ordres, composée alors de quinze vaisseaux, deux frégates et un brûlot; arriva, le 13, à la côte, se trouva, le 16, en présence de l'escadre anglaise, composée de dix-huit vaisseaux, tous doublés en cuivre, mais ne put engager le combat, la nuit survenant; le 17, il se porta sur Goudelour, y prit des troupes pour compléter ses équipages, manœuvra pour disputer le vent à l'escadre anglaise jusqu'au 20, à quatre heures du soir, qu'il parvint à engager un combat qui ne finit que par la nuit, pendant laquelle l'escadre anglaise s'échappa; qu'elle reparut le 22, fut poursuivie à force de voiles, prenant la fuite, et se rendit à Madras; qu'ainsi Goudelour et l'armée de terre se trouvèrent dégagés; que la paix mit fin à ces victoires et à ces entreprises, conduites avec autant d'activité et d'audace que de justesse et de combinaison; qu'aussi fécond en ressources pour réparer ses vaisseaux et faire subsister ses équipages que constant à lutter contre les difficultés et les obstacles, le bailli de Suffren a trouvé les moyens de tenir son escadre pendant dix-huit mois aux côtes de l'Inde presque sans autres secours que ceux de son génie et ceux que ses victoires sur l'ennemi lui ont procurés; qu'après avoir pourvu à la protection des établissements de Sa Majesté par une division de vaisseaux laissée dans ces mers, il a fait des dispositions pour le retour des autres en Europe et est arrivé à Toulon, au mois de mars 1784, sur le vaisseau *le Héros* qu'il commandait; que tant d'importants et signalés services déterminèrent Sa Majesté, pendant cette glorieuse campagne, à l'avancer successivement au grade de chef d'escadre, en janvier 1782, et à celui de lieutenant général de ses armées navales, en février 1783; qu'à son arrivée à la cour, Sa Majesté lui donna les témoignages les plus distingués de son estime et de sa satisfaction, le désigna chevalier de ses ordres, lui accorda les entrées de sa chambre, et que, voulant l'élever aux premières dignités de la marine et au commandement supérieur de ses forces navales dont il est si digne par ses éminentes qualités, Elle a créé, pour lui, une quatrième charge de vice-amiral. Ces provisions, datées de Versailles, signées Louis et par le Roi, le maréchal de Castries, et scellées, avec l'acte de sa prestation de serment entre les mains de Sa Majesté pour ladite charge, du 18 avril 1784.

Signé : le maréchal DE CASTRIES.

APPENDICE. 505

Si nous en jugeons par une note que nous reproduisons ci-après, il fut un moment question de faire Suffren maréchal de France ainsi que l'avaient été Tourville, les deux d'Estrées et Châteaurenaud. Cette note est ainsi conçue : « Le bailli de Suffren, dans son mémoire pour la demande du grade de maréchal de France, s'est borné à exposer ses services. Il n'a point fait observer que MM. d'Estrées père et fils, MM. de Tourville et de Châteaurenaud, ont obtenu cette dignité sans avoir autant d'années de service et sans avoir battu autant de fois les ennemis. M. de Tourville avait été défait au combat de la Hogue, et l'escadre de M. de Châteaurenaud avait été brûlée dans le port de Vigo. Il n'a pas fait observer que, quoique la marine ait été relevée par le Roi, qui s'y est appliqué et qui la connaît bien, ce service n'est généralement pas recherché par les grands seigneurs, moins parce qu'il est dur que parce qu'on est moins récompensé que dans celui de terre. A l'importance de donner de l'émulation au corps par l'espoir des récompenses, il se joint une raison politique. En cas de guerre, nous serions joints aux Espagnols, et, si on faisait des maréchaux de France dans ce moment, ils croiraient qu'on les a faits pour les commander, ce qui pourrait leur donner de l'humeur. »

Lettre de M. le marquis de Castries à M. le bailli de Suffren.

Versailles, 6 avril 1783.

N'ayant eu, Monsieur, aucune nouvelle de M. de Bussy depuis le mois de juillet de l'année dernière, et plusieurs avis venus indirectement me donnant les plus vives inquiétudes sur le dépérissement de sa santé, j'ai cru devoir prendre les ordres du Roi, pour le cas où mondit sieur de Bussy serait mort, ou viendrait à manquer avant l'exécution du traité définitif. Sa Majesté a senti la nécessité d'y pourvoir, et de prévenir les inconvénients qui pourraient résulter du partage de l'autorité, et jugeant ne pouvoir mieux placer sa confiance qu'entre vos mains, au défaut de M. de Bussy, elle vous donne le commandement en chef de ses forces et de ses établissements au delà du cap de Bonne-Espérance, avec les mêmes pleins pouvoirs qu'elle avait accordés à mondit sieur de Bussy.

Et elle ordonne que ledit cas prévu arrivant, vous soyez reconnu, par qui il appartiendra, comme commandant en chef, sans autre ordre de sa part que la présente lettre.

J'enverrai, par la frégate du Roi *la Surveillante*, les ordres de Sa Majesté à ce sujet, à l'Ile de France et au cap de Bonne-Espérance.

Lettre de M. le marquis de Castries à M. le bailli de Suffren.

Versailles, 6 avril 1783.

Depuis la lettre que j'ai eu l'honneur de vous écrire par le sieur Froment, j'ai reçu les dépêches qui nous apprennent la prise de Trinquemalay et la retraite de l'armée navale des Anglais sous Madras. Voilà la cinquième fois que vous combattez les Anglais. . . . .
Je suis dans l'ignorance la plus grande de ce qui s'est passé à la côte. Si nous avions pu connaître vos succès avant la signature des préliminaires, il est à présumer que nous eussions pu tirer avantage de notre situation. . . . .
. . . . Je ne saurais trop vous faire connaître la satisfaction du Roi sur la conduite que vous tenez à la tête de son armée. Il est à remarquer qu'en présentant les difficultés de tous les genres que vous rencontrez, vous apercevez toujours les moyens de les vaincre, et les observations que vous m'avez adressées sur les affaires des Indes l'ont confirmé dans l'opinion que vous lui aviez déjà donnée que vous étiez un homme de guerre sous tous les rapports. Ces observations ne demandent plus de réponse, vu la signature des préliminaires. Les moyens de les mettre à exécution ne sont pas sans difficultés, si les Anglais veulent abuser de leurs avantages. C'est dans cette supposition et dans celle que M. de Bussy pourrait être mort, que j'ai désiré que vous le remplaciez dans le commandement général, jusqu'à la signature du traité de paix. C'est un sacrifice que je fais au bien du service du Roi, car j'aurais souhaité pouvoir vous consulter sur bien des dispositions à faire pour la marine.

Je suis bien fâché de n'avoir pu tirer M. d'Albert de Rions de la ligne des autres. Si la guerre avait continué je vous l'aurais envoyé. Conservez votre santé, elle est précieuse au Roi et à l'État et ne doutez pas du désir que j'ai de vous donner des preuves d'un attachement inviolable.

*Avis des trois ports sur les observations
de M. le chevalier de Suffren.*

Conformément aux ordres de Monseigneur, ces observations, détaillées dans la feuille ci-jointe, ont été communiquées aux conseils de marine de Brest, de Toulon et de Rochefort sans nommer l'auteur. Voici les résultats de l'avis des trois ports :

PROPOSITIONS.	RÉPONSES.
1. Savoir si le capitaine en second d'un vaisseau ne serait pas employé plus utilement à la seconde batterie que sur le gaillard d'avant.	1. Les trois ports s'accordent pour maintenir cet officier sur le gaillard d'avant.
2. S'il ne serait pas à propos d'augmenter le nombre des bâtiments à rames sur un vaisseau.	2. Le port de Brest en général penche pour laisser les choses sur le pied où elles sont; mais M. le comte Duchaffault, ainsi que quelques autres officiers, et les ports de Toulon et de Rochefort opinent pour avoir un canot de plus.
3. S'il est à propos de faire usage à bord des vaisseaux du conducteur électrique de M. Franklin.	3. En convenant des avantages que ce conducteur pourrait procurer, les trois ports entrevoient beaucoup de difficultés pour l'établir et l'entretenir à bord.
4. S'il ne serait pas avantageux d'embarquer des obus sur les vaisseaux.	4. Le port de Brest préfère de multiplier les pierriers; les deux autres ports proposent de faire l'essai des obus, mais ils ne laissent apercevoir aucune présomption pour ou contre.

5.	5.
S'il ne conviendrait pas de faire couler des pièces de huit ou de douze à l'usage des chaloupes des vaisseaux.	Le port de Toulon n'est pas d'avis de faire porter du canon aux chaloupes; ceux de Brest et de Rochefort s'accordent à dire que les canons des gaillards peuvent servir aux chaloupes, en observant seulement d'avoir pour leur usage des affûts plats et des plates-formes volantes.

Il résulte de l'avis des trois ports que, sur les différents changements proposés par M. de Suffren, les membres ne se sont arrêtés qu'à l'augmentation des bâtiments à rames. « L'essai des obus est proposé purement et simplement; » et, quant aux canons à faire porter aux chaloupes, comme ceux des gaillards des vaisseaux peuvent y être employés, il n'est question que de leur donner des affûts particuliers. . . . .

Le ministre mit au bas de cette note : Communiquer le tout à M. de Suffren.

Suffren revint sur ces propositions, lorsqu'il arma le *Zélé* à Toulon, en 1779. Il adressa au ministre plusieurs rapports auxquels nous empruntons les passages suivants : 1° L'ordonnance de la marine ne fixe point les postes des officiers sur les vaisseaux en cas de combat. L'usage de tous les temps a été de mettre le second sur le gaillard d'avant. Ce poste est très-exposé, mais il n'a que cela de flatteur. Le second, étant sous les yeux du capitaine, ne commande rien, n'a que très-peu de monde sous ses ordres, et il occupe un poste qui serait rempli par un enseigne. Je crois qu'il devrait avoir l'inspection des deux batteries et commander particulièrement la deuxième : étant la plus exposée au feu, c'est le poste d'honneur. Il serait de plus à portée de prendre le commandement si le capitaine était tué ou blessé, et de se mettre à la tête des gens destinés à l'abordage si l'occasion se présentait.

2° L'on avait imaginé, la semaine dernière, d'armer d'un canon des gaillards les chaloupes disposées à cet effet. Cette idée, malgré son utilité, a été abandonnée. Je pense que c'est à cause de la pesanteur du canon; mais maintenant surtout que le système de l'artillerie légère prévaut, on pourrait fondre des pièces destinées à cet objet, des pièces de huit pouvant ne peser que douze cents livres. Si la dépense de la fonte arrêtait, on pourrait les faire en fer. Sur les chaloupes de vaisseaux de quatre-vingts canons, on pourrait mettre du calibre de douze.

Les accidents du feu ne démontrent que trop la nécessité d'avoir sur les vaisseaux des pompes à incendie. Il n'y a pas de frégate anglaise qui n'en ait. Je crois que les vaisseaux armés à Brest en ont. A Toulon on n'en donnait pas quand je suis parti.

L'événement de mon mât de hune emporté par le tonnerre m'a fait penser au conducteur électrique de Franklin. C'est une trop petite dépense pour n'en pas fournir à tous les bâtiments.

Nous avons rapporté, à propos du combat de la Dominique, une note de Suffren relative à l'emploi des obusiers sur les vaisseaux.

TABLE DES MATIÈRES

Préface.. 1

Livre I. — La marine militaire, en France, date de Louis XIII. — Suppression de la charge de grand amiral. — Le cardinal de Richelieu est nommé grand maître, chef et surintendant de la navigation et du commerce. — Création des premières troupes affectées au service de la flotte. — Efforts du cardinal pour jeter les bases d'un établissement maritime permanent. — Services rendus par les forces navales sous son ministère. — La marine militaire décroît sous la régence d'Anne d'Autriche. — Règne de Louis XIV. — Colbert ministre de la marine. — Développement rapide de nos forces navales. — Institutions et ordonnances de Colbert. — Ministère du marquis de Seignelay. — Principaux événements auxquels prend part la marine sous Louis XIV................................... 8

Livre II. — Abandon systématique de la marine sous la régence et pendant le ministère du cardinal Fleury. — La guerre éclate entre la France et l'Angleterre. — Traité d'Aix-la-Chapelle, conclu en 1748. — Nouvelle guerre avec l'Angleterre, en 1756. — Traité de Paris, signé le 10 février 1763. — Modifications successives apportées aux institutions maritimes. — Économie générale des lois qui régissent la marine, au moment où éclate la guerre de l'Indépendance américaine........................ 49

LIVRE I.

Le traité de Paris établit la suprématie maritime de la Grande-Bretagne. — Contestations entre les colonies de l'Amérique septentrionale et la métropole. — Impôt du timbre. — Taxe sur le thé. — Troubles de Boston. — Mesures de répression prises par le gouvernement britannique. — Des députés nommés par les assemblées provinciales forment un congrès qui se réunit à Philadelphie dans le mois de septembre 1774. — Combat de Lexington le 19 avril 1775. — Déclaration solennelle de l'indépendance des colonies anglo-américaines le 4 juillet 1776. — Le gouvernement français suit avec une attention particulière les événements qui s'accomplissent de l'autre côté de l'Atlantique. — Relations du cabinet de Versailles avec les insurgés. — Arrivée à Paris de trois commissaires envoyés par le congrès. — Le 6 février 1778, la France signe avec les États-Unis un traité d'amitié et de commerce et un traité éventuel d'alliance. — La cour de Londres rappelle son ambassadeur. — Préparatifs maritimes faits de chaque côté du détroit. — Départ du comte d'Estaing. — Mission confiée à cet officier général. — Tentative faite auprès de la cour d'Espagne pour l'amener à conclure avec la France un traité d'alliance offensive et défensive. — Relations entre les marines de France et d'Angleterre. — Prise des frégates la *Licorne* et la *Pallas* et du lougre le *Coureur*. — Combat des frégates la *Belle-Poule* et l'*Arethusa*. — Résultats de l'attitude indécise prise par le gouvernement français. — L'escadre de Brest reçoit l'ordre d'appareiller 57

LIVRE II.

Combat d'Ouessant. — Rentrée des Anglais à Portsmouth et des Français à Brest. — Discussions que soulève la journée du 27 juillet de l'un et l'autre côté du détroit. — Incident relatif au lieutenant général duc de Chartres, commandant de la 3ᵉ escadre. — Le vice-amiral Keppel, accusé d'incapacité par un de ses lieutenants, comparait devant une cour martiale. — Nouvelle sortie des deux escadres. — Elles rentrent au port sans avoir combattu. — Engagement, au large de Pondichéry, des divisions du commodore Vernon et du capitaine de vaisseau de Tronjolly. — Les Anglais s'emparent des établissements français dans l'Inde. — Prise des îles Saint-Pierre et Miquelon 85

LIVRE III.

Traversée de l'escadre française, partie de Toulon le 13 avril. — Les troupes anglaises évacuent Philadelphie à la fin de juin. — L'amiral Howe se retire à Sandy-Hook. — Arrivée des Français à l'embouchure de la Delaware, le 8 juillet. — Notre escadre mouille sur la côte, près de New-York. — Le comte d'Estaing se dirige sur Rhode-Island. — Attaque projetée de New-Port. — Apparition de l'amiral Howe devant Rhode-Island. — Le comte d'Estaing appareille pour le poursuivre. — Dispersion des deux escadres à la suite d'un coup de vent. — Les Français se retirent à Boston. — Départ de notre escadre pour la Martinique. — Prise de la Dominique par le marquis de Bouillé. — Les Anglais attaquent Sainte-Lucie que d'Estaing tente inutilement de secourir. — L'île se rend aux Anglais. — Arrivée de l'amiral Byron dans la mer des Antilles 107

LIVRE IV.

L'amiral Byron, venant des côtes de l'Amérique septentrionale, rallie l'amiral Barrington. — Le comte d'Estaing reste sur la défensive. — Les escadres française et anglaise reçoivent des renforts. — La division de Vaudreuil mouille dans la baie de Fort-Royal, après avoir fait la conquête du Sénégal. — Prise de l'île Saint-Vincent. — Arrivée de Lamotte-Picquet avec six vaisseaux. — Les Français s'emparent de la Grenade. — Combat des escadres de Byron et de d'Estaing. — Les Anglais se retirent à Saint-Christophe. — Prise des îles Cariacou et des petites grenadines. — Le comte d'Estaing mouille successivement à la Guadeloupe et à Saint-Domingue. — Il se dirige vers les côtes de l'Amérique septentrionale. — Échec des Français et des Américains devant Savannah. — Retour en Europe des vaisseaux partis de Toulon, le 13 avril 1778. — Engagement de Lamotte-Picquet avec l'escadre de l'amiral Parker à l'entrée de la baie de Fort-Royal.. 132

LIVRE V.

L'Espagne déclare la guerre à l'Angleterre. — Le lieutenant général d'Orvilliers sort de Brest pour opérer sa jonction avec don Luis de Cordova. — État sanitaire des équipages de notre flotte. — Réunion tardive des deux escadres. — Préparatifs faits sur les côtes de Bretagne et de Normandie, en vue d'un débarquement en Angleterre. — L'armée combinée, arrivée à l'ouvert de la Manche, est repoussée au large par un coup de vent d'est. — Les alliés poursuivent, sans succès, l'amiral Hardy. — Développement de la maladie qui sévit à bord des vaisseaux français. — La flotte franco-espagnole rentre à Brest. — Situation de l'escadre française. — Responsabilité du ministre de la marine................................... 156

LIVRE VI.

L'amiral Rodney reçoit la mission de ravitailler Gibraltar. — Prise par les Anglais du vaisseau le *Guipuscoa*. — Destruction de l'escadre de don Juan de Langara. — L'amiral Rodney, après avoir conduit son convoi à Gibraltar, prend la route des Antilles. — L'amiral Digby s'empare du *Protée*. — Arrivée à la Martinique de l'escadre du lieutenant général de Guichen. — Rencontres des 17 avril, 15 et 19 mai, entre les escadres française et anglaise. — L'amiral don Solano, avec une escadre venant de Cadix, mouille à Fort-Royal. — État sanitaire des équipages et des troupes passagères. — Départ du lieutenant général de Guichen avec l'escadre espagnole. — Le comte de Guichen quitte Saint-Domingue pour rentrer en Europe. — Départ du chef d'escadre de Ternay pour les côtes de l'Amérique septentrionale, avec sept vaisseaux et un convoi portant un corps de six mille hommes, sous les ordres du lieutenant général comte de Rochambeau. — Rencontre de la division du commodore Cornwallis. — Arrivée de l'escadre et du convoi à Rhode-Island. — Inaction de l'escadre et des troupes, par suite de la supériorité de l'ennemi. — Mort du chef d'escadre de Ternay.. 180

LIVRE VII.

Prise d'un convoi de soixante voiles par la flotte combinée, sous le commandement de don Luis de Cordova. — Arrivée à Cadix du lieutenant général de Guichen. — D'Estaing prend le commandement des vaisseaux français réunis sur la rade de Cadix, et il les ramène à Brest. — La cour de Londres fait des efforts inutiles pour amener la Hollande à prendre part à la guerre comme alliée de la Grande-Bretagne. — Les procédés de la marine anglaise soulèvent parmi les puissances neutres un mécontentement général. — Convention conclue entre la Russie, le Danemark et la Suède, pour assurer la liberté du commerce maritime. — Difficultés qui s'élèvent entre la Hollande et la Grande-Bretagne. — Rupture entre ces deux puissances. — Accession tardive de la Hollande au projet de neutralité armée... 202

LIVRE VIII.

Rodney reçoit l'ordre d'attaquer les possessions hollandaises dans les Indes occidentales. — Il s'empare successivement des îles de Saint-Eustache, de Saint-Martin et de Saba. — Les colonies de Demerari, d'Essequibo et de Berbice sont occupées par les Anglais. — Prise de l'île française de Saint-Barthélemy. — Arrivée du comte de Grasse à la Martinique. — Engagements des 29 et 30 avril. — Fausse attaque de Sainte-Lucie. — Prise de Tabago. — L'escadre française, après avoir touché à la Martinique, se dirige sur Saint-Domingue. — Événements survenus sur les côtes de l'Amérique septentrionale depuis le commencement de l'année 1781. — Prise du *Romulus*. — Combat du 16 mars entre les escadres d'Arbuthnot et du capitaine de vaisseau Des Touches. — Arrivée du comte de Grasse dans la baie de la Chesapeak. — Apparition de la flotte anglaise. — Engagement du 5 septembre. — Capitulation de Cornwallis. — Le comte de Grasse et l'amiral Hood retournent dans la mer des Antilles. — Le marquis de Bouillé reprend les îles de Saint-Eustache, de Saint-Martin et de Saba. — Prise de Pensacola et de la Floride occidentale par les Espagnols et les Français... 223

TABLE DES MATIÈRES.

LIVRE IX.

Événements survenus en Europe pendant le cours de l'année 1781. — Une escadre, sous le commandement de l'amiral Darby, ravitaille la place de Gibraltar. — Le chef d'escadre de Lamotte-Picquet s'empare du convoi de Saint-Eustache. — Combat du Dogger Bank entre les Anglais et les Hollandais. — Croisière de l'armée franco-espagnole sous le commandement de don Luis de Cordova. — Débarquement des Espagnols à Minorque. — Prise de Mahon. — Le duc de Crillon assiége le fort Saint-Philippe. — Un corps auxiliaire français, sous les ordres du baron de Falkenhayn, se joint aux troupes espagnoles. — Sortie du général de Guichen avec des renforts expédiés aux Antilles et dans l'Inde. — Le convoi naviguant sous l'escorte de cet officier général est surpris par le contre-amiral Kempenfeldt. 265

LIVRE X.

Les Français attaquent Saint-Christophe. — L'amiral Hood tente de jeter des secours dans l'île. — Engagement entre les escadres anglaise et française. — L'amiral Hood mouille sur la rade de la Basse-Terre. — Capitulation de Brimstone Hill. — L'escadre anglaise s'échappe pendant la nuit. — Reddition des îles Saint-Christophe, Nièves et Montserrat. — Retour de l'escadre française à la Martinique. — Préparatifs faits par la France et l'Espagne, en vue de la conquête de la Jamaïque. — Arrivée de Rodney. — Concentration des forces anglaises à Sainte-Lucie. — Appareillage des deux escadres. — Engagement du 9 avril. — Bataille de la Dominique. — Les Français perdent cinq vaisseaux. — Discussion relative à la journée du 12 avril. — Arrêt rendu par le conseil de guerre réuni à Lorient pour juger la conduite des officiers généraux et des capitaines placés sous les ordres du comte de Grasse. — Arrivée de l'escadre française à Saint-Domingue.................................... 281

LIVRE XI.

Conquête de Minorque. — Réunion des forces navales de la France et de l'Espagne à Cadix. — La cour de Madrid forme le projet d'attaquer Gibraltar par terre et mer. — Prise du vaisseau le *Pégase*. — Les alliés s'emparent d'un convoi anglais. — Apparition de la flotte combinée dans la Manche. — Poursuite de l'escadre anglaise. — Howe sort pour ravitailler Gibraltar. — Les Espagnols construisent, à Algésiras, dix batteries flottantes sur les plans d'un officier français, le colonel du génie d'Arçon. — Attaque de Gibraltar, le 13 septembre. — Les Espagnols évacuent les batteries flottantes et les livrent aux flammes. — Belle conduite d'un officier anglais, le capitaine de vaisseau Curtis. — Observations sur la jour-

TABLE DES MATIÈRES.

née du 13 septembre. — Arrivée de l'escadre anglaise dans le détroit. — L'amiral Howe parvient à ravitailler Gibraltar. — Engagement du 20 octobre. — Retour des alliés à Cadix. — Les Anglais poursuivent leur route vers Portsmouth.. 329

LIVRE XII.

Le gouvernement français apprend qu'on fait à Portsmouth les préparatifs d'une expédition destinée à s'emparer du cap de Bonne-Espérance. — Envoi dans l'Inde de cinq vaisseaux sous les ordres du commandeur de Suffren. — Combat de la Praya, le 16 avril 1781. — Arrivée des Français à Simon's Bay. — Les Anglais se montrent, à la fin de juillet, dans les parages du Cap. — Le commodore Johnstone retourne en Angleterre avec deux vaisseaux. — Trois vaisseaux font route pour Bombay. — La colonie hollandaise est mise en état de défense par nos troupes. — L'escadre française appareille le 28 août 1781. — Suffren est nommé chef d'escadre, en récompense de sa conduite à l'affaire de la Praya. — Événements survenus dans l'Inde depuis la prise de Pondichéry. — Bâtiments envoyés à l'Ile de France. — Le capitaine de vaisseau Tronjolly est remplacé par le comte d'Orves. — Le nouveau commandant en chef prend la mer avec six vaisseaux. — Séjour de l'escadre sur la côte de Coromandel. — Relations avec Hyder-Ali. — Retour du comte d'Orves à l'Ile de France. — Dénûment de l'escadre. — Arrivée du commandeur de Suffren. — Difficultés relatives au remplacement des capitaines de Trémigon et de Cardaillac, tués au combat de la Praya. — L'escadre retourne dans l'Inde 361

LIVRE XIII.

L'escadre s'empare, le 12 janvier 1782, de l'*Hannibal*, de cinquante canons. — Mort du comte d'Orves. — Suffren se présente devant Madras. — Neuf vaisseaux ennemis sont embossés sous la protection des forts. — L'escadre anglaise met sous voiles. — Dispersion de notre convoi. — Combat du 17 février 1782. — L'escadre française mouille à Pondichéry et à Porto-Novo. — Relations avec Hyder-Ali. — Débarquement des troupes françaises. — L'escadre appareille le 23 mars. — Suffren prend la détermination de rester dans l'Inde. — Combat du 12 avril. — Mouillage des deux escadres sur la côte. — Les Français vont à Batacalo, et les Anglais à Trinquemalay. — L'escadre se rend à Tranquebar et à Goudelour. — Suffren appareille de Goudelour le 3 juillet................................. 387

LIVRE XIV.

Combat du 6 juillet 1782. — Mouillage des deux escadres sur la côte. — Les Français retournent à Goudelour. — Incident relatif au capitaine du *Sevère*. — M. de Cillart est démonté de son commandement. — Les capitaines de Maurville, de l'*Artésien*, de Forbin, du *Vengeur*, sont renvoyés en France. — Entrevue de Suffren avec Hyder-Ali. — Départ de l'escadre pour Batacalo. — Arrivée du *Saint-Michel*, de l'*Illustre* et de la *Fortune*. — Prise de Trinquemalay. — Combat du 3 septembre 1782. — Les Français rentrent à Trinquemalay. — Perte du vaisseau l'*Orient*. — La nouvelle de la prise de Trinquemalay et l'arrivée de l'amiral Hughes à Madras décident sir Eyre Coot à s'éloigner de Goudelour. — Les Français vont à Achem et les Anglais à Bombay. — Suffren fait route, le 20 décembre, pour la côte d'Orixa... 417

LIVRE XV.

L'escadre française atterrit devant Ganjam, sur la côte d'Orixa. — Prise de la frégate la *Cowentry*. — Mort d'Hyder-Ali. — Suffren se rend à Goudelour et à Trinquemalay. — Arrivée du lieutenant général de Bussy. — L'escadre porte le général et ses troupes à Goudelour. — L'amiral Hughes, venant de Bombay, arrive sur la côte de Coromandel avec dix-huit vaisseaux. — Quinze vaisseaux français sortent de Trinquemalay pour secourir Goudelour. — Combat du 20 juin. — Avantage remporté sur les Anglais. — Accueil enthousiaste fait à Suffren par les troupes du général de Bussy. — On apprend à Madras que les articles préliminaires de paix ont été signés entre la France, l'Espagne, l'Angleterre et les États-Unis. — Les hostilités sont suspendues dans l'Inde, sur terre et sur mer, à partir du 8 juillet 1783... 451

APPENDICE... 497

FIN DE LA TABLE.

PARIS. — TYPOGRAPHIE LAHURE
Rue de Fleurus, 9

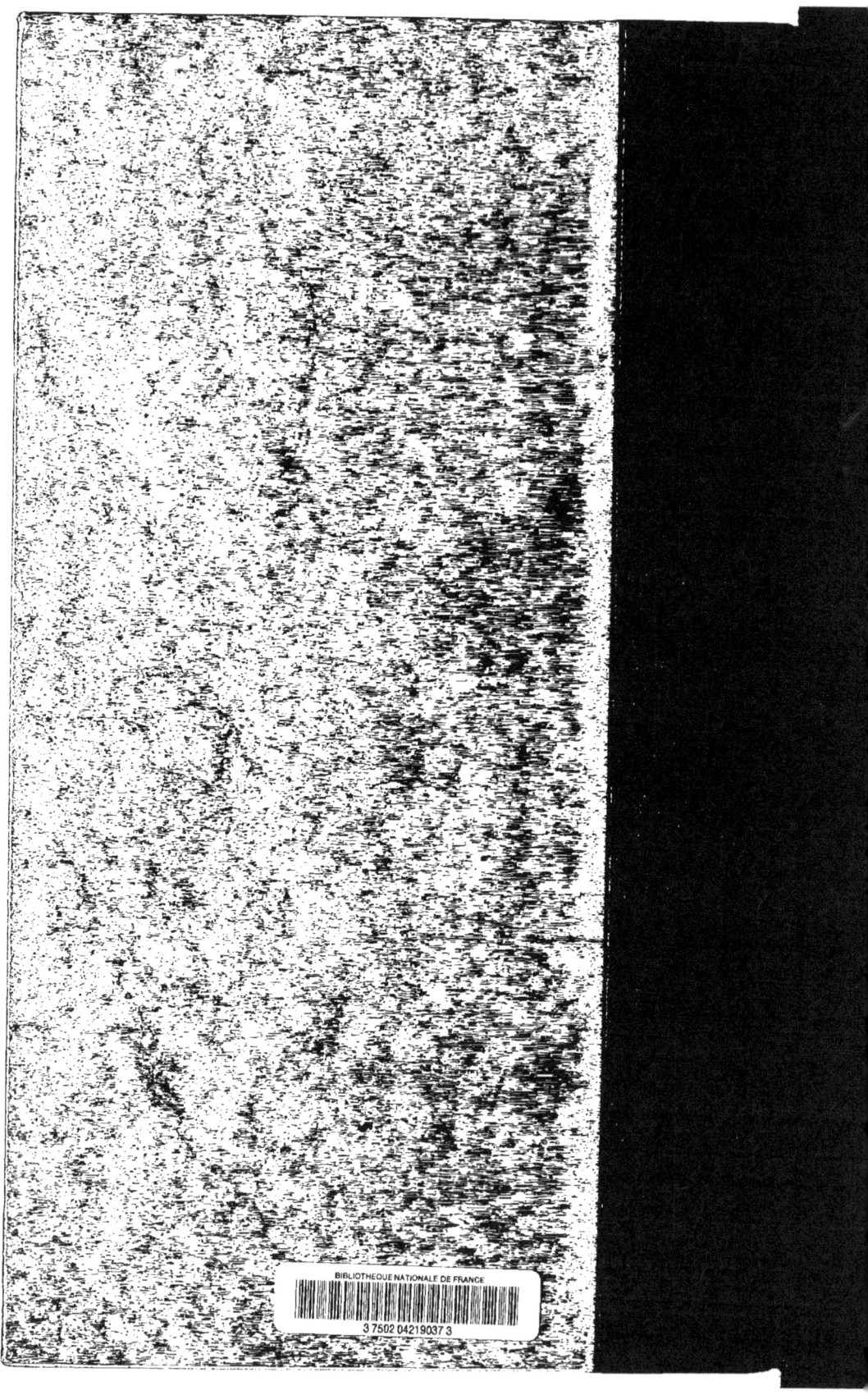